中国上市公司业绩评价报告

中国上市公司业绩评价课题组 

PERFORMANCE EVALUATION REPORTS OF CHINESE LISTED COMPANIES

中国市场出版社
China Market Press

·北京·

图书在版编目（CIP）数据

2022 中国上市公司业绩评价报告 / 中国上市公司业绩评价课题组编著. — 北京：中国市场出版社有限公司，2022. 6

ISBN 978 - 7 - 5092 - 2223 - 2

Ⅰ. ①2… Ⅱ. ①中… Ⅲ. ①上市公司-经济评价-中国-2022 Ⅳ. ①F279. 246

中国版本图书馆 CIP 数据核字（2022）第 089281 号

2022 中国上市公司业绩评价报告

2022 ZHONGGUO SHANGSHI GONGSI YEJI PINGJIA BAOGAO

编　　著：中国上市公司业绩评价课题组
责任编辑：卢玉冬

出版发行：中国市场出版社
社　　址：北京市西城区月坛北小街 2 号院 3 号楼（100837）
电　　话：（010）68034118/68021338
网　　址：http：//www. scpress. cn

印　　刷：河北鑫兆源印刷有限公司
规　　格：210mm×285mm　16 开本
印　　张：27. 5　**字　　数**：600 千字
版　　次：2022 年 6 月第 1 版　**印　　次**：2022 年 6 月第 1 次印刷
书　　号：ISBN 978 - 7 - 5092 - 2223 - 2
定　　价：398. 00 元

中国上市公司业绩评价课题组

顾　问： 孟建民　第十三届全国人大社会建设委员会委员、
国务院国有资产监督管理委员会原副主任

组　长： 刘绍娓　国务院国有资产监督管理委员会
财务监管与运行评价局副局长、一级巡视员
王子林　中联企业管理集团董事局主席

副组长： 孙庆红　中国上市公司业绩评价课题组副组长
潘春生　中国上市公司协会副会长
范树奎　中联资产评估集团有限公司董事长
程凤朝　中关村国睿金融与产业发展研究会会长
姚庚春　中兴财光华会计师事务所首席合伙人
丁亚轩　财天下科技有限公司总裁
沈　琦　中联产融链科技有限公司总裁
高　忻　中联研究院理事长
严晓建　中联国际工程管理有限公司董事长
邓艳芳　中联税务师事务所董事长
杨尚想　中联集团教育科技有限公司董事长
穆东升　中联财联网科技有限公司总裁
潘　明　中联国际资信评估有限公司总裁
刘建军　北京高等财经研修学院理事长

成　员： 韩　荣　陈志红　周　良　唐章奇　金　阳
鲁杰钢　刘　松　吴晓光　蒋卫锋　陶　涛

目录

CONTENTS

第一部分　中国上市公司评价总报告

第二部分　中国上市公司评价各行业分析报告

第三部分　中国上市公司各板业绩评价

附　　录

第一部分

中国上市公司评价总报告

第一章

中国上市公司业绩评价宏观经济背景

2021年，面对复杂严峻的国内外形势和诸多风险挑战，全国上下共同努力，统筹疫情防控和经济社会发展，开启全面建设社会主义现代化国家、向第二个百年奋斗目标进军新征程。"十四五"实现良好开局，我国发展又取得新的重大成就。

一、国际经济大环境的影响

（一）全球疫情反弹，经济复苏放缓

新型冠状病毒奥密克戎变异株所引发的新一轮疫情对全球经济构成新的挑战，使大流行病造成的人员和经济损失再度增长。疫情反弹持续影响供应链修复，全球经济复苏不确定性加大，对世界经济的包容性和可持续复苏构成重大风险。此外，许多经济体通胀压力不断上升，给经济复苏带来了额外的风险。截至2021年底，全球经济增势大幅放缓，国际货币基金组织、世界银行都下调了2022年全球经济增速预测。

（二）大宗商品价格大涨

极端天气、地缘政治冲突等因素推动油价和天然气价格继续上涨。2021年，布伦特原油期货价格一路上涨，截至年末，达到77美元/桶。纽约商品交易所（NYMEX）天然气期货价格一度突破6.3美元/百万英热单位，创2010年4月以来新高。海外通胀普遍上行，2021年12月，美国居民消费价格指数（CPI）同比上涨7%，创1982年以来新高，欧元区消费者物价调和指数（HICP）同比上涨5%。新兴经济体通胀亦处高位，12月巴西消费者物价指数（IPCA）同比涨幅达10.1%，俄罗斯CPI同比涨幅达8.4%。

（三）劳动力市场复苏滞后

联合国《2022年世界经济形势与展望》报告指出，发达经济体的劳动力短缺，导致供应链挑战增多，通胀压力加剧。同时，由于疫苗接种进展缓慢，刺激支出有限，发展中国

家就业增长依旧疲软。美国 2021 年 11 月辞职人数达 450 万，再创历史新高，职位空缺数连续 6 个月超千万。2021 年 12 月，欧元区失业率 7%，阿根廷失业率 8.2%，西班牙失业率达到 14.57%。在许多国家，创造就业机会的速度不足以弥补之前的就业机会损失。

（四）金融市场震荡加大

受疫情反弹、增长放缓、通胀上行等因素影响，投资者情绪更趋敏感，加大了资本市场震荡，发达经济体主要股指在 2021 年 9 月和 11 月出现明显的下探调整。同时，在货币政策转向预期和避险情绪上升等因素驱动下，美元指数和美债收益率趋于上行。2021 年 8 月末至 12 月末，美元指数由 93 下方上行至接近 96；10 年期美国国债收益率由 1.30%上行至 1.52%，高于 2019 年末疫情暴发前水平。

二、国内宏观经济指标

（一）GDP 增长符合预期

2021 年，我国国内生产总值（Gross Domestic Product，简称 GDP）为 1143670 亿元，较 2020 年同期增长 8.1%。详见图 1-10。

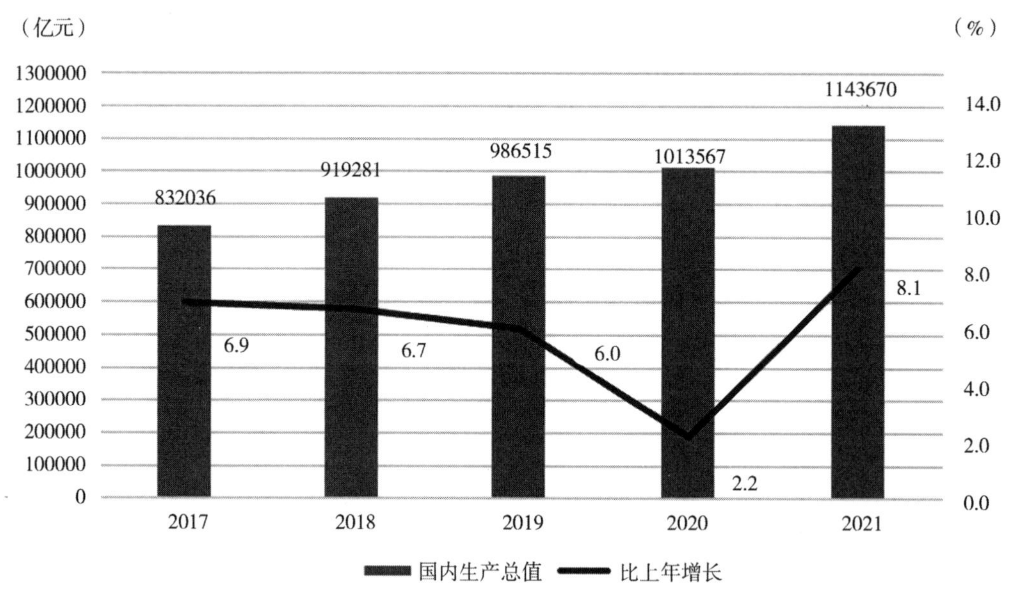

图 1-1 2017—2021 年国内生产总值及其增长速度

数据来源：国家统计局网站。

（二）固定资产投资有所增长

2021 年全社会固定资产投资 552884 亿元，比上年增长 4.9%。其中，固定资产投资（不含农户）544547 亿元，比上年增长 4.9%。详见图 1-2。

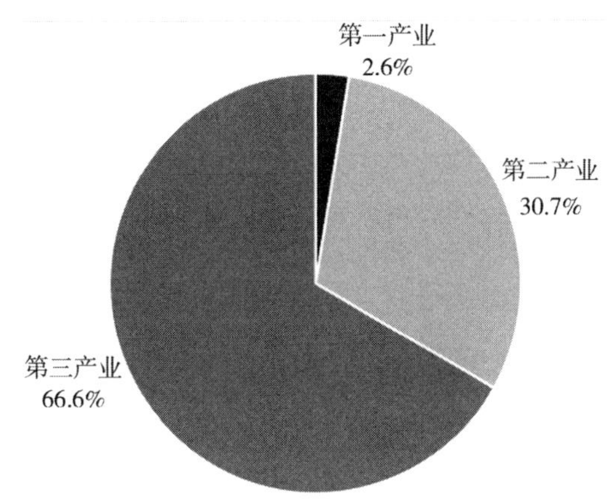

图 1-2 2021 年三次产业投资占固定资产投资（不含农户）比重

数据来源：国家统计局网站。

（三）进出口涨幅较大

全年货物进出口总额达到 391009 亿元，增长率比上年提高了 21.4 个百分点。其中：出口 217348 亿元，增长 21.2%；进口 173661 亿元，增长 21.5%。出口总额减去进口总额（进出口差额）为 43687 亿元，比上年增加 7344 亿元。在所有对外贸易国家中，我国对"一带一路"倡议所涉及的沿线国家进出口总额 115979 亿元，增幅较大，增长率比上年提高了 23.6 个百分点。其中：出口 65924 亿元，增长 21.5%；进口 50055 亿元，增长 26.4%。详见图 1-3。

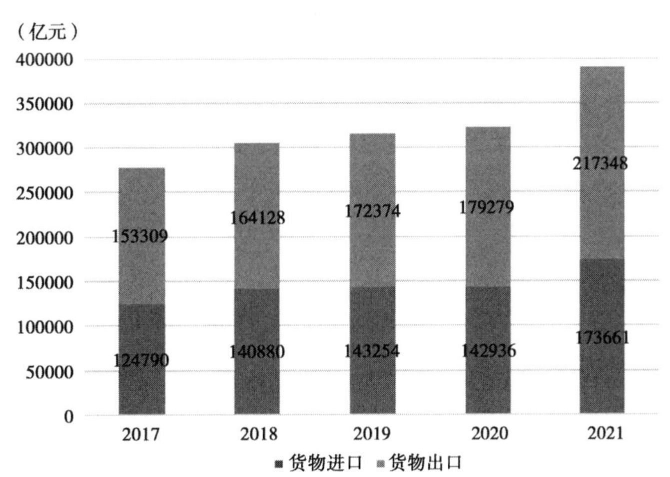

图 1-3 2017—2021 年货物进出口总额

数据来源：国家统计局网站。

（四）国内贸易增速明显

2021 年全社会消费品零售总额 440823 亿元，比上年增长 12.5%。分城乡来看，城镇地区消费品零售额达到 381558 亿元，增长 12.5%；乡村地区消费品零售额为 59265 亿元，增长幅度小于城镇地区，增长了 12.1%。按消费类型来看，各类商品的零售额为 393928 亿元，增长 11.8%；餐饮收入额 46895 亿元，增长 18.6%。详见图 1-4。

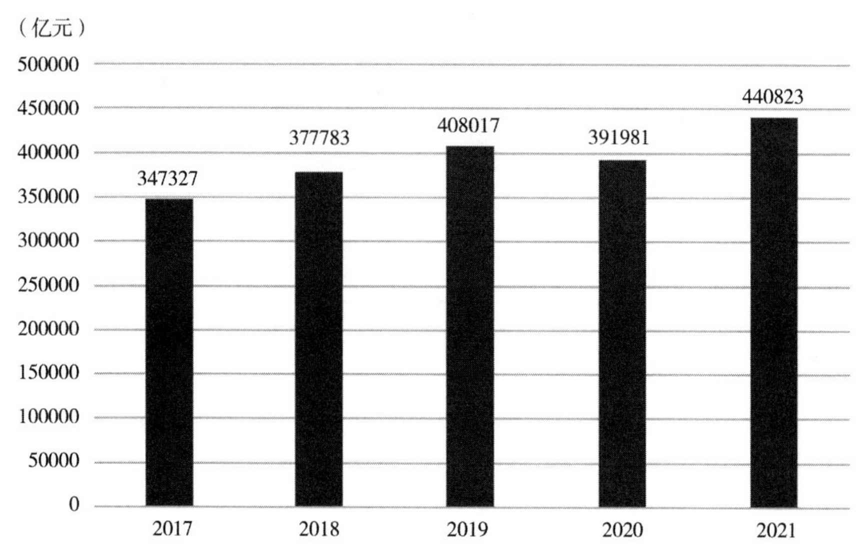

图 1-4　2017—2021 年社会消费品零售总额

数据来源：国家统计局网站。

（五）CPI 涨幅回落

2021 年居民消费价格指数月度同比总体呈波动上行态势，相比 2020 年上涨 0.9%，涨幅相较上年同期缩小了 1.6 个百分点。非食品价格上涨推动 CPI 温和上行。2021 年，非食品价格上涨 1.4%，涨幅比上年扩大 1.0 个百分点，影响 CPI 上涨约 1.17 个百分点。非食品中，工业消费品价格由上年下降 0.8%转为上涨 2.0%，影响 CPI 上涨约 0.63 个百分点。食品价格下降减缓 CPI 上涨幅度。2021 年，食品价格由上年上涨 10.6%转为下降 1.4%，影响 CPI 下降约 0.26 个百分点，主要受猪肉价格由涨转降影响。食品中，随着生猪产能不断扩大，猪肉价格由上年上涨 49.7%转为下降 30.3%，影响 CPI 下降约 0.70 个百分点。扣除食品和能源价格的核心 CPI 保持稳定，全年上涨 0.8%，涨幅与上年相同。详见图 1-5。

生产价格结构性上涨明显。2021 年，工业生产者出厂价格指数（Producer Price Index，简称 PPI）由上年下降 1.8%转为上涨 8.1%。工业生产者购进价格指数（Purchasing Price Index of Raw Material，简称 PPIRM）同比上涨 11.0%，涨幅较大。2021 年，生产资料价格由上年下降 2.7%转为上涨 10.7%，影响 PPI 上涨约 7.97 个百分点，超过总涨幅的 98%。

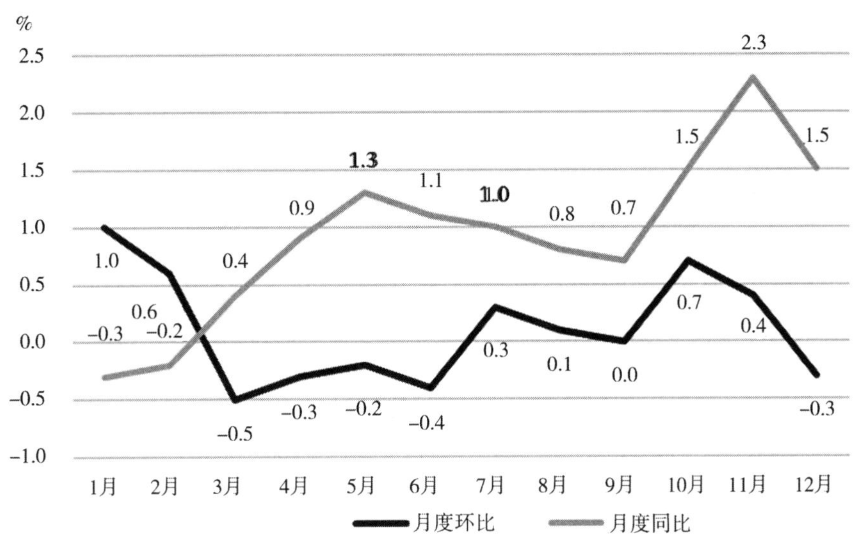

图 1-5　2021 年居民消费价格月度涨跌幅度

数据来源：国家统计局网站。

（六）就业保持稳定

截至 2021 年末，全国就业人口 74652 万人。其中，城镇就业人口 46773 万人，占全国就业人员比重为 62.7%，比上年末上升 1.1 个百分点。2021 年末全国城镇调查失业率平均值为 5.1%，城镇登记失业率为 3.96%。2021 年全国农民工总量 29251 万人，比上年增长 2.4%。详见图 1-6。

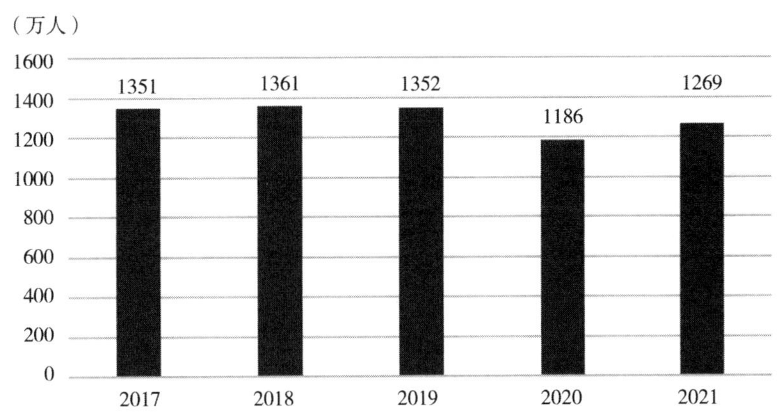

图 1-6　2017—2021 年城镇新增就业人数

数据来源：国家统计局。

（七）国际收支保持基本平衡

2021 年，我国经常账户顺差 3157 亿美元，与 GDP 之比为 1.8%，继续处于合理均衡区间。其中：国际收支口径的货物贸易顺差 5545 亿美元，同比增长 8%；服务贸易逆差 977 亿美元，同比下降 33%。资本和金融账户中，直接投资顺差 2048 亿美元，储备资产增加 1886

亿美元。截至2021年末，外汇储备余额为32502亿美元，较2020年末增加336亿美元。

（八）PMI维稳

制造业采购经理指数（Purchasing Managers' Index，简称PMI），是对企业采购经理发放月度问卷调查所统计出的扩散指数加权而成的综合指数，用来反映制造业整个行业的增长或者衰退情况，是行业运行情况的晴雨表。PMI以50%表示荣枯线。PMI>50%，通常可以理解为制造业经济扩张；PMI<50%，解释为制造业经济萎缩。2021年PMI各月指数见表1-1。

表1-1 PMI各月指数

月份	1月	2月	3月	4月	5月	6月	7月	8月	9月	10月	11月	12月
PMI（%）	51.3	50.6	51.9	51.1	51.0	50.9	50.4	50.1	49.6	49.2	50.1	50.3

数据来源：国家统计局。

（九）股票市场指数与成交量总体上涨

2021年末，中国股票市场指数上涨，上证综合指数收于3640点，比上年末上涨了4.8%；深证成分指数收于14857点，比上年末上涨了2.67%。股票市场成交量同比增加，全年沪、深两市累计成交额达到258万亿元，平均每日成交量达到1.1万亿元，较上年同期增长24.7%。股票市场筹资额也同比增加，全年累计筹资1.5万亿元，同比增长27.5%。

（十）货币市场交易活跃

2021年，银行间市场债券回购累计成交额达到1045.2万亿元，每日平均成交额达4.2万亿元，同比增长8.5%；同业拆借累计成交额达到118.8万亿元，每日平均成交额为4753亿元，同比减少19.6%。2021年，人民币利率互换市场达成交易25.2万笔，同比下降7.9%，名义本金总额为21.1万亿元，同比增长8.0%。

三、宏观经济特征

2021年，在以习近平同志为核心的党中央坚强领导下，我国经济发展和疫情防控保持全球领先地位，实现了较高增长、较低通胀、较多就业的优化组合，高质量发展取得新成效，“十四五”实现了良好开局。

（一）三大产业逐步恢复、增势良好

2021年，我国国民经济三次产业同比增速分别为7.1%、8.2%和8.2%，占GDP比重分别为7.3%、39.4%和53.3%。具体情况如下：

1. 农业生产形势向好

2021年，我国农业增加值同比增长7.1%。全国粮食总产量增长2.0%，连续7年保持

在1.3万亿斤以上，夏粮、早稻、秋粮均实现增产，农业“压舱石”地位更加稳固。猪牛羊禽肉产量同比增长16.3%。生猪产能快速释放，年末生猪存栏、能繁殖母猪存栏比上年末分别增长10.5%、4.0%。农产品生产者价格总体稳定，部分产品价格上涨较快；农业生产总体保持稳中有进发展态势。

2. 工业生产持续发展

2021年，全年工业经济持续稳定恢复，企业生产经营明显改善。全国规模以上工业增加值比上年增长9.6%，增速较2020年加快6.8个百分点，两年平均增长6.1%。从三大门类看，采矿业增加值增长5.3%，制造业增长9.8%，电力、热力、燃气及水生产和供应业增长11.4%。工业结构持续优化，高技术制造业、装备制造业增加值分别增长18.2%、12.9%，增速分别比规模以上工业快8.6个、3.3个百分点。新能源汽车、工业机器人、集成电路、微型计算机设备产量分别增长145.6%、44.9%、33.3%和22.3%。产能利用率水平较高，工业转型升级稳步推进，工业品出口持续较快增长，企业利润保持较高水平，帮扶政策持续发力，小微企业生产总体延续稳定复苏的良好态势。

3. 服务业稳定恢复

2021年，我国服务业增加值同比增长7.1%。面对国内疫情散发多发等挑战，服务业经济尽显强大韧性，新动能彰显蓬勃活力，幸福产业增进民生福祉，全年总体保持恢复性增长态势。信息传输、软件和信息技术服务业，住宿和餐饮业，交通运输、仓储和邮政业增加值同比分别增长17.2%、14.5%和12.1%，保持恢复性增长。全年全国服务业生产指数同比增长13.1%，两年平均增长6.0%。12月服务业商务活动指数为52%，较上月高0.9个百分点。

（二）消费、投资稳定增长，进出口快速增长

1. 消费稳步增长

2021年，全国居民人均可支配收入35128元，比上年名义增长9.1%，扣除价格因素实际增长8.1%，两年平均实际增长5.1%。收入分配结构持续改善，城乡居民人均收入比缩小。全国消费市场规模稳步扩大，总体保持恢复态势，社会消费品零售总额44.1万亿元，比上年增长12.5%，两年平均增长3.9%。商品零售平稳增长，餐饮消费延续恢复态势。网络消费保持较快增长，线下零售经营向好。基本生活类商品零售增势较好，升级类消费需求持续释放。

2. 投资稳定增长，结构调整优化

2021年，全国固定资产投资稳定恢复，结构持续优化。三次产业投资规模持续扩大，三大领域投资稳定恢复，高技术产业投资带动作用明显，民生补短板领域投资持续加力，民间投资稳定增长。固定资产投资（不含农户）比上年增长4.9%，两年平均增长3.9%。分领域看，制造业投资增长13.5%，高于全部投资8.6个百分点，两年平均增长4.8%；房地产开发投资增长 4.4%，两年平均增长 5.7%；基础设施投资增长 0.4%，两年平均增长 0.3%。从产业行业看，高技术产业投资增长 17.1%，高于全部投资 12.2 个百分点；卫生、教育投资分别增长 24.5%、11.7%。

3. 进出口快速增长

2021 年，进出口总额比上年增长 21.4%。其中，出口增长 21.2%，进口增长 21.5%，贸易顺差 43687 亿元人民币。贸易结构持续优化，一般贸易比重比上年提高 1.6 个百分点。机电产品出口增长 20.4%，占出口总额的 59%。对“一带一路”沿线国家、区域全面经济伙伴关系协定（RCEP）贸易伙伴进出口分别增长 23.6%、18.1%，贸易伙伴更趋多元化。

（三）居民消费价格温和上涨，生产价格涨幅高位回落

2021 年，居民消费价格温和上涨。受生猪产能进一步恢复、疫情影响下总需求偏弱、高基数等因素影响，2021 年居民消费价格指数全年上涨 0.9%，涨幅比上年回落 1.6 个百分点。全年来看，食品价格下降 1.4%，涨幅比上年回落 12 个百分点；非食品价格上涨 1.4%，涨幅比上年提高 1 个百分点。不包括食品和能源的核心 CPI 温和上涨 0.8%，涨幅与上年持平。

由于全球能源和原材料供给总体偏紧，2021 年国际大宗商品价格大幅上涨，推动我国工业生产者出厂价格指数涨幅明显走高，全年上涨 8.1%，涨幅比上年扩大 9.9 个百分点。全年工业生产者购进价格指数上涨 11%，涨幅比上年扩大 13.3 个百分点。

（四）房地产市场总体平稳

2021 年，全国房地产开发投资 147602 亿元，比上年增长 4.4%，比 2019 年增长 11.7%，两年平均增长 5.7%。其中，住宅投资 111173 亿元，比上年增长 6.4%。商品房销售面积 179433 万平方米，比上年增长 1.9%，比 2019 年增长 4.6%，两年平均增长 2.3%。其中：住宅销售面积比上年增长 1.1%，办公楼销售面积增长 1.2%，商业营业用房销售面积下降 2.6%。商品房销售额 181930 亿元，比上年增长 4.8%，比 2019 年增长 13.9%，两年平均增长 6.7%。其中：住宅销售额比上年增长 5.3%，办公楼销售额下降 6.9%，商业营业用房销售额下降 2.0%。

房地产贷款增速总体平稳。2021 年末，全国主要金融机构（含外资）房地产贷款余额 52.2 万亿元，同比增长 7.9%，增速较上年末低 3.7 个百分点。其中：个人住房贷款余额 38.3 万亿元，同比增长 11.3%，增速较上年末低 3.3 个百分点；住房开发贷款余额 9.1 万亿元，同比增长 0.5%，增速较上年末低 7.7 个百分点。

四、宏观经济政策

（一）积极的财政政策

2021 年，全国坚持实施积极的财政政策，财政部门认真贯彻落实“积极的财政政策要

提质增效、更可持续”要求。中央财政收支形势良好，财政部围绕党中央和国务院的重大部署，在支持做好“六稳”“六保”工作等方面都取得了阶段性成效。

在收入方面，2021 年全国一般公共预算收入首次突破 20 万亿元，达到 20.25 万亿元，比上年增长 10.7%，与 2019 年相比增长 6.4%，完成收入预算并有一定超收。其中：中央一般公共预算收入 9.15 万亿元，同比增长 10.5%；地方一般公共预算本级收入 11.1 万亿元，同比增长 10.9%。在支出方面，2021 年全国一般公共预算支出 24.63 万亿元，同比增长 0.3%，控制在年初预算规模以内。其中：中央财政支出 11.73 万亿元，同比下降 0.9%；地方一般公共预算支出 21.13 万亿元，同比增长 0.3%。财政支出压一般、保重点，压减非急需非刚性支出，“三保”等重点支出增长较快，基本民生支出得到有力保障。教育、科学技术、社会保障和就业支出分别增长 3.5%、7.2%和 3.99%，均高于总体支出增幅。卫生健康支出在 2020 年疫情防控高基数增长 15.3%的基础上，2021 年继续保持较高强度，支出规模与上年基本持平。

1. 减税降费再发力，支持市场主体健康发展

2021 年财政部门不断创新实施宏观调控，优化和落实减税降费政策，扩大普惠金融规模，加大财政奖补力度，支持市场主体健康发展。在各方面共同努力下，减税降费措施有力落实，全年新增减税降费约 1.1 万亿元。全国市场主体总量超过 1.5 亿户，其中企业 4000 多万户，个体工商户突破 1 亿户。企业效益状况持续改善，全国规模以上工业企业实现利润总额 8.71 万亿元，同比增长 34.3%，两年平均增长 18.2%。同时，加强对中小微企业的金融支持，市场主体融资难融资贵问题有效缓解，并实施财政奖补政策，支持“专精特新”中小企业高质量发展。2021 年，中央财政安排奖补资金 35 亿元，重点支持两批共 1379 家重点“小巨人”企业，提升中小企业公共服务水平。

2. 常态化实施财政资金直达机制

在认真总结 2020 年直达工作的基础上，研究建立了常态化财政资金直达机制并扩大范围，优化分配流程，强化资金监管，持续保持直达机制“快、准、严”的特点和体系成熟、运作灵活的突出优势，促进管理效能和资金效益“双提高”。中央财政直达资金已全部下达到省级，省级财政分配省本级使用 1 万亿元，下达市县 1.8 万亿元。各地通过直达资金安排项目超过 43 万个，累计实现实际支出 2.67 万亿元，占中央财政已下达的 95%，支出进度明显高于一般预算资金。

3. 政府债务管理不断加强

依法健全规范政府举债融资机制，初步建立起防范化解地方政府债务风险的制度体系，债务风险化解工作取得积极成效。2021 年实际发行内债 6.79 万亿元，同比下降 4.2%，其中记账式国债和储蓄国债分别发行 6.49 万亿元和 3068 亿元，为满足中央财政筹资需要提供了坚实保障。中国国债正式纳入富时全球国债指数，我国国债被全球三大主流债券指数尽数纳入，推动国债市场持续健康发展。截至2021年末，境外机构持有我国国债规模达2.45万亿元，占记账式国债余额比例超过11%。2021年，全国人大批准新增地方政府专项债券额度3.65万亿元，其中用于项目建设的新增专项债券额度3.5万亿元。财政部同各相关部门，持续强化专项债券管理，更好发挥专项债券拉动有效投资、稳定经济增长的积极作用。

（二）稳健的货币政策

2021年，货币政策体现了灵活精准、合理适度的要求，前瞻性、稳定性、针对性、有效性、自主性进一步提升，主要金融指标在2020年高基数基础上继续保持有力增长，金融对实体经济支持力度稳固。

2021年，人民币汇率在合理均衡水平上保持基本稳定。2021年末，广义货币供应量（M_2）余额为238.3万亿元，同比增长9.0%。狭义货币供应量（M_1）余额为64.7万亿元，同比增长3.5%。流通中货币（M_0）余额为9.1万亿元，同比增长7.7%。2021年现金净投放6510亿元，同比少投放615亿元。据统计，2021年12月末社会融资规模存量为314.13万亿元，同比增长10.3%，增速比上年末低3个百分点。2021年末，中国外汇交易中心（CFETS）人民币汇率指数报102.47，较上年末升值8.1%；参考特别提款权（SDR）货币篮子的人民币汇率指数报100.34，较上年末升值6.5%；人民币对美元汇率中间价为6.3757元，较上年末升值2.3%。

1. 灵活开展公开市场操作

2021年，为保持合理且充裕的流动性，央行综合运用降准、中期借贷便利（MLF）、逆回购等开展公开市场操作。2021年，累计开展MLF操作45500亿元，期限均为1年，利率均为2.95%，四个季度分别开展MLF操作8000亿元、4500亿元、13000亿元、20000亿元，年末余额为45500亿元，比年初减少6000亿元。2021年，人民银行以每月一次的频率稳定开展央行票据互换（CBS）操作，对于提升银行永续债的二级市场流动性，支持银行特别是中小银行发行永续债补充资本、增强信贷总量增长的稳定性发挥了积极作用。2021年，人民银行累计在香港发行12期共1200亿元人民币央行票据，香港央行票据常态化发行和回购做市机制的推出，丰富了香港市场人民币投资产品系列和流动性管理工具，对于促进离岸人民币货币市场和债券市场健康发展，带动境内外市场主体在离岸市场发行人民币债券及开展人民币业务发挥了积极作用。

2. 调整金融机构存款准备金率

2021年，人民银行两次上调金融机构外汇存款准备金率。自2021年6月15日起，上调金融机构外汇存款准备金率2个百分点，由5%提高到7%，冻结外汇流动性超过200亿美元。自2021年12月15日起，上调金融机构外汇存款准备金率2个百分点，由7%提高到9%，冻结外汇流动性约200亿美元。两次上调金融机构外汇存款准备金率共冻结外汇流动性约400亿美元。

3. 积极发挥货币政策工具作用

积极运用支农支小再贷款、再贴现等工具，引导金融机构加大对国民经济重点领域、薄弱环节和区域协调发展的支持力度。2021 年末，全国支农再贷款余额为 4967 亿元，支小再贷款余额为 12351 亿元，扶贫再贷款余额为 1750 亿元，再贴现余额为 5903 亿元。截至 2021 年末，普惠小微贷款余额 19.2 万亿元，同比增长 27.3%；支持小微经营主体 4456 万户，同比增长 38%。2021 年新发放的普惠小微企业贷款加权平均利率为 4.93%，比 2020 年下降 0.22 个百分点，降幅大于企业贷款利率整体降幅。截至 2021 年末，涉农贷款余额 43.21 万亿元，同比增长 10.9%。实施好两个直达实体经济的货币政策工具，持续支持小微企业发展。金融支持稳企业保就业，巩固拓展脱贫攻坚成果，全面推进乡村振兴。

五、对 2022 年宏观经济的几点展望

2022 年疫情形势依旧不容放松，我国发展仍面临不少风险挑战，但经济长期向好的基本面没有改变。2022 年要坚持稳字当头、稳中求进，积极主动贯彻落实中央经济工作会议精神，加大金融对实体经济的支持力度，继续做好“六稳”“六保”工作，着力稳定宏观经济大盘，积极推出有利于经济稳定的政策，为保持经济运行在合理区间营造适宜的金融环境，迎接党的二十大胜利召开。

（一）积极的财政政策要提升效能，注重精准、可持续

1. 减税降费再发力，增强市场主体活力

围绕中小微企业、个体工商户和制造业等重点行业，坚持以阶段性政策为主，与制度性措施相结合，兼顾财政承受能力和助企需要，实施更大力度的减税降费。同时，减税降费要突出结构性和精准性，突出与风险化解结合，实现降低企业负担、减少资金占用、提高现金流和盈利能力、提高抗风险能力等目标。

2. 保持适当支出强度，提高支出精准度

财政赤字保持在合理水平，扩大财政支出规模。大力优化支出结构，重点支持科技攻关、生态环保、基本民生、区域重大战略、现代农业和国家“十四五”规划重大项目。完善财政资金直达机制，加强分配方案备案审核，健全直达资金监控体系，促进财政资金规范高效安全使用。

3. 充分挖掘国内需求潜力，发挥财政稳投资促消费作用

当前宏观形势下，适度超前开展基础设施投资有助于稳增长，实现稳定总需求、优化供给结构、补短板提升经济效率的作用。管好用好专项债券资金，拉动有效投资；适度超前开展基础设施投资，发挥政府投资引导带动作用；优化收入分配结构，推动消费持续恢复。

（二）稳健的货币政策要灵活适度

1. 保持货币信贷总量稳定增长

综合运用多种货币政策工具，保持流动性合理充裕，增强信贷总量增长的稳定性，引导金融机构有力扩大信贷投放，保持货币供应量和社会融资规模增速同名义经济增速基本匹配。

2. 保持人民币汇率在合理均衡水平上基本稳定

让市场供求在汇率形成中发挥决定性作用，发挥汇率调节宏观经济和国际收支自动稳定器功能。影响汇率的因素较多，汇率测不准是必然，双向波动是常态，企业和金融机构要树立“风险中性”理念，金融机构要积极为中小微企业提供汇率风险管理服务，降低中小微企业汇率避险成本。

3. 保持信贷结构稳步优化，保持企业综合融资成本稳中有降

疏通货币政策传导机制，引导资金更多流向重点领域和薄弱环节，扩大普惠金融覆盖面，增加支农支小再贷款。推动金融机构降低实际贷款利率、减少收费，继续对受疫情影响严重的行业企业给予融资支持，进一步推动解决实体经济特别是中小微企业融资难题。

（三）着力稳市场主体保就业，加大宏观政策实施力度

1. 推动降低企业生产经营成本

引导大型平台企业降低收费，减轻中小商户负担。开展涉企违规收费专项整治行动，建立协同治理和联合惩戒机制，坚决查处乱收费、乱罚款、乱摊派。加大拖欠中小企业账款清理力度，规范商业承兑汇票使用。餐饮、住宿、零售、文化、旅游、客运等行业就业容量大、受疫情影响重，各项帮扶政策予以倾斜，为这些企业健康持续发展提供支持。

2. 强化就业优先政策

大力拓宽就业渠道，注重通过稳市场主体来稳就业，增强创业带动就业作用。财税、金融等政策要围绕就业优先实施，加大对企业稳岗扩岗的支持力度。各类专项促就业政策要强化优化，清理取消对就业创业的不合理限制，千方百计稳定和扩大就业。

参考文献：

1. 国家统计局网站
2. 财政部网站
3. 中国人民银行网站
4. 2022 年政府工作报告
5.《2021 年中国财政政策执行情况报告》
6.《2021 年货币政策执行报告》

第二章 中国上市公司业绩评价结果综述

2021 年新冠肺炎疫情反弹，全球经济复苏放缓，金融市场震荡加剧，“滞胀”风险显现，面对复杂严峻的发展环境，我国沉着应对百年变局和世纪疫情，战略实施宏观政策跨周期性调节，加大对实体经济的支持力度，高质量发展取得新成效，经济社会发展继续保持全球领先地位，国内生产总值增长 8.1%。三大产业逐步恢复、稳中求进、增势良好。在推动经济发展的同时，“碳中和”理念逐步成为企业发展的主旋律，致力于加快形成绿色经济新动能和可持续增长极。针对疫情对中小企业发展带来较大冲击，为了更好发挥资本市场作用，促进科技与资本融合，扶持中小企业创新发展，2021 年 9 月 3 日北京证券交易所（北交所）成立，2021 年全年 81 家企业上市成功，有效解决实体经济融资难的困局。全年经济社会发展主要目标任务较好完成，“十四五”实现了良好开局。2021 年度，沪深北三市上市公司实现营业收入（不包括金融和 B 股，本文以下如无特指按此口径；本书除第二部分第十三、十四章，第三部分，如无特指，全部上市公司也按此口径）54.84 万亿元，同比增长 22.02%，较 2020 年度 2.91%的营业收入增速，上涨显著；归母净利润合计 2.50 万亿元，同比增长 27.08%。A 股市场活跃度连续三年回升，但指数上涨幅度明显回落，上证综指上涨 4.8%，深证成指上涨 2.67%，创业板指大涨 12.02%。

一、上市公司业绩评价结果

按照中国上市公司业绩评价体系，本书以统一的评价标准为测算基准，运用功效系数法，同时结合上市公司的市场表现，对 2021 年度中国上市公司业绩进行评价。从整体综合评价得分情况来看，4543 家上市公司的业绩评价得分在 2021 年整体有所上涨。2021 年综合得分 62.78 分，与 2020 年综合得分 61.41 分相比上涨了 1.37 分。

2021 年与 2020 年全部 A 股上市公司在财务效益、资产质量、偿债风险、发展能力和市场表现各方面得分情况如图 2-1 所示。从图 2-1 可以看出，2021 年全部 A 股上市公司除在偿债风险方面有所下降，其余各方面均较上年有所提升，但幅度较小，因而综合得分较 2020 年小幅上升。2021 年 A 股上市公司整体表现稳中求进，虽然面临复杂的经济环境，同时疫情不断反复，但 A 股整体体量、成交活跃度均创新高，上半年由蓝筹白马股领涨，下半年中小成长股整体持续走高，医药、新能源、光伏、半导体等领域市场表现亮眼，迎来较大幅度增长，因而 A 股市场整体表现好于预期。

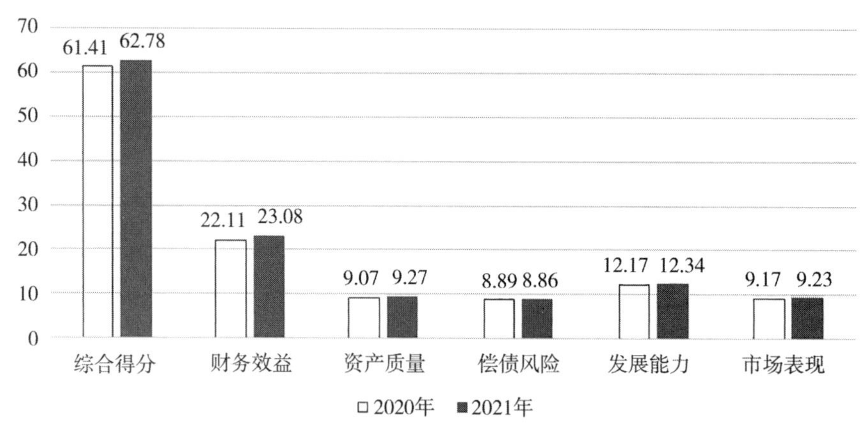

图 2-1　2020—2021 年全部 A 股上市公司各项能力得分情况对比

图 2-2 列示了 2020—2021 年各行业综合得分情况变化。从图 2-2 可以看到，虽然新冠肺炎疫情对经济的影响仍在持续，但 2021 年提出的“十四五”规划纲要中，再次明确要全面提升和启动消费，保障全国经济平稳运行，“六保”“六稳”政策深入推进，“双碳”规划实现路径得到重点关注，进一步推动信息技术、数字经济、人工智能等新技术领域发展。2021 年，采掘、化工、钢铁、有色金属、纺织服装、休闲服务、传媒、通信、交通运输、非银金融等行业综合得分较上年有不同程度提高。其中非银金融行业增长最为显著，主要由于 2021 年资本市场深化改革，深交所合并主板与中小板、北交所成立运行、中央经济工作会议提出要全面实行股票发行注册制等多项政策利好，同时资管新规过渡期结束，私募基金再创历史新高，行业整体呈高增长态势；交通运输行业增长显著，主要因 2020 年受疫情影响，交通运输主要指标出现较大波动，2021 年整体回升，公路货运量迅速上升且较为稳定；采掘行业同样增长显著，全部上市公司综合得分最高，石化行业利润历史上首次突破万亿元，创造了历史新高，全行业经济运行业绩超预期，中国石化净利润同比增长 116. 28%，创近十年最好水平，中国石油实现营业收入同比增长 35. 19%，创历史新高。除此之外，农林牧渔、建筑装饰、国防军工、食品饮料、计算机、房地产、商业贸易、公用事业等行业综合得分较上年有不同程度下降，其中农林牧渔行业下降最为明显，全行业就收入和利润而言，除牧业、农业板块收入出现增长，其他行业均呈不同程度下滑，由于非洲猪瘟疫情防控取得成效，供给过剩导致猪价触底。房地产行业下降幅度较大，整体板块面临巨大的调整压力，部分头部房企出现较大下跌，万科 A 从年初高点跌幅超 40%。商业

贸易行业同样下降显著，终端消费平淡，互联网进入监管新常态，线上消费增速放缓。

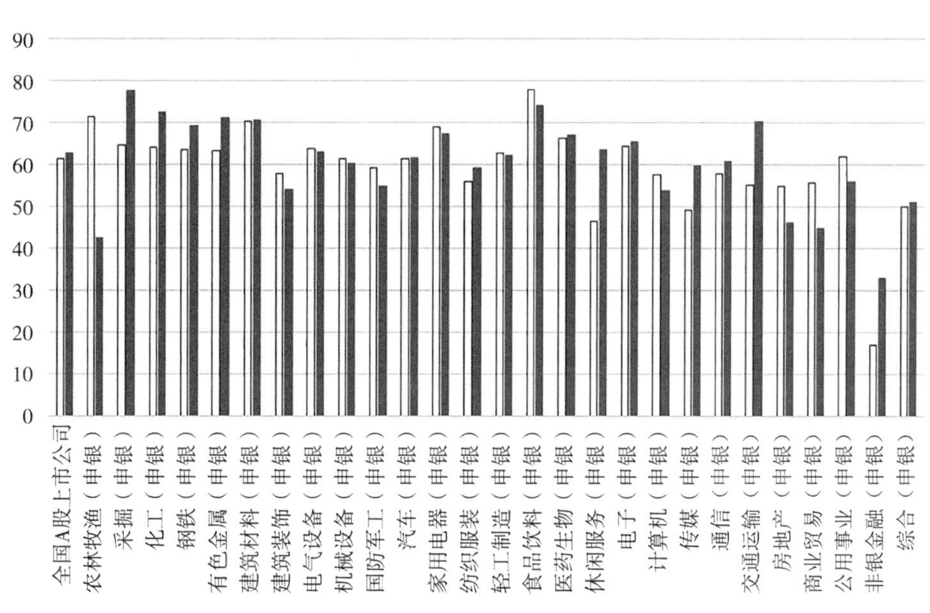

图 2-2 2020—2021 年各行业综合得分情况对比

图 2-3 列示了 2020—2021 年各规模上市公司综合得分情况。从图中可以看出，除 10 亿~50 亿元规模的上市公司综合得分小幅下降外，其余各规模上市公司综合得分均不同程度上升，其中 10 亿元以下的上市公司综合得分上升幅度最大，增长了 8.72 分。由此可见，中小成长股整体表现亮眼，“十四五”规划明确指出，要在中小企业里培育出一批专精特新“小巨人”企业，为中小企业发展注入动力，北交所成立，对支持中小企业创新发展具有积极成效。

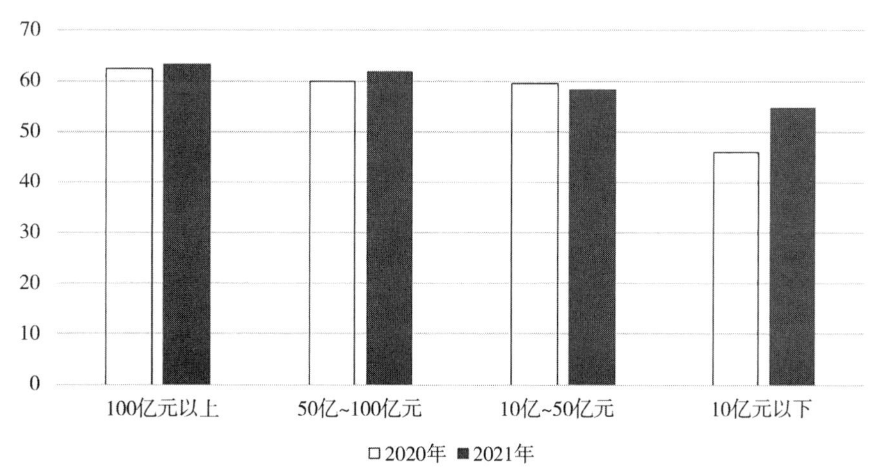

图 2-3 2020-2021 年各规模上市公司综合得分情况对比

2021 年上市公司的期末总资产为 863686.40 亿元，同比增长 10.88%，而当年的 GDP 为 1143670 亿元，占当年 GDP 的 75.52%。

2021 年上市公司共实现营业收入 548446.24 亿元，同比增加 22.02%，占当年 GDP 的 47.95%。2021 年实现营业利润 37247.35 亿元，同比增加 26.48%，占当年 GDP 的 3.26%。

下面分别从财务效益、资产质量、偿债风险、发展能力和市场表现五个方面对评价结果逐一说明。

（一）财务效益状况

2021 年上市公司的财务效益状况平均得分为 23.08 分。评价财务效益状况的指标包括两个基本指标［扣除非经常性损益净资产收益率（简称“扣非净资产收益率”）和总资产报酬率］和三个修正指标（营业利润率、盈利现金保障倍数、股本收益率）。财务效益状况各项指标年度变化情况详见表 2-1。

表 2-1 财务效益状况指标年度对比表

分析指标		2021 年上市公司平均值	2020 年上市公司平均值	增长率（%）
基本指标	扣非净资产收益率（%）	7.51	5.93	26.64
	总资产报酬率（%）	5.47	5.00	9.40
修正指标	营业利润率（%）	6.79	6.43	5.60
	盈利现金保障倍数	1.75	2.01	-12.94
	股本收益率（%）	46.81	38.17	22.64
综合得分		23.08	22.11	4.39

由以上财务效益状况指标年度对比表可见，除盈利现金保障倍数较上年有所下降外，其余各项指标均不同程度上涨，因而 2021 年度整体财务效益状况较 2020 年小幅上涨，可以看出 2021 年上市公司整体资产收益率增长显著，但现金流状况较上年下降较为明显。

1. 行业分析

图 2-4 列示了各行业财务效益得分在 2020—2021 年度之间的变化。采掘、化工、钢铁、有色金属、医药生物、休闲服务、电子、传媒、交通运输、非银金融等行业有较大程度的改善，农林牧渔、建筑装饰、房地产、商业贸易等行业有不同程度降低。

从 2021 年各行业上市公司财务效益指标评分看来，食品饮料行业依旧表现稳定，相较上年小幅增长，以 29.44 分位列各行业榜首，较全部上市公司平均财务效益指标评分高出 6.36 分，此外，采掘、建筑材料、化工、医药生物、家用电器和钢铁行业也分别以 29.22 分、27.34 分、26.83 分、26.27 分、25.98 分和 25.92 分远超全部上市公司平均水平。2021 年度，食品饮料行业 122 家上市公司实现营业利润 2121.15 亿元，占全部上市公司实现营业利润总额的 5.69%，较 2020 年的 1924.61 亿元增长 10.21%，涨幅较大。从各项财务效益基本指标和修正指标看，食品饮料行业净资产收益率、总资产报酬率、营业利润率和股本收益率指标均远高于其他行业，进而拔得头筹。位于食品饮料行业之后的是采掘行业，2021 年度采掘行业上市公司实现的营业利润为 4723.73 亿元，占全部上市公司实现营业利润的 12.68%，较 2020 年的 2219.46 亿元增长 112.83%。从各项财务效益基本指标和修正指标情况看，采掘行业各项指标均优于 A 股上市公司的平均水平，且均高于 A 股上市公司平均水平近 2 倍，涨势亮眼。可以看出，2021 年虽面临较为复杂的经济局势，但“十四五”规划的稳步推进保障了国民生活水平的稳定增长，同时采掘行业“油气增产七年行动计划”取得成效，石化行业利润历史上首次突破万亿元，头部企业涨幅显著，使得上述两个行业在财务效益方面维持良好表现。

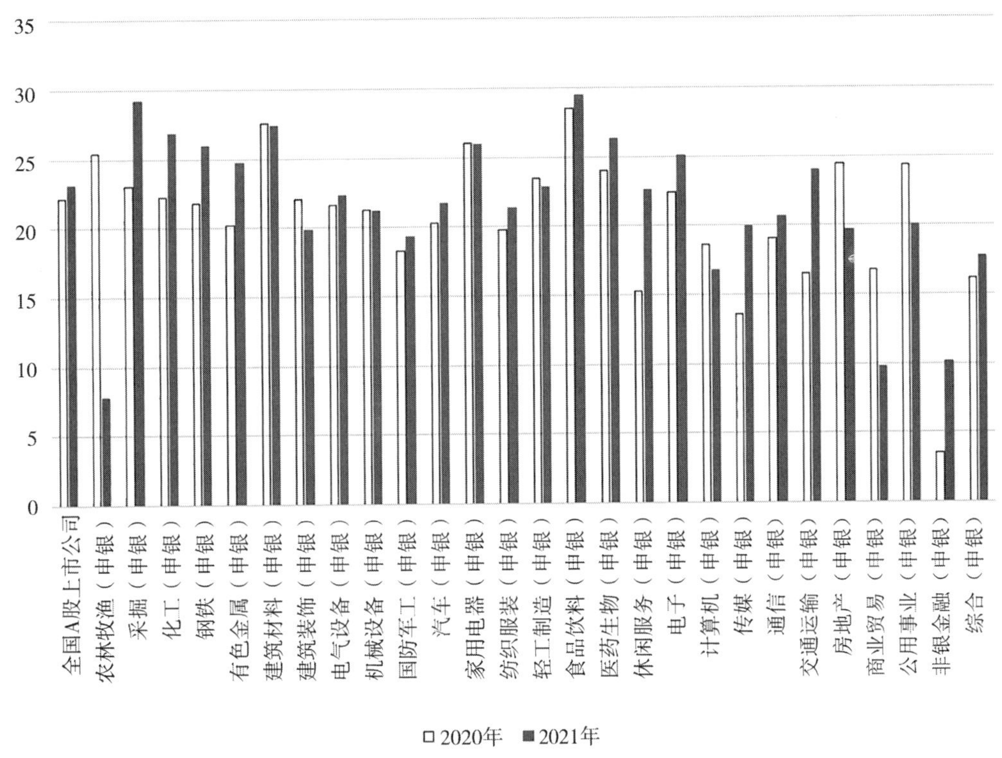

图 2-4 2020—2021 年各行业财务效益得分

此外，建筑材料、化工、医药生物、家用电器、钢铁和电子等行业财务效益状况评分均高于全部上市公司平均评分。建筑材料行业 2021 年上半年生产活跃，价格持续上涨，但仍较上年小幅下降，主要受下半年疫情多点散发、灾害性气候频发以及多地能耗“双控”政策影响，建材生产有所放缓，收入受损。化工行业财务效益状况评分较上年上涨显著，主要原因是在全球大力推行“碳中和”以及新能源转型的背景下，新能源汽车、光伏设备等需求逐步放量，作为上游的化工新材料需求步入快速成长期；同时，在我国政策扶持下，化工材料生产技术逐渐实现国产化替代，生产规模逐渐放量，需求大幅增加，带动行业整体收益水平上涨。在疫情和人口老龄化的两大背景下，医药生物的需求呈现爆发式增长，同时，国家出台的“十四五”生物医药产业规划，重点推动技术创新和高质量发展，研发投入和融资规模均持续高速增长，医药生物行业财务效益得分持续上涨。家用电器行业财务效益状况评分较上年稍有下降，主要由于房地产投资增速和商品房销售增速放缓，消费者对传统大家电的新增需求降低，收入受损明显，但蒸烤箱、电火锅、空气炸锅、吸尘器等小家电需求持续增长，带来新的收入增长，使其评分仍保持在较高水平。钢铁行业财务效益得分较上年上涨明显，主要受铁矿石、焦煤等原燃料价格大幅上涨，国民经济整体向好、全球大宗商品价格上涨等影响，钢材价格波动上行，营收稳定，利润大幅增长。电子行业财务效益得分同样较上年上涨显著，主要由于国产替代进程深化，带动电子信息制造业实现了营业收入和利润总额双增长的良好运行态势，同时网络安全及人工智能技术逐步成熟，持续的研发投入已初步实现成果。以上各行业扣除非经常性损益净资产收益率、总资产报酬率、营业利润率和股本收益率基本均高于全部上市公司平均水平，但盈利现金保障倍数则普遍低于平均水平。

有色金属、交通运输、轻工制造、休闲服务、电气设备、汽车、机械设备等行业财务效益状况评分与全部上市公司平均水平基本持平。从各项财务效益状况指标来看，以上各行业指标较全部上市公司平均水平略高或略低，与平均水平差距较小。其中有色金属、交通运输和休闲服务行业较上年增长明显，有色金属上涨主要由于大宗有色金属价格持续高位运行，铜、铝、镍价格大涨，行业效益创历史新高；交通运输上涨主要由于触底反弹，公路货运量迅速上升且较为稳定；休闲服务上涨主要由于疫情后呈快速恢复态势，消费动能强劲，同时线上消费场景加速迁移，下沉市场需求旺盛，整体收益增速亮眼。

农林牧渔、建筑装饰、计算机、商业贸易、房地产、非银金融、综合等行业财务效益状况评分显著低于全部上市公司平均水平。农林牧渔行业财务效益得分较上年大幅下降，全行业就收入和利润而言，除牧业、农业板块收入出现增长，其他行业均不同程度下滑，此外，由于猪肉供给过剩，猪肉价格一路下跌，较大影响行业整体收益水平。房地产行业同样下降显著，其主要原因在于部分头部房企暴发财务危机，恒大地产的跌幅高达90%左右。尽管非银金融行业的财务效益得分低于上市公司平均水平，但本年度已经较上年涨幅显著，主要由于深交所合并主板与中小板、北交所成立运行等多项政策利好，同时资管新规过渡期结束，私募基金再创历史新高，行业整体收益增加。

2. **规模分析**

图2-5列示了2020—2021年各规模上市公司财务效益状况得分情况。从图中可以看出，除规模在10亿~50亿元的上市公司2021年财务效益得分稍有下降外，其余各规模的上市公司均有不同程度的得分上涨，其中10亿元以下规模上市公司涨幅最为显著。

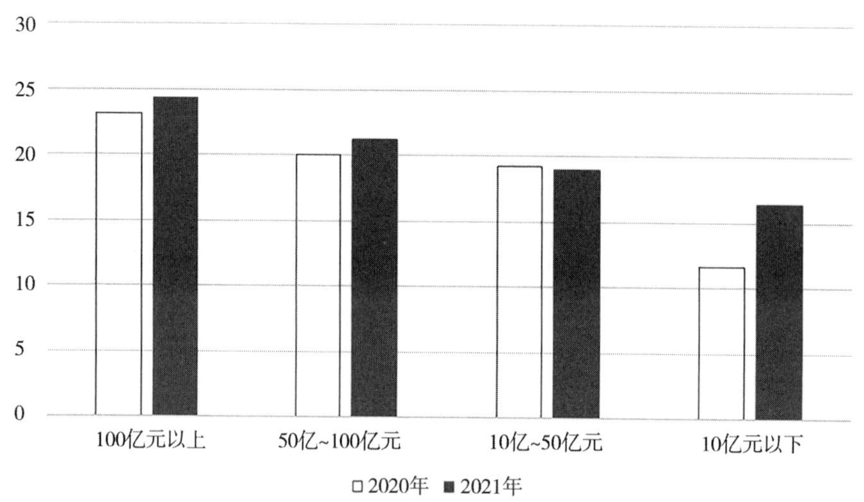

图2-5　2020—2021年各规模上市公司财务效益得分情况对比

100亿元以上规模企业实现利润总额31706.37亿元，占全部上市公司实现利润总额的87.08%，实现归属于母公司股东的净利润21306.54亿元，占全部上市公司实现归属于母公司股东的净利润的85.25%；2021年财务效益得分为24.32分，高于全部上市公司均值5.37%，扣除非经常性损益净资产收益率、总资产报酬率、盈利现金保障倍数和股本收益率均高于全部上市公司平均水平，营业利润率略低于全部上市公司平均值。

50亿~100亿元规模企业实现利润总额2578.16亿元，占全部上市公司实现利润总额的7.08%，实现归属于母公司股东的净利润2037.40亿元，占全部上市公司实现归属于母公司股东的净利润的8.15%；2021年财务效益得分为21.23分，低于全部上市公司平均值8.02%，总资产报酬率和营业利润率略高于全部上市公司平均水平，扣除非经常性损益净资产收益率、盈利现金保障倍数和股本收益率均低于全部上市公司平均值。

10亿~50亿元规模企业实现利润总额2064.71亿元，占全部上市公司实现利润总额的5.67%，实现归属于母公司股东的净利润1608.24亿元，占全部上市公司实现归属于母公司股东的净利润的6.43%；2021年财务效益得分为19.01分，低于全部上市公司平均值17.63%，扣除非经常性损益净资产收益率、总资产报酬率、营业利润率、盈利现金保障倍数和股本收益率均不同程度低于全部上市公司平均值，其中股本收益率较均值差距最大。

10亿元以下规模企业实现利润总额60.85亿元，占全部上市公司实现利润总额的0.17%，实现归属于母公司股东的净利润40.62亿元，占全部上市公司实现归属于母公司股东的净利润的0.16%；2021年财务效益得分为16.39分，低于全部上市公司平均值28.99%，扣除非经常性损益净资产收益率、总资产报酬率、营业利润率、盈利现金保障倍数和股本收益率均远低于全部上市公司平均值，且扣除非经常性损益净资产收益率为负值。

3. 中联五强

从上市公司的财务效益指标来看，排在前五家的情况如表2-2所示。

表2-2 2021年度中国上市公司财务效益中联五强排行榜

名次	股票代码	股票简称	财务效益得分
1	601225	陕西煤业	35
2	601919	中远海控	35
3	601088	中国神华	35
4	300750	宁德时代	35
5	600585	海螺水泥	35

2021年度中联上市公司业绩评价中财务效益得分并列第一名的上市公司共有10家，得分均为35.00分，前五名按总体评分排序。财务效益得分排名前五的上市公司企业规模均为100亿元以上企业，其中：2家来自采掘行业、1家来自交通运输行业、1家来自电气设备行业、1

家来自建筑材料行业。

以上公司 2021 年度整体财务效益状况除盈利现金保障倍数外，均远高于全部上市公司平均水平，宁德时代依靠动力电池领域全球 32.5%、国内市场 52.4%的市场份额，借助“碳中和”东风强势上榜，净利润同比增长超 150%。

（二）资产质量状况

2021 年度上市公司的资产质量状况平均得分为 9.27 分。评价资产质量状况的指标包括两个基本指标（总资产周转率和流动资产周转率）和两个修正指标（存货周转率和应收账款周转率）。资产质量状况各项指标年度变化情况见表 2-3 所示。

表 2-3 资产质量状况指标年度对比表

分析指标		2021 年上市公司平均值	2020 年上市公司平均值	增长率（%）
基本指标	总资产周转率（次）	0.67	0.6	11.67
	流动资产周转率（次）	1.25	1.14	9.65
修正指标	存货周转率（次）	3.07	2.64	16.29
	应收账款周转率（次）	8.97	8.07	11.15
综合得分		9.27	9.07	2.21

从上表可以清晰地看出，2021 年上市公司总资产质量较 2020 年上涨明显，各项资产质量状况基本指标和修正指标均较 2020 年有不同程度增长，说明总资产、流动资产、存货和应收账款分别对应的公司营运能力、存货管理情况、应收账款回收速度在 2021 年度都有所提升，经营质量呈上升趋势。

1. 行业分析

图 2-6 列示了 2020—2021 年度各行业资产质量状况得分，除采掘、轻工制造、通信、交通运输和公用事业等行业有不同程度增长，国防军工、汽车、家用电器、食品饮料和电子等行业不同程度降低外，其他各行业基本维持不变，其中采掘和通信行业变动幅度最大。

2021 年资产质量状况表现最突出的行业为采掘业，资产质量状况得分 14.74 分，流动资产、存货及应收账款周转率均处于较高水平，主要由于国内外对动力煤需求大幅增加，煤炭长期处于供不足需状态，同时成品油消费量增长，促使行业整体周转率提升，资产质量良好。通信行业得分同样增长显著，其各项指标与上市公司整体平均水平差距较小，较上年得分上涨主要源于数据中心、云计算、大数据业务涨势显著，但“芯片荒”的窘境依旧限制该行业的高速发展。其他行业中，商业贸易、农林牧渔、化工、钢铁、有色金属和交通运输等行业亦远远超出上市公司资产质量状况平均得分。这些行业各项资产质量状况指标均不同程度高于全部上市公司平均水平，其中应收账款周转率最突出，分别为 29.34 次、31.06 次、20.9 次、60.62 次、28.48 次和 20.8 次，均处于全部上市公司平均水平 2 倍以上。

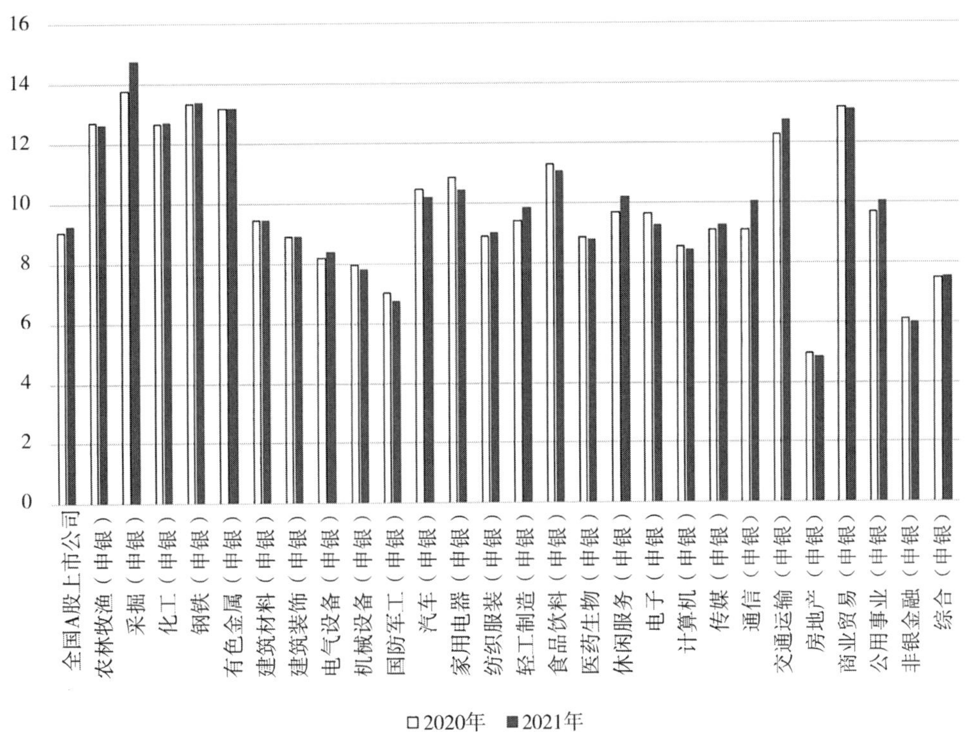

图 2-6 2020—2021 年各行业资产质量得分情况对比

此外，汽车、家用电器、食品饮料、休闲服务和公用事业等行业的资产质量状况得分都高于全部上市公司平均水平。从各项资产质量状况指标来看，除食品饮料行业的流动资产周转率和存货周转率，以及休闲服务、公用事业行业的总资产周转率略低于平均水平外，以上各行业的各项相关指标均高于全部上市公司平均水平或与其相当。食品饮料行业因其应收账款占收入比重较小的行业特点而具备较高的应收账款周转率。休闲服务行业得分较上年有所回弹，主要因疫情后呈快速复苏态势，线上消费动能强劲，下沉市场需求旺盛，整体资产质量较上年有所恢复。汽车、家用电器行业因其高销量、低库存的特点而具备较高的存货周转率。公用事业行业具有庞大的资产规模且属于重资产、自然垄断、政府约束力较强的行业，因此总资产周转率远远低于其他行业。从其他指标来看，公用事业行业存货周转率非常高，但应收账款周转率低于平均水平，说明投资的回收速度较慢，政府项目多为年结形式，行业特色较为明显。

建筑材料、建筑装饰、纺织服装、轻工制造、医药生物、电子、计算机和传媒等行业资产质量状况得分与全部上市公司平均水平相近，除传媒受行业特点影响存货周转率远高于全部上市公司平均水平，医药生物和计算机行业由于行业的应收账款额的快速增长，应收账转周转率远低于全部上市公司平均水平外，其余行业的各项指标在全部上市公司平均水平上下波动不大。电气设备、机械设备、国防军工、计算机、房地产、非银金融和综合等行业资产质量状况指标均低于全部上市公司平均水平。其中，房地产行业的资产质量状况得分最低，从各项指标来看，除应收账款周转率维持在 12.21%的较高水平外，其余各指标均大幅低于平均水平。其主要原因是房地产行业出台从传统的需求端抑制向供给侧增加进行转变，限购限贷限售叠加土拍收紧的政策，使得房价增速变缓，大量房屋搁置，成交率下降，存货周转变缓，资金紧张，同时受疫情影响，房地产销售面积和竣工面积降幅再次加大，此外，多家头部房企爆发财务危机，致使其资产质量指标明显低于全部上市公司平均水平。

2. **规模分析**

图 2-7 列示了 2020—2021 年各规模上市公司的资产质量状况得分情况。从图中可以看出，各规模的上市公司资产质量得分均小幅增长。

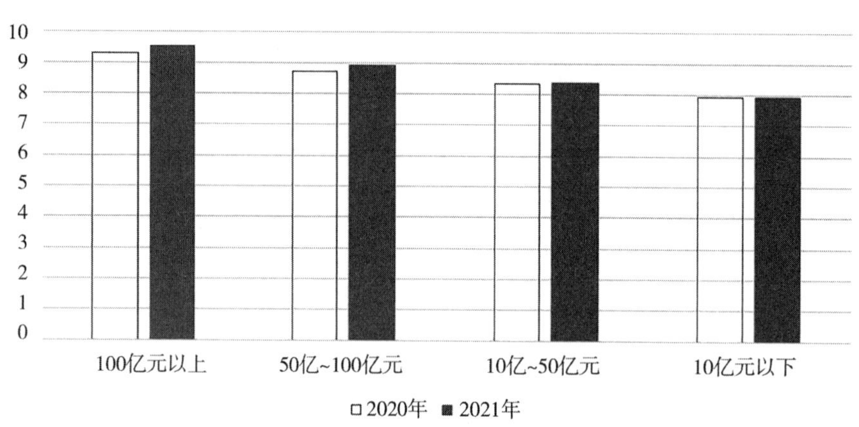

图 2-7　2020—2021 年各规模上市公司资产质量得分情况对比

100 亿元上规模企业 2021 年资产质量得分为 9.52 分，高于全部上市公司平均值 2.70%，较上年小幅增长，各项指标基本与全部上市公司平均值持平，其中存货周转率略低于全部上市公司平均水平，应收账款周转率略高于全部上市公司平均水平，为 10.15 次，高于全部上市公司平均值 1.18 次。

50 亿~100 亿元规模企业 2021 年资产质量得分为 8.92 分，低于全部上市公司平均值 3.78%，总资产周转率和存货周转率均略高于全部上市公司平均水平，应收账款周转率低于全部上市公司平均水平。

10 亿~50 亿元规模企业 2021 年资产质量得分为 8.37 分，低于全部上市公司平均值 9.71%，除存货周转率高于全部上市公司平均水平外，总资产周转率、流动资产周转率和应收账款周转率均低于全部上市公司平均值，应收账款周转率最显著，为 4.47 次，比全部上市公司平均水平低 4.5 次。

10 亿元以下规模企业 2021 年资产质量得分为 7.95 分，低于全部上市公司平均值 14.24%。除存货周转率高于全部上市公司平均值外，总资产周转率、流动资产周转率和应收账款周转率均低于全部上市公司平均值，尤其是应收账款周转率，为 3.6 次，低于全部上市公司平均水平 5.37 次。

3. **中联五强**

从 2021 年上市公司质量状况得分来看，有 99 家公司质量指标得分为满分，占上市公司总数的 2.18%。资产质量中联五强排行榜中列示的 5 家为资产质量得分相同情况下综合得分较高的上市公司。详见表 2-4。

表 2-4　2021 年度中国上市公司资产质量中联五强排行榜

名次	股票代码	股票简称	资产状况得分
1	601919	中远海控	15
2	600955	维远股份	15
3	603565	中谷物流	15
4	600803	新奥股份	15
5	301149	隆华新材	15

位列上市公司资产质量中联五强的公司中，有 2 家为交通运输行业，2 家为化工行业，1 家为公共事业行业。2021 年，交通运输行业整体资产质量小幅上涨，中远海控优势最为显著，成为“中国海运王”，主要源于欧美等主要港口依旧拥堵，持续利好航运，同时存货变现能力增强，存货周转率 44.57 次，应收账款周转率 32.42 次，均远高于上市公司平均水平。此外，化工行业头部企业受“碳中和”规划及新能源转型的影响，锂电池电解液等化工新材料需求激增，从而带动资产质量提升。

（三）偿债风险状况

2021 年度上市公司的偿债风险状况平均得分为 8.86 分。评价偿债风险状况的指标包括两个基本指标（资产负债率、已获利息倍数）和三个修正指标（速动比率、现金流动负债比率和带息负债比率）。偿债风险状况各项指标年度变化情况见表 2-5。

表 2-5　偿债风险状况比较表

分析指标		2021 年上市公司平均值	2020 年上市公司平均值	增长率（%）
基本指标	资产负债率（%）	59.93	60.33	-0.66
	已获利息倍数	5.28	4.3	22.79
修正指标	速动比率	83.33	82.33	1.21
	现金流动负债比率（%）	13.68	13.31	2.78
	带息负债比率（%）	38.47	40.72	-5.53
综合得分		8.86	8.89	-0.34

从上表可以看出，2021 年度上市公司整体偿债能力较 2020 年小幅下降，但整体来看偿债风险仍处于较低水平，具有较好的偿债能力。资产负债率逐年下降，去杠杆效应明显，已获利息倍数指标较上年增长显著，涨幅达 22.79%，整体支付利息能力较强，同时速动比率和现金流动负债比率较上年小幅增长，说明 2021 年 A 股上市公司整体短期偿债能力有所加强，整体偿债能力较好。

1. 行业分析

图 2-8 列示了各行业在 2020—2021 年偿债风险得分情况。其中，采掘、有色金属、休闲服务、传媒、交通运输等行业在偿债能力方面有较大程度的改善，农林牧渔、建筑装饰、计算机、房地产、商业贸易和公用事业等行业偿债风险上升明显。

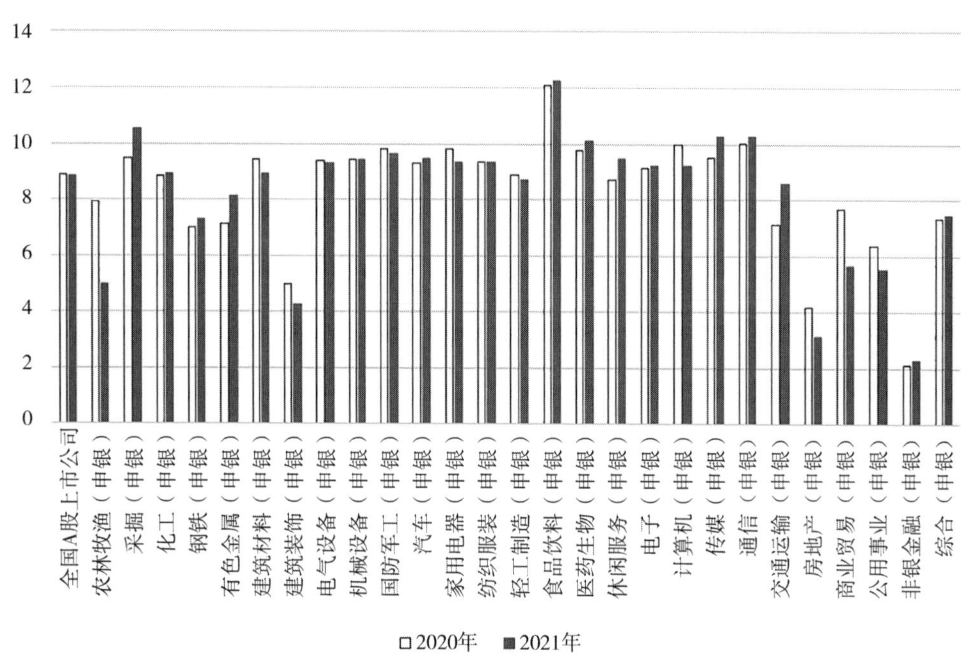

图 2-8　2020—2021 年各行业偿债风险得分情况对比

在偿债风险控制方面，表现较好的行业有食品饮料、采掘、传媒、通信、医药生物、国防军工等。以上行业的偿债风险得分均高于全部上市公司平均水平，偿债风险指标中已获利息倍数和速动比率均高于或约等于全部上市公司的均值，同时资产负债率和带息负债比率均基本低于全部上市公司均值，反映出较强的偿债能力。其中采掘行业偿债能力增长最为显著，其已获利息倍数较上年增长超 2 倍，盈利能力涨速可观，同时资产负债率和带息负债比率下降，负债占比下降。此外，电气设备、机械设备、汽车、家用电器、纺织服装、休闲服务和电子等行业的偿债风险得分也高于全部上市公司平均得分。其中计算机行业因疫情持续影响，导致消费疲软，营业收入增速较低，已获利息倍数和现金流动负债比率均较上年呈下降趋势，整体获利情况和现金流状况下降明显，偿债风险有所上升；传媒行业因监管政策适度修正、产业整合升级、疫情期间互联网广告和网络游戏等业务量激增，现金对短债的覆盖倍数超过 1，短期偿债能力同比有所提升，已获利息倍数较上年增长近 3 倍。

农林牧渔、钢铁、有色金属、建筑装饰、交通运输、房地产、商业贸易、公用事业、非银金融和综合等行业偿债风险得分低于全部上市公司平均水平。其中，尤以非银金融、房地产和建筑装饰行业得分最低。房地产行业因坚持“房住不炒”基调，房企业务转向稳健化发展，对整体盈利能力影响较大，其已获利息倍数和现金流动负债比率均远低于全部上市公司均值，并且资产负债率常年保持较高比率，因而其偿债能力一直保持在较低水平，且呈下降态势，现金流动负债比率最为突出，仅为4.31%，与全部上市公司平均水平差距较大，说明行业内公司资金压力大，偿债风险上升，从而导致偿债风险得分较低。农林牧渔和商业贸易行业偿债风险较上年增长显著，主要由于行业资产负债率大幅提升，其中农林牧渔行业受周期影响较大，生猪养殖周期下行，经营现金流不及预期，猪企扩张难度加大，杠杆水平拉升；商业贸易行业仍受疫情影响较为严重，已获利息倍数仅为0.41，整体偿债风险较高。

2. 规模分析

图2-9列示了2020—2021年各规模上市公司的偿债风险状况得分情况。从图中可以看出，2021年100亿元以上和50亿~10亿元规模上市公司的偿债能力与2020年基本持平，10亿~50亿元规模上市公司偿债风险得分较上年小幅下降，10亿元以下规模上市公司较上年小幅上涨，且随上市公司规模减小，偿债能力逐步提升。

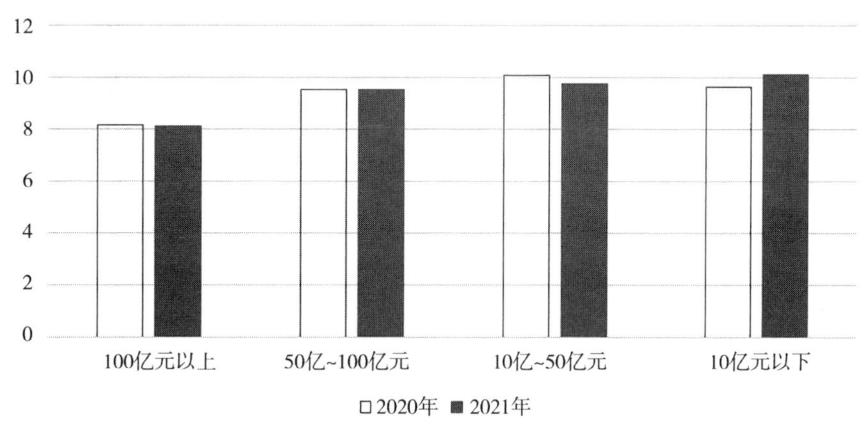

图2-9 2020—2021年各规模上市公司偿债风险得分情况对比

100亿元以上规模企业2021年偿债风险得分为8.15分，相比全部上市公司平均值低约8.01%，较上年小幅下降。资产负债率、带息负债比率和现金流动负债比率高于全部上市公司平均水平；已获利息倍数和速动比率低于全部上市公司平均水平，其中速动比率为76.86%，较全部上市公司平均水平低约7.76%。

50亿~100亿元规模企业2021年偿债风险得分为9.55分，相比全部上市公司平均值高约7.79%。已获利息倍数、速动比率和现金流动负债比率均高于上市公司平均水平，其中速动比率为119.93%，较全部上市公司平均水平高约43.92%；资产负债率和带息负债比率低于全部上市公司平均水平。

10亿~50亿元规模企业2021年偿债风险得分为9.76分，相比全部上市公司平均值高10.16%。其中已获利息倍数和速动比率均远高于全部上市公司平均水平，速动比率为157.03%，较全部上市公司平均水平高88.44%；资产负债率、带息负债比率和现金流动负债比率低于全部上市公司平均水平，其现金流动负债比率较上年有所下降，故整体偿债能力得分降低。

10亿元以下规模企业2021年偿债风险得分为10.14分，比全部上市公司平均值高约14.45%。资产负债率、已获利息倍数、带息负债比率和现金流动负债比率均远低于全部上市公司平均水平，速动比率则远高于上市公司平均水平，高达207.2%，较全部上市公司平均水平高约1.49倍。

从资产规模可以看出，100亿元以上规模上市公司偿债能力最低，主要受速动比率较低、同时负债占比较高影响，2021年该规模上市公司各项指标较上年稳定，速动比率小幅上涨，但仍低于上市公司平均水平，资产负债率和带息负债比率小幅下降，但仍与上市公司平均水平有一定差距；10亿元以下规模企业负债占比最低，但盈利能力同样处于较低水平，使得其偿债能力稳定性较差，而较高的速动比率保障了其短期偿债能力。

3. **中联五强**

从上市公司的偿债风险指标来看，2021年偿债风险得分并列最高分15.00分的共有6家，偿债风险状况中联五强排行榜中列示的5家为偿债风险得分相同情况下综合得分较高的上市公司。排在前五家的情况如表2-6所示。

表2-6　2021年度中国上市公司偿债风险状况中联五强排行榜

名次	股票代码	股票简称	偿债风险得分
1	300726	宏达电子	15
2	688151	华强科技	15
3	300770	新媒股份	15
4	605016	百龙创园	15
5	002558	巨人网络	15

总体看来，上市公司偿债能力得分排名前五的上市公司中，2家来自传媒行业，1家来自电子行业，1家来自国防军工行业，1家来自农林牧渔行业。从偿债能力分析指标来看，资产负债率普遍较低，最高仅为18.07%。较低的负债导致速动比率和现金流动负债比率普遍较高，而由于付息债务较少，带息负债比率最高仅为2.2%，已获利息倍数均高于上市公司平均水平10倍以上。由此，表中所列上市公司具备优良的偿还债务能力，但过高的现金流动负债比率也会制约其盈利能力的发展。

（四）发展能力状况

2021年度上市公司的发展能力状况平均得分为12.34分。评价发展能力状况的指标包括两个基本指标（营业收入增长率和资本扩张率）和四个修正指标（累计保留盈余率、三年营业收入平均增长率、总资产增长率和营业利润增长率）。2021年上市公司发展能力各项指标年度变化情况见表2-7。

表 2-7 发展能力状况比较表

分析指标		2021 年上市公司平均值	2020 年上市公司平均值	增长率（%）
基本指标	营业收入增长率（%）	22.02	2.91	656.70
	资本扩张率（%）	11.29	11.25	0.36
修正指标	累计保留盈余率（%）	41.52	40.8	1.76
	三年营业收入平均增长率（%）	11.08	8.5	30.35
	总资产增长率（%）	10.88	10.58	2.84
	营业利润增长率（%）	26.49	2.48	968.15
综合得分		12.34	12.17	1.40

上市公司的发展能力是判断公司能否持续稳定经营的一个重要依据，2021 年度上市公司整体发展能力较上年有所提升，各项指标均较上年不同幅度增长，其中营业收入增长率和营业利润增长率较 2020 年上涨最为显著，涨幅分别为 656.70%和 968.15%，资本扩张率、累计保留盈余率和总资产增长率较上年变化幅度较小，仅有小幅提升。整体来看，2021 年各行业上市公司营业收入及营业利润大幅增长，对比疫情前的 2019 年，超七成公司营业收入、六成公司净利润实现增长，疫情影响逐步消退，因而整体发展能力得到大幅改善。

1. 行业分析

图 2-10 列示了各行业上市公司在 2020—2021 年发展能力得分情况，可明显看出各行业变动幅度较大，采掘、化工、钢铁、建筑材料、休闲服务、交通运输、非银金融等行业较上年有较大程度的改善，农林牧渔、建筑装饰、国防军工、食品饮料、计算机、房地产、商业贸易、公用事业等行业发展能力得分有较大幅度下降。各行业发展能力得分波动明显，主要受政策变动及经济环境波动影响，休闲服务、农林牧渔和非银金融行业变动幅度最大，其中休闲服务行业因 2020 年受疫情影响，营业收入及营业利润呈负增长态势，2021 年因消费习惯加速转变，线上与下沉市场持续深化，总体呈现快速恢复的态势，消费动能强劲，营业收入及利润增长率大幅提升；农林牧渔行业整体受周期下行影响，生猪养殖因猪肉供给过剩，猪价触底，收益受损，营业利润增长率为-121.85%，行业整体发展能力较低；非银金融行业较往年发展能力得分有所提高，主要受益于资本市场深入改革，多项利好政策出台，但整体得分仍处于较低水平。

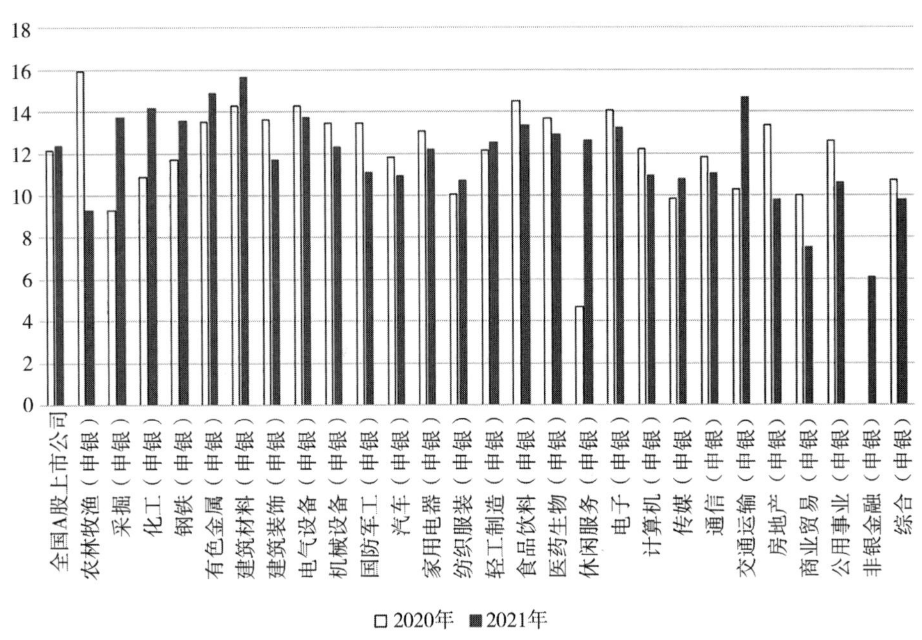

图 2-10　2020—2021 年各行业发展能力得分情况对比

2021 年发展能力评分较高的行业有建筑材料、化工、交通运输、有色金属、采掘、钢铁等，以上行业发展能力评分都在 13. 50 分以上，各单项指标表现差异性较大，但以上行业营业收入增长率均超过全部上市公司平均水平，资本扩张率和总资产增长率指标中仅钢铁行业略低于平均水平，营业利润增长率更是除建筑材料行业外均远超平均水平。建筑材料行业以 15. 66 分高居榜首，其资本扩张率位列各行业之首，高达 25. 69%，营业收入增长率和总资产增长率均超 30%，整体发展能力持续保持较高水平，但因中国房地产投资额增速及基础设施投资增速不断放缓，其得分增速有所下降。交通运输行业得分较上年大幅增长，各项指标均远超全部上市公司平均水平，营业利润增长率高达 512. 25%。采掘和化工行业同样较上年增长显著，其营业收入增长率和营业利润增长率均远超上市公司平均水平，其中采掘行业主要因行业位于高景气周期，煤炭营业收入及利润继续实现双增长，石化行业利润创历史新高，全行业经济运行业绩超预期；化工行业主要源于“碳中和”规划以及新能源转型的大力推进，新能源汽车、光伏设备等需求逐步放量，作为上游的化工新材料需求步入快速成长期，进而行业整体发展能力得以显现。

此外，电气设备、轻工制造、食品饮料、医药生物和电子等行业发展能力得分也高于全部上市公司平均水平。以上行业较上年得分变动较小，除轻工制造行业小幅上涨外，其他行业均存在小幅下调。食品饮料行业下降幅度相对较大，其营业利润增长率较上年有所降低，但资本扩张率和营业收入增长率小幅提升，虽面临行业指数回调，但行业整体发展较为稳定，疫情影响趋缓。医药生物行业较上年发展能力得分小幅回落，但仍处于较高水平，营业收入增长率虽略低于上市公司平均水平，但保持较高的资本扩张率，疫情催化下，医药制造业营业收入和利润增速在 2021 年大幅提升，同时疫情相关检测和疫苗等需求旺盛，带动行业营业收入显著提升，从而具有较高发展能力。电气设备行业得分虽较上年小幅下降，但其三年营业收入平均增长率高达 20.08%，说明该行业近三年均保持较高发展能力。

农林牧渔、建筑装饰、国防军工、计算机、房地产和商业贸易等行业发展能力得分较上年下降明显，均跌到平均值以下，其中农林牧渔和房地产行业下降最为明显，营业利润增长率均为负，农林牧渔行业主要受周期性产业下行影响严重，同时由于供给过剩导致猪肉价格一路下跌，行业整体资本扩张率和收益情况均处于较低水平；房地产行业因坚持“住房不炒”基调，购房需求回落，资本扩张率和营业收入增长率均处于较低水平。汽车、纺织服装、传媒、通信等行业发展能力得分较上年变化较小，仍处于整体平均值以下，行业发展能力具有较大增长空间。

2. **规模分析**

图 2-11 列示了 2020—2021 年各规模上市公司的发展能力状况得分情况。从图中可以看出，除 10 亿~50 亿元规模上市公司发展能力较上年有所下降外，其余各规模上市公司发展能力得分较上年均有不同程度上升，其中 10 亿元以下规模上市公司发展能力上升幅度最大，较上年上升 24.91%，各规模企业间发展能力得分差异有所减小。

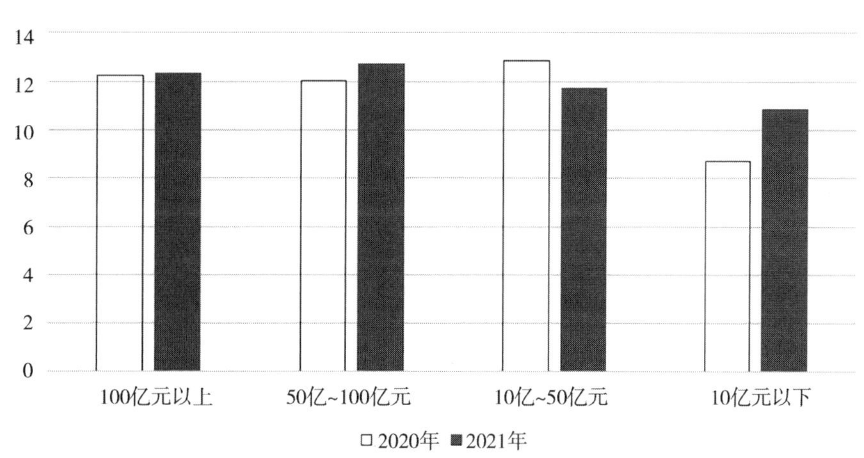

图 2-11 2020—2021 年各规模上市公司发展能力得分情况对比

100 亿元以上规模企业 2021 年发展能力得分为 12.35 分，高于全部上市公司平均值 0.08%，各指标与上市公司整体平均值差距较小，其中资本扩张率、总资产增长率和营业利润增长率稍低于上市公司平均值，营业收入增长率、累计保留盈余率和三年营业收入平均增长率略高于上市公司平均值，整体成长能力仍保持高位。

50 亿~100 亿元规模企业 2021 年发展能力得分为 12.71 分，高于全部上市公司平均值 3.00%，除累计保留盈余率和三年营业收入平均增长率略低于上市公司平均水平外，其余各项指标均不同程度高于平均水平，其中营业利润增长率高达 46.43%，说明整体利润增长较为可观，较上年改善显著。

10 亿~50 亿元规模企业 2021 年发展能力得分为 11.72 分，低于全部上市公司平均值 5.02%，较上年下降明显，除资本扩张率、总资产增长率略高于全部上市公司平均水平外，其余各项指标均低于整体平均值，营业利润增长率仅为 22.35%，为所有规模企业中最低值，较上年高达 111.47%的营业利润增长率下降显著。

10 亿元以下规模企业 2021 年发展能力得分为 10.88 分，低于全部上市公司平均值 11.83%。各项指标差异较大，累计保留盈余率为-21.23%，营业利润增长率却远高于上市公司平均值，高达 287.17%，因而整体得分较 2020 年增长显著，但发展能力得分仍位于各规模企业最低值。

3. **中联五强**

从上市公司的发展能力指标来看，共有 9 家上市公司以 20 分的满分获得上市公司发展能力最高分。发展能力中联五强排行榜中列示的 5 家为发展能力得分相同情况下综合得分较高的上市公司。如表 2-8 所示。

表 2-8 2021 年度中国上市公司发展能力状况中联五强排行榜

名次	股票代码	股票简称	偿债风险得分
1	601919	中远海控	20
2	002648	卫星化学	20
3	002064	华峰化学	20
4	600309	万华化学	20
5	300750	宁德时代	20

发展能力得分排名前五的上市公司企业规模均为 100 亿元以上企业，其中：4 家均来自制造业，1 家来自交通运输行业。上述上市公司发展能力状况得分较高的原因主要有：营业利润和营业收入增长率处于较高水平，远超全部上市公司平均值；企业核心竞争力提高；行业景气度回升；“碳中和”背景下，政府对光伏发电等新能源设施的大力扶持等。宁德时代作为新能源行业巨头，在 2021 年业绩亮眼，营业收入增长率达 159.06%，其业务多围绕产业发展的先锋方向，成长属性突出。

（五）市场表现状况

2021 年度上市公司的市场表现状况平均得分为 9.23 分，较上年得分小幅上升。评价市场表现状况的指标包括市场投资回报率和股价波动率。

2021 年全部上市公司平均股价波动率为 108.84%，较 2020 年（105.04%）小幅上升，说明 2021 年度上市公司股价较 2020 年波动幅度增长，主要因上半年经济复苏速度加快，下半年因疫情反复等原因回落明显，导致整体经济波动较大。市场投资回报率为 27.90%，较 2020 年增长明显，说明 2021 年整体 A 股市场虽面临较为复杂的经济局面，但表现仍较为稳定，总市值首度突破 90 万亿元，但较 2015 年 74.18%的市场投资回报率水平仍具有较大差距。

2014—2016 年，上市公司的股价与其整体业绩之间的正相关关系逐渐减弱，甚至背离情况显著。2017 年以后上市公司股价与其整体业绩间的正相关关系逐渐显现，2021 年随着疫情影响逐渐削弱，"十四五"规划稳步推进，A 股上市公司整体业绩涨幅明显，带动 2021 年上市公司的市场投资回报率大幅回升，同比增长 75.80%，二者间的正相关关系凸显。

1. **行业分析**

图 2-12 列示了各行业在 2020—2021 年度市场表现得分情况。有色金属行业较上年小幅上涨，摘得市场表现桂冠，而 2020 年得分较高的食品饮料和国防军工行业较上年下降明显，得分仅为 7.96 分和 8.13 分，分别较上年降低 31.50%和 25.41%，同样得分下降明显的还有农林牧渔行业，降至全部上市公司平均水平之下，为 7.88 分，较上年下降 16.26%。此外，建筑装饰、纺织服装、传媒、通信、交通运输、非银金融、公用事业等行业均较上一年度有更加优异的市场表现。钢铁、建筑材料、电气设备、生物医药等行业在 2021 年的市场表现较 2020 年有不同幅度的下降。

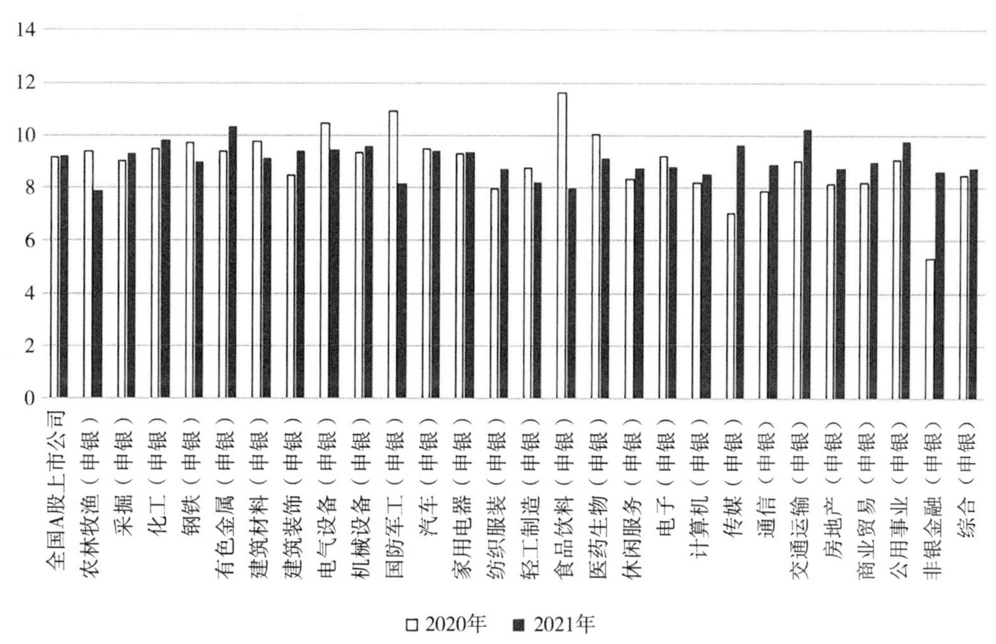

图 2-12 2020—2021 年各行业市场表现得分对比

2021 年，在市场表现方面，有色金属行业以 10.31 分摘得桂冠，较上年增长 9.68%，该行业市场投资回报率高达 56.91%，同样位于各行业顶端，但与此同时该行业也伴随着较高的股价波动率，为 138.10%，有色金属行业的高市场回报率主要受益于经济复苏影响，该行业处于高景气周期，大宗有色金属价格持续高位运行，新能源产业需求快速提升，铜、铝、镍、稀有金属价格大涨，产销增长，行业效益创历史新高。其他得分较高的行业包括化工、建筑装饰、电气设备、机械设备、汽车、采掘、公用事业等，从各项指标来看，除建筑装饰行业市场投资回报率略低于上市公司平均值外，其余各行业均高于平均水平，股价波动率除建筑装饰行业（82.8%）和公用事业行业（102.70%）外，也高于全部上市公司平均水平，其中电气设备行业市场投资回报率和股价波动率均处于较高水平。

2021 年，市场表现得分较低的行业包括农林牧渔、国防军工、轻工制造、食品饮料、纺织服装、计算机、休闲服务等行业。其中农林牧渔、国防军工、食品饮料行业市场表现得分均较上年有明显下降，市场投资回报率普遍低于全部上市公司平均水平。

2. **规模分析**

图 2-13 列示了 2020—2021 年各规模上市公司市场表现状况的得分情况。从图中可以看出，规模在 10 亿~50 亿元和 10 亿元以下的上市公司市场表现得分上升，规模在 100 亿元以上和 50 亿~100 亿元的上市公司市场表现得分下降，其中 10 亿元以下规模上市公司得分变动幅度最大，由 2020 年 8.02 分升至 9.32 分。总体来看，各规模上市公司市场表现发生反转，整体得分差距缩小，且中小规模企业市场表现得分高于较大规模企业。

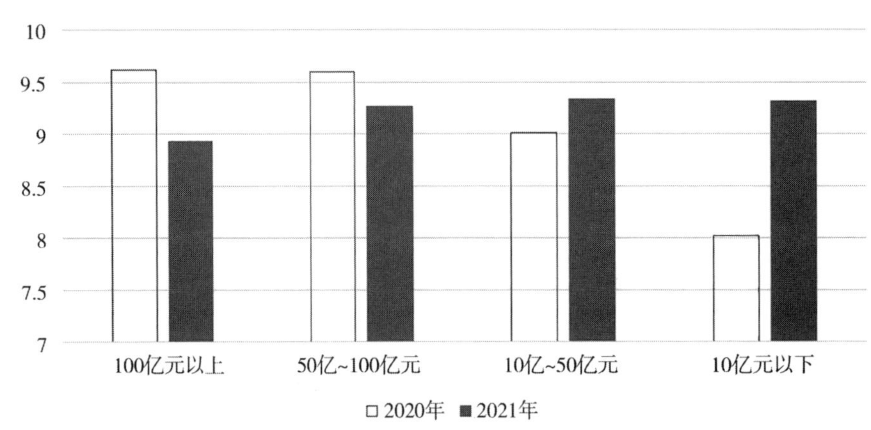

图 2-13　2020—2021 年各规模上市公司市场表现得分情况对比

100 亿元以上规模企业 2021 年市场表现得分为 8.93 分，较全部上市公司平均水平得分低 3.25%，投资回报率为 22.44%，低于全部上市公司平均水平。

50 亿~100 亿元规模企业 2021 年市场表现得分为 9.27 分，较全部上市公司平均水平高 0.43%，投资回报率为 30.45 %，高于全部上市公司平均水平。

10 亿~50 亿元规模企业 2021 年市场表现得分为 9.34 分，较全部上市公司平均水平高 1.19%，投资回报率为 29.26%，高于全部上市公司平均水平。

10 亿元以下规模企业 2021 年市场表现得分为 9.32 分，较全部上市公司平均水平高 0.98%，投资回报率为 30.28%，高于全部上市公司平均水平。

从不同规模上市公司的市场表现来看，2021 年各规模的上市公司市场表现得分和市场投资回报率差距不大，100 亿元以上和 50 亿~100 亿元规模的上市公司市场投资回报率和股价波动率均较上年小幅上涨，整体市场稳定度呈下降态势；10 亿~50 亿元和 10 亿元以下规模的上市公司市场表现得分均有不同幅度增长，其中 10 亿元以下规模上市公司涨幅最高，市场投资回报率较上年显著提升，主要源于在公募发行趋缓、私募大幅扩容的资金结构下，中小市值企业 2021 年实现“逆袭”，2021 年下半年中小成长股整体持续走高。

3. 中联五强

从上市公司的市场表现指标来看，2021 年共有 11 家上市公司以 15 分的满分获得上市公司市场表现最高分。市场表现中联五强排行榜中列示的 5 家为市场表现得分相同情况下综合得分较高的上市公司。如表 2-9 所示。

表 2-9 2021 年度中国上市公司市场表现状况中联五强排行榜

名次	股票代码	股票简称	市场表现得分
1	301035	润丰股份	15
2	600935	华塑股份	15
3	301129	瑞纳智能	15
4	603230	内蒙新华	15
5	301111	粤万年青	15

2021 年市场表现得分排名前五的上市公司中：4 家来自制造业，1 家来自传媒行业。其中，1 家上市公司的企业规模为 100 亿元以上，1 家企业规模为 50 亿~100 亿元，2 家的企业规模为 10 亿~50 亿元，1 家企业规模为 1 亿~10 亿元以上，中小规模企业在 2021 年表现相对亮眼。市场表现得分排名前两名均为化工行业上市公司，化工行业的高市场回报率主要源于在能源转型的推动下，新能源材料、光伏等新兴产业带动上游基础化工子板块需求增长，同时能源品价格上涨也支撑了大宗化学品价格高位运行，行业景气持续，产业不断升级。

资料链接：

2021 年度中国资本市场十大关键词

注册制：2021 年，科创板、创业板注册制改革平稳推进，北交所设立并开市运行。注册制正从局部试点向全市场推开，IPO 项目数量及募资额均刷新了历史纪录，逾七成公司以注册制方式发行。

投资者数量：A 股主要指数震荡上行，投资者跑步入场的热情同样未减，2021 年 A 股新增投资者逾 1800 万。

北向资金：北向资金大举增配 A 股 4321.7 亿元，刷新 2019 年 3517.43 亿元的净买入纪录，创沪深股通开通以来新高，以新能源为代表的高端制造业获得了北向资金的大幅加仓，北向资金向成长风格转变。

日成交额：2021 年下半年开始，A 股市场成交持续放量，“万亿成交”成为常态。

零容忍：首例特别代表人诉讼案——康美案一审判决，“五洋债”二审宣判，切实感受到了监管层落实“零容忍”的态度和决心，伴随中共中央办公厅、国务院办公厅印发《关于依法从严打击证券违法活动的意见》，资本市场法治供给持续升级。

新股：2021 年全年沪深两市共有 483 只新股上市，上市首日平均涨幅为 164.32%，16 支只新股上市首日破发，新股破发导致打新收益率下降，倒逼机构投资者主动提升定价能力，IPO 定价真正向市场化方向转变。

市场风格：中证 500、中证 1000 等表征中小盘风格的指数收获超过 15%的全年涨幅，而象征大盘风格的上证 50 指数则下跌 10%。由此来看，在公募发行趋缓、私募大幅扩容的资金结构下，中小市值风格 2021 年实现“逆袭”。

热点：股市“新词”频出，“宁组合”“碳中和”迎风起舞，周期股王者归来，“元宇宙”横空出世，“有锂走遍天下”“风光伏美”“氢”云直上、“镁你不行”等热点词汇串起了一整年的板块轮动行情。

牛股：在全球能源短缺背景下大宗商品价格上涨，化工等传统周期板块成为 2021 年牛股的高发地，湖北宜化以全年 565.94%的巨大涨幅拔得头筹。

新能源赛道：“双碳”目标正式写入政府工作报告，国内 A 股市场“碳中和”概念股受到资金的追捧，与之相关的新能源、绿电、储能等概念股纷纷大涨，翻倍甚至数倍的大牛股频频出现，“碳中和”成为市场资金追捧的重要对象之一。

资料来源：《上海证券报》。

二、上市公司业绩评价结果总体分析

（一）A 股业绩稳增，科创板领衔高增长

2021 年，沪深北三市上市公司实现营业收入 54.84 万亿元，同比增长 22.02%，归属于母公司所有者的净利润（简称“归母净利润”）合计 2.50 万亿元，同比增长 27.08%。沪深北三市在北交所开市运行、明确资本市场发展新方位、注册制改革稳步推进、有效的疫情防控举措和积极的复工复产政策等多重利好因素影响下，克服新冠肺炎疫情和严峻复杂国际形势的不利影响，营业收入与净利润均同比稳增。

具体来看，纳入本次业绩评价范围的 4543 家上市公司中，利润业绩同比增长的上市公司合计 2695 家，占比 59.32%，较 2020 年的 58.95%有所上涨；3829 家上市公司实现盈利，占比 84.28%；2508 家上市公司盈利过亿元，超过半数。从沪深北三市情况看，代表硬科技的科创板公司，在创新药、芯片等新兴产业的“加持”下，营业收入、净利润两项指标均位居各板块顶端，领衔资本市场高质量增长。

1. 沪市业绩稳定增长，七成公司超疫前水平，科创板保持高增长

2021 年，沪市公司共实现营业收入 37.18 万亿元，同比增长 21.75%；共实现归母净利润 1.70 万亿元，同比增长 44.99%。总体上看，沪市公司 1939 家上市公司实现超全国 GDP

三成的营业收入，充分展现了国民经济的中流砥柱作用。

2021年沪市主板九成申万行业均实现盈利，逾五成行业实现营业收入、净利润双增长，逾三成行业利润同比增幅超30%，近八成行业盈利超2019年同期水平。石油开采业、有色金属矿采选业、煤炭行业等上游周期性行业在经济复苏、需求回升及原材料价格上升的带动下，盈利普遍好转；化工、钢铁行业等中游制造业产业链前端的企业利润增速加大，通用设备、专用设备行业等产业链后端的企业受材料价格传导，大部分面临成本上浮压力；下游终端消费行业整体有所复苏，文体娱乐、检测试剂等行业净利润大幅增长，但在多重因素扰动下，航空运输业等部分行业仍然面临阶段性困难。

"硬科技"领域的科创板公司继2020年产业集聚和品牌效应的显现，在创新药、芯片等新兴产业的带领下，2021年度科创版整体营业收入增长36.98%，归母净利润增长62.93%，成为激活创新动能的主力军。例如，中芯国际2021年实现营业收入356.31亿元，同比增长29.7%；归属于上市公司股东的净利润107.33亿元，同比增长147.7%。

2. 深市整体业绩稳中向好，基本面扎实稳健，创业板进入"千企时代"

2021年，深市公司共实现营业收入17.60万亿元，同比增长22.56%，其中近八成公司收入正增长，超八成公司实现盈利，近五成公司归母净利润正增长。此外，在全球经济复苏放缓的情况下，2021年深市公司的海外收入依旧保持27.78%的增速，展现较强韧性。龙头公司"基本盘"越扎越稳，为深市整体业绩的平稳增长奠定了良好基础。创业板在2021年正式进入"千企时代"，目前已达到1084家，数量增加的同时，业绩持续保持高增长。2021年营业收入和归母净利润齐头并进，分别增长23.45%和23.87%。九大战略新兴产业中新能源汽车的营业收入和归母净利润均倍增，在业绩高增长的同时，电子、医药生物、新能源等板块集聚效应显著。

3. 北交所盈利能力持续增强，聚集效应初显

疫情、大宗商品涨价等因素给经济造成冲击，中小企业生产经营承受了较大压力，资本市场直接融资和公司管理效率提升给企业经营恢复提供了保障。81家北交所上市公司中，48家归母净利润同比正增长，15家净利润增幅超过30%，归母净利润5000万元以上的公司占比超五成。其中佳先股份、贝特瑞2021年营业收入分别同比增长232.4%、135.7%，贝特瑞、吉林碳谷、佳先股份、晶赛科技、诺思兰德等5家公司的净利润增速超过1倍。作为服务创新型中小企业的主阵地，北交所聚集了大量的"专精特新"企业，提振市场信心，激励更多的优质中小企业积极进入资本市场健康发展，强势拉动北方经济建设，推动区域均衡发展。

（二）半导体、有色金属、新能源行业表现亮眼

2021年由于原材料价格上涨、半导体设备短缺、全球产能下降，5G、AI、IOT以及汽车智能化发展推动芯片需求猛增，中美关系影响及芯片制造行业的高门槛及技术壁垒导致

全球出现“芯荒”。受益于全球芯片价格上涨，2021年A股半导体板块表现突出，八成以上公司净利润实现了增长，从个股来看，韦尔股份、中环股份、长电科技、兆易创新、华润微、卓胜微的归母净利润均超过20亿元，位于A股半导体公司前列；士兰微、国民技术、北京君正分别以归母净利润增速2145.25%、1849.09%和1165.27%的爆发式增长排在前三位，表现抢眼。

2021年受益于经济复苏，有色金属行业迎来新能源革命和新材料进阶双重机会。一方面“双碳”背景下，锂、钴市场被熟知，有机硅、磷、铟等行业同样崭露头角；另一方面，中国新材料产业从规模化发展向高质量发展进阶。大多有色金属产销增长，元素周期表中的镁、氟、氢、磷、锂主题投资大热。2021年国内现货市场铜年均价格68490元/吨，创历史新高，同比上涨40.5%；国内现货市场铝年均价格达到18946元/吨，年均价格创14年来的新高，同比上涨33.5%。12月31日工业级碳酸锂华东地区均价为266000元/吨，同比上涨432%，电池级碳酸锂华东地区均价为282000元/吨，同比上涨了416.48%，轻稀土镨钕系同时表现亮眼。

“双碳”目标指明方向，光、风电、海洋等新能源以及产业链高景气度，一批专精特新“小巨人”企业脱颖而出。由于产能的助推，光伏产业链的价格狂飙，但上游产能匹配、中游产能过剩、下游需求抑制导致终端电站需求阻滞；大全能源、金博股份等光伏产业链上游企业归母净利润均实现翻倍。风电设备制造业进入了黄金期，新增装机量约10.8GW，我国一跃成为全球最大海上风电场。新能源汽车需求旺盛，销量大幅增长，动力电池装机量激增，长远锂科、容百科技归母净利润分别同比增长538.17%、327.59%。

（三）积极财政政策持续升温，减税降费、缓税缓费“组合拳”持续激发市场主体活力

2020年，为应对新冠肺炎疫情冲击，我国连续发布实施了7批28项减税降费措施。2021年，围绕支持经济运行在合理区间、实现“十四五”良好开局、激发市场主体活力、服务高质量发展，我国进一步打出“既有减税降费政策又有缓税缓费措施”的税收优惠政策“组合拳”，包括突出强化小微企业税收优惠、将制造业企业研发费用加计扣除的比例提高到100%、延长疫情期间出台的小规模纳税人减征增值税等政策执行期、继续执行制度性减税政策等。2021年全年新增减税降费约1.1万亿元，为制造业中小微企业办理缓缴税费2162亿元，为煤电和供热企业办理“减、退、缓”税271亿元。

从A股上市公司的税负情况看，2019—2021年平均税负率（支付的各项税费/营业总收入）分别为7.06%、6.66%、6.22%，连年持续下降显著。其中，实体企业税负下降最为明显，尤其是石油石化、公用事业、煤炭、社会服务等行业税负下降最大。可见，本轮财政体制改革减税力度很大程度地减轻了上市公司的负担，逆经济形势增长活力尽现。从各行业税负情况看，历年税负率最高的行业是食品饮料和房地产。详见图2-14。

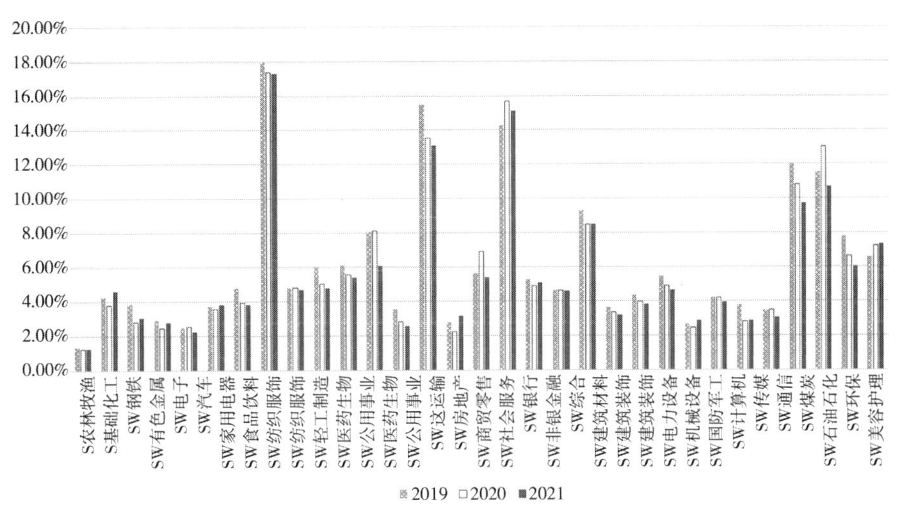

图 2-14　2019—2021 年 A 股各行业税负率

2021 年度，居于上市公司纳税榜首的仍然是中国石化和中国石油，税负总额分别为 3253.48 亿元和 3104.16 亿元，但较上一年度税负率均有下降。工商银行和建设银行也突破了千亿元。排在前十名的除“两桶油”，工、农、中、建、招商五大银行，还有中国建筑、万科 A、中国平安。

（四）A 股研发费用逾 13000 亿元，科创板创新发展动能增强

科技创新是现代企业提高竞争力的法宝，也是国家竞争力的重要指标之一，上市公司作为最优秀的企业，是我国研发投入的主力军之一。2021 年，A 股上市公司研发费用支出为 13068.81 亿元，同比增长 23.67%。从研发费用占营业收入的比重来看，2019—2021 年分别为 1.77%、1.94%和 2.01%，不断增加。科创板上市公司高度集中于高新技术产业和战略性新兴产业，2021 年科创板研发费用支出为 666.55 亿元，同比增长 12.92%，其中，中芯国际研发支出居首位，为 41.21 亿元。2021 年创业板研发费用支出为 1328.69 亿元，同比增长 29.02%，宁德时代研发支出 76.91 亿元，独占鳌头，迈瑞医疗、蓝思科技、欣旺达等 11 家公司研发支出超 10 亿元。

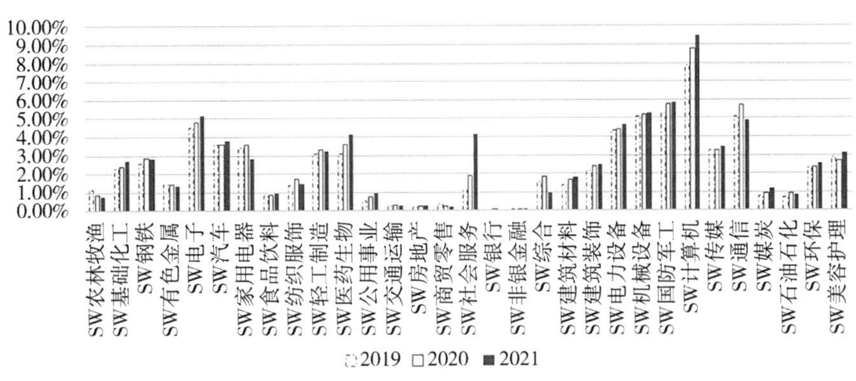

图 2-15　2019—2021 年 A 股上市公司研发费用占营业收入比重

图 2-5 列示了 2019—2021 年 A 股上市公司研发费用占营业收入比重状况。分行业看，

计算机、国防军工、机械设备行业的研发费用投入占比是最高的，上汽集团、中国铁建、中国中铁、中国建筑、中国交建、中国石油6家公司研发投入超过200亿元。三家国有建筑企业不仅实现了高营收，在研发投入上同样名列前茅，是A股上市公司研发投入的主力军。随着新冠肺炎疫情的持续，医药生物行业研发费用投入持续增加，在7家研发支出占营收比例超过100%的公司中，医药生物行业包揽5家，分别为迪哲医药、神州细胞、前沿生物、上海谊众、泽璟制药。

（五）A股市场总市值首度突破90万亿元，全年成交额创纪录

从全年表现看，沪指累计上涨4.8%，深证成指上涨2.67%，创业板指数上涨12.02%，科创50指数涨0.37%，沪深300指数则累计跌5.2%，上证50指数下跌10.06%。上证指数时隔28年后再次收获年线三连阳，年内振幅仅有12.09%，创下历年以来最低。从A股市值来看，2021年末，A股市值总额96.53万亿元，较上年末增长14.13%，规模背后有注册制试点带来的IPO数量增加。市值上升的公司数量占比为56.68%，市值上升超过100%的公司数量占比为7.97%。详见图2-16。

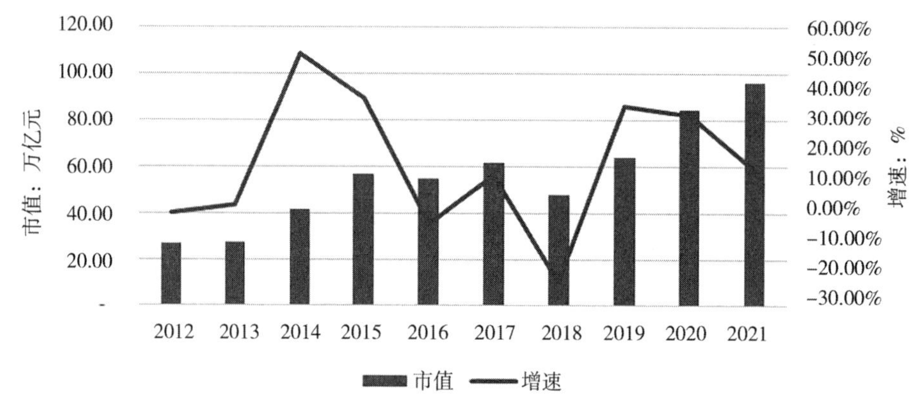

图2-16 历年A股总市值变化图

从行业来看，农林牧渔、家用电器、食品饮料、房地产、社会服务、银行、非银金融、综合这八个行业的市值较上年有所下降。农林牧渔业由于受到非洲猪瘟、环保问题、规模化养殖、新冠肺炎疫情、粮食价格波动等多方面影响，供给过剩导致猪价触底致行业性亏损，市值下降；家用电器行业受到全材料价格变动、需求持续疲软的影响，市值小幅下滑；饮料行业由于竞争动作逐渐明显、调味品行业盈利模式需要改善等因素影响，市值下降；房地产行业因受到中央政策调控及行业爆雷的影响受到整体压制；社会服务行业由于疫情反复及“双减”等各种监管政策导致教育行业整体受到冲击；非银金融行业由于市场信心不足，保险代理人制度改革进入阵痛期，导致行业惨淡。

其他行业都有不同程度的上涨。其中电力设备行业涨幅最大，超过了100%，在“碳中和”政策基础上，以新能源为核心的产业链在技术研发、市场化应用方面不断突破，光伏产业链受产能影响价格狂飙，我国成为全球最大的海上风电场，新能源政策支持导向与公

司业绩表现均向好。医美行业受到追捧。原油进口量下降，“油气增产七年行动计划”取得成效，“双碳”战略逐步减少对化石能源依赖导致油价拉高。美容护理、石油石化行业涨幅位列第二、第三。公共事业、通信、环保、钢铁等行业市值涨幅也都在50%上下。总体来看，2021年A股市场在注册制推进的背景下，市场活跃度大幅提高，万亿元成交成为常态，同时新冠肺炎疫情、“双碳”战略、芯片荒、“双减”政策等也是影响A股的重要因素。详见图2-17。

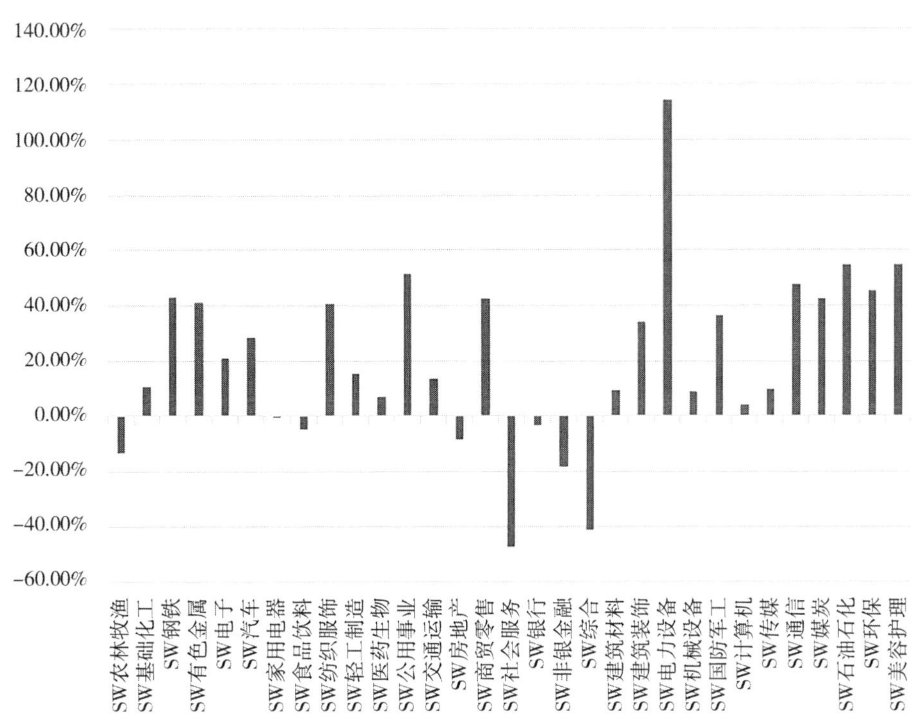

图2-17 各行业2021年市值涨幅

（六）A股分红连续五年超万亿元，近七成公司宣告分红

2021年度，A股全部4681家上市公司（含金融）累计宣告分红总额为1.81万亿元，较上一年度增加19.26%。共计3226家上市公司宣告分红，占全部上市公司数量的68.92%；900家上市公司的分红比例（分红送转/归母净利润）超过50%，2009家上市公司的分红比例超过30%。

沪市主板上市公司共有约1206家推出分红方案，占全部盈利公司数的84.04%。其中，156家公司分红10亿元以上，24家分红100亿元以上，同时，569家公司连续3年分红比例超30%，107家公司连续3年分红比例超50%，现金分红创历史新高，主板上市公司实现业绩增长的同时，更加重视用真金白银回馈投资者。

深市上市公司共有1647家推出现金分红预案，占全部盈利公司数的78.80%。其中，487家公司的分红比例超过50%，869家公司的分红比例超过30%，1091家公司连续3年分红，格力电器、五粮液、美的集团、万科A四家上市公司宣告分红达百亿元。深市上市公司更加注重分享发展红利，持续加强与投资者交流沟通。

28家上市公司宣告分红高达百亿元，其中11家属于银行业，工商银行、建设银行、农业银行和中国银行仍然居于榜首，宣告分红金额分别为1045.34亿元、910.04亿元、723.76亿元和650.60亿元。中国神华继2020年后持续分红“加码”，宣告分红金额504.66亿元，较上一年度增加140亿元以上，位列第六。中国石油、中国石化宣告分红金额分别为414.76亿元、569.03亿元。中国平安宣告分红431.74亿元，位列第七。除此之外，招商银行、贵州茅台、邮储银行、中国人寿、格力电器、陕西煤业、五粮液等上市公司分红也都超过了百亿元。

（七）退市制度集中显效，有效化解风险，夯实高质量发展基础

2020年10月，国务院印发《关于进一步提高上市公司质量的意见》（国发〔2020〕14号），提出严格退市监管和拓宽主动退市、并购重组、破产重整等上市公司多元化退出渠道。继而中央深化改革委员会第十六次会议审议通过了《健全上市公司退市机制实施方案》，交易所出台一系列“退市新规”配套规则。2021年度，退市新规集中显效，沪深两市上市公司夯实高质量发展基础，退市制度执行有力，风险化解成效明显。

退市新规中新设的“营业收入+扣非净利润”组合指标是“戴星戴帽”的主要原因，此外还包括净资产为负、审计意见类型和破产重整原因或同时触及多项情形。2021年，A股市场一共有17家公司完成退市（吸收合并除外），较2020年增加1家。退市原因主要为连续3年及以上亏损、股价低于面值及其他不符合挂牌的情形。A股208家风险警示板（ST）上市公司中，42家由于“第一年亏损，且最新一期续亏”而预计可能戴*，74家由于“连续两年亏损，且最新一期续亏”而预计可能暂停上市。4792家上市公司披露2021年度报告，其中1家审计结果为“否定意见”，43家审计结果为“无法表示意见”，98家审计结果为“保留意见”。

近年，A股上市公司破产重整也连创新高，2019—2021年上市公司重整计划被法院裁定批准的数量分别为6家、13家和19家。2021年度，北大方正、海航集团、康美药业、紫光集团等破产重整相继完成，通过重整走出破产泥淖，为资本市场破产重整提供了范例。2022年3月，沪深两所发布《上市公司自律监管指引——破产重整等事项》，全面覆盖了上市公司重整、和解及破产清算事项，前瞻性地将预重整纳入适用范畴，并规定上市公司控股股东或者第一大股东、对上市公司经营具有重要影响的子公司和参股公司发生破产事项，需参照上述指引履行信息披露义务，补上了规则的短板，丰富了多元化退出途径。

（八）金融行业总体分析

1. 上市银行经营业绩稳中求进，资产质量改善，服务引领实体经济

截至2021年末，纳入本次评价范围的37家上市银行总资产达到223.95万亿元，同比增长7.87%，较上年增速有所放缓。营业收入合计5.75万亿元，同比增长7.88%；归母净利润合计 1. 90 万亿元，同比增长 12. 62%，增速较上年明显提升。受利率下行影响，上市银行净息差、净利差双双下降，平均净资产收益率（ROE）较上年度稳中有升。

2021 年末，上市银行整体不良贷款率平均值为 1. 25%，较上年末（1. 37%）有所下降；拨备覆盖率平均值为 303. 38%，较上年末（270. 35%）有所提升。这得益于银行业金融机构持续加强信贷风险管控、加大风险处置力度。同时，上市银行盈利回升，资本积累能力提升，年末一级资本充足率平均值达到 11. 71 %，较上年末（11. 45%）有实质提升。上市银行还通过永续债、二级资本债等常态化方式补充资本，资产质量明显改善。

截至 2021 年末，上市银行贷款总额较上年度增加 13. 15 万亿元，进一步聚焦于实体经济投放，如投放于制造业，农林牧渔业，电力、热力、燃气及水生产和供应业的贷款分别同比增长了 10. 82%、16. 34%和 12. 51%。

2. 上市证券公司业绩稳健增长，财富管理能力和合规风控水平进一步提升

截至 2021 年末，纳入本次评价范围的 41 家证券公司总资产合计 10. 53 万亿元，同比增长 17. 90%。2021 年实现营业收入 6368. 69 亿元，同比增长 22. 71%；实现归母净利润 1900. 92 亿元，同比增长 30. 00%。上市证券公司业绩稳健增长。

受益于 2021 年市场交投活跃度提升，证券公司经纪业务、融资融券业务增长创下新高，41 家上市券商合计实现代理买卖证券业务净收入 1384. 91 亿元，同比增长 21. 45%。其中，有 11 家券商的净收入超 60 亿元，中信证券以 139. 63 亿元拔得头筹，浙商证券的同比增幅超 40%。注册制改革稳步推进，股债承销规模继续增长，投行业务收入增速可观，41 家上市券商共计实现证券承销业务净收入 622. 20 亿元，同比增长 7. 19%。其中，“三中一华”及海通证券、国泰君安的净收入均超 40 亿元。2021 年，证券公司增强主动管理能力，压降低费率通道业务，具有主动管理特征的集合资管规模大幅增长，定向资管规模持续收缩，资产管理业务结构持续改善。受益于主动管理较高的管理费率，证券行业资管收入维持稳定增长，41 家上市券商共计实现资管业务净收入 500. 21 亿元，同比增长 28. 53%。其中，有 12 家券商资管业务净收入超 10 亿元。

第三章

2021 年度“中联价值”上市公司业绩评价

一、2021 年度“中联价值”上市公司评价结果

按照中国上市公司业绩评价体系，我们以统一测算的评价标准为基准，运用功效系数法，对截至 2022 年 5 月 4 日公布年报的 A 股 4543 家上市公司（不包括 B 股和金融行业，以下简称“评价范围内全部上市公司”）业绩进行了评价，得出了 2021 年度 100 家“中联价值”上市公司（以下简称为“中联价值 100”），其中，陕西煤业以综合得分 90.48 获得第一，得分第 2~10 名的上市公司分别是中远海控、卫星化学、华鲁恒升、中国神华、鄂尔多斯、中煤能源、热景生物、通威股份、江苏索普。具体信息见表 3-1。

表 3-1 “中联价值 100”评价得分表

序号	股票代码	股票简称	得分	序号	股票代码	股票简称	得分
1	601225. SH	陕西煤业	90. 48	2	601919. SH	中远海控	89. 51
3	002648. SZ	卫星化学	87. 12	4	600426. SH	华鲁恒升	84. 82
5	601088. SH	中国神华	84. 68	6	600295. SH	鄂尔多斯	84. 01
7	601898. SH	中煤能源	83. 93	8	688068. SH	热景生物	83. 20
9	600438. SH	通威股份	82. 47	10	600746. SH	江苏索普	82. 38
11	601636. SH	旗滨集团	82. 27	12	600809. SH	山西汾酒	82. 15
13	603565. SH	中谷物流	82. 13	14	002064. SZ	华峰化学	82. 03
15	600989. SH	宝丰能源	81. 90	16	600309. SH	万华化学	81. 71
17	600803. SH	新奥股份	81. 69	18	601001. SH	晋控煤业	81. 52
19	601699. SH	潞安环能	81. 41	20	300750. SZ	宁德时代	81. 25
21	000683. SZ	远兴能源	81. 12	22	603260. SH	合盛硅业	81. 05
23	000825. SZ	太钢不锈	81. 04	24	603833. SH	欧派家居	80. 99
25	603986. SH	兆易创新	80. 88	26	688298. SH	东方生物	80. 82
27	000877. SZ	天山股份	80. 72	28	601216. SH	君正集团	80. 72

续 表

序号	股票代码	股票简称	得分	序号	股票代码	股票简称	得分
29	002271. SZ	东方雨虹	80. 47	30	600887. SH	伊利股份	80. 36
31	000596. SZ	古井贡酒	80. 30	32	688699. SH	明微电子	80. 24
33	601101. SH	昊华能源	80. 07	34	300661. SZ	圣邦股份	79. 93
35	600176. SH	中国巨石	79. 88	36	605399. SH	晨光新材	79. 76
37	601012. SH	隆基股份	79. 75	38	603599. SH	广信股份	79. 73
39	000830. SZ	鲁西化工	79. 28	40	600873. SH	梅花生物	79. 27
41	600585. SH	海螺水泥	79. 26	42	000408. SZ	藏格矿业	79. 14
43	000932. SZ	华菱钢铁	79. 12	44	601899. SH	紫金矿业	79. 05
45	600808. SH	马钢股份	79. 04	46	000959. SZ	首钢股份	79. 02
47	600256. SH	广汇能源	79. 01	48	688099. SH	晶晨股份	78. 93
49	688036. SH	传音控股	78. 93	50	000723. SZ	美锦能源	78. 82
51	600596. SH	新安股份	78. 68	52	000429. SZ	粤高速 A	78. 64
53	601888. SH	中国中免	78. 55	54	600618. SH	氯碱化工	78. 53
55	600782. SH	新钢股份	78. 47	56	603026. SH	石大胜华	78. 36
57	600141. SH	兴发集团	78. 34	58	600970. SH	中材国际	78. 33
59	002756. SZ	永兴材料	78. 33	60	600273. SH	嘉化能源	78. 31
61	002932. SZ	明德生物	78. 27	62	603444. SH	吉比特	78. 25
63	600019. SH	宝钢股份	78. 07	64	300760. SZ	迈瑞医疗	78. 05
65	601857. SH	中国石油	77. 97	66	002493. SZ	荣盛石化	77. 97
67	300122. SZ	智飞生物	77. 95	68	600702. SH	舍得酒业	77. 92
69	600801. SH	华新水泥	77. 85	70	002408. SZ	齐翔腾达	77. 82
71	601677. SH	明泰铝业	77. 81	72	002241. SZ	歌尔股份	77. 77
73	600233. SH	圆通速递	77. 70	74	600111. SH	北方稀土	77. 63
75	600328. SH	中盐化工	77. 60	76	600075. SH	新疆天业	77. 52
77	600452. SH	涪陵电力	77. 41	78	600123. SH	兰花科创	77. 39
79	605111. SH	新洁能	77. 36	80	002415. SZ	海康威视	77. 36
81	603938. SH	三孚股份	77. 30	82	300911. SZ	亿田智能	77. 26
83	000807. SZ	云铝股份	77. 26	84	601918. SH	新集能源	77. 23
85	601233. SH	桐昆股份	77. 19	86	603722. SH	阿科力	77. 17
87	601568. SH	北元集团	77. 16	88	300408. SZ	三环集团	77. 14
89	600089. SH	特变电工	77. 10	90	300146. SZ	汤臣倍健	77. 09
91	603568. SH	伟明环保	77. 05	92	688357. SH	建龙微纳	77. 03
93	002555. SZ	三七互娱	77. 00	94	002129. SZ	中环股份	76. 91
95	603077. SH	和邦生物	76. 88	96	000983. SZ	山西焦煤	76. 87
97	300821. SZ	东岳硅材	76. 83	98	688202. SH	美迪西	76. 81
99	300124. SZ	汇川技术	76. 77	100	688026. SH	洁特生物	76. 73

注：当年 IPO 上市或借壳上市的公司未参与。

从评价得分结果来看，2021 年度“中联价值 100”表现优异，算数平均得分为 79.48 分，比评价范围内全部上市公司算数平均得分 53.80 分高出 25.68 分，高于评价范围内全部上市公司平均水平 47.73%。2021 年“中联价值 100”算术平均得分提高了 0.08 个百分点，保持稳步提升。

从市场价值来看，2021 年度“中联价值 100”总市值为 112648.94 亿元，同比降低 32.49%，占评价范围内全部上市公司总市值的 13.68%，同比降低了 10.74 个百分点；2021 年度“中联价值 100”户均市值为 1126.49 亿元，评价范围内全部上市公司户均市值为 181.25 亿元，2021 年度“中联价值 100”户均市值为评价范围内全部上市公司户均市值的 6.22 倍，远高于评价范围内全部上市公司户均市值。以上数据表明，“中联价值 100”市场价值明显优于评价范围内全部上市公司平均水平。

从经营规模来看，2021 年度“中联价值 100”实现营业收入 76113.50 亿元，占评价范围内全部上市公司的 13.88%，户均水平为评价范围内全部上市公司户均水平的 6.31 倍；2021 年度“中联价值 100”净利润为 8506.40 亿元，占评价范围内全部上市公司的 29.58%，户均水平为评价范围内全部上市公司户均水平的 13.44 倍，明显高于评价范围内全部上市公司平均水平。2021 年度“中联价值 100”经营活动产生的现金流量净额为 13773.86 亿元，占评价范围内全部上市公司的 27.41%，户均水平为评价范围内全部上市公司户均水平的 12.45 倍，明显高于评价范围内全部上市公司平均水平。2021 年度“中联价值 100”年末资产总额 90057.60 亿元，占评价范围内全部上市公司的 10.43%，户均水平为评价范围内全部上市公司户均水平的 4.74 倍；2021 年度“中联价值 100”年末净资产总额 47045.12 亿元，占评价范围内全部上市公司的 13.59%，户均水平为评价范围内全部上市公司户均水平的 6.18 倍。

从经营质量来看，2021 年度“中联价值 100”整体净资产收益率为 19.30%，是评价范围内全部上市公司平均水平的 2.57 倍；2021 年度“中联价值 100”整体总资产周转率为 0.92 次，为评价范围内全部上市公司平均水平的 1.37 倍；2021 年度“中联价值 100”整体资产负债率为 47.76%，低于评价范围内全部上市公司的平均水平 59.93%。2021 年度“中联价值 100”整体收入增长率为 46.30%，为评价范围内全部上市公司平均水平的 2.10 倍。可见，2021 年度“中联价值 100”整体经营质量明显优于评价范围内全部上市公司平均水平。

以上数据表明，2021 年度“中联价值 100”集聚了经营效益好、资产质量优、发展潜力大的上市公司。

二、2021 年度“中联价值 100”上市公司评价指标分析

本次业绩评价分别从财务效益状况、资产质量状况、偿债风险状况、发展能力状况、市场表现状况五个方面进行，2021 年度“中联价值 100”上市公司整体优于评价范围内全部上市公司平均水平，下面分别从上述五个方面对“中联价值 100”上市公司的财务指标进行分析。

（一）财务效益

表 3-2 列示了 2021 年度“中联价值 100”上市公司财务效益状况评价结果。根据财务效益状况指标具体分析，2021 年度“中联价值 100”上市公司财务效益基本指标和其他修正指标明显高于评价范围内全部上市公司平均值；与 2020 年度“中联价值 100”情况相比较，2021 年度“中联价值 100”除盈利现金保障倍数有所上升，其他指标均不同幅度下降。总体而言，2021 年度“中联价值 100”上市公司财务效益状况较 2020 年度“中联价值 100”稍有逊色。就 2021 年度“中联价值 100”具体上市公司的财务效益得分情况而言，100 家上市公司财务效益全部超过评价范围内全部上市公司平均水平，其中陕西煤业、中远海控、中国神华、宁德时代、海螺水泥 5 家上市公司在财务效益方面获得满分 35 分。

表 3-2 “中联价值 100”财务效益状况比较表

分析指标		2021 年上市公司平均值	2021 年“中联价值 100”平均值	与上市公司平均值比值	2020 年“中联价值 100”平均值	同比增长率（%）
基本指标	扣除非经常性损益净资产收益率	7.51%	19.30%	2.57	21.33%	-9.52
	总资产报酬率	5.47%	13.64%	2.49	15.43%	-11.60
修正指标	营业利润率	6.79%	14.29%	2.10	18.81%	-24.03
	盈利现金保障倍数	1.75%	1.62%	0.93	1.26%	28.57
	股本收益率	46.81%	150.44%	3.21	200.84%	-25.09

（二）资产质量

表 3-3 列示了 2021 年度“中联价值 100”上市公司资产质量状况评价结果。从资产质量状况指标来看，2021 年度“中联价值 100”四项指标全部高于评价范围内全部上市公司平均水平，与 2020 年度“中联价值 100”相比，四项指标均有增长。就资产质量得分情况而言，2021 年度“中联价值 100”中有 98 家上市公司超过评价范围内全部上市公司平均水平，其中，中远海控、中谷物流、新奥股份、新钢股份、圆通速递 5 家上市公司在资产质量方面获得满分 15 分。

表 3-3 “中联价值 100”资产质量状况比较表

分析指标		2021 年上市公司平均值	2021 年“中联价值 100”平均值	与上市公司平均值比值	2020 年“中联价值 100”平均值	同比增长率（%）
基本指标	总资产周转率（次）	0.67	0.92	1.37	0.78	17.95
	流动资产周转率（次）	1.25	2.76	2.21	1.71	61.40
修正指标	存货周转率（次）	3.07	10.27	3.35	6.58	56.08
	应收账款周转率（次）	8.97	26.03	2.90	14.00	85.93

（三）偿债风险

表 3-4 列示了 2021 年度“中联价值 100”上市公司偿债能力状况评价结果。从偿债风险状况指标来看，2021 年度“中联价值 100”偿债指标表现良好，偿债能力优于评价范围内全部上市公司平均水平。从具体公司来看，2021 年度“中联价值 100”上市公司中有 72 家企业偿债能力综合得分高于评价范围内全部上市公司平均水平。其中，兆易创新、晨光新材、三环集团 3 家上市公司获得了 14.99 分，接近满分，明显优于“中联价值 100”其他公司水平。

表 3-4 “中联价值 100”偿债风险状况比较表

分析指标		2021 年上市公司平均值	2021 年“中联价值 100”平均值	与上市公司平均值比值	2020 年“中联价值 100”平均值	同比增长率（%）
基本指标	资产负债率	59.93%	47.76%	0.80	46.74%	2.18
	已获利息倍数	5.28%	15.36%	2.91	18.22%	-15.70
修正指标	速动比率	83.33%	92.19%	1.11	117.44%	-21.50
	现金流动负债比率	13.68%	50.77%	3.71	42.69%	18.93
	带息负债比率	38.47%	39.43%	1.03	42.55%	-7.33

（四）发展能力

表 3-5 列示了 2021 年度“中联价值 100”上市公司发展能力状况评价结果。从具体指标来看，2021 年度“中联价值 100”发展能力水平与 2020 年度“中联价值 100”相比明显上升，并且所有指标均优于评价范围内全部上市公司平均水平。从具体公司来看，“中联价值 100”的所有公司发展能力得分高于评价范围内全部上市公司平均水平。其中，中远海控、卫星化学、华峰化学、万华化学、宁德时代、天山股份、智飞生物 7 家上市公司发展能力综合得分为满分 20 分。

表 3-5 "中联价值 100"发展能力状况比较表

分析指标		2021 年上市公司平均值	2021 年"中联价值 100"平均值	与上市公司平均值比值	2020 年"中联价值 100"平均值	同比增长率（%）
基本指标	营业收入增长率	22.02%	46.30%	2.10	24.92%	85.79
	资本扩张率	11.29%	20.35%	1.80	24.65%	-17.44
修正指标	累计保留盈余率	41.52%	65.30%	1.57	65.98%	-1.03
	三年营业收入平均增长率	7.97%	15.06%	1.36	21.86%	-31.11
	总资产增长率	10.88%	19.60%	1.80	22.94%	-14.56
	营业利润增长率	26.49%	117.83%	4.45	36.31%	224.51

（五）市场表现

表 3-6 列示了 2021 年度"中联价值 100"上市公司市场表现状况评价结果。从市场投资回报率来看，2021 年度"中联价值 100"市场投资回报率为 67.82%，远高于纳入评价范围内全部上市公司平均值 27.90%，但低于上年水平。65 家上市公司的市场投资回报率高于评价范围内全部上市公司平均水平，说明 2021 年度"中联价值 100"具有较高的投资价值，投资回报率前六名是藏格矿业、石大胜华、合盛硅业、远兴能源、北方稀土和兴发集团。从股价波动率来看，2021 年度"中联价值 100"股价波动率高于评价范围内全部上市公司平均水平，说明股票活跃度较高。以上数据表明"中联价值 100"市场表现良好。详见图 3-1。

表 3-6 "中联价值 100"市场表现状况比较表

分析指标	2021 年上市公司平均值	2021 年"中联价值 100"平均值	与上市公司平均值比值	2020 年"中联价值 100"平均值	同比增长率（%）
市场投资回报率	27.90%	67.82%	2.43	79.34%	-14.52
股价波动率	108.84%	165.02%	1.52	109.82%	50.26

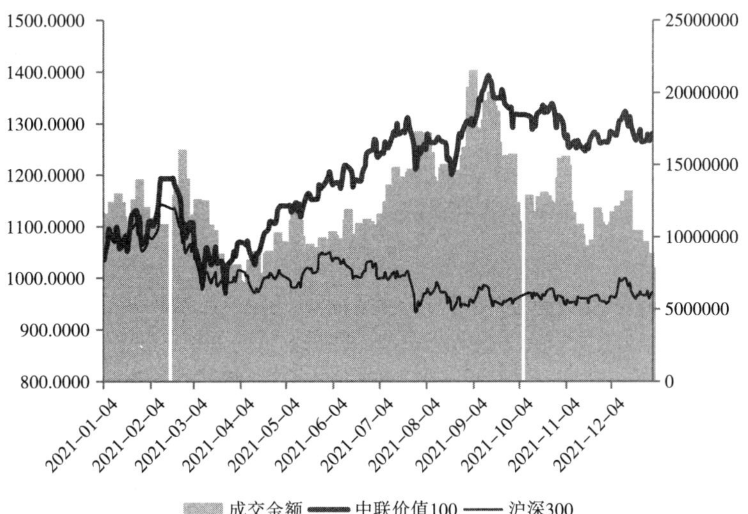

图 3-1 沪深 300 指数与 2021 年"中联价值 100"指数叠加图

三、2021 年度“中联价值 100”上市公司分布特点

2021 年，中国经济呈现出后疫情时代持续恢复的态势，GDP 实现 8.1%的高速增长。与此同时，A 股市场整体上展现出稳步增长。其中，创业板指数领涨全球市场，成了 2021 年涨幅最高的市场指数之一。上证指数的年度涨幅也位列全球市场涨幅前列，深圳成指涨幅稍显逊色，但还是强于大部分主要股票市场走势。在 A 股市场，“中联价值 100”上市公司表现出了更为明显的优势。下面主要从行业、地区、板块、上市时间来介绍“中联价值 100”的分布特点。

（一）“中联价值 100”行业分布特点

制造业占比雄踞第一已成常态。2021 年度“中联价值 100”中，行业分布更趋集中，主要集中于制造业和采矿业，而教育、卫生和社会工作、农林牧渔业等行业纷纷落榜。制造业依然是“中联价值 100”的主力，其中，化工类制造业占比较大，体现了工业经济的可持续发展。采矿业表现出色，跃居行业榜第二名。信息传输、软件和信息技术业，电力、热力、燃气及水生产和供应业，租赁和商务服务业，水利、环境和公共设施管理业，科学研究和技术服务业等行业与 2020 年相比，基本持平。建筑业有 1 家上市公司进入“中联价值 100”。

制造业上榜 2021 年度“中联价值 100”上市公司为 74 家，持续领跑。入围 2021 年度“中联价值 100”的制造业上市公司，主要行业类型包括化学原料和化学制品制造业、黑色金属冶炼和压延加工业、电气机械和器材制造业以及非金属矿物制品业。其中，化学原料和化学制品制造业上市公司入围数量为 26 家，卫星化学以 87.12 分的成绩位列“中联价值 100”榜单第三，制造业榜单第一；黑色金属冶炼和压延加工业上市公司入围数量为 8 家，分别为鄂尔多斯、太钢不锈、华菱钢铁、马钢股份、首钢股份、新钢股份、永兴材料和宝钢股份；电气机械和器材制造业上市公司入围数量为 6 家，分别为宁德时代、隆基股份、亿田智能、特变电工、中环股份、汇川技术；非金属矿物制品业上市公司入围数量为 6 家，分别为旗滨集团、天山股份、东方雨虹、中国巨石、海螺水泥、华新水泥。可见，入围 2021 年度“中联价值 100”的上市公司多为重工业、高端制造行业和基建行业，这与 A 股市场助力我国制造业转型升级、改善民生及践行“双碳”政策息息相关。此外，制造业其他子行业入围情况为：日常消费类制造企业共有 7 家上榜，包括 3 家酒、饮料和精制茶制造业企业，1 家农副食品加工业企业和 3 家食品制造业企业；医疗类制造企业有 5 家上榜。综上所述，入围 2021 年度“中联价值 100”的制造业，集中于化工、基建、高端材料、医疗设备及消费行业，说明我国 A 股市场发展势头强劲，“经济内循环”具有强大潜力。

采矿业发展势头强劲。由 2020 年的 3 家发展为 2021 年的 12 家，涨幅为 300%，主要为煤炭开采和洗选业。前六名分别为陕西煤业、中国神华、中煤能源、晋控煤业、潞安环能和昊华能源，得分均高于 80 分，其中陕西煤业得分为 90.5 分，位列“中联价值 100”榜

首，表现远优于其他企业。

其他行业占比基本保持稳定。信息传输、软件和信息技术服务业，交通运输、仓储和邮政业各有4家企业上榜；电力、热力、燃气及水生产和供应业有2家企业上榜；受疫情影响，租赁和商务服务业发展缓慢，仅有1家企业上榜，中国中免成为唯一一家连续3年上榜的租赁和商务服务业企业。2021年度，受“双减”政策的影响，校外培训机构受到强力监管，“中联价值100”中没有教育企业入围。

“中联价值100”行业分布情况如表3-7和图3-2所示。

表3-7 “中联价值100”行业分布情况表

单位：家

行业	2021年	2020年	2019年	2018年
制造业	74	77	66	68
采矿业	12	3	3	4
信息传输、软件和信息技术服务业	4	4	5	2
交通运输、仓储和邮政业	4	3	7	7
电力、热力、燃气及水生产和供应业	2	3	1	3
租赁和商务服务业	1	2	1	2
水利、环境和公共设施管理业	1	0	1	2
建筑业	1	0	0	0
科学研究和技术服务业	1	2	1	1
卫生和社会工作	0	3	2	2
农林牧渔业	0	2	6	3
教育	0	1	0	0
房地产业	0	0	7	5
文化、体育和娱乐业	0	0	0	1

注：本行业分类标准参照证监会发布的《上市公司行业分类指引（2012年修订）》。

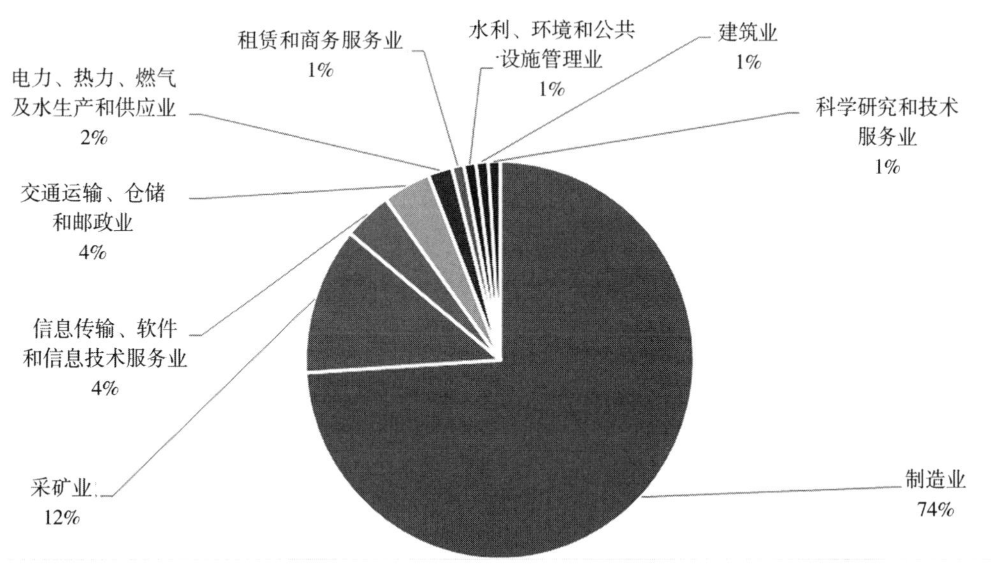

图3-2 2021年“中联价值100”行业分布

（二）“中联价值100”上市公司地区分布特点

中西部地区增长强势，力压东部地区。“中联价值100”地区分布有中西部增长强势追赶东部地区的势头。2020年东部地区上榜企业68家的绝对优势，至2021年已缩减至55家，东部地区与其他地区的差距也逐步缩小至33家，中西部地区追赶中部地区速度快、涨幅大。这说明近年国家政策和战略支持西北地区发展效果明显。

2021年度东部地区共有55家企业上榜，较上年减少了13家，主要减少省份为广东省，由2020年的26家骤降为9家，降幅高达65.39%。东部地区中，仅有上海市、浙江省、北京市上榜企业增加，除广东省外，其他省份上榜企业基本持平。从“中联价值100”省份分布来看，2021年度浙江省比上年度增加2家，以13家的优势位列榜首；北京市上榜10家，较上年增加2家，位列第二；广东省、山东省入围“中联价值100”的数量分别为9家和7家，分列第三、第四位。东部地区继续包揽“中联价值100”省份入围数量前三。

中西部地区涨势迅猛，分别有22家企业上榜，西部地区上榜企业由2020年的13家增加至22家，涨幅高达69.23%。西部地区上榜名单中，内蒙古自治区最多，共有6家企业上榜，分别为鄂尔多斯、远兴能源、君正集团、伊利股份、北方稀土和中盐化工；新疆维吾尔自治区有4家企业进入榜单；陕西省和四川省各有3家企业上榜；与此同时，藏格矿业作为“国家绿色矿山试点”单位之一，以79.05分的成绩，成为首家青海省的上榜企业。中部地区发展良好，山西省实现从1家到7家上榜企业的飞跃，首次跃升至全国榜单并列第四名；此外，安徽省也由3家企业上榜翻番至6家。但受疫情影响，东北地区企业发展较差，由2020年的3家减少至1家，黑龙江省、吉林省企业纷纷跌出“中联价值100”榜单。

“中联价值100”地区和省份数量和占比分布情况如表3-8和图3-3所示。

表3-8 “中联价值100”地区和省份分布情况表

单位：家

地区	省份	2021年	2020年	2019年	2018年
东部地区	浙江省	13	11	13	20
	北京市	10	8	6	8
	广东省	9	26	21	16
	山东省	7	7	9	5
	上海市	5	2	4	7
	江苏省	4	7	5	7
	福建省	3	3	4	5
	河北省	2	2	2	4
	天津市	2	2	2	0
	小计	55	68	66	72

续 表

地区	省份	2021 年	2020 年	2019 年	2018 年
西部地区	内蒙古自治区	6	2	3	2
	新疆维吾尔自治区	4	0	1	1
	陕西省	3	2	2	1
	四川省	3	4	5	2
	重庆市	2	1	0	1
西部地区	宁夏回族自治区	1	1	0	0
	西藏自治区	1	1	0	0
	云南省	1	0	1	0
	青海省	1	0	0	0
	甘肃省	0	1	2	1
	贵州省	0	1	1	1
	广西壮族自治区	0	0	0	1
	小计	22	13	15	10
中部地区	山西省	7	1	2	1
	安徽省	6	3	3	4
	湖北省	3	3	2	3
	湖南省	2	4	3	2
	江西省	2	3	1	3
	河南省	2	2	3	1
	小计	22	16	14	14
东北地区	辽宁省	1	2	4	4
	黑龙江省	0	1	0	0
	吉林省	0	0	1	0
	小计	1	3	5	4

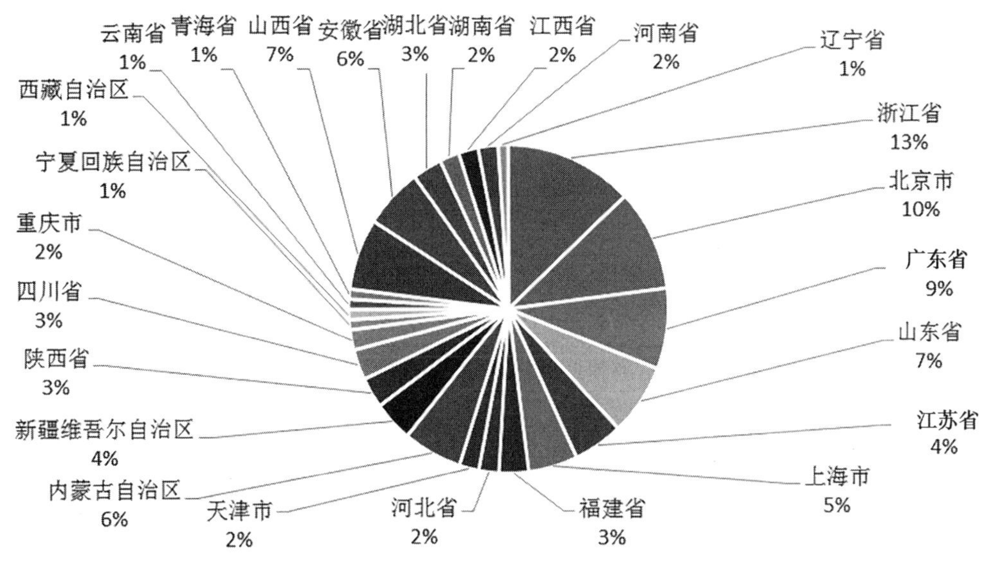

图 3-3　2021 年“中联价值 100”省份分布

（三）“中联价值 100”上市公司板块分布特点

2021 年度“中联价值 100”中，主板占据优势，其中上海主板强势保持榜首，表现亮眼。科创板于 2019 年设立，经过两年的发展，科研实力厚积薄发，2021 年已有 8 家科创板企业入榜，发展势头强劲。2021 年深交所主板与中小板合并，整体入围“中联价值 100”数量有所下降。

2021 年度“中联价值 100”中，主板市场入榜数量较上年度有明显增加，上海主板表现优异，入榜企业 56 家，较上年度增加了 15 家。上海主板虽然在 2019 年和 2020 年均有所下降，但 2021 年入榜数量升至 56 家，保持在板块排行榜榜首。

2021 年，中小板并入深圳主板，从合并后的深圳主板表现来看，入围“中联价值 100”的数量仍有所下降，由 2020 年的 40 家企业跌至 2021 年的 27 家，跌幅达到 32.50%。科创板自 2019 年开市以来，涨势迅猛，2021 年直接由 2 家跃升至 8 家，分别为热景生物、东方生物、明微电子、晶晨股份、传音控股、建龙微纳、美迪西和洁特生物，其中，传音控股连续两年上榜。

“中联价值 100”市场板块分布情况如图 3-4 所示。

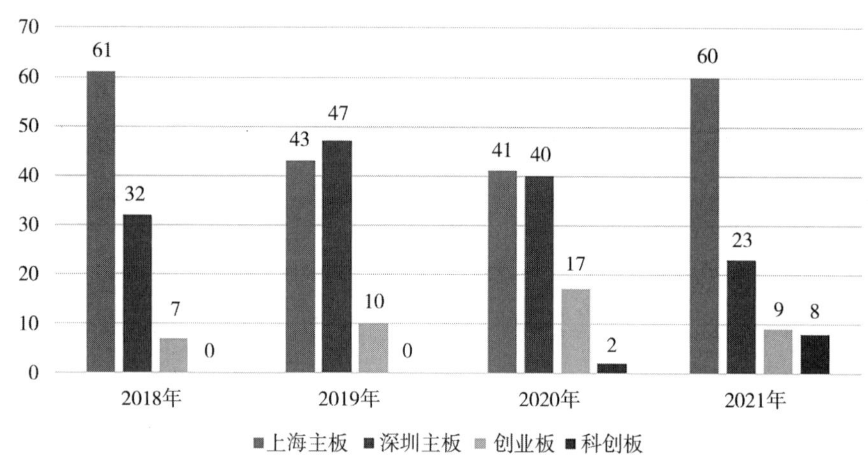

图 3-4 “中联价值 100”市场板块分布图

（四）“中联价值 100”上市公司规模分布特点

2021 年“中联价值 100”多集中于规模在 100 亿元以上的企业，占比达到 78.00%。企业规模为 1~10 亿元入围“中联价值 100”的上市公司仅有 1 家，为北元集团。

2021 年“中联价值 100”中，企业规模 100 亿元以上的企业比 2020 年多了 8 家；企业规模在 50~100 亿元的企业共有 9 家，比 2020 年减少 3 家，上榜企业数量略有降低；企业规模在 10~50 亿元的企业共有 12 家，相比于 2020 年的 18 家减少了 33.33%。详见表 3-9。

表 3-9 “中联价值 100”上市公司企业规模情况表

企业规模（亿元）	2021 年上市公司数量（家）	2020 年上市公司数量（家）
1~10	1	0
10~50	12	18
50~100	9	12
100 以上	78	70

（五）“中联价值 100”上市公司上市时间分布特点

从上市时间来看，2021 年“中联价值 100”名单中，上市时间在 10 年以上的公司最多，占比 61%，上市 5 年以内的占 25%左右，上市 6~10 年的占 14%。1 年内上市的企业共有 9 家入围，分别是北元集团、晨光新材、东方生物、东岳硅材、洁特生物、明微电子、新洁能、亿田智能和中谷物流。

与 2020 年度“中联价值 100”相比，上市 10 年以上的企业增加了 17 家，上市 6~10 年的企业减少了 9 家，上市 4~5 年的企业增加了 1 家，上市 3 年内的企业减少了 9 家。详见表 3-10 和图 3-5。

表 3-10 “中联价值 100”上市时间分布情况表

上市时间	2021 年上市公司数量（家）	2020 年上市公司数量（家）
1 年内	9	9
2~3 年	9	18
4~5 年	7	6
6~10 年	14	23
10 年以上	61	44

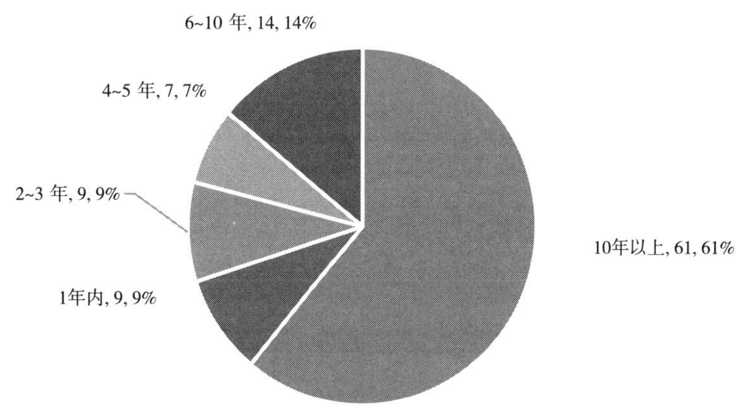

图 3-5 2021 年“中联价值 100”上市时间分布图

四、2021 年度“中联价值 100”亮点分析

（一）盈利能力稳步提升，营业收入和利润双增长

2021 年度“中联价值 100”中，97 家企业实现了营业收入和归母净利润的双增长，99 家企业实现了营业收入增长，96 家企业实现了归母净利润增长。

营业收入方面，2021 年度“中联价值 100”中营业收入额超过 1000 亿元的企业共有 19 家，同比增长了 111.11%，其中，制造业类上市公司共有 13 家，分别为智飞生物、宝钢股份、荣盛石化、华菱钢铁、天山股份、海螺水泥、万华化学、首钢股份、宁德时代、马钢股份、伊利股份、新钢股份、太钢不锈，采矿业上市公司 4 家，分别为中国神华、紫金矿业、中煤能源、陕西煤业，交通运输、仓储和邮政业上市公司 1 家，为中远海控，电力、热力、燃气及水生产和供应业上市公司 1 家，为新奥股份；营业收入实现翻番的企业共有 13 家，分别为天山股份、热景生物、东方生物、明德生物、卫星化学、宁德时代、明微电子、合盛硅业、晨光新材、中环股份、江苏索普、华鲁恒升、中国石油，其中，天山股份增长率高达 1855.51%。

归母净利润方面，共有 6 家企业归母净利润增长率超过 1000%，分别为和邦生物、远兴能源、昊华能源、晶晨股份、智飞生物和热景生物；60 家企业归母净利润增长率超过 100%；92 家企业归母净利润增长率超过 10%。

（二）核心资产上涨可持续，“中联价值 100”备受追捧

长期来看，2021 年度“中联价值 100”股价持续上涨能力较强，近几年股价涨势迅猛。22 家上市公司实现股价翻番，35 家上市公司连续 3 年股价实现增长，8 家上市公司三年涨幅超过 500%。

从年度涨幅来看，2021 年度“中联价值 100”有 82 家企业股价上涨，其中，有 22 家企业实现股价翻番，分别为藏格矿业、合盛硅业、石大胜华、北方稀土、兴发集团、明微电子、远兴能源、明泰铝业、美迪西、建龙微纳、热景生物、永兴材料、舍得酒业、中盐化工、美锦能源、和邦生物、广汇能源、新安股份、鄂尔多斯、晨光新材、江苏索普和特变电工。稀土、抗疫、能源概念股受到了投资者的追捧，也体现了时代的主旋律。

从三年涨幅来看，2021 年度“中联价值 100”中有 94 家企业实现增长，其中，永兴材料三年涨幅最大，涨幅为 1141.78%；共有 8 家涨幅超过 500%，分别是永兴材料、石大胜华、舍得酒业、山西汾酒、宁德时代、歌尔股份、美迪西和新洁能，主要集中于制造业；共有 54 家企业实现三年涨幅翻番。从五年涨幅来看，2021 年度“中联价值 100”中有 80 家企业实现涨幅增长，宁德时代涨幅最大为 1524.31%；涨幅超过 500%的有 9 家，分别为

宁德时代、山西汾酒、舍得酒业、智飞生物、圣邦股份、通威股份、美迪西、隆基股份和新洁能。不难发现，近几年来，白酒行业涨幅较大，但 2021 年回落较多。详见表 3-11。

可见，“中联价值 100”聚集了一批股价可持续增长的企业。

表 3-11 “中联价值 100”涨跌幅情况表

序号	股票代码	股票简称	三年涨幅（%）	序号	股票代码	股票简称	2021 年涨幅（%）
1	002756. SZ	永兴材料	1141. 78	1	000408. SZ	藏格矿业	411. 86
2	603026. SH	石大胜华	925. 85	2	603260. SH	合盛硅业	294. 65
3	600702. SH	舍得酒业	896. 06	3	603026. SH	石大胜华	292. 76
4	600809. SH	山西汾酒	800. 94	4	600111. SH	北方稀土	249. 89
5	300750. SZ	宁德时代	696. 75	5	600141. SH	兴发集团	243. 43
6	002241. SZ	歌尔股份	686. 34	6	688699. SH	明微电子	239. 31
7	688202. SH	美迪西	583. 93	7	000683. SZ	远兴能源	237. 96
8	605111. SH	新洁能	521. 21	8	601677. SH	明泰铝业	211. 81

（三）研发保持高投入，厚积薄发展实力

“中联价值 100”在研发支出上投入较大，五年实现了投入翻番，2021 年度平均研发支出达 15. 20 亿元；研发人员人员投入稳定增加，2021 年度“中联价值 100”上市公司平均研发人员数量为 2444 人，较上年同比增加了 18. 07%。

研发支出方面，2021 年度“中联价值 100”平均研发支出约 15. 20 亿元，同比增长了 49. 02%。从绝对数上看，研发投入超过 50 亿元的企业有 6 家，同比增加了 3 家，分别为中国石油、宝钢股份、海康威视、宁德时代、华菱钢铁、首钢股份，其中中国石油连续两年研发投入超过 200 亿元，研发投入较 2020 年度增加额超过 20 亿元的上市公司分别是宁德时代、中煤能源、马钢股份、宝钢股份、天山股份、首钢股份；从研发投入增长幅度情况来看，研发投入连续两年超过 1 亿元的“中联价值 100”上市公司中，有 15 家涨幅超过 100%，分别为天山股份、中远海控、中环股份、中煤能源、马钢股份、合盛硅业、中盐化工、潞安环能、卫星化学、兴发集团、宁德时代、齐翔腾达、广汇能源、海螺水泥、华峰化学。

研发人员方面，2021 年度“中联价值 100”平均研发人员数量为 2444 人，同比增长了 18. 07 个百分点。研发人员数量超过 1 万人的上市公司有 5 家，分别为中国石油、海康威视、歌尔股份、海螺水泥、宁德时代，新增研发人员数量超过 1000 人的上市公司有 8 家，分别为宝钢股份、天山股份、海康威视、宁德时代、潞安环能、中远海控、特变电工、汇川技术。详见图 3-6。

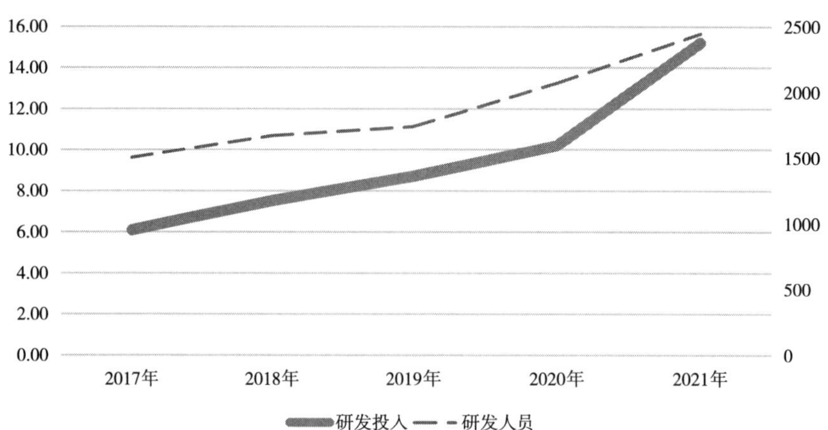

图 3-6 “中联价值 100”研发情况涨幅图

（四）连续三年上榜“中联价值 100”的公司

连续三年入围“中联价值 100”的公司中，三年分红与股价均实现增长。

表 3-12 显示，2019—2021 年连续三年上榜“中联价值 100”的有 15 家公司。就三年累计分红占比而言，迈瑞医疗以 141.09%位居第一，伊利股份以 130.75%位列第二；就每股留存收益而言，海螺水泥以 31.70 元/股的优势占据榜首。就近三年涨幅而言，山西汾酒以 800.94%位居第一，通威股份以 443.00%紧随其后。详见表 3-12。

表 3-12 连续三年入围“中联价值 100”公司

证券代码	股票简称	三年累计分红占比%	每股留存收益	三年涨跌幅（%）
300760. SZ	迈瑞医疗	141. 09	15. 62	248. 65
600887. SH	伊利股份	130. 75	4. 30	81. 21
002415. SZ	海康威视	98. 70	5. 34	103. 11
600801. SH	华新水泥	82. 94	11. 22	15. 43
601225. SH	陕西煤业	70. 78	6. 75	63. 98
603833. SH	欧派家居	54. 04	15. 40	85. 02
600233. SH	圆通速递	51. 39	2. 54	66. 80
601888. SH	中国中免	49. 33	13. 52	264. 47
600585. SH	海螺水泥	48. 47	31. 70	37. 64
000932. SZ	华菱钢铁	41. 33	3. 57	-15. 68
600438. SH	通威股份	39. 08	3. 77	443. 00
002271. SZ	东方雨虹	38. 14	5. 27	306. 80
601012. SH	隆基股份	31. 42	5. 29	394. 27
600809. SH	山西汾酒	27. 84	11. 06	800. 94
002064. SZ	华峰化学	17. 29	2. 80	149. 16

资料链接：

陕西煤业（601225）公司简评报告

煤炭高价公司盈利能力凸显，长协基准价提升助力业绩增长。煤炭板块2021年实现营业收入1445.28亿元（57.03%），实现营业利润535.43亿元（111.97%）。实现原煤产量1.36亿吨（8.80%），主要增量来自陕北矿区（14.97%），实际销售商品煤2.30亿吨（-4.56%），其中含贸易煤0.96亿吨。销售单价方面，商品煤综合售价达到601.5元/吨（65.52%），其中自产煤和贸易煤煤价分别为583.6元/吨和626.7元/吨（67.98%和64.78%）；商品煤单位综合成本为394.60元/吨（42.77%），其中自产煤单位成本为220.2元/吨（36.31%），上涨原因主要是税费及材料费用上涨。受益销售单价的同比大增，实现吨煤毛利207元/吨（137.77%），毛利率为34.41%（增加10.45个百分点）。2022年一季度因为煤矿检修导致产量微降，而供应链公司控制权改变，统计口径变化导致销量下降，但一季度价格同比大幅上涨，加之长协基准价同比大幅提升，预计全年业绩将继续保持高增速。

资源禀赋优异奠定发展基石，产能稳定释放带来增长空间。公司目前煤炭储量149亿吨，可采储量86亿吨，核定产能总量达到1.39亿吨，其中97%以上位于神东、陕北、黄陇三个国家“十三五”重点发展的大型煤炭基地，资源储备量大，煤种质地好。公司拥有12对国家一级安全生产标准化矿井，智能化产能占比达到95%，智能化、机械化程度叠加良好的开采条件，造就公司吨煤开采成本优势。2021年保供之下，张家峁、袁大滩等四对矿井获得陕西省发改委批复，核增产能600万吨/年。2022年公司资本开支计划41.48亿元，主要用于小保当二号矿井及选煤厂项目和神渭管道输煤项目，预计下半年建设完成。优质的赋藏条件以及持续的资本支出为公司未来产能增长奠定坚实基础。

资料来源：首创证券。

第二部分

中国上市公司评价
各行业分析报告

第四章 煤炭行业上市公司业绩评价

2021 年对煤炭行业来说是极不平凡的一年，缺煤现象普遍，煤价可谓是一路高歌猛进，10 月达到史无前例的高度，随后在政策强力调控下快速回调。根据国家统计局数据，2021 年，国内 4343 家规模以上煤炭企业营业收入 32896.6 亿元，同比增长 58.3%；营业成本 20300.1 亿元，同比增长 37.8%。2021 年煤炭行业指数整体呈现先涨后跌的走势，年初为 1760.60 点，年末涨至 2408.54 点，涨幅达 36.80%，但全年煤炭行业指数仍低于沪深 300 指数。2022 年预计供需维持紧平衡，在政策的调控下，价格中枢预计会有所下移。在碳中和大背景之下，能源行业的转型将是未来长期的主线，煤炭行业将面临供给收紧、需求转向、价格趋稳的格局。

一、煤炭行业上市公司业绩评价结果

截至 2021 年末，煤炭行业相关上市公司共计 35 家，其中沪市为 28 家，深市为 7 家。除云煤能源、ST 大洲和郑州煤电之外，全部实现盈利，盈利企业占比 91%，2019 年和 2020 年该比例分别为 94%和 84%，说明煤炭行业上市公司 2021 年度受供需不平衡影响，业绩加速回升。

煤炭行业 2021 年度综合评分分值为 77.75，较 2020 年度的 70.7 分大幅攀升，超过全部上市公司的综合评价分值 60.88 分，说明煤炭行业自 2017 年开始扭转低迷态势后，近几年一直保持着较好的业绩；共 10 家煤炭行业上市公司业绩评价综合得分进入 2021 年“中联价值 100”，其中陕西煤业、中国神华和中煤能源分别位列第 1、第 5 和第 7。

煤炭行业 35 家上市公司中（剔除 2021 年上市、2021 年借壳及 2021 年证监会立案处罚的虚假财务报告公司），评价等级为 AAA 的有 1 家，评级等级为 AA 的有 5 家，评价等级为 A 的有 10 家；评价等级为 BBB 的有 5 家，评价等级为 BB 的有 3 家，评价等级为 B 的有 3

家；评价等级为CCC的有2家，评价等级为CC的有2家，评价等级为C的有4家。

2021年全部上市公司共4543家，其资产总额为86.37万亿元，其中，煤炭行业上市公司资产总额为2.31万亿元，占全部上市公司的2.68%；全部上市公司实现营业收入54.84万亿元，其中，煤炭行业上市公司营业收入为1.42万亿元，占全部上市公司营业收入的2.59%；全部上市公司实现净利润2.88万亿元，其中，煤炭行业上市公司净利润为0.20万亿元，占全部上市公司净利润的6.94%。2021年度煤炭行业评价得分前十的上市公司见表4-1。

表4-1 2021年度煤炭行业评价得分前十的上市公司

序号	股票代码	股票简称	在A股上市公司中评价得分排序
1	601225	陕西煤业	1
2	601088	中国神华	5
3	601898	中煤能源	7
4	601001	晋控煤业	18
5	601699	潞安环能	19
6	601101	昊华能源	35
7	000723	美锦能源	53
8	600123	兰花科创	83
9	601918	新集能源	91
10	000983	山西焦煤	99

基于对煤炭行业上市公司的整体评价，下面分别从财务效益状况、资产质量状况、偿债风险状况、发展能力状况、市场表现状况五个方面对煤炭行业上市公司进行具体分析。

（一）财务效益

表4-2列示了2021年煤炭行业上市公司财务效益评价结果（满分35分），从基本指标来看，煤炭行业上市公司财务效益状况得分34.06分，较2020年得分（24.82分）大幅上升37.23%，扣除非经营性损益净资产收益率、总资产报酬率两项基本指标也有一定上升，涨幅分别为97.46%和59.66%。上述指标大幅上涨的主要原因为：2021年，国内供需平衡被打破，缺煤现象普遍，煤炭价格大幅度攀升，企业盈利大幅上涨。

从修正指标来看，煤炭行业营业利润率和股本收益率分别上涨35.20%和102.61%，盈利现金保证倍数指标下降6.35%，上述三项指标与2020年相比，波动较大，说明煤炭行业上市公司盈利能力受到供需影响，盈利能力大幅升高。

财务效益指标综合得分高于全部上市公司平均水平（23.08分）的共有24家，其中陕西煤业、中国神华、山煤国际和兖矿能源该指标得分最高，均为35分，其特点在于该批煤炭上市公司对产品结构和资本结构的合理布局，业务均衡发展，综合实力突出，抗风险能力优于同行。根据年报显示，陕西煤业煤炭产量1.36亿吨，同比增加8.39%。煤炭产品实现收入1445.28亿元，占总收入的94.92%，同比增长57.03%，公司运营质量和效益增长实现历史最好水平。

表4-2 煤炭行业财务效益状况比较

评价指标		2021年全部上市公司平均值	2021年行业值	2020年行业值	增长率（%）
基本指标	扣除非经常性损益净资产收益率（%）	7.51	17.87	9.05	97.46
	总资产报酬率（%）	5.47	12.98	8.13	59.66
	基本得分	20.98	34.06	24.82	37.23
修正指标	营业利润率（%）	6.79	18.59	13.75	35.20
	盈利现金保障倍数	1.75	1.77	1.89	-6.35
	股本收益率（%）	46.81	151.23	74.64	102.61
综合得分		23.08	30.14	27.1	11.22

（二）资产质量

表4-3列示了煤炭行业上市公司资产质量状况评价结果（满分15分），基本指标与修正指标变化趋势一致，2021年度煤炭行业上市公司资产质量状况综合得分为13.96分，与上一年度12.97分相比增长7.63%。

基本指标中总资产周转率为0.65次，与2020年的0.52次相比大幅上涨25.00%，低于全部上市公司平均值（0.67次）。而流动资产周转率从2020年的1.91次提高为2.11次，表明企业流动资产周转速度变快，资金利用效率提高，企业盈利能力增强。

修正指标中应收账款周转率大幅提升，平均为24.01次，比2020年提高37.20%，说明煤炭行业上市公司收账速度大幅上升，平均收账期、坏账损失和偿债能力都明显改善。存货周转率平均为18.50次，比上年提高16.21%，高于全部上市公司平均值（3.07次），这表示煤炭行业流动性增强，煤炭供需不平衡使得库存煤炭维持高位的状况进一步缓解，2021年度煤炭销售情况与上一年度出现显著上升。

2021年度煤炭行业上市公司资产质量综合得分13.96分，超过2021年全部上市公司平均得分（9.27分）及2020年行业得分（12.97分），煤炭企业销售收入受供需不平衡影响大幅升高、回款保持稳定、库存降低等因素是导致资产质量上升的主要原因。该指标表现较好的有ST安泰（15.00分）和陕西黑猫（14.84分），公司在销售渠道开拓、去库存等方面处理较为出色。

表 4-3 煤炭行业资产质量状况比较

评价指标		2021 年全部上市公司平均值	2021 年行业值	2020 年行业值	增长率（%）
基本指标	总资产周转率（次）	0.67	0.65	0.52	25.00
	流动资产周转率（次）	1.25	2.11	1.91	10.47
	基本得分	9.72	11.63	10.34	12.48
修正指标	应收账款周转率（次）	8.97	24.01	17.50	37.20
	存货周转率（次）	3.07	18.50	15.92	16.21
综合得分		9.27	13.96	12.97	7.63

（三）偿债风险

表 4-4 列示了煤炭行业上市公司偿债风险状况评价结果（满分为 15 分），从综合得分来看，2021 年煤炭行业上市公司偿债风险状况高于全部上市公司平均水平（8.86 分），与 2020 年得分相比上升 1.85%。

基本指标中，资产负债率小幅度下降 1.11%，已获利息倍数大幅度上升 70.46%。国际上通常认为，已获利息倍数为 3 时较为适当，煤炭行业上市公司已获利息倍数 10.79，相对较高，说明煤炭行业上市公司长期偿债能力较强。

从修正指标来看，现金流动负债比率和速动比率较上年均出现大幅提升，涨幅分别为 22.66%和 58.42%，表明企业流动资产中可以立即变现用于偿还流动负债的能力增强。带息负债比率较上年下降 13.00%，反映企业负债中带息负债的比重进一步下降，减小了企业未来的偿债（尤其是偿还利息）压力。在综合得分上，陕西煤业该项指标得分为 12.84，表现较好。

表 4-4 煤炭行业偿债风险状况比较

评价指标		2021 年全部上市公司平均值	2021 年行业值	2020 年行业值	增长率（%）
基本指标	资产负债率（%）	59.93	48.8	49.35	-1.11
	已获利息倍数	5.28	10.79	6.33	70.46
	基本得分	8.86	9.92	9.74	1.85
修正指标	速动比率（%）	83.33	101.87	83.05	22.66
	现金流动负债比率（%）	13.68	50.52	31.89	58.42
	带息负债比率（%）	38.47	42.89	49.3	-13.00
综合得分		8.86	10.19	9.14	11.49

（四）发展能力

表 4-5 列示了煤炭行业上市公司发展能力状况评价结果（满分 20 分），下游行业需求增加，煤炭消费稳中有升，同时随着煤炭去产能基本完成，发展能力综合得分由 2020 年度的 11.93 分上涨至 14.32 分。

各项指标中，累计保留盈余率指标连续三年表现较为稳定，营业收入增长率大幅提升

2231.16%至32.17%，主要原因是供需状况失衡，煤炭价格大幅攀升。三年营业收入平均增长率上升至12.86%，营业利润涨幅为6680.51%。

从综合得分来看，陕西煤业发展能力得分在煤炭行业中排名第一，发展能力综合评分19.87分，2021年度陕西煤业得益于智能化建设取得突破性进展，智能化产能占比达到95%以上。生产辅助系统全部实现智能化集中控制，生产效率得到极大的提高，产能得到较快释放，又恰逢市场旺盛的机遇，实现了良好的效益。

表4-5 煤炭行业发展能力状况

评价指标		2021年上市公司平均值	2021年行业值	2020年行业值	增长率（%）
基本指标	营业收入增长率（%）	22.02	32.17	1.38	2231.16
	资本扩张率（%）	11.29	12.50	5.75	117.39
	基本得分	12.09	13.41	11.09	20.92
修正指标	累计保留盈余率（%）	41.52	58.03	52.18	11.21
	三年营业收入平均增长率（%）	11.08	12.86	7.86	63.61
	总资产增长率（%）	10.88	11.96	6.47	84.85
	营业利润增长率（%）	26.49	80.01	1.18	6680.51
综合得分		12.34	14.32	11.93	20.03

（五）市场表现

图4-1为煤炭行业（申万）指数与沪深300指数波动对比图，我们可以看到，煤炭行业指数的走势与沪深300指数变化趋势差异较大。

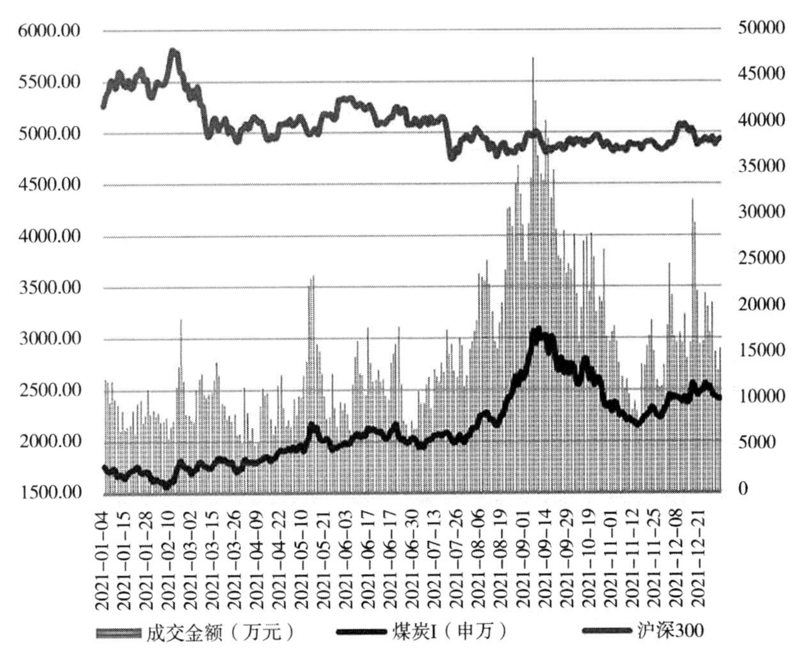

图4-1 煤炭行业（申万）与沪深300指数波动

数据来源：同花顺。

表4-6列示了煤炭行业上市公司市场表现状况评价结果（满分15分）。其中市场投资回报率指标2021年度行业值为43.70，增长率为139.98%，整体表现比较理想。股价波动率指标与全部上市公司平均值较为接近，说明煤炭行业股票市场走势紧跟大盘脚步。从综合得分来看，煤炭行业上市公司市场表现综合得分9.14，总体比2020年度略有下降。

表4-6　煤炭行业公司市场表现比较

评价指标	2021年全部上市公司平均值	2021年行业值	2020年行业值	增长率（%）
市场投资回报率（%）	27.90	43.70	18.21	139.98
股价波动率（%）	108.84	156.71	95.91	63.39
综合得分	9.23	9.14	9.56	-4.39

二、2021年度煤炭行业上市公司业绩影响因素分析

2021年对煤炭行业来说是极不平凡的一年，供不足需推动煤炭价格持续上涨，在10月达到史无前例的高度，随后在政策强力调控下快速回调。现对影响2021年煤炭行业上市公司业绩因素分析如下。

（一）受供需影响，煤炭价格高位波动，行业收入大幅增加

1. 动力煤方面

2021年动力煤供需矛盾持续体现，动力煤价格走势波动较大。整体来看，产地受安监、环保及矿难影响，煤矿产量持续受限，而下游市场受超预期需求爆发影响，动力煤供应缺口扩大，煤炭价格快速上涨。2021年国内煤价经历了上涨、下跌、再强势反弹的走势，从2021年上半年受疫情和供需错配影响而煤价经历由涨至跌再涨的轮换，到下半年煤价触底强势反弹，特别是三季度煤价大幅强势上涨，实质上是全年动力煤市场供需矛盾的累积爆发，主要是国内主产区原煤产量受煤矿事故及安全检查影响，产地安监和环保检查干预密集，煤炭市场供应能力下降，导致煤价在高位震荡。10月后受到国家保供稳价政策影响，动力煤价格快速下跌，市场预期迅速降温。

2. 焦煤、焦炭方面

2021年炼焦煤市场经历了黑色市场大变局，焦煤价大起大落。2021年焦炭价格变动可分为三个阶段，先是一季度焦炭价格震荡下跌阶段，主要是前期新增焦炉陆续投产供应上升，还有当时钢厂利润偏低，叠加一季度本身钢材需求低位，钢厂出现了明显减产，于是价格下跌。第二阶段二、三季度，焦价处于快速上涨阶段，在疫情后全球经济复苏逻辑下，钢材消费高涨，尤其是海外需求旺盛，使得焦炭消费大增，钢厂在高利润刺激下，虽然一

季度之后原料供应受到安监环保限制，但是开工率仍维持偏高水平，在供需存在缺口的情况下，库存逐步降低，价格一路上涨，三季度末到四季度初，焦炭市场供需两弱，钢厂、焦化厂限产均有加强，但原材料短缺的问题开始显现，尤其在保电煤政策下，加剧了焦煤紧张局面，动力煤挤压炼焦配煤，双焦成本直线上升，成本支撑成为焦价上涨的最大推力。最后一阶段在四季度价格快速回落，焦炭消费受粗钢产量压减、宏观环境疲软、钢厂限产预期加强等因素影响，下游钢材消费下滑，焦炭需求开始下降，而且政策面要求煤炭保供限价，进口蒙煤通关量上升，港口堆积澳煤放量，焦煤紧张局面得到缓解，焦炭成本支撑坍塌，价格从高位直线下跌。直至12月，焦企大幅亏损，由于大幅限产以及原料焦煤上涨支撑，焦炭才止跌企稳。

（二）供给打破平衡，产销放量

据国家统计局数据，2021年度，全国规模以上煤炭企业原煤产量40.7亿吨，同比增长4.7%，比之前全国最高原煤产量年份（2013年）的39.74亿吨增加9600万吨，创历史新高。2021年，全国规模以上煤炭企业原煤产量超亿吨省份共6个，其中，山西（11.93亿吨）和内蒙古（10.39亿吨）两地均超过10亿吨，陕西7亿吨，新疆3.2亿吨，贵州1.31亿吨，安徽1.13亿吨，6省份产量合计34.96亿吨，同比增长6.68%，占全国规模以上煤炭企业原煤产量的85.9%。

1. 动力煤方面

2021年主产地受到安监、环保、超强度检查等多项整治监管，市场供应能力相对紧张。年初以来各地对煤矿安全生产严格督查，国内原煤产量大幅下降，7月份煤炭产量为31417亿吨，同比下降3.3%。9月陕西举办全运会，为迎接全运会开幕陕西煤矿不同程度实施停限产。10月受“煤荒”“电荒”影响，国家发展改革委密集出台一系列促增产保供文件，对露天煤矿批地、井工煤矿核增、产地港口限价、中长期合同履约信用监管、电厂提高库存及可用天数等多方位关键性指标提出要求。进口方面，澳煤的减量也加剧了国内高卡低硫煤种紧缺，原本使用澳洲煤的水泥化工企业转而采购国内高卡煤，这进一步推动了高卡煤价格上涨，也带动了低卡煤价格跟涨。

自年初以来，煤炭供需格局就发生错配，加之疫情过后带来的经济复苏，工业企业需求一路高歌，但供应端却屡屡出现问题，消费端与生产端恢复进度未同步，甚至于多个城市在9月出现“拉闸限电”的现象。率先限电的城市以广东、江苏等出口导向型企业较多的城市为主，9月、10月是工厂订单高峰期，第二、三产业用电需求旺盛，在煤炭补充不足的情况下，电力供应紧张问题短期内无法解决，只能从需求端入手；东北地区则主要受自然气候因素影响，在进入供暖季后其用煤、用电量进入又一个高峰期，电力供应也面临新的严峻考验。对此，国家予以高度重视，下达一系列保供稳价政策，煤矿与电厂点对点签订长期协议，供应链各环节积极配合，确保终端有效化解“燃煤之急”。

2. **焦煤、焦炭方面**

进口方面，受国际供应偏紧、进口煤价差优势缩小等因素限制，进口煤炭增量情况不及预期。2021 年 1—10 月我国进口炼焦煤 3946 万吨，来源国主要有蒙古、俄罗斯、加拿大、印度尼西亚、美国、哥伦比亚、莫桑比克、哈萨克斯坦等国家，其中来自蒙古、俄罗斯、美国、加拿大的进口量占比达 89%以上。2021 年我国从蒙古进口的炼焦煤最多，为 1177 万吨，占比 29. 84%，往年进口占比一半以上的澳煤基本停滞，从俄罗斯进口的炼焦煤为 855. 8 万吨，占比 21. 69%，从加拿大进口的炼焦煤为 705 万吨，占比 17. 87%，从美国煤进口的炼焦煤为 802. 3 万吨，占比 20. 33%，打破了往年中国炼焦煤以从澳大利亚和蒙古国进口为主，俄罗斯、加拿大、美国进口为补充的格局。

需求方面，随着焦化行业供给侧改革的稳步推进，产业结构调整加快，推动全行业高质量发展，近几年以来我国焦炭产量保持相对稳定增长。2021 年疫情好转后，国内及全球经济持续向好，钢厂及焦化厂开工维持高位，另外焦化新增产能逐步释放，进一步增加了焦煤市场需求，前三季度炼焦煤消费量保持在高位水平，增速较快，在供需持续偏紧的状态下，国内焦煤市场价格创历史新高。

三、2022 年度煤炭行业前景分析

短期来看，“碳达峰”之前，煤炭行业在能源领域仍具有明显优势。新能源短期内难以取代煤炭成为基础能源，煤炭的基础地位和资源优势依然明显。煤炭资源开发逐渐向规模化和智能化发展，并且煤炭资源利用不受季节、气候影响，具有经济、可靠、稳定的优点，新能源短期内无法解决相关问题，也为煤炭发展提供了客观条件。从电力装机结构的角度来看，新能源装机和实现并网的过程需要煤电作为调峰电源，短期内煤炭基础地位变化有限，煤炭发展的优势依然存在。从“碳达峰”目标上看，到 2030 年碳达峰之前，非化石能源占一次能源的消费比重达到 25%，煤电下降量有限并且仍将是主要的电力供应者。

1. **宏观市场环境：政策主导，疫情制约**

政策导向。2022 年国家煤炭市场将会呈现出国家政策导向色彩愈发浓厚的特点，国家发展改革委对煤炭价格区间调控长效机制的建立和长协价格上浮等回暖政策逐步落地，煤炭价格（尤其是动力煤价格）将会保持在合理区间运行，一旦超出合理区间，国家层面必然会出台政策及时予以调控。我国也承诺力争 2030 年前实现“碳达峰”、2060 年前实现“碳中和”。在推动经济社会发展全面绿色转型、加快构建清洁低碳安全高效能源体系的进程中，未来煤炭需求增速或将呈下降态势。

货币政策。最近一期的美联储议息会议指出，2022 年美联储将逐步收紧货币政策，根据市场专业人士分析及以往惯例，美联储虽然通过加息等手段回笼超发的美元，但加息幅

度不会很大，全球不会出现美元资本慌。2021 年 12 月中央经济工作会议指出，目前我国经济发展面临需求紧缩、供给冲击、预期转弱的三重压力，会议强调各方面要积极推出有利于经济稳定的政策，政策发力要适度靠前。国内政策释放了 2022 年货币政策将趋向宽松的信号，多年来我国煤炭消费量的增长与 GDP 增长高度关联，积极的财政政策和宽松的货币政策，将直接刺激煤炭下游行业（电力、钢铁、水泥、煤化工等）的发展，从而反向推动煤炭消费总量的增加。

2. 供给端：前期建设不足，煤炭产能的增量有限

国内煤炭产能方面。根据《2021 年能源工作指导意见》，煤炭行业将继续保持“上大压小、增优汰劣”的原则，提升先进产能。2021 年，在煤炭价格大幅上涨的情况下，国家为平抑煤炭价格对大型煤炭生产企业产能实行先生产后核准的政策，保供政策下紧急核增永久产能，核增的 2.2 亿吨永久产能将在 2022 年和“十四五”期间陆续释放，据国家发展改革委初步核算，2022 年全国原煤日均产量将稳定在 1200 万吨，预计 2022 年全年煤炭总产量将达到 43.2 亿吨左右。长远来看，2022 年后煤炭产量增速将进一步放缓。

煤炭进口量方面。我国是全世界最大的煤炭消耗国，每年有大约 10%的煤炭消耗依赖进口，2021 年我国风、光、核发电量迅速增加，新能源对传统能源的替代效应也在一定程度上导致煤炭需求增速放缓，但从全球贸易量来看，各主要煤炭消费国进口量仍保持平稳态势，表明煤炭有效需求并未出现下滑。

3. 需求端：火电仍是主力军，钢材、建材稳中有增，煤化工潜力巨大

煤炭行业的主要四大下游分别是电力、钢铁、建材和化工，这四个行业合计煤炭消费量占煤炭总消费量的 80%左右，因此，分析煤炭的需求要着重研究这四个行业在 2022 年的运行发展前景。

火电。火电在我国电力市场中的地位将在很长一段时间仍占据主导地位，这不仅关系到我国的能源安全，更关系到国计民生。2021 年我国煤电装机容量占比首次跌至 50%以下，但煤电企业平均利用小时数却较同期有所增长，全年火力发电量仍占总发电量的 70%左右。这表明在当前的时代背景下，新能源及储能技术发展潜力巨大，用煤大户火电行业的成长空间有限，但火电的调峰调频地位依旧难以撼动，决定了相当长一段时间内我国动力煤的消费量会稳定在一个平台期。2022 年动力煤市场将继续受碳排放与经济发展相平衡、煤炭中长期合同对发电供热企业全覆盖以及上级主管部门对现货市场进行调控的影响，煤炭需求每年小幅增长，预计 2022 年乃至未来若干年动力煤供需关系都将处于紧平衡状态，不会出现需求大幅波动的情况。

钢铁、建材。钢铁、建材的主要下游市场在房地产和基建，2021 年 12 月中央经济工作会议提出“2022 年我国存在经济下行的风险，要适度超前开展基础设施投资”，预计 2022 年将新增专项债超 3.5 万亿元，且 2021 年地方政府专项债的 1 万亿元额度将结余到 2022

年，这意味着2022年我国基建投资力度将进一步加大，钢铁和水泥、玻璃等建材需求量将有一定程度的增加。房地产行业在“房住不炒”的定位和“三道红线”的政策约束下，预计后期房地产项目投资增长韧性或将继续维持低增长动能。综合来看，2022年基建投资力度的加大，或将持续带动焦炭、焦煤价格中枢维持在高位。

煤化工。2021年底，中央经济工作会议首次提出新增可再生能源和原料用能不纳入能源消费总量控制，随后国家发展改革委明确，从2022年起，将对煤化工企业非原料用能和原料用能进行区分，原料用能不纳入能源消费总量。这一政策的实施，将给煤化工企业带来重大利好，2022年长期受能耗双控影响的煤化工企业将迎来扩大产能的绝佳时期，煤化工企业的煤炭需求量将大幅提升。

4. 煤炭价格展望

动力煤。展望2022年，供需矛盾缓和，在保供政策影响下供应量将有所提升，但受安检环保等一系列事件影响，预计产地将实行旺季多产淡季少产。需求方面，由于我国经济结构调整步伐加快以及能源结构调整，固定资产投资回落将带动电力、冶金、建材、化工等高耗能产业增速回落，新能源、可再生能源快速发展，消费比重提高，对煤炭的替代作用逐渐增强。煤炭作为我国主要能源，煤炭产业是我国重要的基础产业，在短期内不会有很大的转变或直接被替代，但将会面临一系列挑战。

炼焦煤。随着高炉、焦炉大型化，高粘结性煤配比提高，对高粘结性煤需求进一步增大。预计2022年保供政策指导下炼焦煤供给或将环比回升，而进口煤资源是否回升仍取决于疫情和中澳关系改善情况，整体看低硫主焦煤、肥煤资源仍较为稀缺，整体上呈现前高后低的走势，波动幅度放缓。伴随着电煤供给缓解，部分被挤占的配焦煤资源也将陆续释放。配焦煤供应更为宽松，如气煤、贫瘦煤、低粘结瘦煤价格将会逐步回归往年正常略偏高水平。

焦炭。预计2022年全年维持供需双降格局，但是受压减粗钢产量影响，下游需求降幅会大于上游供应的降幅，导致整体供应趋向宽松；进出口方面，由于海外疫情后需求回暖，焦炭出口会有所好转，同时进口焦炭可能会减少。总体来看，2022年预计焦炭产能是逐渐释放并转向宽松的局面，由于自身的供需趋向宽松，整体焦化行业利润处于低位；焦炭价格预计全年震荡幅度收窄，价格重心下移。

附表 2021年煤炭行业上市公司业绩评价结果排序表

序号	A股上市公司评价得分排序	股票代码	股票简称	综合得分	评价等级	每股收益（元）	总资产报酬率（%）	净资产收益率（%）	总资产周转率（次）	流动资产周转率（次）	资产负债率（%）	已获利息倍数	营业收入增长率（%）	资本扩张率（%）	市场投资回报率（%）	股价波动率（%）	年末资产总额（万元）	营业收入（万元）	净利润（万元）
1	1	601225	陕西煤业	90.48	AAA	2.18	24.62	32.39	0.91	2.19	38.18	88.97	60.52	27.82	28.23	96.40	18540732.85	15226642.32	3374354.56
2	5	601088	中国神华	84.68	AA	2.53	13.86	13.58	0.58	1.76	26.58	23.60	43.71	4.83	32.93	81.28	60705200.00	33521600.00	5935900.00
3	7	601898	中煤能源	83.93	AA	1.00	9.98	14.12	0.77	2.76	55.74	6.65	63.97	14.98	34.90	148.96	32173849.70	23112730.20	1900227.70
4	18	601001	晋控煤业	81.52	AA	2.78	24.60	40.34	0.50	1.19	55.84	14.23	67.49	41.25	65.62	236.28	4034500.84	1826512.80	633654.53
5	19	601699	潞安环能	81.41	AA	2.24	12.39	26.76	0.52	1.26	64.75	7.44	73.83	30.13	80.59	237.60	9486699.68	4514743.65	684269.78
6	35	601101	昊华能源	80.07	AA	1.68	14.48	23.58	0.31	2.25	51.34	12.60	91.84	24.06	76.85	297.24	2857924.81	836894.85	290886.24
7	53	000723	美锦能源	78.82	A	0.60	15.84	26.93	0.78	3.03	51.42	17.18	65.71	26.90	154.00	226.22	2940484.80	2128768.44	312502.48
8	83	600123	兰花科创	77.36	A	2.06	12.70	17.23	0.47	2.26	55.10	6.41	94.07	18.03	74.62	221.13	2872581.37	1285956.43	200342.18
9	91	601918	新集能源	77.16	A	0.94	13.59	27.50	0.42	5.60	67.98	5.28	49.48	29.88	56.98	184.03	3123474.92	1248859.02	246332.57
10	99	000983	山西焦煤	76.88	A	1.02	11.26	19.06	0.64	2.95	63.13	8.65	34.15	19.55	34.20	223.55	7049787.50	4528526.07	465238.27
11	108	002128	电投能源	76.67	A	1.85	16.58	21.47	0.68	3.39	37.58	16.81	22.79	14.17	42.61	143.47	3763325.28	2464911.32	476979.15
12	110	601015	陕西黑猫	76.63	A	0.83	13.47	18.73	1.01	3.75	48.03	5.72	108.63	40.46	96.10	140.45	2072818.40	1889524.68	189285.42
13	116	600985	淮北矿业	76.31	A	2.04	9.49	17.50	0.92	4.33	56.72	10.74	24.27	24.88	-1.77	102.15	7346396.53	6496088.26	519879.47
14	121	600546	山煤国际	76.13	A	2.49	27.74	62.20	1.12	3.54	68.77	12.69	35.66	32.25	6.13	178.19	4597675.35	4805363.63	781515.27
15	135	600188	兖矿能源	75.76	A	3.34	10.72	21.01	0.56	2.06	66.58	5.52	-29.30	20.94	141.44	280.89	28869554.20	15199079.70	1856677.50
16	138	600348	华阳股份	75.55	A	1.47	11.27	21.05	0.61	1.99	63.13	8.54	21.89	-6.10	124.34	277.53	6622563.79	3800666.61	425638.28
17	153	601666	平煤股份	75.03	BBB	1.26	9.12	17.67	0.51	2.24	69.93	4.99	32.60	8.15	49.94	203.09	6391797.77	2969881.97	327127.60
18	174	600997	开滦股份	74.43	BBB	1.14	10.68	13.93	0.78	1.54	47.55	8.96	22.98	9.55	30.32	114.16	2972066.67	2235370.95	207091.19
19	208	000937	冀中能源	73.66	BBB	0.78	10.77	13.90	0.63	1.73	50.97	7.26	52.23	6.19	56.07	259.43	4993699.10	3142424.12	351208.74
20	346	600395	盘江股份	71.16	BBB	0.71	8.97	19.15	0.51	1.83	61.23	10.79	50.06	2.03	-0.59	111.03	2050194.87	972558.20	130779.76
21	427	600971	恒源煤电	70.14	BBB	1.16	9.89	14.21	0.40	0.77	43.39	16.94	29.55	7.84	10.18	111.07	1776681.48	674937.50	138284.21
22	482	600403	大有能源	69.34	BB	0.54	8.70	18.14	0.40	1.04	64.36	4.43	34.74	26.82	-13.98	71.18	2155300.55	791054.90	141549.41
23	519	603113	金能科技	68.73	BB	1.11	9.37	9.49	0.95	2.49	33.30	28.05	58.73	8.62	9.53	81.49	1312275.27	1197605.49	93473.20

续 表

序号	A股上市公司评价得分排序	股票代码	股票简称	综合得分	评价等级	每股收益（元）	总资产报酬率（%）	净资产收益率（%）	总资产周转率（次）	流动资产周转率（次）	资产负债率（%）	已获利息倍数	营业收入增长率（%）	资本扩张率（%）	市场投资回报率（%）	股价波动率（%）	年末资产总额（万元）	营业收入（万元）	净利润（万元）
24	810	000552	靖远煤电	65.68	BB	0.32	7.13	8.14	0.35	0.62	38.74	12.37	31.30	3.45	25.10	89.35	1441244.43	484123.91	72512.29
25	1013	600508	上海能源	63.89	B	0.52	4.05	3.59	0.59	4.13	40.54	4.22	32.69	2.19	22.64	91.24	1770407.92	1015588.65	40934.54
26	1114	600408	ST 安泰	63.18	B	0.28	7.71	10.31	2.40	8.47	46.60	4.47	47.78	10.59	53.81	110.62	527432.36	1298993.75	28369.77
27	1230	000983	山西焦化	62.31	B	0.49	5.94	8.55	0.53	2.63	39.78	5.68	58.10	6.72	23.94	190.35	2058589.08	1122655.23	103175.32
28	1576	600725	云维股份	59.47	CCC	0.01	3.60	2.24	3.66	3.74	32.30	26.09	23.39	5.06	158.26	246.72	49210.80	169705.31	1604.78
29	1975	601011	宝泰隆	56.47	CCC	0.09	2.61	1.72	0.31	2.11	41.31	2.21	33.79	2.28	35.17	102.30	1198036.05	357857.21	11963.34
30	2516	600397	安源煤业	51.95	CC	0.06	4.40	6.37	1.22	3.08	92.87	1.33	23.42	11.25	-7.64	82.84	791183.17	938367.42	5770.56
31	2542	000968	蓝焰控股	51.78	CC	0.32	4.68	5.84	0.18	0.58	59.25	4.50	37.24	5.48	33.03	205.33	1152503.79	197763.23	28805.87
32	2842	600758	辽宁能源	48.78	C	0.02	3.55	0.42	0.39	1.08	66.83	1.76	17.01	2.14	17.29	95.17	1528103.30	591453.21	2625.18
33	2861	600792	云煤能源	48.54	C	-0.03	0.94	-1.13	1.06	2.24	44.97	1.10	29.25	-1.31	14.76	78.18	626446.97	610118.60	-2056.23
34	3304	000571	ST 大洲	41.72	C	-0.18	-0.16	-4.62	0.41	2.87	68.62	-0.06	20.06	-6.75	6.54	75.71	280330.27	118747.74	-9154.21
35	3542	600121	郑州煤电	34.02	C	-0.18	2.86	4.41	0.23	0.57	81.31	1.70	15.00	-1.57	-42.69	90.09	1351441.83	321226.13	-802.37

第五章

钢铁行业上市公司业绩评价

钢铁行业是以从事黑色金属矿物采选和黑色金属冶炼加工等工业生产活动为主的工业行业，是国家重要的原材料工业之一。2021 年，在国家能耗双控、京津冀地区错峰限产、行业严格限制新增产能及下半年普遍限产的背景下，全国生铁、粗钢和钢材产量分别为 8.69 亿吨、10.33 亿吨和 13.37 亿吨，其中钢材产量同比增长 0.6%，基本持平，生铁和粗钢产量分别同比下降 2.3%和 3.0%，亦是近 6 年来首次实现粗钢产量的压降，但钢铁类大宗商品价格指数大幅上涨 27.7%。由于价格上涨带来企业盈利的改善，2021 年度中信钢铁行业股票指数上涨 41.75%。目前环保政策要求提高，“双碳”实施路径明确，钢铁企业在此过程中将面临较大的投资压力，并将倒逼环保竞争力较差的企业加大环保投资或退出市场，而龙头钢铁企业具备更为先进的环保设备，有望从环保政策升级中受益，未来需关注环保重点区域及设备等级偏弱企业的政策执行情况。

一、钢铁行业上市公司业绩评价结果

截至 2021 年末，钢铁行业 A 股上市公司共计 36 家，其中 35 家盈利，1 家亏损；钢铁行业上市公司总资产共计 21402.58 亿元，占全部上市公司总资产的 2.48%。2021 年全国 4543 家上市公司共计完成营业收入 548446.24 亿元，36 家钢铁行业上市公司完成营业收入 24143.86 亿元，占全部上市公司总收入的 4.40%；全部上市公司共计实现净利润 28754.37 亿元，钢铁行业上市公司实现净利润 1185.68 亿元，占全部上市公司净利润的 4.12%。

2021 年钢铁行业整体评价结果为，36 家钢铁行业上市公司中有 7 家业绩评价综合得分进入 2021 年度“中联价值 100”。行业中业绩评价为 AA 的有 1 家，业绩评价为 A 的有 13 家；业绩评价为 BBB 的有 3 家，业绩评价为 BB 的有 9 家，业绩评价为 B 的有 4 家；业绩评价为 CCC 的有 2 家，业绩评价为 CC 的有 1 家，业绩评价为 C 的有 3 家。表 5-1 为

2021 年度钢铁行业评价得分前十名的公司。

表 5-1 2021 年度钢铁行业评价得分前十名的公司

序号	股票代码	股票简称	在 A 股上市公司中评价得分排序
1	000825	太钢不锈	24
2	000932	华菱钢铁	44
3	600808	马钢股份	48
4	000959	首钢股份	49
5	600782	新钢股份	58
6	002756	永兴材料	64
7	600019	宝钢股份	67
8	600507	方大特钢	118
9	000708	中信特钢	120
10	002110	三钢闽光	126

基于对钢铁行业上市公司的整体评价，下面分别从财务效益状况、资产质量状况、偿债风险状况、发展能力状况、市场表现状况五个方面对钢铁行业上市公司进行具体分析。

（一）财务效益

2021 年钢铁行业上市公司财务效益状况优于全部上市公司平均水平。财务效益状况评价是通过基本指标扣除非经常性损益净资产收益率、总资产报酬率进行基本评分，然后再用营业利润率、盈利现金保障倍数、股本收益率进行修正，得出综合得分。

从综合得分看，2021 年钢铁行业上市公司财务效益状况平均得分为 25.92 分，高于上市公司平均得分（23.08 分）。

表 5-2 列示了 2021 年钢铁行业上市公司财务效益状况评价结果。在钢铁行业上市公司财务效益状况指标中，华菱钢铁财务效益排名第一。2021 年，华菱钢铁深化质量变革、效率变革和动力变革，提高企业运营效率，增强技术创新能力。全年实现营业收入 1711.76 亿元，比 2020 年增加 46.93%；实现归属于上市公司股东的净利润 96.80 亿元，同比增长 51.37%。

表 5-2 钢铁行业财务效益状况比较表

分析指标		2021 年上市公司平均值	2021 年行业值	2020 年行业值	增长率（%）
基本指标	扣非净资产收益率（%）	7.51	13.01	7.52	73.01
	总资产报酬率（%）	5.47	7.93	5.24	51.34
	基本得分	20.98	26.53	21.68	22.37
修正指标	营业利润率（%）	6.79	5.98	4.7	27.23
	盈利现金保障倍数	1.75	1.86	2.03	-8.37
	股本收益率（%）	46.81	56.90	31.63	79.89
综合得分		23.08	25.92	21.77	19.06

与2020年相比较，2021年钢铁行业上市公司除盈利现金保障倍数指标低于2020年行业值，其他指标均高于2020年行业值。

（二）资产质量

2021年钢铁行业上市公司资产质量状况优于全部上市公司平均水平。资产质量评价是通过基本指标总资产周转率、流动资产周转率进行基本评分，再用应收账款周转率和存货周转率进行修正，得出综合得分。

表5-3列示了钢铁行业上市公司资产质量状况评价结果。在钢铁行业上市公司资产质量状况指标中，新钢股份、三钢闽光、韶钢松山、甬金股份、杭钢股份、山东钢铁和友发集团并列第一，这7家钢铁行业上市公司资产质量状况得分均为15分，远高于2021年上市公司平均值。

表5-3　钢铁行业资产质量状况比较表

分析指标		2021年上市公司平均值	2021年行业值	2020年行业值	增长率（%）
基本指标	总资产周转率（次）	0.67	1.17	0.90	30.00
	流动资产周转率（次）	1.25	3.07	2.40	27.92
	基本得分	9.72	14.84	13.23	12.17
修正指标	应收账款周转率（次）	8.97	60.62	43.70	38.72
	存货周转率（次）	3.07	8.50	6.91	23.01
综合得分		9.27	13.40	13.35	0.37

与2020年比较可知，从综合得分来看，2021年钢铁行业上市公司资产质量有所上升，且远高于2021年上市公司平均值。钢铁行业上市公司2021年平均应收账款周转率60.62次，比2020年高38.72%。

（三）偿债风险

2021年钢铁行业上市公司偿债风险状况低于全部上市公司平均水平。偿债风险评价是通过基本指标资产负债率和已获利息倍数进行基本评分，再用速动比率、现金流动负债比率和带息负债比率进行修正，得出综合得分。

表5-4列示了钢铁行业上市公司偿债风险状况评价结果。在钢铁行业上市公司偿债风险状况指标中，永兴材料排名第一，得分为14.15分，远高于2021年上市公司平均值8.86分，以及2021年行业值7.30分。2021年，各钢铁企业加强资金管理，努力去杠杆，年末资产负债率为55.83%，同比下降1.59%。例如，杭钢股份资产负债率连续两年低于50%，流动比率1.83，变现能力持续提升。

表 5-4　钢铁行业偿债风险状况比较表

分析指标		2021 年上市公司平均值	2021 年行业值	2020 年行业值	增长率（%）
基本指标	资产负债率（%）	59.93	55.83	56.73	-1.59
	已获利息倍数	5.28	7.32	4.59	59.48
	基本得分	8.86	9.32	9.21	1.19
修正指标	速动比率（%）	83.33	55.67	56.56	-1.57
	现金流动负债比率（%）	13.68	22.43	14.56	54.05
	带息负债比率（%）	38.47	40.88	44.75	-8.65
综合得分		8.86	7.30	7.00	4.29

与 2020 年相比较，2021 年钢铁行业上市公司偿债风险状况平均得分有所提升。

（四）发展能力

2021 年钢铁行业上市公司发展能力状况优于全部上市公司平均水平。发展能力评价是通过基本指标营业收入增长率和资本扩张率进行基本评分，再用累计保留盈余率、三年营业收入平均增长率、总资产增长率和营业利润增长率进行修正，得出综合得分。

表 5-5 列示了钢铁行业上市公司发展能力状况评价结果。在钢铁行业上市公司发展能力状况指标中，华菱钢铁排名第一，得分为 17.33 分。2021 年华菱钢铁建立完善的“研学产销用”创新体系，不断提高产品研发能力，采取“以销定产”的生产模式组织生产活动，同时围绕管理节能、技术节能和结构节能三大节能方向，实现企业的可持续发展。

表 5-5　钢铁行业发展能力状况比较表

分析指标		2021 年上市公司平均值	2021 年行业值	2020 年行业值	增长率（%）
基本指标	营业收入增长率（%）	22.02	40.45	2.84	1324.30
	资本扩张率（%）	11.29	9.58	7.63	25.56
	基本得分	12.09	13.88	11.55	20.17
修正指标	累计保留盈余率（%）	41.52	42.04	37.39	12.44
	三年营业收入平均增长率（%）	11.08	15.41	7.49	105.74
	总资产增长率（%）	10.88	7.34	8.17	-10.16
	营业利润增长率（%）	26.49	78.97	4.52	1647.12
综合得分		12.34	13.57	11.71	15.88

2021 年钢铁行业上市公司营业收入增长率从 2020 年的 2.84%上升到 40.45%，营业收入规模不断扩大，主要是 2021 年企业出口大幅上升，且受铁矿石、焦煤等原燃料价格大幅上涨影响，2021 年钢材价格波动上行所致。

（五）市场表现

钢铁行业上市公司市场表现状况低于全部上市公司的平均水平。市场表现是通过市场投资回报率和股价波动率两个指标对上市公司进行评价得出综合得分。钢铁行业指数与大盘指数波动见图 5-1。

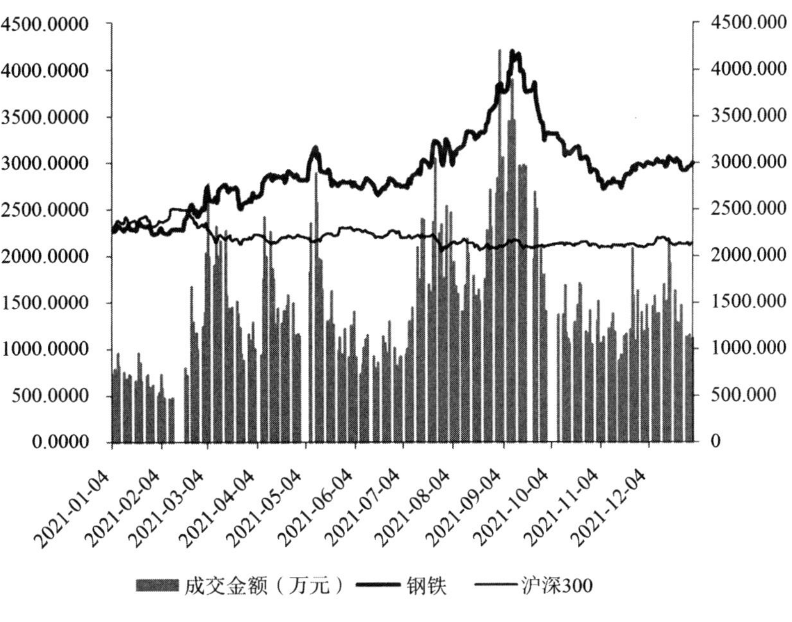

图 5-1　钢铁指数与沪深 300 指数波动情况

表 5-6 列示了钢铁行业上市公司市场表现状况评价结果。在钢铁行业上市公司市场表状况指标中，甬金股份名列第一，得分为 11.52 分。2021 年，中信特钢克服新冠肺炎疫情的影响，充分发挥集团化统一的管理、资金、采购、销售平台优势，降本增效、增产增效，盈利水平和综合竞争力在市场中表现较好。

表 5-6　钢铁行业公司市场表现状况比较表

分析指标	2021 年上市公司平均值	2021 年行业值	2020 年行业值	增长率（%）
投资回报率（%）	27.90	30.90	16.42	88.19
股价波动率（%）	108.84	128.79	82.8	55.54
得分	9.23	8.99	9.74	-7.70

二、2021 年钢铁行业业绩的影响因素分析

钢铁行业是我国国民经济的支柱产业，是关系国计民生的基础性行业，在我国工业现代化进程中发挥了不可替代的作用。钢铁工业作为一个原材料的生产和加工部门，处于工业产业链的中间位置。它的发展与国家的基础建设以及工业发展的速度关联性很强。2021 年，影响钢铁行业的业绩因素主要如下。

（一）2021 年行业量价前高后低，行业效益创历史最高

1. 2021 年粗钢产量前高后低，全年同比下降

上半年，受国内外需求拉动，全国累计粗钢产量 5.63 亿吨，同比增长 11.8%，创同期历史新高。下半年，随着国家调控政策的落实，钢铁产量过快增长得到有效遏制。自 2021 年 7 月以来，粗钢产量连续 6 个月保持同比下降。全年累计粗钢产量 10.33 亿吨，同比减少约 3200 万吨，下降 3.0%。累计粗钢表观消费量约 9.92 亿吨，同比下降 5.3%。详见图5-2。

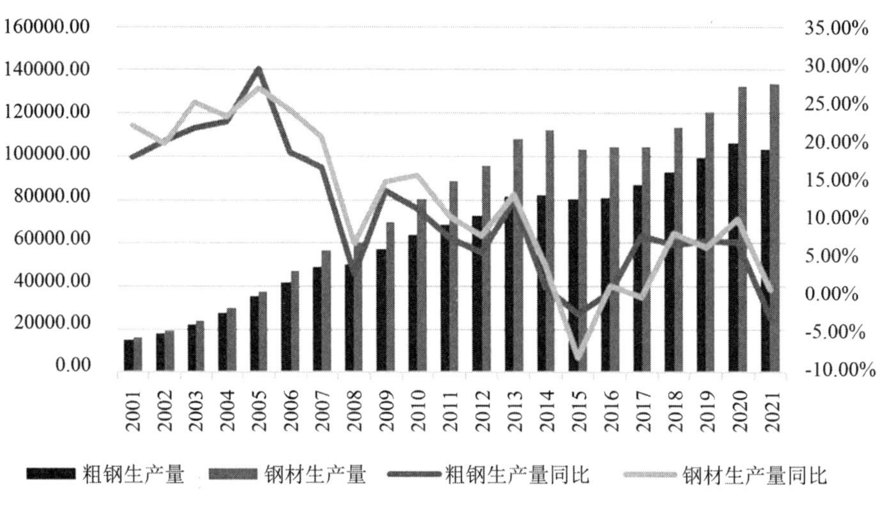

图 5-2　2001—2021 年粗钢、钢材产量及增速

数据来源：国家统计局，中联评估整理。

2021 年钢材出口总量高于 2020 年，下半年逐月回落。受国外需求恢复较快、国际钢材价格大幅上涨等因素影响，2021 年我国钢材出口在连续 5 年下降的情况下大幅反弹。上半年累计出口钢材 3738 万吨，同比增长 30.2%；累计进口钢材 735 万吨，同比增长 0.1%。随着取消出口退税等政策效果显现，自 7 月开始，钢材出口环比持续下降。全年累计出口钢材 6690 万吨，同比增长 24.6%；累计进口钢材 1427 万吨，同比下降 29.5%。详见图 5-3。

2. 2021 年钢材价格波动上行，盈利大幅增长

受铁矿石、焦煤等原燃料价格大幅上涨影响，上半年钢材价格一路走高，5 月中旬国内钢材综合价格指数达到 174.81 点，创历史新高。随后钢材价格高位回调，尤其是四季度以来，受需求减少等影响，钢材价格大幅下滑。至 2021 年末，国内钢材综合价格指数 131.70 点，较 2021 年最高点下降 24.7%。全年平均指数为 142.03 点，同比上涨 36.46 点。

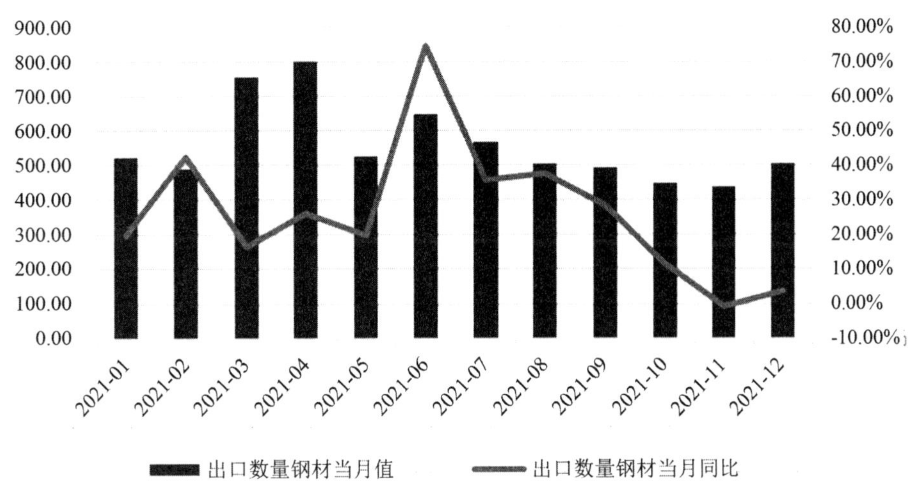

图 5-3　2021 年钢材月出口数量及增速

数据来源：海关总署、中联评估整理。

2021 年钢铁行业销售利润率明显改善，行业效益创历史最高。受国民经济整体向好、全球大宗商品价格上涨等因素影响，2021 年钢铁行业效益呈前高后低走势，钢铁行业效益创历史最高。全年重点大中型钢铁企业营业收入总额 6.93 万亿元，同比增长 32.7%；利润总额 3524 亿元，同比增长 59.7%，创历史新高；销售利润率达到 5.08%，较 2020 年提高 0.85 个百分点。

（二）行业多因素扰动，供给进入新周期

自 2020 年 9 月国家宣布“30・60”战略后，国内重要的碳排放行业都进入了碳控制时期，围绕控碳，钢铁行业将进入能源、工艺、原料、产品的结构转型，叠加压缩国内钢铁理论产能和钢铁需求进入平台区，使得钢铁供给收缩。

2021 年 10 月 26 日，《国务院关于印发 2030 年前碳达峰行动方案的通知》发布，明确钢铁行业要加快绿色低碳转型和高质量发展，推动钢铁行业加快实现碳达峰、碳中和。随着疫情对经济影响减弱，国内经济重回消费驱动内循环为主的格局，GDP 耗钢系数将环比减少，随着 GDP 增加，耗钢系数下降，钢铁内需将相对平稳；2021 年连续两次下调出口退税，进一步驱动出口钢材回流。内需减少和外需回流，围绕供需平衡，进一步带动钢铁供给进入平台区。

2021 年 11 月 15 日国家发展改革委等部门发布《高耗能行业重点领域能效标杆水平和基准水平（2021 年版）》的通知，明确钢铁等高耗能行业 3 年内完成能效提升改造和淘汰的计划。对钢铁等高耗能行业，需开展技术改造的项目，各地要明确改造升级和淘汰时限（一般不超过 3 年）以及年度改造淘汰计划，在规定时限内将能效改造升级到基准水平以上，力争达到能效标杆水平；对于不能按期改造完毕的项目进行淘汰。坚决遏制高耗能项目不合理用能，对于能效低于本行业基准水平且未能按期改造升级的项目，限制用能。

根据中国钢铁工业协会发布的重点企业技术经济指标数据，2021 年 1—8 月高炉工序平均能耗为 390. 23 千克标煤/吨，炼钢转炉工序能耗为-14. 84 千克标煤/吨，电炉工序能耗为 52. 78 千克标煤/吨，炼焦工序能耗为 104. 37 千克标煤/吨。整体来看，目前国内重点钢铁企业高炉、转炉、电炉、焦炉工序平均能耗已超过基准水平，但高炉、转炉工序能耗与标杆水平还存在一定差距。纳入中钢协统计的重点钢铁企业工艺技术、生产管理水平领先于非重点企业，其能耗水平好于其他企业。未来三年实现高炉和转炉工序达到标杆水平驱动行业第一轮优胜劣汰。

全国统一碳交易市场于 2021 年 7 月 16 日正式启动，电力、建材、钢铁纳入全国碳交易市场，其中钢铁占全国碳排放总量的 15%。这种基于市场的价格机制将助于减少碳排放活动，其主要方式是奖励碳减排和惩罚不作为。从企业管理成本的角度分析，若被纳入碳交易市场，企业将增加一项碳管理成本，其中包括：（1）运营成本，即会带来人力成本、交易成本、碳核算成本等；（2）减排成本，即面临碳约束的情况下可能产生的低碳转型成本；（3）履约成本，即参与碳市场的企业为了完成履约都会产生的成本；（4）碳关税成本，根据当前欧盟碳边境税的相关政策，即未来可能面临的产品出口中叠加的碳关税成本。对于钢铁企业来说，未来 3 年行业面临能效提升改造和淘汰，未来 4 年面临超低排放改造升级，未来 9 年面临碳排放量达峰的要求，同时行业即将纳入全脱碳交易市场，高碳企业履约成本或将面临进一步增加。这些都将进一步驱动行业竞争格局演变，绿色、低碳将推动行业走向优胜劣汰。

（三）原材料价格先高后低，钢企生产成本大起大落

2021 年铁矿石价格上半年持续冲高，下半年震荡回落。上半年进口铁矿石价格大幅上涨，2021 年 5 月 12 日达到历史最高点 230. 59 美元/吨，下半年随着钢铁产量下降带动铁矿石需求减少，铁矿石价格明显回落。全年累计进口铁矿石 11. 2 亿吨，同比下降 3. 9%，均价为 164 美元/吨，同比上涨 55. 3%。铁矿石价格的大幅度涨落，使得钢铁行业的利润大起大落。

2021 年，因环保、去产能等原因焦炭市场出现阶段性供应偏紧现象，叠加疫情对蒙古炼焦煤进口影响，8 月起焦炭价格呈现连续 15 轮上涨，累计上涨达 1560 元；11 月起随着保供稳价在焦煤、焦炭市场起作用，焦炭价格持续 8 轮提降落地，累计下跌达 1600 元。据兰格钢铁云商平台监测数据显示，2021 年，唐山地区二级冶金焦价格均值 2922 元，同比上涨 54. 2%，其中峰值 4160 元，谷值 2000 元，峰谷震荡差值 2160 元，波幅 108%。

在原料价格上涨带动下，钢铁企业吨钢生产成本明显上升。兰格钢铁研究中心测算数据显示，2021 年，生铁成本指数均值在 167. 4，同比上升 45. 2%；三级螺纹钢和热轧卷板吨钢含税生产成本分别为 4480 元和 4665 元，较上年同期分别上升 1075 元和 1131 元，同比分别增长 35. 7%和

36.2%。2011—2021 年中国钢材价格指数走势如图 5-4 所示。

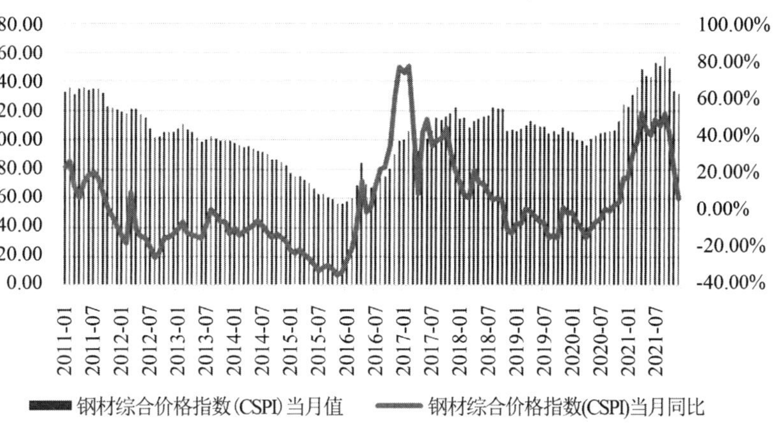

图 5-4 2011—2021 年中国钢材价格指数走势图

数据来源：中钢协，中联评估整理。

（四）钢铁供需环境更迭，去库存速度放缓

2021 年，钢铁行业受疫情及产量波动影响，钢材社会库存表现出两个特点：一是年末库存高于上年同期。2021 年 1—11 月中旬整体库存低于 2020 年同期水平，库存高点较上年提前一周出现，2021 年 11 月下旬以来，随着需求的逐渐减弱，尽管库存仍呈现下降态势，但降速同比明显放缓，使得整体库存高于上年同期。2021 年 12 月底，钢材社会库存为 850.7 万吨，同比增长 11.5%。其中，建材社会库存为 420.6 万吨，同比增长 9.2%；板材社会库存为 430.1 万吨，同比增长 13.8%。二是去库存速度低于 2020 年，特别是板材去库速度明显放缓。2021 年钢材社会库存最高点到最低点降速为 56.9%，较上年收缩 10.1 个百分点。其中建材库存降速为 70.0%，较上年收缩 6.4 个百分点；板材库存降速为 24.8%，较上年收缩 19.5 个百分点。板材库存降速放缓主要源于下半年板材需求减弱以及产量压减程度较弱。

资料链接：

行业重大事件

➢ 鞍钢重组本钢，又一艘世界级“钢铁航母”启航

2021 年 8 月 20 日，鞍钢重组本钢大会在鞍钢召开，又一艘世界级“钢铁航母”启航。辽宁省国资委将所持本钢 51%股权无偿划转给鞍钢，本钢成为鞍钢的控股子企业。重组后，鞍钢粗钢年产能可达到 6300 万吨，年营业收入可达到 3000 亿元，粗钢产能在世界钢企排名中仅次于中国宝武和安赛乐米塔尔，位居国内第二、世界第三。

> **天工国际打破国际垄断，成功破解多项粉末冶金“卡脖子”关键技术**

2021年2月8日，天工国际建设的中国首条粉末冶金工模具钢生产线经过一年多的技术探索和科研攻关，破解了第三代粉末冶金技术的多项“卡脖子”固件核心技术，成功开发生产了高纯净的TGP39、TGE25、TSFX42、TSFX22、TPMB44、TPM638等十余个品种的粉末工模具钢材料及粉末不锈钢材料，并实现全流程规模化稳定生产，制粉成品率大幅提高。打破了同类粉末材料的国际垄断，填补了国内粉末冶金工模具钢规模化生产空白，为高端复杂刀具制造、热喷涂、激光表面熔覆与修复、3D打印、注塑成型、精冲模具、高端机械零件制造等提供了高端的先进材料选择，为助力中国高端制造业发展发挥了积极作用。同时，天工国际该类产品还成功打入国际市场，进一步提升了企业的国际影响力。

> **钢铁行业争当“双碳”先行者成果丰硕**

2021年2月10日，中国钢铁工业协会向全行业发出《钢铁担当，开启低碳新征程——推进钢铁行业低碳行动倡议书》。2021年4月22日，中国钢铁工业协会钢铁行业低碳工作推进委员会正式成立。2021年11月18日，由中国宝武倡议并联合全球钢铁业及生态圈伙伴单位共同发起的全球低碳冶金创新联盟成立。中国宝武、鞍钢、河钢、包钢等一批钢企纷纷发布“双碳”目标，包钢股份发行我国钢铁业首单碳中和债券。全球首例氢冶金示范工程——河钢宣钢氢能源开发和利用工程示范项目（由中冶京诚作为总体设计方）开工建设，建龙赛思普氢基熔融还原项目成功出铁，八一钢铁富氢碳循环高炉实现50%富氧冶炼目标，晋南钢铁实现“钢-焦-化-氢”联产，本钢CCPP发电工程项目燃机点火一次成功等，钢企低碳发展成果丰硕。

来源：中国钢铁新闻网

三、2022年钢铁行业业绩前景分析

2021年底，《“十四五”原材料工业发展规划》发布，“十四五”时期，钢铁行业将落实碳达峰实施方案，统筹减污降碳协同治理，到2025年，粗钢产能只减不增。2022年钢铁行业“双碳”约束将进一步推进，全国钢铁生产或仍将延续粗钢产量同比不增的政策导向；“跨周期和逆周期”调控政策的托底下，钢铁需求将有所减弱；受疫情病毒变异、通胀及货币政策等因素影响，钢材出口预计将有所下降，原料价格预计将理性回归，钢材均价预计将有所下移。

（一）钢铁企业绿色低碳转型步伐加快

钢铁行业是碳排放最大的行业之一，绿色低碳发展将是钢铁行业未来必须持续推进的

重点任务。确定碳达峰、碳中和目标后，行业龙头企业率先提出了碳达峰、碳中和的时间表和路线图，一批钢铁企业在探索低碳冶金新工艺中有所突破。未来，《关于促进钢铁工业高质量发展的指导意见》《钢铁行业碳达峰实施方案》将出台，指导钢铁行业高质量发展，向绿色低碳转型。

（二）“双碳”目标下，钢铁需求增长受阻

根据《两部门关于开展京津冀及周边地区 2021—2022 年采暖季钢铁行业错峰生产的通知》，2022 年 1 月 1 日至 2022 年 3 月 15 日，以削减采暖季增加的大气污染物排放量为目标，原则上“2+26”城市有关钢铁企业错峰生产比例不低于上一年同期粗钢产量的 30%。为保证中长期“双碳”目标的实现，钢铁行业作为高能耗行业，预计产能和产量增长或继续受控，2022 年产量或难有明显增长。

（三）原材料价格维持弱势

2022 年 2 月 15 日，市场监管总局、国家发展改革委、证监会联合发声，提醒告诫部分铁矿石贸易企业不得编造发布虚假价格信息，不得恶意炒作、囤积居奇、哄抬价格，号召相关国有企业主动承担社会责任，助力政府保供稳价。随着近期有关部门针对铁矿石价格异动告诫发声并逐步采取监管措施，铁矿石价格回调明显。

2022 年，国际方面，澳煤、蒙煤进口情况给焦煤供给带来不确定性；国内方面，目前焦炭企业亏损状态下，焦化厂开工率偏低。在粗钢产量需求减弱、焦炭需求提升有限的情况下，目前仍处于亏损状态的焦炭开工率或持续维持在低位。在需求较弱的情况下，预计焦炭价格取决于焦煤价格，而焦煤价格则主要取决于进口恢复情况以及动力煤保供对焦煤形成的挤压。

（四）钢材出口有所下降

自 2021 年 8 月 1 日我国钢材出口退税政策取消之后，我国钢材出口量呈逐月下滑态势，2021 年 9—11 月份连续 3 个月出口量保持在 500 万吨以下，预计 2022 年这种下滑趋势会继续保持，进口或将持平。

（五）行业盈利趋稳，呈现板强长弱、特强普弱

“双碳”背景下，钢铁行业供给侧改革不论是“产能产量双控”还是“碳排放总量和强度双控”，核心均在于“减碳”，预计行业将迎来新一轮结构优化，竞争格局演变为绿色低碳推动优胜劣汰，行业集中度持续提升，龙头国企和优势民企做大做强，国家不鼓励钢铁高碳排放产品出口。整体来看供给端产能逐步收缩，供给侧的变化推动供需整体趋于平衡。2022 年在以内循环为主题的发展格局中，消费链条的用钢需求预期好于投资建筑链条，预计全年呈现“板强长弱”的盈利格局。随着解决卡脖子问题的重要性日益突出，高端特钢进口替代的机遇空间加大，特钢公司的盈利延续稳健、中枢高于普钢公司的态势。

附表　2021 年度钢铁行业上市公司业绩评价结果排序表

序号	A股上市公司评价得分排序	股票代码	股票简称	综合得分	评价等级	每股收益（元）	净资产收益率（%）	总资产报酬率（%）	总资产周转率（次）	流动资产周转率（次）	资产负债率（%）	已获利息倍数	营业收入增长率（%）	资本扩张率（%）	市场投资回报率（%）	股价波动率（%）	年末资产总额（万元）	营业收入（万元）	净利润（万元）
1	24	000825	太钢不锈	80.99	AA	1.11	18.56	10.7	1.49	4.72	47.43	17.17	50.46	6.27	104.48	235.71	6759937.23	10143734.98	624830.7
2	44	000932	华菱钢铁	79.14	A	1.48	24.48	12.43	1.74	3.86	52.28	38.94	47.22	31.99	6.1	135.05	10655946.91	17117596.55	1046770.27
3	48	600808	马钢股份	79.02	A	0.69	17.44	8.89	1.32	2.82	58.98	12.24	39.5	14.72	41.29	182.49	9120774.3	11385118.94	599397.46
4	49	000959	首钢股份	79.01	A	1.13	19.82	8.25	0.92	4.01	66.59	5.39	67.65	26.64	54.57	170.26	14721156.07	13403448.61	832653.11
5	58	600782	新钢股份	78.47	A	1.39	17.24	9.68	1.89	3.35	52.9	36.76	44.88	14.52	19.74	165.91	5871291.45	10491283.98	447006.1
6	64	002756	永兴材料	78.27	A	2.22	19.57	16.64	1.23	2.22	19.66	0	44.76	24.99	152.71	277.04	636930.79	719925.64	90002.94
7	67	600019	宝钢股份	78.05	A	1.07	12.59	8.81	0.99	2.47	44.61	18.37	28.44	5.5	18.85	94.09	38039756.14	36434929.81	2645502.07
8	118	600507	方大特钢	76.22	A	1.27	29.44	19.97	1.28	1.71	51.24	0	30.59	3.84	27.97	76.8	2010752.54	2167939.26	275950.1
9	120	000708	中信特钢	76.14	A	1.58	26.01	12.25	1.2	3	61.16	15.87	30.25	16.14	-20.04	100.07	8487629.62	9733233.55	796052.83
10	126	002110	三钢闽光	76.04	A	1.64	18.28	12.18	1.41	3.12	49.33	28.94	29.02	13.79	8.64	115.95	4597554.83	6275295.3	399772.81
11	131	600282	南钢股份	75.87	A	0.67	16.33	9.75	1.43	3.21	52.96	30.64	42.45	12.41	24.34	83.81	5770095.5	7567409.21	409518.48
12	148	000898	鞍钢股份	75.18	A	0.74	12.25	10.15	1.47	4.93	38.28	18.87	35.45	11.76	17.89	134.95	9752600	13667400	695900
13	149	000717	韶钢松山	75.16	A	0.79	18.78	11.74	2.37	8.46	46.81	0	44.13	15.18	17.82	89.1	2059528.47	4548238.2	192206.82
14	150	603995	甬金股份	75.14	A	2.55	17.16	11.32	3.9	8.92	55.9	23.66	53.43	20.54	85	162.67	986814.37	3136596.65	70992.29
15	247	600126	杭钢股份	72.96	BBB	0.49	8.15	6.46	1.76	3.25	29.76	0	54.08	3.27	2.48	52.71	2926345.43	4996142.02	163960.4
16	289	601005	重庆钢铁	72.1	BBB	0.26	10.72	6.36	0.96	3.02	47.96	7.06	62.72	11.66	42.86	167.18	4299595.6	3984941.8	227439.3
17	378	600022	山东钢铁	70.67	BBB	0.11	5.7	6.44	1.57	5.81	55.07	8.81	26.95	5.66	31.74	120.55	7254578.63	11085091.77	296163.34
18	547	002318	久立特材	68.41	BB	0.83	16.04	12.27	0.82	1.49	32.8	0	20.56	6.28	51.43	89.56	782883.79	597383.36	80203.62
19	570	000761	本钢板材	68.14	BB	0.6	11.49	6.74	1.3	2.66	58.17	6.6	60.03	7.03	46.1	163.55	5514712.33	7791214.5	253363.55
20	592	000778	新兴铸管	67.91	BB	0.5	8.79	6.2	1	2.07	50.66	9.23	24.07	9.05	19.49	55.19	5338073.7	5330110.61	218001.91
21	602	002075	沙钢股份	67.75	BB	0.51	19.59	18.62	1.29	2.25	37.45	159.79	28.14	19.38	-44.91	158.15	1539458.99	1848724.65	211156.51
22	734	600231	凌钢股份	66.41	BB	0.32	10.48	6.77	1.56	3.54	47.46	0	28.85	11.78	12.18	102.39	1760833.59	2615365.09	91865.32

续表

序号	A股上市公司评价得分排序	股票代码	股票简称	综合得分	评价等级	每股收益（元）	净资产收益率（%）	总资产报酬率（%）	总资产周转率（次）	流动资产周转率（次）	资产负债率（%）	已获利息倍数	营业收入增长率（%）	资本扩张率（%）	市场投资回报率（%）	股价波动率（%）	年末资产总额（万元）	营业收入（万元）	净利润（万元）
23	782	601003	柳钢股份	65.97	BB	0.57	11.96	4.64	1.39	3.9	63.39	4.25	68.67	6.76	6.1	87.84	7255776.3	9225163.08	231920.8
24	821	600581	八一钢铁	65.57	BB	0.77	26.93	6.43	1.15	3.48	85.9	4.93	42.15	-2.45	70.14	208.77	3117101.79	3087927.4	122129.27
25	827	600307	酒钢宏兴	65.52	BB	0.24	11.4	5.47	1.17	3.46	67.12	3.75	31.46	11.64	34.98	154	4192136.75	4866843.85	148776.06
26	860	600010	包钢股份	65.17	BB	0.06	5.31	3.75	0.59	2.13	56.61	2.64	45.42	4.2	138.46	254.14	14796793.6	8618314.58	316756.51
27	906	002443	金洲管道	64.79	B	0.74	12.99	11.35	1.66	2.28	26.45	39.98	37.84	6.91	34.7	62.46	443824.78	704348.7	41286.25
28	1027	600569	安阳钢铁	63.79	B	0.36	9.89	3.66	1.21	2.36	74.58	2.89	63.11	7.24	19.25	128.2	4577268.14	5202680.94	103332.63
29	1045	601686	友发集团	63.67	B	0.43	9.84	6.67	4.83	7.09	54.37	10.37	38.1	5.76	-17.48	71.43	1586851.72	6686602.33	57982.9
30	1130	600399	抚顺特钢	63.02	B	0.4	14.39	8.87	0.76	1.39	42.69	11.06	18.21	16.47	56.87	178.87	1022359.23	741442.91	78339.22
31	1591	000709	河钢股份	59.35	CCC	0.24	4.94	3.51	0.62	2.11	74.98	1.76	38.98	0.77	13.95	88.2	24341943.35	14962621.38	299917.1
32	1631	603878	武进不锈	59.06	CCC	0.44	7.23	5.8	0.77	1.04	30.35	227.86	12.42	2.81	-5.28	50.97	354974.11	269918.88	17634.93
33	2692	688186	广大特材	50.33	CC	0.95	7.23	4.03	0.47	0.92	53.91	4.46	51.2	97.68	34.5	205.1	749647.43	273728.03	16862.76
34	2733	300881	盛德鑫泰	49.88	C	0.52	6.92	4.43	0.85	0.98	48.38	17.73	27.44	5.33	-9.74	82.76	150344.11	112295.72	5234.46
35	3122	002478	常宝股份	44.96	C	0.15	3.14	1.7	0.61	1.08	37.07	0	7.22	-6.34	2.41	45.62	697068.27	422643.98	14633.2
36	3783	600117	西宁特钢	25.5	C	-1.1	-132.83	-10.76	0.63	1.7	88.2	-3.52	21.37	-55.84	12.98	84.98	1852496.3	1222910.16	-266688.44

第六章

有色金属行业上市公司业绩评价

有色金属是国民经济发展的基础材料，航空、航天、汽车、机械制造、电力、通信、建筑、家电等绝大部分行业都以有色金属材料为生产基础。随着现代化工业、农业和科学技术的突飞猛进，有色金属在人类发展中的作用越来越重要。2021 年，我国有色金属生产保持平稳增长，十种常用有色金属产量为 6454.3 万吨，大宗有色金属价格持续高位运行，全行业销售收入突破 7 万亿元，规模以上有色金属企业实现利润 3644.8 亿元，创历史新高，比上年增长 101.9%。2021 年度有色金属指数全年高位震荡上行，年初开盘为 5449.33 点，年末收盘为 6768.79 点，全年指数上涨 24.21%。预计 2022 年有色金属生产总体有望继续保持平稳运行，主要有色金属价格总体可能会呈现高位震荡下行的格局。

一、有色金属行业上市公司价值分析结果

截至 2021 年末，有色金属行业（含铝、铅锌、铜、黄金、锂、钨、稀土等采掘、制造子行业）的 A 股上市公司共 139 家，其中盈利 134 家，占 96.4%，亏损 5 家，占 3.6%。按照中国上市公司业绩评价指标体系，有色金属行业综合评价结果为 71.2 分，比全部上市公司综合评价结果 63.5 分高 7.7 分。在有色金属行业的 139 家上市公司中，业绩评价综合得分 70 分以上的有 29 家，60~70 分的有 48 家，50~60 分的有 42 家，50 分以下的有 20 家。139 家有色金属行业上市公司年末资产总额 22425.89 亿元，归属母公司的所有者权益 10824.44 亿元，资产负债率为 51.73%。2021 年度有色金属行业上市公司完成营业收入 27728.71 亿元，比上年增加 36.93%；实现净利润 1331.23 亿元，比上年增加 154.31%。与全部上市公司相比，有色金属行业上市公司总资产、营业收入和净利润所占比例分别为 2.6%、5.06%和 4.63%。有色金属行业 139 家上市公司中评价等级为 AA 的有 1 家，评价等级为 A 的有 7 家；评价等级为 BBB 的有 21 家，评价等级为 BB 的有 20 家，评价等级为 B 的

有 28 家；评价等级为 CCC 的有 22 家，评价等级为 CC 的有 20 家，评价等级为 C 的有 20 家。2021 年有色金属行业评价得分前十名的公司如表 6-1 所示。

表 6-1　2021 年度有色金属行业评价得分前十名的公司

序号	股票代码	股票简称	在 A 股上市公司中评价得分排序
1	603260	合盛硅业	22
2	601899	紫金矿业	45
3	601677	明泰铝业	73
4	600111	北方稀土	78
5	000807	云铝股份	87
6	688357	建龙微纳	97
7	603799	华友钴业	154
8	002460	赣锋锂业	159
9	000960	锡业股份	172
10	601168	西部矿业	175

基于有色金属行业上市公司的整体评价，下面分别从财务效益、资产质量、偿债风险、发展能力、市场表现五个方面对有色金属行业上市公司进行具体分析。

（一）财务效益

2021 年有色金属行业上市公司财务效益状况相比 2020 年有所增长，同时高于全部上市公司平均水平。

表 6-2 列示了有色金属行业上市公司财务效益状况评价结果。从综合得分来看，有色金属行业上市公司财务效益平均得分为 24.68 分，比全部上市公司平均分 23.08 分高 1.6 分。其中，合盛硅业、明泰铝业、紫金矿业、北方稀土、云铝股份等 50 家公司超过全部上市公司平均水平。

表 6-2　2020—2021 年有色金属行业财务效益状况比较表

评价指标		2021 年上市公司平均值	2021 年行业值	2020 年行业值	增长率（%）
基本指标	扣除非经常性损益净资产收益率（%）	7.51	12.63	4.5	180.67
	总资产报酬率（%）	5.47	9.21	5.18	77.8
	基本得分	20.98	27.03	19.78	36.65
修正指标	营业利润率（%）	6.79	6.08	3.37	80.42
	盈利现金保障倍数	1.75	1.17	2.03	-42.36
	总股本收益率（%）	46.81	59.69	24.68	141.86
综合得分		23.08	24.68	20.2	22.18

从具体指标看，除盈利现金保障倍数外，其余各项指标均有较大幅度增长，总体情况

优于 2020 年。其中扣除非经常性损益净资产收益率由 4. 5%增长至 12. 63%，营业利润率从 3. 37%增长至 6. 08%，股本收益率从 24. 68%增长至 59. 69%，尤其是扣除非经常性损益净资产收益率和股本收益率实现成倍增长。这些指标的大幅增长导致有色金属行业的整体财务效益状况评分优于上年。

在有色金属行业上市公司财务效益状况指标中，紫金矿业的财务效益得分为 33. 93 分，位居行业前列。紫金矿业是一家以金、铜、锌等金属矿产资源勘查和开发为主的大型矿业集团。2021 年，受益于铜金量价齐升，公司经营指标跨越增长，创历史新高，营业收入和资产总额双双突破 2000 亿元大关，归属于母公司所有者的净利润 157 亿元，同比增长 141%，扣除非经常性损益后的加权平均净资产收益率为 22. 22%，总资产报酬率 13. 92%，营业利润率 11. 14%，盈利现金保障倍数 1. 33。

（二）资产质量

2021 年有色金属行业上市公司资产质量状况较 2020 年基本持平，仍高于全部上市公司平均值的水平。

从表 6-3 可以看出，2021 年有色金属行业上市公司资产质量状况基本指标平均得分 15 分，大幅高于全部上市公司 9. 72 分的平均水平。其中有 90 家企业超过全部上市公司平均水平，明泰铝业、锡业股份、中国铝业、江西铜业、铜陵有色、盛屯矿业、中金岭南等 34 家企业的资产质量状况评分获得 15 分。

表 6-3　2020—2021 年有色金属行业资产质量状况比较表

评价指标		2021 年上市公司平均值	2021 年行业值	2020 年行业值	增长率（%）
基本指标	总资产周转率（次）	5. 47	1. 32	1. 07	23. 36
	流动资产周转率（次）	1. 25	3. 12	2. 61	19. 54
	基本得分	9. 72	15. 00	15. 00	0
修正指标	应收账款周转率（次）	8. 97	28. 48	25. 51	11. 64
	存货周转率（次）	3. 07	7. 54	6. 41	17. 63
综合得分		9. 27	13. 17	13. 20	-0. 23

从综合得分来看，2021 年有色金属行业上市公司资产质量状况（满分为 15 分）平均得分 13. 17 分，高于全部上市公司 9. 27 分的平均水平，同时与 2020 年资产质量状况得分基本持平。

在有色金属行业上市公司资产质量指标中，中国铝业的资产质量得分为 14. 61 分，位居行业第一。2021 年，中国铝业以推动高质量发展为主题，以提升价值创造能力为统领，以深化全要素对标为抓手，高质量发展取得新成效，经营业绩大幅增长，全年实现营业收入 2697. 48 亿元，同比增长 45. 03%，实现归属母公司所有者的净利润 50. 80 亿元，较上年增长 5.65 倍，总资产周转率 1.39 次，流动资产周转率 5.68 次，应收账款周转率 69.05 次，存货周转率 12.54 次，好于行业平均水平。

（三）偿债风险

2021 年有色金属行业上市公司偿债风险状况得分较 2020 年略有增加，仍低于全部上市公司平均水平。

从表 6-4 可以看出，2021 年有色金属行业上市公司偿债风险状况（满分为 15 分）基本指标平均得分 9.49 分，高于全部上市公司 8.86 分的平均水平。其中有 99 家企业超过全国上市公司平均水平，联瑞新材、博迁新材、海星股份、图南股份、石英股份、锐新科技等 8 家企业得分为满分 15 分。基本指标得分较 2020 年同比增长 11.91 个百分点。有色金属行业 2021 年已获利息倍数较 2020 年大幅增长 124.08%，可见有色金属行业上市公司在 2021 年获利能力增强。

表 6-4 2020—2021 年有色金属行业偿债风险状况比较表

评价指标		2021 年上市公司平均值	2021 年行业值	2020 年行业值	增长率（%）
基本指标	资产负债率（%）	59.93	51.73	53.98	-4.17
	已获利息倍数	5.28	6.7	2.99	124.08
	基本得分	8.86	9.49	8.48	11.91
修正指标	速动比率（%）	83.33	81.19	70.99	14.37
	现金流动负债比率（%）	13.68	20.45	15.83	29.19
	带息负债比率（%）	38.47	59.37	64.81	-8.39
综合得分		8.86	8.12	7.12	14.04

从综合得分来看，2021 年有色金属行业上市公司偿债风险状况平均得分 8.12 分，低于全部上市公司 8.86 分的平均水平。速动比率、带息负债比率相比 2020 年均小幅增长，反映有色金属行业流动资产及经营现金净流量较 2020 年有所增加，偿债压力有所降低。

在有色金属行业上市公司偿债风险指标评价中，联瑞新材的偿债风险得分为 14.99 分，排名靠前。2021 年公司持续以市场需求为导向，紧跟国内外领先客户产品需求，加大研发投入，深入优化产品结构，提升效率、扩大产能，使得公司盈利能力改善，偿债能力大大增强。2021 年，联瑞新材资产负债率 16.18%，已获利息倍数 710.82 倍，速动比率 569.09%，现金流动负债比率 117.11%。

（四）发展能力

2021 年有色金属行业上市公司发展能力状况得分较 2020 年有所增长，同时高于全国上市公司平均水平。

从表 6-5 可以看出，有色金属行业上市公司发展能力状况（满分为 20 分）基本指标平均得分为14.87分，高于全部上市公司的平均水平12.09分。其中有102家公司高于全国上市公司平均水平，合盛硅业、华友钴业、赣锋锂业、盛新锂能、天齐锂业等8家企业得分为满分20分。

表6-5　2020-2021年有色金属行业发展能力状况比较表

评价指标		2021年上市公司平均值	2021年行业值	2020年行业值	增长率（%）
基本指标	营业收入增长率（%）	22.02	36.93	15.00	146.2
	资本扩张率（%）	11.29	18.75	12.17	54.07
	基本得分	12.09	14.87	13.67	8.78
修正指标	累计保留盈余率（%）	41.52	35.18	28.94	21.56
	三年营业收入平均增长率（%）	11.08	20.5	11.46	78.88
	总资产增长率（%）	10.88	13.65	7.95	71.7
	营业利润增长率（%）	26.49	143.67	76.26	88.39
综合得分		12.34	14.88	13.53	9.98

从综合得分来看，2021年有色金属行业上市公司发展能力状况平均得分14.88分，高于全部上市公司12.33分的平均水平。各项修正指标中，三年营业收入平均增长率、总资产增长率、累计保留盈余率、营业利润增长率得分均实现增长，尤其是营业利润率增幅较大，反映2021年有色金属行业公司的发展势头较好。

在有色金属行业上市公司发展能力状况评价中，华友钴业的发展能力得分为20分，排名靠前。华友钴业主要从事新能源锂电材料和钴新材料产品的研发制造业务。2021年，公司外抓锂电材料需求增长的市场机遇，内抓“质量、成本、效益”的要素提升，产量销量稳步增长，经营质量稳步提升，2021年华友钴业营业收入增长率66.69%，三年营业收入平均增长率34.7%，总资产增长率115.45%，实现归属母公司所有者的净利润38.98亿元，同比增长234.59%，创造了公司历史上最好的年度经营业绩。

（五）市场表现

如图6-1所示，2021年有色金属行业上市公司股价总体呈现震荡上行，波动较大，上半年整体走势与大盘走势接近，下半年整体大幅上涨并高位震荡回落。从评价指标来看，2021年有色金属行业上市公司的平均市场回报率为56.91%，较2020年大幅上涨。在139家有色金属行业上市公司中，有112家上市公司的市场投资回报率大于0，市场投资回报率整体表现较好。鑫科材料以13.42分的市场表现状况评价得分位列有色金属行业第一。有色金属行业公司市场表现状况得分情况如表6-6所示。

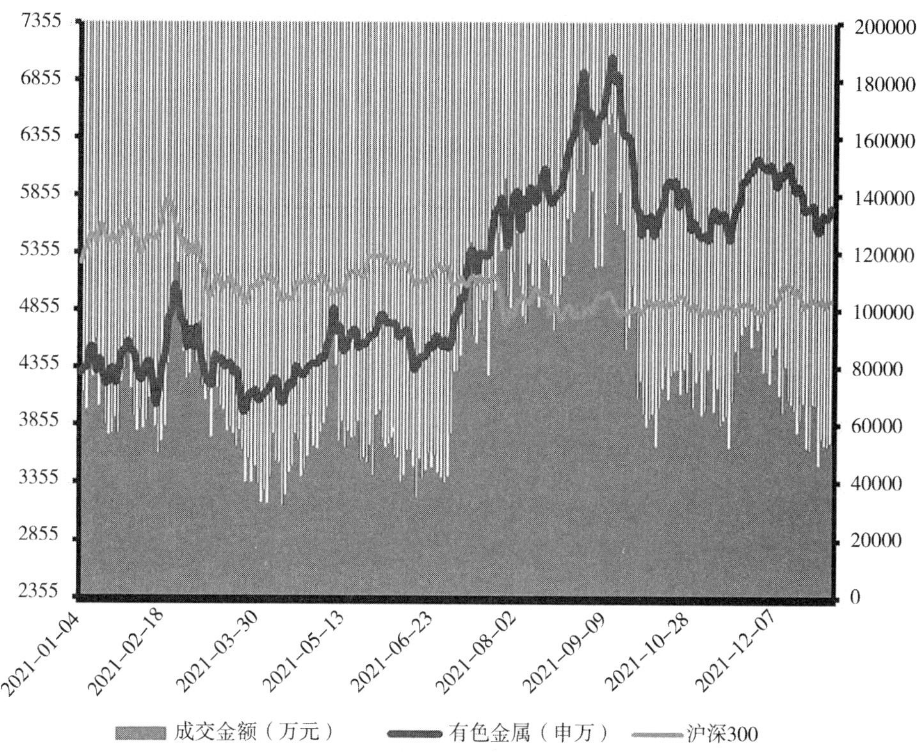

图 6-1　2021 年有色金属行业指数与沪深 300 指数走势图

数据来源：同花顺 iFinD。

表 6-6　有色金属行业公司市场表现状况比较表

评价指标	2021 年上市公司平均值	2021 年行业值	2020 年行业值	增长率（%）
市场投资回报率（%）	27.90	56.91	18.91	200.95
股价波动率（%）	108.84	138.10	104.73	31.86
得分	9.23	10.31	9.40	9.68

二、有色金属行业上市公司业绩影响因素分析

据国家发展改革委发布的数据，2021 年，全国十种有色金属产量 6454 万吨，同比增长 5.4%，增速同比回落 0.1 个百分点。据中国有色金属工业协会统计，2021 年，大宗有色金属价格持续高位运行，铜、铝、铅、锌现货均价分别为 68490 元/吨、18946 元/吨、15278 元/吨和 22579 元/吨，同比上涨 40.5%、33.5%、3.4%和 22.1%。在价格上涨的带动下，2021 年我国规模以上有色金属企业实现利润创历史新高。具体影响有色金属行业业绩的因素主要有以下几方面。

（一）大宗有色金属价格持续高位运行，铜、铝、镍价格大涨，行业效益创历史新高

1. 基本金属分析

伦敦金属交易所（LME）六种基本金属现货结算价 2021 年平均价格见表 6-7。

表 6-7　2015—2021 年基本金属 LME 现货结算年平均价统计表

单位：美元/吨

	现货结算价：LME 铜	现货结算价：LME 铝	现货结算价：LME 锌	现货结算价：LME 铅	现货结算价：LME 锡	现货结算价：LME 镍
2015 年平均价格	5494. 50	1660. 77	1928. 30	1783. 57	16070. 16	11807. 27
2016 年平均价格	4862. 63	1604. 89	2094. 75	1871. 58	18005. 93	9608. 70
2017 年平均价格	6165. 97	1968. 74	2895. 94	2317. 46	20104. 70	10411. 35
2018 年平均价格	6523. 04	2110. 08	2921. 95	2242. 43	20153. 22	13122. 27
2019 年平均价格	5999. 73	1791. 13	2546. 34	1999. 68	18642. 89	13935. 57
2020 年平均价格	6180. 63	1704. 02	2267. 00	1825. 58	17158. 70	13789. 31
2021 年平均价格	9317. 49	2479. 62	3007. 38	2206. 23	32678. 16	18487. 78
同比涨幅	50. 75%	45. 52%	32. 66%	20. 85%	90. 45%	34. 07%

2021 年受益于经济复苏，大多有色金属价格上涨，产销增长，有色金属行业景气度较高。2021 年国内现货市场铜年均价格 68490 元/吨，创历史新高，比上年上涨 40. 5%；国内现货市场铝年均价格达到 18946 元/吨，年均价格创 14 年的新高，比上年上涨 33. 5%。随着不锈钢和新能源产业需求快速提升，镍需求不断增加，而印尼疫情的暴发以及 2021 年三季度末中国能耗双控政策和电力限制的影响，推动镍价创新高，并在高位振荡。根据 LME 基本金属指数 2011—2021 年的数据可以看出，基本金属指数 2021 年整体呈现高位运行趋势。详见图 6-2。

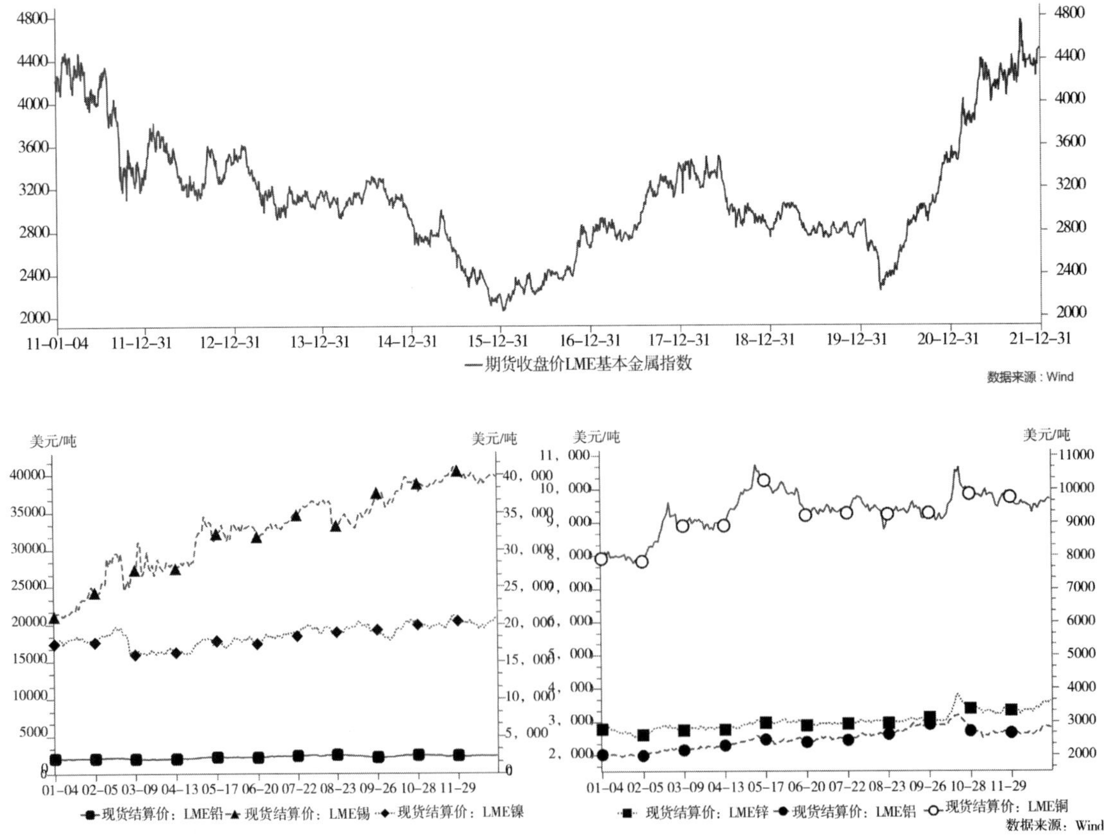

图 6-2　LME 金属指数及现货价格

以明泰铝业为例，明泰铝业是一家集科技领先、智能集成、综合服务为一体的民营铝加工企业。受益于2021年铝价上涨，业绩同比大增。2021年公司实现营收246.13亿元，同比增长50.69%；归母净利润18.52亿元，同比增73.08%。

2. 稀有金属分析

2015—2021年主要稀有金属价格统计如表6-8所示。

表6-8 主要稀有金属年平均价格统计表

年份	碳酸稀土：REO 42.0%~45.0%：上海（元/吨）	金属锂：≥99% 工业级，电池级（元/吨）	金属钴：国产（元/吨）	铌：≥99%：上海、（元/千克）	1#钼：≥99.95%：国产（元/千克）
2015	24161.16	411708.33	211877.92	736.25	197.85
2016	22533.47	654375.00	207492.68	591.94	182.85
2017	22829.92	824606.74	429096.30	521.15	207.77
2018	23000.00	892510.29	525668.18	629.55	257.97
2019	24565.57	696327.87	261995.76	579.02	277.02
2020	24836.07	516687.24	270621.40	521.32	262.28
2021	42312.01	723641.98	363173.73	591.03	320.76
涨幅	70.37%	40.05%	34.20%	13.37%	22.30%

随着2021年全球新能源汽车加速放量，稀土行业的下游分布正在迎来重构，稀土元素在新能源领域的应用规模正在持续提升。而受到新能源行业的带动，稀有金属板块在2021年有较为亮眼的表现。从均价来看，碳酸稀土平均价格较2020年上涨70.37%，金属锂平均价格较2020年上涨40.05%，钴、铌、钼价格较2020年也有大幅上涨。

以盛新锂能为例，其主要从事锂矿采选、基础锂盐的生产与销售，在锂盐供应相对紧张及产业需求上升的双重刺激下，锂盐价格持续上涨，盛新锂能迎来市场快速发展机遇，公司2021年实现营业收入29.34亿元，同比增长63.88%，实现归属于上市公司股东的净利润8.51亿元，同比增长3030.29%。

3. 贵金属分析

在贵金属方面，从均价来看，金价略有下跌，银、铂价格同比上涨10%左右，贵金属钌、铑、铱价格大涨，2015—2021年贵金属平均价格如表6-9所示。

表6-9 2015—2021年主要贵金属年平均价格统计表

年份	金：99.99%（元/克）	1#银：99.99%（元/千克）	铂：99.95%（元/克）	钯：99.95%（元/克）	钌：99.95%（元/克）	铑：99.95%（元/克）	铱：99.95%（元/克）
2015	234.88	3406.13	228.79	156.43	12.94	223.69	126.83
2016	266.23	3756.02	226.53	149.37	11.5	178.97	141.9
2017	275.61	3921.2	224.35	216.11	20.49	286.07	226.91

续 表

年份	金：99.99%（元/克）	1#银：99.99%（元/千克）	铂：99.95%（元/克）	钯：99.95%（元/克）	钌：99.95%（元/克）	铑：99.95%（元/克）	铱：99.95%（元/克）
2018	271.10	3592.42	202.97	251.90	68.85	561.72	326.08
2019	312.67	3879.21	203.39	389.30	75.61	1024.45	386.98
2020	387.51	4676.92	207.77	557.22	77.34	2887.17	432.52
2021	374.54	5196.22	237.78	566.72	139.06	4859.29	1236.77
涨幅	-3.35%	11.10%	14.44%	1.71%	79.80%	68.31%	185.95%

2021年黄金价格持续震荡。黄金价格从年初的395.10元/克下跌至年末的373.30元/克，同比下降5.5%。2021年黄金价格受多方面因素共同影响，如全球经济复苏、美国推升通胀水平持续上行、疫情反复等，黄金价格全年震荡运行，表现较为稳健。白银价格整体跟随黄金走势，但白银整体震荡偏强。

2021年，“供应中断”以及“市场对电子屏幕的需求不断增长”是推动铱价格大涨的重要原因。根据Johnson Matthey Plc公司的数据，用于火花塞的铱的价格已攀升至每盎司6000美元。另外，在供应紧张的背景之下，其他铂系元素的金属价格也在随之上涨，包括钯金、铑和钌。钯金价格仅距历史高位低约9%，铑的价格刷下新高纪录每盎司29800美元，钌的价格也已升至近13年的高位。

以贵研铂业为例，公司是从事贵金属及贵金属材料研究、开发和生产经营的国家级高新技术企业，也是国内唯一在贵金属材料领域拥有系列核心技术和完整创新体系，集产学研为一体的上市公司。受益于2021年贵金属价格上涨，公司实现营业收入363.51亿元，同比增长25.67%；归母净利润3.87亿元，同比增长18.71%。

（二）多措并举保供稳价，进出口金额大幅增长

2021年，世界经济在重重挑战中艰难前行。新冠肺炎疫情防控形势依然严峻，全球通胀“高烧不退”，单边主义甚嚣尘上。以美国为代表的一些国家采取超宽松政策，不仅引发了其国内供应链紊乱、罢工风潮和滞胀风险，更加剧了全球通胀，供应短缺问题之严重有增无减。

中国多措并举、多点发力，不断提升供应链产业链韧性，有效填补了疫情冲击下全球市场出现的巨大供给缺口。有色金属行业进出口金额大幅增长，据海关总署数据，2021年，铜精矿进口2340.4万吨，同比增长7.6%，进口额567.6亿美元，同比增长55.6%；未锻轧铜及铜材进口552.9万吨，同比下降17.2%，进口额524.5亿美元，同比增长20.5%；未锻轧铝及铝材出口561.9万吨，同比增长15.7%，出口额194.7亿美元，同比增长48.7%。

三、2022年有色金属行业前景分析

2022年随着国内经济的增长，特别是新能源、信息产业等的迅猛发展，必然对有色金属有更大的需求量，从而拉动行业的发展。预计主要有色金属价格总体将呈高位震荡的格局，年中后期出现震荡回调的可能性较大。

（一）2022年金属矿产品价格前高后低、震荡下行的可能性较大

过去一年，有色金属整体高位运行，自2021年11月下旬以来，多个有色品种价格持续稳步上涨。首先，全球经济的恢复使得有色金属的需求还会增加，这是预判有色价格未来维持高位震荡的主要动力。其次，国际油价和有色金属具有一定的关联。能源价格一直在上涨，石油已经接近110美元一桶，油价的抬升也在一定程度上带动了所有有色金属的成本，刚性成本有所增加。再次，新能源产业的发展对有色金属需求的整体推动作用还将稳步发挥。

从有色金属企业信心指数看，2022年一季度有色金属企业预期指数下滑到临界点以下。分项来看，2022年一季度预期指数中10项指数均在临界点以下。从铜、铝价格预测看，2022年铜、铝价格上涨及下行因素共存，将在多方因素主导下回调。总体看2022年，世界金融流动性收紧，铜供应有所增加，消费亮点不多，铜价将面临一些下行因素。2022年铝价格也将呈高位回调的态势，煤电价格高企导致电解铝成本在高位运行，从中长期看铝价仍有望好于其他金属。

（二）有色金属行业面临的内外部不确定性增加，稳定供应依旧面临挑战

从国际宏观环境看，全球范围内疫情的不断反复或使全球经济进入新的发展模式，货币放水和扩大内需成为各国政府刺激经济的主要手段，导致全球各国经济发展的内外部不确定性随之增加。与此同时，愈演愈烈的全球地缘政治危机带来的威胁也始终存在。“不确定性”或将成为2022年全球经济发展的代名词。

从国内宏观环境看，中央经济工作会议指出，我国经济发展面临需求收缩、供给冲击、预期转弱三重压力。2022年我国经济工作要“稳字当头，稳中求进”。一是2022年美联储货币政策转向对我国也会带来一定影响，我国货币政策保持流动性合理充裕。二是2022年房地产下降的态势有望得到节制，但房地产增速放缓仍是大概率事件。三是随着海外经济供需缺口有望趋于弥合，加之2021年出口高基数效应的影响，2022年我国出口优势减弱。四是2022年我国居民消费恢复仍有较大不确定性。

在诸多内外部不确定因素影响下，2022年我国金属矿业将在保供、稳价、发展和减排等重重压力下谋求发展。目前看，从2022年到实现碳达峰前，我国金属矿业行业将开启新形势下的发展探索。其中，持续稳定供应愈发成为困扰我国金属矿业的最大问题，而“以

国内大循环为主体”的新发展格局下，国内资源有效开发和充分利用现有再生金属将成为破解行业原料持续稳定供应问题的关键。与此同时，严格“控产能、控产量”、大力规范金融市场秩序，严打金融资本投机炒作，严查现货市场恶意操纵行为，打击囤积居奇，规范实体市场的有效交易，不断通过对实体经济与金融市场的双相调节和有效的、有力的政府政策纾解，有效化解因大宗金属矿产品价格上涨对整体国民经济通货膨胀的压力和威胁则是未来较长时间内，我国纾解危机、稳定经济、持续发展的重要步骤。

（三）地缘政治持续紧张，全球有色金属的供给存在潜在风险

2022 年 2 月 24 日，俄罗斯总统普京决定在顿巴斯地区进行特别军事行动，俄乌两国地缘冲突局势持续升级。俄罗斯在整体有色金属供给中占据重要位置，随着俄乌紧张局势的持续发展，美国与欧盟对俄罗斯的制裁措施不断升级，包括贸易制裁、禁止俄罗斯几家主要银行使用 SWIFT 国际结算系统、对俄罗斯央行实施“限制性措施”等，或对有色金属市场造成一定的供应风险。

俄乌冲突导致全球能源价格上涨，抬高金属冶炼成本。俄罗斯占据欧洲天然气供应近 40%份额，即使俄罗斯不断供，欧洲天然气库存也会在 4 月底达到最低值。且俄罗斯是全球第三大产油国。俄乌冲突推涨了全球能源成本，使全球有色金属冶炼成本抬升。美国披露 2022 年 1 月的个人消费支出物价指数（PCE）同比上涨 6.1%，创 1982 年以来最大单月涨幅，1 月核心 PCE 指数同比上涨 5.2%，创 1983 年以来新高，通胀压力上涨。若对俄罗斯过度严厉制裁，或将扰动全球原材料的供应链，使得全球制造业成本进一步抬升。

（四）“双碳”政策推动下游需求，能源转型不断推进，预计行业景气持续

随着绿色经济的兴起，碳中和、碳达峰已成为全球大趋势，新能源汽车成为各国节能减排的重要一环。各国纷纷制定能源转型战略，推出一系列新能源汽车补贴政策及远景规划，大力推动新能源汽车的渗透和发展。以中国为例，中国将力争 2030 年前二氧化碳排放达到峰值，2060 年前实现碳中和，并在政策上大力推进新能源汽车。受各国碳中和政策影响，能源金属需求正在高速放量。

动力电池需求快速放量推升能源金属景气度。根据中汽协数据，2021 年 12 月中国新能源汽车销量已达 53.1 万辆，渗透率 19.1%，接近此前工信部的政策预期。新能源汽车产销快速增长带动了动力电池装机量的大幅提高。2021 年全年我国累计实现三元电动力电池装车量 74.35GWh，同比增长约 91.3%；实现磷酸铁锂动力电池 79.84GWh，同比增长约 227.4%。随着新能源汽车产销规模的持续增长，未来动力电池的装车水平仍将持续提高，并进一步带动锂钴镍锰等新能源金属需求的提升。

（五）科技助推智能矿山建设，将互联网运营模式引入矿山生产行业，为智能采矿提出了新的解决思路

2021 年 8 月 19 日，自然资源部发布了《智能矿山建设规范》，于 2021 年 11 月 1 日开始实施。随着我国科技创新的加快推进，互联网、5G、人工智能、大数据、云计算等新技术与矿业不断交叉融合，大量高新企业将其在行业内的成功经验运用到矿山智能化建设，开启了“互联网+矿业”模式。

2021 年 9 月 14 日，华为正式宣布推出鸿蒙矿山操作系统——矿鸿，实现了鸿蒙操作系统在工业领域的商用落地。百度智能云携手中国移动，在“智慧矿山”建设中全面推进 5G 智能边缘计算的本地化部署。金川集团龙首矿不断秉承机械化换人、自动化减人、智能化无人的工作思路，大力推进“5G+”工业项目接连不断进入龙首矿。

互联网高新企业的加入为智能矿山的发展注入了新鲜活力，将互联网运营模式引入矿山生产行业，为智能采矿提出了新的解决思路。用科技赋能智慧矿山，用数据“智联”矿山产业。跟随先进的产业发展趋势，有色矿山企业向智能制造方向迈步升级，跑出高质量发展“加速度”。

附表　2021 年度有色金属行业上市公司业绩评价结果排序表

序号	A 股上市公司评价得分排序	股票代码	股票简称	综合得分（100 分）	评价等级	每股收益（元）	净资产收益率（%）	总资产报酬率（%）	总资产周转率（次）	流动资产周转率（次）	资产负债率（%）	已获利息倍数	营业收入增长率（%）	资本扩张率（%）	市场投资回报率（%）	股价波动率（%）	年末资产总额（万元）	营业收入（万元）	净利润（万元）
1	22	603260	合盛硅业	81.05	AA	8.16	55.1	39.66	0.85	3.11	33.23	53.15	137.99	106.84	252.44	411.24	3031416.34	2134324.07	823384.06
2	45	601899	紫金矿业	79.12	A	0.6	24.57	13.38	1.15	5.22	55.47	11.31	31.25	24.53	-13.47	50.11	20859467.81	22510248.86	1959963.84
3	73	601677	明泰铝业	77.82	A	2.77	19.16	13.43	1.55	2.33	41.53	22.03	50.69	22.74	197.32	251.71	1892886.19	2461261.65	189043.74
4	78	600111	北方稀土	77.6	A	1.42	39.81	23.48	1.01	1.34	44.61	16.2	43.13	39.35	232.79	315.64	3470775.67	3040839.62	560993.16
5	87	000807	云铝股份	77.26	A	1.06	22.13	13.36	1.06	7.3	44.74	8.66	40.9	51.98	46.96	167.65	3783712.14	4166881.92	421233.55
6	97	688357	建龙微纳	77	A	4.76	25.05	22.05	0.61	1.07	27.19	1432.42	94.36	25.62	202.53	320.6	168165.22	87764.57	27540.58
7	154	603799	华友钴业	75.01	A	3.25	26.6	12.38	0.83	1.92	58.78	10.61	66.69	91.95	16.5	143.25	5798905.63	3531654.9	402363.99
8	159	002460	赣锋锂业	74.89	BBB	3.73	32.08	19.09	0.37	0.95	33	20.38	102.07	95.01	15.71	159.53	3905665.26	1116221.44	541654.63
9	172	000960	锡业股份	74.46	BBB	1.71	19.99	10.71	1.37	3.89	58.22	5.73	20.2	18.82	70.29	136.34	4098147.41	5384432.41	303826.91
10	175	601168	西部矿业	74.41	BBB	1.23	24.23	12.23	0.78	2.68	63.41	6.49	34.5	16.84	-11.89	75.8	4994680.62	3840106.07	455620.27
11	191	000933	神火股份	74.01	BBB	1.45	39.57	11	0.6	1.92	73.14	4.57	83.16	15.69	15.28	147.46	5352794.75	3445156.68	304820.54
12	214	688300	联瑞新材	73.59	BBB	2.01	16.8	16.38	0.52	0.77	16.18	710.82	54.55	13.46	162.66	193.86	130490.21	62470.96	17286.77
13	218	601600	中国铝业	73.55	BBB	0.29	9.1	7.14	1.39	5.68	62.17	3.59	45.03	2.26	54.86	193.56	19237689.7	26974823.2	778901.9
14	230	600362	江西铜业	73.23	BBB	1.63	8.69	5.62	2.93	5.17	51.68	4.65	38.99	16.38	-9.76	58.85	16103464.43	44276767.02	591392.82
15	239	605376	博迁新材	73.04	BBB	0.91	15.8	16.88	0.58	0.94	11.42	0	62.74	11.56	86.52	164.2	179264.55	96975.18	23783.64
16	285	603115	海星股份	72.16	BBB	1.05	13.78	12.59	0.83	1.12	15.11	309.2	35.01	59.55	86.84	212.17	234367.33	164533.82	22244.98
17	320	600338	西藏珠峰	71.57	BBB	0.79	29.51	23.16	0.53	3.58	31.03	37.79	80.88	34.28	289.42	380.17	397543.38	204862.91	71498.82
18	355	002738	中矿资源	70.96	BBB	1.77	15.43	12.77	0.43	0.89	33.76	19.29	87.67	28.31	107.31	251.09	614536.86	239408.58	55615.91
19	358	002056	横店东磁	70.92	BBB	0.69	17.59	9.62	1.08	1.66	48.64	28.49	55.54	12.06	25.4	92.23	1317737.1	1260741.04	111969.82
20	361	300855	图南股份	70.89	BBB	0.91	15.86	16.65	0.56	0.79	10.34	184.88	27.73	15.54	54.4	189.93	136733.66	69786.55	18133.5
21	374	000975	银泰黄金	70.72	BBB	0.46	12.51	13.23	0.63	2.06	22.56	27.05	14.35	11.5	8.78	58.64	1593325.64	904024.39	142170.93
22	380	002240	盛新锂能	70.66	BBB	1.08	20.46	18.06	0.49	1.16	29.83	22.54	63.88	53.9	123.5	294.6	728673.35	293427.25	86763
23	398	002466	天齐锂业	70.42	BBB	1.41	23.14	12.6	0.18	1.64	58.9	3.7	136.56	144.22	96.91	275.98	4416532.57	766332.09	259003.07

续 表

序号	A股上市公司评价得分排序	股票代码	股票简称	综合得分（100分）	评价等级	每股收益（元）	净资产收益率（%）	总资产报酬率（%）	总资产周转率（次）	流动资产周转率（次）	资产负债率（%）	已获利息倍数	营业收入增长率（%）	资本扩张率（%）	市场投资回报率（%）	股价波动率（%）	年末资产总额（万元）	营业收入（万元）	净利润（万元）
24	401	600888	新疆众和	70. 4	BBB	0. 7	14. 66	8. 1	0. 64	1. 46	50. 26	5. 33	43. 88	41. 79	62. 06	182. 19	1394579. 47	822554. 43	85874. 54
25	431	300395	菲利华	70. 07	BBB	1. 1	16. 29	14. 31	0. 42	0. 7	18. 23	1498. 69	41. 68	27. 36	14. 57	122. 79	325248. 62	122354. 84	37579. 4
26	485	600392	盛和资源	69. 32	BB	0. 61	12. 71	10. 31	0. 78	1. 3	34. 01	11. 08	30. 15	24. 8	101. 88	142. 67	1514780. 67	1061634. 91	112162. 28
27	489	000630	铜陵有色	69. 23	BB	0. 29	15. 27	10. 01	2. 54	4. 6	53. 98	7. 24	31. 77	13. 26	27. 37	135. 94	5084042. 33	13103365. 21	347041. 58
28	517	600595	ST 中孚	68. 75	BB	0. 27	12. 28	9. 52	0. 73	3. 12	46. 8	10. 11	86. 83	0	107. 11	137. 37	2182735. 78	1528336. 5	157595. 71
29	523	300127	银河磁体	68. 7	BB	0. 6	14. 52	14. 66	0. 61	0. 78	6. 81	123. 97	42. 51	6. 33	56. 01	151. 49	148381. 69	86114. 44	19641. 58
30	534	688598	金博股份	68. 55	BB	6. 26	31. 48	26. 22	0. 6	0. 91	35. 7	67. 21	213. 72	46. 29	86. 15	221. 7	294085. 8	133789. 67	50109. 6
31	572	000060	中金岭南	68. 11	BB	0. 33	9. 21	6. 25	1. 71	5. 06	50. 14	10. 23	47. 06	7. 18	3. 7	73. 62	2760413. 13	4444921. 89	122111. 26
32	573	600549	厦门钨业	68. 08	BB	0. 84	14. 24	8. 36	1. 11	2. 18	60. 74	4. 93	67. 96	28. 23	37. 18	135. 6	3242089. 3	3185219. 57	169495. 03
33	585	600711	盛屯矿业	68. 01	BB	0. 38	9. 12	11. 87	1. 79	3. 6	49. 63	8. 5	15. 29	22. 88	13. 54	154. 95	2734576. 25	4523673. 31	253172. 2
34	586	603993	洛阳钼业	68. 01	BB	0. 24	12. 97	7. 52	1. 34	2. 71	64. 89	6. 29	53. 89	1. 96	-24. 18	80. 43	13744977. 26	17386258. 62	542761. 33
35	606	002824	和胜股份	67. 72	BB	1. 12	21. 08	12. 29	1. 27	2. 14	48. 93	20. 04	62. 36	24. 06	164. 12	253. 77	227178. 26	241022. 86	21284. 99
36	619	688122	西部超导	67. 58	BB	1. 68	18. 15	12. 45	0. 41	0. 52	37. 85	20. 14	38. 54	88. 56	44. 25	152. 49	875795. 24	292721. 88	74519. 82
37	645	300748	金力永磁	67. 32	BB	0. 65	19. 99	12. 02	0. 85	1. 11	50. 98	7. 71	68. 78	89. 23	96. 51	196. 56	605078. 37	408007. 24	45382. 39
38	718	603663	三祥新材	66. 52	BB	0. 51	11. 56	9. 3	0. 55	1. 47	22. 75	9. 88	7. 65	58. 37	93. 5	157. 71	153742. 47	78920. 69	10678. 65
39	721	000878	云南铜业	66. 52	BB	0. 38	7. 44	6. 4	3. 22	6. 35	66. 09	2. 79	43. 99	12. 65	-15. 07	49. 59	3912379. 24	12705775. 46	129571. 86
40	726	688388	嘉元科技	66. 47	BB	2. 38	17. 74	14. 91	0. 62	1. 1	40. 45	8. 72	133. 26	37. 17	26. 02	209. 64	606043. 77	280417. 95	55056. 94
41	727	300835	龙磁科技	66. 46	BB	1. 85	14. 64	13. 29	0. 7	1. 33	22. 89	36. 78	43. 91	13. 85	55. 56	148. 75	123566. 92	80467. 45	13101. 09
42	759	000688	国城矿业	66. 18	BB	0. 19	8. 28	5. 8	0. 38	1. 92	45. 14	9. 8	88. 36	24. 06	65. 65	135. 34	546811. 1	170946. 95	18784. 31
43	849	603688	石英股份	65. 31	BB	0. 8	13. 62	13. 7	0. 42	0. 69	10. 89	2572. 14	48. 81	12. 01	185. 75	362. 87	244684. 43	96068. 09	28097. 54
44	890	600219	南山铝业	64. 9	B	0. 29	8. 19	7. 09	0. 48	1. 07	24. 78	16. 21	28. 82	7. 31	20. 02	109. 08	6317818. 47	2872502. 29	371948. 53
45	945	002130	沃尔核材	64. 47	B	0. 44	15. 64	10. 36	0. 74	1. 56	46. 69	7. 08	32. 04	16. 61	47. 72	104. 54	776013. 21	540655. 09	58456. 1
46	947	600206	有研新材	64. 46	B	0. 3	7. 17	6. 93	3. 51	5. 07	24. 81	13. 01	23. 82	5. 18	27. 48	92. 1	489856. 62	1605860. 92	25066. 66

续 表

序号	A股上市公司评价得分排序	股票代码	股票简称	综合得分(100分)	评价等级	每股收益(元)	净资产收益率(%)	总资产报酬率(%)	总资产周转率(次)	流动资产周转率(次)	资产负债率(%)	已获利息倍数	营业收入增长率(%)	资本扩张率(%)	市场投资回报率(%)	股价波动率(%)	年末资产总额(万元)	营业收入(万元)	净利润(万元)
47	986	601388	怡球资源	64.17	B	0.39	23.82	20.85	1.52	2.18	32.79	36.89	47.2	17.59	56.5	166.38	574945.45	828293.48	85165.26
48	1007	002203	海亮股份	63.94	B	0.56	10.6	5.68	2.17	3.35	63.5	6.72	36.42	14.7	71.46	98.55	3209872.6	6330990.48	113143.06
49	1025	603527	众源新材	63.8	B	0.56	13.73	11.1	4.07	5.32	44.47	10	76.74	11.9	61	144.13	191999.05	677978.97	13700.77
50	1034	600980	北矿科技	63.72	B	0.49	10.21	7.79	0.65	0.88	24.83	0	29.09	39	34.05	73.23	124957.85	70490.11	8020.5
51	1039	000603	盛达资源	63.69	B	0.61	17.44	16.12	0.33	1.08	40.86	8.83	0.01	19.91	-21.72	54.62	532128.48	163801.03	59485.99
52	1063	002171	楚江新材	63.55	B	0.43	9.52	6.63	3.05	4.79	50.82	6.14	62.57	10.59	56.31	140.65	1326247.77	3734960.53	60676.34
53	1067	300224	正海磁材	63.53	B	0.32	9.81	6.2	0.74	1.06	44.53	35.83	72.46	6.77	45.4	132.21	510451.84	336971.74	26651.3
54	1069	600259	广晟有色	63.52	B	0.46	7.85	5.47	3.1	4.46	66.15	3.16	58.05	4.44	58.08	141.15	581248.95	1609863.66	16058.72
55	1077	002182	云海金属	63.47	B	0.76	15.88	9.9	1.23	2.25	46.22	8.91	36.52	38.72	74.38	229.86	741019.96	811656.35	51740.76
56	1111	603612	索通发展	63.22	B	1.4	15.17	10.58	0.92	1.65	55.8	7.66	61.65	22.59	58.27	144.26	1214127.31	945794.74	76306.87
57	1121	603876	鼎胜新材	63.11	B	0.94	9.86	4.93	1.23	2.14	69.68	2.82	46.2	29.39	162.05	357.32	1626117.87	1816790.65	42737.71
58	1137	600489	中金黄金	62.95	B	0.35	7.04	6.41	1.2	2.8	43.48	5.65	16.89	5.48	-5.03	29.86	4763129.4	5610249.89	195888.49
59	1138	002057	中钢天源	62.94	B	0.3	10	7.12	0.67	1	37.96	12.93	54.76	84.74	37.29	86.14	486259.69	258785.44	24307.99
60	1163	601609	金田铜业	62.76	B	0.51	10.44	7.56	5.05	7.64	60.04	3.91	73.31	11.5	-15.44	51.99	1909814.03	8115882.47	73525.56
61	1165	000657	中钨高新	62.75	B	0.48	11.45	8.69	1.27	2.2	42.61	7.89	21.92	14.01	118.49	224.1	981808.53	1209358.03	63857.52
62	1171	300828	锐新科技	62.7	B	0.69	10.03	10.55	0.71	1.21	6.03	8609.42	55.91	5.81	1.82	88.32	82559.91	57450.39	7570.17
63	1240	601958	金钼股份	62.26	B	0.15	4.07	4.69	0.55	1.85	12.94	81.73	5.24	-1.36	11.86	112.43	1445964.5	797382.7	60801.69
64	1296	601702	华峰铝业	61.8	B	0.5	17.23	11.96	1.19	1.95	46.08	6.66	58.56	17.89	64.54	206.18	582477.79	644863.4	50012.97
65	1311	600456	宝钛股份	61.7	B	1.18	11.15	7.42	0.51	0.73	44.86	7.12	20.94	48.49	32.89	140.05	1175670.61	524604.25	62480.04
66	1312	688077	大地熊	61.7	B	1.9	15.49	8.85	0.9	1.28	51.01	43.43	111.54	19.01	125.8	218.78	221844.08	165456.53	15249.78
67	1411	300811	铂科新材	60.88	B	1.16	12.98	12.46	0.63	1.01	18.44	19.75	46.11	14.81	153.9	312.62	121479.22	72588.91	12026.99
68	1441	002155	湖南黄金	60.53	B	0.3	6.86	5.5	2.78	14.78	24.57	20.7	32.19	6.62	20.03	152.81	735690.82	1984582.69	36451.01
69	1459	600988	赤峰黄金	60.33	B	0.35	13.38	10.02	0.5	1.03	37.9	55.2	-17.01	12.56	-17.68	42.05	805360.59	378262.41	61404.17

续 表

序号	A股上市公司评价得分排序	股票代码	股票简称	综合得分（100分）	评价等级	每股收益（元）	净资产收益率（%）	总资产报酬率（%）	总资产周转率（次）	流动资产周转率（次）	资产负债率（%）	已获利息倍数	营业收入增长率（%）	资本扩张率（%）	市场投资回报率（%）	股价波动率（%）	年末资产总额（万元）	营业收入（万元）	净利润（万元）
70	1512	000970	中科三环	59.95	CCC	0.37	8.29	7.54	0.87	1.16	36.03	16.13	53.6	8.21	64.31	115.1	926607.68	714576.38	47708.82
71	1613	002340	格林美	59.16	CCC	0.19	6.71	5.49	0.6	1.2	54.02	2.74	54.83	12.26	13.24	108.94	3438781.76	1930101.83	96044.85
72	1624	600497	驰宏锌锗	59.12	CCC	0.11	3.97	3.9	0.75	7.68	39.85	3.8	13.31	0.86	-1.98	58.54	2858972.35	2171650.98	53927.75
73	1686	600961	株冶集团	58.66	CCC	0.17	88.33	8.14	2.89	7.53	85	3.46	11.56	14.59	37.56	175.68	578121.25	1647190.18	24097.97
74	1700	002996	顺博合金	58.51	CCC	0.78	16.82	11.74	2.48	3.11	53.4	7.38	105.07	14.83	-1.28	129.2	501411.93	998475.61	38595.24
75	1717	600459	贵研铂业	58.36	CCC	0.68	10.83	6.4	3.52	4.05	63.85	3.03	25.67	9.58	32.84	138.35	1107720.09	3635090.92	43135.73
76	1764	000751	锌业股份	58	CCC	0.16	7.93	5.87	3.36	5.27	64.48	2.52	235.51	2.26	10.19	101.25	824969.48	2284386.32	22983.02
77	1767	600366	宁波韵升	57.98	CCC	0.53	11.22	9.18	0.56	0.88	33.2	14.56	56.47	9.82	121.62	226.49	728353.02	375395.68	51023.09
78	1770	002540	亚太科技	57.96	CCC	0.37	9.5	9.27	1.08	1.71	14.37	113.25	50.81	8.53	46.52	129.85	586696.12	601676.9	45808.22
79	1807	600330	天通股份	57.74	CCC	0.42	8.51	6.32	0.52	1.06	37.97	8.82	29.44	6.97	54.83	173.46	825402.09	408490.69	42117.66
80	1832	000612	焦作万方	57.55	CCC	0.33	8	6.45	0.66	2.51	35.29	9.61	3.66	5.55	1.52	83.9	787159.69	491790.98	39661.9
81	1836	600385	*ST金泰	57.53	CCC	-0.01	-7.75	1.28	0.45	0.58	87.04	0	24.12	47.37	46.52	92.35	13766.78	6094.45	-127.8
82	1841	000969	安泰科技	57.5	CCC	0.17	3.67	3.04	0.65	1.2	40.47	9.64	25.96	6.77	58.58	129.67	1012889.08	627151.97	26085.73
83	1859	600516	方大炭素	57.35	CCC	0.29	7.15	6.18	0.25	0.36	14.87	59.36	31.44	-4.8	59.76	140.58	1850294.83	465177.27	111557.67
84	1876	601212	白银有色	57.28	CCC	0.01	0.55	3.92	1.57	3.03	63.23	2.55	17.68	-5.43	6.25	52.76	4564960.82	7227998.02	46812.61
85	1885	002378	章源钨业	57.18	CCC	0.18	9.27	6.04	0.63	1.27	58.93	3.43	37.97	11.05	56.1	153.81	457457.67	266443.23	16352.37
86	1915	002237	恒邦股份	56.98	CCC	0.4	5.94	4.31	2.22	3.16	59.96	2.36	14.78	3.9	-5.97	27.06	1941193.26	4138287.85	42652.17
87	1987	000426	兴业矿业	56.34	CCC	0.13	4.69	5.57	0.22	3	40.68	3.29	113.65	4.15	-5.73	87.48	905362.78	200880.44	24647.22
88	2043	300618	寒锐钴业	55.94	CCC	2.15	15.41	13.31	0.66	0.97	35.88	28.86	93	22.16	-33.03	99.62	737864.81	434971.13	66296.02
89	2045	002167	东方锆业	55.94	CCC	0.21	12.71	8.22	0.58	1.74	42.17	7.84	67.53	16.13	38.13	192.47	211173.98	128630.33	15041.44
90	2191	000831	五矿稀土	54.78	CC	0.2	7.72	8.22	0.85	0.98	30.32	7.18	79.5	5.83	165.69	307.18	387677.23	297335.82	20645.94
91	2199	603826	坤彩科技	54.74	CC	0.31	8.78	7.32	0.34	1.09	41.02	9.36	19.1	9.58	5.01	48.72	291593.13	89309.28	14853.13
92	2201	600531	豫光金铅	54.71	CC	0.37	10.24	5.02	2.11	3.01	69.66	3.13	32.87	8.4	11.21	50.52	1339986.43	2689067.29	39881.81

续 表

序号	A股上市公司评价得分排序	股票代码	股票简称	综合得分(100分)	评价等级	每股收益(元)	净资产收益率(%)	总资产报酬率(%)	总资产周转率(次)	流动资产周转率(次)	资产负债率(%)	已获利息倍数	营业收入增长率(%)	资本扩张率(%)	市场投资回报率(%)	股价波动率(%)	年末资产总额(万元)	营业收入(万元)	净利润(万元)
93	2232	600331	宏达股份	54.38	CC	0.15	153.95	16.43	1.27	3.23	84.56	5.21	27.46	610.7	49.07	239.36	226109.41	290703.48	30585.72
94	2266	002988	豪美新材	54.12	CC	0.6	6.4	4.57	1.24	1.97	55.75	2.92	62.91	4.98	51.75	127.68	503328.98	559951.15	13773.73
95	2297	000962	东方钽业	53.83	CC	0.2	7.02	5.71	0.5	1.23	20.58	44.26	17.49	7.34	40.33	173.62	164837.89	79473.34	8895.51
96	2302	600766	＊ST 园城	53.77	CC	0.01	5.23	2.58	1.6	1.92	59.43	15.74	757.99	5.37	-3.49	82.43	14381.58	22503.14	297.48
97	2317	002295	精艺股份	53.69	CC	0.23	4.7	3.15	2.57	3	51.05	2.22	23.62	4.76	7.63	48.87	260899.52	671553.58	5865.61
98	2323	601137	博威合金	53.63	CC	0.39	5.86	4.26	0.96	1.88	54.17	4.09	32.27	4.72	78.98	217.03	1182501.33	1003799.65	31025.08
99	2395	002806	华锋股份	53.02	CC	0.34	5.48	5.09	0.37	0.87	35.25	3.59	56.29	17.22	45.52	155.95	191386.94	68811.37	6358.01
100	2402	603399	吉翔股份	52.95	CC	0.03	0.86	2.55	1.39	2.08	27.11	1.82	68.58	-0.37	48.18	148.1	260234.91	386092.71	1205.22
101	2454	000795	英洛华	52.51	CC	0.12	5.62	3.05	0.89	1.17	43.62	4.93	44.55	4.9	63.45	141.03	447774.66	376009.16	9791.92
102	2463	300697	电工合金	52.39	CC	0.32	11.72	10.62	1.6	1.94	36.34	9.35	35.32	2.12	45.5	126.6	144327.95	217385.65	10598.82
103	2510	600255	鑫科材料	51.98	CC	0.03	4.83	3.35	1	1.71	54.81	5.22	45.1	6.8	90.24	85.9	336532.4	324729.22	7825.75
104	2608	002114	罗平锌电	51.15	CC	0.09	2.1	2.55	0.77	2.7	36.22	2.78	5.93	1.66	10.39	98.22	236011.53	182466.05	2694.94
105	2610	601020	ST 华钰	51.13	CC	0.27	5.8	4.16	0.28	4.3	33.35	5.22	-40.8	4.91	32.35	198.77	500167.69	140826.17	13470.42
106	2628	300337	银邦股份	50.95	CC	0.05	2.71	3.7	0.91	1.58	59.54	1.42	34.79	2.45	51.91	109.88	371733.12	319525.59	4048.51
107	2639	603045	福达合金	50.84	CC	0.42	6.75	5.88	1.44	2.07	59.89	1.95	27.19	5.62	55.05	159.24	216772.69	293112.37	5709.25
108	2651	600490	鹏欣资源	50.77	CC	0.03	1.16	1.38	1.01	2.53	27.25	2.71	-1.46	-3.56	3.05	179.79	862343	858727.71	7292.91
109	2722	601069	西部黄金	50.02	CC	0.12	4.09	4.29	1.52	4.63	33.67	3.89	-25.15	2.47	-6.55	30.36	274017.75	415827.76	7349.19
110	2789	002578	闽发铝业	49.43	C	0.06	4.01	3.38	1.18	2.11	26.34	43.73	40.82	2.09	19.29	67.51	199265.73	224358.18	5815.18
111	2801	002160	常铝股份	49.32	C	0.13	3.35	3.43	0.92	1.54	55.63	2.1	42.42	3.16	19.63	83.72	710061.67	623335.32	10291.07
112	2830	600615	＊ST 丰华	48.92	C	-0.01	-0.28	0.64	0.23	0.42	11.87	10.96	164.4	0.22	46.01	89.22	72110.64	15847.14	-6.48
113	2845	600114	东睦股份	48.72	C	0.04	0.99	2.05	0.6	1.54	51.52	1.43	9.38	-1.57	67.87	130.56	612054.06	359132.69	4022.55
114	2865	600768	宁波富邦	48.53	C	0.03	1.76	2.18	1.14	1.67	31.95	21.75	-15.72	-16.31	14.96	51.19	32719.96	41696.77	284.49
115	2889	000758	中色股份	48.18	C	0.02	0.91	2.59	0.32	0.63	55.48	3.1	-3.73	-5.98	11.66	79.71	1899321.29	653255.65	22094.79

续 表

序号	A股上市公司评价得分排序	股票代码	股票简称	综合得分(100分)	评价等级	每股收益(元)	净资产收益率(%)	总资产报酬率(%)	总资产周转率(次)	流动资产周转率(次)	资产负债率(%)	已获利息倍数	营业收入增长率(%)	资本扩张率(%)	市场投资回报率(%)	股价波动率(%)	年末资产总额(万元)	营业收入(万元)	净利润(万元)
116	2987	002149	西部材料	46.91	C	0.27	5.11	4.05	0.42	0.65	47.69	4.61	18	2.46	10.45	132.8	576475.56	239457.01	17557.91
117	3025	603978	深圳新星	46.29	C	0.18	1.66	2.46	0.5	0.95	34.39	1.69	39.51	7.05	72.1	198.65	272654.1	137570.59	2878.22
118	3136	002842	翔鹭钨业	44.68	C	0.09	2.48	2.61	0.63	1.07	58.26	1.48	18.13	2.59	0.23	65.29	242528.66	152440.1	2475
119	3174	000633	合金投资	44.12	C	0.01	2.01	1.72	0.69	1.39	29.5	14.7	25.2	1.95	7.43	73.9	23858.34	16455.8	334.44
120	3233	600547	山东黄金	43.19	C	-0.09	-0.67	0.97	0.48	2.47	59.41	1.03	-46.7	0.41	-22.2	54.89	7830758.57	3393496.05	-19541.14
121	3284	002716	金贵银业	42.09	C	0.01	0.75	1.84	0.51	1.43	51.62	1.31	65.07	2.45	27.87	132.51	415606.07	198935.93	1493.59
122	3342	002379	宏创控股	40.54	C	-0.08	-5.44	-2.29	1.22	2.27	54.19	-3.83	34.79	-5.43	15.96	75.3	293022.6	319052.41	-7515.09
123	3348	002428	云南锗业	40.4	C	0.02	0.95	2.4	0.24	0.78	34.21	2.09	-16.95	0.58	8.11	94.37	234887.69	55648.19	2265.6
124	3425	300489	光智科技	38.13	C	0.08	2.73	3.21	0.31	0.61	83.95	1.32	74.29	6.87	-14.89	102.23	251534.94	72402.91	1066.17
125	3445	603003	龙宇燃油	37.5	C	-0.38	-4.06	-2.74	1.88	3.43	15.37	-8.02	-10.82	-5.74	-0.82	27.41	425388.22	797575.74	-14777.98
126	3672	600311	ST 荣华	29.18	C	-0.43	-451.92	-34.63	1.27	3.79	109.59	-60.63	89.64	-138.64	26.87	135.5	83852.99	104292.82	-28853.59
127	3745	300328	宜安科技	26.7	C	-0.29	-16.8	-10.07	0.5	1.09	43.39	-20.34	13.15	-14.65	-4.82	80.57	219666.33	106978.35	-21533.49
128	3903	002501	*ST 利源	21.49	C	-0.13	-23.81	-14.99	0.13	0.32	27.6	-25.4	252.27	-21.36	-11.82	114.37	229494.69	36695.79	-44937.43
129		300930	屹通新材	75.54	A	0.98	17.98	18.42	0.89	1.22	7.51	3228.66	53.82	104.26	4.74	94.97	77679.11	52196.96	9619.82
130		688269	凯立新材	74.26	BBB	1.99	27.64	22.67	1.91	2.46	27.13	22.91	51.05	151.9	32.15	43.34	115557.64	158933	16255.55
131		301026	浩通科技	70.76	BBB	2.55	26.77	24.56	2.03	2.53	9.44	350.93	107.9	127.84	-71.59	56.55	141265.35	223675.86	24639.82
132		001296	长江材料	70.51	BBB	1.56	7.68	7.17	0.6	0.89	15.83	74.4	-1.31	55.92	1587.12	33.07	182363.43	93319.08	9552.41
133		688786	悦安新材	68.09	BB	1.24	19.44	18.27	0.7	1.04	18.3	109.64	56.55	97.89	-27.45	46.11	75241.68	40141.45	9193.7
134		300986	志特新材	65.72	BB	1.53	17.1	9.05	0.61	1.62	54.79	10.23	32.3	81.3	47.78	100.63	285148.44	148117	17509.98
135		688190	云路股份	61.41	B	1.29	10.49	8.56	0.61	0.8	20.29	1541.43	30.82	306.53	-86.4	15.95	229815.86	93574.58	11975.04
136		003038	鑫铂股份	60.19	B	1.19	17.7	9.05	1.71	2.83	54.85	5.23	101.72	132.55	203.64	248.52	211732.87	259654.91	12100.78
137		688456	有研粉材	56.15	CCC	0.84	8.84	7.15	2.3	3.14	23.19	43.45	60.16	46.29	-30.51	58.11	142122.6	278080.65	8120.84
138		605208	永茂泰	55.62	CCC	1.29	13.99	12.01	1.27	2.54	31.2	15.37	22.01	61.5	-11.98	61.14	291797.72	328967.37	22732.44
139		300963	中洲特材	48.91	C	0.42	6.64	5.27	0.74	0.94	22.95	42.75	14.09	64.44	-68.25	98.12	112095.76	68487.16	4610.88

第七章

石油石化行业上市公司业绩评价

2021 年，新冠肺炎疫情的缓解带动了全球经济开始共振复苏，原油需求强劲回暖。我国对于石油石化行业的各项改革也在稳步推进，并取得显著效果：以炼油和乙烯为龙头和核心的石油工业继续保持发展态势；化工行业上市公司通过结构优化的方式，助力农用化工、精细化工的平稳发展；传统能源产业和新能源产业加速融合，保证“双碳”任务的高质量完成。全国石化行业利润首次突破万亿元，创造了历史新高，经济运行业绩超预期。2021 年，石油石化行业指数相较于年初上涨 11.14%。未来，在新的国内外环境形势下，我国石油石化行业发展也迎来新的机遇和挑战。

一、石油石化行业上市公司业绩评价结果

石油石化行业涉及的石油化工、化学原料、化学制品、塑料、橡胶等行业上市公司共 450 家，其中 411 家公司为盈利状态。

2021 年石油石化行业 450 家上市公司平均评价分值 73.08 分，高于全部上市公司的平均评价分值 62.78 分；其中有 29 家石油石化行业上市公司进入 2021 年上市公司业绩评价综合得分的“中联价值 100”名单。在 450 家石油石化上市公司中，业绩评价为 AAA 的有 1 家，为 AA 的有 10 家，为 A 的有 45 家；业绩评价为 BBB 的有 42 家，为 BB 的有 71 家，为 B 的有 79 家；业绩评价为 CCC 的有 65 家，为 CC 的有 53 家，为 C 的有 84 家。

石油石化行业上市公司资产总额合计为 8.98 万亿元，占全部上市公司资产总额的 10.40%；石油石化行业上市公司实现营业收入 8.66 万亿元，占全部上市公司营业收入的 15.79%；石油石化行业上市公司实现净利润 0.51 万亿元，占全部上市公司实现净利润的 17.71%。该行业上市公司 2021 年度市场投资回报率 43.03%，略高于全部上市公司 27.90% 的市场投资回报率；石油石化行业上市公司股价波动率为 122.88%，略高于全部上市公司

108.84%的股价波动率。石油石化行业扣除非经常性损益净资产收益率的平均值为11.59%，高于全部上市公司7.51%的平均水平；营业利润率平均值为7.84%，高于全部上市公司6.79%的平均水平；总资产报酬率8.43%，高于全部上市公司的5.47%，说明2021年石油石化行业上市公司净资产收益水平和总资产的报酬率高于全部上市公司水平，经营收益高于全部上市公司水平。

上述指标反映了石油石化行业上市公司财务效益、资产质量、偿债风险、发展能力及市场表现综合得分均高于全部上市公司平均值。2021年，石油化工行业按评价体系进行行业综合排名，得分前十强见表7-1。

表7-1 2021年度石油石化行业评价得分前十名的公司

序号	股票代码	股票简称	在A股上市公司中评价得分排序
1	002648	卫星化学	3
2	600426	华鲁恒升	4
3	600746	江苏索普	10
4	002064	华峰化学	14
5	600989	宝丰能源	15
6	600309	万华化学	16
7	000683	远兴能源	21
8	601216	君正集团	28
9	600176	中国巨石	37
10	605399	晨光新材	39

下面分别从财务效益、资产质量、偿债风险、发展能力及市场表现等五个方面对石油石化行业上市公司进行具体分析。

（一）财务效益

表7-2列示了石油石化行业上市公司财务效益状况评价结果。从评价得分指标来看，石油石化行业上市公司评价得分略高于全部上市公司评价得分。2021年石油化工行业整体处于向好态势，表7-2显示全部上市公司净资产收益率、总资产报酬率平均值分别为7.51%和5.47%，低于石油化工行业（11.59%和8.43%）。2021年石油石化行业上市公司相比于2020年，除盈利现金保障倍数外，其他各项财务效益评价指标均有着较为明显的增长，也高于全部上市公司平均水平。指标增长得益于新冠肺炎疫情逐步缓解，市场需求开始恢复，上半年石油石化行业指数平稳上升，以中石油、中石化为代表的行业上市公司，以市场为导向，开展全产业链优化。通过传统化工和新能源建设相互补充的方式，优化企业成本结构，开发高端优质的天然气市场，促使企业营业收入不断提高。财务收益排名前五名的是：宝丰能源、万华化学、鲁西化工、广汇能源、荣盛石化。

表 7-2　石油石化行业财务效益状况比较表

评价指标		2021 年上市公司平均值	2021 年行业值	2020 年行业值	增长率（%）
基本指标	扣非净资产收益率（%）	7.51	11.59	3.09	275.08
	总资产报酬率（%）	5.47	8.43	4.57	84.46
基本得分		20.98	25.76	18.23	39.05
修正指标	营业利润率（%）	6.79	7.84	4.42	77.38
	盈利现金保障倍数	1.75	1.83	3.67	-50.14
	股本收益率（%）	46.81	63.58	25.82	146.24
综合得分		23.08	26.71	21.24	25.75

（二）资产质量

从表 7-3 可以看出，2021 年石油石化行业上市公司总资产周转率和流动资产周转率的数据都略高于 2021 年全部上市公司平均值和 2020 年同行业上市公司数据。数据增长的主要原因为 2021 年新冠肺炎疫情逐步缓解，市场需求开始恢复，石油石化行业积极转变经营策略，使得经营收入高于上年，周转率上升。资产质量排名前五的是：新凤鸣、上海石化、岳阳兴长、宇新股份、大庆华科。

表 7-3　石油石化行业资产质量状况比较表

评价指标		2021 年上市公司平均值	2021 年行业值	2020 年行业值	增长率（%）
基本指标	总资产周转率（次）	0.67	1.02	0.82	24.39
	流动资产周转率（次）	1.25	3.13	2.68	16.79
基本得分		9.72	14.04	12.97	8.25
修正指标	应收账款周转率（次）	8.97	22.71	17.99	26.24
	存货周转率（次）	3.07	9.72	7.97	21.96
综合得分		9.27	13.23	12.94	2.24

（三）偿债风险

从表 7-4 中关于石油石化行业指标的分析可知，2021 年石油石化行业的资产负债率、已获利息倍数明显高于全部上市公司。速动比率低于全部上市公司平均值。2021 年石油石化行业的偿债风险状况除资产负债率外，各项指标均优于 2020 年行业水平。2021 年石油石化行业资产受现金及现金等价物、定期存款增加，以及原油、成品油等存货受国际原油价格上行的影响，企业流动资产比例增加，偿债能力增强；加之，国家积极推行相关政策，保证我国经济的后续恢复和稳定，其中对于企业的帮扶政策，保证了各企业现金流的稳定，并通过减税等政策，保证企业资产和负债之间呈现出健康发展的态势，维持企业的稳定发展。石油石化行业上市公司偿债风险评分排名前五的上市公司为：晨光新材、濮阳惠成、新亚强、金瑞矿业和康普顿。

表 7-4　石油石化行业偿债风险状况比较表

评价指标		2021 年上市公司平均值	2021 年行业值	2020 年行业值	增长率（%）
基本指标	资产负债率（%）	59.93	49.97	49.68	0.58
	已获利息倍数	5.28	9.80	4.03	143.18
基本得分		8.86	9.79	9.46	3.49
修正指标	速动比率（%）	83.33	75.98	74.17	2.44
	现金流动负债比率（%）	13.68	32.48	29.78	9.07
	带息负债比率（%）	38.47	39.19	40.77	-3.88
综合得分		8.86	9.29	9.08	2.31

（四）发展能力

从表 7-5 可知，2021 年行业发展能力指标较 2020 年上升明显。除资本扩张率指标和三年营业收入平均增长率指标外，营业增长率、累计保留盈余率、总资产增长率和营业利润增长率指标较 2021 年全部上市公司平均值表现突出。指标表现优异得益于 2021 年石油石化行业通过传统化工和新能源建设相互补充的方式，优化企业成本结构，积极开展化工新产品新材料研发与成果产业化，促使企业营业收入不断提高。发展能力评分排名前五的上市公司是：卫星化学、华峰化学、万华化学、荣盛石化、东方盛虹。

表 7-5　石油石化行业发展能力状况比较表

评价指标		2021 年上市公司平均值	2021 年行业值	2020 年行业值	增长率（%）
基本指标	营业收入增长率（%）	22.02	32.86	-17.86	283.99
	资本扩张率（%）	11.29	10.79	4.19	157.52
基本得分		12.09	13.24	8.54	55.04
修正指标	累计保留盈余率（%）	41.52	55.1	50.94	8.17
	三年营业收入平均增长率（%）	11.08	4.7	0.87	440.23
	总资产增长率（%）	10.88	11.97	1.44	731.25
	营业利润增长率（%）	26.49	127.18	-9.17	1486.91
综合得分		12.34	14.03	9.56	46.76

（五）市场表现

图 7-1 列示了石油化工行业指数与沪深 300 指数在 2021 年的变动情况，从图中几个明显的时间点不难分析出：2021 年沪深 300 指数总体来看呈前半年大幅下降，后半年低位运行状态；分月来看，在 1、2 月份受 2020 年后半年影响，处于高位波动状态，平均指数为 5500 点左右，3 月开始出现集聚下滑，3—6 月基本维持在 5100 点左右，在经历 7 月的小幅

度下降后，2021 年后半年基本维持低位波动状态。

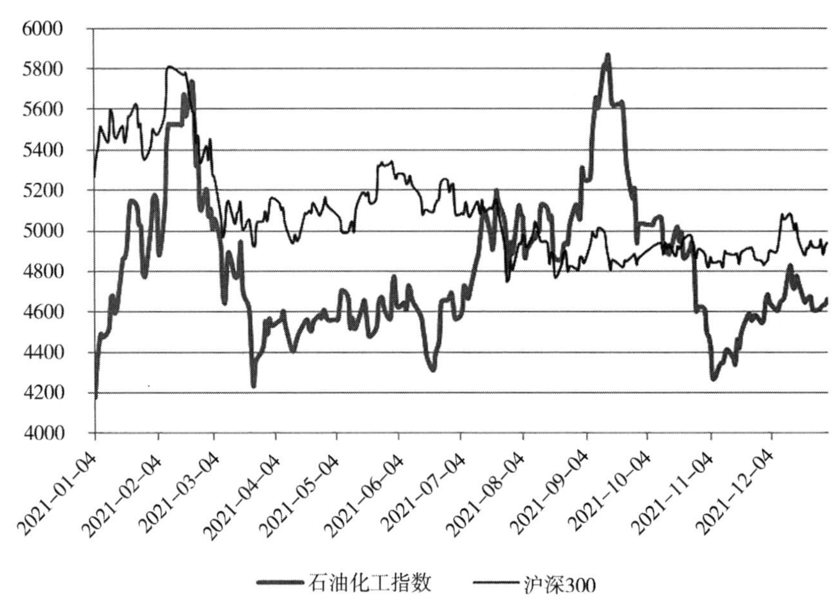

图 7-1　2021 年度石油化工指数与沪深 300 对比图

数据来源：同花顺 iFiND 资讯。

从表 7-6 可知，2021 年石油石化市场表现得分高于 2021 年全部上市公司平均值。2021 年石油石化行业的股价波动率为 122.88%，高于上市公司 108.84%的平均值，高于行业 2020 年的 105.10%。2021 年原油市场逐步恢复，加之石油石化行业积极开展化工新产品新材料研发，积极转变经营理念，促使销售收入增长迅速，市场反应优秀，前景明朗使得 2021 年石油石化行业上市公司市场投资回报率为 43.03%，高于全部上市公司 27.90%的市场投资回报率，同样高于 2020 年的 18.45%。行业的市场投资回报率相比于 2020 年有显著增长。市场表现排名前五的上市公司是镇洋发展、润丰股份、华塑股份、振华新材、美邦股份。

表 7-6　石油石化行业公司市场表现状况比较表

评价指标	2021 年上市公司平均值	2021 年行业值	2020 年行业值	增长率（%）
市场投资回报率（%）	27.90	43.03	18.45	133.22
股价波动率（%）	108.84	122.88	105.10	16.92
综合得分	9.23	9.82	9.36	4.91

二、2021 年度石油石化行业上市公司业绩影响因素分析

2021 年度，石油石化行业涵盖的 450 家上市公司总体表现平稳。中国石油、中国石化仍是石油石化行业上市公司业绩的决定性因素，其他数量渐增的新上市的石油石化类公司

在行业的影响力也正日渐显现。

表 7-7 数据显示，2021 年中国石油、中国石化两家上市公司资产总额、营业收入、净利润占比较 2020 年有所下降，总市值占比较 2020 年有所上升。究其原因是石油石化行业发展整体呈现向好态势，基础化工产业和新能源产业通过改革自身的资产负债结构，积极开展化工新产品新材料研发，分区域制定化工产品营销策略等方式促使销售收入提高，市场表现突出；中国石油、中国石化等龙头上市公司也不断进行改革创新，推动总市值和社会认可度不断增加。

表 7-7　2021 年度中国石油、中国石化与石化行业上市公司指标表

企业	资产总额（万亿元）		营业收入（万亿元）		净利润（亿元）		总市值（万亿元）	
名称	金额	比例（%）	金额	比例（%）	金额	比例（%）	金额	比例（%）
中国石化	1.73	19.27	2.11	24.36	417.5	8.19	0.48	19.28
中国石油	2.50	27.84	2.61	30.32	1146.87	22.49	0.85	34.14
小计	4.23	47.11	4.72	54.68	1564.37	30.67	1.33	53.42
石化行业上市公司	8.98	100.00	8.66	100.00	5100.17	100.00	2.49	100.00

2021 年影响石油石化行业业绩因素分析如下。

（一）国际油价震荡上行，整体呈波动上涨趋势

2021 年，全球石油需求恢复，与此同时 OPEC（石油输出国）联盟仍然通过产量调节来控制原油的价格，在油价上涨的过程中，全球石油资本开支仍然维持纪律性，美国页岩融资成本增加；中间疫情的反复增加了原油的价格波动。2021 年，世界石油需求量比 2020 年上升 555 万桶/日，恢复至 9735 万桶/日，达到疫情前 96%的水平；全球石油供应量比 2020 年上升 150 万桶/日，达到 9530 万桶/日；全球石油供需平衡由 2020 年供应严重过剩 200 万桶/日转变为供应短缺 205 万桶/日，国际油价同比大幅回升。2021 年，布伦特原油和美国西得克萨斯轻质原油（WTI）期货均价分别为 70.95 美元/桶和 68.1 美元/桶，比 2020 年分别上升 27.74 美元/桶（64%）和 28.76 美元/桶（73%）；布伦特与 WTI 价差平均为 2.8 美元/桶，同比收窄 0.9 美元/桶。由图 7-2 可知，美原油期货合约 2021 年呈现出前三季度平稳上升、第四季度高位盘整趋势，现货价格涨跌趋势与期货基本相同。

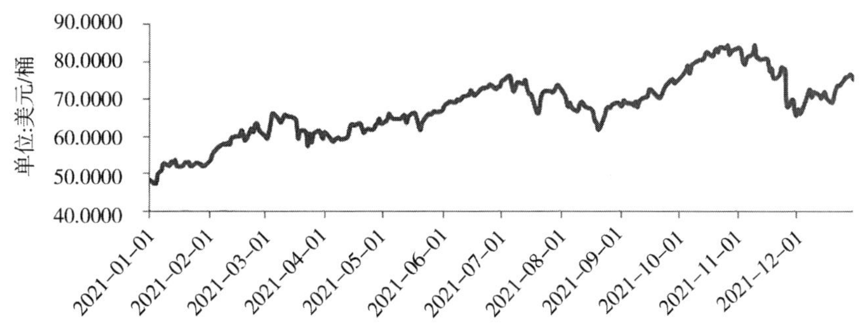

图 7-2　2021 年 WTI 电子盘连续合约

数据来源：同花顺 iFiND 资讯。

1. 2021 年全球经济逐步恢复带动石油市场的需求恢复

2021 年，OPEC+（石油输出国联盟）增产有序，原油需求持续复苏。2021 全球石油供应比 2020 年提高 150 万桶/日，至 9530 万桶/日，2021 年全年油价中枢相较于 2020 年大幅提高。2020 年由于新冠肺炎疫情，全球石油需求 9188 万桶/日，同比下降约 900 万桶/日（下降 8.9%）；2021 年全球经济恢复，石油需求同比增长 550 万桶/日（增长 6%）至 9738 万桶/日。2021 年以来虽受到德尔塔病毒和奥密克戎病毒等事件影响引发需求担忧，但整体来看原油需求端呈现持续复苏态势，复工复产提振燃料需求和工业需求。

2. OPEC 增产幅度较小，供小于求的状态仍然持续

2021 年供求关系平稳，原油价格小幅度上升。数轮疫情扩散引发市场对需求的担忧，致油价年内多次回调，但整体来看原油供需持续修复，新冠肺炎疫情基本得以控制，致使全球经济复苏大幅提振原油需求，而 OPEC+仍维持原油 40 万桶/日增产计划，由于增产幅度小于需求提升幅度，供需格局紧张的局面还将持续。天然气价格高涨，碳中和目标将进一步推升行业景气度。

3. 年末国际原油持续处于降库存状态，推动油价稳步上涨

2021 年，OPEC+有效进行供应管控，原油库存继续下降，市场上原油数量增加，国际油价震荡攀升。布伦特原油期货年均价为 70.95 美元/桶，比 2020 年上升 64.18%。2021 年 4 月起，经合组织国家商业石油库存降至过去 5 年均值水平之下，8 月已低于 5 年区间下限。随着 OPEC+稳定增产，以及需求恢复速度放缓，4 季度全球石油市场产需接近平衡，降库存进程进入尾声。全球复苏与刺激经济，石油企业优先去库存、减产量，导致油价缓慢回升。

（二）我国石油石化行业高速、创新发展，业绩创历史新高

根据我国石油和化学工业联合会发布的数据显示，2021 年我国石油和化工行业运行总体平稳有序，主要经济指标较快增长，营业收入和利润总额创新高。石化行业利润总额历史上首次突破万亿元。到 2021 年末规模以上企业数量较上年有所增加，这是在连续 5 年减少的情况下首次实现增加。从走势看，呈现出“前高后低”特征，上半年高位增长，为全年实现良好业绩和全面复苏打下坚实基础，下半年保持稳定运行。总结下来，2021 年我国石油石化行业主要有以下特点：

1. 传统石油行业稳定发展，主导石油石化行业的平稳增长

（1）原油。

2021 年国内宏观经济继续呈现稳中向好态势，推动原油需求逐步复苏，国内原油供应平稳，市场供过于求形势缓解。据国家发展改革委和国家统计局数据显示，2021 年原油加工量 70355 万吨，同比增长 4.3%。

上市公司中国石油加工原油 1225.00 百万桶，比上年同期增长 4.0%，其中加工本集团勘探与生产业务生产的原油 684.00 百万桶，占比 55.8%，产生了良好的协同效应；生产成品油 10871.2 万吨，比上年同期增长 1.6%；2021 年中国石化对外销售原油 7162 千吨，平均实现价格为 3049 人民币元/吨，较上年同期增长 50.3%。原油加工和销售的比重不断增加，削弱了我国对于进口原油的依存度，数据显示，2021 年国内进口原油 5.13 亿吨，实现 2001 年以来首次下降，因原油进口量的减少，原油对外依存度也由 2020 年的 73.6%下降为 72%，能源安全得以保障。

（2）成品油。

2021 年，成品油表观消费量 34148 万吨，同比增长 3.2%，其中汽油同比增长 5.7%，柴油同比增长 0.5%。国内成品油价格走势与国际市场油价变化趋势基本保持一致，国家 21 次调整国内汽油、柴油价格，汽油标准品价格累计上调人民币 1485 元/吨，柴油标准品价格累计上调人民币 1430 元/吨。

2021 年，中国石化对外销售汽油 90836 千吨，比上年同期销售量增长 5.4%，平均实现价格为 7731 人民币元/吨，较上年同期增长 22.7%；对外销售柴油 78335 千吨，比上年同期销售量增长 1.4%，平均实现价格为 5891 人民币元/吨，较上年同期增长 23.0%；对外销售煤油 21270 千吨，比上年同期销售量增长 2.1%，平均实现价格为 3772 人民币元/吨，较上年同期增长 43.1%

（3）天然气。

2021 年，受经济复苏、疫情受控、油价回升等因素影响，全球天然气市场需求强劲复苏，供需形势呈区域结构性紧张，天然气价格保持在较高位置运行。在宏观经济、环保政策、双碳战略影响下，国内天然气需求保持快速增长态势。据国家发展改革委资料显示，2021 年国内天然气产量 2053 亿立方米，同比增长 8.2%；天然气进口量 12136 万吨，同比增长 19.9%；表观消费量 3726 亿立方米。

2021 年，中国石油销售天然气 739.74 亿立方米，比上年同期增长 10.1%，其中国内销售天然气 1945.91 亿立方米，比上年同期增长 12.7%。2021 年末，集团国内天然气管道长度为 17329 千米。

2. 化工行业优化创新，助力石油石化行业稳定增长

2021 年，石油石化行业上市公司保持化工装置高负荷运行，积极推进新材料业务，加大科技创新力度，启动多项技术攻关，积极开展化工新产品新材料研发。积极转变经营理念，分区域制定化工产品营销策略，化工市场运行环境总体改善，新材料、新工艺需求推动行业转型升级。

中国石油 2021 年化工产品商品量比上年同期增长 6.7%，乙烯、合成树脂、合成橡胶及尿素等产量均较上年同期有所增长，功能性合成树脂、高性能合成橡胶、特种纤维、高端碳材料等新材料产量大幅增长。全国化肥出口量 3289.9 万吨，同比增长 12.9%。橡胶制品出口额578.2亿美元，同比增长34.6%，仍为化工出口大户，占比19.6%，基本稳定。中国石化2021年化工产品对外销售收入为人民币4248亿元，占公司营业额及其他经营收入的15.5%，同比增长31.8%。化工行业的增长主要归因于上市公司化工产品销量增加以及产品价格上涨。

外贸结构优化，有机化学品和合成材料进口下降，出口大增，净进口量下降明显。2021年，有机化学品进口量同比下降13.7%，出口量同比增长30.1%，净进口量4200.8万吨，同比下降26.4%；合成材料进口量同比下降18%，出口量同比增长68.1%，净进口量2820.9万吨，同比下降39.1%。

3. 传统能源行业和新能源行业相互促进，助力行业可持续性发展

石油石化产业积极探索新能源产业模式，助力传统能源行业和新能源行业相互促进。2021年受“双碳”目标和企业可持续发展的内在需求双重推动，传统石油石化企业正主动转型，探索新能源产业发展利用模式，借助新能源产业打造新的利润增长点，践行绿色转型。石油石化行业上市公司在生物质能综合利用、天然气热电联产、综合智慧能源等领域整合资源，开创“炭热电”联产、“生生耦合”、“煤生耦合”模式。提升综合实力，完善产业布局，构建多元盈利模式。2021年，中国石化已制定了完善的“氢能”业务计划，规划在“十四五”期间，将大力发展可再生能源制氢，在全国建设1000座加氢站或油氢合建站。2021年，中国石油实现了“油气热电氢”的协同发展，新增新能源开发利用能力345万吨标煤，总能力接近700万吨标准煤/年。

（三）相关政策对石油石化行业放管并重，促进行业规范有序发展

2021年多项政策制度规范石油石化行业发展、助力石油石化行业向新能源转型。2021年10月国家发展改革委发布的《石化化工重点行业严格能效约束推动节能降碳行动方案（2021—2025年）》指出，到2025年，通过实施节能降碳行动，炼油、乙烯、合成氨、电石行业达到标杆水平的产能比例支持。2021年11月，工信部、人民银行、银保监会、证监会发布的《关于加强产融合作推动工业绿色发展的指导意见》指出加快实施石化、化工、钢铁等行业绿色化改造。政策的纷纷出台，推动能源等重点行业“一行一策”绿色转型升级，加快降碳等系统性清洁生产改造。

三、2022年石油石化行业前景分析

2022年由于新冠肺炎疫情的持续反复和地缘因素等的影响，或将一定程度上影响原油供给和需求，进而影响国际原油价格，但我国2022年石油石化行业整体发展前景较为明朗，伴随着传统石油石化行业的积极转型、新型石油石化企业的持续升级、传统能源和新能源的相互促进，预计石油石化行业总体景气表现会呈现平稳上升趋势。

（一）全球经济形势和政治动荡，或将影响原油需求

由于全球范围内新冠疫苗覆盖率不足且变异毒株层出不穷，未来疫情发展仍有较大不确定性。但随着主要经济体在疫情防控与经济发展之间取得平衡，疫情反复对经济和石油需求的影响边际减弱。国家能源署预计 2022 年各国将反复面临变异毒株的冲击，经济下行压力增大，同时美联储将以延长观察期来应对，并提高加息门槛；预计 2022 年需求平均为 9940 万桶/日，比 2021 年增加 190 万桶/日。

（二）国际原油供应问题凸显，地缘因素加剧扰动

OPEC 原油闲置产能面临下降，供应弹性或将逐步降低。据美国能源信息署预测，到 2022 年底 OPEC 闲置产能预计 511 万桶/日，2023 年底可能会进一步降至 400 万桶/日以下，比 2021 年第一季度的 900 万桶/日明显减少。OPEC 10 国 2021 年具备快速释放产量的能力，但到 2023 年以后产量供给弹性将下降。

俄乌战争升级，俄罗斯原油供给预期中断。俄罗斯是截至 2021 年世界上主要的原油出口国之一，2021 年俄石油出口额同比增长 51.8%，达 1101.19 亿美元，占全球原油出口贸易总量比重约 28.7%。其中，超过 50%的原油和凝析油出口流向欧洲国家包括德国、荷兰、波兰等，42%的出口流向亚太地区（中国约占 31%），出口到美国仅占 1%。随着俄乌战争升级，俄罗斯能源国际贸易及国际结算难度大大增加，俄罗斯原油供给量将大幅度减少。

伊朗原油供给水平恢复缓慢，供应量缓步上升。伊朗 2021 年原油产量约 250 万桶/日，而制裁前原油产量约 400 万桶/日，增产空间约 150 万桶/日。2021 年伊朗解除制裁后，半年时间内原油产量增加约 70 万桶/日，月增产量约为 10 万桶/日。但按照 2021 年整体形势看，受地缘政治及大国关系等因素影响，伊朗原油重回市场仍存在变数，前景预测尚不明朗。

（三）“十四五”发展规划转型升级，“双碳”政策推动传统石油石化行业快速升级

“十四五”时期我国传统石油石化行业面临由石化大国向石化强国转型升级的压力。未来自动化、信息化、智能化的数字化转型是行业发展趋势。在我国“双碳”“1+N”政策体系初步建立的基础上，依托于技术进步保证石油石化行业快速升级，石油石化产业应主动转型，探索新能源产业发展利用模式，降低碳排放量，提高油气净贡献率，通过高科技与石油石化行业的相互结合和渗透促进石油石化工艺、装备水平的提高，加快石油石化产品的更新换代，高附加值、高技术含量和环保产品不断出现，石油勘探和开发、炼油及化工等领域不断取得新的发展，打造新的利润增长点。

为实现碳中和目标，我国天然气需求有望持续增长，天然气生产商将充分受益于天然气价格上涨；进口需求提升的背景下，天然气接收站建设有望加速。中俄东线供气量逐渐提升，将成为未来天然气进口的主要增量之一。LNG 接收站建设稳步推进，预计到 2025 年我国 LNG 总接收能力有望达到 1.8 亿吨/年，将有效保障 LNG 的供应能力。

2022 年中国石油全年的资本性支出预测为 2420 亿元，计划油气当量产量合计为 1669. 7 百万桶，计划原油加工量为 1269. 4 百万桶；中国石化 2022 年全年计划生产原油 281. 20 百万桶，其中境外 31. 28 百万桶，计划生产天然气 355. 85 亿立方米，全年计划加工原油 2. 58 亿吨，生产成品油 1. 47 亿吨。

（四）新型化工企业助力石油石化行业平稳增长

未来的化工企业应加强科技创新，以高端的技术水平和良好的经营管理，保证新型化工行业的平稳发展。应重点围绕高端聚烯烃塑料、工程塑料、聚氨酯材料、氟硅材料、特种橡胶及弹性体、高性能纤维及复合材料、功能性膜材料、电子化学品等化工新材料在高端化上再有新突破。通过攻克一批重大需求的“卡脖子”技术、优化项目、抢占科技制高点、建设高水平创新平台，保证自主创新、自立自强取得新跨越。

（五）传统能源和新能源相互融合，促进石油石化行业向清洁化转型。

传统石油石化行业生产过程中需要氢气和大量的电和热，未来这些原料可以通过发展新能源产业为其提供支持。化工生产过程提供绿氢和可再生电和热技术的发展和使用，降低在原料端对化石能源的消耗和二氧化碳排放。未来石油石化行业将继续坚持发展高端、清洁能源的发展理念；制定各项制度，保证“碳达峰”“碳中和”政策的顺利实施。中国石化和中国石油对于上述目标，制定了严格的发展规划。中国石油未来将坚持“清洁替代、战略接替、绿色转型”三步走总体部署，推进实施绿色产业布局。中国石化未来将推进科技体制机制改革、加快智能化提升和数字化转型，提升资源清洁高效低碳利用水平，统筹开展安全环保、节能减排、智能优化等技术开发与应用。

附表　2021 年度石油石化行业上市公司业绩评价结果排序表

序号	A 股上市公司评价得分排序	股票代码	股票简称	综合得分	评价等级	每股收益（元）	净资产收益率（%）	总资产报酬率（%）	总资产周转率（次）	流动资产周转率（次）	资产负债率（%）	已获利息倍数	营业收入增长率（%）	资本扩张率（%）	市场投资回报率（%）	股价波动率（%）	年末资产总额（万元）	营业收入（万元）	净利润（万元）
1	3	002648	卫星化学	87.12	AAA	3.50	35.48	18.09	0.70	2.06	60.20	21.69	165.09	42.07	86.90	134.19	4869243.30	2855703.91	601278.95
2	4	600426	华鲁恒升	84.82	AA	3.43	37.60	35.10	1.08	4.57	20.76	78.80	103.10	45.09	−3.93	69.06	2865317.87	2663586.07	725371.46
3	10	600746	江苏索普	82.38	AA	2.11	52.73	53.17	1.50	3.90	13.36	468.25	110.89	108.57	127.03	205.01	709518.99	800358.36	240201.58
4	14	002064	华峰化学	82.03	AA	1.71	51.38	38.05	1.16	1.97	34.84	67.80	92.66	64.24	−15.78	78.62	2917779.98	2836720.19	793617.92
5	15	600989	宝丰能源	81.90	AA	0.97	25.92	20.37	0.56	5.69	30.84	29.82	46.29	18.49	30.03	65.03	4437376.54	2329993.53	707042.59
6	16	600309	万华化学	81.71	AA	7.85	40.13	19.45	0.90	2.58	62.33	13.31	98.19	38.81	−6.24	59.18	19030958.23	14553781.76	2503943.07
7	21	000683	远兴能源	81.12	AA	1.36	24.40	26.53	0.49	1.83	34.83	26.40	57.81	41.16	244.32	381.19	2623827.85	1214853.29	568604.90
8	28	601216	君正集团	80.72	AA	0.54	19.51	16.01	0.55	1.81	35.86	33.59	30.39	9.17	16.10	58.85	3609190.31	1929495.45	458451.18
9	37	600176	中国巨石	79.88	A	1.51	25.13	19.20	0.49	1.57	46.33	18.00	68.92	28.21	−2.90	79.64	4382831.75	1970688.21	613812.90
10	39	605399	晨光新材	79.75	A	2.92	38.28	40.18	1.09	1.37	12.31	3352.18	127.47	44.02	140.02	305.51	186235.20	169743.05	53686.81
11	40	603599	广信股份	79.73	A	3.18	21.84	19.29	0.63	0.86	31.46	874.39	63.12	23.34	65.02	94.12	1015303.57	554990.68	147938.03
12	42	000830	鲁西化工	79.27	A	2.43	32.47	20.32	0.99	9.76	43.73	14.33	80.73	25.61	7.29	120.90	3211553.36	3179433.92	461961.96
13	46	000408	藏格矿业	79.05	A	0.73	15.63	17.56	0.38	1.47	11.02	35311.89	90.31	19.41	428.36	319.80	1062452.03	362259.43	142733.99
14	47	600256	广汇能源	79.04	A	0.77	25.95	12.78	0.44	2.45	65.20	5.63	64.30	20.51	141.34	305.98	5970865.61	2486495.12	484552.29
15	54	600596	新安股份	78.68	A	3.25	31.99	21.69	1.28	2.56	42.82	44.47	51.61	35.91	131.86	311.50	1719934.15	1897666.36	271251.64
16	57	600618	氯碱化工	78.53	A	1.53	28.41	26.01	0.86	1.80	23.62	190.38	36.32	34.65	74.51	211.44	930048.84	666418.95	175576.69
17	59	603026	石大胜华	78.36	A	5.81	43.80	37.77	1.77	2.99	23.71	551.17	57.67	56.20	313.27	401.99	468960.92	705620.86	129873.78
18	61	600141	兴发集团	78.33	A	3.85	37.76	18.53	0.75	3.17	54.06	13.16	28.88	42.50	224.39	360.66	3348790.86	2360668.00	470244.77
19	63	600273	嘉化能源	78.31	A	1.29	21.67	19.06	0.82	2.67	25.00	138.35	60.87	16.06	36.73	91.15	1203273.65	895656.87	180809.25
20	68	601857	中国石油	77.97	A	0.50	8.79	7.17	1.05	5.40	43.69	8.62	35.19	3.09	19.10	90.26	250253300.00	261434900.00	11468700.00
21	70	002493	荣盛石化	77.95	A	1.27	28.17	12.04	0.61	2.50	71.75	9.69	65.03	36.33	−8.87	101.65	33717724.62	17702427.75	2364838.12
22	75	002408	齐翔腾达	77.77	A	0.86	20.99	13.28	1.49	3.96	48.52	10.52	41.34	37.15	78.29	170.11	2607051.13	3489207.28	244673.12
23	77	600328	中盐化工	77.63	A	1.54	22.59	15.05	0.89	4.17	50.89	15.21	37.54	19.17	157.59	305.20	1690478.32	1341344.04	174228.45
24	80	600075	新疆天业	77.52	A	1.07	16.01	13.57	0.78	2.86	38.90	10.30	33.61	31.17	47.46	125.98	1622027.82	1201460.76	159948.98

续 表

序号	A股上市公司评价得分排序	股票代码	股票简称	综合得分	评价等级	每股收益（元）	净资产收益率（%）	总资产报酬率（%）	总资产周转率（次）	流动资产周转率（次）	资产负债率（%）	已获利息倍数	营业收入增长率（%）	资本扩张率（%）	市场投资回报率（%）	股价波动率（%）	年末资产总额（万元）	营业收入（万元）	净利润（万元）
25	85	603938	三孚股份	77.30	A	1.72	23.41	20.32	0.83	1.81	31.78	394.23	58.89	27.05	151.41	333.98	232169.81	159886.72	33490.99
26	88	603722	阿科力	77.23	A	1.15	15.24	13.78	1.07	2.01	24.88	6526.88	63.60	13.75	103.16	169.93	88450.19	88023.06	10017.01
27	89	601568	北元集团	77.19	A	0.51	14.12	13.70	0.82	1.59	19.78	4133.21	33.49	7.57	-4.13	36.65	1679295.68	1315376.83	185048.45
28	90	601233	桐昆股份	77.17	A	3.17	23.68	14.67	1.01	4.03	48.34	14.66	29.01	39.80	-2.41	80.57	6969490.75	5913095.33	735237.52
29	98	603077	和邦生物	76.91	A	0.36	23.30	22.42	0.60	2.48	18.33	47.05	87.56	29.45	147.06	281.48	1792235.57	986710.91	303133.74
30	101	300821	东岳硅材	76.83	A	0.96	25.02	24.41	0.80	1.39	18.31	10176.56	73.10	25.66	74.36	279.86	627466.31	433321.91	115063.45
31	104	688026	洁特生物	76.73	A	1.71	19.56	18.30	0.80	1.47	17.67	180.39	69.80	21.95	77.97	93.27	118045.49	85565.82	17115.80
32	105	002274	华昌化工	76.71	A	1.72	43.24	28.42	1.21	3.41	46.26	35.88	54.33	50.54	168.11	232.73	812680.44	941332.78	162289.49
33	106	000731	四川美丰	76.68	A	0.96	19.23	17.97	0.97	2.11	18.26	49.20	40.47	21.43	116.71	242.15	441181.44	409095.58	65881.34
34	107	603010	万盛股份	76.67	A	1.71	41.11	33.74	1.43	2.74	28.61	75.14	76.60	46.80	56.44	99.45	331670.31	411460.35	82447.53
35	109	600623	华谊集团	76.63	A	1.39	13.87	9.55	0.81	1.81	52.82	19.42	41.12	17.59	65.45	160.02	5262392.84	3969183.74	353072.01
36	112	605166	聚合顺	76.48	A	0.76	15.65	9.50	1.89	2.50	54.33	5520.16	110.77	15.19	77.48	133.43	343723.79	540482.59	23862.44
37	114	600028	中国石化	76.39	A	0.59	9.56	6.29	1.51	5.41	51.51	20.08	30.15	3.64	7.51	34.90	188925500.00	274088400.00	8503000.00
38	115	601678	滨化股份	76.36	A	0.97	22.14	15.44	0.60	1.75	38.75	12.78	43.53	38.08	44.41	195.48	1680379.37	926814.16	163993.36
39	117	002109	兴化股份	76.22	A	0.51	12.89	13.89	0.62	1.67	7.56	232.69	46.25	13.88	83.39	137.37	482956.45	283724.55	53863.48
40	123	300481	濮阳惠成	76.08	A	0.91	15.68	18.17	0.87	1.31	5.70	8821.80	52.61	99.19	26.21	43.52	211522.13	139326.01	25238.96
41	125	002709	天赐材料	76.05	A	2.35	41.59	27.62	1.11	1.84	46.98	57.87	169.26	108.44	65.77	262.10	1389918.04	1109080.17	230736.68
42	133	605006	山东玻纤	75.82	A	1.09	25.50	15.73	0.57	2.09	53.60	7.15	37.72	32.37	78.20	123.23	508171.33	274863.45	54602.94
43	139	300610	晨化股份	75.47	A	0.73	13.52	13.66	0.97	1.45	17.44	307.12	32.47	9.39	103.71	158.04	129801.58	119260.64	15239.75
44	142	000822	山东海化	75.44	A	0.68	18.39	16.83	1.18	2.32	36.83	1065.07	58.66	16.78	77.58	265.35	557054.50	585085.33	60540.70
45	145	002136	安纳达	75.30	A	0.86	22.81	18.35	1.71	3.27	28.18	174.76	82.49	25.11	90.96	241.60	137747.73	204696.51	20219.23
46	146	603217	元利科技	75.19	A	2.83	14.15	14.97	0.83	1.20	16.25	18242.06	91.77	13.91	103.20	185.85	307259.48	234345.68	36011.09
47	158	000949	新乡化纤	74.90	BBB	1.00	28.11	19.46	0.87	2.23	44.84	12.28	95.25	61.18	76.77	188.26	1124588.48	874049.47	136501.55
48	161	603948	建业股份	74.84	BBB	1.81	17.55	15.74	1.34	1.84	27.16	6350.35	61.94	18.33	42.41	192.85	228645.23	279949.95	29002.24

续 表

序号	A股上市公司评价得分排序	股票代码	股票简称	综合得分	评价等级	每股收益（元）	净资产收益率（%）	总资产报酬率（%）	总资产周转率（次）	流动资产周转率（次）	资产负债率（%）	已获利息倍数	营业收入增长率（%）	资本扩张率（%）	市场投资回报率（%）	股价波动率（%）	年末资产总额（万元）	营业收入（万元）	净利润（万元）
49	168	002145	中核钛白	74.59	BBB	0.59	18.45	15.38	0.56	0.92	37.80	33.75	44.64	19.44	121.20	197.58	1118860.43	537413.36	121666.19
50	178	603225	新凤鸣	74.35	BBB	1.57	15.25	9.92	1.36	5.12	56.21	5.49	21.05	36.39	-2.87	102.36	3750840.38	4477003.00	225398.50
51	189	600810	神马股份	74.04	BBB	2.30	30.61	12.62	0.58	1.06	67.80	6.58	50.53	50.15	51.97	100.07	2589652.14	1341514.32	216325.57
52	196	002407	多氟多	73.86	BBB	1.73	26.50	14.57	0.73	1.70	50.71	10.26	85.29	65.09	131.61	276.58	1180597.68	779854.11	126218.50
53	199	300801	泰和科技	73.81	BBB	1.29	13.33	13.79	0.94	1.48	17.23	0.00	44.49	13.23	13.21	53.09	255620.52	220911.29	27840.10
54	203	600096	云天化	73.76	BBB	1.98	38.56	11.48	1.19	2.71	76.29	4.98	21.37	47.44	232.42	361.20	5314220.99	6324922.79	420684.14
55	213	002254	泰和新材	73.59	BBB	1.41	23.90	18.90	0.61	1.11	43.96	19.08	80.41	16.67	22.14	82.53	813200.10	440401.25	112580.20
56	224	002539	云图控股	73.44	BBB	1.23	28.48	14.17	1.25	2.71	66.39	9.57	62.74	29.66	88.05	197.99	1357489.17	1489782.76	123713.68
57	228	002748	世龙实业	73.26	BBB	0.82	18.50	14.57	1.16	4.88	36.18	11.00	38.37	19.86	91.39	246.16	188880.94	217459.31	20108.07
58	252	002601	龙佰集团	72.85	BBB	2.12	25.51	14.53	0.51	1.48	54.14	19.42	45.77	31.26	-21.55	101.52	4533117.65	2056578.10	473541.31
59	264	000818	航锦科技	72.54	BBB	1.08	19.34	16.87	0.96	2.38	29.46	28.10	37.38	17.32	92.52	167.99	525036.65	485857.08	70120.99
60	276	002258	利尔化学	72.34	BBB	2.04	21.91	15.17	0.69	1.58	43.08	15.69	30.70	23.68	50.08	98.95	1023216.72	649425.13	116264.58
61	279	000792	盐湖股份	72.25	BBB	0.85	61.77	24.81	0.65	1.51	53.89	19.43	5.44	121.25	-12.80	65.20	2526735.87	1477833.25	522150.66
62	283	300073	当升科技	72.17	BBB	2.38	12.43	12.23	0.81	1.00	34.78	104744.58	159.41	147.93	41.12	187.98	1448663.04	825786.54	109098.30
63	288	002810	山东赫达	72.13	BBB	0.97	22.87	17.44	0.72	2.10	41.26	645.68	19.22	28.66	148.01	153.83	263552.71	156049.41	32953.53
64	299	000510	新金路	71.88	BBB	0.49	26.61	22.25	1.49	3.88	37.40	38.64	34.94	24.42	35.56	126.51	217637.41	297810.04	30351.84
65	314	300037	新宙邦	71.69	BBB	3.18	21.29	16.77	0.75	1.24	37.36	59.33	134.76	36.31	15.71	171.52	1116596.05	695127.20	136447.54
66	316	003022	联泓新科	71.67	BBB	0.82	14.78	13.19	0.70	2.28	45.59	9.08	27.81	18.71	151.53	285.94	1209165.40	758076.28	110575.28
67	322	603067	振华股份	71.56	BBB	0.63	17.62	13.40	1.08	2.17	38.60	10.07	134.14	49.46	69.61	199.01	353277.55	299322.91	31182.61
68	323	600367	红星发展	71.55	BBB	0.90	19.25	16.80	1.00	1.69	26.11	82.97	59.36	19.78	158.64	291.66	234242.69	219546.61	30883.33
69	330	600727	鲁北化工	71.43	BBB	0.93	19.31	14.46	0.84	1.95	46.64	38.97	54.57	14.29	59.53	184.65	616846.96	453055.43	60157.32
70	342	002812	恩捷股份	71.19	BBB	3.06	20.94	14.74	0.34	0.88	44.35	15.55	86.37	25.37	64.95	238.77	2612218.48	798242.68	288685.40
71	351	300848	美瑞新材	71.02	BBB	0.89	11.30	9.89	0.95	1.21	42.89	34.21	71.47	23.11	33.40	88.79	168799.72	129775.28	11932.38
72	354	603605	珀莱雅	70.98	BBB	2.87	20.45	16.39	1.12	1.68	37.69	69.43	23.47	16.32	0.96	60.85	463304.98	463315.05	55705.37

续 表

序号	A股上市公司评价得分排序	股票代码	股票简称	综合得分	评价等级	每股收益（元）	净资产收益率（%）	总资产报酬率（%）	总资产周转率（次）	流动资产周转率（次）	资产负债率（%）	已获利息倍数	营业收入增长率（%）	资本扩张率（%）	市场投资回报率（%）	股价波动率（%）	年末资产总额（万元）	营业收入（万元）	净利润（万元）
73	375	300305	裕兴股份	70.71	BBB	0.85	12.96	13.59	0.67	1.12	14.32	81.60	36.48	8.66	97.07	203.43	212190.75	136512.64	24124.29
74	381	603155	新亚强	70.66	BBB	2.05	13.98	16.02	0.38	0.46	12.18	0.00	79.47	11.89	63.54	184.05	250548.61	87999.60	31944.46
75	388	600389	江山股份	70.57	BBB	2.75	36.55	19.60	1.26	2.22	57.71	45.15	26.60	18.17	97.86	224.94	567944.35	648376.05	82685.47
76	389	600378	昊华科技	70.55	BBB	0.99	13.01	9.44	0.69	1.27	37.89	41.42	36.92	10.96	116.24	188.93	1165785.13	742435.41	90313.37
77	391	002092	中泰化学	70.49	BBB	1.16	11.23	7.12	0.91	2.84	57.22	3.76	−25.81	46.43	57.84	144.87	7307782.63	6246327.58	300748.63
78	395	002637	赞宇科技	70.47	BBB	1.71	20.83	14.15	1.43	3.17	48.10	17.36	43.54	28.21	57.90	85.68	841951.95	1120121.27	80458.93
79	399	002497	雅化集团	70.42	BBB	0.82	15.87	14.48	0.65	1.15	25.87	74.55	61.26	23.57	0.81	162.55	907199.69	524134.07	98375.06
80	402	002802	洪汇新材	70.40	BBB	0.81	13.49	13.81	1.04	1.48	16.96	47158.00	37.55	6.56	18.64	95.68	74725.98	74926.08	8581.66
81	412	300699	光威复材	70.31	BBB	1.46	17.80	16.79	0.51	0.85	23.28	164.03	23.25	14.74	−18.93	90.98	555876.24	260730.78	75618.66
82	413	600714	金瑞矿业	70.30	BBB	0.27	11.95	12.39	0.49	0.68	10.79	1063.30	121.67	12.68	161.95	234.17	78323.20	36135.39	7736.03
83	422	000422	湖北宜化	70.17	BBB	1.75	70.23	12.80	0.86	2.68	80.98	5.48	34.33	195.38	591.94	534.25	2086613.49	1854406.21	207924.86
84	436	002080	中材科技	69.98	BB	2.01	18.03	12.85	0.57	1.47	58.51	9.98	8.47	11.09	21.51	160.68	3762658.87	2029539.09	347514.43
85	438	600688	上海石化	69.92	BB	0.19	6.40	6.00	1.95	4.67	35.38	25.79	19.51	3.54	19.52	77.25	4703862.20	8928041.50	200368.10
86	440	600500	中化国际	69.90	BB	0.80	20.69	18.27	1.42	3.51	65.62	13.39	48.90	−28.82	65.85	186.43	5797320.18	8064777.85	656968.08
87	450	000301	东方盛虹	69.78	BB	0.76	6.85	7.41	0.53	2.28	77.72	6.21	127.08	30.42	64.38	230.39	13200254.32	5172217.97	508624.61
88	456	603798	康普顿	69.73	BB	0.53	9.41	10.64	0.91	1.40	13.60	0.00	20.47	8.30	38.14	76.90	126079.13	110819.24	10545.53
89	462	300196	长海股份	69.61	BB	1.40	15.14	15.40	0.58	1.21	25.69	1049.38	22.71	17.88	−5.56	61.33	469693.20	250639.74	57156.00
90	464	300505	川金诺	69.57	BB	1.42	14.52	11.21	0.72	1.95	33.61	14.28	46.30	47.34	97.82	292.34	234525.40	153587.76	19408.03
91	466	603002	宏昌电子	69.56	BB	0.41	18.27	10.92	1.11	1.44	54.32	525.79	77.81	5.61	56.35	117.64	455561.81	445271.19	37456.15
92	469	600063	皖维高新	69.51	BB	0.51	16.33	11.01	0.72	1.84	45.44	9.78	14.88	11.75	68.58	178.61	1165403.75	810315.11	97798.40
93	470	002915	中欣氟材	69.49	BB	0.81	13.39	12.19	0.79	1.77	30.02	12.03	47.56	56.77	90.28	165.96	226457.69	152606.61	17367.46
94	474	300019	硅宝科技	69.44	BB	0.70	15.64	12.79	1.07	1.58	29.75	55.75	67.74	98.46	24.47	128.73	296337.13	255567.97	26767.48
95	476	688005	容百科技	69.42	BB	2.06	16.23	9.82	0.98	1.54	63.04	95.02	170.36	20.99	154.58	222.30	1470141.66	1025900.44	90823.67
96	477	300285	国瓷材料	69.40	BB	0.79	13.02	14.03	0.45	0.85	22.12	53.68	24.37	14.29	−8.87	54.94	787878.67	316173.88	84484.52

续 表

序号	A股上市公司评价得分排序	股票代码	股票简称	综合得分	评价等级	每股收益（元）	净资产收益率（%）	总资产报酬率（%）	总资产周转率（次）	流动资产周转率（次）	资产负债率（%）	已获利息倍数	营业收入增长率（%）	资本扩张率（%）	市场投资回报率（%）	股价波动率（%）	年末资产总额（万元）	营业收入（万元）	净利润（万元）
97	487	688116	天奈科技	69.29	BB	1.28	14.18	14.97	0.59	0.91	22.70	0.00	179.68	19.11	161.19	278.96	259027.35	131995.65	29477.86
98	493	600929	雪天盐业	69.16	BB	0.30	4.80	7.83	0.74	2.18	37.93	14.02	120.85	81.85	38.09	104.07	837623.79	478026.42	44103.00
99	499	300487	蓝晓科技	69.08	BB	1.43	15.43	12.55	0.42	0.72	32.38	43.96	29.51	25.49	120.89	220.64	310453.43	119490.65	30545.16
100	502	600409	三友化工	69.02	BB	0.81	13.77	10.28	0.92	2.92	47.02	9.28	30.38	10.64	−19.53	110.40	2598922.39	2318224.92	184941.87
101	516	600346	恒力石化	68.76	BB	2.21	27.85	12.36	0.99	3.38	72.75	4.99	29.92	21.85	−27.10	141.68	21029622.56	19797034.49	1553817.80
102	531	600486	扬农化工	68.59	BB	3.94	17.65	12.36	0.99	1.66	46.98	34.85	20.45	16.72	−7.10	80.18	1310213.18	1184146.44	122301.53
103	546	603639	海利尔	68.41	BB	1.33	14.94	11.10	0.78	1.34	40.85	50.52	14.62	16.21	77.85	109.06	514024.98	369887.86	44974.53
104	549	000893	亚钾国际	68.39	BB	1.18	6.81	20.24	0.17	1.00	11.67	820.39	129.36	22.74	214.32	212.76	555466.29	83296.48	90887.72
105	550	000902	新洋丰	68.39	BB	0.96	15.71	12.66	0.96	1.86	37.42	50.02	17.21	15.42	−0.86	84.97	1313734.94	1180152.66	123244.76
106	554	000859	国风新材	68.37	BB	0.32	8.34	9.61	0.61	1.13	17.12	183.67	28.93	54.32	46.89	90.97	325257.50	191002.72	27771.61
107	559	300891	惠云钛业	68.31	BB	0.49	16.70	15.02	0.97	1.74	28.29	51.57	62.63	14.43	−3.95	59.02	182047.31	155270.06	19697.66
108	561	605183	确成股份	68.28	BB	0.72	11.62	12.78	0.53	0.82	15.59	120.20	42.42	2.87	24.26	74.09	292451.62	150294.65	30007.49
109	562	002226	江南化工	68.26	BB	0.40	8.32	11.80	0.47	1.20	37.55	7.74	65.39	35.49	27.22	81.84	1528485.33	648114.80	120104.83
110	576	603379	三美股份	68.06	BB	0.88	9.42	12.33	0.71	0.90	12.61	2408.95	48.80	6.14	27.81	174.17	605114.84	404844.59	53616.86
111	583	300409	道氏技术	68.01	BB	1.02	16.07	11.46	1.02	1.73	42.25	8.87	98.18	85.37	79.62	238.17	799001.99	656919.22	56756.33
112	595	300522	世名科技	67.84	BB	0.35	12.50	10.89	0.73	1.41	14.57	263.93	47.43	9.87	24.39	78.26	93259.68	67012.45	9330.84
113	612	000059	华锦股份	67.67	BB	0.56	6.39	5.05	1.28	2.53	53.65	3.74	26.66	5.47	32.80	94.70	3211586.51	3855230.71	93718.92
114	651	002643	万润股份	67.24	BB	0.69	11.40	10.82	0.60	1.36	23.45	40.86	49.36	10.20	10.43	103.47	787571.08	435852.28	69006.24
115	666	600299	安迪苏	67.14	BB	0.55	10.02	9.96	0.62	1.96	26.21	107.24	8.05	−0.04	7.87	48.99	2090589.21	1286868.14	153563.41
116	671	600160	巨化股份	67.11	BB	0.41	7.56	6.51	1.07	3.04	23.82	62.11	12.03	5.92	55.43	174.61	1789439.08	1798558.54	107809.32
117	684	300596	利安隆	66.91	BB	2.04	16.86	10.75	0.73	1.69	52.92	17.79	38.74	20.45	23.73	52.10	557766.24	344463.61	42618.75
118	686	603585	苏利股份	66.90	BB	1.29	10.77	9.42	0.66	1.08	30.27	625.06	47.03	7.12	13.34	52.73	387181.29	229164.87	28170.89
119	688	000703	恒逸石化	66.89	BB	0.94	10.47	6.47	1.30	3.82	68.79	3.05	49.23	8.74	−16.13	101.45	10554890.95	12897953.97	395829.91
120	697	600731	湖南海利	66.78	BB	0.64	15.78	11.13	0.87	1.64	41.93	22.09	33.36	19.81	40.02	63.29	324503.72	270232.41	28911.86

续 表

序号	A股上市公司评价得分排序	股票代码	股票简称	综合得分	评价等级	每股收益（元）	净资产收益率（%）	总资产报酬率（%）	总资产周转率（次）	流动资产周转率（次）	资产负债率（%）	已获利息倍数	营业收入增长率（%）	资本扩张率（%）	市场投资回报率（%）	股价波动率（%）	年末资产总额（万元）	营业收入（万元）	净利润（万元）
121	699	603192	汇得科技	66.76	BB	1.10	8.49	5.47	1.39	1.79	46.69	51.58	113.09	5.88	151.78	250.86	256469.46	319141.76	11775.79
122	711	002749	国光股份	66.63	BB	0.48	14.61	13.94	0.73	0.97	28.30	13.85	17.11	10.50	-0.35	62.86	197512.87	135847.92	20387.95
123	723	000737	北方铜业	66.48	BB	0.50	2.44	27.06	2.09	4.04	54.27	6.50	785.38	640.55	58.52	161.88	829982.60	996458.05	83772.01
124	733	300769	德方纳米	66.41	BB	8.95	25.01	15.14	0.76	1.29	55.34	22.97	413.93	82.43	230.75	429.48	894920.21	484187.83	80435.12
125	735	000990	诚志股份	66.41	BB	0.83	6.34	6.20	0.50	2.09	24.48	6.86	25.20	10.57	37.57	93.54	2444725.09	1218391.56	105556.03
126	736	002984	森麒麟	66.40	BB	1.16	11.21	8.93	0.57	1.25	36.06	23.81	10.03	19.75	49.21	92.64	1039503.49	517726.92	75335.86
127	740	000819	岳阳兴长	66.38	BB	0.21	7.90	8.15	1.79	3.34	20.02	111.83	34.11	9.47	182.25	221.84	118722.66	195237.11	7261.51
128	743	688196	卓越新能	66.33	BB	2.87	13.57	14.92	1.27	2.63	3.98	410.23	92.91	11.08	3.05	50.64	257254.75	308349.20	34475.57
129	747	300727	润禾材料	66.27	BB	0.73	13.53	10.23	1.04	1.77	43.07	144.65	55.12	13.26	-0.92	129.59	119020.60	110375.32	9302.90
130	750	688398	赛特新材	66.27	BB	1.42	11.38	12.04	0.64	1.04	21.71	164.50	37.79	10.16	11.42	71.11	116225.45	71129.15	11389.40
131	751	002986	宇新股份	66.26	BB	0.89	6.20	6.36	1.29	3.63	21.50	44.56	39.33	7.09	52.30	177.64	273062.57	320187.91	13553.07
132	753	603181	皇马科技	66.25	BB	0.76	14.23	17.81	0.81	1.76	25.62	284.98	20.06	21.72	42.52	106.46	303508.32	233649.64	44840.13
133	763	300655	晶瑞电材	66.15	BB	0.59	7.87	11.19	0.73	1.60	42.42	12.37	79.21	21.49	136.31	297.59	292462.82	183208.76	20730.89
134	765	603949	雪龙集团	66.13	BB	0.61	10.69	13.52	0.43	0.57	7.79	0.00	-3.03	6.79	64.44	130.47	111346.22	47291.12	12823.75
135	772	600722	金牛化工	66.03	BB	0.07	8.08	7.93	0.44	0.52	10.89	0.00	40.49	6.15	63.31	113.24	134151.86	56763.47	9528.09
136	781	601058	赛轮轮胎	65.97	BB	0.45	12.26	6.89	0.76	1.58	57.45	6.61	16.84	26.42	110.91	144.60	2617293.60	1799842.85	134205.75
137	788	002895	川恒股份	65.90	BB	0.75	10.76	8.97	0.47	1.24	46.00	11.00	42.36	26.29	128.63	379.28	692294.25	253009.92	38456.08
138	794	002768	国恩股份	65.88	BB	2.37	15.22	10.50	1.27	1.92	47.66	12.62	35.99	61.36	-17.42	57.66	990887.72	976598.90	65226.44
139	812	300121	阳谷华泰	65.67	BB	0.77	14.77	14.72	1.09	2.07	27.44	21.46	39.21	16.42	16.34	72.69	265697.61	270530.08	28392.49
140	816	000677	恒天海龙	65.65	BB	0.09	20.32	22.04	1.11	2.15	20.78	86.26	56.93	21.88	23.29	53.62	106455.18	106751.53	15505.72
141	817	002825	纳尔股份	65.65	BB	0.36	7.41	6.44	1.19	1.83	34.36	32.19	40.28	33.42	72.01	133.30	174455.28	175870.05	8805.18
142	844	002753	永东股份	65.38	BB	0.84	15.05	13.90	1.40	2.43	22.10	15.88	57.20	14.60	16.65	100.76	284607.53	375901.68	31716.27
143	850	603360	百傲化学	65.31	BB	1.00	24.88	19.44	0.65	1.50	37.17	32.47	34.25	6.21	-9.96	38.41	167072.23	100626.15	25049.15
144	856	002919	名臣健康	65.21	BB	1.09	15.51	13.97	0.80	1.11	21.90	75.52	9.34	15.61	6.38	68.11	97034.59	74414.86	13349.39

续 表

序号	A股上市公司评价得分排序	股票代码	股票简称	综合得分	评价等级	每股收益（元）	净资产收益率（%）	总资产报酬率（%）	总资产周转率（次）	流动资产周转率（次）	资产负债率（%）	已获利息倍数	营业收入增长率（%）	资本扩张率（%）	市场投资回报率（%）	股价波动率（%）	年末资产总额（万元）	营业收入（万元）	净利润（万元）
145	901	603823	百合花	64.82	B	0.99	15.21	12.38	0.76	1.29	34.69	103.97	22.55	12.96	5.70	56.46	346429.47	245729.56	34210.39
146	930	300214	日科化学	64.61	B	0.47	8.72	9.44	1.07	1.81	18.36	426.06	21.91	22.78	-4.02	34.32	289206.43	277284.73	19016.96
147	956	000912	泸天化	64.36	B	0.28	7.24	5.50	0.77	1.80	39.32	21.64	20.20	8.55	65.14	149.36	968789.76	675285.62	45204.52
148	965	603968	醋化股份	64.29	B	0.85	7.35	8.12	1.16	1.71	35.71	24.49	23.73	5.06	19.03	70.79	278381.00	299928.85	17405.70
149	969	000985	大庆华科	64.26	B	0.10	1.63	1.95	2.96	6.71	16.04	0.00	17.60	2.44	17.26	34.39	70543.62	207342.82	1284.28
150	982	300587	天铁股份	64.20	B	0.52	14.35	12.23	0.49	0.74	35.95	11.15	38.69	51.19	190.59	265.36	408199.48	171327.06	31882.57
151	997	688129	东来技术	64.03	B	0.78	8.82	11.56	0.52	0.57	13.46	480.01	21.01	9.27	-8.96	57.08	99817.95	49369.84	9392.62
152	1010	603867	新化股份	63.92	B	1.40	11.60	9.35	0.95	1.65	37.62	31.16	10.07	10.39	65.76	130.46	281321.04	255482.39	21025.38
153	1011	002263	大东南	63.92	B	0.13	9.35	9.06	0.59	1.27	10.58	590.08	10.91	10.11	34.32	79.47	296154.58	167368.16	24326.38
154	1014	300847	中船汉光	63.89	B	0.37	9.04	9.94	0.78	1.06	11.10	291.51	15.03	8.76	11.86	61.35	132495.13	100574.19	11332.87
155	1018	300905	宝丽迪	63.85	B	0.72	7.57	8.95	0.56	0.77	9.90	2916.12	15.07	2.49	0.43	73.22	142703.96	77242.63	10325.19
156	1029	600968	海油发展	63.79	B	0.13	5.71	5.76	1.14	2.11	41.09	43.00	16.66	4.18	24.28	67.83	3567400.42	3873930.26	138149.39
157	1038	603086	先达股份	63.69	B	0.80	8.51	7.99	0.87	1.45	32.56	439.99	16.19	7.87	19.27	52.57	272510.60	220253.81	17738.03
158	1041	605155	西大门	63.67	B	0.93	7.37	9.06	0.41	0.62	7.12	0.00	31.40	6.47	-2.68	72.51	115983.56	46548.00	8950.46
159	1046	002556	辉隆股份	63.66	B	0.54	13.15	6.93	1.90	3.22	62.97	7.81	18.50	21.92	69.60	76.14	1101728.36	1908130.56	54744.45
160	1047	300919	中伟股份	63.66	B	1.64	10.62	6.16	1.05	1.53	62.33	11.12	169.81	176.87	58.14	214.67	2819976.23	2007249.13	93819.92
161	1059	601208	东材科技	63.57	B	0.40	10.14	8.08	0.63	1.68	39.36	11.53	71.92	45.23	98.26	175.10	610606.17	323390.43	34370.37
162	1060	603681	永冠新材	63.57	B	1.31	9.92	7.06	0.95	1.64	52.47	8.26	59.07	43.64	94.64	172.97	470552.85	384004.81	22551.70
163	1076	002942	新农股份	63.49	B	0.88	10.76	10.70	0.80	1.41	26.63	72.39	-2.61	6.88	-11.58	80.53	155288.13	116257.10	13787.37
164	1084	300721	怡达股份	63.42	B	1.55	12.55	7.78	0.61	2.28	53.55	7.25	44.44	33.10	38.86	168.20	254292.70	145041.43	13100.39
165	1100	300777	中简科技	63.31	B	0.50	14.99	15.98	0.29	0.63	11.02	0.00	5.72	13.46	-0.34	114.93	151071.03	41179.11	20126.56
166	1101	002206	海利得	63.29	B	0.50	17.90	10.80	0.79	1.87	53.04	14.48	44.27	11.44	133.83	184.32	693162.38	506739.33	57951.49
167	1106	300856	科思股份	63.25	B	1.18	7.50	8.86	0.62	1.03	13.42	164.04	8.13	7.74	25.97	83.46	183604.34	109041.67	13286.61
168	1122	002440	闰土股份	63.11	B	0.74	6.05	9.23	0.49	0.95	16.11	50.67	6.58	2.68	6.20	40.45	1143149.62	557226.51	80072.06

续 表

序号	A股上市公司评价得分排序	股票代码	股票简称	综合得分	评价等级	每股收益（元）	净资产收益率（%）	总资产报酬率（%）	总资产周转率（次）	流动资产周转率（次）	资产负债率（%）	已获利息倍数	营业收入增长率（%）	资本扩张率（%）	市场投资回报率（%）	股价波动率（%）	年末资产总额（万元）	营业收入（万元）	净利润（万元）
169	1129	603299	苏盐井神	63.03	B	0.43	7.25	6.06	0.62	1.46	44.53	9.50	20.93	7.20	26.80	74.53	808114.44	476136.75	34098.91
170	1136	688157	松井股份	62.95	B	1.24	6.87	8.40	0.39	0.50	10.84	0.00	16.85	8.87	43.89	90.17	134441.17	50823.20	9636.35
171	1141	600315	上海家化	62.91	B	0.97	10.04	6.77	0.65	1.18	42.67	27.11	8.73	7.14	8.64	90.68	1214551.17	764612.30	64925.19
172	1149	300758	七彩化学	62.86	B	0.46	10.99	10.38	0.59	1.31	31.08	14.87	33.58	35.22	12.40	63.62	263134.53	134689.62	20024.32
173	1151	603916	苏博特	62.85	B	1.27	14.36	10.63	0.65	0.97	43.65	12.87	23.81	13.30	24.37	78.00	756964.72	452184.41	59894.11
174	1159	603928	兴业股份	62.80	B	0.64	8.36	8.33	1.12	1.69	19.41	0.00	34.99	8.76	15.90	60.40	188977.10	197234.76	12967.33
175	1166	002068	黑猫股份	62.74	B	0.59	14.11	8.26	1.13	2.23	52.16	7.37	42.64	10.20	60.94	94.57	710275.96	793039.77	45508.37
176	1170	300740	水羊股份	62.71	B	0.62	14.54	11.96	2.04	3.04	41.95	21.05	34.86	18.08	-8.74	109.31	274540.43	501012.15	23524.25
177	1182	603822	嘉澳环保	62.61	B	1.39	11.25	6.45	0.85	1.87	61.95	3.56	55.77	8.33	146.06	281.78	246216.66	191622.35	10335.00
178	1193	002549	凯美特气	62.54	B	0.22	12.14	9.55	0.40	0.96	34.92	7.51	28.68	11.08	126.42	230.79	167273.37	66750.59	13841.72
179	1201	688268	华特气体	62.49	B	1.08	8.38	9.34	0.83	1.28	21.48	48.49	34.78	8.84	54.62	127.69	176518.93	134726.34	12924.18
180	1206	300586	美联新材	62.45	B	0.13	8.14	6.41	0.84	2.01	38.35	5.30	23.97	64.33	60.50	149.13	252938.18	188076.68	10505.78
181	1208	603977	国泰集团	62.42	B	0.43	9.27	8.56	0.49	1.38	29.87	10.94	16.65	17.80	60.41	123.28	437559.89	198812.40	27947.96
182	1214	002588	史丹利	62.38	B	0.37	6.52	6.42	0.85	1.43	34.87	344.93	4.09	9.99	5.23	67.05	797243.69	643596.85	41344.42
183	1216	002386	天原股份	62.37	B	0.82	11.42	6.51	1.23	3.19	63.19	4.24	-13.03	11.49	122.05	236.98	1590034.01	1882485.99	64895.45
184	1234	603041	美思德	62.29	B	0.45	6.87	6.87	0.48	0.65	14.41	3822.41	27.06	3.76	-5.11	41.12	107982.14	49495.57	6380.24
185	1238	002538	司尔特	62.26	B	0.60	9.88	8.71	0.59	1.20	32.75	10.92	5.23	21.17	84.84	230.47	749162.59	398998.53	45841.62
186	1244	600470	六国化工	62.20	B	0.45	16.93	7.36	1.21	2.71	69.16	6.28	24.08	23.90	82.75	207.58	537026.19	598450.24	31980.55
187	1266	300174	元力股份	62.05	B	0.49	7.90	7.32	0.60	1.07	35.32	597.82	41.55	15.81	3.58	43.12	331955.49	160801.42	17624.74
188	1271	603266	天龙股份	62.02	B	0.50	7.83	7.08	0.77	1.13	29.79	38.89	21.74	17.83	23.31	65.54	172155.18	118488.91	9795.81
189	1281	300218	安利股份	61.90	B	0.61	10.12	7.54	0.96	1.92	43.02	7.68	32.28	6.23	101.99	199.64	220325.50	204586.18	13467.62
190	1288	300641	正丹股份	61.86	B	0.21	6.47	6.95	0.89	1.38	33.45	8.71	33.52	10.74	52.80	93.43	226137.77	175940.04	10447.91
191	1305	603906	龙蟠科技	61.75	B	0.73	16.50	12.24	0.89	1.52	53.15	11.54	111.72	35.22	76.26	266.88	610508.97	405350.54	43315.40
192	1327	000637	茂化实华	61.50	B	0.16	6.63	6.82	2.32	5.39	59.65	3.49	39.38	18.25	22.58	64.61	288767.92	557242.49	8312.27

续 表

序号	A股上市公司评价得分排序	股票代码	股票简称	综合得分	评价等级	每股收益（元）	净资产收益率（%）	总资产报酬率（%）	总资产周转率（次）	流动资产周转率（次）	资产负债率（%）	已获利息倍数	营业收入增长率（%）	资本扩张率（%）	市场投资回报率（%）	股价波动率（%）	年末资产总额（万元）	营业收入（万元）	净利润（万元）
193	1331	688550	瑞联新材	61.49	B	3.42	7.72	8.05	0.45	0.59	25.48	488.15	45.35	6.05	20.53	75.27	383056.36	152557.64	23977.73
194	1332	300806	斯迪克	61.48	B	1.11	12.52	7.16	0.51	1.25	67.46	7.13	28.89	18.57	63.61	183.07	459063.39	198415.80	20839.93
195	1334	603227	雪峰科技	61.47	B	0.20	9.15	6.75	0.66	1.32	52.40	13.44	28.47	20.96	65.88	110.27	421912.60	260608.49	19552.80
196	1361	300575	中旗股份	61.28	B	1.03	13.00	8.66	0.77	1.57	47.29	35.64	17.78	13.92	-5.26	66.67	315471.38	219280.52	21570.68
197	1369	300398	飞凯材料	61.20	B	0.75	10.89	9.66	0.46	0.90	44.59	7.21	40.94	11.25	37.09	101.65	586110.47	262710.44	40096.42
198	1372	300910	瑞丰新材	61.18	B	1.34	9.29	9.71	0.45	0.55	12.20	9430.74	25.58	3.90	1.02	111.66	245789.35	108110.15	20104.74
199	1391	300243	瑞丰高材	61.05	B	0.40	12.60	8.47	1.24	2.25	47.05	6.14	42.75	17.25	-10.48	82.65	168833.55	185840.79	9104.51
200	1416	300109	新开源	60.80	B	0.91	-0.06	10.83	0.30	0.74	14.78	11.68	24.71	10.53	73.66	185.07	398988.76	122027.52	28089.51
201	1421	002455	百川股份	60.74	B	0.43	10.35	5.17	0.66	1.87	65.98	5.09	83.88	29.78	141.39	358.93	719996.37	402085.31	23303.23
202	1423	002584	西陇科学	60.71	B	0.35	3.25	6.45	1.50	1.99	50.85	4.37	9.52	11.19	74.66	108.01	472403.27	683766.76	21793.23
203	1426	688179	阿拉丁	60.68	B	0.89	10.24	11.37	0.32	0.44	7.92	250.47	22.82	5.10	9.14	147.37	93210.40	28766.13	8936.08
204	1440	002326	永太科技	60.55	B	0.32	13.42	6.50	0.51	1.42	61.60	4.42	29.52	7.51	396.66	530.19	972442.47	446873.94	33221.46
205	1449	002734	利民股份	60.48	B	0.82	11.58	7.28	0.78	1.85	58.17	6.59	7.97	14.42	8.82	59.11	688329.26	473756.60	33498.86
206	1450	002683	广东宏大	60.46	B	0.64	10.06	7.78	0.70	1.11	51.60	6.72	33.33	15.96	-27.06	72.28	1394438.02	852648.13	68667.19
207	1467	000707	双环科技	60.25	B	0.91	286.94	18.71	1.17	4.68	73.06	7.15	71.66	0.00	263.19	377.09	218696.75	306376.02	42260.47
208	1470	600230	沧州大化	60.22	B	0.53	4.54	3.27	0.35	1.36	42.68	49.22	44.40	4.83	65.69	167.45	715258.12	238738.35	19870.29
209	1474	002442	龙星化工	60.19	B	0.36	12.07	8.60	1.29	2.16	46.10	6.83	49.78	14.62	57.47	168.00	279562.14	343853.90	17163.42
210	1480	300041	回天新材	60.15	B	0.55	9.31	6.75	0.77	1.17	49.54	15.17	36.54	13.34	28.92	88.22	437722.96	295434.17	22488.74
211	1500	300035	中科电气	60.05	B	0.58	15.66	9.81	0.48	0.78	61.39	11.77	125.33	16.66	155.96	320.28	632324.55	219387.14	36531.71
212	1522	300890	翔丰华	59.89	CCC	1.00	9.36	6.14	0.57	0.85	51.04	15.98	168.78	12.94	11.80	145.26	236136.76	111824.08	9921.66
213	1548	300568	星源材质	59.66	CCC	0.39	8.16	5.64	0.28	0.81	42.47	4.39	92.48	49.08	66.76	304.09	761666.11	186053.75	28517.17
214	1560	600352	浙江龙盛	59.57	CCC	1.04	8.78	7.63	0.27	0.41	49.86	13.09	6.76	9.57	-10.07	63.47	6572650.73	1665981.96	377503.14
215	1573	300200	高盟新材	59.49	CCC	0.37	8.21	8.52	0.52	0.96	15.31	322.63	14.58	2.03	-5.79	62.99	214762.35	109955.40	15918.52
216	1580	603332	苏州龙杰	59.43	CCC	0.31	1.17	2.39	0.69	0.99	17.21	0.00	21.90	1.43	9.83	52.32	163728.23	107215.09	3694.10

续 表

序号	A股上市公司评价得分排序	股票代码	股票简称	综合得分	评价等级	每股收益（元）	净资产收益率（%）	总资产报酬率（%）	总资产周转率（次）	流动资产周转率（次）	资产负债率（%）	已获利息倍数	营业收入增长率（%）	资本扩张率（%）	市场投资回报率（%）	股价波动率（%）	年末资产总额（万元）	营业收入（万元）	净利润（万元）
217	1597	002221	东华能源	59. 28	CCC	0. 72	10. 16	6. 27	0. 82	1. 53	65. 10	4. 56	-9. 33	22. 91	21. 83	62. 63	3594738. 81	2636707. 30	120806. 87
218	1601	603580	艾艾精工	59. 23	CCC	0. 26	6. 73	7. 19	0. 48	0. 82	12. 68	115. 65	30. 04	7. 48	10. 40	46. 91	54977. 50	25248. 33	3346. 74
219	1605	603110	东方材料	59. 21	CCC	0. 28	1. 20	8. 03	0. 49	0. 65	18. 35	1163. 83	-4. 60	8. 87	108. 27	95. 36	83726. 84	39588. 61	5569. 21
220	1606	688133	泰坦科技	59. 21	CCC	1. 89	7. 99	8. 08	0. 97	1. 15	37. 68	18. 33	56. 32	11. 12	100. 56	191. 50	259336. 72	216423. 84	14228. 87
221	1620	688571	杭华股份	59. 14	CCC	0. 35	6. 78	7. 41	0. 67	0. 82	22. 82	0. 00	16. 37	5. 27	-8. 02	35. 03	178977. 72	114866. 22	11289. 72
222	1621	603970	中农立华	59. 14	CCC	0. 89	14. 42	6. 25	2. 01	2. 12	72. 99	8. 10	32. 84	12. 02	11. 25	70. 92	474170. 38	882211. 13	18563. 55
223	1638	002778	中晟高科	59. 02	CCC	0. 68	19. 38	10. 01	0. 64	0. 94	60. 53	15. 26	5. 17	5. 82	6. 71	46. 04	164265. 87	103166. 69	12558. 54
224	1644	605366	宏柏新材	58. 95	CCC	0. 50	9. 06	9. 69	0. 61	0. 97	25. 38	28. 67	42. 96	3. 45	20. 42	84. 96	233355. 11	128296. 67	16764. 14
225	1645	300082	奥克股份	58. 95	CCC	0. 52	9. 91	7. 61	1. 10	2. 41	45. 24	10. 47	17. 67	5. 50	5. 20	216. 79	676332. 68	671742. 83	37211. 53
226	1655	000545	金浦钛业	58. 90	CCC	0. 11	5. 24	5. 68	0. 88	1. 83	37. 66	7. 08	42. 86	6. 20	22. 75	142. 94	307840. 67	262012. 96	10731. 31
227	1663	002215	诺普信	58. 81	CCC	0. 34	6. 57	5. 96	0. 65	1. 11	53. 68	6. 04	8. 94	22. 12	14. 69	50. 50	781373. 41	450057. 23	29726. 46
228	1682	688106	金宏气体	58. 69	CCC	0. 34	4. 54	5. 41	0. 46	0. 81	31. 40	34. 26	40. 05	-0. 34	-5. 96	68. 28	415794. 50	174129. 40	16670. 23
229	1696	002004	华邦健康	58. 56	CCC	0. 34	5. 77	6. 00	0. 42	1. 07	47. 33	3. 79	13. 63	11. 93	39. 59	115. 76	3004442. 68	1235918. 30	92496. 13
230	1703	600777	新潮能源	58. 50	CCC	0. 05	7. 12	4. 20	0. 20	2. 16	53. 40	2. 40	16. 36	-1. 78	53. 02	160. 04	2619665. 26	482138. 84	36515. 07
231	1724	000635	英力特	58. 27	CCC	0. 01	-0. 46	0. 36	0. 74	1. 45	13. 03	0. 00	17. 38	-1. 47	65. 69	163. 02	305584. 43	229497. 82	429. 50
232	1726	600387	ST 海越	58. 26	CCC	0. 16	2. 51	2. 99	1. 98	3. 23	19. 80	18. 58	67. 95	2. 41	19. 19	95. 61	424289. 17	828194. 83	9154. 80
233	1736	300535	达威股份	58. 17	CCC	0. 64	6. 71	6. 44	0. 53	1. 03	25. 23	17. 55	34. 11	8. 65	26. 39	69. 38	127743. 11	62981. 82	6568. 77
234	1737	003002	壶化股份	58. 17	CCC	0. 41	7. 16	7. 20	0. 53	0. 89	23. 55	165. 70	32. 60	8. 66	-13. 55	70. 98	152235. 76	73779. 98	8513. 67
235	1745	002125	湘潭电化	58. 09	CCC	0. 38	10. 92	8. 73	0. 46	1. 32	54. 28	5. 48	51. 64	14. 68	66. 40	186. 37	448295. 29	187153. 42	25453. 34
236	1758	002805	丰元股份	58. 03	CCC	0. 33	6. 20	5. 08	0. 55	1. 04	38. 98	11. 75	124. 78	102. 63	129. 27	239. 19	181682. 52	80304. 77	5305. 03
237	1771	300839	博汇股份	57. 96	CCC	0. 31	4. 86	4. 32	0. 91	2. 30	49. 74	2. 79	49. 97	3. 81	8. 93	88. 79	172385. 54	145811. 28	4217. 95
238	1786	300054	鼎龙股份	57. 86	CCC	0. 23	5. 96	6. 23	0. 49	0. 94	16. 68	66. 60	29. 67	14. 11	36. 96	103. 16	510731. 26	235588. 70	24494. 18
239	1790	600583	海油工程	57. 85	CCC	0. 08	0. 04	1. 74	0. 58	1. 13	34. 33	32. 77	10. 82	0. 41	4. 25	40. 55	3465426. 38	1979548. 12	37199. 29
240	1806	688065	凯赛生物	57. 74	CCC	1. 46	4. 69	5. 34	0. 16	0. 22	9. 33	46. 42	46. 77	27. 89	117. 19	216. 40	1619832. 50	219745. 67	64668. 45

续 表

序号	A股上市公司评价得分排序	股票代码	股票简称	综合得分	评价等级	每股收益（元）	净资产收益率（%）	总资产报酬率（%）	总资产周转率（次）	流动资产周转率（次）	资产负债率（%）	已获利息倍数	营业收入增长率（%）	资本扩张率（%）	市场投资回报率（%）	股价波动率（%）	年末资产总额（万元）	营业收入（万元）	净利润（万元）
241	1848	603727	博迈科	57.46	CCC	0.67	5.03	3.57	0.86	1.35	36.85	22.40	58.22	36.43	41.32	141.60	527829.63	408112.45	16617.47
242	1862	002809	红墙股份	57.35	CCC	0.55	6.03	6.47	0.70	0.81	41.43	11.05	16.09	9.14	4.19	41.32	243835.36	155167.86	11275.30
243	1866	002971	和远气体	57.33	CCC	0.56	6.78	6.46	0.48	1.29	50.95	3.92	20.34	5.12	27.97	64.77	233186.17	99179.47	9022.91
244	1890	600423	柳化股份	57.14	CCC	0.04	6.79	6.04	0.27	0.31	12.91	0.00	18.83	7.53	70.79	137.27	48516.14	12729.02	2881.49
245	1894	603650	彤程新材	57.12	CCC	0.55	8.43	8.02	0.44	1.11	52.47	4.78	12.83	8.83	63.53	184.99	598178.72	230835.97	30969.76
246	1916	002391	长青股份	56.97	CCC	0.38	5.42	4.88	0.60	1.26	34.31	7.52	25.15	3.20	19.13	35.90	686525.31	376471.77	24829.34
247	1920	600277	亿利洁能	56.93	CCC	0.23	4.05	4.05	0.35	1.14	42.45	2.62	-3.69	2.81	144.47	244.06	3409362.45	1243877.05	84768.13
248	1939	600143	金发科技	56.78	CCC	0.65	9.65	6.27	1.00	2.34	65.38	4.02	14.65	11.34	-35.79	166.35	4830002.21	4019862.32	165666.77
249	1942	002224	三力士	56.75	CCC	0.16	5.67	4.53	0.33	0.55	19.93	9.72	11.22	0.60	-5.30	38.77	305808.28	100147.53	11276.87
250	1963	002246	北化股份	56.58	CCC	0.22	1.42	2.54	0.60	0.88	35.92	33.38	11.66	2.54	44.77	65.04	454042.06	263349.39	9617.10
251	1978	002054	德美化工	56.44	CCC	0.43	5.66	4.62	0.41	1.01	47.20	10.11	22.82	21.24	22.47	61.95	567541.93	199714.27	23126.51
252	1984	300876	蒙泰高新	56.37	CCC	0.72	7.02	9.32	0.46	0.60	14.07	46.55	7.31	6.59	-17.60	64.64	94049.09	39674.64	6918.27
253	1986	000782	美达股份	56.34	CCC	0.11	4.50	2.61	1.11	2.02	52.89	3.60	41.30	3.15	98.35	162.37	315360.93	332019.53	5626.37
254	1989	002998	优彩资源	56.34	CCC	0.31	6.79	6.89	0.93	2.15	20.37	37.89	18.83	4.93	1.16	92.66	184886.61	162037.33	10081.84
255	2000	601163	三角轮胎	56.23	CCC	0.75	3.53	4.28	0.54	0.83	33.41	21.09	4.91	2.63	-9.76	62.23	1673878.20	895438.65	60063.89
256	2003	002002	鸿达兴业	56.21	CCC	0.33	9.64	7.88	0.36	1.25	43.90	3.41	20.93	33.48	103.83	162.20	1787541.78	652292.95	85583.51
257	2016	002108	沧州明珠	56.10	CCC	0.26	8.22	8.89	0.55	1.33	30.70	13.49	4.59	6.74	68.95	228.41	551309.65	288921.32	36081.33
258	2027	300717	华信新材	56.03	CCC	0.21	3.11	3.44	0.48	1.04	10.94	15546.67	22.84	2.32	-3.89	66.04	69010.62	32357.31	2096.54
259	2038	300920	润阳科技	55.96	CCC	0.90	7.15	8.98	0.37	0.53	16.56	19.96	15.52	4.55	-18.46	108.52	140890.96	50150.17	9006.99
260	2056	000698	沈阳化工	55.80	CCC	0.13	2.23	3.41	0.99	1.96	59.16	2.51	5.85	0.86	28.71	85.19	1009042.99	1013170.70	10699.75
261	2068	300796	贝斯美	55.66	CCC	0.47	5.51	5.20	0.39	0.77	22.11	12.65	31.02	4.93	-0.79	62.39	139820.81	53001.63	5727.08
262	2073	600691	阳煤化工	55.60	CCC	0.18	7.04	5.12	0.77	1.59	72.05	2.11	4.39	7.58	135.96	231.68	2443544.08	1873736.75	50871.54
263	2089	300230	永利股份	55.47	CCC	0.25	9.05	7.34	0.86	1.33	28.67	16.59	0.13	6.02	-1.27	49.89	342266.08	321320.68	21751.07
264	2101	300437	清水源	55.36	CCC	0.40	4.70	4.72	0.41	0.76	54.17	2.58	32.37	10.17	175.06	493.74	358442.00	163792.24	8050.98

续 表

序号	A股上市公司评价得分排序	股票代码	股票简称	综合得分	评价等级	每股收益（元）	净资产收益率（%）	总资产报酬率（%）	总资产周转率（次）	流动资产周转率（次）	资产负债率（%）	已获利息倍数	营业收入增长率（%）	资本扩张率（%）	市场投资回报率（%）	股价波动率（%）	年末资产总额（万元）	营业收入（万元）	净利润（万元）
265	2102	300320	海达股份	55. 35	CCC	0. 25	7. 70	6. 28	0. 82	1. 19	35. 78	17. 10	11. 47	6. 91	174. 25	302. 63	313885. 59	252293. 51	15423. 79
266	2104	300191	潜能恒信	55. 34	CCC	0. 11	2. 82	3. 10	0. 26	0. 62	22. 92	17. 12	-4. 42	2. 25	49. 41	108. 33	159915. 29	40638. 54	3460. 46
267	2119	000973	佛塑科技	55. 24	CCC	0. 13	4. 76	5. 10	0. 62	1. 69	29. 29	6. 65	6. 87	5. 01	14. 47	69. 15	396779. 97	245725. 76	16116. 95
268	2129	300261	雅本化学	55. 18	CCC	0. 19	7. 19	6. 69	0. 53	1. 18	39. 89	6. 29	3. 41	5. 70	207. 15	258. 05	380602. 51	207174. 01	19551. 07
269	2154	002381	双箭股份	54. 97	CC	0. 36	5. 93	6. 79	0. 70	1. 07	31. 52	56. 65	5. 80	-2. 96	1. 50	62. 49	280275. 90	191621. 80	14902. 83
270	2156	603683	晶华新材	54. 95	CC	0. 18	3. 06	3. 39	0. 82	1. 77	43. 88	2. 83	34. 27	2. 72	62. 05	131. 76	176071. 06	139471. 70	3253. 03
271	2162	603810	丰山集团	54. 92	CC	0. 72	7. 22	6. 68	0. 76	1. 19	28. 70	132. 20	1. 61	6. 10	-17. 73	106. 43	199267. 50	151811. 11	11472. 53
272	2169	000589	贵州轮胎	54. 90	CC	0. 40	4. 87	3. 78	0. 60	1. 33	53. 86	6. 42	7. 79	21. 69	-2. 68	77. 78	1287573. 16	733927. 92	36979. 84
273	2187	300067	安诺其	54. 80	CC	0. 10	3. 93	4. 84	0. 42	0. 80	14. 86	11. 75	5. 72	31. 38	2. 85	44. 56	270676. 78	105200. 06	10604. 64
274	2197	300576	容大感光	54. 75	CC	0. 21	6. 25	4. 66	0. 72	1. 07	48. 18	9. 76	44. 45	18. 88	-3. 09	112. 64	117436. 43	78577. 37	4002. 75
275	2200	002999	天禾股份	54. 72	CC	0. 28	11. 16	4. 36	2. 40	2. 96	76. 54	5. 56	29. 53	9. 42	-9. 56	77. 56	572516. 82	1300027. 44	15313. 87
276	2202	002827	高争民爆	54. 71	CC	0. 19	8. 22	6. 47	0. 61	1. 43	42. 38	12. 35	23. 42	2. 66	-1. 39	43. 54	160747. 11	93266. 49	7436. 84
277	2205	002741	光华科技	54. 67	CC	0. 16	2. 83	3. 25	0. 89	1. 47	47. 80	2. 46	28. 09	22. 58	74. 25	175. 67	303181. 36	258009. 58	6219. 08
278	2243	300798	锦鸡股份	54. 31	CC	0. 13	4. 03	3. 38	0. 54	0. 79	35. 64	0. 00	31. 83	12. 38	0. 40	55. 57	213770. 77	99347. 09	5247. 68
279	2248	688199	久日新材	54. 27	CC	1. 53	4. 61	5. 88	0. 35	0. 57	26. 52	12. 49	23. 83	8. 48	-4. 07	59. 53	386274. 03	125245. 92	16511. 09
280	2250	300690	双一科技	54. 24	CC	0. 90	10. 32	10. 52	0. 61	0. 84	17. 92	462. 01	-28. 04	3. 46	-22. 95	97. 73	161728. 27	100162. 40	14933. 71
281	2256	603601	再升科技	54. 20	CC	0. 35	11. 58	9. 87	0. 57	1. 22	30. 72	28. 29	-14. 04	6. 99	-2. 11	44. 15	293147. 43	161971. 08	25130. 28
282	2257	300886	华业香料	54. 19	CC	0. 24	2. 07	3. 88	0. 44	0. 74	8. 28	0. 00	19. 61	1. 24	-11. 42	96. 06	56937. 95	24641. 35	1755. 22
283	2261	600182	SST 佳通	54. 17	CC	0. 11	4. 31	4. 28	1. 06	1. 57	47. 44	4. 44	19. 22	3. 50	-5. 52	39. 84	334009. 02	334188. 13	7812. 03
284	2277	002360	同德化工	54. 00	CC	0. 30	8. 03	9. 15	0. 44	0. 94	30. 44	13. 72	-11. 42	12. 87	18. 11	75. 55	213108. 68	85256. 15	12282. 45
285	2284	002053	云南能投	53. 94	CC	0. 33	4. 23	4. 37	0. 23	0. 86	42. 74	4. 22	13. 49	4. 78	31. 92	100. 45	983103. 94	225883. 13	27043. 93
286	2310	688021	奥福环保	53. 72	CC	0. 85	5. 64	5. 52	0. 30	0. 47	33. 35	16. 65	26. 06	4. 02	-2. 89	94. 12	143105. 04	39601. 27	6178. 95
287	2314	300321	同大股份	53. 70	CC	0. 04	-0. 10	0. 27	0. 70	1. 22	15. 58	24. 98	27. 19	-2. 30	2. 60	63. 39	73514. 71	52006. 54	317. 27
288	2350	002666	德联集团	53. 35	CC	0. 33	7. 15	7. 60	1. 20	1. 76	25. 77	11. 57	16. 23	5. 07	12. 85	58. 98	451486. 41	519289. 31	24731. 90

续 表

序号	A股上市公司评价得分排序	股票代码	股票简称	综合得分	评价等级	每股收益（元）	净资产收益率（%）	总资产报酬率（%）	总资产周转率（次）	流动资产周转率（次）	资产负债率（%）	已获利息倍数	营业收入增长率（%）	资本扩张率（%）	市场投资回报率（%）	股价波动率（%）	年末资产总额（万元）	营业收入（万元）	净利润（万元）
289	2361	603330	上海天洋	53.30	CC	0.47	4.13	9.98	0.67	1.31	35.99	8.52	52.74	58.91	-9.81	65.49	177536.42	106774.09	10558.94
290	2365	603033	三维股份	53.25	CC	0.21	4.31	4.95	0.61	1.40	46.96	3.28	86.89	2.61	55.54	224.30	586834.53	336435.27	14309.03
291	2366	603256	宏和科技	53.24	CC	0.14	7.60	7.34	0.34	0.79	37.92	5.44	30.23	3.64	-6.22	48.46	246966.69	80815.95	12425.88
292	2370	603790	雅运股份	53.21	CC	0.36	4.84	5.05	0.60	0.91	26.08	17.74	15.64	2.20	-0.84	29.52	168055.35	92957.63	6574.99
293	2386	002909	集泰股份	53.10	CC	0.14	5.04	3.97	0.95	1.50	55.28	4.27	33.12	-2.82	7.42	45.44	188910.65	167553.99	5069.50
294	2390	002917	金奥博	53.07	CC	0.15	2.07	3.06	0.49	0.81	52.05	2.35	28.76	23.98	26.36	49.06	215083.43	81510.98	3200.44
295	2414	003017	大洋生物	52.86	CC	1.17	5.95	6.14	0.60	1.09	27.91	21.46	15.46	3.40	-7.36	67.19	137434.67	78320.93	7000.93
296	2437	002545	东方铁塔	52.66	CC	0.32	4.63	4.80	0.24	0.70	31.98	8.79	4.92	1.59	8.85	78.35	1170800.84	278175.26	40163.51
297	2453	603353	和顺石油	52.52	CC	0.53	5.02	5.98	1.82	3.60	29.33	28.08	113.35	1.50	-18.48	112.42	236261.76	393320.85	9130.21
298	2470	002554	惠博普	52.31	CC	0.07	2.47	3.57	0.40	0.69	37.85	3.82	40.40	5.20	60.05	97.03	382713.16	159429.17	9604.11
299	2491	600078	*ST澄星	52.13	CC	3.04	-0.59	36.81	0.52	1.22	75.02	11.45	6.28	0.00	161.44	400.75	741055.46	333340.54	213483.80
300	2495	000553	安道麦A	52.08	CC	0.07	0.39	2.62	0.64	1.12	58.05	1.75	9.12	-1.67	2.02	57.68	5023530.80	3103860.50	16331.30
301	2530	002170	芭田股份	51.84	CC	0.09	3.61	3.30	0.72	2.37	38.72	4.45	16.87	3.71	65.68	202.14	338254.03	248526.52	8045.58
302	2535	000881	中广核技	51.82	CC	0.19	3.67	3.90	0.62	0.99	49.90	2.99	20.25	4.04	-3.61	69.41	1332223.64	799885.77	36380.85
303	2557	002250	联化科技	51.63	CC	0.34	4.77	4.19	0.57	1.44	49.93	7.31	37.75	4.30	-26.09	99.00	1264178.05	658678.07	32298.61
304	2570	600339	中油工程	51.48	CC	0.08	1.73	0.96	0.76	0.82	76.19	9.12	12.92	0.83	2.48	56.32	10453916.44	7983184.91	47142.51
305	2579	300539	横河精密	51.39	CC	0.10	3.63	3.57	0.65	1.22	53.89	2.92	20.38	2.35	21.82	66.40	110140.94	69601.71	2159.61
306	2597	300767	震安科技	51.21	CC	0.43	6.46	6.04	0.38	0.52	36.66	11.90	15.48	17.87	68.45	167.87	206426.81	67032.70	8514.30
307	2599	603879	永悦科技	51.19	CC	0.02	-0.11	0.83	0.70	0.85	1.89	13.40	-2.50	0.48	47.89	107.21	54668.21	39623.87	530.70
308	2609	002395	双象股份	51.14	CC	0.19	5.50	3.17	0.81	1.29	56.18	20.27	9.55	1.15	-21.14	75.35	206485.74	146995.29	5048.43
309	2617	300429	强力新材	51.06	CC	0.22	4.71	4.26	0.32	0.60	40.81	14.77	33.77	4.49	-10.60	63.82	351601.42	103870.48	11077.72
310	2622	300107	建新股份	50.99	CC	0.02	0.36	0.79	0.39	0.68	9.31	22.80	11.43	-2.60	10.28	58.64	159077.21	62814.99	1364.33
311	2653	603983	丸美股份	50.75	CC	0.62	5.59	8.22	0.47	0.77	16.04	303.46	2.41	5.26	-37.55	153.78	376164.59	178702.86	24119.22
312	2673	000523	*ST浪奇	50.50	CC	0.91	18.93	64.13	0.85	1.33	62.21	14.32	-22.01	0.00	-2.66	130.27	270725.00	258554.55	143444.53

续 表

序号	A股上市公司评价得分排序	股票代码	股票简称	综合得分	评价等级	每股收益（元）	净资产收益率（%）	总资产报酬率（%）	总资产周转率（次）	流动资产周转率（次）	资产负债率（%）	已获利息倍数	营业收入增长率（%）	资本扩张率（%）	市场投资回报率（%）	股价波动率（%）	年末资产总额（万元）	营业收入（万元）	净利润（万元）
313	2676	002476	宝莫股份	50.46	CC	0.03	1.80	2.24	0.66	0.99	15.36	4.73	46.91	2.19	8.69	74.02	99237.71	65716.00	1794.81
314	2702	002632	道明光学	50.25	CC	0.09	1.83	2.48	0.39	0.64	42.40	90.78	1.37	3.27	8.13	69.42	359648.04	128379.43	5509.20
315	2703	601966	玲珑轮胎	50.22	CC	0.58	3.90	2.81	0.59	1.58	52.00	5.05	1.07	-0.75	-5.82	109.27	3413886.93	1857921.98	78855.63
316	2708	000096	广聚能源	50.17	CC	0.13	1.18	3.37	0.53	0.91	5.50	1032.03	31.81	1.89	-4.16	38.60	308399.62	161971.21	7049.08
317	2718	601808	中海油服	50.05	CC	0.07	-0.07	2.56	0.39	1.13	47.87	2.33	0.84	-1.22	3.01	68.88	7331170.77	2920300.21	32204.95
318	2727	600458	时代新材	49.94	C	0.23	1.50	2.06	0.87	1.29	69.39	5.71	-6.83	1.02	63.00	130.04	1629660.86	1405061.94	21787.77
319	2745	300387	富邦股份	49.83	C	0.14	2.90	3.63	0.40	0.85	28.72	4.20	5.82	-3.26	-8.86	50.17	168237.11	68300.47	3978.10
320	2748	002165	红宝丽	49.80	C	0.05	0.33	2.08	0.70	1.40	60.73	1.09	31.32	28.04	8.34	129.25	544245.96	342859.81	2750.37
321	2760	002886	沃特股份	49.66	C	0.28	3.90	4.63	0.82	1.35	43.11	5.42	33.55	5.66	135.43	217.81	214153.52	153963.48	7229.95
322	2768	300644	南京聚隆	49.59	C	0.30	2.49	2.80	1.16	1.67	50.18	3.91	45.73	3.03	5.27	34.88	150658.54	165936.09	3038.13
323	2784	603619	中曼石油	49.45	C	0.17	3.23	3.88	0.32	0.94	66.46	2.26	10.67	3.50	58.41	152.56	587405.68	175380.89	6565.94
324	2805	000936	华西股份	49.26	C	0.39	7.27	7.05	0.31	0.73	23.70	5.26	2.65	6.29	-16.65	60.45	672313.56	241801.99	36653.38
325	2806	000159	国际实业	49.25	C	0.06	0.02	4.53	0.35	0.80	38.63	4.94	102.87	3.18	23.62	109.52	368903.07	111915.93	2528.91
326	2808	300180	华峰超纤	49.21	C	0.04	0.18	1.85	0.50	1.75	38.53	1.78	28.68	1.20	-20.42	63.74	837068.81	414222.69	6214.05
327	2817	000565	渝三峡A	49.10	C	0.16	5.28	5.12	0.31	0.79	21.35	9.25	13.04	5.69	51.46	107.16	160695.68	48931.40	7126.80
328	2821	603980	吉华集团	49.08	C	0.19	0.07	3.52	0.42	0.63	16.35	68.42	23.00	0.33	4.21	37.13	540109.83	225364.07	13225.19
329	2834	000953	河化股份	48.88	C	0.03	1.89	4.58	0.42	1.15	51.03	4.45	-33.36	6.42	46.56	55.44	39641.13	16227.30	1127.30
330	2841	002361	神剑股份	48.78	C	0.10	2.90	3.29	0.65	1.08	43.75	2.75	38.62	34.43	11.67	71.51	442242.85	259127.55	7993.04
331	2858	603078	江化微	48.55	C	0.29	4.64	3.27	0.37	1.00	48.71	8.98	40.50	3.40	5.31	113.15	224828.15	79214.45	5595.52
332	2887	300236	上海新阳	48.20	C	0.34	1.94	2.08	0.16	0.63	24.94	7.01	46.47	5.10	-16.76	83.51	664419.36	101635.85	10333.10
333	2891	300637	扬帆新材	48.17	C	0.03	1.17	1.48	0.55	1.82	45.26	1.22	45.80	0.76	10.01	71.85	139952.65	72086.19	660.01
334	2897	300743	天地数码	48.10	C	0.19	3.95	5.02	0.88	1.25	40.18	7.55	28.95	-0.75	11.60	74.97	65135.53	54174.60	2594.68
335	2898	002828	贝肯能源	48.10	C	0.10	2.65	2.32	0.42	0.68	63.26	2.75	22.19	2.68	-0.93	41.17	276480.47	114338.28	2955.12
336	2921	603630	拉芳家化	47.77	C	0.31	-0.47	2.97	0.53	0.73	9.06	0.00	11.91	2.12	32.87	136.89	208841.05	110100.29	5677.42

续 表

序号	A股上市公司评价得分排序	股票代码	股票简称	综合得分	评价等级	每股收益（元）	净资产收益率（%）	总资产报酬率（%）	总资产周转率（次）	流动资产周转率（次）	资产负债率（%）	已获利息倍数	营业收入增长率（%）	资本扩张率（%）	市场投资回报率（%）	股价波动率（%）	年末资产总额（万元）	营业收入（万元）	净利润（万元）
337	2927	002669	康达新材	47.67	C	0.09	0.21	1.27	0.64	1.03	38.55	1.66	17.57	−2.50	8.59	109.26	372837.86	227161.30	2144.02
338	2935	600871	石化油服	47.56	C	0.01	−1.48	1.95	1.11	2.26	89.29	1.67	2.14	2.06	4.77	66.40	6405244.70	6953305.30	17979.10
339	2947	002201	正威新材	47.44	C	0.09	3.12	3.70	0.60	1.41	59.24	2.08	−10.36	4.01	156.96	330.61	249096.07	149768.05	4132.22
340	2953	605008	长鸿高科	47.31	C	0.29	11.16	8.03	0.61	1.27	46.70	11.30	33.61	4.01	−27.60	94.82	342032.56	173333.73	18498.30
341	2968	002037	保利联合	47.16	C	0.21	2.31	3.00	0.38	0.55	69.42	1.82	0.80	12.72	30.02	54.98	1622623.05	602817.28	16089.35
342	2992	002838	道恩股份	46.82	C	0.56	10.53	9.85	1.39	2.07	30.54	8.57	−3.64	9.37	−36.40	129.80	315112.30	426113.97	24718.26
343	2999	300221	银禧科技	46.67	C	0.16	3.64	5.42	1.27	1.70	40.22	6.35	37.35	8.41	−18.83	89.82	195254.67	225340.39	7610.27
344	3041	300665	飞鹿股份	46.09	C	0.07	1.61	1.84	0.41	0.72	65.72	1.90	3.23	8.79	33.80	88.21	168657.66	62510.33	1211.19
345	3055	002096	南岭民爆	45.91	C	0.13	2.11	2.28	0.49	1.06	51.49	2.38	−3.41	−8.98	92.22	216.77	389433.17	193092.20	5191.23
346	3075	300446	＊ST 乐材	45.66	C	0.02	−1.98	0.81	0.18	0.36	18.00	4.78	16.82	0.63	22.76	81.04	82702.53	15309.43	507.12
347	3107	600527	江南高纤	45.24	C	0.06	3.81	4.46	0.34	0.59	5.63	297.48	−23.57	−2.88	−7.93	46.09	252697.88	87481.69	10257.07
348	3128	000554	泰山石油	44.91	C	0.02	1.48	1.71	1.87	5.74	38.73	3.75	15.50	0.82	23.40	56.72	150909.73	279950.45	830.14
349	3134	300405	科隆股份	44.79	C	0.05	1.12	2.50	0.68	1.01	51.86	1.25	17.22	3.84	19.49	139.07	164128.95	108876.92	1541.46
350	3141	688219	会通股份	44.61	C	0.12	1.00	2.18	1.04	1.69	67.08	1.56	18.85	0.48	−23.80	106.03	515683.83	490093.29	5405.06
351	3157	300164	通源石油	44.38	C	0.03	−3.12	1.80	0.44	1.00	42.19	1.64	18.32	−0.52	55.16	115.64	165671.85	74740.04	1502.30
352	3163	601500	通用股份	44.31	C	0.01	−1.27	1.02	0.51	1.31	51.95	1.09	23.43	16.58	−1.39	25.85	890928.60	425552.37	1058.42
353	3168	002562	兄弟科技	44.26	C	0.03	0.32	1.18	0.50	1.37	46.53	1.67	42.43	−1.04	−2.15	80.11	560147.81	273299.40	2833.26
354	3214	600249	两面针	43.47	C	0.02	0.11	0.29	0.28	0.40	15.63	5.50	4.68	0.42	20.82	40.58	252470.20	71752.61	926.71
355	3218	300072	三聚环保	43.42	C	0.04	−0.21	2.25	0.34	0.61	39.97	1.97	−19.38	−9.28	43.66	78.91	1476988.84	575064.95	5725.90
356	3219	300731	科创新源	43.37	C	−0.10	−4.44	−1.08	0.59	1.07	36.20	−0.93	85.15	−7.65	81.45	117.84	96268.04	56841.47	−2310.06
357	3241	688585	上纬新材	43.04	C	0.03	1.09	1.05	1.05	1.31	46.00	1.96	6.51	−1.10	−10.31	65.53	194964.87	207258.97	1257.71
358	3291	300538	同益股份	41.98	C	−0.17	−4.02	−0.72	2.06	2.44	47.39	−0.41	31.66	119.01	18.13	109.94	198013.72	291836.63	−2690.39
359	3334	300163	先锋新材	40.80	C	−0.01	−2.34	−0.20	0.44	0.77	13.74	−0.61	11.07	−0.59	15.56	52.99	68911.83	30625.60	−387.95
360	3354	600319	＊ST 亚星	40.19	C	0.61	−53.46	11.13	0.10	1.11	87.57	11.23	290.92	497.05	−6.95	66.13	186565.13	19270.17	19302.59

续 表

序号	A股上市公司评价得分排序	股票代码	股票简称	综合得分	评价等级	每股收益（元）	净资产收益率（%）	总资产报酬率（%）	总资产周转率（次）	流动资产周转率（次）	资产负债率（%）	已获利息倍数	营业收入增长率（%）	资本扩张率（%）	市场投资回报率（%）	股价波动率（%）	年末资产总额（万元）	营业收入（万元）	净利润（万元）
361	3380	603615	茶花股份	39.52	C	-0.08	-2.07	-1.67	0.56	1.10	12.23	-35.65	15.78	-4.70	-4.82	71.82	139553.25	79878.78	-2122.50
362	3390	300478	杭州高新	39.11	C	0.12	-65.71	6.25	0.95	1.97	79.81	2.38	-5.85	29.15	9.00	65.63	41139.48	38713.19	1476.28
363	3401	300135	宝利国际	38.80	C	-0.08	-5.50	-1.28	0.90	1.34	52.18	-0.65	13.06	-7.10	27.87	76.34	242315.95	228208.66	-7840.86
364	3403	002324	普利特	38.79	C	0.02	-1.57	1.66	1.08	1.50	43.31	1.88	9.52	-4.38	-17.87	89.68	461728.91	487077.50	2100.42
365	3407	002453	华软科技	38.62	C	-0.28	-12.08	-5.49	1.25	2.57	38.26	-4.64	43.91	24.55	189.72	369.66	342632.73	394231.83	-21692.68
366	3457	002427	＊ST 尤夫	37.06	C	-3.22	203.13	-16.17	0.59	1.30	130.64	-1.61	18.42	-2520.64	42.93	84.94	442175.33	289696.25	-141106.95
367	3467	600469	风神股份	36.82	C	-0.15	-4.40	-1.12	0.74	1.43	64.21	-1.77	-0.38	-6.98	-4.62	52.52	751436.31	555757.26	-10902.49
368	3475	002496	ST 辉丰	36.53	C	0.20	-19.06	6.30	0.25	0.94	41.00	15.33	-33.28	-6.93	-3.12	48.20	376402.48	109548.12	20304.82
369	3491	600759	ST 洲际	35.88	C	-0.42	0.04	-2.25	0.18	3.97	65.54	-0.67	51.22	-18.29	60.81	172.65	1332118.06	245321.54	-94160.81
370	3492	002094	青岛金王	35.87	C	0.02	-0.97	1.38	0.67	0.91	46.42	0.94	-21.21	-11.57	39.99	131.62	456906.64	315304.44	-1758.60
371	3511	002207	准油股份	35.24	C	0.03	-30.57	2.88	0.51	1.01	54.39	4.42	-1.84	6.54	-1.93	60.13	34348.51	19193.47	785.74
372	3532	600844	丹化科技	34.33	C	-0.10	-7.34	-5.49	0.45	3.30	25.94	-8.20	1.12	-6.47	-3.63	105.16	225424.13	108748.45	-12626.18
373	3567	600165	新日恒力	33.07	C	-0.03	-2.68	0.06	0.06	0.38	64.70	0.07	61.51	-3.90	96.32	200.68	346524.83	19238.69	-2994.71
374	3575	300325	＊ST 德威	32.80	C	-0.53	1121.30	-14.20	0.41	0.74	112.47	-2.60	18.16	-216.74	31.30	183.07	251561.48	105719.46	-50813.44
375	3596	002513	蓝丰生化	32.01	C	-1.44	-53.23	-25.56	0.71	2.11	61.42	-22.85	7.60	-42.53	34.54	73.46	172795.00	144393.21	-49119.19
376	3639	603725	天安新材	29.98	C	-0.28	-11.82	-3.25	0.91	1.63	72.83	-1.79	137.52	0.75	7.09	50.28	305300.76	206456.24	-9661.97
377	3665	603188	亚邦股份	29.41	C	-0.25	-17.85	-1.85	0.23	0.72	38.09	-1.65	28.80	-7.51	2.63	46.98	344443.88	84060.41	-17098.00
378	3686	002470	ST 金正	28.62	C	-0.17	-12.28	-1.07	0.58	1.14	71.10	-0.53	-0.42	-35.58	144.76	229.46	1417011.82	931597.66	-55989.08
379	3699	603737	三棵树	28.05	C	-1.11	-22.48	-4.09	1.06	1.77	82.53	-3.25	39.37	-18.47	25.02	118.20	1237865.18	1142871.09	-39633.55
380	3701	002783	凯龙股份	28.03	C	-1.07	-20.06	-5.59	0.41	1.40	69.44	-3.08	36.32	-21.08	22.76	61.59	680972.83	274129.09	-48643.46
381	3704	600889	南京化纤	27.98	C	-0.45	-29.19	-6.18	0.21	0.51	36.34	-42.14	28.33	-12.83	53.35	118.04	211175.48	46963.59	-19117.40
382	3710	600091	＊ST 明科	27.85	C	-0.12	-5.92	-4.38	0.02	0.02	29.96	-175.18	-2.85	-5.49	74.04	157.46	120251.97	1771.59	-5193.96
383	3749	300225	金力泰	26.60	C	-0.23	-13.46	-9.99	0.63	0.85	28.79	-115.48	-3.05	-10.12	-7.48	124.39	130089.84	85795.94	-11891.63
384	3791	002319	乐通股份	25.20	C	-0.19	-31.79	-2.45	0.60	1.50	83.82	-0.98	23.26	-25.31	98.45	160.61	65589.35	38774.14	-3714.70

续 表

序号	A股上市公司评价得分排序	股票代码	股票简称	综合得分	评价等级	每股收益（元）	净资产收益率（%）	总资产报酬率（%）	总资产周转率（次）	流动资产周转率（次）	资产负债率（%）	已获利息倍数	营业收入增长率（%）	资本扩张率（%）	市场投资回报率（%）	股价波动率（%）	年末资产总额（万元）	营业收入（万元）	净利润（万元）
385	3846	603378	亚士创能	23.59	C	-1.84	-35.33	-9.82	0.76	1.17	77.44	-6.50	34.46	-20.87	-5.40	159.10	718211.72	471513.07	-54399.32
386	3882	603991	至正股份	22.34	C	-0.72	-16.45	-10.26	0.26	0.53	26.01	-12.00	-58.84	-14.40	8.62	82.86	42925.11	12813.60	-5342.93
387	3885	002629	仁智股份	22.17	C	-0.06	-127.93	-5.10	0.34	0.60	98.11	-3.19	16.69	-79.13	134.98	182.10	36202.00	12599.12	-2640.08
388	3893	000525	ST 红太阳	21.79	C	-6.45	-11.49	-32.52	0.44	0.96	93.91	-9.44	16.44	-85.60	54.37	178.53	970761.91	468338.20	-376195.98
389	3899	300716	国立科技	21.65	C	-1.51	-61.89	-12.92	1.01	1.83	80.05	-6.05	-1.30	-43.40	23.74	103.02	168337.98	190190.18	-27249.42
390	3902	002172	澳洋健康	21.49	C	-1.34	-209.01	-18.58	0.59	1.07	98.67	-7.52	-1.77	-94.75	46.62	160.85	382321.92	302891.88	-106719.83
391	3921	603133	碳元科技	20.88	C	-2.19	-85.33	-36.68	0.28	0.84	46.68	-29.29	-42.55	-55.42	-4.55	63.06	68586.42	32317.92	-48157.76
392	3927	300537	广信材料	20.54	C	-2.13	-45.98	-31.35	0.47	0.91	40.50	-62.85	-17.82	-37.49	9.03	131.27	115833.42	61890.24	-41540.41
393	3957	002341	新纶新材	19.06	C	-1.10	-37.46	-15.86	0.19	0.73	61.91	-4.87	-40.72	-33.95	88.72	189.59	627380.16	133210.38	-127667.29
394	3959	000599	青岛双星	19.01	C	-0.39	-20.97	-1.94	0.38	0.86	71.13	-1.21	-11.22	-11.08	1.91	37.75	1084403.75	392452.10	-39485.40
395	3960	300132	青松股份	18.97	C	-1.76	-34.75	-18.90	0.80	1.54	53.48	-19.58	-4.44	-31.89	-37.29	177.30	459076.93	369325.47	-91234.76
396	4026	300169	天晟新材	15.20	C	-0.50	-31.12	-7.43	0.46	0.69	71.54	-3.05	-14.83	-26.86	19.04	76.52	158868.62	76100.20	-16445.39
397	4035	300530	*ST 达志	14.62	C	-0.79	-95.58	-8.11	0.10	0.43	89.76	-26.70	29.96	-40.51	12.42	225.27	183477.73	14601.67	-12589.54
398	4069	002211	宏达新材	11.40	C	-1.66	-174.58	-85.11	0.68	0.91	89.75	-163.61	-38.58	-93.11	-26.83	96.35	51730.52	56573.30	-71657.19
399	4078	600589	ST 榕泰	10.00	C	-1.01	-65.84	-23.57	0.28	0.38	95.45	-7.85	-26.80	-93.56	-24.41	109.06	186579.30	77997.95	-70947.20
400	4079	300157	恒泰艾普	9.78	C	-1.01	-82.63	-23.22	0.15	0.32	87.41	-8.98	-39.57	-79.03	13.66	119.44	213863.78	42055.94	-72970.81
401		001217	华尔泰	84.74	AA	1.54	29.85	28.95	1.14	2.19	16.48	826.48	65.02	146.92	63.21	33.70	230081.65	189373.20	41559.11
402		603213	镇洋发展	82.44	AA	1.32	36.91	37.16	1.27	2.17	23.72	296.36	77.33	98.15	936.30	78.23	208457.31	204326.11	49722.74
403		301118	恒光股份	81.38	AA	2.94	23.40	23.45	0.80	1.21	15.26	148.77	46.57	133.88	65.81	18.49	160064.49	93310.18	23885.89
404		688625	呈和科技	79.33	A	1.35	24.24	23.33	0.73	1.09	21.70	142.08	25.19	195.46	66.70	55.67	116061.17	57621.68	15702.70
405		600955	维远股份	79.06	A	4.72	40.73	42.83	1.43	3.36	10.65	133.58	119.65	272.39	-37.10	29.43	923236.60	963461.60	214971.29
406		301069	凯盛新材	77.95	A	0.51	17.35	19.09	0.76	1.22	10.37	0.00	40.95	59.84	177.66	85.97	142261.37	87959.15	19337.91
407		300957	贝泰妮	77.95	A	2.12	27.23	27.57	1.09	1.22	17.79	244.08	52.57	297.60	11.99	76.41	581249.12	402240.34	86406.25
408		301035	润丰股份	76.75	A	3.39	21.19	11.54	1.11	1.36	51.09	38.09	34.39	72.27	142.69	43.12	1031165.55	979710.76	84604.75

续 表

序号	A股上市公司评价得分排序	股票代码	股票简称	综合得分	评价等级	每股收益（元）	净资产收益率（%）	总资产报酬率（%）	总资产周转率（次）	流动资产周转率（次）	资产负债率（%）	已获利息倍数	营业收入增长率（%）	资本扩张率（%）	市场投资回报率（%）	股价波动率（%）	年末资产总额（万元）	营业收入（万元）	净利润（万元）
409		688639	华恒生物	75.44	A	1.70	17.37	17.31	0.86	1.71	19.74	173.58	95.81	141.56	363.47	205.46	147410.63	95409.61	16823.55
410		600935	华塑股份	75.09	A	0.25	15.56	11.37	0.77	5.80	30.79	12.17	32.65	53.15	301.12	33.98	912573.95	673922.36	78543.62
411		688087	英科再生	73.91	BBB	2.11	15.92	15.15	1.12	2.14	16.81	81.60	17.14	91.40	42.14	54.86	222446.16	199005.41	23977.58
412		605020	永和股份	72.53	BBB	1.20	16.30	12.62	0.97	2.49	41.86	34.57	48.51	52.78	415.23	125.65	350566.16	289862.01	27815.51
413		301149	隆华新材	72.44	BBB	0.53	16.92	17.63	3.28	4.70	11.60	192.79	77.20	122.04	-137.92	23.46	174012.11	427524.13	19401.07
414		688707	振华新材	71.72	BBB	1.12	19.16	9.76	0.98	1.52	57.89	6.59	432.07	128.77	95.26	50.27	695218.61	551490.04	41257.92
415		605566	福莱蒽特	70.96	BBB	1.66	11.61	11.60	0.64	0.93	16.59	33.77	18.36	129.04	19.33	8.61	244427.06	118116.19	17546.45
416		301057	汇隆新材	70.00	BB	0.81	13.44	14.31	1.09	2.17	12.91	3374.97	13.38	66.62	-83.47	37.63	68933.90	61346.10	7211.26
417		301019	宁波色母	69.65	BB	1.56	15.33	16.50	0.65	0.73	7.78	1297.72	14.62	170.21	-22.81	39.70	106624.98	49234.20	10888.03
418		300980	祥源新材	68.00	BB	1.33	12.17	13.70	0.61	1.08	12.92	48.21	44.44	201.66	-15.63	38.45	105321.44	45744.55	8773.63
419		605033	美邦股份	67.79	BB	1.14	15.68	12.78	0.75	0.94	33.92	29.27	48.19	115.18	106.88	65.29	146338.11	84249.03	12574.29
420		605488	福莱新材	66.20	BB	1.19	14.73	11.91	1.42	1.95	31.70	122.90	35.16	154.73	-24.10	42.46	159661.86	171531.95	12785.21
421		001207	联科科技	66.18	BB	1.03	16.12	12.39	0.94	1.53	30.36	64.22	45.29	134.80	-22.33	45.28	190261.00	144706.96	16451.24
422		688733	壹石通	65.90	BB	0.71	11.29	12.35	0.42	0.72	14.08	2145.81	119.85	153.02	40.11	48.71	142630.10	42270.25	10820.54
423		301190	善水科技	65.15	BB	0.88	11.21	11.97	0.39	0.44	11.08	134.21	43.94	341.37	-503.90	15.17	222060.21	55234.28	14237.21
424		301003	江苏博云	65.18	BB	2.59	17.98	20.32	0.89	0.99	8.73	71.72	54.19	289.42	-27.72	35.47	117388.13	70155.26	13497.42
425		301077	星华反光	65.14	BB	2.77	12.12	15.30	0.77	1.03	19.29	39.95	27.30	360.94	-76.75	31.37	153689.73	79193.34	13498.88
426		688778	厦钨新能	64.68	B	2.65	18.77	8.75	1.86	3.11	63.94	6.14	94.82	110.07	-23.94	56.20	1051644.53	1556576.02	56813.75
427		301081	严牌股份	64.28	B	0.60	11.25	9.30	0.69	1.00	25.74	19.16	23.83	140.96	-6.41	45.24	132139.23	70864.46	8173.01
428		001218	丽臣实业	64.16	B	2.45	11.27	10.21	1.39	2.37	17.30	27.41	15.94	123.20	-144.89	47.00	244382.19	274853.48	17883.14
429		301076	新瀚新材	63.75	B	1.03	8.70	9.79	0.44	0.60	7.38	3942.72	18.80	159.17	-57.19	25.57	109396.07	34203.14	6629.43
430		688722	同益中	63.02	B	0.30	5.23	6.21	0.35	0.54	8.44	678.54	16.95	38.82	0.00	32.04	109314.93	33090.24	5252.79
431		301092	争光股份	62.80	B	0.70	6.96	7.92	0.42	0.50	6.10	270.23	-8.71	316.38	12.01	30.94	164462.12	45134.42	7367.33
432		688359	三孚新科	62.70	B	0.64	10.14	12.65	0.74	1.01	11.65	0.00	31.00	88.75	79.43	113.04	64347.26	37565.13	5862.86

续 表

序号	A股上市公司评价得分排序	股票代码	股票简称	综合得分	评价等级	每股收益（元）	净资产收益率（%）	总资产报酬率（%）	总资产周转率（次）	流动资产周转率（次）	资产负债率（%）	已获利息倍数	营业收入增长率（%）	资本扩张率（%）	市场投资回报率（%）	股价波动率（%）	年末资产总额（万元）	营业收入（万元）	净利润（万元）
433		300927	江天化学	62. 54	B	0. 95	12. 98	11. 82	0. 92	1. 66	23. 23	32. 96	62. 20	10. 98	-26. 59	94. 08	77678. 63	70997. 48	7582. 59
434		301090	华润材料	61. 78	B	0. 37	8. 44	8. 37	1. 69	2. 52	31. 25	205. 09	1. 65	80. 37	-28. 23	14. 35	898503. 76	1258527. 50	48225. 36
435		301059	金三江	61. 50	B	0. 51	11. 87	11. 89	0. 41	0. 80	17. 13	309. 17	3. 67	91. 55	-69. 30	33. 47	64597. 02	20296. 91	5059. 45
436		688659	元琛科技	61. 20	B	0. 47	9. 98	9. 13	0. 57	0. 85	38. 06	22. 29	9. 51	65. 75	-15. 08	37. 02	105986. 41	50199. 70	7044. 72
437		301065	本立科技	60. 20	B	0. 95	5. 86	6. 41	0. 62	1. 14	10. 68	33. 83	-0. 60	155. 89	-29. 64	51. 68	135644. 46	62110. 46	5482. 49
438		688350	富淼科技	59. 11	CCC	0. 90	7. 56	8. 04	0. 92	1. 51	24. 55	109. 46	27. 98	43. 72	-27. 73	58. 43	184789. 39	145231. 93	10727. 90
439		688779	长远锂科	58. 96	CCC	0. 44	14. 07	11. 08	0. 97	1. 51	30. 59	578. 23	240. 25	105. 44	-26. 93	37. 20	939830. 54	684116. 73	70063. 96
440		688718	唯赛勃	58. 02	CCC	0. 34	8. 62	8. 81	0. 56	1. 32	12. 32	37. 50	20. 92	58. 62	-61. 10	70. 16	78051. 85	37918. 60	5047. 90
441		688148	芳源股份	57. 16	CCC	0. 15	5. 70	4. 26	0. 96	1. 49	53. 44	4. 49	108. 49	43. 74	1. 29	60. 43	287441. 17	206956. 32	6665. 56
442		605589	圣泉集团	56. 79	CCC	0. 95	9. 28	7. 33	0. 72	1. 39	40. 49	7. 60	6. 08	41. 67	-25. 56	46. 09	1364671. 38	882460. 25	71236. 00
443		688323	瑞华泰	56. 70	CCC	0. 34	6. 84	5. 09	0. 22	0. 99	49. 50	6. 21	-8. 95	45. 16	57. 94	72. 34	174648. 09	31881. 58	5605. 04
444		688669	聚石化学	56. 53	CCC	0. 91	2. 25	5. 23	0. 97	1. 49	53. 38	3. 75	32. 08	124. 18	7. 79	77. 48	358572. 52	254172. 26	9473. 11
445		301100	风光股份	56. 10	CCC	0. 78	6. 91	7. 15	0. 39	0. 48	16. 64	25. 90	6. 76	158. 89	-548. 03	33. 25	272616. 48	75365. 89	11528. 52
446		003042	中农联合	51. 91	CC	0. 96	7. 33	4. 77	0. 59	1. 20	49. 48	5. 78	3. 63	63. 31	-49. 80	107. 71	322051. 99	162507. 26	9859. 49
447		301010	晶雪节能	51. 55	CC	0. 71	9. 76	6. 06	0. 71	0. 85	48. 52	48. 02	18. 28	40. 28	-38. 42	50. 26	152402. 25	91401. 91	6720. 99
448		300995	奇德新材	51. 16	CC	0. 43	5. 14	5. 56	0. 49	0. 93	20. 29	145. 56	-11. 32	76. 14	-68. 18	74. 44	80829. 39	31988. 71	3128. 67
449		301037	保立佳	50. 14	CC	0. 66	6. 48	4. 46	1. 40	1. 78	66. 52	2. 50	47. 11	67. 95	-42. 81	35. 59	246760. 23	297483. 87	5045. 14
450		301036	双乐股份	49. 91	C	1. 12	7. 09	7. 00	0. 74	3. 05	18. 17	7. 68	-1. 34	63. 09	-81. 19	84. 40	193993. 61	133610. 44	9526. 84

第八章

机械行业上市公司业绩评价

机械行业是国民经济密切相关的行业，是资本、技术及劳动力密集型且受内需和固定投资拉动的周期性行业，具有内部子行业众多、产品覆盖范围广泛、内部竞争激烈、地区发展不平衡等主要特点。2021 年全年机械行业营业收入实现小幅增长，产销回稳，出口基本稳定。2021 年，申万机械设备指数涨幅为 48.73%，申万电气设备指数涨幅为 87.66%，申万国防军工指数涨幅为 5.81%。预计 2022 年机械工业经济运行总体将呈现前高后平的走势，全年工业增加值增速在 5.5%左右，营业收入和利润总额增速在 4%左右，外贸进出口力争保持基本平衡。

一、机械行业上市公司业绩评价结果

截至 2021 年末，机械行业细分为机械设备、电气设备和国防军工三个子行业。A 股机械行业上市公司共计 818 家，其中盈利 711 家、亏损 107 家，即 87%的公司实现盈利，比 2020 年降低了 1 个百分点。

2021 年末，机械行业上市公司资产总额 7.63 万亿元，占全部上市公司资产总额的 8.83%，机械行业资产规模占比较 2020 年末提高了 0.46 个百分点；归属于母公司股东的所有者权益 3.22 万亿元，比 2020 年末增加了 0.41 万亿元，占全部上市公司归属于母公司的所有者权益的 10.89%。

2021 年，机械行业上市公司实现营业收入 4.06 万亿元，占全部上市公司营业收入的 7.4%，比 2020 年机械行业上市公司实现的营业收入增加了 0.74 万亿元；机械行业上市公司实现营业利润 0.31 万亿元，占全部上市公司实现营业利润的 8.28%（比 2020 年降低了 0.77 个百分点），比 2020 年机械行业上市公司实现的营业利润增加了 418.88 亿元。收入和营业利润均呈现增长趋势。

2021 年，机械行业整体评价结果为 C，行业业绩综合得分 54.07 分，比全市场得分高

0.37%。剔除2021年新上市、买壳上市的公司后，机械行业上市公司业绩评价综合得分进入“中联价值100”的有：通威股份（600438）、宁德时代（300750）、隆基股份（601012）、特变电工（600089）、中环股份（002129）、汇川技术（300124）。机械行业上市公司中，业绩评价等级为AA的有2家、为A的有8家，为BBB的有29家、为BB的有58家、为B的有111家，为CCC的有131家、为CC的有108家、为C的有255家。表8-1列示了机械行业评价得分前十名的公司。

表8-1 2021年度机械行业评价得分前十名的公司

序号	股票代码	股票简称	A股上市公司中评价得分排序
1	600438	通威股份	9
2	300750	宁德时代	20
3	601012	隆基股份	38
4	600089	特变电工	94
5	002129	中环股份	100
6	300124	汇川技术	103
7	002884	凌霄泵业	128
8	000039	中集集团	136
9	603486	科沃斯	137
10	002833	弘亚数控	141

基于对机械行业上市公司的整体评价，下面分别从财务效益、资产质量、偿债风险、发展能力、市场表现五个方面对机械行业上市公司进行具体分析。

（一）财务效益

从综合得分来看，机械行业上市公司2021年的财务效益状况低于全部上市公司平均水平，与2020年本行业相比，净资产收益率、股本收益率指标均大幅提升；营业利润率、盈利现金保障倍数指标有所下降。2021年，国内部分地区新冠肺炎疫情散发、严重洪涝灾害突袭，电力煤炭供应趋紧，加之原材料价格上涨、供应链不稳定等多重因素交织叠加，运行环境愈发严峻，行业主要经济指标出现逐月下降的趋势。机械工业重点监测的121种主要产品中当月产量保持同比增长的品种数量57种，已不足半数，其中农机、工程机械等产品生产高速增长后开始回落，当月产品产量出现负增长，以上原因导致2021年机械行业财务效益指标有所下降。

财务效益排名第一的宁德时代，2017—2021年动力电池使用量连续五年排名全球第一，是全球领先的新能源创新科技公司，在电池材料、电池系统、电池回收等产业链领域拥有核心技术优势及前瞻性研发布局，专注于动力电池及储能电池的研发、生产及销售，致力于为全球新能源应用提供一流的解决方案和服务。2021年宁德时代动力电池使用量市场占有率为32.6%。根据ICC鑫椤资讯数据，2021年宁德时代全球储能电池产量市场占有率第一。2021年实现营业收入

1303.56亿元，同比增长159.06%；归属母公司的净利润159.31亿元，同比增长185.35%；全年海外收入278.72亿元，同比增长252.45%；基本每股收益6.88元，同比增长176.31%，业绩实现大幅增长。表8-2列示了2021年机械行业上市公司财务效益状况评价结果。

表8-2　机械行业财务效益状况比较表

分析指标		2021年上市公司平均值	2021年行业值	2020年行业值	增长率（%）
基本指标	净资产收益率（%）	7.51	6.47	5.27	22.77
	总资产报酬率（%）	5.47	4.95	4.84	2.27
	得分	20.98	20.05	19.88	0.86
修正指标	营业利润率（%）	6.79	7.6	7.67	-0.91
	盈利现金保障倍数	1.75	1.25	1.38	-9.42
	股本收益率（%）	46.81	39.86	34.03	17.13
综合得分		23.08	21.37	20.95	2.00

（二）资产质量

从综合得分来看，机械行业上市公司2021年资产质量状况低于2021全部上市公司的平均水平，但与行业上年相比都有不同程度的增长。表8-3列示了机械行业上市公司资产质量状况评价结果。

表8-3　机械行业资产质量状况比较表

分析指标		2021年上市公司平均值	2021年行业值	2020年行业值	增长率（%）
基本指标	总资产周转率（次）	0.67	0.57	0.53	7.55
	流动资产周转率（次）	1.25	0.88	0.83	6.02
	得分	9.72	8.33	8.09	2.97
修正指标	应收账款周转率（次）	8.97	3.87	3.45	12.17
	存货周转率（次）	3.07	3.04	2.86	6.29
综合得分		9.27	7.84	7.86	-0.25

机械行业上市公司2021年总资产及流动资产周转率分别为0.57次及0.88次，分别比2020年增长7.55%和6.02%。机械行业上市公司应收账款周转率远远低于上市公司平均水平，这主要与机械行业上市公司交易结算方式有关。机械行业上市公司2021年存货周转率为3.87次，比2020年增长6.09%。

资产质量状况指标中，安彩高科及水发燃气的质量状况得分均为15分，资产质量在机械行业中并列最高。安彩高科围绕“增产增效创新提升，把握机遇做强做大”的工作思路，加速提升光伏玻璃、浮法玻璃产能，管道天然气管输量和LNG销售量，加大技术创新，光伏玻璃向超薄化、大型化转变，超白浮法玻璃向超厚超大板转化，持续降低生产经营成本，增加公司经济效益，为其优于同行业的各类周转指标奠定基础。安彩高科 2021 年实现营业收入 33.39 亿元，同比增长 45.74%，实现归属母公司的净利润 2.10 亿元，同比增长 89.19%，总资产周转率 0.94 次，流动资产周转率 2.36 次，应收账款周转率 15.91 次，存货周转率 15.41 次。

（三）偿债风险

从综合得分来看，2021 年机械行业上市公司偿债风险状况得分较 2020 年有所上升。与 2020 年相比较，2021 年机械行业上市公司带息负债比率有所下降，且低于 2021 年全部上市公司平均水平，说明机械行业公司在行业持续回暖的情况下，资产负债率和带息负债比率有所改善；除带息负债比率外，其他指标均高于上年行业水平。大部分公司都会选择通过变现流动资产的方式去偿还债务，2021 年，整个行业资产结构，尤其是流动资产结构质量上升，流动资产的周转率提升，促使偿债能力增强。

在机械行业上市公司偿债风险状况指标中，华强科技得分为 15 分，在行业中最高。2021 年华强科技实现营业收入 12.75 亿元，同比增长 52.69%；实现利润总额 3.68 亿元，同比增长 71.96%。2021 年公司资产负债率 20%、速动比率 707.72%、带息负债率 0%、现金流动负债比率 77.45%，指标均好于全部上市公司及行业平均水平，主要原因为公司筹资活动产生的现金流量净额同比大幅增长，销售收款情况良好的同时，公司通过开具票据支付部分供应商货款，当期经营性现金流出减少，另外本年公司完成首次公开发行股票募集资金导致筹资活动现金流入增加。表 8-4 列示了机械行业上市公司偿债风险状况评价结果。

表 8-4 机械行业偿债风险状况比较表

分析指标		2021 年上市公司平均值	2021 年行业值	2020 年行业值	增长率（%）
基本指标	资产负债率（%）	59.93	54.64	53.85	1.47
	已获利息倍数	5.28	7.79	6.44	20.96
	基本得分	8.86	9.42	9.52	-1.05
修正指标	速动比率（%）	83.33	111.63	113.58	-1.72
	现金流动负债比率（%）	13.68	9.55	10.13	-5.73
	带息负债比率（%）	38.47	26.16	28.13	-7.00
综合得分		8.86	9.37	9.5	-1.37

（四）发展能力

从综合得分来看，2021 年机械行业上市公司发展能力状况略高于全部上市公司的平均水平。除累计保留盈余率及营业利润增长率略低于上市公司平均值外，行业的营业收入增长率、资本扩张率、营业利润增长率、总资产增长率均高于上市公司平均水平。2017 年以来，受基建投资需求增加、国家环保政策力度加强、设备更新需求、人工替代、出口增长等多重因素的影响，机械行业市场高速增长，行业整体盈利水平大幅提升。表 8-5 列示了机械行业上市公司发展能力状况评价结果。

表 8-5 机械行业发展能力状况比较表

分析指标		2021 年上市公司平均值	2021 年行业值	2020 年行业值	增长率（%）
基本指标	营业收入增长率（%）	22.02	22.33	13.40	66.64
	资本扩张率（%）	11.29	14.82	15.86	-6.56
	得分	12.09	12.66	14.03	-9.76
修正指标	累计保留盈余率（%）	41.52	34.13	32.34	5.53
	三年营业收入平均增长率（%）	11.08	15.52	12.43	24.86
	总资产增长率（%）	10.88	16.95	14.55	16.49
	营业利润增长率（%）	26.49	15.72	45.87	-65.73
综合得分		12.34	12.72	13.76	-7.56

在机械行业上市公司发展能力状况指标中，宁德时代发展能力得分为 20 分，排名第一。宁德时代受到新型能源需求、环保新规、新基建方面的政策及需求刺激，市场需求进一步扩大，产业集聚的规模效益优势得以凸显。2021 年实现营业收入 1303.56 亿元，同比增长 159.06%；三年营业收入平均增长率 63.89%，同比增长 30.07%；归属母公司的净利润 159.31 亿元，同比增长 185.35%。

（五）市场表现

2021 年机械行业指数 3 月后有优于大盘的表现，9 月升至最高后直线下降，但指数位于沪深 300 指数上方。具体情况见图 8-1。

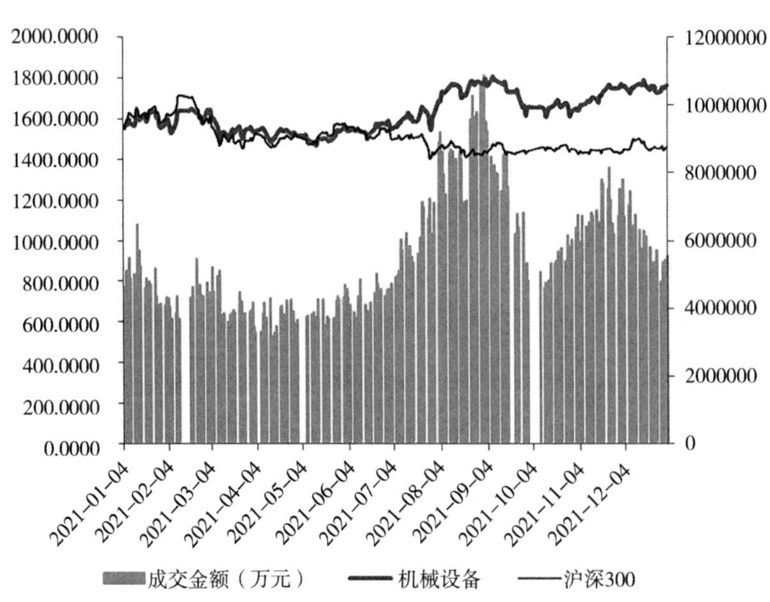

图 8-1 机械行业指数与沪深 300 指数波动

数据来源：同花顺 iFinD。

从综合得分来看，机械行业上市公司市场表现状况略高于全部上市公司的平均水平。2021 年机械行业上市公司市场投资回报率为 35.82%，高于全部上市公司 27.90 %的平均水平，比 2020 年机械行业 29.09 %的平均水平上升了 23.14%。2021 年机械行业上市公司有 595 家市场投资回报率为正值，比上年增加了 121 家，其中最高的为精功科技，市场投资回报率达到 380.85%。市场表现得分最高的为瑞纳智能及新锐股份，得 15 分。表 8-6 列示了机械行业上市公司市场表现状况评价结果。

表 8-6 机械行业市场表现状况比较表

分析指标	2021 年上市公司平均值	2021 年行业值	2020 年行业值	增长率（%）
市场投资回报率（%）	27.90	35.82	29.09	23.14
股价波动率（%）	108.84	124.57	115.14	8.19
得分	9.23	9.37	9.87	-5.07

二、2021 年度机械行业上市公司业绩影响因素分析

机械工业景气指数的编制涵盖生产、投资、外贸、经济效益等多个维度，综合反映机械工业的运行情况。2021 年全年中国机械工业景气指数始终处于临界值之上，年初在上年低基数的基础上景气指数一度冲高至 231.18，此后逐月回落。12 月份，中国机械工业景气指数为 112.57，虽为年内低点但仍显著高于临界值，处于景气区间。2021 年末，机械行业 A 股上市公司 87%的公司实现盈利，比 2020 年下降了 1 个百分点；实现营业收入 4.06 万亿元，占全部上市公司营业收入的 7.40%，比 2020 年机械行业上市公司实现的营业收入增加了 0.74 万亿元；实现营业利润 0.31 万亿元，占全部上市公司实现营业利润的 8.28%（比 2020 年降低了 0.77 个百分点），比 2020 年机械行业上市公司实现的营业利润增加了 418.88 亿元，收入和营业利润均呈现增长趋势。2021 年机械行业上市公司营业收入及利润状况与 2020 年比较，呈现大幅转好态势。影响机械行业业绩的主要原因如下。

（一）固定资产投资稳健增长，带动机械行业收入稳步上升

固定资产投资增速是决定机械行业发展的主要因素，直接引发对机械行业的设备需求。近年来，我国颁布了一系列产业政策，《关于促进工业经济平稳增长的若干政策》《国务院关于印发“十四五”节能减排综合工作方案的通知》《关于支持民营企业加快改革发展与转型升级的实施意见》《关于促进砂石行业健康有序发展的指导意见》等，为工程机械行业发展提供了有力支持。受上述政策的影响 2021 年机械行业固定资产投资总额持续增长。国家统计局数据显示，2021 年机械工业累计实现营业收入 26 万亿元，同比增长 15.6%，比

2019年增长20.79%，两年平均增长9.9%；实现利润总额1.61万亿元，同比增长11.64%，比2019年增长23.25%，两年平均增长11%。但与全国工业相比，2021年机械工业营业收入和利润总额增速分别低于全国工业3.78和22.69个百分点。详见图8-2。

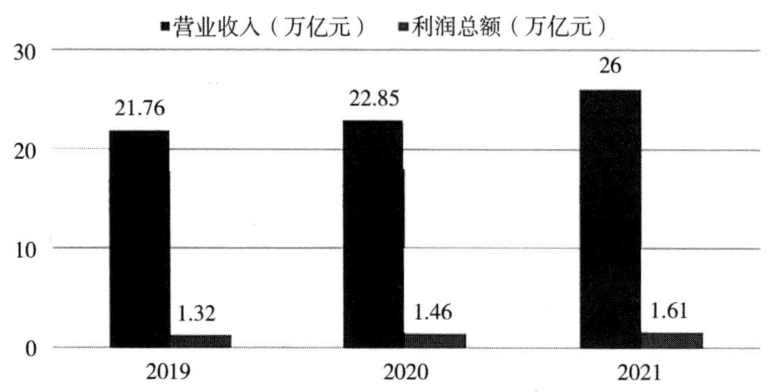

图8-2 2019—2021年中国机械工业营收及利润统计情况

数据来源：国家统计局、中商产业研究院整理。

截至2021年末，机械行业A股上市公司资产总额7.63万亿元，机械行业资产规模占比较2020年末增长了0.46个百分点。2021年机械行业上市公司营业收入增长率为22.33%，比2020年的13.40%提高了66.64%。虽然国内外宏观经济环境处于不确定的状态，同时受到新冠肺炎疫情的影响，总体经济仍有下行压力，但机械行业上市公司维持了2016年以来的增长态势，仍旧处于上升发展周期。以固定资产投资为主要驱动力的机械行业，在2021年仍然保持良好的发展势头。2021年机械工业固定资产投资恢复虽未及预期但总体保持稳定。国家统计局数据显示，全年机械工业主要涉及的5个国民经济行业大类中通用设备、专用设备、电气机械及器材和仪器仪表制造业固定资产投资同比分别增长9.8%、24.3%、23.3%和12%，两年平均增速分别为1.3%、10.2%、6.7%和2%；而汽车制造业投资同比下降3.7%，两年平均增速为下降8.2%。以行业龙头企业三一重工为例，由于地产、基建固定资产投资在2020—2021年保持提升，公司2021年实现营业收入1061.13亿元，同比增长6.82%。三一重工的核心产品为挖掘机，2021年，三一挖掘机产品销量突破10万大关，国内销售近7.8万台，全年市场占有率首次超过30%；国际销售突破2.2万台，实现翻倍增长，挖掘机保有量与GDP和固定资产投资完成额之间存在正相关性。

（二）海外业务需求持续增加，促进行业景气回升

随着新冠肺炎疫情得到控制以及海外市场需求加快恢复，我国的出口市场强势复苏，迅速带动工程机械在海外市场的销量。此外，“一带一路”为中国工程机械搭建了重要平台，让越来越多的工程机械企业走出国门，主动参与全球竞争。综合来看，2021年，我国工程机械的出口市场表现“强劲”，出口额创下了历史新高。2021年机械工业对外贸易持续高速增长，全年累计实现进出口总额1.04万亿美元，首次突破1万亿美元大关。其中出口总额 6765 亿美元，同比增长 33. 7%；实现贸易顺差 3144 亿美元，同比增长 168%，创历史新高。14 个分行业中农业机械、仪器仪表、文化办公设备、电工电器、机械基础件、食品包装机械和其他民用机械 7 个分行业进口金额同比增长。

以行业龙头上市公司隆基股份（601012. SH）、中联重科（000157. SZ）及柳工机械（000528. SZ）为例。在海外业务快速增长和海运费用大幅上涨的背景下，隆基股份积极调整和应对，加强与主要船东的战略合作，海外基地工艺水平进步显著，疫情情况下保持了整体的稳定经营。截至 2021 年底，隆基股份单晶硅片产能达到 105GW，单晶电池产能达到 37GW，单晶组件产能达到 60GW。2021 年存货周转天数较 2020 年减少了 6. 8 天。2021 年实现海外收入 379. 49 亿元，同比增长 76. 83%。中联重科 2021 年实现海外收入 57. 89 亿元，同比增长 51. 05%。柳工机械 2021 年实现海外收入 59. 84 亿元，同比增长 66. 02%。这三家公司 2021 年的业绩增长印证了海外市场需求持续增加的行业景气。

（三）战略性新兴产业，带动全行业高速发展

我国对智能装备的需求与制造业转型升级相匹配，而在当前的国际形势下，关键领域的自主可控迫在眉睫；另一方面，以半导体和新能源为代表的新兴产业孕育了产业革命和重大的发展机遇，对半导体设备、锂电设备、光伏设备等需求将持续保持旺盛。大力发展战略性新兴产业已经被政府确定为拉动我国经济走向持续高增长的一个重要组成部分。2021 年机械工业中战略性新兴产业相关行业合计实现营业收入 20 万亿元，同比增长 18. 58%；实现利润总额 1. 21 万亿元，同比增长 11. 57%。战略性新兴产业营业收入增速高于同期机械工业平均增速，向上拉动行业收入增长 13. 95 个百分点，对全行业实现高速增长发挥积极的带动作用。

为呼应我国碳中和目标，新能源装备已经步入高增长轨道，新能源发展将突出清洁能源和可再生能源，包括水电、核电、风电、太阳能发电、沼气发电，以及地热利用、煤的洁净利用等。新能源是新兴产业的燎原星火，也是长期可持续发展的基石。我国是人均能源拥有量小国，新能源的广泛利用对我国国民经济有着任重道远的意义，各项关于新能源行业的相关扶持政策正在逐步落实。根据中国电力企业联合会发布的 2021 年全国电力工业统计数据，截至 12 月底，全国发电装机容量约 23. 8 亿千瓦，同比增长 7. 9%。其中风电装机容量 3. 3 亿千瓦，同比增长 16. 6%；太阳能发电装机容量约 3. 1 亿千瓦，同比增长 20. 9%。预计到 2022 年底，风电、太阳能发电装机将分别达到 3. 8 亿千瓦、4 亿千瓦，即风电、光伏 2022 年新增规模约为 0. 5 亿千瓦、0. 9 亿千瓦。随着新能源等新兴产业的不断发展，将有利于我国机械行业的规模进一步增长。

以隆基股份为例，随着光伏全面平价上网时代的到来，叠加各国实现碳中和目标的积极政策影响，光伏行业市场需求将进入新的快速发展阶段。报告期内，隆基股份稳步推进各环节高效产能扩产项目的实施，加大对高效单晶电池产能的布局。根据 PV Infolink 数据显示，隆基股份2021年蝉联全球组件出货冠军。凭借全球化的渠道布局以及享誉全球的品牌效应，隆基股份在亚太、欧洲、中东非等国家和区域的市占率已实现全面领跑，组件销量实现从2020年的全球总量领先到2021年全球主要细分市场全面领先。隆基股份2021年全年营业收入809.32亿元，同比增长48%。

（四）下游行业走弱需求减少，有望迎来边际改善

2021年基建和房地产固定资产投资累计同比增速持续下降，下游基建和房地产行业走弱，工程机械需求减少。“十四五”规划中，国家聚焦“两新一重”，将加强对新基建项目的投资，增加对工程机械的需求。专项债资金传导至项目需要一定时间，基建端方面目前并未有明显改善，2021年12月工程机械的需求呈现加速下滑趋势。

三、2022年机械行业前景分析

展望2022年，投资的拉动效用将有所减弱、消费的带动作用进展缓慢、外贸出口在国际疫情波动的背景下难以形成有效支撑，行业运行的外部环境依然严峻；同时，2021年下半年机械工业两位数高增长的基数也为2022年下半年继续保持同比增速带来不小压力。但作为“十四五”规划开局之年，重大项目和重大工程的启动，以国内大循环为主体、国内国际双循环相互促进的新发展格局的逐步形成，为机械行业平稳发展带来了相应的市场需求。预计2022年机械工业经济运行总体将呈现前高后平的走势，全年工业增加值增速在5.5%左右，营业收入和利润总额增速在4%左右，外贸进出口力争保持基本平衡。

（一）政策利好加码，2022年工程机械行业值得期待

2021年4月17日，中共中央政治局召开会议，分析国内外新冠肺炎疫情发展及防控形势，研究当前经济形势，部署当前经济工作。会议专门提到要加强传统基础设施投资。会议强调，要积极拉动国内需求，释放消费潜力，做好复工复产、复商复市的工作，增加居民消费，适当增加公共消费。会议指出，要积极扩大有效投资，实施老旧小区改造，加强传统基础设施和新型基础设施投资，促进传统产业的改造升级，扩大战略性新兴产业的投资。

2022年3月25日，《中共中央 国务院关于加快建设全国统一大市场的意见》中指出，加快建立全国统一的市场制度规则，打破地方保护和市场分割，打通制约经济循环的关键堵点，促进商品要素资源在更大范围内畅通流动，加快建设高效规范、公平竞争、充分开放的全国统一大市场，全面推动我国市场由大到强转变，为建设高标准市场体系、构建高水平社会主义市场经济体制提供坚强支撑。

在“十四五”发展时期，针对工程机械行业发展，规划中均有详细的发展重点和相关关键任务布局。《关于加快培育发展制造优质企业的指导意见》提出，构建优质企业梯度培育格局，促进提升产业链供应链现代化水平，引导优质企业高端化智能化绿色化发展等。在有效保障能源安全供应的前提下，结合实现碳达峰碳中和目标任务，有序推进全国能源市场建设。随着国家相关利好政策的出台，2022年机械行业的发展有望继续稳步上升。

随着专项债资金逐步传导至项目端，叠加环保政策趋严、不符合标准的工程机械更新换代等因素，2022年上半年基建行业有望迎来复苏，对工程机械的需求将回升。随着国家双碳目标不断推进，业内企业纷纷推出电动化设备应对。工程机械行业向电动化产品转型为必然趋势，预计电动化产品销量将逐渐提升。同时，市场集中度持续提升，国产龙头优势逐渐凸显。

（二）新能源产业前景良好促进行业前进势头

近年来，全球新能源发电装机占比大幅提升，年均增长率为20.2%。在经济增速换挡、资源环境约束趋紧的新常态下，能源绿色转型要求日益迫切，能源结构调整进入油气替代煤炭、非化石能源替代化石能源的更替期。在《新能源的发展前景计划》中，明确了2050年可再生能源将成为能源供应的主体力量，在电力消费中的比重有望达80%。能源结构转型将为新能源行业发展带来广阔空间。另一方面，我国的新能源产业链具备全球竞争力。新能源发电和新能源汽车均为中国制造核心产业，国家对此的政策支持力度较大。经过多年支持和发展，国内已涌现出一批例如隆基股份、宁德时代等全球领先的龙头公司。

在新能源发展良好的趋势下，电力电气新能源、新技术及新服务模式，如储能、微电网、电网安全、能源互联网、电力电气互联网等将在未来受到市场热捧。2019年年初至今，从电气设备子板块申万指数的涨跌幅方面看，火电设备与光伏设备两个板块的涨幅较大，分别上涨了34.71%和32.57%；中压设备、高压设备以及储能设备分别上涨6.42%、2.18%以及2.02%。新能源的研制对人们的生活水平提升具有积极作用，对科学技术提升，各方面发展都具有不可替代的作用，新能源将会成为未来发展必然趋势，具有很大的发展空间，可持续促进机械行业的发展势头。

附表　2021 年机械行业上市公司业绩评价结果排序表

序号	A 股上市公司评价得分排序	股票代码	股票简称	综合得分（100）	评价等级	每股收益（元）	净资产收益率（%）	总资产报酬率（%）	总资产周转率（次）	流动资产周转率（次）	资产负债率（%）	已获利息倍数	营业收入增长率（%）	资本扩张率（%）	市场投资回报率（%）	股价波动率（%）	年末资产总额（万元）	营业收入（万元）	净利润（万元）
1	9	600438	通威股份	82. 50	AA	1. 82	24. 65	14. 22	0. 83	2. 34	52. 80	23. 74	43. 64	32. 06	7. 44	126. 78	8824999. 21	6349107. 05	874221. 97
2	20	300750	宁德时代	81. 30	AA	6. 88	19. 00	9. 07	0. 56	0. 90	69. 90	17. 93	159. 06	33. 86	45. 43	166. 64	30766686. 09	13035579. 64	1786073. 01
3	38	601012	隆基股份	79. 80	A	1. 69	21. 19	11. 42	0. 87	1. 42	51. 31	29. 79	48. 27	33. 68	9. 56	91. 68	9773487. 93	8093225. 11	907381. 09
4	94	600089	特变电工	77. 10	A	1. 88	16. 20	10. 85	0. 52	1. 11	54. 92	10. 19	38. 97	22. 25	110. 49	247. 61	12635808. 11	6127836. 77	981362. 08
5	100	002129	中环股份	76. 90	A	1. 32	12. 30	8. 69	0. 60	2. 03	46. 56	6. 33	115. 70	48. 39	38. 03	178. 31	7797935. 90	4110468. 50	443512. 84
6	103	300124	汇川技术	76. 80	A	1. 37	22. 13	16. 93	0. 78	1. 16	40. 19	55. 65	55. 87	48. 24	3. 30	79. 90	2730271. 89	1794325. 66	368092. 45
7	128	002884	凌霄泵业	75. 90	A	1. 36	22. 91	24. 48	0. 91	1. 04	9. 52	0. 00	43. 72	8. 44	64. 87	69. 70	236747. 52	206288. 01	48330. 82
8	136	000039	中集集团	75. 70	A	1. 81	12. 94	9. 76	1. 09	2. 20	63. 08	10. 71	73. 85	5. 81	6. 13	73. 01	15432250. 10	16369598. 00	836076. 80
9	137	603486	科沃斯	75. 60	A	3. 59	45. 50	26. 77	1. 55	1. 86	52. 36	310. 85	80. 90	64. 04	52. 56	152. 50	1072001. 42	1308600. 74	201353. 83
10	141	002833	弘亚数控	75. 50	A	1. 72	22. 40	21. 89	0. 83	1. 55	32. 98	44. 16	40. 34	26. 70	23. 68	69. 75	344120. 43	237069. 45	52691. 43
11	156	300316	晶盛机电	75. 00	BBB	1. 33	26. 66	14. 53	0. 44	0. 56	57. 85	421. 52	56. 44	35. 52	102. 83	216. 20	1688375. 23	596135. 95	172826. 18
12	182	603659	璞泰来	74. 30	BBB	2. 53	17. 30	11. 76	0. 50	0. 75	50. 26	25. 42	70. 36	19. 67	89. 65	260. 16	2145026. 26	899589. 41	178287. 54
13	207	300171	东富龙	73. 70	BBB	1. 32	20. 03	12. 50	0. 51	0. 59	54. 02	4105. 52	54. 83	21. 24	222. 16	261. 44	974005. 28	419242. 11	88616. 89
14	210	603185	上机数控	73. 60	BBB	6. 36	28. 39	20. 38	1. 13	2. 01	48. 65	69. 58	262. 51	179. 52	11. 69	217. 81	1449084. 58	1091531. 80	171140. 93
15	222	300450	先导智能	73. 50	BBB	1. 28	20. 32	9. 43	0. 55	0. 65	60. 55	75. 86	71. 32	68. 63	35. 16	131. 82	2400015. 19	1003659. 17	158467. 30
16	232	688169	石头科技	73. 20	BBB	21. 03	15. 25	18. 12	0. 66	0. 93	13. 41	1134. 20	28. 84	19. 38	−15. 33	133. 72	980739. 39	583705. 13	140246. 51
17	246	002774	快意电梯	73. 00	BBB	0. 83	1. 79	17. 78	0. 96	1. 19	42. 91	531. 61	111. 24	24. 13	40. 55	143. 14	238265. 73	198424. 47	28049. 00
18	248	600406	国电南瑞	72. 90	BBB	1. 02	15. 41	10. 01	0. 61	0. 85	44. 26	93. 40	10. 15	11. 41	75. 25	160. 67	7273295. 14	4241100. 74	604280. 54
19	249	300014	亿纬锂能	72. 90	BBB	1. 54	15. 06	9. 06	0. 48	1. 14	54. 22	22. 74	107. 06	22. 29	21. 41	122. 85	4453390. 75	1689980. 41	314949. 45
20	266	002179	中航光电	72. 50	BBB	1. 86	15. 53	10. 00	0. 56	0. 67	41. 10	54. 54	24. 86	51. 47	23. 32	99. 40	2698733. 22	1286686. 27	212575. 54
21	280	603489	八方股份	72. 20	BBB	5. 04	22. 18	22. 10	0. 83	0. 94	24. 49	581. 68	89. 47	16. 16	23. 63	84. 20	354290. 49	264722. 87	60661. 73
22	286	002459	晶澳科技	72. 20	BBB	1. 28	12. 02	6. 17	0. 88	1. 56	70. 65	6. 03	59. 80	12. 65	145. 11	313. 66	5696744. 74	4130175. 36	208816. 17

续 表

序号	A股上市公司评价得分排序	股票代码	股票简称	综合得分（100）	评价等级	每股收益（元）	净资产收益率（%）	总资产报酬率（%）	总资产周转率（次）	流动资产周转率（次）	资产负债率（%）	已获利息倍数	营业收入增长率（%）	资本扩张率（%）	市场投资回报率（%）	股价波动率（%）	年末资产总额（万元）	营业收入（万元）	净利润（万元）
23	296	688200	华峰测控	72.00	BBB	7.16	18.28	19.61	0.34	0.40	10.07	3680.82	120.96	22.78	49.58	155.76	291463.16	87826.93	43877.32
24	300	603203	快克股份	71.90	BBB	1.42	17.98	18.94	0.51	0.61	22.32	388.38	45.90	13.73	68.39	158.27	166659.13	78056.98	26820.96
25	301	603606	东方电缆	71.90	BBB	1.81	28.67	19.22	1.10	1.44	41.73	66.39	57.00	56.06	99.68	279.32	838395.42	793220.90	118887.57
26	312	300861	美畅股份	71.70	BBB	1.91	18.28	22.04	0.45	0.55	9.92	793.48	53.29	16.30	51.59	122.00	445985.99	184765.23	76317.63
27	318	601882	海天精工	71.60	BBB	0.71	22.56	11.79	0.77	0.96	59.71	103.76	67.30	17.62	113.86	234.03	408434.00	273048.67	37107.06
28	326	601615	明阳智能	71.50	BBB	1.60	16.63	7.44	0.48	0.77	69.92	6.82	20.93	22.60	43.22	178.69	6149292.94	2715804.84	295938.48
29	331	603806	福斯特	71.40	BBB	2.35	20.18	19.63	1.02	1.28	10.94	345.56	53.20	35.01	69.71	196.34	1368796.48	1285789.38	219773.96
30	336	603100	川仪股份	71.30	BBB	1.36	13.30	10.18	0.90	1.17	51.89	38.16	28.99	16.60	106.24	121.29	663800.32	548660.87	54032.02
31	341	603267	鸿远电子	71.20	BBB	3.57	27.54	26.33	0.64	0.76	23.53	50.65	41.36	27.88	20.77	103.43	432743.57	240310.59	82673.70
32	356	603985	恒润股份	70.90	BBB	1.56	11.20	16.17	0.70	1.07	14.27	24.66	-3.82	115.77	117.49	337.50	389261.60	229348.32	43970.00
33	367	300772	运达股份	70.80	BBB	1.59	20.87	2.48	0.79	1.04	88.72	26.91	39.75	51.20	147.58	391.53	2471416.41	1604065.61	49305.65
34	377	300286	安科瑞	70.70	BBB	0.84	17.37	14.79	0.79	1.10	30.80	0.00	41.49	19.99	117.75	250.12	141528.58	101698.28	17006.52
35	400	688558	国盛智科	70.40	BBB	1.52	13.45	12.80	0.64	0.79	28.29	0.00	54.54	13.42	68.18	145.03	196706.53	113683.30	20153.01
36	411	002158	汉钟精机	70.30	BBB	0.91	18.50	13.48	0.69	0.97	43.95	25.25	31.20	14.01	66.37	80.00	469218.50	298116.35	48783.42
37	420	603095	越剑智能	70.20	BBB	2.45	9.83	12.50	0.51	0.71	33.36	145.60	109.82	15.04	15.78	42.35	335323.45	155020.79	32393.56
38	425	002960	青鸟消防	70.20	BBB	1.53	15.75	12.82	0.77	0.97	34.52	46.00	53.03	19.94	106.45	164.57	568531.82	386339.30	55442.05
39	426	002026	山东威达	70.10	BBB	0.89	12.27	11.10	0.82	1.11	35.73	72.45	52.87	21.28	78.09	168.23	486384.16	330971.04	39819.20
40	432	300415	伊之密	70.00	BB	1.18	25.22	15.44	0.87	1.43	50.25	32.58	29.97	39.74	60.73	81.66	449094.21	353286.93	52584.44
41	446	688308	欧科亿	69.80	BB	2.22	13.96	14.44	0.56	0.87	22.68	153.43	41.04	14.32	181.09	229.87	193296.03	99038.87	22222.23
42	454	002532	天山铝业	69.80	BB	0.82	18.21	11.48	0.55	1.30	60.23	5.82	4.68	10.21	16.45	99.14	5348187.32	2874476.71	383297.15
43	455	603915	国茂股份	69.70	BB	0.99	15.37	12.00	0.68	0.96	37.15	3322.47	34.81	16.49	35.65	65.83	470834.57	294428.70	46038.94
44	465	002645	华宏科技	69.60	BB	0.94	15.35	12.94	1.49	2.71	30.27	69.84	100.75	19.70	177.00	204.56	516118.84	677682.88	54117.30

续 表

序号	A股上市公司评价得分排序	股票代码	股票简称	综合得分(100)	评价等级	每股收益(元)	净资产收益率(%)	总资产报酬率(%)	总资产周转率(次)	流动资产周转率(次)	资产负债率(%)	已获利息倍数	营业收入增长率(%)	资本扩张率(%)	市场投资回报率(%)	股价波动率(%)	年末资产总额(万元)	营业收入(万元)	净利润(万元)
45	472	600885	宏发股份	69.50	BB	1.43	16.26	13.67	0.82	1.39	36.07	30.16	28.18	18.06	22.53	100.50	1366632.35	1002265.75	145231.09
46	473	300696	爱乐达	69.50	BB	1.08	18.72	19.92	0.41	0.55	10.44	888.16	102.12	77.16	0.70	117.48	190183.89	61400.94	25502.07
47	478	300751	迈为股份	69.40	BB	6.26	15.33	8.99	0.43	0.47	40.21	326.77	35.44	236.83	95.92	268.23	977588.21	309539.12	62683.55
48	488	002028	思源电气	69.30	BB	1.57	15.50	11.26	0.70	0.99	38.21	410.66	17.94	28.12	156.53	204.02	1391441.16	869533.51	127231.77
49	491	003025	思进智能	69.20	BB	1.10	13.35	13.82	0.45	0.62	19.78	0.00	23.08	9.59	46.34	95.77	114083.94	47764.33	12346.04
50	498	300470	中密控股	69.10	BB	1.41	13.83	13.38	0.46	0.59	15.32	2728.52	22.43	47.55	−2.42	64.55	266858.80	113159.24	28767.88
51	504	603279	景津装备	69.00	BB	1.63	19.86	14.31	0.83	1.12	43.37	2032.27	39.70	13.40	181.81	224.96	595073.61	465110.10	64700.61
52	506	002801	微光股份	68.90	BB	1.11	15.63	19.64	0.75	0.92	15.63	0.00	39.27	13.70	−16.38	110.41	158425.16	111160.80	25441.18
53	513	605222	起帆电缆	68.80	BB	1.71	19.58	13.97	2.51	2.93	59.72	7.61	93.90	34.50	31.37	79.48	925091.79	1887754.17	68329.47
54	518	000425	徐工机械	68.80	BB	0.71	14.44	6.84	0.84	1.09	66.22	11.31	14.01	8.78	8.08	60.19	11002910.71	8432757.92	564722.25
55	529	300818	耐普矿机	68.60	BB	2.65	16.01	12.21	0.58	0.88	41.96	37.05	186.03	26.56	81.10	110.19	191886.10	105302.53	18379.73
56	532	600499	科达制造	68.60	BB	0.53	19.09	10.73	0.66	1.26	50.41	17.33	32.57	18.15	174.78	242.69	1612334.43	979667.97	146300.04
57	541	002430	杭氧股份	68.50	BB	1.24	16.78	11.06	0.78	1.37	51.05	18.23	18.53	14.97	7.26	78.22	1604727.12	1187784.46	127443.82
58	542	601100	恒立液压	68.50	BB	2.06	30.90	26.99	0.81	1.11	25.08	105.35	18.51	25.68	−35.15	109.09	1233204.33	930921.81	269905.84
59	565	605123	派克新材	68.20	BB	2.82	16.85	12.74	0.63	0.84	41.77	121.82	68.65	15.80	93.17	190.80	313279.80	173334.76	30408.66
60	571	600760	中航沈飞	68.10	BB	0.87	13.81	3.89	0.71	0.82	80.41	0.00	24.79	13.52	0.18	129.99	6278047.74	3408835.87	169647.06
61	584	300488	恒锋工具	68.00	BB	0.93	11.07	13.26	0.37	1.03	18.41	50.95	31.53	11.87	87.16	296.83	147252.69	50932.10	15491.11
62	589	603855	华荣股份	68.00	BB	1.13	18.25	11.68	0.81	0.99	56.63	149.81	32.62	8.55	68.64	114.25	413276.50	302730.32	39016.58
63	597	002850	科达利	67.80	BB	2.33	11.91	9.70	0.70	1.37	36.66	32.08	125.06	14.00	87.96	260.17	732648.56	446758.04	54557.47
64	603	300763	锦浪科技	67.80	BB	1.93	19.27	12.04	0.71	1.44	64.50	18.90	58.92	22.50	151.70	292.51	631096.07	331241.47	47383.35
65	607	603277	银都股份	67.70	BB	0.98	15.12	15.31	0.78	1.21	31.84	56.39	52.31	0.93	70.27	130.34	335259.48	245873.23	41205.30
66	609	002690	美亚光电	67.70	BB	0.76	20.10	19.03	0.59	0.83	22.98	0.00	21.18	9.12	−17.65	74.71	325264.55	181287.87	51108.85

续 表

序号	A股上市公司评价得分排序	股票代码	股票简称	综合得分(100)	评价等级	每股收益(元)	净资产收益率(%)	总资产报酬率(%)	总资产周转率(次)	流动资产周转率(次)	资产负债率(%)	已获利息倍数	营业收入增长率(%)	资本扩张率(%)	市场投资回报率(%)	股价波动率(%)	年末资产总额(万元)	营业收入(万元)	净利润(万元)
67	627	300354	东华测试	67.50	BB	0.58	16.71	16.61	0.50	0.70	9.28	0.00	25.22	15.72	167.14	314.97	54529.44	25704.26	8002.39
68	632	300474	景嘉微	67.50	BB	0.97	9.51	9.67	0.34	0.45	13.84	75.29	67.21	13.18	107.01	241.29	332520.41	109320.05	29274.08
69	633	600765	中航重机	67.40	BB	0.89	9.41	7.14	0.50	0.65	50.03	10.63	31.23	37.15	106.25	276.62	1968474.56	878990.20	96667.71
70	635	300775	三角防务	67.40	BB	0.83	18.49	14.18	0.35	0.46	40.54	0.00	90.67	27.54	19.59	145.47	413133.81	117233.75	41228.88
71	641	300885	海昌新材	67.30	BB	0.56	10.24	12.76	0.41	0.49	7.50	0.00	45.47	3.44	17.89	89.76	79136.17	31471.96	8437.58
72	643	300837	浙矿股份	67.30	BB	1.58	15.02	13.33	0.42	0.59	28.61	0.00	23.86	13.54	10.13	48.85	149925.07	57325.13	15760.07
73	654	601877	正泰电器	67.20	BB	1.58	11.52	7.14	0.50	1.06	59.66	5.33	16.88	10.54	41.41	174.52	8545114.56	3886462.36	376622.09
74	656	300813	泰林生物	67.20	BB	1.22	12.53	11.67	0.47	0.60	24.16	527.81	41.46	11.96	121.07	224.87	65587.14	28324.85	6352.99
75	670	002025	航天电器	67.10	BB	1.12	10.50	7.93	0.64	0.74	34.54	167.09	19.43	46.34	30.46	136.10	920872.13	503785.22	56473.34
76	672	688390	固德威	67.10	BB	3.18	15.55	9.46	0.85	1.04	54.83	481.11	68.53	15.18	56.02	216.96	371470.33	267811.38	27847.18
77	676	300776	帝尔激光	67.10	BB	3.60	17.48	14.00	0.39	0.42	38.55	31.55	17.21	28.20	72.07	171.83	375480.95	125679.15	38102.03
78	679	688516	奥特维	67.00	BB	3.76	25.59	11.86	0.56	0.62	66.65	34.35	78.93	31.06	238.73	355.57	428239.34	204672.75	36736.75
79	692	002757	南兴股份	66.90	BB	0.99	12.80	11.21	0.88	2.14	34.81	19.89	30.19	10.25	6.22	33.37	345913.81	277678.34	29721.72
80	700	002487	大金重工	66.80	BB	1.04	20.79	12.19	0.78	1.00	54.90	46.83	33.28	24.43	358.15	587.81	665008.79	443198.10	57740.22
81	703	300416	苏试试验	66.70	BB	0.72	13.37	8.95	0.47	0.80	50.96	7.45	26.74	62.92	98.45	141.72	377130.61	150164.13	22087.96
82	716	688599	天合光能	66.60	BB	0.87	9.41	5.21	0.82	1.27	71.41	4.99	51.20	15.69	239.00	408.98	6353988.19	4448039.01	184998.17
83	725	603025	大豪科技	66.50	BB	0.39	17.95	18.94	0.68	0.96	13.26	632.11	80.76	9.40	-1.70	145.39	232815.56	150488.11	36470.18
84	742	300371	汇中股份	66.40	BB	0.93	16.86	17.60	0.52	0.87	14.26	21510.16	23.12	15.11	20.52	64.73	109266.39	52353.65	15518.78
85	746	300720	海川智能	66.30	BB	0.40	13.15	14.61	0.42	0.52	8.41	0.00	15.76	8.32	10.69	70.42	63016.54	25267.27	7675.28
86	755	300724	捷佳伟创	66.20	BB	2.12	14.23	7.57	0.46	0.50	51.47	45.46	24.80	104.40	-11.94	139.70	1278294.54	504720.98	71378.59
87	785	300443	金雷股份	65.90	BB	1.90	14.35	17.35	0.49	0.86	9.07	97.09	11.80	11.74	59.96	255.81	357728.92	165083.93	49637.78
88	796	603678	火炬电子	65.90	BB	2.08	21.92	18.78	0.74	1.07	30.53	35.25	29.48	19.84	1.32	95.65	694042.48	473415.98	97668.00

续 表

序号	A股上市公司评价得分排序	股票代码	股票简称	综合得分（100）	评价等级	每股收益（元）	净资产收益率（%）	总资产报酬率（%）	总资产周转率（次）	流动资产周转率（次）	资产负债率（%）	已获利息倍数	营业收入增长率（%）	资本扩张率（%）	市场投资回报率（%）	股价波动率（%）	年末资产总额（万元）	营业收入（万元）	净利润（万元）
89	800	603728	鸣志电器	65.80	BB	0.67	11.24	10.28	0.90	1.49	24.94	71.17	22.66	12.06	49.31	114.75	325765.59	271422.22	28151.80
90	802	605186	健麾信息	65.80	BB	0.86	12.67	13.52	0.46	0.59	13.64	130740.36	70.76	11.16	42.83	191.79	112956.63	48975.54	12716.26
91	804	688556	高测股份	65.80	BB	1.07	16.20	7.48	0.61	0.79	64.32	34.16	109.97	17.24	176.30	419.23	323493.08	156659.67	17269.21
92	834	600582	天地科技	65.50	BB	0.39	7.93	5.85	0.59	0.80	43.97	110.21	14.69	4.52	46.35	136.47	4215787.86	2357071.40	196871.49
93	835	002595	豪迈科技	65.50	BB	1.32	15.96	16.58	0.82	1.34	14.82	78.97	13.48	12.72	-1.31	52.37	764353.85	600833.06	105129.70
94	837	600841	动力新科	65.40	BB	0.56	8.63	4.97	1.46	1.94	59.71	70.33	297.97	143.92	18.94	96.06	2424775.37	2440151.36	80037.56
95	842	600031	三一重工	65.40	BB	1.43	17.17	10.69	0.80	1.15	53.02	48.00	6.82	11.87	-42.29	153.21	13855654.30	10611334.60	1232568.10
96	855	603289	泰瑞机器	65.20	BB	0.49	10.05	9.41	0.65	0.85	29.52	375.58	25.71	25.40	29.71	76.16	188850.89	109758.65	14221.34
97	869	300718	长盛轴承	65.10	BB	0.52	8.49	11.37	0.62	0.98	14.39	180.00	50.32	4.85	51.89	146.03	164803.93	98497.48	15572.23
98	873	300800	力合科技	65.00	B	1.08	11.13	12.46	0.39	0.44	13.67	1362.73	17.24	7.01	51.20	105.65	233190.01	90781.50	25461.55
99	876	002760	凤形股份	65.00	B	1.03	9.48	8.35	0.64	1.21	42.08	14.23	34.16	28.45	63.27	186.98	159763.22	94504.26	10267.51
100	879	603666	亿嘉和	65.00	B	2.39	17.88	20.49	0.48	0.66	21.39	40.15	27.78	72.45	4.66	87.29	337248.49	128493.42	48361.05
101	880	688012	中微公司	65.00	B	1.76	3.54	10.06	0.28	0.35	16.69	1742.99	36.72	219.05	-16.08	124.21	1673298.90	310813.47	101126.98
102	887	300274	阳光电源	64.90	B	1.08	10.56	5.69	0.68	0.81	61.01	16.25	25.15	53.74	71.34	196.31	4284013.09	2413659.87	170399.46
103	889	002985	北摩高科	64.90	B	1.65	21.86	20.38	0.34	0.42	32.76	197.26	64.91	16.88	1.09	93.00	394749.18	113237.27	54950.25
104	893	603298	杭叉集团	64.90	B	1.05	16.59	12.33	1.57	2.52	42.03	19.90	26.53	12.81	-13.25	85.91	1039724.92	1448970.27	99110.82
105	900	300629	新劲刚	64.80	B	0.72	8.71	9.45	0.29	0.55	16.54	29.81	13.17	21.93	22.42	154.92	131932.51	36029.76	9703.05
106	911	002698	博实股份	64.80	B	0.48	16.97	12.76	0.45	0.54	37.82	289.50	15.59	12.24	13.68	33.08	490194.54	211295.48	51989.16
107	915	002819	东方中科	64.70	B	1.01	8.51	7.42	0.58	0.71	18.15	88.26	63.58	630.43	7.93	91.99	527383.16	184838.95	20821.15
108	917	300341	麦克奥迪	64.70	B	0.35	12.79	14.23	0.82	1.16	25.97	40.93	23.44	15.30	21.16	71.57	186153.69	146475.45	19014.52
109	933	300515	三德科技	64.60	B	0.42	13.08	12.46	0.46	0.56	27.82	3443.44	20.36	15.03	44.61	91.84	89640.26	38450.33	9036.26
110	937	300593	新雷能	64.50	B	1.03	25.10	15.99	0.70	1.01	47.99	17.24	75.37	35.93	218.14	248.45	256921.10	147772.14	29322.40

续 表

序号	A股上市公司评价得分排序	股票代码	股票简称	综合得分(100)	评价等级	每股收益(元)	净资产收益率(%)	总资产报酬率(%)	总资产周转率(次)	流动资产周转率(次)	资产负债率(%)	已获利息倍数	营业收入增长率(%)	资本扩张率(%)	市场投资回报率(%)	股价波动率(%)	年末资产总额(万元)	营业收入(万元)	净利润(万元)
111	948	688698	伟创电气	64.50	B	0.70	13.93	11.69	0.70	0.87	31.67	810.30	43.10	13.60	33.71	135.64	126855.75	81887.50	12649.78
112	952	603901	永创智能	64.40	B	0.58	11.67	7.87	0.66	0.91	50.50	12.01	34.02	42.60	98.07	129.95	447225.62	270723.41	25869.01
113	953	300820	英杰电气	64.40	B	1.65	12.78	10.46	0.38	0.40	42.59	744.52	56.87	12.21	106.98	277.04	207119.41	65995.64	15737.28
114	966	300360	炬华科技	64.30	B	0.63	11.59	11.96	0.39	0.52	19.52	1713.35	10.32	10.66	45.51	145.47	332221.27	121021.14	32601.77
115	972	600761	安徽合力	64.30	B	0.86	10.54	8.74	1.44	2.00	44.94	26.57	20.47	7.06	-7.36	81.66	1163621.72	1541665.63	78522.10
116	979	002843	泰嘉股份	64.20	B	0.34	7.95	9.58	0.59	1.36	41.75	14.18	30.64	21.83	33.61	97.79	101373.42	52670.00	6962.06
117	981	002498	汉缆股份	64.20	B	0.23	12.04	10.57	1.07	1.42	30.17	150.95	29.19	15.10	30.70	112.86	932091.24	898129.30	77141.54
118	985	000519	中兵红箭	64.20	B	0.35	5.37	4.68	0.57	0.84	35.78	66.20	16.26	5.79	159.92	333.79	1403075.26	751366.27	48533.54
119	1006	000738	航发控制	64.00	B	0.40	5.77	5.33	0.36	0.53	24.64	35.16	18.81	66.67	20.67	122.76	1417556.55	415677.79	51499.56
120	1008	002531	天顺风能	63.90	B	0.73	14.50	11.38	0.54	1.19	50.00	7.10	1.42	13.94	146.49	297.52	1570033.58	816605.37	130323.68
121	1017	603318	水发燃气	63.90	B	0.11	4.26	6.12	0.87	2.58	50.05	2.90	130.15	3.61	32.73	117.86	297532.15	260784.79	7644.56
122	1024	002518	科士达	63.80	B	0.64	10.79	9.15	0.62	0.92	37.32	154.71	15.83	10.30	81.71	308.78	495055.25	280591.98	37237.14
123	1031	300007	汉威科技	63.80	B	0.87	9.35	7.70	0.41	0.86	49.86	8.86	19.32	41.54	108.44	190.79	594699.31	231621.20	32521.55
124	1033	300480	光力科技	63.70	B	0.46	6.52	10.16	0.40	0.64	21.43	18.00	70.33	72.65	140.37	256.51	171613.02	53023.83	11987.07
125	1037	688155	先惠技术	63.70	B	0.93	4.57	4.68	0.63	0.71	42.50	58.70	119.36	10.62	84.84	149.53	209905.13	110198.12	7089.90
126	1043	300693	盛弘股份	63.70	B	0.55	12.59	9.40	0.74	1.00	43.89	28.11	32.41	12.13	123.75	309.13	150836.86	102138.49	11344.98
127	1056	688017	绿的谐波	63.60	B	1.57	8.43	11.19	0.23	0.30	12.00	382.50	104.77	9.66	37.26	115.31	208446.11	44335.14	19008.25
128	1058	002444	巨星科技	63.60	B	1.13	11.09	9.80	0.70	1.30	37.52	25.41	27.80	19.65	-2.99	58.70	1730715.49	1091968.33	129731.52
129	1062	002353	杰瑞股份	63.60	B	1.66	12.44	10.14	0.46	0.59	34.37	33.00	5.80	12.68	7.25	85.65	1952855.26	877617.22	161169.52
130	1064	688686	奥普特	63.60	B	3.67	10.88	13.16	0.34	0.36	6.91	807.20	36.21	9.72	-13.22	105.06	270152.18	87505.30	30286.47
131	1068	300833	浩洋股份	63.50	B	1.61	6.85	8.29	0.31	0.35	10.04	288.55	54.66	5.53	91.49	192.71	208291.22	61813.95	13848.50
132	1075	603897	长城科技	63.50	B	1.89	11.67	10.30	2.56	3.17	38.81	11.93	70.99	36.30	201.82	361.43	443277.44	1072672.90	34110.46

续 表

序号	A股上市公司评价得分排序	股票代码	股票简称	综合得分（100）	评价等级	每股收益（元）	净资产收益率（%）	总资产报酬率（%）	总资产周转率（次）	流动资产周转率（次）	资产负债率（%）	已获利息倍数	营业收入增长率（%）	资本扩张率（%）	市场投资回报率（%）	股价波动率（%）	年末资产总额（万元）	营业收入（万元）	净利润（万元）
133	1079	300617	安靠智电	63. 50	B	1. 36	9. 76	11. 22	0. 37	0. 44	17. 11	41. 91	52. 35	178. 19	33. 59	178. 32	311926. 20	80558. 52	20446. 79
134	1088	600475	华光环能	63. 40	B	1. 06	9. 03	6. 38	0. 46	1. 06	56. 78	7. 38	9. 62	8. 30	40. 23	83. 51	1964819. 98	837683. 89	86190. 58
135	1089	603859	能科科技	63. 40	B	1. 04	8. 52	7. 85	0. 47	0. 72	16. 76	26. 08	19. 85	66. 19	31. 98	63. 58	287861. 21	114085. 36	16668. 90
136	1107	300850	新强联	63. 30	B	2. 78	19. 30	13. 95	0. 52	0. 77	43. 93	8. 13	19. 98	131. 80	108. 74	290. 97	625635. 90	247687. 44	51503. 59
137	1110	002013	中航机电	63. 20	B	0. 33	7. 17	4. 98	0. 46	0. 69	50. 61	17. 35	22. 64	7. 69	42. 04	149. 05	3489366. 32	1499220. 48	135026. 86
138	1116	688310	迈得医疗	63. 20	B	0. 77	7. 67	8. 33	0. 37	0. 49	13. 27	603. 86	19. 90	3. 66	61. 63	159. 19	87931. 17	31552. 58	6397. 20
139	1126	002192	融捷股份	63. 10	B	0. 26	12. 59	9. 95	0. 78	1. 81	47. 31	12. 37	136. 09	15. 61	171. 14	324. 11	134729. 06	92059. 76	8830. 79
140	1133	603338	浙江鼎力	63. 00	B	1. 82	17. 68	13. 29	0. 64	0. 86	37. 56	194. 36	67. 05	59. 67	−26. 16	182. 08	957446. 96	493931. 60	88446. 34
141	1134	300604	长川科技	63. 00	B	0. 37	10. 98	8. 80	0. 58	0. 78	30. 00	48. 28	88. 00	82. 36	237. 60	311. 99	331870. 12	151123. 04	22213. 78
142	1135	002533	金杯电工	63. 00	B	0. 45	8. 83	6. 77	1. 83	2. 58	49. 27	7. 12	64. 60	4. 75	72. 75	200. 97	738171. 07	1283231. 42	35716. 45
143	1140	603320	迪贝电气	62. 90	B	0. 60	7. 81	8. 78	0. 94	1. 48	38. 04	6. 90	56. 20	9. 07	27. 61	85. 78	126826. 48	113809. 04	7871. 85
144	1145	603187	海容冷链	62. 90	B	0. 96	10. 87	8. 05	0. 77	0. 99	35. 62	65. 46	40. 80	31. 22	4. 63	57. 74	371702. 50	266179. 39	24333. 22
145	1153	002903	宇环数控	62. 80	B	0. 49	8. 26	8. 58	0. 45	0. 61	25. 54	0. 00	44. 10	10. 79	42. 89	106. 87	98999. 62	43847. 50	7219. 84
146	1156	002972	科安达	62. 80	B	0. 86	11. 47	12. 68	0. 29	0. 32	12. 77	0. 00	11. 18	8. 22	11. 21	37. 54	142306. 92	40084. 57	15149. 91
147	1169	688056	莱伯泰科	62. 70	B	1. 04	8. 25	9. 39	0. 42	0. 49	11. 88	0. 00	5. 81	6. 14	124. 07	200. 52	89247. 31	36885. 79	6941. 31
148	1172	688015	交控科技	62. 70	B	1. 75	14. 69	6. 96	0. 54	0. 64	55. 30	35. 82	27. 44	79. 31	0. 54	75. 05	529141. 88	258212. 67	29689. 74
149	1184	688312	燕麦科技	62. 60	B	0. 85	8. 12	10. 08	0. 32	0. 33	4. 77	120. 82	22. 03	9. 15	8. 83	59. 27	138961. 85	42755. 44	12070. 30
150	1202	300259	新天科技	62. 50	B	0. 35	9. 77	14. 11	0. 37	0. 47	15. 89	0. 00	−0. 11	8. 99	18. 68	52. 53	336446. 27	119318. 19	41394. 30
151	1207	601369	陕鼓动力	62. 40	B	0. 51	9. 60	5. 05	0. 41	0. 49	70. 72	13. 63	28. 47	8. 49	71. 54	159. 29	2727649. 32	1036091. 53	95047. 79
152	1218	601028	玉龙股份	62. 40	B	0. 47	14. 58	10. 32	3. 08	3. 10	27. 01	42. 47	−4. 67	15. 60	59. 10	83. 91	364927. 13	1135194. 67	36079. 13
153	1236	300817	双飞股份	62. 30	B	0. 83	10. 12	10. 18	0. 77	1. 37	20. 33	28. 07	45. 38	8. 82	4. 15	73. 20	122115. 95	90842. 59	10345. 64
154	1251	300514	友讯达	62. 20	B	0. 29	8. 28	5. 96	0. 83	1. 03	43. 91	33. 14	31. 26	8. 02	23. 52	123. 39	114671. 13	86591. 99	5756. 46

续 表

序号	A股上市公司评价得分排序	股票代码	股票简称	综合得分（100）	评价等级	每股收益（元）	净资产收益率（%）	总资产报酬率（%）	总资产周转率（次）	流动资产周转率（次）	资产负债率（%）	已获利息倍数	营业收入增长率（%）	资本扩张率（%）	市场投资回报率（%）	股价波动率（%）	年末资产总额（万元）	营业收入（万元）	净利润（万元）
155	1255	002892	科力尔	62.10	B	0.49	9.95	9.05	1.14	1.48	20.81	98.66	44.44	75.69	100.32	212.35	158317.47	143453.85	10255.00
156	1256	300260	新莱应材	62.10	B	0.75	13.53	8.64	0.78	1.20	56.61	7.58	55.28	14.18	199.55	328.06	293990.42	205441.23	17010.03
157	1264	600592	龙溪股份	62.10	B	0.75	2.01	10.67	0.45	0.68	33.58	36.20	23.86	10.64	3.79	44.39	345151.25	143516.71	28310.32
158	1267	002896	中大力德	62.10	B	0.78	10.43	7.55	0.74	1.45	48.40	11.69	25.30	10.21	20.01	84.66	148028.80	95297.38	8139.47
159	1268	300880	迦南智能	62.10	B	0.66	14.47	12.03	0.66	0.77	29.81	678.20	31.73	12.55	-9.66	63.32	103209.70	66895.68	10610.11
160	1272	300660	江苏雷利	62.00	B	0.94	9.35	7.32	0.71	0.91	37.50	51.38	20.50	9.44	75.32	198.50	448862.22	291892.34	26294.59
161	1278	603757	大元泵业	62.00	B	0.89	10.61	10.15	0.91	1.24	23.17	620.09	5.04	0.90	5.03	73.04	165684.40	148431.54	14721.63
162	1279	600528	中铁工业	62.00	B	0.78	7.42	4.51	0.58	0.79	52.70	76.57	11.80	6.27	-7.00	31.48	4917663.33	2715716.87	185854.73
163	1283	002837	英维克	61.90	B	0.63	11.00	7.91	0.71	0.91	46.44	8.55	30.82	31.84	114.61	275.51	345640.65	222822.09	19867.80
164	1290	002706	良信股份	61.90	B	0.42	18.38	11.96	1.05	1.83	50.07	38.52	33.50	8.25	-17.01	118.15	441879.55	402715.45	41852.98
165	1291	000528	柳工	61.80	B	0.51	5.70	3.98	0.77	1.09	60.08	6.60	24.77	35.50	1.92	62.42	4043324.94	2870072.95	101775.10
166	1294	603662	柯力传感	61.80	B	1.29	9.37	10.95	0.38	0.55	29.38	53.38	23.44	9.79	18.86	94.77	299949.04	103112.98	25617.49
167	1298	603088	宁波精达	61.80	B	0.28	12.98	9.58	0.51	0.67	52.22	63.70	25.53	-2.35	120.00	290.78	115517.33	53382.29	8551.18
168	1303	600764	中国海防	61.80	B	1.19	11.43	9.82	0.49	0.58	27.48	39.14	4.38	8.97	15.81	92.89	1026178.39	487409.55	84889.38
169	1308	300762	上海瀚讯	61.70	B	0.62	10.37	9.86	0.28	0.31	19.68	80.87	13.79	89.84	-23.04	72.58	325404.98	72924.70	23503.91
170	1318	002255	海陆重工	61.60	B	0.53	10.46	9.02	0.47	0.75	41.68	95.49	25.07	16.05	77.22	125.75	572387.15	253279.10	45649.58
171	1319	600379	宝光股份	61.60	B	0.15	7.79	6.02	1.02	1.33	42.97	17.58	11.96	12.14	143.04	219.75	111738.82	100993.56	5216.28
172	1321	002150	通润装备	61.50	B	0.40	11.04	12.16	0.99	1.33	19.80	345.10	34.91	9.14	8.83	30.02	205844.47	192111.24	17733.10
173	1323	300092	科新机电	61.50	B	0.40	12.64	8.41	0.74	0.89	46.19	511.33	28.97	12.19	52.03	129.97	138855.33	94813.70	9234.56
174	1326	002979	雷赛智能	61.50	B	0.73	19.23	16.32	0.80	1.01	33.55	43.02	27.13	-2.07	-9.80	79.48	164713.14	120315.82	22770.04
175	1340	600218	全柴动力	61.40	B	0.39	3.56	2.93	1.04	1.34	48.71	37.08	23.61	37.69	66.35	173.27	605104.74	550819.78	14293.40
176	1347	300838	浙江力诺	61.40	B	0.63	10.12	8.76	0.62	0.86	32.31	84.22	46.53	8.38	3.77	35.93	123831.75	68835.95	8526.56

续 表

序号	A股上市公司评价得分排序	股票代码	股票简称	综合得分(100)	评价等级	每股收益(元)	净资产收益率(%)	总资产报酬率(%)	总资产周转率(次)	流动资产周转率(次)	资产负债率(%)	已获利息倍数	营业收入增长率(%)	资本扩张率(%)	市场投资回报率(%)	股价波动率(%)	年末资产总额(万元)	营业收入(万元)	净利润(万元)
177	1355	300179	四方达	61. 30	B	0. 19	7. 16	9. 01	0. 36	0. 59	20. 31	58. 68	30. 90	3. 33	92. 05	260. 36	117749. 12	41689. 45	9205. 99
178	1356	601038	一拖股份	61. 30	B	0. 39	6. 03	3. 96	0. 75	1. 22	51. 52	17. 21	23. 10	20. 23	33. 15	122. 13	1233959. 46	920913. 58	43334. 32
179	1359	300154	瑞凌股份	61. 30	B	0. 26	5. 47	6. 85	0. 53	0. 62	21. 93	37. 28	94. 85	3. 25	32. 75	84. 77	214250. 45	108266. 71	11796. 00
180	1364	300722	新余国科	61. 30	B	0. 36	12. 40	11. 70	0. 49	0. 85	19. 45	1909. 65	20. 44	6. 41	−14. 95	100. 98	62315. 20	29330. 85	6258. 96
181	1370	688028	沃尔德	61. 20	B	0. 68	5. 55	6. 82	0. 36	0. 59	7. 34	823. 59	34. 73	2. 27	33. 52	142. 23	93141. 76	32580. 91	5445. 00
182	1375	002184	海得控制	61. 20	B	0. 38	11. 29	8. 62	1. 01	1. 33	44. 79	29. 56	9. 95	12. 66	61. 32	118. 56	257598. 28	249095. 22	17003. 62
183	1377	688128	中国电研	61. 10	B	0. 78	10. 03	8. 12	0. 77	1. 02	49. 20	49. 10	35. 24	6. 35	76. 94	272. 82	485125. 90	340745. 45	31271. 19
184	1381	300441	鲍斯股份	61. 10	B	0. 43	15. 91	12. 36	0. 71	1. 47	41. 81	12. 37	10. 19	21. 00	19. 68	54. 96	327716. 60	217182. 61	30292. 86
185	1392	000400	许继电气	61. 00	B	0. 72	8. 28	5. 76	0. 70	0. 84	42. 51	31. 16	7. 14	10. 41	81. 81	202. 62	1766824. 77	1199069. 74	85712. 96
186	1395	688006	杭可科技	61. 00	B	0. 58	6. 15	5. 33	0. 52	0. 62	51. 02	0. 00	66. 35	10. 02	31. 17	160. 68	576640. 70	248331. 31	23511. 79
187	1396	603416	信捷电气	61. 00	B	2. 16	16. 12	14. 68	0. 56	0. 75	26. 03	1016. 19	14. 54	17. 51	−42. 04	185. 31	240231. 67	129933. 32	30358. 34
188	1397	688330	宏力达	61. 00	B	4. 13	10. 72	13. 11	0. 31	0. 33	14. 75	170. 19	24. 60	10. 34	45. 64	170. 64	391549. 77	113206. 08	41288. 74
189	1412	002270	华明装备	60. 90	B	0. 55	6. 74	13. 89	0. 38	0. 60	30. 44	11. 53	12. 00	8. 94	92. 36	249. 92	409710. 26	153238. 04	42101. 24
190	1422	300112	万讯自控	60. 70	B	0. 32	7. 76	8. 03	0. 61	1. 09	28. 34	11. 99	29. 42	10. 20	77. 45	126. 78	171983. 92	94763. 38	9671. 56
191	1427	002534	西子洁能	60. 70	B	0. 58	10. 04	4. 44	0. 54	0. 76	71. 21	17. 35	22. 83	7. 70	237. 12	251. 91	1394081. 13	657813. 11	47037. 29
192	1429	300503	昊志机电	60. 70	B	0. 52	10. 76	9. 42	0. 49	0. 99	47. 92	6. 50	30. 38	35. 41	22. 05	128. 35	260950. 64	113998. 20	16162. 08
193	1432	002879	长缆科技	60. 60	B	0. 78	7. 42	7. 45	0. 52	0. 63	23. 11	1838. 23	12. 46	6. 45	75. 74	151. 19	212657. 55	105776. 78	14038. 09
194	1437	605100	华丰股份	60. 60	B	1. 35	8. 56	8. 70	0. 60	0. 92	20. 99	3845. 94	−14. 92	4. 12	−11. 06	47. 81	231872. 22	135428. 76	16360. 90
195	1442	002452	长高集团	60. 50	B	0. 45	10. 42	8. 88	0. 44	0. 66	37. 20	11. 81	−2. 59	42. 80	79. 65	188. 32	333270. 52	152124. 65	24848. 82
196	1444	603611	诺力股份	60. 50	B	1. 17	12. 94	5. 59	0. 89	1. 20	72. 50	11. 56	44. 39	10. 07	50. 75	147. 54	764121. 20	588697. 80	29370. 34
197	1445	603507	振江股份	60. 50	B	1. 44	10. 98	7. 13	0. 57	1. 13	66. 01	3. 49	25. 54	12. 91	66. 43	250. 29	486886. 38	242465. 91	18766. 45
198	1451	601766	中国中车	60. 40	B	0. 36	5. 48	3. 65	0. 55	0. 85	57. 29	12. 54	−0. 85	7. 77	6. 57	34. 78	42682649. 90	22573175. 50	1241754. 60

续 表

序号	A股上市公司评价得分排序	股票代码	股票简称	综合得分（100）	评价等级	每股收益（元）	净资产收益率（%）	总资产报酬率（%）	总资产周转率（次）	流动资产周转率（次）	资产负债率（%）	已获利息倍数	营业收入增长率（%）	资本扩张率（%）	市场投资回报率（%）	股价波动率（%）	年末资产总额（万元）	营业收入（万元）	净利润（万元）
199	1468	002176	江特电机	60.20	B	0.23	20.19	10.55	0.58	1.11	63.40	8.01	61.73	23.89	355.30	406.19	542970.21	298227.72	38496.93
200	1469	603159	上海亚虹	60.20	B	0.27	7.70	6.65	1.09	1.81	27.92	1363.95	14.61	5.49	52.98	122.56	64296.22	67844.12	3761.50
201	1471	688577	浙海德曼	60.20	B	1.35	7.85	7.24	0.48	0.75	33.57	266.13	31.73	6.15	38.28	123.33	122362.48	54080.82	7300.67
202	1473	002276	万马股份	60.20	B	0.27	5.31	3.70	1.29	1.66	60.12	4.73	36.96	0.62	21.51	94.18	1142086.34	1276747.73	27370.99
203	1475	600862	中航高科	60.20	B	0.42	11.81	10.70	0.57	0.83	29.51	53.63	30.77	10.89	-5.48	96.63	692283.55	380762.42	59127.77
204	1476	600038	中直股份	60.20	B	1.55	9.48	3.93	0.82	0.93	63.27	31.59	10.86	8.29	19.88	109.65	2702725.69	2178985.47	91350.17
205	1489	002346	柘中股份	60.10	B	1.02	2.53	12.85	0.18	0.85	32.30	182.57	13.99	61.85	102.62	220.16	498256.92	68896.22	41995.17
206	1492	000811	冰轮环境	60.10	B	0.40	5.31	4.27	0.60	1.02	49.76	9.96	33.14	10.67	105.79	201.77	986385.36	538347.62	31405.73
207	1494	600580	卧龙电驱	60.10	B	0.76	5.95	7.15	0.65	1.25	59.14	6.22	11.41	9.89	20.58	134.95	2201264.72	1399915.86	105722.59
208	1498	688777	中控技术	60.10	B	1.18	10.61	6.87	0.49	0.52	55.73	168.71	43.08	13.53	-21.85	84.50	1034687.78	451941.25	58915.58
209	1506	300034	钢研高纳	60.00	CCC	0.65	7.45	8.44	0.46	0.73	39.55	32.84	26.35	27.69	67.59	210.07	507469.84	200263.23	32992.53
210	1508	603829	洛凯股份	60.00	CCC	0.46	10.09	7.10	0.78	1.14	51.90	10.22	45.84	13.05	20.79	48.91	191024.66	128274.79	9586.45
211	1514	003021	兆威机电	59.90	CCC	0.86	4.41	4.96	0.36	0.43	13.36	78.51	-4.61	1.97	77.44	148.82	326290.59	113999.94	14754.60
212	1526	688569	铁科轨道	59.90	CCC	0.80	7.72	7.46	0.43	0.53	19.91	273.58	9.86	6.96	-2.58	30.76	329327.61	135072.38	20687.66
213	1533	000682	东方电子	59.80	CCC	0.26	8.40	6.19	0.60	0.73	47.79	54.84	20.62	10.64	77.94	165.03	805669.64	448556.02	41941.86
214	1534	300802	矩子科技	59.80	CCC	0.62	8.80	9.14	0.48	0.58	17.68	251.58	21.93	2.80	36.43	94.53	128548.98	58802.98	9858.58
215	1543	002576	通达动力	59.70	CCC	0.62	8.89	7.52	1.23	1.50	45.27	18.28	32.51	8.81	60.31	169.67	192487.28	200877.83	10182.46
216	1546	300099	精准信息	59.70	CCC	0.28	9.17	9.53	0.35	0.66	13.77	138.87	40.38	6.78	33.65	94.56	222970.70	75401.76	18140.55
217	1554	601126	四方股份	59.60	CCC	0.56	10.21	7.52	0.60	0.69	47.44	410.71	11.26	-6.86	252.16	380.67	737109.96	429821.75	45242.51
218	1555	688586	江航装备	59.60	CCC	0.57	9.99	8.09	0.29	0.38	40.19	77.96	14.72	7.99	16.88	93.96	348505.94	95328.73	23116.43
219	1577	603686	福龙马	59.50	CCC	0.82	12.95	9.35	1.03	1.53	40.78	43.16	4.75	6.68	-10.16	79.72	558848.80	570194.24	43783.23
220	1582	600875	东方电气	59.40	CCC	0.73	5.51	2.61	0.47	0.67	65.68	0.00	29.02	5.18	100.93	186.61	10310457.33	4675597.54	242922.35

续 表

序号	A股上市公司评价得分排序	股票代码	股票简称	综合得分(100)	评价等级	每股收益(元)	净资产收益率(%)	总资产报酬率(%)	总资产周转率(次)	流动资产周转率(次)	资产负债率(%)	已获利息倍数	营业收入增长率(%)	资本扩张率(%)	市场投资回报率(%)	股价波动率(%)	年末资产总额(万元)	营业收入(万元)	净利润(万元)
221	1584	002438	江苏神通	59.40	CCC	0.52	10.14	7.73	0.48	0.75	45.52	28.08	20.45	10.53	57.16	137.59	438600.02	190972.38	25339.74
222	1587	600894	广日股份	59.40	CCC	0.75	6.59	5.48	0.65	1.18	29.56	121.08	14.67	3.55	4.12	44.56	1220696.16	776684.80	64085.86
223	1589	002927	泰永长征	59.40	CCC	0.43	11.30	8.71	0.73	0.96	28.80	37.80	22.37	8.26	4.79	74.16	139090.50	95338.09	10876.96
224	1594	300853	申昊科技	59.30	CCC	1.23	13.31	12.60	0.47	0.63	26.08	159.14	25.80	13.06	34.30	91.52	176493.26	76933.70	18006.87
225	1598	003009	中天火箭	59.30	CCC	0.79	8.04	7.49	0.56	0.79	27.83	463.58	17.58	9.25	-4.24	78.76	186752.63	101506.81	12235.29
226	1607	300111	向日葵	59.20	CCC	0.05	4.77	11.60	0.50	0.67	35.05	1150.49	3.60	51.35	1.00	45.70	63163.26	29728.99	6587.32
227	1609	002282	博深股份	59.20	CCC	0.43	3.53	7.70	0.43	1.15	12.26	49.75	22.52	24.07	-2.10	70.67	387936.63	158342.49	22970.62
228	1611	300445	康斯特	59.20	CCC	0.33	7.18	7.45	0.35	0.61	9.03	157.13	22.21	2.43	11.62	75.21	103175.64	35335.78	7103.56
229	1615	688001	华兴源创	59.20	CCC	0.72	8.59	7.15	0.46	0.70	31.43	0.00	20.43	11.49	-4.04	60.80	515019.36	202020.59	31397.17
230	1627	300193	佳士科技	59.10	CCC	0.41	7.27	8.29	0.46	0.56	18.90	654.51	22.45	0.13	79.80	212.23	278830.79	124934.71	20202.95
231	1632	603966	法兰泰克	59.10	CCC	0.63	12.93	7.98	0.54	0.80	57.77	12.99	26.03	10.89	6.23	111.58	307172.55	158898.94	18650.69
232	1635	000680	山推股份	59.00	CCC	0.15	5.15	2.53	0.90	1.30	56.27	5.08	29.05	22.93	20.84	39.48	1074633.25	915994.30	21094.39
233	1637	300553	集智股份	59.00	CCC	0.52	5.63	5.39	0.47	0.74	34.08	127.19	37.02	4.42	42.21	101.29	54199.67	22560.53	2377.11
234	1641	002300	太阳电缆	59.00	CCC	0.24	8.95	7.28	2.68	4.28	57.41	4.69	41.34	8.23	29.51	108.52	437742.46	1122474.68	18496.02
235	1662	603500	祥和实业	58.80	CCC	0.26	7.11	7.31	0.48	0.70	17.29	104.98	78.81	5.12	16.91	42.36	108484.50	48843.01	6510.53
236	1668	002335	科华数据	58.80	CCC	0.95	9.23	6.89	0.54	1.34	61.14	4.68	16.75	6.54	60.11	260.52	957129.23	486570.63	44853.56
237	1690	002722	金轮股份	58.60	CCC	0.73	6.18	7.26	1.05	1.76	33.35	5.18	33.08	5.83	45.08	123.25	301822.10	314962.97	12847.90
238	1707	603339	四方科技	58.50	CCC	0.55	8.02	7.39	0.62	0.96	31.03	32.61	49.56	7.63	35.08	86.25	282500.90	164991.53	16876.75
239	1708	300569	天能重工	58.40	CCC	0.54	12.41	7.47	0.47	0.90	61.41	3.66	19.16	54.77	74.43	189.42	987183.13	408095.24	39765.59
240	1709	600967	内蒙一机	58.40	CCC	0.44	6.86	2.71	0.45	0.57	67.00	1189.26	4.40	6.59	-0.78	41.55	3158010.36	1381627.55	75009.07
241	1714	300897	山科智能	58.40	CCC	1.32	8.87	9.24	0.45	0.56	21.61	203.78	27.11	5.78	-9.09	47.98	114386.07	48403.24	8977.59
242	1729	688596	正帆科技	58.20	CCC	0.66	7.68	5.91	0.58	0.73	46.77	50.82	65.63	9.52	47.42	152.02	350765.84	183676.44	16813.16

续 表

序号	A股上市公司评价得分排序	股票代码	股票简称	综合得分（100）	评价等级	每股收益（元）	净资产收益率（%）	总资产报酬率（%）	总资产周转率（次）	流动资产周转率（次）	资产负债率（%）	已获利息倍数	营业收入增长率（%）	资本扩张率（%）	市场投资回报率（%）	股价波动率（%）	年末资产总额（万元）	营业收入（万元）	净利润（万元）
243	1733	603111	康尼机电	58.20	CCC	0.37	12.27	7.59	0.63	0.71	41.24	21.39	6.00	12.31	-3.97	28.01	583724.18	352522.07	38074.64
244	1734	300484	蓝海华腾	58.20	CCC	0.30	9.97	7.81	0.51	0.59	33.33	93.57	27.75	4.50	2.70	127.52	96266.83	51191.31	6531.16
245	1738	600481	双良节能	58.10	CCC	0.19	11.46	6.75	0.58	0.94	72.66	12.75	84.87	11.12	191.66	298.42	899100.94	382977.77	33961.79
246	1740	300215	电科院	58.10	CCC	0.26	8.43	7.38	0.22	0.89	48.10	4.06	22.83	6.77	54.95	152.96	377038.32	86260.93	19343.52
247	1744	600577	精达股份	58.10	CCC	0.28	13.38	9.83	1.92	2.41	53.29	6.40	47.26	10.44	138.22	278.72	1013032.65	1832977.71	64413.40
248	1749	600207	安彩高科	58.10	CCC	0.24	9.64	8.35	0.94	2.38	57.80	6.83	45.74	12.53	12.37	89.58	461974.06	333852.21	21484.33
249	1753	300922	天秦装备	58.10	CCC	0.72	8.38	10.25	0.26	0.31	5.52	0.00	4.71	5.01	-17.95	95.39	92898.32	24102.42	8066.96
250	1760	300606	金太阳	58.00	CCC	0.74	11.20	9.54	0.54	0.76	32.31	49.89	7.74	14.18	5.86	51.28	89406.74	44702.19	6833.15
251	1761	002058	*ST威尔	58.00	CCC	0.10	8.14	9.36	0.85	1.08	38.98	19.58	197.45	21.28	9.71	108.44	35888.62	24486.97	2377.90
252	1765	300114	中航电测	58.00	CCC	0.52	14.29	11.27	0.62	0.92	33.31	272.32	10.39	11.44	15.28	101.43	329917.71	194280.20	31632.03
253	1769	300823	建科机械	58.00	CCC	0.97	9.47	9.01	0.40	0.55	20.31	14702.00	3.21	6.31	-13.90	53.03	123860.33	48116.07	9540.99
254	1772	002334	英威腾	57.90	CCC	0.24	6.28	5.99	0.95	1.41	46.35	14.47	31.59	11.26	41.26	131.88	347265.22	300877.51	15946.97
255	1773	002006	精功科技	57.90	CCC	0.24	2.29	3.97	0.75	0.96	57.23	8.47	61.55	11.26	380.85	452.17	251183.45	172842.61	10346.37
256	1774	002338	奥普光电	57.90	CCC	0.22	4.28	5.30	0.48	0.71	12.23	96.82	24.07	8.04	31.89	104.50	119624.23	54684.92	5771.33
257	1777	300400	劲拓股份	57.90	CCC	0.33	7.22	6.62	0.82	1.15	38.47	221.83	11.92	11.71	96.60	197.80	123183.93	98917.84	7031.25
258	1784	000880	潍柴重机	57.90	CCC	0.41	7.16	3.03	0.75	1.38	64.03	0.00	3.09	7.98	23.37	59.86	470127.52	341067.79	13678.29
259	1787	603638	艾迪精密	57.90	CCC	0.56	16.92	13.73	0.66	1.30	37.07	27.65	18.99	15.24	-43.88	133.38	448270.03	268395.71	46976.17
260	1792	002795	永和智控	57.80	CCC	0.09	2.07	4.33	0.75	2.00	47.13	2.67	55.71	24.27	38.26	56.39	150659.67	100850.89	1888.08
261	1797	002249	大洋电机	57.80	CCC	0.11	1.38	2.64	0.69	1.05	45.90	19.83	28.82	-5.00	103.39	185.06	1515386.24	1001728.73	26900.44
262	1799	300438	鹏辉能源	57.80	CCC	0.43	4.90	3.14	0.74	1.21	65.28	4.08	56.30	11.78	105.79	298.67	850683.44	569289.36	18269.79
263	1812	600268	国电南自	57.70	CCC	0.37	11.40	5.83	0.66	0.90	61.80	13.05	17.11	11.36	47.34	165.66	930296.11	589286.47	43762.85
264	1813	603700	宁水集团	57.70	CCC	1.16	13.99	12.45	0.80	0.95	28.12	0.00	8.00	9.78	-29.65	93.48	222098.71	171729.06	23459.27

续 表

序号	A股上市公司评价得分排序	股票代码	股票简称	综合得分（100）	评价等级	每股收益（元）	净资产收益率（%）	总资产报酬率（%）	总资产周转率（次）	流动资产周转率（次）	资产负债率（%）	已获利息倍数	营业收入增长率（%）	资本扩张率（%）	市场投资回报率（%）	股价波动率（%）	年末资产总额（万元）	营业收入（万元）	净利润（万元）
265	1815	601908	京运通	57.70	CCC	0.35	8.19	8.02	0.29	0.76	50.43	3.18	36.23	40.88	-36.79	122.31	2187161.29	552560.36	87911.98
266	1820	002164	宁波东力	57.60	CCC	0.63	19.01	19.82	0.77	1.55	59.20	15.92	30.46	52.94	-16.79	163.53	235777.75	161466.18	33277.21
267	1821	300447	全信股份	57.60	CCC	0.55	11.09	9.51	0.44	0.55	30.23	28.24	31.88	40.35	48.32	181.49	251222.37	93999.29	17298.66
268	1822	300306	远方信息	57.60	CCC	0.39	4.96	6.80	0.27	0.42	11.51	1581.74	12.58	5.10	-3.06	66.66	169918.86	45295.09	10577.87
269	1825	603530	神马电力	57.60	CCC	0.24	5.53	7.04	0.44	0.71	19.26	4523.30	10.29	41.76	-10.31	54.43	196288.30	73117.49	10057.16
270	1826	603488	展鹏科技	57.60	CCC	0.25	6.50	7.29	0.43	0.54	15.80	0.00	19.22	4.99	-3.37	67.76	116389.69	48524.70	7204.28
271	1828	603337	杰克股份	57.60	CCC	1.05	14.05	8.18	0.94	1.66	56.60	16.96	71.91	12.04	-12.02	118.96	773671.94	605360.09	47655.81
272	1831	002829	星网宇达	57.60	CCC	1.04	13.94	10.79	0.42	0.63	39.15	31.82	12.06	3.51	-10.12	71.66	196398.41	76807.19	17751.23
273	1842	002931	锋龙股份	57.50	CCC	0.40	12.33	9.55	0.65	1.01	47.02	18.67	31.30	-1.90	31.21	98.24	126014.68	71963.87	8941.74
274	1844	300870	欧陆通	57.50	CCC	1.10	5.36	4.26	0.84	1.14	57.16	23.09	23.45	4.99	27.62	112.04	367425.57	257194.80	11108.96
275	1846	603699	纽威股份	57.50	CCC	0.50	13.25	8.01	0.70	1.00	49.51	25.82	9.07	2.66	-8.46	84.07	590776.83	396174.28	37972.21
276	1851	600388	龙净环保	57.40	CCC	0.80	10.59	4.44	0.43	0.58	73.90	6.50	10.96	10.86	-0.36	31.44	2690955.99	1129673.74	87124.70
277	1852	688160	步科股份	57.40	CCC	0.89	10.54	10.65	0.69	0.76	14.94	116.87	23.78	6.78	-3.47	71.44	77965.57	53732.64	7478.07
278	1856	000157	中联重科	57.40	CCC	0.76	11.20	6.92	0.56	0.79	52.22	8.93	3.11	21.74	-37.27	158.61	12201816.04	6713062.68	638602.57
279	1858	002367	康力电梯	57.40	CCC	0.52	11.80	7.17	0.77	1.07	54.47	36.72	20.79	6.41	-20.42	69.59	706262.35	516991.13	40556.56
280	1871	000803	北清环能	57.30	CCC	0.39	8.33	5.35	0.36	1.53	52.24	2.90	138.33	105.52	58.90	155.10	276024.09	82673.68	8356.52
281	1872	300349	金卡智能	57.30	CCC	0.63	5.54	5.45	0.43	0.83	32.99	589.06	18.97	2.58	5.01	38.52	549156.96	230116.05	26480.08
282	1875	300281	金明精机	57.30	CCC	0.09	2.13	3.14	0.36	0.67	13.12	2440.44	28.71	2.13	14.46	68.80	147937.33	52327.35	3961.23
283	1877	603218	日月股份	57.30	CCC	0.69	6.60	7.01	0.43	0.61	23.40	205.13	-7.80	4.72	-4.79	106.10	1134549.54	471207.83	66592.35
284	1891	300786	国林科技	57.10	CCC	0.84	7.10	6.72	0.37	0.57	19.27	34.73	23.41	49.17	109.01	207.54	154413.97	49558.90	7599.61
285	1893	002935	天奥电子	57.10	CCC	0.57	8.02	6.59	0.54	0.62	29.46	156.63	13.81	4.93	32.41	145.09	200286.47	104294.42	11839.91
286	1896	300066	三川智慧	57.10	CCC	0.18	8.79	8.99	0.39	0.59	11.77	3786.76	-0.15	5.94	11.85	48.21	246465.95	93693.95	20175.50

续 表

序号	A股上市公司评价得分排序	股票代码	股票简称	综合得分(100)	评价等级	每股收益(元)	净资产收益率(%)	总资产报酬率(%)	总资产周转率(次)	流动资产周转率(次)	资产负债率(%)	已获利息倍数	营业收入增长率(%)	资本扩张率(%)	市场投资回报率(%)	股价波动率(%)	年末资产总额(万元)	营业收入(万元)	净利润(万元)
287	1897	002851	麦格米特	57.10	CCC	0.78	9.10	7.93	0.73	1.00	48.63	29.10	23.08	3.15	-8.85	44.48	621296.71	415573.77	41291.28
288	1903	688378	奥来德	57.00	CCC	1.86	4.84	7.01	0.19	0.29	24.36	356.67	43.17	4.56	63.35	132.57	218864.02	40594.64	13605.92
289	1905	002953	日丰股份	57.00	CCC	0.52	10.27	8.67	1.58	2.05	52.38	4.09	97.46	20.89	22.66	73.67	262034.55	321650.13	12625.24
290	1908	300151	昌红科技	57.00	CCC	0.25	8.08	9.18	0.70	1.21	37.14	8.33	0.84	11.66	42.05	125.49	190657.17	112738.20	11599.74
291	1912	600435	北方导航	57.00	CCC	0.09	6.85	4.10	0.68	0.88	52.20	37.29	32.81	4.20	21.39	87.78	647288.49	399205.46	21754.96
292	1919	601222	林洋能源	56.90	CCC	0.51	6.98	6.98	0.26	0.53	29.41	4.82	-8.66	31.74	38.28	184.37	2050913.55	529656.51	93202.39
293	1926	603626	科森科技	56.90	CCC	0.71	3.65	7.13	0.69	1.55	50.36	5.62	19.61	40.79	6.70	108.76	603168.93	414703.91	36955.59
294	1928	300667	必创科技	56.90	CCC	0.38	5.56	5.60	0.52	0.92	24.95	25.58	9.72	8.92	-6.88	40.33	166955.30	84546.57	7778.01
295	1934	688033	天宜上佳	56.80	CCC	0.39	6.81	7.59	0.23	0.41	20.76	30.86	61.68	9.63	152.12	274.91	333685.54	67125.92	18006.81
296	1935	300382	斯莱克	56.80	CCC	0.19	7.23	6.26	0.41	0.59	49.96	5.94	13.66	20.63	206.82	344.26	268221.42	100349.15	9212.66
297	1938	600869	远东股份	56.80	CCC	0.24	9.73	5.92	1.21	1.70	78.25	3.22	5.39	16.61	90.05	191.23	1760954.71	2087127.16	56033.12
298	1941	688009	中国通号	56.80	CCC	0.30	7.90	4.08	0.36	0.44	58.35	46.30	-4.40	2.42	-12.91	33.32	10894258.88	3835829.71	369291.01
299	1943	603583	捷昌驱动	56.80	CCC	0.71	6.15	5.61	0.49	0.74	42.87	15.40	41.15	3.91	-9.47	90.44	650637.98	263698.09	26888.64
300	1946	002730	电光科技	56.70	CCC	0.27	7.25	7.12	0.69	0.98	22.05	27.70	13.75	5.92	22.79	130.52	136558.83	91920.89	8516.88
301	1952	002465	海格通信	56.70	CCC	0.28	5.65	5.16	0.38	0.60	26.42	85.44	6.87	3.78	-0.94	44.24	1478393.40	547414.51	69349.86
302	1955	002598	山东章鼓	56.60	CCC	0.34	10.65	6.39	0.87	1.13	55.34	12.73	50.21	11.99	75.07	218.68	227838.12	169590.83	10811.50
303	1961	300412	迦南科技	56.60	CCC	0.29	3.16	5.25	0.52	0.69	48.66	18.99	5.20	33.91	181.96	184.15	231337.97	105961.39	8764.26
304	1964	002202	金风科技	56.60	CCC	0.79	8.48	4.94	0.44	1.10	69.48	4.31	-10.12	4.15	3.40	118.89	11936019.21	5057072.27	349147.55
305	1973	300512	中亚股份	56.50	CCC	0.49	7.74	7.23	0.49	0.69	32.00	469.74	60.56	7.67	53.21	114.66	226005.03	106299.22	13195.14
306	1974	603028	赛福天	56.50	CCC	0.22	6.89	6.20	0.74	1.59	38.10	9.18	21.99	7.03	67.71	133.29	130975.87	91555.73	5751.63
307	1998	002651	利君股份	56.30	CCC	0.19	7.73	7.73	0.32	0.46	23.09	952.18	17.10	0.73	1.31	116.61	310091.60	95894.39	19938.46
308	2013	002132	恒星科技	56.10	CCC	0.11	3.65	3.33	0.55	1.24	49.89	3.35	19.89	25.83	105.36	208.05	723103.34	339628.11	14112.86

续 表

序号	A股上市公司评价得分排序	股票代码	股票简称	综合得分（100）	评价等级	每股收益（元）	净资产收益率（%）	总资产报酬率（%）	总资产周转率（次）	流动资产周转率（次）	资产负债率（%）	已获利息倍数	营业收入增长率（%）	资本扩张率（%）	市场投资回报率（%）	股价波动率（%）	年末资产总额（万元）	营业收入（万元）	净利润（万元）
309	2015	601567	三星医疗	56.10	CCC	0.50	6.06	6.51	0.49	0.94	39.87	11.17	−0.98	1.75	150.54	265.80	1486532.20	702290.25	70760.94
310	2017	000777	中核科技	56.10	CCC	0.31	5.83	4.75	0.58	0.91	43.21	15.11	33.48	7.79	21.94	78.84	293099.86	155754.11	12012.92
311	2019	000922	佳电股份	56.10	CCC	0.36	6.55	4.63	0.60	0.71	50.92	59249.28	28.58	5.11	48.31	145.44	547406.90	304563.68	21339.90
312	2020	002483	润邦股份	56.10	CCC	0.37	7.44	6.18	0.49	0.98	46.50	6.16	6.42	7.47	42.74	151.85	809996.12	384681.45	37559.69
313	2022	600835	上海机电	56.10	CCC	0.79	7.50	3.51	0.67	0.82	60.67	465.83	5.65	1.73	−23.16	74.03	3721162.44	2471673.86	117259.81
314	2025	300421	力星股份	56.00	CCC	0.37	6.68	6.61	0.61	1.27	26.95	29.91	23.69	6.45	222.37	263.21	168636.57	97390.47	9033.08
315	2028	000837	秦川机床	56.00	CCC	0.38	4.97	4.81	0.59	0.99	50.81	6.78	23.38	34.18	44.19	159.83	787208.61	505239.61	32861.13
316	2033	002441	众业达	56.00	CCC	0.76	7.54	9.00	1.94	2.37	34.22	320.61	16.92	7.15	30.24	80.51	670924.09	1255834.12	42381.38
317	2035	600558	大西洋	56.00	CCC	0.09	3.74	4.32	1.11	2.12	26.33	8.39	14.39	1.09	22.44	62.00	315302.28	344498.63	9909.96
318	2036	300882	万胜智能	56.00	CCC	0.32	6.98	6.39	0.49	0.62	25.79	908.44	−4.34	2.18	5.85	83.75	111886.83	54628.92	6517.81
319	2039	300851	交大思诺	56.00	CCC	1.11	6.28	7.67	0.27	0.33	10.88	3183.67	0.94	6.38	−9.96	45.27	138531.96	36227.68	9550.41
320	2048	603016	新宏泰	55.90	CCC	0.36	5.78	6.32	0.56	0.70	19.85	0.00	24.94	−3.02	0.55	112.46	101629.26	55469.53	5711.50
321	2054	300923	研奥股份	55.80	CCC	0.96	4.62	6.83	0.32	0.39	15.60	5201.20	17.06	5.71	−15.36	49.85	133712.30	40870.89	7533.44
322	2057	600893	航发动力	55.80	CCC	0.45	1.94	2.02	0.44	0.68	55.94	9.83	19.10	6.50	−14.30	110.95	9064849.80	3410219.34	123114.66
323	2064	002606	大连电瓷	55.70	CCC	0.36	11.89	11.02	0.57	0.86	21.36	61.61	7.41	24.46	32.62	137.91	172084.06	93406.68	15826.83
324	2074	300626	华瑞股份	55.60	CCC	0.23	8.20	5.97	0.87	1.56	53.38	2.94	34.78	7.59	21.64	107.41	127245.23	98301.23	4183.55
325	2075	600262	北方股份	55.60	CCC	0.55	−0.15	4.32	0.66	0.83	45.75	20.57	18.55	12.06	43.80	93.64	253775.86	164590.36	9479.80
326	2077	002231	奥维通信	55.60	CCC	0.07	1.99	3.31	0.79	0.86	40.76	0.00	101.58	−6.45	39.57	75.18	68026.69	56139.28	2332.94
327	2080	300457	赢合科技	55.60	CCC	0.48	5.04	2.80	0.50	0.66	56.49	29.32	118.12	4.99	−0.54	182.73	1275001.81	520161.89	29599.90
328	2084	300619	金银河	55.50	CCC	0.40	3.21	3.14	0.64	1.14	66.39	2.14	93.51	36.35	323.99	484.58	213640.34	114979.42	3003.60
329	2085	603667	五洲新春	55.50	CCC	0.43	4.71	5.20	0.64	1.21	51.56	4.29	38.15	8.36	147.82	266.37	422878.89	242317.94	13056.54
330	2090	603012	创力集团	55.50	CCC	0.48	10.47	7.70	0.44	0.60	48.65	14.45	14.30	−3.46	1.97	24.13	605928.99	261433.03	35421.87

续 表

序号	A股上市公司评价得分排序	股票代码	股票简称	综合得分（100）	评价等级	每股收益（元）	净资产收益率（%）	总资产报酬率（%）	总资产周转率（次）	流动资产周转率（次）	资产负债率（%）	已获利息倍数	营业收入增长率（%）	资本扩张率（%）	市场投资回报率（%）	股价波动率（%）	年末资产总额（万元）	营业收入（万元）	净利润（万元）
331	2096	002871	伟隆股份	55.40	CCC	0.36	7.16	7.79	0.47	0.73	27.41	67.14	20.48	-2.60	-4.89	46.95	88988.05	41516.27	6099.35
332	2100	002613	北玻股份	55.40	CCC	0.06	2.48	2.92	0.74	1.06	35.01	842.32	59.48	1.58	-9.30	49.63	249777.38	169904.91	5965.31
333	2103	300589	江龙船艇	55.40	CCC	0.20	5.67	3.72	0.57	0.85	46.23	11.11	12.67	109.88	-20.21	71.49	144834.43	69067.64	4117.68
334	2111	300095	华伍股份	55.30	CCC	0.40	7.60	7.25	0.43	0.65	39.45	4.20	9.18	49.45	93.58	169.13	380005.01	143546.84	15838.19
335	2112	300430	诚益通	55.30	CCC	0.38	4.90	4.52	0.34	0.64	35.22	12.51	19.73	4.40	89.35	139.01	287802.30	91523.81	10368.59
336	2118	688551	科威尔	55.20	CCC	0.71	3.26	5.54	0.23	0.25	15.41	0.00	52.34	5.40	85.85	257.64	114782.14	24752.24	5675.62
337	2122	688360	德马科技	55.20	CCC	0.90	7.02	4.37	0.87	1.00	48.65	24.25	93.32	5.11	15.62	69.27	182011.68	148268.99	7683.63
338	2132	603956	威派格	55.10	CCC	0.47	13.35	9.76	0.55	0.80	44.13	26.71	26.12	1.02	31.41	53.34	238761.17	126404.58	19636.05
339	2133	603283	赛腾股份	55.10	CCC	0.99	12.36	6.96	0.66	0.97	61.86	5.16	14.31	12.06	-19.86	110.26	373260.56	231855.44	19094.65
340	2140	002073	软控股份	55.00	CC	0.15	1.49	1.71	0.57	0.78	56.56	7.15	76.99	4.42	78.70	206.30	1086728.91	545479.60	12646.81
341	2143	688559	海目星	55.00	CC	0.55	4.93	2.67	0.43	0.57	72.50	11.52	50.26	11.36	103.58	320.93	559170.80	198433.07	10892.57
342	2157	002611	东方精工	54.90	CC	0.35	10.04	7.79	0.56	0.85	39.38	37.43	20.86	-8.93	23.16	112.37	635716.88	352473.48	49239.12
343	2159	688037	芯源微	54.90	CC	0.92	7.53	4.99	0.52	0.63	54.24	22.37	151.95	12.35	80.97	295.46	196091.41	82867.25	7734.95
344	2160	000821	京山轻机	54.90	CC	0.26	3.99	2.39	0.58	0.76	61.89	5.23	33.52	26.74	41.58	231.61	783976.33	408565.70	11877.74
345	2161	000551	创元科技	54.90	CC	0.27	6.61	4.46	0.71	1.08	48.87	9.34	15.06	4.91	30.16	108.85	544065.66	369738.65	19633.42
346	2171	600372	中航电子	54.90	CC	0.42	6.23	3.98	0.39	0.52	55.63	7.66	12.49	5.66	3.88	83.58	2626264.87	983929.89	81772.25
347	2177	000816	智慧农业	54.90	CC	0.03	1.01	2.02	0.60	1.45	34.90	8.73	31.13	3.88	15.18	85.29	388524.54	228205.86	6436.93
348	2180	000925	众合科技	54.80	CC	0.37	7.27	5.31	0.43	0.73	61.60	3.00	-0.71	10.44	47.93	98.48	726887.20	290613.47	19865.44
349	2189	300283	温州宏丰	54.80	CC	0.14	5.56	6.11	1.25	2.28	59.14	2.24	33.72	8.09	44.66	130.89	202529.91	235307.91	6153.67
350	2210	300809	华辰装备	54.60	CC	0.49	3.52	4.86	0.22	0.25	23.66	66.21	77.53	4.06	184.51	392.47	189792.33	40945.51	8095.89
351	2211	601698	中国卫通	54.60	CC	0.14	4.37	4.56	0.14	0.42	17.44	125.64	-2.81	2.28	-23.38	65.68	1910830.31	263424.01	72748.11
352	2222	300862	蓝盾光电	54.50	CC	1.21	6.64	7.90	0.36	0.45	20.80	256.72	21.26	8.78	-11.95	54.13	248312.47	86650.41	16569.87

续 表

序号	A股上市公司评价得分排序	股票代码	股票简称	综合得分（100）	评价等级	每股收益（元）	净资产收益率（%）	总资产报酬率（%）	总资产周转率（次）	流动资产周转率（次）	资产负债率（%）	已获利息倍数	营业收入增长率（%）	资本扩张率（%）	市场投资回报率（%）	股价波动率（%）	年末资产总额（万元）	营业收入（万元）	净利润（万元）
353	2230	688560	明冠新材	54. 40	CC	0. 75	6. 84	7. 38	0. 69	0. 86	28. 11	15447. 13	40. 33	7. 62	19. 25	189. 85	198458. 81	128906. 89	12284. 34
354	2240	300018	中元股份	54. 30	CC	0. 19	0. 65	6. 67	0. 31	0. 45	12. 55	165. 29	3. 47	7. 99	40. 66	115. 54	142092. 03	42050. 91	8613. 02
355	2244	002975	博杰股份	54. 30	CC	1. 75	14. 98	13. 58	0. 59	0. 72	33. 56	84. 11	−11. 77	19. 02	−46. 44	164. 12	244533. 12	121403. 61	25386. 85
356	2260	300351	永贵电器	54. 20	CC	0. 32	5. 14	4. 73	0. 44	0. 59	19. 90	88. 41	9. 08	5. 65	56. 87	161. 88	267740. 41	114933. 23	11987. 19
357	2265	300376	易事特	54. 10	CC	0. 22	7. 96	6. 22	0. 32	0. 61	52. 12	3. 72	3. 03	5. 94	29. 32	172. 22	1342403. 62	429700. 48	53549. 58
358	2271	300648	星云股份	54. 10	CC	0. 52	9. 23	6. 60	0. 51	0. 78	46. 13	9. 03	41. 02	80. 35	41. 01	263. 64	199146. 23	81069. 16	9112. 03
359	2278	603556	海兴电力	54. 00	CC	0. 64	2. 38	5. 45	0. 38	0. 45	24. 31	11. 58	−4. 09	1. 16	7. 50	44. 71	720825. 55	269108. 49	31363. 98
360	2282	300670	大烨智能	54. 00	CC	0. 13	5. 21	4. 96	0. 40	0. 75	16. 92	59. 12	−5. 22	4. 65	34. 01	128. 04	126894. 80	51301. 27	5666. 77
361	2290	600482	中国动力	53. 90	CC	0. 28	0. 57	1. 50	0. 47	0. 67	40. 33	5. 48	4. 42	1. 23	6. 75	43. 88	6200599. 73	2820896. 94	63927. 44
362	2294	002046	国机精工	53. 80	CC	0. 24	1. 32	3. 85	0. 69	1. 30	38. 79	6. 94	41. 30	3. 34	69. 87	226. 92	492567. 91	332788. 96	13145. 61
363	2295	603396	金辰股份	53. 80	CC	0. 55	4. 87	4. 60	0. 63	0. 71	51. 03	9. 82	51. 76	41. 01	197. 43	443. 52	295515. 57	160975. 27	7780. 16
364	2296	601002	晋亿实业	53. 80	CC	0. 22	4. 94	4. 99	0. 56	0. 89	22. 66	584. 21	13. 96	4. 52	1. 80	36. 39	536890. 19	287386. 52	21559. 38
365	2300	002322	理工能科	53. 80	CC	0. 19	1. 69	3. 25	0. 32	0. 86	12. 72	43. 08	−2. 34	−5. 18	17. 69	60. 33	334917. 15	110879. 43	7102. 18
366	2301	300129	泰胜风能	53. 80	CC	0. 36	8. 39	5. 57	0. 72	0. 92	52. 16	32. 27	6. 90	6. 27	37. 70	157. 69	580616. 83	385269. 18	25353. 18
367	2303	300483	首华燃气	53. 80	CC	0. 24	3. 10	4. 03	0. 24	1. 52	45. 65	2. 66	19. 54	3. 77	−12. 98	142. 19	822071. 90	182355. 63	13856. 65
368	2319	603278	大业股份	53. 70	CC	0. 38	5. 28	2. 91	0. 69	1. 17	72. 76	2. 80	34. 81	4. 71	59. 37	99. 07	676825. 46	414351. 78	10887. 28
369	2320	600444	国机通用	53. 70	CC	0. 33	7. 19	4. 51	0. 70	0. 78	48. 39	64. 09	20. 14	4. 31	137. 35	156. 65	123561. 06	84189. 46	4865. 15
370	2321	600562	国睿科技	53. 70	CC	0. 42	10. 35	8. 01	0. 46	0. 54	34. 53	323. 40	−4. 81	9. 27	8. 23	58. 62	721327. 08	343215. 98	52910. 25
371	2329	603617	君禾股份	53. 60	CC	0. 45	7. 46	7. 56	0. 56	0. 86	39. 65	7. 16	32. 15	76. 73	29. 32	76. 96	210952. 05	97536. 54	9236. 67
372	2330	300669	沪宁股份	53. 60	CC	0. 45	6. 56	7. 51	0. 52	0. 77	9. 57	108. 48	13. 67	49. 05	−50. 52	229. 60	92589. 62	40494. 53	5043. 74
373	2332	300499	高澜股份	53. 60	CC	0. 23	8. 04	6. 31	0. 73	0. 99	53. 29	3. 98	36. 72	10. 16	61. 86	238. 46	241531. 71	167925. 76	9843. 51
374	2333	688057	金达莱	53. 60	CC	1. 39	11. 52	11. 64	0. 25	0. 28	12. 65	191. 67	−6. 00	3. 50	−25. 69	61. 28	368814. 83	91260. 38	38716. 17

续 表

序号	A股上市公司评价得分排序	股票代码	股票简称	综合得分（100）	评价等级	每股收益（元）	净资产收益率（%）	总资产报酬率（%）	总资产周转率（次）	流动资产周转率（次）	资产负债率（%）	已获利息倍数	营业收入增长率（%）	资本扩张率（%）	市场投资回报率（%）	股价波动率（%）	年末资产总额（万元）	营业收入（万元）	净利润（万元）
375	2343	688557	兰剑智能	53.40	CC	1.11	6.06	6.93	0.48	0.58	35.05	1731.76	33.66	6.31	-27.20	70.45	142913.12	60388.99	8050.24
376	2348	300391	康跃科技	53.40	CC	0.14	10.53	4.41	0.53	1.13	61.82	5.17	94.48	11.03	26.99	162.70	421447.38	236194.65	15933.02
377	2354	002527	新时达	53.30	CC	0.24	3.46	4.46	0.68	1.11	43.49	4.73	7.76	11.35	51.31	135.35	645730.30	426421.26	16918.59
378	2369	300101	振芯科技	53.20	CC	0.27	5.04	7.97	0.38	0.52	36.68	19.72	37.48	17.50	21.80	181.77	222108.27	79350.62	13749.70
379	2371	603131	上海沪工	53.20	CC	0.45	9.03	7.76	0.55	0.83	41.98	8.52	20.78	5.83	4.27	103.61	242157.96	131144.70	14561.16
380	2372	603029	天鹅股份	53.20	CC	0.39	0.28	2.92	0.39	0.54	44.15	18.09	16.43	-1.53	19.54	58.51	134104.19	52166.01	3613.55
381	2375	688003	天准科技	53.20	CC	0.71	6.29	5.62	0.54	0.67	40.58	72.19	31.23	-0.44	38.87	108.90	259147.65	126523.87	13412.59
382	2380	002559	亚威股份	53.10	CC	0.24	2.80	3.19	0.51	0.77	50.98	6.98	22.00	0.38	66.56	149.99	415406.76	199914.26	8333.71
383	2385	002890	弘宇股份	53.10	CC	0.27	3.74	3.93	0.60	0.82	20.36	0.00	0.96	2.71	18.27	62.76	71129.23	41019.60	2474.50
384	2393	300461	田中精机	53.00	CC	0.26	11.71	7.29	0.63	0.84	53.80	7.76	-5.46	66.62	-3.74	67.23	53140.31	34389.19	3182.21
385	2398	002520	日发精机	53.00	CC	0.07	0.47	2.56	0.32	0.91	51.74	1.96	14.11	21.26	89.50	173.37	727918.59	218476.88	5083.04
386	2401	603321	梅轮电梯	53.00	CC	0.14	3.28	2.62	0.57	1.12	42.09	2127.49	46.01	1.62	-11.71	26.02	193098.32	105960.62	4382.03
387	2408	688518	联赢激光	52.90	CC	0.31	4.66	3.01	0.43	0.48	62.14	79.44	59.44	5.41	254.21	376.16	401264.96	139975.29	9210.14
388	2413	600468	百利电气	52.90	CC	0.10	5.53	4.56	0.64	0.99	43.67	8.01	6.38	3.10	26.05	98.22	366617.27	233971.32	12112.49
389	2416	300161	华中数控	52.80	CC	0.17	-3.35	2.22	0.52	0.66	46.31	2.39	23.55	33.80	85.22	121.41	339866.97	163382.75	4218.70
390	2417	603969	银龙股份	52.80	CC	0.18	7.79	7.09	1.09	1.37	34.96	9.30	23.16	4.93	17.32	42.33	309585.38	314954.60	15526.21
391	2424	000976	华铁股份	52.80	CC	0.25	9.12	8.58	0.26	0.52	29.58	8.75	-11.32	5.21	7.33	65.21	771693.33	198918.48	49151.39
392	2429	603063	禾望电气	52.70	CC	0.64	7.84	6.47	0.44	0.60	39.41	19.92	-10.03	13.09	73.09	270.55	522246.21	210387.91	27995.60
393	2438	000576	甘化科工	52.70	CC	0.07	1.13	2.76	0.28	0.58	12.07	29.76	4.83	-6.10	17.26	88.90	185446.11	53962.64	3935.00
394	2442	300567	精测电子	52.60	CC	0.72	2.36	4.10	0.44	0.68	41.42	4.19	16.01	90.71	44.13	77.94	604734.10	240895.31	13984.77
395	2445	601177	杭齿前进	52.60	CC	0.34	5.29	5.32	0.50	1.10	55.83	5.66	11.55	7.77	15.88	67.13	459872.95	214002.21	18169.73
396	2450	600241	ST 时万	52.50	CC	-0.05	-0.04	0.87	0.60	1.02	35.57	1.80	51.36	1.55	193.41	306.31	136834.91	78085.58	383.39

续 表

序号	A股上市公司评价得分排序	股票代码	股票简称	综合得分(100)	评价等级	每股收益(元)	净资产收益率(%)	总资产报酬率(%)	总资产周转率(次)	流动资产周转率(次)	资产负债率(%)	已获利息倍数	营业收入增长率(%)	资本扩张率(%)	市场投资回报率(%)	股价波动率(%)	年末资产总额(万元)	营业收入(万元)	净利润(万元)
397	2456	600501	航天晨光	52.50	CC	0.16	1.84	2.00	0.74	1.09	59.28	5.76	10.23	2.78	36.31	77.20	590473.34	407913.65	7799.90
398	2459	688063	派能科技	52.50	CC	2.04	10.54	9.66	0.55	0.69	30.38	69.60	84.14	8.65	-38.10	145.59	426625.76	206251.50	31618.01
399	2461	002248	华东数控	52.40	CC	0.05	9.36	3.52	0.60	0.75	88.00	2.98	50.03	26.80	88.02	236.81	52793.11	31508.08	1226.91
400	2464	603331	百达精工	52.40	CC	0.52	8.32	7.01	0.61	1.34	53.57	4.42	25.93	2.18	29.84	102.11	209120.69	121845.74	9078.04
401	2472	603015	弘讯科技	52.30	CC	0.22	5.56	5.40	0.44	0.69	40.73	11.76	24.72	3.43	30.98	102.61	223028.45	93497.12	8467.46
402	2474	601890	亚星锚链	52.20	CC	0.13	2.99	3.79	0.32	0.42	21.67	14.38	19.00	2.94	52.12	145.88	413722.63	131952.85	12119.99
403	2480	002980	华盛昌	52.20	CC	1.12	12.31	14.24	0.62	0.67	11.20	150.46	-23.12	0.41	-27.69	109.86	119646.57	74005.16	14894.49
404	2493	603690	至纯科技	52.10	CC	0.89	4.42	6.45	0.30	0.49	45.92	6.12	49.18	35.74	32.89	170.53	793301.75	208409.77	28424.85
405	2509	002857	三晖电气	52.00	CC	0.15	3.30	3.46	0.35	0.43	18.74	0.00	3.67	3.94	41.25	105.33	63301.66	21950.50	1950.50
406	2513	603912	佳力图	52.00	CC	0.39	8.40	6.48	0.37	0.44	48.58	6.49	6.68	6.58	8.73	79.55	197847.20	66700.90	8514.64
407	2518	601179	中国西电	51.90	CC	0.11	2.40	1.91	0.38	0.50	42.70	14.53	-10.26	6.86	26.61	121.26	3887341.61	1418066.29	60288.76
408	2536	002190	成飞集成	51.80	CC	0.16	1.61	2.02	0.24	0.97	21.79	17.35	28.91	109.32	15.79	74.73	718010.91	126811.76	9141.20
409	2538	300410	正业科技	51.80	CC	0.36	1.05	7.35	0.68	1.03	64.38	10.32	21.94	18.43	77.08	194.51	209242.77	145990.01	12731.31
410	2543	300812	易天股份	51.80	CC	0.50	7.62	5.52	0.35	0.41	43.45	44.97	12.46	8.53	4.34	89.30	146966.71	48387.30	6919.45
411	2545	002747	埃斯顿	51.80	CC	0.14	4.19	3.68	0.48	0.99	58.78	3.47	20.33	44.98	-16.00	119.97	699010.44	302037.74	15686.50
412	2551	601399	国机重装	51.70	CC	0.05	1.70	1.93	0.34	0.48	52.25	16.52	7.75	1.70	3.67	48.76	2811050.10	950821.81	41985.63
413	2552	688311	盟升电子	51.70	CC	1.18	6.76	6.69	0.20	0.28	27.57	187.53	12.42	10.73	-16.26	85.02	251396.67	47578.80	13478.15
414	2560	603011	合锻智能	51.60	CC	0.14	2.67	2.86	0.42	0.70	43.47	4.99	43.96	3.85	57.85	96.89	310522.27	120627.77	6394.35
415	2561	002204	大连重工	51.60	CC	0.06	0.67	0.93	0.50	0.63	67.21	22.34	11.60	-0.87	16.01	54.03	1974333.96	910878.92	9834.31
416	2562	601616	广电电气	51.60	CC	0.09	3.67	4.18	0.32	0.57	16.78	41.62	-3.24	-8.11	27.85	64.55	303681.50	100469.64	11216.18
417	2573	600879	航天电子	51.50	CC	0.20	3.89	2.71	0.49	0.61	58.00	3.69	14.14	5.69	0.86	49.43	3360569.92	1598920.57	59427.21
418	2587	300902	国安达	51.30	CC	0.21	1.75	3.78	0.27	0.38	11.88	480.88	-8.05	-2.67	45.83	128.61	92558.95	25358.95	2699.42

续 表

序号	A股上市公司评价得分排序	股票代码	股票简称	综合得分（100）	评价等级	每股收益（元）	净资产收益率（%）	总资产报酬率（%）	总资产周转率（次）	流动资产周转率（次）	资产负债率（%）	已获利息倍数	营业收入增长率（%）	资本扩张率（%）	市场投资回报率（%）	股价波动率（%）	年末资产总额（万元）	营业收入（万元）	净利润（万元）
419	2590	002664	长鹰信质	51.30	CC	0.51	6.51	4.84	0.55	1.11	56.49	4.00	16.58	6.50	44.28	152.28	669497.06	335563.74	20156.31
420	2591	300827	上能电气	51.30	CC	0.45	5.57	2.74	0.44	0.51	67.06	8.33	8.80	5.16	117.62	437.77	269708.83	109237.43	5890.90
421	2592	002347	泰尔股份	51.20	CC	0.04	2.12	1.62	0.45	0.57	47.11	11.08	30.47	17.87	29.85	69.32	259802.53	105937.67	2620.37
422	2593	300407	凯发电气	51.20	CC	0.22	3.91	3.34	0.69	0.82	48.55	6.13	-2.49	0.45	29.22	77.79	283004.53	189960.11	6676.56
423	2594	300257	开山股份	51.20	CC	0.31	5.83	4.04	0.31	0.91	57.57	4.64	15.31	3.92	16.66	61.43	1160820.06	348473.73	30890.03
424	2598	300491	通合科技	51.20	CC	0.20	2.75	3.13	0.38	0.58	24.22	10.30	31.34	39.41	40.87	172.93	127877.61	42106.84	3236.43
425	2603	605066	天正电气	51.20	CC	0.27	4.24	3.44	0.91	1.13	47.13	31.49	18.14	-0.48	-3.64	85.83	326475.66	292191.16	10894.13
426	2604	300486	东杰智能	51.20	CC	0.18	2.61	3.54	0.44	0.77	47.69	4.98	25.64	0.18	20.43	54.22	293219.27	129973.05	7265.23
427	2625	300275	梅安森	51.00	CC	0.16	4.11	3.88	0.31	0.56	37.23	7.39	8.64	34.11	17.77	90.72	115518.23	30934.74	2863.36
428	2626	603036	如通股份	51.00	CC	0.27	3.67	4.83	0.21	0.24	11.10	0.00	-7.21	2.95	30.47	65.58	131281.10	26976.38	5370.12
429	2627	002849	威星智能	51.00	CC	0.39	6.90	4.17	0.64	0.81	48.89	40.99	-4.40	7.17	16.69	39.57	174726.49	114548.06	6143.00
430	2630	002009	天奇股份	50.90	CC	0.41	3.58	3.98	0.62	0.89	64.67	3.35	5.19	5.51	150.13	260.02	622348.46	377854.59	13972.13
431	2631	603212	赛伍技术	50.90	CC	0.42	8.10	5.55	0.75	0.99	53.08	7.37	38.25	19.00	-15.68	76.54	474734.70	301726.10	17037.20
432	2640	300040	九洲集团	50.80	CC	0.33	2.23	5.14	0.18	0.45	64.81	2.09	10.17	25.17	76.15	215.74	851653.22	140996.79	18707.34
433	2644	002337	赛象科技	50.80	CC	0.06	1.41	3.26	0.46	0.58	24.41	597.03	102.64	1.32	47.09	91.39	159120.74	72542.31	4077.93
434	2649	300549	优德精密	50.80	CC	0.29	5.75	6.22	0.53	0.79	28.12	18.70	25.24	4.66	-24.38	74.29	76525.23	39008.78	3801.04
435	2665	002350	北京科锐	50.60	CC	0.20	3.97	3.99	0.69	1.12	39.50	14.98	6.88	1.02	38.88	179.90	345272.31	233318.12	11866.04
436	2666	002074	国轩高科	50.60	CC	0.08	-2.41	1.22	0.29	0.51	55.58	1.12	54.01	74.93	19.21	158.43	4361340.93	1035608.12	7692.64
437	2668	002552	宝鼎科技	50.60	CC	0.02	-0.36	0.84	0.46	0.85	13.68	0.00	-3.68	0.95	7.74	74.88	78371.68	35316.37	636.71
438	2674	002977	天箭科技	50.50	CC	1.56	10.51	11.08	0.24	0.27	16.75	0.00	27.35	9.73	-49.55	117.05	121804.62	27841.29	11135.14
439	2675	600560	金自天正	50.50	CC	0.21	4.17	2.59	0.36	0.43	56.34	0.00	1.57	4.10	13.18	48.67	199670.29	70678.90	4846.98
440	2685	002692	ST远程	50.40	CC	0.06	1.82	3.16	1.17	1.46	61.51	2.29	13.27	4.92	26.39	45.61	254928.55	300126.90	4599.36

续 表

序号	A股上市公司评价得分排序	股票代码	股票简称	综合得分(100)	评价等级	每股收益(元)	净资产收益率(%)	总资产报酬率(%)	总资产周转率(次)	流动资产周转率(次)	资产负债率(%)	已获利息倍数	营业收入增长率(%)	资本扩张率(%)	市场投资回报率(%)	股价波动率(%)	年末资产总额(万元)	营业收入(万元)	净利润(万元)
441	2694	600992	贵绳股份	50.30	CC	0.13	1.48	1.99	0.81	1.24	55.75	2.36	18.74	1.54	59.86	121.50	330590.29	252918.60	3103.17
442	2697	688600	皖仪科技	50.30	CC	0.36	1.83	3.62	0.51	0.58	25.87	224.03	34.79	2.60	35.73	96.77	116319.50	56245.24	4889.96
443	2699	601106	中国一重	50.30	CC	0.02	0.89	2.13	0.65	1.00	69.86	1.27	16.21	2.56	16.23	97.23	3829202.91	2312828.61	13348.27
444	2704	600843	上工申贝	50.20	CC	0.10	2.05	2.62	0.62	0.99	38.71	3.46	1.95	25.55	13.60	59.67	543662.79	312452.15	8306.02
445	2707	002097	山河智能	50.20	CC	0.29	4.03	3.17	0.62	0.98	70.27	2.34	21.65	5.17	24.01	81.41	1924647.43	1140766.43	32197.99
446	2714	600520	文一科技	50.10	CC	0.06	2.08	2.36	0.51	0.95	46.77	6.35	33.70	3.07	40.11	76.37	83250.94	44394.04	1335.11
447	2715	688379	华光新材	50.10	CC	0.51	4.51	4.79	0.88	1.08	40.21	3.23	40.75	2.94	-2.84	44.68	153405.36	121095.16	4520.56
448	2720	002218	拓日新能	50.00	C	0.14	3.83	5.13	0.21	0.53	39.86	2.41	4.64	36.77	39.08	166.82	703605.43	142365.55	19544.52
449	2723	601218	吉鑫科技	50.00	C	0.21	6.78	6.09	0.45	0.86	31.76	7.33	-9.28	0.49	44.78	174.78	401316.06	185864.71	20825.27
450	2725	000570	苏常柴A	50.00	C	0.17	0.19	2.75	0.56	0.90	36.28	20.52	6.79	35.07	-9.71	65.27	486038.30	245243.05	10293.19
451	2726	688218	江苏北人	50.00	C	0.19	2.20	1.85	0.42	0.50	42.81	19.76	24.23	2.23	-12.44	51.80	151674.99	58742.74	2445.88
452	2738	002877	智能自控	49.90	C	0.19	7.58	5.20	0.46	0.90	52.14	7.96	33.07	6.29	-1.13	27.94	173068.85	73420.15	6327.30
453	2739	002151	北斗星通	49.90	C	0.40	2.63	3.22	0.54	0.98	34.85	7.67	6.24	0.74	-24.07	50.92	718343.32	385066.68	19414.62
454	2741	600118	中国卫星	49.80	C	0.20	3.71	2.94	0.57	0.77	39.41	16.59	0.74	2.50	-25.97	72.04	1309914.11	705892.99	32034.05
455	2742	600184	光电股份	49.80	C	0.12	1.86	1.39	0.68	0.96	47.10	123.83	32.90	1.91	34.95	99.42	462328.77	331180.53	6248.88
456	2744	300345	华民股份	49.80	C	0.01	-2.13	1.20	0.28	0.53	10.57	14.69	5.83	0.99	48.43	142.26	57322.94	15788.40	454.14
457	2751	603269	海鸥股份	49.80	C	0.47	5.54	3.82	0.50	0.65	62.14	7.24	35.44	2.99	25.53	71.77	237073.74	112985.76	5774.64
458	2752	300385	雪浪环境	49.80	C	0.37	5.40	5.64	0.49	0.76	68.52	3.91	21.81	13.82	18.73	86.81	362451.09	181249.38	15390.11
459	2754	603819	神力股份	49.70	C	0.15	2.84	3.87	0.94	1.49	48.62	2.32	53.21	17.97	32.36	121.13	171409.79	144185.87	3159.76
460	2757	300048	合康新能	49.70	C	0.05	2.19	2.34	0.47	0.81	26.44	6.41	-4.17	11.17	50.34	137.60	248476.89	120420.32	4785.69
461	2758	603628	清源股份	49.70	C	0.17	4.70	4.30	0.50	0.94	51.34	3.18	13.05	4.07	38.51	174.11	205375.82	101798.21	4867.83
462	2767	000901	航天科技	49.60	C	0.04	0.49	0.91	0.78	1.29	41.80	2.48	8.51	-2.17	3.92	55.23	757333.88	580464.31	4061.46

续 表

序号	A股上市公司评价得分排序	股票代码	股票简称	综合得分(100)	评价等级	每股收益(元)	净资产收益率(%)	总资产报酬率(%)	总资产周转率(次)	流动资产周转率(次)	资产负债率(%)	已获利息倍数	营业收入增长率(%)	资本扩张率(%)	市场投资回报率(%)	股价波动率(%)	年末资产总额(万元)	营业收入(万元)	净利润(万元)
463	2775	603090	宏盛股份	49. 50	C	0. 15	1. 53	2. 03	0. 76	1. 33	31. 40	7. 26	72. 02	3. 58	66. 67	193. 56	76866. 55	55932. 32	1470. 26
464	2782	000561	烽火电子	49. 50	C	0. 18	4. 83	3. 18	0. 40	0. 53	52. 72	14. 76	8. 29	7. 70	20. 73	66. 25	388906. 54	150240. 81	11425. 32
465	2786	601700	风范股份	49. 40	C	0. 08	3. 52	3. 58	0. 64	0. 81	49. 64	2. 66	22. 96	0. 91	38. 88	92. 95	523529. 05	319763. 10	9348. 50
466	2787	300185	通裕重工	49. 40	C	0. 08	4. 42	4. 25	0. 44	0. 85	51. 34	2. 87	1. 07	13. 63	2. 84	72. 03	1347124. 14	574872. 70	29979. 57
467	2795	600150	中国船舶	49. 40	C	0. 05	−1. 62	0. 56	0. 38	0. 52	66. 89	1. 60	8. 14	0. 53	36. 77	149. 10	16040224. 50	5974042. 63	23187. 24
468	2797	603577	汇金通	49. 40	C	0. 22	3. 45	3. 98	0. 82	1. 05	49. 79	2. 14	28. 98	29. 96	6. 73	43. 98	352369. 40	249843. 48	6684. 32
469	2800	002526	山东矿机	49. 30	C	0. 03	1. 54	1. 68	0. 64	0. 90	24. 48	13. 48	9. 35	1. 25	7. 11	35. 42	371613. 39	228563. 89	7056. 54
470	2803	600984	建设机械	49. 30	C	0. 39	6. 18	3. 95	0. 29	0. 60	65. 35	3. 15	18. 08	4. 84	−3. 19	78. 40	1760256. 72	472461. 63	37445. 57
471	2811	300490	华自科技	49. 20	C	0. 15	1. 50	1. 81	0. 54	0. 88	48. 01	2. 13	95. 17	42. 24	114. 55	302. 02	489913. 39	226846. 94	4536. 86
472	2818	300307	慈星股份	49. 10	C	0. 11	0. 93	1. 95	0. 56	0. 96	35. 33	6. 58	72. 80	2. 76	33. 38	66. 32	405451. 73	213115. 23	7341. 62
473	2820	600151	航天机电	49. 10	C	0. 04	−1. 05	1. 29	0. 59	1. 52	45. 32	1. 74	3. 28	−1. 56	47. 33	115. 06	1070446. 73	629298. 16	5257. 95
474	2822	603169	兰石重装	49. 00	C	0. 12	3. 70	2. 88	0. 36	0. 50	73. 71	1. 61	39. 17	83. 55	114. 31	198. 56	1211647. 88	403706. 10	13326. 09
475	2828	300153	科泰电源	48. 90	C	0. 03	−0. 11	1. 35	0. 72	1. 01	44. 76	2. 48	35. 72	0. 73	76. 36	251. 46	139321. 54	95294. 95	999. 02
476	2829	300423	辉科技	48. 90	C	0. 42	4. 67	3. 43	0. 34	0. 48	46. 30	6. 44	−35. 39	3. 64	19. 73	80. 49	779257. 78	270982. 81	20889. 09
477	2833	601606	长城军工	48. 90	C	0. 19	2. 10	3. 83	0. 42	0. 70	38. 93	12. 82	6. 96	6. 39	9. 78	80. 49	421706. 78	169626. 27	13661. 40
478	2844	300477	合纵科技	48. 80	C	0. 11	4. 51	3. 43	0. 53	1. 00	54. 25	3. 02	87. 03	87. 81	53. 93	258. 02	510365. 91	243061. 15	10647. 72
479	2846	300228	富瑞特装	48. 70	C	0. 08	0. 65	2. 43	0. 45	0. 69	44. 46	2. 49	−12. 14	34. 68	64. 69	148. 59	353758. 20	158677. 86	4497. 93
480	2848	002523	天桥起重	48. 70	C	0. 04	1. 46	2. 02	0. 42	0. 58	43. 85	6. 69	18. 16	9. 93	24. 86	63. 52	443385. 12	177417. 68	6474. 27
481	2854	002297	博云新材	48. 60	C	0. 04	−0. 47	1. 55	0. 21	0. 37	20. 51	3. 80	38. 66	46. 74	34. 89	133. 46	261379. 18	47853. 67	2172. 27
482	2870	688022	瀚川智能	48. 50	C	0. 56	3. 00	4. 04	0. 40	0. 58	56. 26	6. 04	25. 67	3. 82	127. 41	230. 25	212168. 25	75797. 46	5723. 32
483	2872	300509	新美星	48. 50	C	0. 20	4. 38	4. 95	0. 40	0. 50	64. 50	14. 62	2. 70	0. 47	9. 07	51. 36	192161. 87	71014. 62	6813. 91
484	2888	603076	乐惠国际	48. 20	C	0. 45	4. 25	2. 54	0. 43	0. 53	53. 86	4. 52	16. 10	50. 69	17. 30	102. 21	279813. 07	98936. 99	4625. 47

续 表

序号	A股上市公司评价得分排序	股票代码	股票简称	综合得分（100）	评价等级	每股收益（元）	净资产收益率（%）	总资产报酬率（%）	总资产周转率（次）	流动资产周转率（次）	资产负债率（%）	已获利息倍数	营业收入增长率（%）	资本扩张率（%）	市场投资回报率（%）	股价波动率（%）	年末资产总额（万元）	营业收入（万元）	净利润（万元）
485	2893	002364	中恒电气	48. 20	C	0. 16	2. 82	3. 17	0. 54	0. 79	28. 29	7. 75	26. 88	4. 79	10. 59	56. 86	326271. 33	181887. 27	8448. 32
486	2895	300745	欣锐科技	48. 10	C	0. 22	−2. 24	0. 49	0. 53	0. 72	44. 82	0. 62	164. 22	41. 92	262. 12	428. 28	209447. 82	93452. 33	2546. 83
487	2896	300906	日月明	48. 10	C	0. 51	3. 65	5. 09	0. 14	0. 15	9. 76	0. 00	5. 86	0. 08	−3. 81	101. 42	90609. 45	12325. 09	4064. 51
488	2902	002451	摩恩电气	48. 00	C	0. 03	1. 16	2. 39	0. 87	1. 53	40. 71	1. 83	151. 46	18. 26	1. 99	79. 44	141018. 19	114229. 58	1536. 87
489	2906	600072	中船科技	47. 90	C	0. 11	1. 84	2. 06	0. 29	0. 39	45. 44	2. 24	28. 51	0. 77	5. 93	80. 52	785364. 25	240947. 19	8058. 04
490	2907	300126	锐奇股份	47. 90	C	0. 03	0. 71	0. 79	0. 47	0. 72	22. 17	215. 99	45. 84	8. 54	7. 20	64. 31	142346. 48	62592. 85	1022. 63
491	2909	300402	宝色股份	47. 90	C	0. 26	7. 26	3. 66	0. 70	0. 98	66. 04	4. 77	15. 07	−7. 05	77. 69	290. 45	186619. 78	125664. 22	5291. 53
492	2910	002957	科瑞技术	47. 90	C	0. 09	2. 02	2. 73	0. 52	0. 68	43. 17	11. 72	7. 29	−1. 05	29. 38	116. 22	477951. 68	216122. 31	9466. 28
493	2912	300557	理工光科	47. 90	C	0. 24	1. 91	2. 09	0. 41	0. 52	51. 46	9. 98	4. 23	3. 87	24. 36	59. 32	112039. 85	44377. 75	2027. 02
494	2918	002779	中坚科技	47. 80	C	0. 09	0. 65	1. 27	0. 62	1. 08	25. 90	15. 38	36. 79	2. 02	42. 33	129. 36	85043. 04	54016. 86	1249. 97
495	2924	605288	凯迪股份	47. 70	C	1. 67	4. 59	4. 87	0. 62	0. 85	29. 73	106. 55	35. 11	4. 32	−29. 17	101. 57	292322. 97	171848. 25	11657. 83
496	2925	002278	神开股份	47. 70	C	0. 12	2. 50	3. 49	0. 44	0. 62	33. 46	19. 91	6. 78	−2. 59	−9. 30	41. 59	177125. 60	77542. 88	5048. 73
497	2942	603861	白云电器	47. 50	C	0. 13	0. 87	1. 55	0. 46	0. 72	63. 16	1. 79	16. 00	3. 78	45. 11	119. 60	812330. 46	351276. 95	4422. 93
498	2944	002389	航天彩虹	47. 50	C	0. 24	2. 55	3. 10	0. 32	0. 61	17. 09	39. 84	−2. 49	16. 36	−18. 61	100. 99	951190. 04	291383. 20	24119. 36
499	2950	300780	德恩精工	47. 40	C	0. 48	5. 67	5. 60	0. 35	0. 90	42. 02	10. 48	28. 53	5. 34	8. 58	61. 36	191775. 68	58010. 26	7094. 99
500	2951	601608	中信重工	47. 40	C	0. 05	0. 18	2. 00	0. 37	0. 62	62. 03	2. 50	19. 50	1. 33	18. 03	125. 89	2037793. 97	755001. 99	22260. 78
501	2954	600495	晋西车轴	47. 30	C	0. 01	−0. 81	0. 11	0. 30	0. 52	19. 46	0. 00	5. 94	0. 12	−3. 73	46. 44	401473. 98	120725. 06	1080. 58
502	2955	600316	洪都航空	47. 30	C	0. 21	0. 83	1. 30	0. 52	0. 61	70. 72	25. 54	42. 33	2. 15	−30. 45	93. 41	1790067. 37	721428. 13	15161. 30
503	2959	002691	冀凯股份	47. 20	C	0. 05	0. 80	2. 09	0. 34	0. 60	20. 73	5. 69	51. 50	1. 95	19. 02	57. 93	112511. 19	36490. 81	1782. 91
504	2960	600312	平高电气	47. 20	C	0. 05	0. 90	0. 91	0. 46	0. 69	50. 50	3. 77	−5. 19	1. 17	31. 35	123. 93	1917529. 07	927331. 00	12038. 17
505	2965	002767	先锋电子	47. 20	C	0. 16	1. 94	2. 59	0. 47	0. 64	23. 99	153. 78	34. 17	2. 69	22. 48	104. 66	101945. 03	47553. 90	2452. 15
506	2969	002689	远大智能	47. 10	C	0. 01	−0. 87	0. 64	0. 46	0. 75	36. 60	0. 00	5. 91	0. 76	7. 23	27. 98	210511. 20	96934. 57	1200. 24

续 表

序号	A股上市公司评价得分排序	股票代码	股票简称	综合得分（100）	评价等级	每股收益（元）	净资产收益率（%）	总资产报酬率（%）	总资产周转率（次）	流动资产周转率（次）	资产负债率（%）	已获利息倍数	营业收入增长率（%）	资本扩张率（%）	市场投资回报率（%）	股价波动率（%）	年末资产总额（万元）	营业收入（万元）	净利润（万元）
507	2983	002965	祥鑫科技	47.00	C	0.43	1.88	2.92	0.66	0.87	51.08	2.82	28.89	1.18	-12.78	104.80	387218.75	237077.34	6408.34
508	2996	300105	龙源技术	46.80	C	0.01	0.01	0.26	0.24	0.27	22.17	273.36	18.22	-2.43	72.92	181.58	233014.28	54177.48	594.74
509	3002	603050	科林电气	46.60	C	0.55	1.93	3.29	0.60	0.80	65.84	10.54	16.31	5.32	48.64	162.07	380154.27	203920.77	9382.25
510	3004	603618	杭电股份	46.60	C	0.14	4.29	3.51	0.92	1.22	68.34	1.75	28.02	-1.06	23.75	77.76	875501.47	744256.42	10870.68
511	3006	603680	今创集团	46.60	C	0.44	6.26	4.66	0.42	0.60	45.74	6.94	-2.15	5.42	-23.20	141.61	877381.45	379430.96	33462.63
512	3007	300062	中能电气	46.50	C	0.07	2.29	3.04	0.51	0.77	60.40	2.15	8.38	1.44	21.37	129.68	205142.10	102956.64	2263.95
513	3015	603315	福鞍股份	46.50	C	0.24	4.81	4.50	0.41	0.52	45.22	4.45	7.33	1.93	140.13	256.01	254155.00	95124.90	7241.24
514	3018	300195	长荣股份	46.40	C	0.08	0.41	2.39	0.23	0.66	57.64	1.50	19.93	0.20	34.33	89.54	661377.73	146728.86	3934.02
515	3020	603308	应流股份	46.40	C	0.34	2.96	3.22	0.23	0.68	53.86	3.35	11.29	3.20	-4.62	68.70	963334.43	204010.38	21110.99
516	3031	600732	爱旭股份	46.20	C	-0.06	-4.75	0.03	1.01	2.90	68.82	0.02	60.09	-4.32	23.52	200.05	1790024.28	1547050.27	-11580.36
517	3038	603656	泰禾智能	46.10	C	0.26	-1.19	3.07	0.42	0.66	20.64	0.00	9.23	3.11	-6.53	64.24	125591.02	51857.18	3533.91
518	3051	300201	* ST 海伦	46.00	C	0.13	10.88	3.40	0.64	1.05	44.73	5.06	-18.16	12.43	36.66	131.10	232983.70	166592.40	13119.28
519	3061	300907	康平科技	45.90	C	0.19	2.86	1.36	0.96	1.31	43.76	3.06	38.20	-4.96	-5.82	81.12	126661.15	115345.26	1810.69
520	3063	300756	金马游乐	45.80	C	0.21	1.18	1.50	0.28	0.36	41.63	17.28	31.56	2.77	44.26	102.39	180453.73	50389.50	2011.72
521	3064	002090	金智科技	45.80	C	0.37	1.88	6.09	0.55	0.75	47.84	11.86	-11.70	-6.55	26.30	92.63	250212.09	164076.17	15792.88
522	3068	300521	爱司凯	45.80	C	0.03	0.61	0.49	0.26	0.51	13.64	0.00	12.43	0.97	-21.81	102.99	60107.35	15339.97	500.53
523	3070	603988	中电电机	45.70	C	0.17	6.23	4.02	0.66	0.77	51.00	20.38	-4.33	-21.80	56.76	127.75	120764.37	81935.81	3993.81
524	3071	002882	金龙羽	45.70	C	0.12	2.64	2.95	1.57	1.89	40.91	5.35	43.45	-3.92	31.28	134.96	316620.46	458956.93	5160.66
525	3072	688377	迪威尔	45.70	C	0.17	1.11	1.88	0.28	0.43	22.22	8.84	-25.44	-2.59	10.06	36.02	191792.42	52793.71	3023.10
526	3074	600550	保变电气	45.70	C	0.02	4.25	2.68	0.73	1.09	85.88	1.65	1.35	7.24	17.41	85.70	575146.94	413950.91	5723.97
527	3080	002686	亿利达	45.60	C	0.08	-0.61	2.34	0.60	1.12	42.45	2.24	28.45	-4.50	0.93	60.60	292373.23	190643.70	3037.05
528	3086	300001	特锐德	45.50	C	0.18	1.55	2.10	0.51	0.79	65.51	1.72	26.48	33.41	-30.44	88.25	2020044.82	944107.59	17758.87

续 表

序号	A股上市公司评价得分排序	股票代码	股票简称	综合得分（100）	评价等级	每股收益（元）	净资产收益率（%）	总资产报酬率（%）	总资产周转率（次）	流动资产周转率（次）	资产负债率（%）	已获利息倍数	营业收入增长率（%）	资本扩张率（%）	市场投资回报率（%）	股价波动率（%）	年末资产总额（万元）	营业收入（万元）	净利润（万元）
529	3087	002272	川润股份	45. 50	C	0. 12	2. 22	3. 21	0. 53	0. 80	50. 43	2. 81	20. 28	5. 29	37. 60	108. 16	300292. 44	153141. 62	5835. 93
530	3091	600172	黄河旋风	45. 40	C	0. 03	3. 56	3. 09	0. 26	0. 72	69. 52	0. 94	8. 24	1. 34	238. 71	324. 89	1070079. 96	265233. 22	4302. 47
531	3096	300471	厚普股份	45. 40	C	0. 03	-0. 65	1. 47	0. 43	0. 93	49. 99	1. 96	82. 87	1. 25	154. 39	319. 22	218266. 45	87481. 34	1212. 76
532	3097	002342	巨力索具	45. 40	C	0. 03	0. 74	1. 61	0. 60	1. 01	41. 36	1. 79	11. 34	0. 84	-19. 57	62. 96	423015. 67	246590. 43	2395. 89
533	3098	300865	大宏立	45. 40	C	0. 32	2. 11	3. 06	0. 62	0. 78	19. 29	0. 00	14. 42	1. 37	-17. 00	77. 92	110850. 43	69427. 91	3099. 90
534	3102	002823	凯中精密	45. 30	C	0. 04	-2. 16	2. 18	0. 70	1. 98	62. 37	1. 21	27. 42	-7. 24	6. 20	56. 19	354563. 66	244735. 62	1274. 38
535	3106	300594	朗进科技	45. 30	C	0. 06	0. 18	0. 66	0. 50	0. 60	34. 30	1. 73	15. 76	4. 52	-13. 37	61. 87	142412. 53	67580. 43	549. 25
536	3110	688788	科思科技	45. 20	C	2. 33	5. 71	6. 01	0. 20	0. 20	4. 51	157. 82	-6. 81	3. 76	10. 17	109. 75	309024. 60	61029. 81	17637. 28
537	3111	300103	达刚控股	45. 20	C	0. 08	-6. 63	4. 09	0. 44	0. 80	38. 79	3. 88	-21. 21	2. 97	-11. 21	39. 38	224006. 68	100780. 57	4470. 14
538	3115	688510	航亚科技	45. 10	C	0. 09	0. 55	2. 18	0. 24	0. 39	26. 22	5. 96	3. 82	6. 93	-20. 96	95. 26	136309. 52	31263. 65	2415. 99
539	3123	002546	新联电子	45. 00	C	0. 27	1. 47	7. 02	0. 13	0. 16	7. 93	250. 37	-19. 15	3. 30	6. 32	44. 96	361422. 89	46482. 35	22069. 20
540	3129	600526	菲达环保	44. 90	C	0. 10	-1. 72	2. 09	0. 50	0. 66	68. 28	1. 85	8. 77	1. 83	46. 01	124. 32	688478. 00	338410. 69	5045. 98
541	3139	603333	尚纬股份	44. 60	C	-0. 06	-2. 39	-0. 22	0. 67	0. 86	45. 09	-0. 25	15. 47	34. 81	92. 89	152. 40	378610. 15	234364. 07	-3830. 54
542	3142	300265	通光线缆	44. 60	C	0. 12	2. 45	3. 81	0. 76	1. 09	47. 40	2. 86	31. 04	-1. 67	8. 27	97. 81	258220. 54	192300. 84	5465. 76
543	3143	600320	振华重工	44. 60	C	0. 08	-2. 03	2. 26	0. 33	0. 64	77. 47	1. 52	14. 67	3. 37	4. 44	70. 34	7833208. 12	2597797. 70	52834. 56
544	3145	688215	瑞晟智能	44. 60	C	0. 33	1. 40	3. 00	0. 36	0. 52	26. 08	14. 17	49. 79	1. 98	-17. 92	55. 47	59915. 42	19981. 83	1462. 30
545	3147	300879	大叶股份	44. 60	C	0. 35	3. 36	3. 96	0. 74	1. 32	61. 93	3. 81	60. 52	4. 05	-22. 40	114. 28	251246. 01	160700. 42	5552. 29
546	3148	300276	三丰智能	44. 50	C	0. 07	3. 23	2. 91	0. 35	0. 54	40. 32	14. 35	22. 15	4. 02	12. 27	79. 42	406435. 93	142658. 16	10105. 57
547	3150	300008	天海防务	44. 50	C	0. 02	0. 96	1. 42	0. 63	1. 30	31. 72	2. 78	171. 56	1. 51	-27. 22	62. 36	245076. 21	142174. 64	2645. 62
548	3155	300713	英可瑞	44. 40	C	0. 06	-0. 38	0. 51	0. 27	0. 41	25. 86	10. 48	-3. 91	1. 73	17. 79	98. 95	98826. 29	25527. 33	789. 55
549	3156	688090	瑞松科技	44. 40	C	0. 41	1. 84	1. 96	0. 58	0. 78	40. 60	7. 73	19. 65	1. 20	-15. 61	75. 45	165976. 42	95585. 71	2689. 84
550	3169	601989	中国重工	44. 20	C	0. 01	-1. 90	0. 43	0. 22	0. 33	52. 21	1. 26	13. 27	-0. 06	-0. 70	29. 79	18013934. 05	3953935. 91	11495. 66

续 表

序号	A股上市公司评价得分排序	股票代码	股票简称	综合得分(100)	评价等级	每股收益(元)	净资产收益率(%)	总资产报酬率(%)	总资产周转率(次)	流动资产周转率(次)	资产负债率(%)	已获利息倍数	营业收入增长率(%)	资本扩张率(%)	市场投资回报率(%)	股价波动率(%)	年末资产总额(万元)	营业收入(万元)	净利润(万元)
551	3170	000856	冀东装备	44.20	C	0.09	0.04	2.53	1.54	1.95	79.45	3.49	30.08	-7.39	12.02	50.58	198096.55	345008.50	1733.72
552	3171	603356	华菱精工	44.20	C	0.02	-0.48	1.42	1.19	1.75	55.99	1.11	16.84	-0.10	20.90	91.83	195382.09	223392.46	191.39
553	3180	002580	圣阳股份	44.00	C	0.07	0.17	1.63	0.85	1.12	30.84	5.63	18.69	1.23	10.77	175.54	253187.62	209052.47	3421.52
554	3191	002617	露笑科技	43.90	C	0.04	-0.25	2.20	0.41	0.89	57.87	1.39	24.75	25.97	60.67	226.20	893363.04	355322.80	6538.52
555	3192	000852	石化机械	43.90	C	0.06	0.99	2.24	0.85	1.08	75.29	1.49	11.88	2.25	54.46	164.85	812368.47	695147.28	5986.28
556	3198	002514	宝馨科技	43.70	C	0.02	-5.68	2.69	0.44	0.91	54.21	1.54	28.02	1.66	36.29	87.45	140605.76	63447.52	1398.08
557	3202	600391	航发科技	43.70	C	0.06	1.39	1.72	0.58	0.90	68.02	2.10	28.79	3.42	14.75	87.03	629246.24	350452.11	4648.59
558	3207	300527	中船应急	43.60	C	0.07	1.92	2.30	0.39	0.55	33.49	4.95	-6.75	1.61	6.27	61.04	439412.35	169839.97	6861.82
559	3209	002112	三变科技	43.60	C	0.09	3.36	3.49	0.87	1.19	66.89	1.83	2.31	4.96	10.18	48.44	125958.63	103365.06	1856.45
560	3212	002196	方正电机	43.50	C	0.05	-10.95	0.10	0.65	1.20	52.69	0.26	65.48	-4.45	54.47	129.39	320001.32	189076.82	27.01
561	3213	600990	四创电子	43.50	C	1.16	4.93	3.86	0.40	0.59	64.56	3.03	-20.27	5.17	19.91	98.21	769906.92	314328.95	18855.31
562	3216	000547	航天发展	43.50	C	0.40	5.29	5.36	0.31	0.58	28.44	34.39	-6.59	6.93	-44.51	119.10	1396334.45	414386.70	65356.65
563	3223	600847	万里股份	43.30	C	-0.06	-1.89	-1.25	0.74	1.14	10.62	-98.16	-2.71	-0.21	85.80	188.51	77586.56	57117.83	-966.82
564	3224	000768	中航西飞	43.30	C	0.24	3.66	1.44	0.50	0.65	78.13	6.25	-2.34	2.85	-3.66	105.77	7198904.90	3269977.07	65291.10
565	3230	688528	秦川物联	43.30	C	0.17	2.35	3.01	0.31	0.45	23.41	24.40	1.19	0.53	-12.02	35.64	99049.14	30567.72	2920.33
566	3232	600685	中船防务	43.20	C	0.06	-0.15	0.59	0.28	0.51	57.82	1.87	0.54	6.38	-28.38	89.83	4426540.89	1167159.35	10418.93
567	3235	002023	海特高新	43.20	C	0.99	-4.50	11.34	0.12	0.45	39.21	7.38	-12.79	3.31	-12.54	87.16	671823.88	84082.46	69338.27
568	3242	300091	金通灵	43.00	C	0.01	0.44	1.07	0.27	0.42	51.00	1.02	22.20	32.68	62.15	133.46	671562.53	175485.39	1505.57
569	3243	300080	易成新能	43.00	C	-0.09	-6.66	-1.67	0.59	1.29	46.71	-1.40	45.59	4.12	6.23	95.81	1028934.70	577782.92	-27865.45
570	3245	688529	豪森股份	43.00	C	0.55	3.94	3.55	0.42	0.53	63.20	3.37	15.13	4.97	-7.56	103.05	298908.33	119336.26	7040.27
571	3266	603960	克来机电	42.60	C	0.19	4.56	4.44	0.46	0.72	16.82	82.27	-26.79	1.27	-9.48	85.98	122575.28	56091.77	5167.28
572	3275	300065	海兰信	42.30	C	0.08	0.82	3.74	0.31	0.47	32.81	2.24	3.61	17.25	61.65	273.61	285459.96	90238.16	4923.89

续 表

序号	A股上市公司评价得分排序	股票代码	股票简称	综合得分(100)	评价等级	每股收益(元)	净资产收益率(%)	总资产报酬率(%)	总资产周转率(次)	流动资产周转率(次)	资产负债率(%)	已获利息倍数	营业收入增长率(%)	资本扩张率(%)	市场投资回报率(%)	股价波动率(%)	年末资产总额(万元)	营业收入(万元)	净利润(万元)
573	3282	002560	通达股份	42.20	C	0.05	0.61	1.25	0.68	1.03	33.50	1.77	22.13	0.86	-15.48	71.56	362954.37	235453.95	2092.35
574	3285	300141	和顺电气	42.10	C	0.04	1.33	1.05	0.32	0.49	32.85	1.88	-38.25	1.41	46.14	164.98	102539.30	32503.13	958.32
575	3287	300424	航新科技	42.10	C	0.11	2.22	2.72	0.52	0.81	66.06	1.65	-5.19	3.94	-13.64	93.04	219486.96	116014.88	2204.88
576	3297	002111	威海广泰	41.90	C	0.09	0.98	2.10	0.56	0.81	39.47	5.76	3.85	-2.15	5.03	66.77	528983.33	307912.07	5051.87
577	3299	300510	金冠股份	41.80	C	0.04	-0.07	0.87	0.33	0.55	22.78	2.97	27.10	0.10	43.76	142.68	338209.43	107426.12	2852.39
578	3309	688408	中信博	41.50	C	0.11	-1.47	0.23	0.49	0.58	52.69	1.83	-22.80	-1.59	9.95	145.33	516320.07	241535.88	1561.79
579	3311	002943	宇晶股份	41.40	C	-0.07	-1.50	-0.26	0.37	0.63	41.99	-0.76	25.08	-0.80	252.57	373.21	134430.80	45690.96	-725.91
580	3313	300581	晨曦航空	41.40	C	0.09	2.94	3.16	0.25	0.31	20.11	1416.00	-17.20	4.05	-3.84	204.18	93319.83	22417.67	2672.27
581	3315	002639	雪人股份	41.30	C	-0.17	-6.39	-2.34	0.47	0.89	42.06	-1.90	37.73	24.71	143.81	146.00	463566.21	200865.56	-12143.75
582	3320	000585	东电退	41.10	C	0.02	22.76	10.11	0.48	0.82	186.17	53.88	4.64	0.00	32.32	66.97	19442.79	8370.07	1759.87
583	3341	300118	东方日升	40.60	C	-0.05	-6.36	1.45	0.64	1.25	67.73	1.06	17.23	-4.04	17.06	241.73	2956137.67	1883072.42	-1490.23
584	3345	300875	捷强装备	40.40	C	0.39	1.36	2.20	0.13	0.18	14.03	56.02	-26.19	3.05	-29.79	69.51	163484.64	19815.55	3829.48
585	3347	600169	太原重工	40.40	C	0.05	-1.06	2.75	0.25	0.35	81.33	1.25	-3.37	14.43	37.96	94.22	3117422.99	832036.97	17357.92
586	3350	300607	拓斯达	40.30	C	0.15	1.42	2.08	0.64	0.75	63.95	3.75	19.50	4.95	-27.52	110.79	627925.67	329273.42	6794.00
587	3361	002339	积成电子	40.00	C	-0.09	-1.71	-0.15	0.54	0.69	45.41	-0.22	-2.26	-1.50	36.51	74.93	378067.04	203790.34	-2954.03
588	3371	600202	哈空调	39.70	C	0.17	-7.11	3.53	0.39	0.53	63.86	4.54	-7.02	9.98	25.69	85.76	214685.70	85278.49	6708.16
589	3376	600416	湘电股份	39.60	C	0.07	1.34	2.38	0.32	0.44	64.17	1.89	-14.28	37.85	0.00	102.16	1274264.63	402557.13	11722.63
590	3385	002169	智光电气	39.30	C	0.44	-11.40	6.60	0.32	0.68	45.86	6.79	-11.83	1.25	68.88	176.65	619392.94	188916.30	27099.31
591	3387	300442	普丽盛	39.30	C	-0.12	-3.06	-0.05	0.52	0.80	63.60	-0.04	50.52	-2.40	22.18	103.14	130167.34	69164.52	-1291.44
592	3394	300719	安达维尔	39.00	C	0.04	0.91	0.64	0.35	0.40	20.15	1.99	-22.02	-3.46	-25.19	73.44	127102.67	47545.72	1042.57
593	3399	603895	天永智能	38.90	C	0.07	-0.54	0.02	0.37	0.43	59.05	0.43	-0.62	0.28	37.83	87.11	145674.00	50376.09	383.36
594	3414	002471	中超控股	38.40	C	0.02	1.48	2.59	1.05	1.37	75.24	1.06	8.19	-4.68	3.77	84.01	569991.29	587991.96	2644.59

续 表

序号	A股上市公司评价得分排序	股票代码	股票简称	综合得分（100）	评价等级	每股收益（元）	净资产收益率（%）	总资产报酬率（%）	总资产周转率（次）	流动资产周转率（次）	资产负债率（%）	已获利息倍数	营业收入增长率（%）	资本扩张率（%）	市场投资回报率（%）	股价波动率（%）	年末资产总额（万元）	营业收入（万元）	净利润（万元）
595	3416	300278	＊ST 华昌	38.40	C	0.02	-69.18	7.71	0.74	1.12	48.46	1.25	34.66	0.00	-1.70	183.12	313472.81	215454.56	3435.60
596	3419	300011	鼎汉技术	38.40	C	0.04	-0.27	2.38	0.41	0.62	56.24	1.37	13.28	0.79	10.27	138.66	339729.16	138172.28	1992.96
597	3423	300810	中科海讯	38.20	C	0.10	-0.22	1.18	0.18	0.20	8.29	0.00	61.59	1.22	6.68	62.81	111205.86	20224.04	1296.36
598	3427	002816	和科达	38.10	C	0.13	-8.63	4.39	0.39	0.57	12.73	43.65	33.08	3.27	-16.76	81.28	48029.52	20019.13	1327.69
599	3428	002633	申科股份	38.10	C	-0.08	-3.37	-1.39	0.33	0.59	28.66	-3.29	24.93	1.49	16.01	67.48	65907.63	21217.24	-1161.54
600	3430	603800	道森股份	38.00	C	-0.17	-6.45	-1.28	0.70	0.91	50.77	-1.10	38.58	-2.62	134.48	282.42	179530.05	117473.48	-3732.52
601	3435	300417	南华仪器	37.90	C	0.09	0.08	2.38	0.31	0.46	7.47	0.00	-41.55	-4.12	1.95	87.40	53817.11	18214.60	1224.48
602	3440	000533	顺钠股份	37.70	C	-0.02	-0.56	0.59	0.61	0.79	65.78	0.54	-1.28	-14.55	67.03	125.77	237480.96	145873.48	-2034.11
603	3452	600302	标准股份	37.30	C	-0.27	-6.38	-3.55	0.79	0.92	44.42	-4.16	34.07	-8.42	23.02	47.74	214144.24	168366.08	-9516.59
604	3459	600860	京城股份	37.00	C	-0.05	-5.38	-1.72	0.72	1.51	38.70	-3.15	8.67	-4.01	373.66	430.16	156844.88	118266.45	-4123.59
605	3462	300466	赛摩智能	36.90	C	-0.02	-2.71	-0.71	0.46	0.73	38.75	-1.30	7.77	-2.07	31.01	90.46	134166.22	58741.73	-1746.92
606	3476	300757	罗博特科	36.40	C	-0.44	-9.53	-1.97	0.58	0.85	57.87	-2.04	105.58	21.68	63.99	161.28	200570.91	108595.11	-4695.16
607	3490	600590	泰豪科技	36.00	C	0.11	-8.59	3.01	0.43	0.61	69.18	1.94	0.30	9.52	53.99	139.42	1404280.36	606262.77	14930.74
608	3495	300165	天瑞仪器	35.80	C	-0.15	-5.19	-1.50	0.33	0.48	48.55	-1.86	2.42	-4.09	75.67	120.01	324183.50	95834.06	-7395.62
609	3496	002413	雷科防务	35.80	C	-0.19	-6.50	-3.32	0.27	0.56	22.96	-8.21	33.45	21.93	5.52	42.32	643910.44	162218.81	-24174.70
610	3513	600579	克劳斯	35.20	C	-0.34	-2.98	-1.26	0.60	1.34	71.43	-1.17	0.39	-8.57	70.94	166.97	1699571.05	985490.20	-24596.74
611	3514	002021	ST 中捷	35.20	C	-0.75	3.05	-43.42	0.82	1.12	92.04	-41.43	82.54	-81.48	23.92	76.52	146587.48	95933.70	-51746.31
612	3522	688333	铂力特	34.70	C	-0.67	-7.28	-3.84	0.29	0.55	38.92	-11.70	33.92	10.81	51.00	155.80	210768.82	55199.30	-5330.55
613	3524	002933	新兴装备	34.70	C	-0.02	-0.86	0.11	0.14	0.16	15.91	0.40	-23.11	-7.79	8.67	94.30	175027.36	24604.87	-328.29
614	3528	300836	佰奥智能	34.60	C	-0.21	-2.57	-1.77	0.50	0.58	28.13	-10.84	23.92	-1.62	-17.06	65.97	84245.07	41754.18	-1049.18
615	3537	002031	巨轮智能	34.20	C	-0.21	-1.99	-6.05	0.41	0.80	47.48	-3.52	31.62	-28.19	9.87	54.68	464610.45	220879.49	-41582.35
616	3543	300572	安车检测	34.00	C	0.05	-0.25	1.25	0.21	0.31	20.22	7.37	-48.25	108.49	-49.40	199.46	276628.52	47331.19	1662.87

续 表

序号	A股上市公司评价得分排序	股票代码	股票简称	综合得分(100)	评价等级	每股收益(元)	净资产收益率(%)	总资产报酬率(%)	总资产周转率(次)	流动资产周转率(次)	资产负债率(%)	已获利息倍数	营业收入增长率(%)	资本扩张率(%)	市场投资回报率(%)	股价波动率(%)	年末资产总额(万元)	营业收入(万元)	净利润(万元)
617	3544	000410	*ST沈机	34.00	C	-0.51	2528.03	-19.91	0.40	0.74	119.27	-10.16	26.48	-266.16	38.40	108.73	299433.22	169876.84	-94072.79
618	3560	600973	宝胜股份	33.40	C	-0.56	-13.43	-0.80	2.11	3.20	77.57	-0.30	25.60	-14.36	30.46	123.72	2075202.45	4287835.78	-64590.64
619	3566	002665	首航高科	33.10	C	-0.09	-3.92	-1.82	0.09	0.31	30.32	-1.28	63.11	-3.85	184.51	192.24	793555.13	71853.61	-22326.89
620	3579	300411	金盾股份	32.70	C	-0.06	-1.17	-1.60	0.35	0.47	30.61	-8.34	-33.17	-6.70	-7.53	51.30	132337.47	49041.80	-2604.66
621	3582	002227	奥特迅	32.60	C	-0.15	-4.10	-1.71	0.19	0.42	32.61	-4.58	-10.87	38.79	13.64	75.97	169331.10	28799.62	-3394.79
622	3588	300472	新元科技	32.40	C	-1.10	-38.41	-18.49	0.44	0.73	46.85	-21.49	54.58	22.66	60.88	252.63	167186.19	68440.59	-29821.97
623	3589	300029	*ST天龙	32.40	C	-0.02	-65.35	-1.35	1.20	1.47	95.58	-3.14	161.13	-21.17	19.73	98.40	31929.88	31717.07	-460.63
624	3591	300397	天和防务	32.20	C	-0.15	-6.28	-3.82	0.25	0.49	21.98	-23.71	-54.31	33.69	-21.06	86.87	254240.00	55857.87	-7693.96
625	3593	300004	南风股份	32.10	C	-1.43	-4.16	-27.28	0.33	0.50	20.43	-48.42	5.46	-26.76	18.24	59.05	206369.10	84224.00	-68787.95
626	3603	300900	广联航空	31.80	C	0.18	1.00	2.28	0.12	0.22	28.20	11.37	-24.56	10.22	-19.75	85.90	232935.57	23739.66	3769.57
627	3606	002426	胜利精密	31.60	C	0.01	-11.83	2.05	0.49	1.08	50.42	1.17	-47.84	-0.68	31.89	122.67	918384.00	500460.45	3885.21
628	3607	300208	青岛中程	31.50	C	-0.17	-8.88	0.90	0.36	0.54	70.85	0.32	447.79	-12.56	-10.64	127.60	420039.64	158580.13	-13949.30
629	3620	300222	科大智能	30.60	C	-0.13	-21.81	-0.55	0.48	0.63	65.79	-0.87	5.50	32.25	22.01	141.21	647038.52	288904.67	-8498.92
630	3621	600112	*ST天成	30.60	C	0.35	-1838.58	18.60	0.09	0.36	89.77	3.60	-16.15	0.00	187.70	345.71	138239.40	11795.52	17648.89
631	3633	300393	中来股份	30.10	C	-0.29	-10.93	-2.61	0.53	1.16	66.50	-2.15	14.45	-8.40	124.20	320.36	1213915.10	581953.74	-41245.89
632	3649	000530	冰山冷热	29.80	C	-0.32	-11.12	-4.78	0.37	0.76	46.83	-16.32	20.95	-11.59	46.13	61.55	573557.06	208920.83	-27518.96
633	3654	600243	青海华鼎	29.60	C	-0.25	-12.28	-5.02	0.39	0.73	41.05	-7.62	6.18	-5.49	69.72	163.69	185176.64	67602.57	-10444.70
634	3675	300540	蜀道装备	29.00	C	-0.61	-14.16	-6.20	0.45	0.55	54.66	-7.79	2.80	-9.73	91.58	188.53	117303.93	53324.45	-7209.48
635	3676	300069	金利华电	28.90	C	-0.34	-15.36	-6.71	0.45	0.84	42.20	-5.95	78.60	-12.64	47.82	196.21	48362.14	22955.57	-4045.68
636	3681	002122	ST天马	28.80	C	-0.61	5.65	-15.33	0.20	0.47	77.26	-19.22	16.06	-46.78	43.71	128.62	413023.13	83765.25	-70089.86
637	3688	002490	山东墨龙	28.50	C	-0.46	-23.41	-5.14	0.78	1.83	69.50	-2.17	24.08	-24.52	80.65	164.62	445761.13	373446.28	-36842.05
638	3696	600815	厦工股份	28.10	C	-0.06	-12.63	-1.79	0.48	0.65	51.58	-3.15	-19.21	-6.52	56.83	93.73	294011.39	155127.03	-9778.43

续 表

序号	A股上市公司评价得分排序	股票代码	股票简称	综合得分(100)	评价等级	每股收益(元)	净资产收益率(%)	总资产报酬率(%)	总资产周转率(次)	流动资产周转率(次)	资产负债率(%)	已获利息倍数	营业收入增长率(%)	资本扩张率(%)	市场投资回报率(%)	股价波动率(%)	年末资产总额(万元)	营业收入(万元)	净利润(万元)
639	3703	688011	新光光电	28.00	C	0.02	-1.62	-0.15	0.11	0.13	10.14	-7.13	15.89	0.39	-39.69	90.60	137620.63	14380.07	92.42
640	3713	603789	星光农机	27.70	C	-0.71	-27.23	-14.81	0.29	0.51	50.22	-13.57	61.76	-24.35	-2.91	15.81	133181.63	40184.73	-19301.31
641	3720	002622	融钰集团	27.50	C	-0.09	-8.90	-1.98	0.11	0.45	50.97	-0.80	47.02	0.89	68.56	241.93	179217.19	16810.70	-7382.88
642	3721	000806	ST银河	27.50	C	-0.87	-0.20	-47.55	0.59	0.86	151.54	-63.15	3.44	-1526.49	70.94	147.91	173623.10	114406.59	-96847.10
643	3722	002209	达意隆	27.50	C	-0.26	-11.32	-2.95	0.65	0.93	66.78	-3.37	14.33	-8.44	12.59	51.44	173491.96	106282.09	-5086.45
644	3724	600537	亿晶光电	27.50	C	-0.51	-17.65	-8.21	0.53	0.95	66.44	-19.47	-0.36	0.01	-3.45	77.24	796007.20	408327.04	-70031.09
645	3731	002733	雄韬股份	27.30	C	-1.10	-19.62	-5.39	0.57	0.83	55.71	-4.68	22.13	-16.76	1.80	87.85	572755.30	311027.88	-44424.89
646	3744	300444	双杰电气	26.70	C	-0.16	-14.49	-4.62	0.39	0.66	64.40	-8.01	-4.88	62.65	39.91	133.70	339480.08	117128.13	-13186.61
647	3758	688339	亿华通-U	26.30	C	-2.29	-8.18	-7.07	0.19	0.27	20.18	-39.89	9.97	19.45	-4.35	66.90	362425.58	62936.88	-20093.83
648	3760	688567	孚能科技	26.30	C	-0.89	-13.05	-5.76	0.19	0.34	55.70	-14.87	212.60	-7.96	-19.32	93.07	2093643.40	350007.62	-95274.79
649	3777	600343	航天动力	25.80	C	-0.40	-12.95	-7.45	0.32	0.47	41.01	-25.15	-1.84	-11.49	37.04	55.37	366868.55	122599.86	-27995.81
650	3781	300064	*ST金刚	25.60	C	-0.99	275.94	-15.57	0.13	0.51	113.84	-4.49	63.41	-264.95	-36.07	151.54	588707.84	78172.51	-120067.81
651	3797	002685	华东重机	25.10	C	-1.40	-44.44	-26.55	1.39	2.09	41.27	-30.96	-7.53	-38.56	1.85	83.14	411067.76	705927.26	-139646.88
652	3801	688165	埃夫特-U	25.00	C	-0.37	-16.10	-6.57	0.36	0.52	38.78	-10.38	1.19	-10.99	-8.93	59.53	307747.02	114708.97	-19276.97
653	3805	600192	长城电工	24.80	C	-0.29	-15.08	-2.14	0.44	0.62	63.09	-1.70	0.06	-7.14	20.93	99.10	468154.77	206602.06	-14662.59
654	3806	688081	兴图新科	24.80	C	-0.62	-7.34	-6.94	0.20	0.24	10.91	0.00	-18.70	-7.96	-11.25	76.39	75377.95	15665.02	-4615.40
655	3808	600421	华嵘控股	24.70	C	-0.05	-18.29	-8.14	1.08	1.23	56.80	-6.24	-7.02	-16.23	4.78	110.07	12101.48	13035.29	-1031.50
656	3809	300024	机器人	24.70	C	-0.36	-16.62	-4.94	0.30	0.46	61.48	-6.92	24.01	-12.21	-11.21	67.27	1110622.59	329819.13	-55587.30
657	3812	300420	五洋停车	24.60	C	-0.16	-8.64	-4.22	0.39	0.58	37.34	-10.09	-4.63	-8.90	-12.19	63.32	394469.21	155595.53	-17926.90
658	3814	688309	*ST恒誉	24.50	C	-0.12	-3.02	-1.43	0.11	0.14	7.28	0.00	-51.56	-1.29	-32.44	89.13	75758.65	8456.59	-948.18
659	3819	601798	蓝科高新	24.20	C	-0.49	-11.76	-5.64	0.28	0.44	44.76	-7.23	-29.51	-9.24	67.66	138.04	292822.19	83188.32	-17633.17
660	3822	002667	鞍重股份	24.20	C	-0.42	-13.39	-11.01	0.25	0.33	25.20	-175.04	-21.09	-8.87	215.35	377.43	94976.18	22896.72	-9597.80

续 表

序号	A股上市公司评价得分排序	股票代码	股票简称	综合得分(100)	评价等级	每股收益(元)	净资产收益率(%)	总资产报酬率(%)	总资产周转率(次)	流动资产周转率(次)	资产负债率(%)	已获利息倍数	营业收入增长率(%)	资本扩张率(%)	市场投资回报率(%)	股价波动率(%)	年末资产总额(万元)	营业收入(万元)	净利润(万元)
661	3826	300068	南都电源	24.10	C	-1.60	-31.57	-10.20	0.84	1.52	70.09	-5.89	15.48	-28.20	-7.03	88.64	1383211.00	1184757.03	-164067.45
662	3833	300084	海默科技	23.90	C	-0.68	-24.27	-9.57	0.28	0.47	48.95	-5.48	20.84	-20.13	42.97	157.66	200949.36	60863.64	-26110.61
663	3847	300700	岱勒新材	23.50	C	-0.73	-16.84	-6.18	0.24	0.56	58.54	-4.01	11.45	-14.87	-0.16	54.88	109530.89	27070.23	-7991.69
664	3849	300145	中金环境	23.40	C	-0.41	-30.29	-7.24	0.62	1.24	72.68	-5.22	22.95	-26.50	10.89	52.99	796140.03	518650.19	-76293.15
665	3857	601727	上海电气	23.20	C	-0.64	-11.85	-2.94	0.42	0.60	67.37	-7.41	-4.29	-8.15	-18.71	72.82	30080219.00	13068145.00	-1024013.10
666	3878	600545	卓郎智能	22.60	C	-0.26	-18.56	-2.38	0.44	0.70	65.45	-1.50	12.80	-17.68	-6.23	55.63	1212789.60	547019.90	-54808.20
667	3887	000584	哈工智能	22.10	C	-0.77	-28.34	-11.68	0.35	0.69	59.23	-8.83	6.46	-23.21	-6.76	101.23	480533.44	172245.87	-60428.63
668	3892	002309	中利集团	21.90	C	-4.44	-68.17	-23.67	0.70	1.11	87.16	-11.55	16.88	-68.68	38.81	151.96	1372286.11	1055838.67	-387438.57
669	3894	002529	海源复材	21.80	C	-0.42	-11.62	-9.65	0.22	0.47	29.23	-21.63	-15.44	-12.65	333.66	449.47	105762.07	25393.80	-10945.97
670	3904	000008	神州高铁	21.50	C	-0.55	-23.20	-9.19	0.18	0.36	56.90	-5.90	15.50	-19.98	15.74	60.91	1237947.71	221480.45	-137878.48
671	3919	600525	长园集团	20.90	C	-0.79	-27.93	-6.40	0.52	0.88	68.96	-2.93	-2.01	-16.05	-1.48	62.76	1166739.26	606321.38	-103261.01
672	3923	300173	福能东方	20.70	C	-0.44	-22.20	-7.33	0.28	0.37	71.91	-9.16	91.14	-16.98	-1.66	118.91	478892.54	116442.26	-32457.95
673	3928	300554	三超新材	20.50	C	-0.80	-15.13	-9.58	0.29	0.53	35.34	-8.67	-3.84	-13.86	-30.55	64.06	76583.96	24845.24	-7501.10
674	3929	002121	科陆电子	20.50	C	-0.47	-45.94	-4.15	0.36	0.79	88.25	-1.24	-4.17	-40.63	86.88	163.59	828056.51	319816.19	-66551.43
675	3931	300116	保力新	20.50	C	-0.03	-40.63	-17.19	0.22	0.35	62.88	-14.17	16.37	-36.32	8.39	106.02	70396.02	16350.52	-13610.90
676	3956	300159	ST 新研	19.10	C	-0.20	-91.55	-5.38	0.38	0.87	93.76	-1.47	47.14	-61.77	-3.20	189.16	326218.47	136294.48	-33200.90
677	3961	000687	*ST 华讯	18.90	C	-0.95	36.28	-84.24	0.05	0.08	590.61	-5.04	-24.98	0.00	9.80	165.78	43030.23	3503.13	-72135.32
678	3966	002480	新筑股份	18.60	C	-0.37	-11.87	-2.60	0.18	0.42	60.42	-1.52	-46.67	-11.74	56.41	75.32	615422.69	124900.47	-28515.17
679	3973	002796	世嘉科技	18.20	C	-2.64	-54.13	-32.77	0.65	1.13	42.97	-184.64	-20.89	-42.55	-43.54	111.75	159891.88	129818.00	-67166.71
680	3974	300097	智云股份	18.10	C	-2.27	-70.73	-30.62	0.34	0.55	58.40	-29.82	-40.23	-43.31	-6.42	78.96	188440.63	70967.64	-65668.72
681	3977	300317	珈伟新能	17.90	C	-0.25	-16.09	-6.40	0.18	0.41	40.88	-6.08	-27.55	-12.42	8.32	129.83	290435.47	57959.66	-24326.07
682	3982	600405	动力源	17.60	C	-0.26	-14.99	-4.02	0.41	0.73	64.49	-2.35	-14.29	-13.97	2.62	86.90	255597.27	104193.33	-14731.10

续 表

序号	A股上市公司评价得分排序	股票代码	股票简称	综合得分(100)	评价等级	每股收益(元)	净资产收益率(%)	总资产报酬率(%)	总资产周转率(次)	流动资产周转率(次)	资产负债率(%)	已获利息倍数	营业收入增长率(%)	资本扩张率(%)	市场投资回报率(%)	股价波动率(%)	年末资产总额(万元)	营业收入(万元)	净利润(万元)
683	3994	300293	蓝英装备	17. 10	C	-0. 26	-14. 45	-2. 77	0. 50	0. 90	75. 54	-1. 61	-4. 24	-31. 05	-14. 64	77. 03	211327. 00	110716. 25	-6751. 84
684	3999	000595	宝塔实业	16. 90	C	-0. 16	-19. 55	-11. 72	0. 12	0. 23	40. 35	-31. 83	-14. 71	-18. 58	66. 18	129. 15	136304. 53	17476. 70	-17672. 45
685	4000	002358	ST 森源	16. 90	C	-0. 53	-15. 63	-5. 48	0. 26	0. 47	48. 91	-3. 22	3. 53	-13. 80	-26. 89	100. 57	598162. 80	170819. 18	-48930. 62
686	4004	002786	银宝山新	16. 40	C	-1. 25	-109. 64	-10. 01	0. 62	1. 02	88. 08	-4. 62	-17. 52	-15. 19	2. 87	72. 43	429719. 24	267404. 84	-59293. 07
687	4015	300427	红相股份	15. 90	C	-1. 77	-33. 38	-12. 14	0. 32	0. 63	56. 54	-5. 18	-8. 02	-28. 97	-39. 50	118. 67	388681. 69	139436. 96	-63463. 91
688	4019	600375	汉马科技	15. 60	C	-2. 15	-68. 07	-9. 92	0. 44	0. 87	85. 19	-8. 47	-17. 24	-30. 25	32. 30	146. 88	1153968. 81	531994. 53	-134461. 04
689	4021	300356	*ST 光一	15. 50	C	-0. 49	-24. 84	-9. 85	0. 22	0. 58	52. 80	-3. 93	-2. 25	-20. 52	-28. 50	123. 97	165037. 04	38418. 26	-20200. 94
690	4028	002564	天沃科技	15. 10	C	-0. 80	-33. 54	-1. 26	0. 23	0. 29	92. 14	-0. 76	-11. 74	-27. 51	26. 07	117. 58	2847235. 54	680679. 12	-82324. 35
691	4033	002506	协鑫集成	14. 80	C	-0. 34	-55. 35	-14. 76	0. 41	0. 72	74. 71	-7. 90	-21. 07	-45. 50	-7. 54	103. 56	929999. 68	470146. 05	-195130. 52
692	4036	300210	森远股份	14. 60	C	-0. 38	-21. 85	-8. 74	0. 13	0. 25	45. 40	-5. 78	-44. 60	-19. 08	-6. 01	52. 63	149123. 76	21074. 94	-18384. 83
693	4037	000697	炼石航空	14. 50	C	-0. 83	-78. 77	-12. 56	0. 30	1. 30	87. 07	-3. 29	-12. 86	-58. 70	-18. 98	74. 30	324584. 40	98601. 09	-55565. 09
694	4061	300123	亚光科技	12. 70	C	-1. 19	-25. 53	-13. 14	0. 20	0. 45	45. 93	-8. 14	-12. 41	-22. 37	-30. 97	92. 60	761772. 80	158787. 95	-118796. 56
695	4066	002366	台海核电	11. 70	C	-0. 97	-153. 98	-14. 77	0. 08	0. 15	97. 77	-11. 60	-7. 22	-88. 48	40. 42	130. 36	503901. 63	40829. 58	-86188. 13
696	4068	300370	*ST 安控	11. 50	C	-0. 91	-1003. 71	-25. 82	0. 21	0. 40	115. 37	-3. 38	-11. 63	-170. 92	-6. 68	85. 63	237520. 23	55938. 53	-88713. 94
697	4073	605001	威奥股份	10. 60	C	-0. 53	-8. 46	-4. 60	0. 13	0. 19	42. 35	-5. 88	-47. 12	-9. 02	-26. 63	94. 40	454392. 40	61494. 00	-20819. 94
698	4077	002535	ST 林重	10. 30	C	-0. 53	-68. 19	-4. 13	0. 10	0. 24	89. 89	-1. 19	-49. 79	-51. 68	29. 31	64. 13	397156. 50	45434. 69	-42949. 46
699	4086	002630	华西能源	8. 50	C	-0. 58	-30. 69	-3. 66	0. 13	0. 19	83. 76	-1. 20	-31. 26	-31. 72	0. 85	70. 81	1120843. 24	151724. 26	-68814. 65
700	4088	600290	ST 华仪	8. 20	C	-1. 10	-76. 46	-18. 28	0. 09	0. 17	90. 32	-11. 91	-56. 12	-68. 17	10. 28	110. 87	403020. 85	36835. 80	-83239. 04
701	4092	300464	星徽股份	7. 90	C	-4. 31	-127. 16	-45. 21	1. 09	2. 00	81. 77	-21. 66	-33. 74	-75. 84	-52. 18	166. 21	265297. 48	365975. 22	-152350. 69
702	4096	300600	国瑞科技	7. 30	C	-0. 90	-26. 74	-19. 75	0. 14	0. 20	31. 94	-26. 61	-42. 78	-25. 39	-46. 95	191. 27	127945. 11	22008. 97	-26920. 64
703		688303	大全能源	81. 10	AA	3. 25	53. 99	43. 92	0. 69	1. 50	26. 72	37. 55	132. 23	252. 81	-1. 80	47. 01	2247241. 19	1083186. 67	572330. 65
704		688059	华锐精密	78. 10	A	3. 85	23. 43	21. 32	0. 55	1. 23	22. 64	121. 51	55. 51	116. 26	164. 62	132. 92	114941. 39	48547. 73	16235. 31

续 表

序号	A股上市公司评价得分排序	股票代码	股票简称	综合得分（100）	评价等级	每股收益（元）	净资产收益率（%）	总资产报酬率（%）	总资产周转率（次）	流动资产周转率（次）	资产负债率（%）	已获利息倍数	营业收入增长率（%）	资本扩张率（%）	市场投资回报率（%）	股价波动率（%）	年末资产总额（万元）	营业收入（万元）	净利润（万元）
705		301071	力量钻石	76. 90	A	4. 88	32. 65	25. 33	0. 45	0. 92	32. 68	72. 64	103. 50	115. 24	50. 89	53. 32	142353. 68	49835. 19	23955. 53
706		688772	珠海冠宇	76. 50	A	0. 95	17. 65	8. 47	0. 83	1. 51	61. 45	33. 78	48. 47	94. 02	193. 16	55. 44	1633639. 36	1033995. 73	94514. 97
707		688789	宏华数科	76. 40	A	3. 49	18. 86	18. 38	0. 66	0. 80	18. 28	5151. 26	31. 74	98. 16	101. 69	57. 30	182702. 36	94310. 60	22796. 60
708		301129	瑞纳智能	75. 00	BBB	2. 94	15. 06	16. 42	0. 44	0. 50	16. 98	1552. 98	27. 31	274. 82	228. 52	35. 37	179433. 29	52958. 25	17126. 17
709		003043	华亚智能	74. 90	BBB	1. 48	16. 79	17. 28	0. 70	0. 82	16. 44	1351. 95	43. 93	115. 20	148. 36	142. 66	102973. 03	53011. 33	11117. 30
710		688665	四方光电	74. 70	BBB	2. 68	33. 11	29. 67	0. 79	1. 01	19. 57	817. 27	77. 80	272. 48	305. 96	229. 47	103587. 66	54746. 71	18148. 60
711		688768	容知日新	72. 60	BBB	1. 73	15. 14	14. 26	0. 64	0. 73	17. 90	126. 81	50. 54	77. 73	53. 92	49. 07	77286. 59	39709. 64	8123. 55
712		605305	中际联合	72. 20	BBB	2. 30	14. 19	14. 71	0. 49	0. 52	13. 29	1081. 44	29. 64	125. 07	144. 16	196. 38	237608. 87	88283. 68	23170. 75
713		300990	同飞股份	71. 80	BBB	2. 52	10. 13	12. 19	0. 74	0. 97	8. 36	3077. 92	35. 46	230. 24	74. 53	123. 77	169417. 91	82943. 23	11994. 89
714		688700	东威科技	71. 60	BBB	1. 25	26. 51	15. 32	0. 68	0. 78	48. 49	0. 00	45. 11	114. 73	188. 55	116. 69	149241. 22	80462. 87	16087. 82
715		688682	霍莱沃	71. 40	BBB	1. 80	13. 93	12. 79	0. 56	0. 62	26. 41	281. 65	43. 78	219. 81	115. 21	152. 95	84477. 74	32953. 83	6662. 78
716		301155	海力风电	70. 90	BBB	6. 64	34. 21	26. 65	1. 02	1. 19	18. 03	59. 15	38. 93	338. 98	−229. 94	28. 63	679351. 37	545826. 97	117648. 55
717		688355	明志科技	70. 70	BBB	1. 12	12. 97	13. 03	0. 65	0. 82	23. 57	107. 42	16. 54	136. 49	46. 06	52. 51	140507. 61	71378. 88	12336. 04
718		301028	东亚机械	70. 60	BBB	0. 56	20. 17	16. 82	0. 73	1. 09	29. 96	45849. 78	14. 87	104. 88	8. 73	43. 87	156851. 08	89323. 42	18078. 96
719		301179	泽宇智能	70. 40	BBB	1. 88	13. 72	11. 94	0. 38	0. 39	24. 18	32740. 31	20. 51	317. 78	10. 88	13. 84	264328. 59	70335. 00	18596. 93
720		688257	新锐股份	69. 90	BB	1. 85	10. 52	9. 91	0. 49	0. 63	23. 17	66. 47	22. 56	267. 37	170. 27	21. 18	264444. 22	89440. 97	15007. 62
721		688819	天能股份	69. 70	BB	1. 42	9. 99	7. 55	1. 67	2. 37	52. 25	10. 27	10. 30	78. 72	−25. 19	73. 69	2667708. 07	3871616. 87	132485. 77
722		301029	怡合达	69. 50	BB	1. 06	21. 73	20. 88	0. 81	1. 10	18. 46	128779. 75	49. 03	66. 66	−34. 89	32. 53	277512. 32	180282. 07	40064. 66
723		688151	华强科技	69. 40	BB	1. 24	10. 12	9. 69	0. 34	0. 42	20. 00	475. 01	52. 70	265. 58	−2. 15	3. 70	529191. 49	127524. 26	32022. 18
724		688636	智明达	69. 10	BB	2. 43	16. 12	12. 88	0. 47	0. 60	31. 81	53. 69	38. 43	138. 94	84. 73	140. 40	130024. 81	44942. 48	11151. 40
725		688367	工大高科	69. 00	BB	0. 75	10. 10	12. 33	0. 47	0. 62	21. 93	303. 02	18. 74	87. 03	27. 80	44. 56	67438. 45	25047. 09	5729. 97
726		301016	雷尔伟	68. 60	BB	1. 21	18. 89	17. 83	0. 60	0. 83	16. 58	108. 63	9. 29	123. 67	−27. 95	43. 96	107329. 83	51023. 01	12689. 77

续 表

序号	A股上市公司评价得分排序	股票代码	股票简称	综合得分(100)	评价等级	每股收益(元)	净资产收益率(%)	总资产报酬率(%)	总资产周转率(次)	流动资产周转率(次)	资产负债率(%)	已获利息倍数	营业收入增长率(%)	资本扩张率(%)	市场投资回报率(%)	股价波动率(%)	年末资产总额(万元)	营业收入(万元)	净利润(万元)
727		301043	绿岛风	68.50	BB	0.93	9.72	8.88	0.81	1.13	19.12	42.06	33.74	168.35	1.22	37.52	91472.10	55145.49	5280.46
728		688776	国光电气	68.40	BB	2.56	14.15	13.34	0.41	0.46	19.47	129.30	32.41	194.32	36.05	47.96	201828.33	59035.43	16485.94
729		688187	时代电气	68.40	BB	1.63	5.36	5.50	0.39	0.50	24.59	100.06	-5.69	37.23	183.57	88.84	4415074.52	1512116.74	203460.69
730		301023	江南奕帆	68.30	BB	2.05	11.04	12.26	0.34	0.38	10.72	0.00	11.91	207.20	-9.38	29.08	90444.52	20642.61	6552.80
731		688395	正弦电气	67.80	BB	0.93	13.78	12.55	0.69	0.85	18.87	640.59	10.55	115.69	-7.09	39.75	81212.08	44545.05	7318.69
732		688032	禾迈股份	67.30	BB	6.72	6.15	6.37	0.22	0.23	6.81	110.00	60.64	1486.96	81.08	2.17	642296.40	79518.56	20173.98
733		300946	恒而达	66.90	BB	1.69	11.29	14.00	0.51	0.72	13.82	547.38	19.72	109.56	2.57	117.63	115242.68	45540.61	10770.20
734		605277	新亚电子	66.50	BB	1.26	14.07	16.13	1.12	1.39	16.72	1910.36	47.27	13.76	4.64	134.76	138806.70	147392.57	16849.07
735		603324	盛剑环境	66.50	BB	1.31	13.61	9.83	0.69	0.81	38.35	80.16	31.49	96.90	94.59	169.42	224531.87	123302.97	15235.10
736		688329	艾隆科技	66.40	BB	1.32	14.05	11.62	0.40	0.68	29.18	40.18	25.60	75.66	72.13	153.92	113969.22	38932.10	9564.14
737		605060	联德股份	66.40	BB	0.70	9.69	10.91	0.48	0.76	16.85	130.93	19.21	101.47	-8.30	43.03	226735.46	79878.54	16018.47
738		688092	爱科科技	66.00	BB	0.96	12.03	12.24	0.66	0.90	16.80	95.68	43.25	111.24	-15.56	68.62	62656.59	31882.87	5322.48
739		688630	芯 微装	65.70	BB	0.94	12.95	12.54	0.52	0.61	26.31	56.48	58.74	127.88	7.84	102.92	126357.14	49224.51	10615.73
740		688499	利元亨	65.10	BB	2.74	13.43	5.14	0.52	0.66	64.17	11.63	63.04	90.49	149.55	81.93	557579.46	233134.90	21233.61
741		301138	华研精机	64.70	B	1.10	13.79	11.95	0.55	0.63	22.29	142.14	6.96	226.24	-499.13	36.48	143213.03	55870.34	10240.31
742		688611	杭州柯林	64.20	B	1.96	15.97	17.34	0.36	0.48	8.44	1320.44	2.51	142.32	75.53	168.11	91462.24	24305.85	10064.31
743		605259	绿田机械	64.10	B	2.07	14.46	11.58	1.02	1.48	29.83	3715.81	31.04	103.22	-38.57	54.64	192509.62	160545.01	15916.99
744		688697	纽威数控	63.90	B	0.64	17.45	8.35	0.75	0.90	56.18	186.06	47.06	148.86	-81.43	37.42	283242.56	171260.99	16854.25
745		300971	博亚精工	63.90	B	1.11	10.52	10.27	0.42	0.59	21.64	78.90	7.78	79.30	-14.89	53.49	114804.04	39249.42	8489.80
746		605389	长龄液压	63.80	B	2.21	15.64	15.19	0.59	0.85	13.07	0.00	4.55	149.28	-55.38	94.46	204989.61	90650.01	20150.98
747		688113	联测科技	63.70	B	1.31	13.12	10.67	0.41	0.50	30.05	131.08	-5.46	92.97	6.14	60.98	98111.09	33891.85	7651.03
748		688112	鼎阳科技	63.60	B	0.99	9.80	10.79	0.36	0.37	5.33	195.03	37.60	768.43	-57.18	10.20	146972.83	30382.32	8105.85

续 表

序号	A股上市公司评价得分排序	股票代码	股票简称	综合得分(100)	评价等级	每股收益(元)	净资产收益率(%)	总资产报酬率(%)	总资产周转率(次)	流动资产周转率(次)	资产负债率(%)	已获利息倍数	营业收入增长率(%)	资本扩张率(%)	市场投资回报率(%)	股价波动率(%)	年末资产总额(万元)	营业收入(万元)	净利润(万元)
749		688383	新益昌	63.50	B	2.48	23.90	14.10	0.64	0.78	48.31	0.00	69.90	118.65	67.21	102.63	243332.91	119663.63	23144.69
750		688239	航宇科技	63.50	B	1.13	15.56	9.32	0.53	0.77	52.70	12.85	43.11	88.20	89.78	66.12	219968.65	95978.11	13894.08
751		301006	迈拓股份	63.10	B	1.15	15.60	17.07	0.43	0.47	11.18	0.00	-2.82	93.98	-64.79	68.18	121498.00	40862.97	14013.79
752		301050	雷电微力	63.00	B	2.50	14.16	12.65	0.39	0.43	28.09	54.29	114.90	307.52	-27.73	33.95	287413.04	73501.79	20150.77
753		301040	中环海陆	62.60	B	0.85	8.23	6.54	0.87	1.19	32.33	175.72	-2.59	57.44	-2.51	64.63	142871.30	106893.10	7238.92
754		688685	迈信林	62.50	B	0.51	7.79	8.27	0.42	0.67	20.90	28.51	11.12	58.84	-8.42	61.12	86635.33	32071.97	5381.05
755		300943	春晖智控	62.40	B	0.55	9.14	8.40	0.56	0.66	25.06	0.00	3.74	66.49	31.42	147.60	113141.74	53080.27	7217.29
756		688676	金盘科技	62.30	B	0.57	9.17	5.77	0.70	0.90	54.25	19.68	36.32	25.49	100.36	180.34	538160.14	330257.66	23543.57
757		688663	新风光	62.10	B	0.90	11.56	8.73	0.63	0.70	41.03	5116.32	11.72	94.55	178.40	261.84	180534.66	94280.82	11608.21
758		301128	强瑞技术	61.90	B	0.97	9.29	9.42	0.68	0.79	10.22	102.89	0.55	202.23	-44.32	31.76	91330.37	42247.18	5517.04
759		301079	邵阳液压	61.80	B	0.77	12.79	11.24	0.69	0.77	36.25	19.88	11.08	145.84	6.64	35.39	68839.36	37528.25	5092.81
760		301053	远信工业	61.80	B	1.25	19.50	12.16	0.72	1.08	46.18	200.18	40.63	103.41	-77.18	40.38	98307.43	57745.46	8525.28
761		301083	百胜智能	61.20	B	0.43	9.98	10.31	0.76	0.97	18.49	1751.21	4.63	133.03	-125.45	32.84	90146.84	52513.75	6313.59
762		301070	开勒股份	61.10	B	1.03	8.39	9.71	0.52	0.70	13.44	91.18	22.14	126.30	-32.09	31.47	91368.82	34316.51	5503.20
763		688681	科汇股份	61.00	B	0.60	9.86	8.97	0.56	0.77	24.29	62.62	10.96	72.80	9.17	56.60	77266.27	36931.98	5461.76
764		605298	必得科技	61.00	B	0.82	11.24	9.76	0.34	0.45	13.11	0.00	-13.47	81.41	-19.36	61.84	111543.85	30070.24	8490.85
765		688616	西力科技	60.80	B	0.50	10.49	9.46	0.50	0.76	21.80	1190.07	-9.31	58.97	-22.17	34.62	93612.24	41077.62	7031.64
766		688255	凯尔达	60.40	B	0.96	7.23	8.50	0.68	0.79	8.72	231.08	-8.74	398.70	8.42	10.00	122629.69	54229.75	5984.87
767		300992	泰福泵业	60.40	B	0.75	8.81	9.34	0.78	1.50	20.48	179.62	32.52	51.88	-43.69	52.11	85467.97	56132.62	6112.09
768		301168	通灵股份	60.20	B	0.89	5.83	5.03	0.62	0.74	26.22	16.33	34.27	162.56	-30.65	20.16	249063.99	113235.81	7975.54
769		301018	申菱环境	60.20	B	0.67	11.19	5.86	0.62	0.98	55.36	13.55	22.55	61.94	43.78	89.12	323466.85	179813.19	14264.63
770		001208	华菱线缆	60.10	B	0.29	10.62	8.26	1.20	1.39	47.11	8.77	49.74	58.54	291.20	115.34	261853.98	254319.09	13456.79

续 表

序号	A股上市公司评价得分排序	股票代码	股票简称	综合得分（100）	评价等级	每股收益（元）	净资产收益率（%）	总资产报酬率（%）	总资产周转率（次）	流动资产周转率（次）	资产负债率（%）	已获利息倍数	营业收入增长率（%）	资本扩张率（%）	市场投资回报率（%）	股价波动率（%）	年末资产总额（万元）	营业收入（万元）	净利润（万元）
771		688622	禾信仪器	60.00	CCC	1.38	8.25	11.60	0.63	0.89	36.30	21.04	48.66	140.66	-93.13	42.26	93139.52	46423.73	6890.43
772		688211	中科微至	59.50	CCC	2.49	10.18	7.48	0.52	0.60	37.22	39.24	83.46	384.85	-1.04	12.33	613717.57	220962.57	25920.72
773		688345	博力威	59.20	CCC	1.44	18.03	8.51	1.35	1.69	48.47	26.26	54.91	161.74	-51.94	62.19	221965.48	221681.91	12567.73
774		301011	华立科技	59.10	CCC	0.69	8.79	6.84	0.60	1.07	40.43	5.14	47.55	73.83	-1.48	59.71	121324.81	62702.47	5253.50
775		300984	金沃股份	59.00	CCC	1.50	11.55	10.25	1.22	2.13	31.29	26.40	61.34	127.26	17.80	72.67	92648.90	89559.18	6288.45
776		001288	运机集团	58.50	CCC	0.67	5.60	4.73	0.37	0.46	25.76	70.26	14.04	52.20	0.65	14.05	238421.89	78795.26	8530.00
777		300953	震裕科技	58.40	CCC	1.95	14.95	7.01	0.99	1.65	64.60	6.66	154.37	102.84	27.49	172.16	420187.61	303411.86	17020.30
778		688680	海优新材	58.20	CCC	3.07	15.93	11.38	1.19	1.48	37.21	14.92	109.66	206.40	41.95	229.70	367323.17	310528.41	25217.84
779		688285	高铁电气	58.20	CCC	0.47	12.22	6.90	0.55	0.71	51.06	14.19	4.46	108.31	16.35	15.91	305086.72	141501.22	14606.69
780		605378	野马电池	58.10	CCC	0.62	6.47	7.17	1.02	1.33	20.49	12680.18	7.99	94.91	-29.17	92.34	143061.55	118652.62	7584.00
781		688305	科德数控	58.00	CCC	0.94	3.86	10.08	0.30	0.43	17.98	67.20	27.99	48.21	3.58	53.34	99080.72	25358.90	7282.15
782		688071	华依科技	58.00	CCC	0.93	16.28	10.01	0.41	0.75	51.89	4.77	6.23	118.50	154.82	101.45	96957.91	32070.02	5908.07
783		688633	星球石墨	57.90	CCC	1.79	11.09	11.00	0.41	0.53	26.60	4634.18	-8.05	104.45	21.11	89.43	165441.71	51451.68	12185.11
784		301082	久盛电气	57.90	CCC	0.69	11.49	6.69	1.11	1.27	50.28	6.28	63.75	130.96	0.42	29.19	211981.16	195383.58	8947.45
785		688511	天微电子	57.80	CCC	1.68	18.68	20.51	0.32	0.36	11.86	95.32	-11.43	283.79	-105.09	100.30	95597.96	20805.38	11454.10
786		301056	森赫股份	57.20	CCC	0.33	10.18	8.01	0.55	0.74	37.49	572.97	6.39	63.77	-36.66	21.72	119703.05	57586.15	7347.43
787		605056	咸亨国际	57.00	CCC	0.53	17.58	14.41	1.05	1.35	30.65	397.85	0.08	54.49	-57.62	52.90	215712.30	199252.44	20675.77
788		688660	电气风电	56.90	CCC	0.46	6.91	1.85	0.77	1.07	75.16	11.90	15.89	76.30	27.67	91.50	3069259.88	2397218.27	50701.59
789		688328	深科达	56.70	CCC	0.73	10.73	6.38	0.71	0.86	45.25	15.76	40.57	68.24	29.16	97.26	148866.66	91092.07	7506.31
790		688248	南网科技	56.70	CCC	0.30	7.05	6.18	0.54	0.59	23.01	148.84	24.28	79.11	-316.35	9.16	315820.36	138519.57	14303.81
791		300988	津荣天宇	56.70	CCC	1.11	9.75	8.39	1.28	1.80	32.32	15.22	35.54	86.34	-40.86	53.41	130926.28	134117.78	7468.96
792		605286	同力日升	56.30	CCC	0.94	13.04	11.40	1.46	2.05	26.27	30.21	31.24	95.73	-6.90	183.63	199947.05	229566.84	15069.42

续 表

序号	A股上市公司评价得分排序	股票代码	股票简称	综合得分(100)	评价等级	每股收益(元)	净资产收益率(%)	总资产报酬率(%)	总资产周转率(次)	流动资产周转率(次)	资产负债率(%)	已获利息倍数	营业收入增长率(%)	资本扩张率(%)	市场投资回报率(%)	股价波动率(%)	年末资产总额(万元)	营业收入(万元)	净利润(万元)
793		688517	金冠电气	56.20	CCC	0.58	10.40	8.23	0.56	0.65	32.56	83.64	0.73	59.19	-22.02	36.55	105656.82	53183.94	6914.72
794		688597	煜邦电力	55.90	CCC	0.24	4.98	4.36	0.39	0.56	30.80	9.56	-14.78	42.33	134.69	136.36	113081.03	39125.07	3632.36
795		688191	智洋创新	55.90	CCC	0.50	8.77	7.86	0.67	0.73	34.62	259.19	30.62	107.07	5.35	103.53	124884.32	65601.90	7046.79
796		688425	铁建重工	55.80	CCC	0.38	14.01	10.17	0.48	0.78	37.38	22.83	25.05	71.06	-43.05	37.27	2266582.53	951728.67	173570.95
797		688097	博众精工	55.80	CCC	0.50	6.53	4.59	0.77	0.95	56.82	6.64	47.37	35.91	135.16	110.18	564025.63	382708.16	19519.51
798		300932	三友联众	55.70	CCC	0.95	7.82	6.69	0.86	1.38	33.46	67.61	29.03	95.25	-29.52	92.46	254629.72	169238.08	12149.51
799		003036	泰坦股份	55.60	CCC	0.34	6.84	4.47	0.70	0.83	44.11	126.48	86.18	37.92	39.36	150.26	207581.46	124329.21	7567.24
800		688628	优利德	55.20	CCC	1.01	14.82	12.57	0.88	1.33	23.48	1006.85	-4.90	129.73	-34.73	81.42	124060.70	84214.71	10803.79
801		300950	德固特	54.90	CC	0.45	7.00	7.46	0.45	0.58	26.93	258.14	17.57	57.51	-39.43	100.06	78590.77	29454.74	4290.26
802		301048	金鹰重工	54.00	CC	0.54	12.51	7.35	0.79	1.03	51.51	51.69	17.61	46.13	-20.01	41.54	406272.44	305236.39	24149.91
803		301032	新柴股份	53.70	CC	0.39	6.43	3.39	0.98	1.34	56.80	16.09	0.88	42.43	3.44	35.36	248544.90	248252.74	7961.30
804		300985	致远新能	53.50	CC	0.16	1.79	2.37	0.32	0.46	12.13	4.46	-70.17	160.43	41.45	126.05	146292.24	39364.38	2067.07
805		688121	卓然股份	53.30	CC	1.91	17.02	5.69	0.60	0.76	70.37	10.86	43.02	133.40	-39.19	65.77	672670.15	390088.66	28271.75
806		301012	扬电科技	52.90	CC	0.70	9.68	8.54	0.71	0.84	34.03	19.94	16.78	46.89	29.10	133.00	85581.53	51164.08	5155.44
807		688226	威腾电气	52.70	CC	0.44	7.19	6.50	0.95	1.14	38.73	5.22	32.28	40.09	-22.95	33.10	145792.11	125405.31	6033.79
808		300933	中辰股份	51.80	CC	0.18	6.32	4.85	0.99	1.18	51.86	3.19	23.20	30.47	-5.70	70.24	286884.50	253079.37	7876.01
809		300931	通用电梯	51.80	CC	0.20	5.11	5.88	0.52	0.58	26.93	103.81	4.37	49.99	-16.87	97.40	109090.73	47187.08	4731.69
810		301063	海锅股份	51.70	CC	1.28	9.44	7.91	0.79	0.95	42.03	11.37	4.48	79.77	-83.21	40.95	161071.37	105933.75	8757.01
811		300965	恒宇信通	51.50	CC	1.21	5.99	7.63	0.18	0.21	10.44	13492.68	-10.65	207.61	-60.20	94.37	151134.60	19095.90	6786.60
812		605196	华通线缆	51.30	CC	0.24	4.15	5.77	1.19	1.55	50.00	3.71	30.25	24.80	16.59	88.56	438699.86	439707.47	11778.46
813		301199	迈赫股份	49.50	C	0.72	3.82	3.97	0.38	0.42	37.96	0.00	9.96	122.93	-44.30	11.42	279492.46	81110.93	7217.35
814		301013	利和兴	49.00	C	0.35	4.75	4.58	0.41	0.63	29.93	16.30	-8.65	53.97	-8.80	43.81	133282.42	43330.34	4711.90

续 表

序号	A股上市公司评价得分排序	股票代码	股票简称	综合得分（100）	评价等级	每股收益（元）	净资产收益率（%）	总资产报酬率（%）	总资产周转率（次）	流动资产周转率（次）	资产负债率（%）	已获利息倍数	营业收入增长率（%）	资本扩张率（%）	市场投资回报率（%）	股价波动率（%）	年末资产总额（万元）	营业收入（万元）	净利润（万元）
815		688501	青达环保	48. 90	C	0. 69	8. 10	6. 56	0. 50	0. 59	45. 53	7. 16	12. 62	51. 12	-24. 38	56. 99	141367. 46	62791. 93	6366. 93
816		301030	仕净科技	47. 90	C	0. 51	4. 90	4. 43	0. 37	0. 41	57. 64	3. 65	18. 89	19. 86	23. 55	52. 58	243458. 07	79454. 33	5886. 44
817		300960	通业科技	44. 30	C	0. 47	7. 05	6. 72	0. 38	0. 42	31. 43	12. 15	-7. 36	74. 32	-35. 55	77. 87	92963. 58	29438. 94	4536. 70
818		688070	纵横股份	32. 00	C	-0. 27	-7. 21	-4. 63	0. 39	0. 55	19. 40	-34. 21	-7. 90	139. 47	-42. 30	95. 35	86562. 19	25034. 11	-2239. 34

第九章

汽车行业上市公司业绩评价

汽车行业是国民经济的支柱产业之一，作为经济产业中重要的中游行业，其上游承载零部件、钢铁、橡胶原料行业及生产设备制造行业，下游衔接矿山开采、公路交通运输、特种用途等国民经济相关产业领域。2021 年在新冠肺炎疫情、宏观经济增速放缓、中美贸易摩擦等因素影响下，汽车销量呈现逆势上扬的态势，全年汽车销量最终同比上升 3.8%。2021 年申万汽车股票指数从 5850.33 上升至 6689.92，全年涨幅达到 14.35%，显著高于上证综指全年 3.91%的涨幅。2021 年市场规模已经实现行业拐点，智能汽车赛道市场关注度提升明显。预计 2022 年汽车行业将进一步呈现复苏态势，仍然具备长期配置价值。

一、汽车行业上市公司业绩评价结果

截至 2021 年末，汽车行业包括汽车整车、汽车零部件、汽车服务、其他交运设备等企业的全部上市公司 218 家，其中 187 家盈利。汽车行业的综合评价分值为 61.7 分，略低于同年全部上市公司的综合评价分值 62.8 分。

2021 年末汽车行业上市公司资产总额为 3.79 万亿元，占纳入评价 4543 家上市公司资产总额的 4.39%；实现营业收入共 3.04 万亿元，占全部上市公司营业收入的 5.54%；实现净利润 1.06 万亿元，占全部上市公司净利润的 3.70%。

在纳入评价的 218 家汽车行业上市公司中（剔除其中 29 家当年上市或借壳上市的公司），业绩平价等级为 BBB 的有 2 家，为 BB 的有 20 家，为 B 的有 36 家；业绩平价等级为 CCC 的有 35 家，为 CC 的有 36 家，为 C 的有 60 家。

2021 年汽车行业上市公司整体净利润率水平为 3.50%，高于上年同期的 3.16%，但低于全部上市公司的平均水平，说明汽车行业在 2021 年的经营收益水平低于全部上市公司平均水平。

按照评价体系，2021 年汽车行业评价排名前十的公司见表 9-1。

表 9-1　2021 年度汽车行业评价排名前十的公司

序号	股票代码	股票简称	A 股全部上市公司中评价得分排序
1	000800	一汽解放	327
2	601633	长城汽车	376
3	601965	中国汽研	415
4	000338	潍柴动力	443
5	600660	福耀玻璃	453
6	601689	拓普集团	556
7	600742	一汽富维	563
8	603129	春风动力	567
9	601717	郑煤机	618
10	603040	新坐标	623

下面分别从财务效益、资产质量、偿债风险、发展能力及市场表现等五个方面对汽车行业上市公司进行具体分析。

（一）财务效益

从综合得分来看，2021 年汽车行业上市公司财务效益指标除盈利现金保障倍数以外，全部低于上市公司当年平均水平，但总体来看较上年有所提升。表 9-2 列示了 2021 年汽车行业上市公司财务效益状况评价结果。与 2020 年的情况相比比较，2021 年汽车行业上市公司财务效益中净资产收益率显著降低，总资产报酬率、营业利润率和股本收益率有不同程度增长，综合得分较上年有所提升。从财务效益指标分析中可以看到，汽车行业虽然在 2021 年受到新冠肺炎疫情、中美贸易摩擦、芯片短缺等影响，但业绩方面依然保持在稳定的水平。

在汽车行业上市公司财务效益状况指标中，得分前五的分别为一汽解放、福耀玻璃、潍柴动力、郑煤机和威孚高科。一汽解放面对内外部环境变化与挑战、法规升级、需求波动、竞争空前激烈的复杂环境，精准研判，识难克难，提早布局，拓局领航。报告期内，一汽解放实现中重卡销售 37.34 万辆，市场占有率 23.7%，较上年同期提升 1.5 个百分点；主营业务毛利率为 9.87%，较上年同期提升 0.86 个百分点；营业利润 40.81 亿元，较上年同期增长 17.26%；归属于上市公司股东净利润 39.00 亿元，较上年同期增长 45.97%。

表 9-2　汽车行业财务效益状况比较表

分析指标		2021 年上市公司平均值	2021 年行业值	2020 年行业值	增长率（%）
基本指标	净资产收益率（%）	7.51	4.76	6.39	-25.51
	总资产报酬率（%）	5.47	4.02	3.8	5.79
	基本得分	20.98	18.29	17.55	4.22
修正指标	营业利润率（%）	6.79	4.15	3.89	6.68
	盈利现金保障倍数	1.75	2.35	2.47	-4.86
	股本收益率（%）	46.81	42.10	35.9	17.27
综合得分		23.08	21.75	20.31	7.09

（二）资产质量

从综合得分来看，汽车行业上市公司资产质量略高于全部上市公司平均水平。同比来看，资产质量状况分析指标中除存货周转率较上年有所下降，其他指标均有所提升。表9-3列示了汽车行业上市公司资产质量状况评价结果。存货周转率下降的原因可能是因为汽车产量提升较为明显，导致去库存压力提升。

在汽车行业上市公司资产质量指标中，得分前五的公司分别是爱玛科技、新日股份、长安汽车、江淮汽车和长城汽车。爱玛科技通过全面赋能提效数智化管理体系，实现了企业营销系统端到经销商门店终端的拉通，使得经销商协同业务线上化，提效显著，同时系统数据指引经销商订货计划和公司内部生产计划，提高销售和生产计划的准确率；构建了爱玛私域流量池，为公司践行用户运营打下基础。智造转型，借助数据透视，分析业务计划执行情况，实现数据反哺精益制造，同时以系统的拉通推动产供销一体化，提效显著。2021年爱玛科技的存货周转率达到21.07（次），显著高于行业平均值，可见其数智化管理体系具备一定先进性。

表9-3　汽车行业资产质量状况比较表

分析指标		2021年上市公司平均值	2021年行业值	2020年行业值	增长率（%）
基本指标	总资产周转率（次）	0.67	0.83	0.81	2.47
	流动资产周转率（次）	1.25	1.41	1.4	0.71
	基本得分	9.72	18.29	10.82	69.04
修正指标	应收账款周转率（次）	8.97	8.71	8.08	7.80
	存货周转率（次）	3.07	6.89	7.02	-1.85
综合得分		9.27	10.18	10.48	-2.86

（三）偿债风险

从综合得分来看，2021年汽车行业上市公司偿债风险状况优于全部上市公司平均水平，且均高于同行业上年水平。可见在经过行业U形反转之后，随着企业经营业绩逐渐提升，偿债风险开始不断下降。

表9-4列示了汽车行业上市公司偿债风险状况评价结果。从指标平均得分来看，所有指标较上年水平均有所优化。汽车行业2021年速动比率超过100%，达到了101.15%的水平，证明行业短期偿债能力有着较高的保障。

在汽车行业上市公司偿债风险状况指标中，得分前五的公司分别为凯众股份、华懋科技、新坐标、朗博股份和威帝股份。凯众股份实行“以销定产，按单生产”的生产组织模式，即根据客户的订单要求，用最少的资源，快速反应，组织生产出合格的产品。为了消除或降低呆滞物料风险，提高库存周转率，公司在获得客户订单后，必须经销售部、采购部、订单管理部、生产工厂等各部门评审，订单管理部根据评审后的订单，编制生产和用料计划，下达采购和生产任务，采购部负责采购，生产部组织产品生产，订单管理部负责产品的交付。上述生产组织模式使得凯众股份得以充分降低流动负债，降低资产负债率。2021 年凯众股份的速动比率达到 409%，资产负债率仅为 13. 71%。

表 9-4　汽车行业偿债风险状况比较表

分析指标		2021 年上市公司平均值	2021 年行业值	2020 年行业值	增长率（%）
基本指标	资产负债率（%）	59. 93	58. 37	60. 24	-3. 10
	已获利息倍数	5. 28	7. 54	5. 62	34. 16
	基本得分	8. 86	10. 95	9. 05	20. 99
修正指标	速动比率（%）	83. 33	101. 15	99. 5	1. 66
	现金流动负债比率（%）	13. 68	13. 82	12. 46	10. 91
	带息负债比率（%）	38. 47	28. 76	31. 67	-9. 19
综合得分		8. 86	9. 46	9. 30	1. 72

（四）发展能力

从综合得分来看，2021 年汽车行业上市公司发展能力虽然受到新冠肺炎疫情、芯片短缺等因素影响，依然呈现出了行业韧性，营业收入增长率大幅高于上年同期水平。但各项指标仍低于上市公司平均水平。表 9-5 列示了汽车行业上市公司发展能力状况评价结果。

表 9-5　汽车行业发展能力状况比较表

分析指标		2021 年上市公司平均值	2021 年行业值	2020 年行业值	增长率（%）
基本指标	营业收入增长率（%）	22. 02	9. 78	3. 10	215. 48
	资本扩张率（%）	11. 29	11. 35	7. 33	54. 84
	基本得分	12. 09	9. 21	11. 53	-20. 12
修正指标	累计保留盈余率（%）	41. 52	45. 36	47. 29	-4. 08
	三年营业收入平均增长率（%）	11. 08	3. 62	1. 56	132. 05
	总资产增长率（%）	10. 88	6. 86	9. 52	-27. 94
	营业利润增长率（%）	26. 49	14. 51	6. 58	120. 52
综合得分		12. 34	10. 95	9. 30	17. 74

汽车行业发展能力中得分前五的上市公司分别为比亚迪、东安动力、拓普集团、万通智控和春风动力。比亚迪主要采用自主研发设计，整车及核心零部件一体化生产，并以自主品牌进行销售的经营模式。作为全球新能源汽车研发和推广的引领者，集团于新能源汽车领域拥有雄厚的技术积累、领先的市场份额，并具备了在新能源汽车核心零部件如动力电池、功率半导体等领域的技术研发优势，奠定了比亚迪于全球新能源汽车领域的行业领导地位。随着市场占有率的提升，比亚迪 2021 年一季度收入同比增加 108. 31%，全年同比增加 38. 02%，显著高于行业平均值。

（五）市场表现

表 9-6 列示了汽车行业市场表现情况。2021 年由于新能源汽车赛道受到市场广泛关注，汽车行业的股票也受到了投资者追捧。市值增长率高于上市公司整体平均值。

表 9-6 汽车行业市场表现状况比较表

分析指标	2021 年上市公司平均值	2021 年行业值	2020 年行业值	增长率（%）
市场投资回报率（%）	27.90	31.40	24.78	26.72
股价波动率（%）	108.84	110.85	118.17	-6.19
得分	9.23	9.40	9.50	-1.05

综合来看，汽车行业上市公司市场表现评价得分前五的公司为苏奥传感、上海沿浦、立中集团、亚太股份和密封科技。如上海沿浦的技术开发团队，涵盖了五金及塑胶模具全产业流程，公司的技术和生产自动化程度每年都在提升，2021 年上海沿浦引起了投资者的广泛看好，市值全年涨幅达到 36.91%。

汽车行业上市公司上半年表现基本接近市场平均水平，下半年的表现优于市场平均水平。同期汽车行业市场走势具体情况见图 9-1。

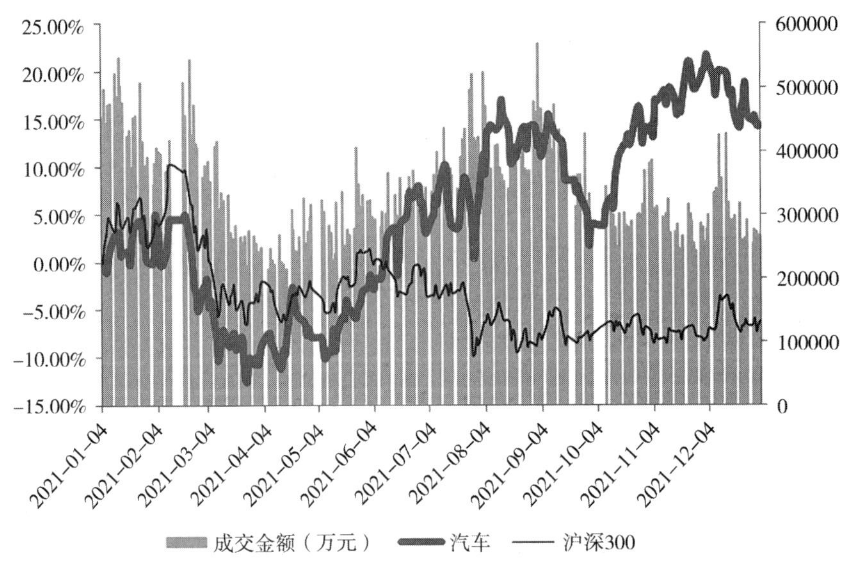

图 9-1 2021 年申万汽车行业指数与沪深 300 指数比较

二、2021 年度汽车行业上市公司业绩影响因素分析

从汽车行业整体来看，汽车销量与上年基本持平略有下降，但行业整体利润规模略有回升。根据中国汽车工业协会统计，2021 年，汽车产销分别完成 2608.2 万辆和 2627.5 万辆，同比分别增长 3.4%和 3.8%，结束了 2018 年以来连续三年的下降局面。汽车行业上市

公司作为汽车行业领头羊，其2021年收入总计30404.10亿元，同比增长9.78%。业绩提升的主要因素如下。

（一）产销同比正增长，汽车市场景气度回升

2021年，伴随我国在经济总量和人均水平上双双实现新突破，汽车行业在经历了2018年以来连续三年的下行周期后，在2021年实现了产销同比正增长，呈现出U形反转态势，行业景气度回升。

2021年乘用车销量达到2140.8万辆，同比增长7.1%，扭转了2020年同比下降6.11%的下滑态势。乘用车类型中，轿车、SUV和MPV销量在2021年均实现同比增长，幅度分别达到7.26%、6.94%和0.15%。其中值得关注的是SUV销量在2020年超过轿车之后，销量首次突破1000万辆。MPV销量在经历2019年和2020年降幅19.94%和23.83%后，呈现出企稳态势。详见图9-2。

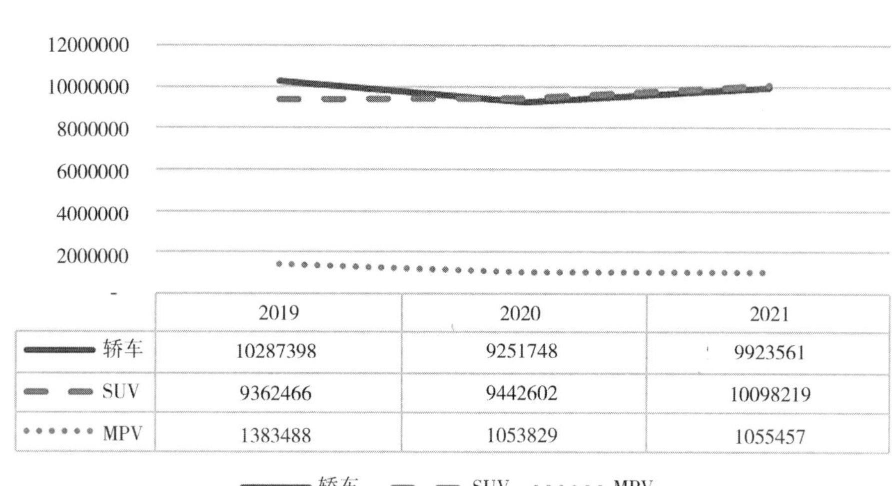

	2019	2020	2021
轿车	10287398	9251748	9923561
SUV	9362466	9442602	10098219
MPV	1383488	1053829	1055457

图9-2 乘用车各车型近三年销量

数据来源：广发证券汽车行业数据。

2021年各类乘用车销量均实现季度同比正增长。其中2021年一季度销量同比增长最为明显，轿车、SUV和MPV的增幅分别达到79.11%、76.54%和63.32%，此后增幅逐渐降低。

（二）新能源汽车产销创新高，市场渗透率不断提升

2021年新能源汽车继续良好发展势头，销量突破352万辆，同比增长157.5%，市场占有率达到13.4%，首次突破两位数，且高于上年8个百分点。从2021年新能源汽车走势来看，全年保持了“产销两旺”的发展局面，3月份开始月销量超过20万辆，8月份超过30万辆，11月份超过40万辆，12月份超过53万辆，表现出持续增长势头。

从新能源月度市场占有率分析，2021年渗透率逐级递增，在全国下半年部分月份受“缺芯”及新冠肺炎疫情影响情况下，新能源汽车渗透率仍不断提升，12月达到全年最高的

19.1%。详见图 9-3。

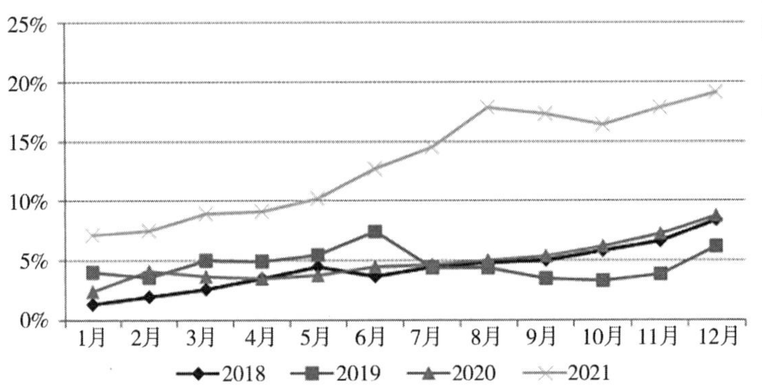

图 9-3 中国新能源汽车渗透率逐月递增

数据来源：东方证券新能源汽车产业链周报。

车企方面，2021 年比亚迪排名国内车企新能源零售销量第一，达到 58.4 万辆，同比增长 221.3%。上汽通用五菱和特斯拉中国分列第二名和第三名。详见图 9-4。

新能源车企	2021 年	2020 年	同比
比亚迪汽车	584020	181765	221.3%
上汽通用五菱	431130	155466	177.3%
特斯拉中国	320743	137459	133.3%
长城汽车	133997	56261	138.2%
广汽埃安	126962	60033	111.5%
上汽乘用车	110065	44792	145.7%
小鹏汽车	98155	26159	275.2%
奇瑞汽车	97625	43651	123.6%
蔚来汽车	91429	43728	109.1%
理想汽车	90491	32624	177.4%

图 9-4 国内车企近 2 年销量情况

数据来源：国泰证券 2021 年全球新能源汽车市场回顾。

（三）动力电池装机量不断提升，中国企业竞争力明显

2021 年全球动力电池装机达到 297GWh，同比增长 102.2%；国内动力电池装机量达到 154.5GWh，同比增长 142.8%。2021 年国内电池装机量已经超过全球装机量的 50%，前十大动力电池企业中，中国企业占据 6 席，宁德时代以较大的优势位列全球动力电池企业装机量第一。详见图 9-5。

动力电池企业	2021年（GWh）	2021年占比	同比	2020年占比
宁德时代	96.7	32.6%	167.5%	24.6%
LG化学	60.2	20.3%	75.5%	23.4%
松下	36.1	12.2%	33.5%	18.4%
比亚迪	26.3	8.8%	167.7%	6.7%
SKI	16.7	5.6%	107.5%	5.5%
三星SDI	13.2	4.5%	56.0%	5.8%
中航锂电	7.9	2.7%	130.5%	2.3%
国轩高科	6.4	2.1%	161.3%	1.7%
AESC	4.2	1.4%	7.8%	2.7%
SVOLT	3.1	1.0%	430.8%	0.4%

图9-5 2021年全球前十动力电池企业

数据来源：国泰证券2021年全球新能源汽车市场回顾。

国内动力电池装机量在2016年和2018年的同比增幅维持在30%~50%之间波动，但在2019年和2020年受疫情和“缺芯”影响，经历了增幅滑坡，2021年呈现出“报复式”增长。2021年各月度装机量呈现逐级抬升态势，同比增长明显，增速均超过100%。详见图9-6和图9-7。

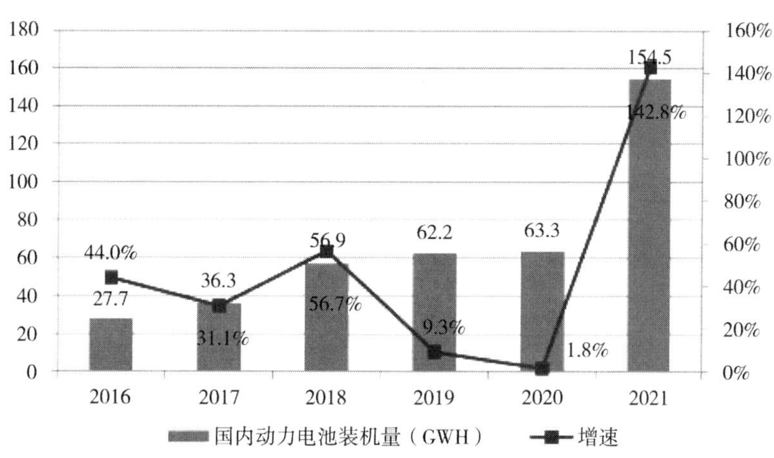

图9-6 近5年国内动力电池装机量

数据来源：国泰证券2021年全球新能源汽车市场回顾。

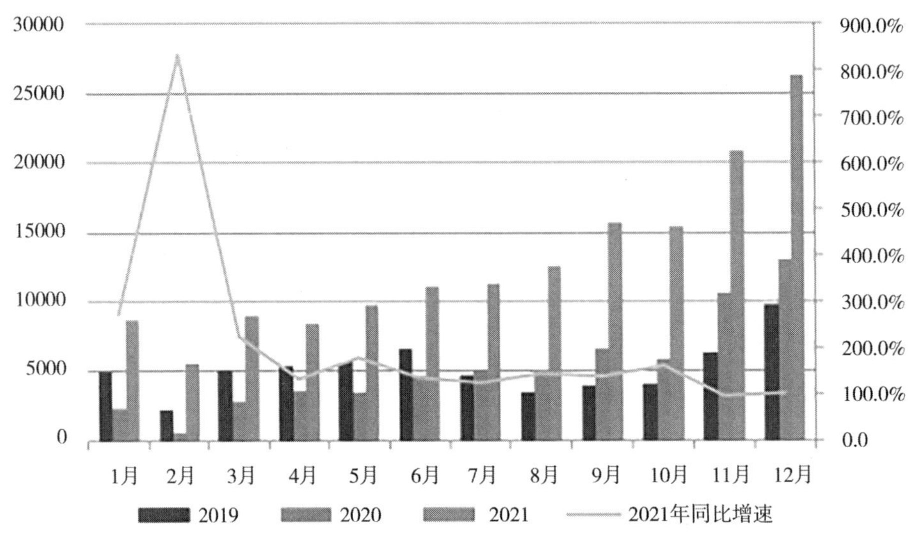

图 9-7 2021 年国内动力电池分月度装机量

数据来源：国泰证券 2021 年全球新能源汽车市场回顾。

（四）产业政策频出，保障汽车行业企稳复苏

汽车产业作为中国经济的支柱产业之一，上游承载零部件、钢铁、橡胶原料行业及生产设备制造行业，下游衔接矿山开采、公路交通运输、特种用途等国民经济相关产业领域，其发展态势将对我国国民经济产生深远的影响。

2021 年，疫情肆虐、芯片短缺的双重压力，深刻影响了汽车行业的发展。为引导汽车行业高质量发展，政府陆续出台诸如《关于提振大宗消费重点消费促进释放农村消费潜力若干措施的通知》《新能源汽车产业发展规划（2021—2035 年）》等一系列支持汽车尤其是新能源汽车的相关政策及措施，有利于汽车行业企稳复苏。

三、2022 年汽车行业前景分析

汽车行业在经过行业震荡，并在 2021 年实现反弹的形势下，有望在 2022 年持续上扬态势。目前国内各项促消费政策频繁出台，国内车企在新能源板块不断发力，为后续行业发展奠定坚实基础。从目前行业发展动向来看，新能源电动车将是未来行业发展的重中之重，甚至部分传统车企已经公布了停止生产燃油车的相关计划。值此变革之际，掌握新能源汽车市场将成为行业内各家企业的未来核心战略。

（一）新能源汽车板块发展强势，市场认可度不断提升

据中国汽车工业协会统计分析，2022 年 3 月，新能源汽车产销表现仍然明显好于整个汽车行业，环比和同比继续保持快速增长势头。一季度，新能源汽车产销延续了快速增长势头，双双超过百万辆，市场占有率仍保持 19.3%，新能源汽车战略引领作用进一步凸显。

根据艾媒咨询调查发现，随着科技发展和燃油车成本的上升，新能源汽车的消费需求逐渐增加，推动了厂商产品力的提升和新能源汽车销量的快速增长。艾媒咨询调研数据显示，40.4%的中国消费者购买过新能源汽车，54.1%的中国消费者未购买过新能源汽车但有计划购买。中国消费者购买新能源汽车最主要的原因是节省能源，比例为75.8%，其次是外观造型好和功能多样，比例分别为43.5%和42.8%。另外，根据艾媒咨询调研显示，近七成的中国消费者对新能源汽车的前景表示看好，30.8%的中国消费者认为中国新能源汽车的发展前景一般，仅有1.4%的中国消费者不看好新能源汽车的发展。可见新能源汽车的市场认可度得到不断提升。

资料链接：

比亚迪新能源汽车发力，业绩迎来持续提升

强产品周期延续，新能源龙头地位稳固，未来车型深入布局高端市场。公司延续2021年强产品周期，汉EV、秦PLUSDM-i、海豚等车型销量持续走高，2022年一季度新上市元PLUS、驱逐舰05、汉DM-i/p车型助力公司市场份额进一步扩张，其中汉DM-i预售仅10小时订单超1.2万辆，市场需求火爆。2022年还将上市混动车型护卫舰07、纯电车海豹等车型，完善混动、纯电动细分市场布局，同时布局高端市场，有望提升公司盈利弹性与品牌形象。

资料来源：方正证券研究报告。

（二）新势力投资持续加码，汽车智能化加速落地

华为、百度、小米等外部造车新势力继续加大对汽车产业的相关投入，并已有相关技术落地，从而加速汽车智能化发展，如华为通过HI（HUAWEI INSIDE）和智选模式提供智能汽车解决方案。

百度和吉利联合造车项目集度汽车已经在北京设立总部，坐标位于北京亦庄经济开发区，成为继小米后又一落户亦庄的造车新势力。根据官方消息，集度汽车旗下首款汽车机器人概念车计划在2020年4月北京车展上发布但后因疫情原因延期，预计该车型将于2023年量产上市。

（三）疫情及芯片制约影响严重，造成行业短期打击

国家统计局最新数据显示，2022年3月，全国汽车制造业工业增加值同比下降1.0%，汽车产量238.7万辆，同比下降4.9%。一季度，汽车制造业工业增加值同比增长4.0%，增速低于同期规模以上工业企业工业增加值2.5个百分点。3月以来，受疫情影响，吉林、

上海等地车企大面积停工停产，部分大型车企产销量甚至出现断崖式下跌。最新数据显示，2022 年 3 月，全国 28 个涉及汽车生产省份中，有 15 省汽车产量同比下降，占比超过半数。

芯片短缺依然在一定程度上限制了汽车行业进一步复苏，但随着国家各部门不断推动我国芯片产业发展，如工信部联合集成电路、半导体器件等关联行业研究发布汽车芯片标准体系，全球主要芯片企业已逐渐加大汽车芯片生产供应，新建产能将于 2022 年下半年陆续释放，预计在 2022 年下半年汽车芯片供应短缺情况将会逐渐缓解。

（四）自主品牌销量不断提升，豪华车受市场青睐程度加深

2022 年 1—3 月，中国自主品牌乘用车销量 254. 7 万辆，同比增长 21. 0%。根据相关统计，截至 2022 年 3 月，中国自主品牌乘用车市场份额达到 45. 9%，同比提高了 8. 8%。根据相关预测，随着中国自主品牌受认可度不断提升，未来市场份额也将逐渐挤占其他品牌。同期日系乘用车、德系乘用车市场份额分列第二、第三位，具体情况如图 9-8 所示。

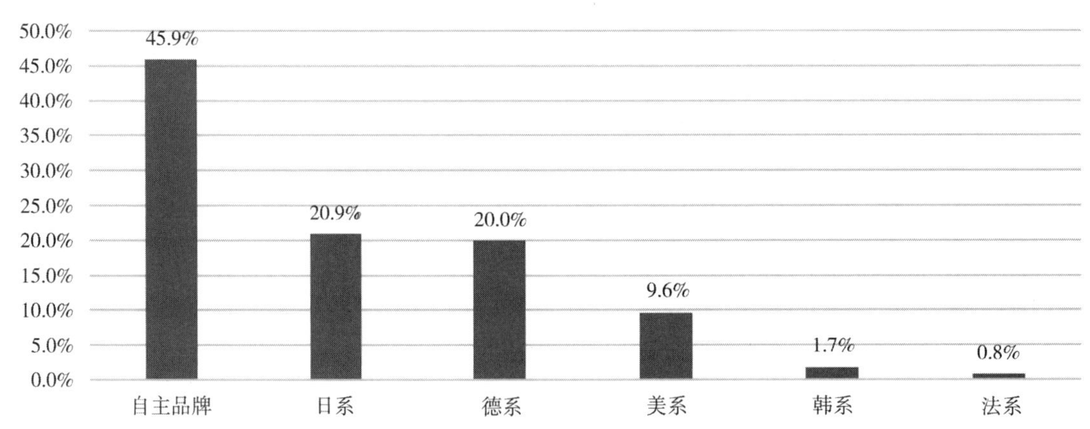

图 9-8　2022 年 3 月中国乘用车各系别市场份额统计情况

数据来源：中国汽车工业协会。

根据乘用车市场信息联席会的数据，2021 年中国豪华车市场仍然保持了 4. 9%的同比增速，收获了 265. 2 万辆的累计销量。相比乘用车市场整体 4. 4%的同比增长，豪华车的增长势头依旧跑赢了大盘。

从品牌竞争来看，一线豪华车品牌奔驰、宝马、奥迪仍是豪华车市场乃至乘用车市场的三巨头，三者在豪华车市场领域几乎处于垄断地位。从不同价格区间销量情况来看，35 万~50 万元的豪华车仍是豪华车消费群体的主要选择，自 2013 年开始，越来越多的豪华车消费者选择购买 35 万元以下的车型，而购买 50 万元以上车型的消费者占比也越来越少。特斯拉 Model 3 的国产化，红旗 H 系列、HS 系列的推出，以及诸如奥迪 Q5L、凯迪拉克 CT4 等热销车型的加入使得 50 万元以下豪华车市场在近年来发展迅速。

附表 2021 年度汽车行业上市公司业绩评价结果排序表

序号	A 股上市公司评价得分排序	股票代码	股票简称	综合得分	评价等级	每股收益（元）	净资产收益率（%）	总资产报酬率（%）	总资产周转率（次）	流动资产周转率（次）	资产负债率（%）	已获利息倍数	营业收入增长率（%）	资本扩张率（%）	市场投资回报率（%）	股价波动率（%）	年末资产总额（万元）	营业收入（万元）	净利润（万元）
1	327	000800	一汽解放	71.46	BBB	0.84	15.35	6.14	1.47	2.05	62.39	546.43	-13.13	6.85	-6.74	24.25	6976594.39	9875124.27	389985.48
2	376	601633	长城汽车	70.70	BBB	0.73	11.26	4.83	0.83	1.31	64.58	16.87	32.04	8.35	15.88	179.90	17540802.06	13640466.30	672501.45
3	415	601965	中国汽研	70.29	BBB	0.71	13.15	12.20	0.55	1.41	20.34	1088.83	12.21	9.44	31.77	68.35	718415.51	383507.40	72939.49
4	443	000338	潍柴动力	69.84	BB	1.10	15.16	5.52	0.74	1.30	62.84	14.04	3.07	28.01	9.59	80.06	27704442.49	20354770.33	1156188.95
5	453	600660	福耀玻璃	69.75	BB	1.23	13.14	9.96	0.57	1.09	41.29	12.74	18.57	21.78	-7.18	65.14	4478489.40	2360306.34	314298.08
6	556	601689	拓普集团	68.34	BB	0.93	11.07	7.59	0.74	1.62	43.15	52.69	76.05	35.84	19.27	143.96	1868269.28	1146269.37	101783.19
7	563	600742	一汽富维	68.25	BB	0.98	10.06	5.95	1.10	1.78	56.97	69.43	5.21	6.06	28.72	121.96	1949602.23	2053740.59	97605.60
8	567	603129	春风动力	68.17	BB	3.01	16.04	7.41	1.29	1.63	53.84	292.30	73.71	142.70	6.43	102.30	797076.34	786148.80	41149.78
9	618	601717	郑煤机	67.58	BB	1.11	13.98	8.18	0.83	1.22	57.29	11.35	10.43	11.52	12.47	70.34	3664800.62	2927462.12	206986.81
10	623	603040	新坐标	67.51	BB	1.06	14.97	16.09	0.40	0.71	11.67	2693.62	14.88	6.39	-1.28	45.90	112262.95	43205.86	14985.57
11	634	002048	宁波华翔	67.43	BB	2.02	11.94	8.52	0.86	1.57	44.01	36.15	4.12	4.27	61.54	128.21	2179556.62	1758782.28	152097.39
12	669	002105	信隆健康	67.12	BB	0.75	36.17	17.96	1.28	1.83	58.66	14.66	41.07	32.65	48.05	80.89	228251.64	263418.78	30164.82
13	677	300643	万通智控	67.06	BB	0.52	17.20	11.54	0.90	1.66	38.39	22.40	29.70	81.19	19.05	86.14	134105.40	102286.56	11235.68
14	724	00625	长安汽车	66.48	BB	0.47	6.51	3.02	0.82	1.28	58.74	85.60	24.33	4.46	-8.15	151.57	13540462.35	10514187.72	360421.82
15	744	603596	伯特利	66.32	BB	1.24	16.30	10.17	0.64	0.82	44.09	0.00	14.81	18.73	88.45	220.46	625177.08	349228.31	52749.64
16	752	000581	威孚高科	66.26	BB	2.57	13.67	10.12	0.49	0.86	28.63	47.81	6.20	6.22	-2.58	31.13	2797085.84	1368242.67	264936.47
17	756	300547	川环科技	66.23	BB	0.48	11.52	10.76	0.72	0.98	15.36	0.00	14.62	5.05	67.39	124.52	110369.74	77649.40	10499.09
18	773	300893	松原股份	66.03	BB	0.74	15.00	12.89	0.76	1.14	28.91	46.20	39.03	8.62	62.93	156.53	108638.79	74508.19	11126.68
19	808	601799	星宇股份	65.70	BB	3.41	13.78	9.53	0.68	0.94	34.14	32.15	8.01	32.77	-0.02	53.50	1193338.23	790944.96	94944.21
20	822	002553	南方精工	65.57	BB	0.56	17.43	16.11	0.43	0.96	14.99	407.55	27.95	14.66	15.08	86.67	147565.03	59620.14	19523.39
21	841	601311	骆驼股份	65.41	BB	0.73	10.45	7.93	0.98	2.08	32.13	12.32	28.67	12.95	40.86	118.14	1293720.11	1240345.45	84735.58
22	847	600104	上汽集团	65.34	BB	2.12	9.19	4.76	0.83	1.37	64.14	20.27	5.10	6.04	-16.59	46.68	91692269.56	75991463.56	3394175.89

续 表

序号	A股上市公司评价得分排序	股票代码	股票简称	综合得分	评价等级	每股收益（元）	净资产收益率（%）	总资产报酬率（%）	总资产周转率（次）	流动资产周转率（次）	资产负债率（%）	已获利息倍数	营业收入增长率（%）	资本扩张率（%）	市场投资回报率（%）	股价波动率（%）	年末资产总额（万元）	营业收入（万元）	净利润（万元）
23	863	300825	阿尔特	65.14	BB	0.66	10.30	8.35	0.46	0.69	19.81	13.63	54.96	60.96	0.36	125.59	341613.55	127227.76	19779.22
24	928	000030	富奥股份	64.64	B	0.48	11.42	5.86	0.87	1.67	42.72	62.62	15.43	2.87	15.96	70.87	1486092.39	1282820.44	77835.38
25	955	603305	旭升股份	64.39	B	0.92	11.85	7.48	0.47	0.86	55.28	37.71	85.77	9.91	46.10	112.65	817777.95	302337.07	41253.92
26	964	603926	铁流股份	64.31	B	1.07	12.64	8.16	0.76	1.27	42.68	28.85	24.57	20.82	50.69	121.46	270645.27	187854.49	17380.13
27	987	002594	比亚迪	64.17	B	1.06	4.01	2.59	0.87	1.56	64.76	3.36	38.02	61.73	17.91	147.47	29578014.70	21614239.50	396726.60
28	988	603037	凯众股份	64.15	B	0.80	9.58	9.56	0.55	0.84	13.71	220.46	10.92	2.66	36.19	102.71	103445.46	54840.09	8542.55
29	1012	600081	东风科技	63.92	B	0.66	10.55	5.94	0.93	1.43	57.64	28.98	14.11	87.74	-10.70	76.73	955181.23	786118.05	43517.19
30	1026	002906	华阳集团	63.79	B	0.62	8.00	5.02	0.81	1.20	35.57	37.92	33.01	8.73	132.50	196.55	604883.42	448826.95	29763.50
31	1051	603358	华达科技	63.63	B	0.82	12.36	7.87	0.88	1.40	42.62	89.33	14.10	10.38	66.49	124.97	565051.38	471657.71	36561.12
32	1155	300507	苏奥传感	62.83	B	0.22	7.18	8.57	0.48	0.60	17.93	49.10	5.38	48.18	97.20	162.78	213200.37	85730.84	13331.23
33	1158	603197	保隆科技	62.80	B	1.40	16.03	9.41	0.86	1.43	52.40	8.87	17.01	78.59	124.39	213.90	514948.44	389758.56	29160.97
34	1186	600178	东安动力	62.60	B	0.20	4.15	1.54	0.95	1.45	57.63	8.10	94.54	91.98	19.05	72.82	871538.54	658555.82	9820.68
35	1209	603006	联明股份	62.41	B	0.54	10.73	8.56	0.57	1.02	26.69	277.96	33.91	15.08	-3.95	67.00	227061.40	121961.81	14284.93
36	1246	600741	华域汽车	62.19	B	2.05	12.67	6.19	0.92	1.48	65.11	20.99	4.77	-7.76	-8.18	72.36	15384676.36	13994413.96	799148.76
37	1263	600877	声光电科	62.08	B	0.16	11.87	15.91	1.02	1.09	25.00	30.14	311.38	359.50	54.28	90.24	258302.32	165504.02	21221.99
38	1274	603306	华懋科技	62.01	B	0.57	6.88	6.87	0.41	0.67	11.57	159.33	27.01	11.61	51.30	185.73	311406.90	120599.68	17524.31
39	1289	002283	天润工业	61.86	B	0.49	10.26	7.41	0.56	1.00	37.42	26.28	6.60	10.08	71.31	183.93	887643.08	472067.85	54023.55
40	1292	603786	科博达	61.82	B	0.97	9.85	9.73	0.59	0.80	13.27	221.39	-3.68	6.50	28.97	89.83	485560.88	280650.87	42757.68
41	1302	688386	泛亚微透	61.76	B	0.95	11.64	10.87	0.43	0.81	28.64	25.51	14.00	11.01	31.71	135.44	86301.07	31661.52	6740.94
42	1322	300304	云意电气	61.53	B	0.27	10.32	9.51	0.37	0.52	20.58	37.54	30.94	10.66	44.81	118.87	312209.93	109934.19	24683.41
43	1338	002328	新朋股份	61.45	B	0.52	14.48	11.25	0.93	1.74	37.89	87.49	11.08	9.97	28.96	92.10	545167.51	472163.20	44697.68
44	1341	300580	贝斯特	61.43	B	0.98	10.44	8.16	0.37	0.67	34.32	44.86	13.53	6.83	40.48	95.31	15419656.37	105709.77	19927.59

续 表

序号	A股上市公司评价得分排序	股票代码	股票简称	综合得分	评价等级	每股收益（元）	净资产收益率（%）	总资产报酬率（%）	总资产周转率（次）	流动资产周转率（次）	资产负债率（%）	已获利息倍数	营业收入增长率（%）	资本扩张率（%）	市场投资回报率（%）	股价波动率（%）	年末资产总额（万元）	营业收入（万元）	净利润（万元）
45	1342	603013	亚普股份	61.42	B	0.97	14.39	9.85	1.32	1.99	38.77	30.96	-9.05	3.10	30.41	97.45	592686.83	805748.37	53688.08
46	1348	601238	广汽集团	61.37	B	0.72	8.40	5.18	0.51	1.27	39.95	17.10	19.76	6.85	22.34	145.15	297220.28	7511015.70	739099.77
47	1379	300695	兆丰股份	61.13	B	1.89	6.65	5.79	0.30	0.42	21.31	50.43	52.88	8.34	9.07	50.09	254234.43	71832.88	11804.66
48	1390	000887	中鼎股份	61.05	B	0.79	10.58	7.19	0.68	1.25	49.14	7.77	8.91	3.55	101.69	198.69	1829656.64	1257718.91	96348.18
49	1406	002472	双环传动	60.90	B	0.46	7.73	5.43	0.59	1.55	49.18	4.20	47.13	35.81	270.76	312.32	982347.07	539101.08	35440.68
50	1413	000951	中国重汽	60.85	B	0.90	9.31	5.98	1.55	1.80	57.79	25.73	-6.40	58.51	-28.41	179.52	3547778.89	5609917.40	166874.99
51	1418	600523	贵航股份	60.76	B	0.38	5.71	5.45	0.73	1.22	15.07	1118.17	7.08	1.46	68.61	123.40	332095.74	239431.43	16107.75
52	1420	603758	秦安股份	60.76	B	0.24	3.88	4.40	0.47	0.73	13.82	821.70	55.19	0.56	-7.89	68.96	307716.88	141914.40	10251.18
53	1424	603178	圣龙股份	60.70	B	0.50	11.01	6.26	0.76	1.83	42.07	5.70	22.57	77.89	80.79	190.01	206857.80	149766.33	10300.73
54	1434	605018	长华股份	60.62	B	0.37	7.87	6.96	0.60	1.23	22.40	34.55	2.89	3.73	48.84	76.92	260069.94	149630.35	15588.90
55	1438	603809	豪能股份	60.58	B	0.68	11.13	7.53	0.40	1.04	49.68	12.09	23.35	4.46	41.72	130.25	396762.33	144421.86	22119.82
56	1446	603766	隆鑫通用	60.49	B	0.19	5.27	3.92	0.99	1.66	41.27	20.37	25.11	2.74	69.27	156.52	1321771.20	1305792.14	36766.94
57	1452	603950	长源东谷	60.42	B	1.08	11.70	7.82	0.43	0.90	38.57	57.52	-5.75	11.14	-16.13	55.82	369110.17	158154.48	25219.69
58	1458	603788	宁波高发	60.34	B	0.65	7.58	7.43	0.42	0.49	14.23	133.89	5.67	0.98	14.14	45.44	224791.68	94200.04	14546.29
59	1478	300432	富临精工	60.16	B	0.54	17.30	11.31	0.63	1.04	51.53	31.65	44.01	21.87	146.42	428.89	522296.26	265637.10	39918.26
60	1484	603035	常熟汽饰	60.12	B	1.19	10.84	7.21	0.36	1.12	45.26	8.11	20.06	12.05	39.13	101.58	751538.93	266271.92	41095.29
61	1507	002101	广东鸿图	59.98	CCC	0.57	6.43	5.21	0.76	1.81	33.31	13.67	7.28	3.75	70.76	139.42	762687.34	600332.55	34674.45
62	1523	300652	雷迪克	59.88	CCC	1.02	9.75	8.98	0.43	0.59	30.23	14.31	35.16	5.10	20.54	81.70	144555.09	59115.87	9592.86
63	1528	000559	万向钱潮	59.85	CCC	0.21	8.00	5.34	0.89	1.27	47.78	8.41	31.62	-0.69	27.71	93.22	1682079.44	1432213.53	70122.93
64	1585	002765	蓝黛科技	59.41	CCC	0.37	10.86	6.94	0.76	1.53	52.26	10.58	30.30	13.65	63.80	157.90	142112.78	313949.00	24152.52
65	1590	605128	上海沿浦	59.35	CCC	0.88	6.93	5.62	0.59	0.93	27.33	59.80	4.38	2.52	68.89	109.44	437307.53	82650.74	7048.02
66	1595	000025	特力A	59.33	CCC	0.30	9.55	10.00	0.29	0.74	21.64	79.14	19.82	5.24	-7.41	27.44	185964.52	50852.00	13205.25

续 表

序号	A股上市公司评价得分排序	股票代码	股票简称	综合得分	评价等级	每股收益（元）	净资产收益率（%）	总资产报酬率（%）	总资产周转率（次）	流动资产周转率（次）	资产负债率（%）	已获利息倍数	营业收入增长率（%）	资本扩张率（%）	市场投资回报率（%）	股价波动率（%）	年末资产总额（万元）	营业收入（万元）	净利润（万元）
67	1640	603109	神驰机电	58.98	CCC	1.32	13.85	9.67	1.02	1.27	42.93	40.34	56.09	12.43	24.82	116.57	259889.68	243758.68	19400.65
68	1661	603166	福达股份	58.82	CCC	0.34	8.50	7.06	0.51	1.20	28.25	10.30	2.50	16.47	56.62	128.09	367644.66	181460.99	20832.70
69	1684	001696	宗申动力	58.68	CCC	0.42	10.54	6.63	0.94	1.65	49.65	6.46	20.27	-0.64	0.06	46.69	168340.72	917659.22	52062.81
70	1685	300680	隆盛科技	58.67	CCC	0.48	11.38	7.76	0.60	1.25	43.45	12.64	60.83	10.87	32.40	152.06	983580.19	92969.74	9769.21
71	1693	300428	立中集团	58.62	CCC	0.75	9.74	5.86	1.45	2.02	63.27	3.74	39.14	13.82	94.78	181.37	1438561.60	1863367.71	47435.98
72	1716	600480	凌云股份	58.36	CCC	0.36	5.76	5.13	0.96	1.60	59.97	6.17	16.32	-2.34	15.06	69.06	1665647.57	1574999.20	54552.30
73	1721	002213	大为股份	58.31	CCC	0.08	4.28	4.60	1.39	2.11	47.15	8.14	121.18	-4.95	49.80	84.33	72280.51	85738.74	1853.07
74	1722	600679	上海凤凰	58.30	CCC	0.21	4.76	4.57	0.67	1.41	28.65	10.67	49.59	28.68	-10.06	35.09	348444.06	205790.63	10049.64
75	1731	002870	香山股份	58.23	CCC	0.45	6.04	3.22	0.77	1.99	70.12	2.55	400.66	6.64	66.12	169.54	637947.64	489016.61	12532.14
76	1766	689009	九号公司-WD	57.99	CCC	5.83	10.30	7.09	1.29	1.59	44.31	107.12	52.36	15.58	-9.82	101.33	767244.65	914605.36	40800.07
77	1791	603319	湘油泵	57.85	CCC	1.20	13.88	9.27	0.64	1.06	44.29	9.03	15.08	10.40	-7.72	87.04	262405.25	162152.58	18889.83
78	1819	603767	中马传动	57.63	CCC	0.21	4.30	3.40	0.56	1.00	25.86	0.00	6.51	2.08	20.00	55.32	657120.30	112030.92	6365.56
79	1824	600933	爱柯迪	57.61	CCC	0.36	6.94	5.81	0.52	0.94	29.35	53.86	23.75	4.36	26.94	92.01	201685.25	320566.27	32278.55
80	1838	603335	迪生力	57.52	CCC	0.08	5.52	9.13	1.19	2.00	39.45	8.68	33.62	25.62	50.55	124.52	134081.41	130404.05	6120.49
81	1850	603239	浙江仙通	57.45	CCC	0.52	14.30	12.60	0.61	0.97	27.95	147.14	27.40	4.86	3.40	50.98	140881.67	78718.75	14183.15
82	1887	002921	联诚精密	57.17	CCC	0.71	8.48	7.01	0.72	1.43	49.32	4.62	32.66	9.14	25.11	46.71	183516.48	121057.53	7138.27
83	1900	603179	新泉股份	57.04	CCC	0.75	7.95	4.89	0.66	0.94	49.34	8.28	25.33	7.50	19.28	98.21	740580.39	461270.00	28603.49
84	1902	603348	文灿股份	57.03	CCC	0.38	3.67	3.57	0.71	1.87	54.18	2.06	58.00	5.32	129.08	218.41	593212.49	411198.07	9716.82
85	1918	002516	旷达科技	56.94	CCC	0.13	5.54	5.69	0.43	0.83	15.20	63.13	15.68	0.12	106.53	193.71	407290.94	172356.90	18787.52
86	1949	002406	远东传动	56.69	CCC	0.38	6.92	6.16	0.46	0.72	24.42	70.33	-7.37	2.37	3.69	31.19	454318.64	200570.77	23492.69
87	1972	603655	朗博科技	56.50	CCC	0.23	4.80	5.22	0.35	0.50	6.92	0.00	14.54	2.78	14.88	118.67	56119.36	19321.23	2473.74
88	1988	605068	明新旭腾	56.34	CCC	0.98	9.47	8.21	0.34	0.48	33.95	13.41	1.55	3.34	27.83	64.13	266943.37	82077.50	16310.83

续 表

序号	A股上市公司评价得分排序	股票代码	股票简称	综合得分	评价等级	每股收益（元）	净资产收益率（%）	总资产报酬率（%）	总资产周转率（次）	流动资产周转率（次）	资产负债率（%）	已获利息倍数	营业收入增长率（%）	资本扩张率（%）	市场投资回报率（%）	股价波动率（%）	年末资产总额（万元）	营业收入（万元）	净利润（万元）
89	1996	605088	冠盛股份	56.26	CCC	0.73	8.22	5.59	1.02	1.27	43.66	49.01	35.09	7.74	-21.17	70.98	262527.83	248714.41	11724.95
90	2004	002448	中原内配	56.21	CCC	0.35	7.48	5.48	0.48	1.29	39.88	7.01	34.52	4.99	28.27	107.82	514796.50	244865.98	21709.27
91	2021	603730	岱美股份	56.06	CCC	0.57	10.56	8.67	0.78	1.26	24.12	49.57	6.55	2.19	9.78	89.01	525020.14	420871.18	41606.55
92	2029	603121	华培动力	56.02	CCC	0.26	6.00	5.65	0.58	0.99	26.85	15.31	44.30	3.22	-0.25	60.99	146274.44	92129.50	6803.69
93	2032	603917	合力科技	56.01	CCC	0.41	6.29	5.26	0.50	0.84	29.34	32.12	16.55	0.47	160.81	294.43	157873.05	70405.70	6490.18
94	2138	603158	腾龙股份	55.08	CCC	0.29	5.87	4.83	0.67	1.14	41.11	4.64	24.53	48.99	20.91	92.20	361205.39	220658.84	11300.35
95	2152	600327	大东方	54.97	CC	0.72	18.26	12.11	0.90	1.77	52.53	25.48	-13.00	8.74	63.65	182.43	825397.06	690481.31	67014.56
96	2173	000622	恒立实业	54.88	CC	0.00	0.86	0.62	0.97	1.03	37.41	3.94	3.07	0.54	8.01	35.65	34286.67	35371.41	176.23
97	2181	002454	松芝股份	54.83	CC	0.18	3.07	2.38	0.61	0.88	40.77	48.53	21.86	0.64	53.64	181.36	692821.56	412369.42	14004.48
98	2186	002126	银轮股份	54.82	CC	0.28	5.29	3.26	0.72	1.19	59.35	4.98	23.60	11.75	-2.83	69.13	95868.88	781641.59	26447.16
99	2196	603701	德宏股份	54.75	CC	0.15	5.32	4.10	0.61	1.05	22.35	285.43	-1.20	3.49	23.02	64.29	1198887.52	59253.84	3874.96
100	2217	605255	天普股份	54.54	CC	0.29	4.36	4.63	0.30	0.63	14.07	319.25	0.87	-6.46	17.54	58.45	101949.41	30629.58	3948.74
101	2224	300585	奥联电子	54.41	CC	0.21	5.58	4.50	0.51	0.98	23.59	12.98	8.28	29.60	19.53	51.48	92540.35	45086.17	3319.29
102	2231	600148	长春一东	54.39	CC	0.29	8.45	5.86	0.86	1.06	48.91	88.20	-2.83	4.42	34.91	67.12	125641.70	112333.25	6937.10
103	2253	002997	瑞鹄模具	54.23	CC	0.63	10.31	4.98	0.38	0.48	57.88	43.88	9.99	7.41	14.81	70.82	289548.72	104471.09	12418.83
104	2263	000927	中国铁物	54.15	CC	0.16	13.58	5.54	2.19	2.58	70.52	12.30	33.01	17.10	-36.35	75.90	2970779.65	5914450.58	106725.06
105	2315	603377	东方时尚	53.69	CC	0.21	6.84	5.63	0.25	2.05	48.99	5.34	41.32	-4.96	-44.03	138.48	475701.65	119855.45	14884.07
106	2326	603997	继峰股份	53.60	CC	0.12	2.84	2.72	1.00	2.55	69.16	1.74	6.99	9.45	126.47	183.13	1620914.27	1683199.08	12581.51
107	2334	600006	东风汽车	53.56	CC	0.19	4.69	1.82	0.78	1.02	58.27	39.60	13.23	2.54	-16.06	81.72	1988164.81	1555003.71	38221.05
108	2346	603922	金鸿顺	53.38	CC	0.15	1.83	2.01	0.42	0.59	16.02	70.23	9.69	1.60	48.67	148.68	125712.07	51511.51	1914.51
109	2356	000550	江铃汽车	53.31	CC	0.67	5.88	2.13	1.29	1.96	67.54	24.54	6.42	-22.13	-2.25	93.81	2635908.41	3522130.65	57416.59
110	2373	002284	亚太股份	53.20	CC	0.06	1.64	2.00	0.64	1.05	53.70	1.81	24.29	0.60	77.33	148.46	586904.72	363060.52	4617.09

续表

序号	A股上市公司评价得分排序	股票代码	股票简称	综合得分	评价等级	每股收益（元）	净资产收益率（%）	总资产报酬率（%）	总资产周转率（次）	流动资产周转率（次）	资产负债率（%）	已获利息倍数	营业收入增长率（%）	资本扩张率（%）	市场投资回报率（%）	股价波动率（%）	年末资产总额（万元）	营业收入（万元）	净利润（万元）
111	2427	000757	浩物股份	52.74	CC	0.13	4.97	4.54	1.55	2.35	36.75	6.41	10.91	5.11	14.29	49.26	68771.81	453423.41	8660.64
112	2431	600099	林海股份	52.70	CC	0.04	1.95	1.81	1.32	1.80	28.40	0.00	40.34	1.86	47.38	81.36	282858.17	84144.91	951.40
113	2468	300707	威唐工业	52.33	CC	0.31	6.59	4.82	0.58	0.89	39.18	25.40	30.07	6.61	36.32	99.61	126905.33	72139.62	4840.95
114	2469	300375	鹏翎股份	52.33	CC	0.09	3.35	2.81	0.66	1.34	25.58	14.30	-1.09	3.41	-6.56	69.76	254157.30	165687.23	6239.50
115	2482	300100	双林股份	52.19	CC	0.32	6.31	4.00	0.65	1.18	60.73	2.89	2.95	28.90	-2.57	63.64	588673.25	368229.86	12497.14
116	2488	002863	今飞凯达	52.15	CC	0.27	7.10	5.11	0.71	1.66	65.95	1.95	26.99	3.93	13.52	45.90	571700.84	395537.82	13655.14
117	2494	600335	国机汽车	52.09	CC	0.18	2.43	1.77	1.41	1.76	64.98	4.50	-0.43	0.90	78.84	160.68	3009265.57	4394525.23	27756.74
118	2496	603982	泉峰汽车	52.06	CC	0.61	7.18	5.12	0.56	1.17	47.47	7.70	16.53	17.55	169.61	321.38	349002.06	161488.56	12187.24
119	2506	300681	英搏尔	51.99	CC	0.62	7.45	3.25	0.63	0.98	66.01	3.96	131.80	17.22	233.43	377.88	199507.93	97579.98	4684.07
120	2528	002085	万丰奥威	51.85	CC	0.16	6.37	5.46	0.77	1.69	55.75	3.18	16.23	-3.41	-13.61	34.17	1638930.38	1243607.32	53185.12
121	2531	600297	广汇汽车	51.84	CC	0.20	3.91	4.11	1.10	1.78	66.79	1.96	0.00	0.31	-5.66	52.23	14244053.42	15843668.94	204623.41
122	2555	002662	京威股份	51.65	CC	0.07	3.17	4.84	0.71	1.57	30.69	5.69	-6.53	3.22	15.45	70.84	471558.60	350891.43	10210.71
123	2556	300733	西菱动力	51.64	CC	0.12	1.63	1.68	0.36	1.01	43.93	2.00	46.14	18.64	49.20	95.31	241240.76	74994.38	2107.62
124	2616	000913	钱江摩托	51.06	CC	0.52	8.28	5.20	0.89	1.34	41.06	79.57	19.29	12.33	-37.48	177.84	511430.32	430944.95	23168.22
125	2634	300258	精锻科技	50.91	CC	0.36	5.58	5.29	0.32	0.78	33.08	6.27	18.30	4.16	-4.95	79.81	2309338.57	142336.01	17200.10
126	2635	601258	庞大集团	50.88	CC	0.09	7.91	5.87	1.25	3.01	48.87	4.19	4.56	6.75	57.73	116.75	470320.78	2863303.70	89381.50
127	2662	002363	隆基机械	50.66	CC	0.08	1.44	1.03	0.58	0.89	35.68	8.24	22.75	-2.37	-0.63	46.59	347045.09	195966.93	2903.70
128	2679	002813	路畅科技	50.44	CC	0.04	1.36	3.80	0.73	1.51	34.37	7.74	-16.71	1.27	33.45	90.22	58932.00	41035.60	519.39
129	2682	600066	宇通客车	50.43	CC	0.28	4.02	1.67	0.71	1.06	52.30	181.46	7.04	-0.64	-23.70	78.55	3216589.10	2323346.32	62551.08
130	2691	002536	飞龙股份	50.34	CC	0.28	6.40	3.12	0.76	1.55	46.94	5.52	16.89	3.37	45.43	153.25	427830.77	311554.76	12141.30
131	2695	603009	北特科技	50.28	CC	0.18	4.29	3.06	0.54	1.20	49.10	2.55	18.18	3.50	30.85	74.19	316499.96	173786.30	5800.34
132	2696	600609	金杯汽车	50.28	CC	0.15	29.00	9.74	1.11	1.58	76.71	6.85	-4.88	-10.43	3.10	109.85	442307.88	519075.23	36484.10

续 表

序号	A股上市公司评价得分排序	股票代码	股票简称	综合得分	评价等级	每股收益（元）	净资产收益率（%）	总资产报酬率（%）	总资产周转率（次）	流动资产周转率（次）	资产负债率（%）	已获利息倍数	营业收入增长率（%）	资本扩张率（%）	市场投资回报率（%）	股价波动率（%）	年末资产总额（万元）	营业收入（万元）	净利润（万元）
133	2730	300611	美力科技	49.92	C	0.13	3.04	2.47	0.54	1.17	50.76	1.80	21.26	38.38	27.47	80.91	183533.51	81681.96	2013.02
134	2790	300863	卡倍亿	49.42	C	1.56	13.89	7.70	1.36	1.89	69.21	3.97	79.44	14.18	-27.69	127.84	215191.77	226790.79	8634.10
135	2819	603768	常青股份	49.10	C	0.29	3.33	3.07	0.80	1.86	53.36	2.43	30.99	2.07	1.05	39.62	386143.86	300898.90	5940.92
136	2840	603089	正裕工业	48.81	C	0.28	6.04	4.32	0.80	1.60	45.49	7.36	41.57	3.09	3.99	67.49	221755.89	161066.37	7167.89
137	2855	002703	浙江世宝	48.57	C	0.04	2.51	1.61	0.58	1.13	34.72	6.67	6.88	1.93	16.76	48.05	207545.89	117791.58	2559.50
138	2868	002265	西仪股份	48.49	C	0.02	0.71	0.49	0.59	1.42	33.95	1.53	22.75	0.52	252.29	377.01	133139.70	78447.46	609.29
139	2919	002590	万安科技	47.81	C	0.05	1.14	0.60	0.72	1.12	48.97	1.53	7.58	-0.55	53.62	109.88	390153.17	271311.66	1002.02
140	2936	300816	艾可蓝	47.56	C	0.87	8.78	5.70	0.60	0.70	52.59	9.65	27.92	7.14	-30.27	141.38	173894.75	86614.62	6648.17
141	2974	600676	交运股份	47.05	C	0.01	0.21	0.94	0.90	1.57	32.35	2.36	-3.35	-5.93	-2.48	40.37	824881.52	750988.20	-2359.26
142	2978	600653	申华控股	47.00	C	0.02	3.63	6.77	1.51	2.95	65.44	2.88	2.90	-13.71	27.60	58.97	419108.57	709788.30	14090.93
143	3008	603286	日盈电子	46.53	C	0.12	2.29	2.52	0.67	1.41	46.95	3.49	17.65	1.05	39.11	117.58	466043.36	58165.36	1415.76
144	3014	300473	德尔股份	46.46	C	0.18	1.16	2.19	0.79	1.86	54.25	1.33	8.20	8.57	6.82	94.46	94331.63	366384.49	2408.07
145	3028	002725	跃岭股份	46.28	C	0.03	0.69	0.45	0.70	1.82	23.53	1.85	30.71	2.43	35.88	135.72	136041.63	94402.93	706.02
146	3057	601777	力帆科技	45.89	C	0.01	0.55	1.50	0.22	0.57	35.91	1.64	9.35	0.79	30.76	93.98	1763213.92	397722.48	7812.93
147	3059	600698	湖南天雁	45.89	C	0.01	1.12	0.90	0.48	0.59	28.97	18.99	-11.45	1.17	116.69	204.28	111028.09	56853.64	876.50
148	3103	603085	天成自控	45.31	C	0.08	2.75	1.65	0.68	1.39	59.83	1.94	19.33	2.63	-17.93	79.09	258227.40	170371.87	2820.38
149	3125	600418	江淮汽车	44.94	C	0.10	1.41	1.25	0.91	1.74	65.78	1.53	-6.11	14.04	52.45	218.25	4637010.19	4021352.11	1304.05
150	3126	002625	光启技术	44.94	C	0.13	3.39	3.82	0.10	0.12	9.03	91.46	35.01	3.53	-12.31	71.94	101478.72	85935.00	26928.70
151	3127	002715	登云股份	44.92	C	0.05	1.35	3.21	0.56	1.16	49.32	1.85	30.28	1.10	-30.38	106.05	895326.57	48549.80	688.60
152	3166	603776	永安行	44.27	C	0.20	1.29	1.95	0.18	0.22	29.43	2.04	0.04	-0.28	57.07	115.25	481240.55	87327.14	4320.96
153	3208	002239	奥特佳	43.59	C	-0.04	-2.62	-0.67	0.55	1.08	48.06	-1.58	37.85	5.84	-23.32	58.14	1012326.33	513740.13	-12960.46
154	3229	000753	漳州发展	43.29	C	0.14	5.36	4.16	0.40	0.99	66.30	3.27	-1.77	6.31	26.72	65.01	811149.07	306092.06	14736.31

续 表

序号	A股上市公司评价得分排序	股票代码	股票简称	综合得分	评价等级	每股收益（元）	净资产收益率（%）	总资产报酬率（%）	总资产周转率（次）	流动资产周转率（次）	资产负债率（%）	已获利息倍数	营业收入增长率（%）	资本扩张率（%）	市场投资回报率（%）	股价波动率（%）	年末资产总额（万元）	营业收入（万元）	净利润（万元）
155	3246	603023	威帝股份	42.95	C	0.01	0.88	0.79	0.09	0.11	3.17	0.00	-16.02	0.88	16.99	63.01	78806.81	7099.69	669.11
156	3251	603787	新日股份	42.83	C	0.06	1.11	0.32	1.41	1.98	64.43	87.92	-15.54	-3.89	-41.59	133.70	282222.86	428084.22	990.38
157	3277	600626	申达股份	42.23	C	0.04	1.24	1.48	1.11	2.53	62.82	1.60	-2.53	24.97	4.19	50.03	967234.96	1055041.12	-6895.45
158	3318	605333	沪光股份	41.12	C	0.00	-0.14	0.51	1.01	1.65	74.31	0.40	59.86	-3.77	41.10	157.85	292434.67	244783.98	-105.62
159	3325	000017	深中华A	41.02	C	0.00	-20.04	-0.75	1.75	1.85	75.35	0.00	40.21	-6.39	52.55	128.57	9736.34	16524.66	-163.96
160	3333	600960	渤海汽车	40.82	C	-0.09	-1.79	-0.08	0.51	1.00	36.17	-0.07	-5.78	-0.01	-2.91	47.13	824626.78	441486.01	-8717.14
161	3344	300694	蠡湖股份	40.46	C	-0.09	-1.52	-0.54	0.71	1.27	39.47	-1.16	29.16	-2.60	4.26	88.48	200893.83	139395.97	-1878.89
162	3388	002488	金固股份	39.23	C	0.09	1.78	2.55	0.42	1.12	42.18	1.93	4.12	1.01	36.10	94.57	661157.48	272802.68	6773.44
163	3408	002684	*ST猛狮	38.59	C	0.90	0.00	15.70	0.17	0.44	98.03	2.50	-13.37	0.00	31.22	277.53	478263.93	94710.69	49934.09
164	3422	000903	云内动力	38.22	C	0.04	1.26	1.27	0.54	0.96	60.75	1.44	-19.77	-0.07	-16.36	52.36	1457798.47	802955.28	7492.97
165	3432	000572	海马汽车	37.97	C	0.07	3.08	1.73	0.20	0.55	44.53	7.40	28.18	2.60	98.98	230.44	820727.15	176256.74	13494.22
166	3465	000996	中国中期	36.84	C	0.01	0.42	1.08	0.07	0.83	32.67	1.37	-0.91	0.21	3.56	72.31	71402.22	4948.20	200.98
167	3468	002865	钧达股份	36.75	C	-1.35	-17.43	-1.48	0.73	2.25	73.33	-1.36	233.54	53.10	274.56	378.93	601521.06	286338.78	-13440.93
168	3471	603586	金麒麟	36.68	C	-0.26	-2.43	-2.48	0.52	0.90	27.09	-6.35	8.26	-7.74	0.94	58.75	274719.76	139310.13	-5072.87
169	3480	000678	襄阳轴承	36.24	C	-0.11	-4.67	-0.80	0.52	1.30	55.25	-0.74	10.59	-4.65	2.16	37.38	245408.43	131769.49	-4883.94
170	3483	000700	模塑科技	36.14	C	-0.22	-8.04	-0.16	0.89	1.75	72.28	-0.08	20.66	-16.45	-16.88	64.13	831698.74	738987.11	-20368.64
171	3521	603390	通达电气	34.75	C	-0.03	-0.56	-1.03	0.26	0.43	19.08	-4.96	-15.82	-4.53	-7.25	37.62	206309.86	54033.31	-1813.74
172	3569	601127	小康股份	33.06	C	-1.38	-27.80	-8.06	0.57	1.37	75.86	-9.01	16.89	37.56	280.74	301.30	3202386.37	1671792.09	-263082.37
173	3609	002708	光洋股份	31.24	C	-0.17	-5.59	-2.61	0.61	1.18	46.25	-5.93	13.11	-2.72	21.17	50.50	266423.57	162234.22	-8123.81
174	3635	603161	科华控股	30.09	C	-0.35	-3.66	0.03	0.47	1.02	68.92	0.02	16.94	-4.88	-26.04	70.85	400212.51	189688.77	-4675.63
175	3684	000980	*ST众泰	28.69	C	-0.32	0.00	-7.97	0.09	0.17	56.98	-46.23	-38.34	0.00	429.72	289.75	801317.22	82517.04	-70763.64
176	3687	002510	天汽模	28.57	C	-0.22	-10.62	-2.89	0.36	0.60	61.04	-3.45	39.62	-7.73	-1.94	34.18	496181.86	187904.29	-21357.41

续 表

序号	A股上市公司评价得分排序	股票代码	股票简称	综合得分	评价等级	每股收益（元）	净资产收益率（%）	总资产报酬率（%）	总资产周转率（次）	流动资产周转率（次）	资产负债率（%）	已获利息倍数	营业收入增长率（%）	资本扩张率（%）	市场投资回报率（%）	股价波动率（%）	年末资产总额（万元）	营业收入（万元）	净利润（万元）
177	3709	600303	曙光股份	27.86	C	-0.68	-16.84	-8.61	0.53	1.28	39.82	-19.20	-5.45	-17.72	19.01	50.42	427184.71	247988.44	-46989.80
178	3712	002592	ST 八菱	27.75	C	0.06	2.27	-6.97	0.45	1.17	45.39	-9.78	0.73	-14.00	150.67	281.98	121216.14	60928.99	-10258.34
179	3755	002434	万里扬	26.38	C	-0.57	-12.50	-6.29	0.51	1.13	46.57	-10.06	-9.73	-20.09	83.08	203.54	1000263.04	547500.65	-74947.02
180	3802	002355	兴民智通	24.93	C	-0.88	-25.07	-15.15	0.37	0.71	42.22	-10.74	-3.19	-25.93	35.49	86.34	328400.72	141848.36	-55697.69
181	3832	600733	北汽蓝谷	23.90	C	-1.30	-47.58	-10.76	0.21	0.32	70.10	-6.08	64.95	2.65	7.74	145.91	3908088.32	869682.61	-516987.96
182	3843	600166	福田汽车	23.72	C	-0.78	-39.02	-9.25	1.08	2.54	78.54	-18.85	-4.83	-32.12	13.53	79.88	4883053.83	5497386.92	-506083.82
183	3888	600699	均胜电子	22.06	C	-2.74	-28.28	-5.27	0.85	1.81	67.16	-2.70	-4.64	-13.43	-16.69	123.74	5132668.14	4567003.24	-453546.22
184	3926	600686	金龙汽车	20.64	C	-0.89	-12.99	-2.61	0.62	0.81	80.55	-4.69	10.46	-19.72	-15.82	50.12	2608465.01	1541841.59	-77604.67
185	3942	600213	亚星客车	19.97	C	0.01	10.29	2.19	0.27	0.29	97.19	0.83	-47.93	-14.94	4.18	65.88	319729.14	97856.36	-1727.41
186	3990	000957	中通客车	17.15	C	-0.37	-8.24	-2.16	0.45	0.55	74.09	-2.86	4.06	-7.66	-25.30	83.16	987535.97	458663.40	-21952.95
187	3993	000868	安凯客车	17.09	C	-0.36	-66.70	-5.33	0.40	0.58	91.29	-5.32	-45.38	-45.91	11.33	44.54	378451.16	178072.16	-28310.51
188	4008	300912	凯龙高科	16.07	C	-1.13	-11.13	-8.84	0.44	0.70	41.66	-80.99	-26.26	-12.68	-29.68	122.75	182693.33	82826.81	-12556.12
189	4020	300742	越博动力	15.57	C	-2.93	-94.43	-14.38	0.20	0.35	89.97	-3.62	-8.04	-64.88	65.23	150.83	138436.17	30673.59	-26046.86

第十章

电子与计算机行业上市公司业绩评价

近年来，电子和计算机行业以其高技术含量、高附加值特点越来越受到各个国家和市场的青睐，其中半导体、电子制造、计算机软件、IT 服务等领域已成为众多发达国家保持经济持续增长的最重要手段和拉动国民经济发展的强大动力，进而成为国民经济的基础性、战略性产业。2021 年是我国“十四五”规划的开局之年，在《“十四五”数字经济发展规划》等政策的推动下，电子和计算机行业总体运行态势平稳，盈利能力稳步改善。2021 年计算机行业股票指数表现与市场趋势变动差异不大，行业指数全年跌幅约 0.57%，表现为全年震荡的过程；电子行业则在下半年表现持续优于市场平均水平，行业指数全年总涨幅为 14.31%。2022 年，“东数西算”工程启动及相关鼓励政策的推动，为电子和计算机行业发展提供了重大机遇。

一、电子和计算机行业上市公司业绩评价结果

截至 2021 年末，电子和计算机行业全部上市公司共计 628 家，其中盈利 523 家，亏损 105 家，即有 83.28%的公司实现盈利，比 2020 年下降了 3.93%；电子和计算机行业上市公司总资产共计 54811.28 亿元，占全部上市公司总资产的 6.35%。

2021 年全国 4543 家上市公司共计实现营业收入 548446.24 亿元，其中 628 家电子和计算机行业上市公司实现营业收入 39789.02 亿元，占全部上市公司的 7.25%；全部上市公司共计实现净利润 28754.37 亿元，电子和计算机行业上市公司实现净利润 2546.84 亿元，占全部上市公司实现净利润的 8.86%。

2021 年电子行业整体评价结果略高于市场平均水平，其行业的综合评价分值为 65.54 分，比同年全部上市公司的综合评价分值（62.78 分）高 4.40%；计算机行业评价结果略低于市场平均水平，其行业的综合评价分值为 53.84 分，比同年全部上市公司的综合评价

分值（62.78 分）低 17.85%。628 家电子和计算机行业上市公司中有 9 家业绩评价综合得分进入 2021 年上市公司“中联价值 100”名单，分别为兆易创新（603986）、明微电子（688699）、圣邦股份（300661）、晶晨股份（688099）、传音控股（688036）、歌尔股份（002241）、海康威视（002415）、新洁能（605111）、三环集团（300408），排名分别为第 25 位、第 34 位、第 36 位、第 50 位、第 51 位、第 74 位、第 81 位、第 84 位、第 93 位。电子和计算机行业 628 家上市公司业绩评价等级如下：AA 的有 2 家，A 的有 13 家；BBB 的有 39 家，BB 的有 54 家，B 的有 78 家；CCC 的有 85 家，CC 的有 85 家，C 的有 201 家。2021 年电子和计算机行业评价得分前十名的公司见表 10-1。

表 10-1　2021 年度电子和计算机行业评价得分前十名的公司

序号	股票代码	股票简称	在 A 股上市公司中评价得分排序
1	603986	兆易创新	25
2	688699	明微电子	34
3	300661	圣邦股份	36
4	688099	晶晨股份	50
5	688036	传音控股	51
6	002241	歌尔股份	74
7	002415	海康威视	81
8	605111	新洁能	84
9	300408	三环集团	93
10	000725	京东方 A	113

基于对电子和计算机行业上市公司的整体评价，下面分别从财务效益状况、资产质量状况、偿债风险状况、发展能力状况、市场表现状况五个方面对电子和计算机行业上市公司进行具体分析。

（一）财务效益

从综合得分来看，2021 年电子行业上市公司财务效益状况得分略高于全部上市公司平均水平，计算机行业上市公司财务效益状况得分低于全部上市公司平均水平。

表 10-2 和表 10-3 分别列示了 2021 年电子和计算机行业上市公司财务效益状况评价结果。从基本指标来看，电子行业上市公司财务效益状况略高于全部上市公司平均水平，平均得分为 23.55 分，比全部上市公司平均分（20.98 分）高 2.57 分；计算机行业上市公司财务效益状况低于全部上市公司平均水平，平均得分为 16.18 分，比全部上市公司平均分低 4.80 分。有 292 家公司超过全国平均水平，其中得分为满分 35 分的有兆易创新、明微电子、圣邦股份、晶晨股份等 38 家公司。

从修正指标来看，电子行业得分为 25.03 分，略高于上市公司平均得分（23.08 分）。除盈利现金保障倍数外，扣非净资产收益率、总资产报酬率、营业利润率和股本收益率指标均高于上市公司平均水平。计算机行业得分为16.78分，低于上市公司的平均得分23.08分。扣除非经常性损益净资产收益率、总资产报酬率、盈利现金保障倍数、营业利润率和股本收益率等指标均低于上市公司平均水平。

表10-2 电子行业财务效益状况比较表

分析指标		2021年上市公司平均值	2021年行业值	2020年行业值	增长率（%）
基本指标	扣非净资产收益率（%）	7.51	9.42	5.25	79.43
	总资产报酬率（%）	5.47	7.48	5.32	40.60
	基本得分	20.98	23.55	20.32	15.90
修正指标	营业利润率（%）	6.79	8.19	5.22	56.90
	盈利现金保障倍数	1.75	1.27	2.35	-45.96
	股本收益率（%）	46.81	66.15	41.02	61.26
综合得分		23.08	25.03	22.41	11.69

表10-3 计算机行业财务效益状况比较表

分析指标		2021年上市公司平均值	2021年行业值	2020年行业值	增长率（%）
基本指标	扣非净资产收益率（%）	7.51	2.02	2.43	-16.87
	总资产报酬率（%）	5.47	3.25	3.74	-13.10
	基本得分	20.98	16.18	16.71	-3.17
修正指标	营业利润率（%）	6.79	3.94	4.65	-15.27
	盈利现金保障倍数	1.75	0.78	2.23	-65.02
	股本收益率（%）	46.81	15.03	16.95	-11.33
综合得分		23.08	16.78	18.58	-9.69

与2020年的情况相比较，2021年电子行业盈利现金保障倍数有所下降，扣非净资产收益率、总资产报酬率、营业利润率、股本收益率与上一年相比均有所改善，计算机行业各项指标与上一年相比均有所下降。其中电子行业扣非净资产收益率涨幅最高，为79.43%。整体来看，虽然2021年众多产业因新冠肺炎疫情的持续影响而受到严重冲击，但电子行业受惠于我国国产替代化进程深化等因素，行业景气度高涨。以明微电子为例，公司一直专注于数模混合及模拟集成电路领域，2021年实现营业收入12.51亿元，较上年同期增长138.21%；实现归属于上市公司股东的净利润6.47亿元，较上年同期增长492.35%。

（二）资产质量

从综合得分来看，电子行业上市公司资产质量状况平均得分为9.24分，略低于上市公司平均得分；计算机行业上市公司资产质量状况平均得分为 8.41 分，低于上市公司平均得分。

表 10-4 和 10-5 列示了电子和计算机行业上市公司资产质量状况评价结果。在电子和计算机行业上市公司资产质量状况指标中，万兴科技得分为满分 15 分，2021 年公司总资产周转率 0.79 次，流动资产周转率 1.62 次，应收账款周转率 35.1 次，存货周转率 260.4 次。公司销售模式主要为直销和经销，通过第三方支付平台及第三方电子商务平台进行收款，并按照约定的比例向第三方平台支付相应的费用。公司通过选择更具有竞争优势的第三方平台，缩短了结算周期，加快了资金回笼频率，使得公司资产质量在行业中保持了较高的水平。

表 10-4 电子行业资产质量状况比较表

分析指标		2021 年上市公司平均值	2021 年行业值	2020 年行业值	增长率（%）
基本指标	总资产周转率（次）	0.67	0.81	0.82	-1.22
	流动资产周转率（次）	1.25	1.49	1.51	-1.32
	基本得分	9.72	11.03	11.13	-0.90
修正指标	应收账款周转率（次）	8.97	5.41	4.99	8.42
	存货周转率（次）	3.07	5.73	6.29	-8.90
综合得分		9.27	9.24	9.66	-4.35

表 10-5 计算机行业资产质量状况比较表

分析指标		2021 年上市公司平均值	2021 年行业值	2020 年行业值	增长率（%）
基本指标	总资产周转率（次）	0.67	0.67	0.65	3.08
	流动资产周转率（次）	1.25	1.01	0.99	2.02
	基本得分	9.72	9.16	9.05	1.22
修正指标	应收账款周转率（次）	8.97	4.28	3.91	9.46
	存货周转率（次）	3.07	3.92	4.17	-6.00
综合得分		9.27	8.41	8.56	-1.75

与 2020 年相比较，2021 年电子和计算机行业上市公司总体上资产质量略有下降。与上市公司平均水平相比，行业存货周转率远远高于上市公司平均水平，这主要与电子和计算机行业高涨的市场需求和软件类非实体产品交付周期短的产品特性有关。

（三）偿债风险

从综合得分来看，2021 年电子和计算机行业上市公司偿债风险状况优于全部上市公司平均水平。

表 10-6 和 10-7 列示了电子和计算机行业上市公司偿债风险状况评价结果。在电子和

计算机行业上市公司偿债风险状况指标中，宏达电子获得了满分15分，兆易创新等14家上市公司取得接近满分的14.99分。基于电子和计算机行业的经营模式，行业在运营中保持了较高的速动比率，其中宏达电子和兆易创新2021年速动比率分别为520.22和598.00，大大高于行业平均水平。

表10-6　电子行业偿债风险状况比较表

分析指标		2021年上市公司平均值	2021年行业值	2020年行业值	增长率（%）
基本指标	资产负债率（%）	59.93	47.69	51.24	-6.93
	已获利息倍数	5.28	8.82	5.47	61.24
	基本得分	8.86	9.85	9.56	3.03
修正指标	速动比率（%）	83.33	126.09	121.85	3.48
	现金流动负债比率（%）	13.68	21.22	21.97	-3.41
	带息负债比率（%）	38.47	44.82	46.77	-4.17
综合得分		8.86	9.22	9.15	0.77

表10-7　计算机行业偿债风险状况比较表

分析指标		2021年上市公司平均值	2021年行业值	2020年行业值	增长率（%）
基本指标	资产负债率（%）	59.93	43.76	43.19	1.32
	已获利息倍数	5.28	4.75	5.01	-5.19
	基本得分	8.86	9.57	9.92	-3.53
修正指标	速动比率（%）	83.33	142.60	151.54	-5.90
	现金流动负债比率（%）	13.68	4.39	14.57	-69.87
	带息负债比率（%）	38.47	28.69	30.34	-5.44
综合得分		8.86	9.21	10.00	-7.90

与2020年相比较，2021年电子行业上市公司偿债风险状况平均得分略有上升，计算机行业上市公司偿债风险状况平均得分有所下降，行业的偿债风险状况明显优于全部上市公司平均水平。说明在电子和计算机行业扩展业务的过程中，各个公司对于营运资金的需求规模与公司经营业绩情况匹配较好。以宏达电子为例，2021年公司保持着较低的资产负债率和付息债务规模，同时业绩稳步上升，实现营业收入20亿元，较2020年度增长42.79%，实现利润总额10亿元，较2020年度增长70.24%，展现了公司良好的偿债能力。

（四）发展能力

从综合得分来看，2021年电子行业上市公司发展能力状况优于全部上市公司的平均水平，计算机行业上市公司发展能力状况低于全部上市公司的平均水平。

表10-8和10-9列示了电子和计算机行业上市公司发展能力状况评价结果。在电子和

计算机行业上市公司发展能力状况指标中，杉杉股份以 20 分排名第一。在国家“双碳”政策背景下，杉杉股份持续聚焦锂电池负极材料和偏光片两大业务的发展，受益于全球电动汽车的持续放量，锂电池需求强劲增长，公司负极产品订单需求远超供应能力。2021 年公司实现营业收入 206 亿元，同比增长 151.94%；实现归属于上市公司股东的净利润 33 亿元，同比增长 2320.00%，实现了在各业务领域的稳步发展。

表 10-8　电子行业发展能力状况比较表

分析指标		2021 年上市公司平均值	2021 年行业值	2020 年行业值	增长率（%）
基本指标	营业收入增长率（%）	22.02	16.20	12.83	26.27
	资本扩张率（%）	11.29	22.95	25.62	-10.42
	基本得分	12.09	13.16	15.39	-14.49
修正指标	累计保留盈余率（%）	41.52	31.54	28.59	10.32
	三年营业收入平均增长率（%）	11.08	11.86	11.30	4.96
	总资产增长率（%）	10.88	14.56	21.35	-31.80
	营业利润增长率（%）	26.49	82.48	32.19	156.23
综合得分		12.34	13.24	14.05	-5.77

表 10-9　计算机行业发展能力状况比较表

分析指标		2021 年上市公司平均值	2021 年行业值	2020 年行业值	增长率（%）
基本指标	营业收入增长率（%）	22.02	14.14	6.69	111.36
	资本扩张率（%）	11.29	8.74	12.71	-31.24
	基本得分	12.09	10.78	12.77	-15.58
修正指标	累计保留盈余率（%）	41.52	27.71	29.12	-4.84
	三年营业收入平均增长率（%）	11.08	10.44	11.89	-12.20
	总资产增长率（%）	10.88	9.91	11.91	-16.79
	营业利润增长率（%）	26.49	-6.49	-8.48	-23.47
综合得分		12.34	10.94	12.22	-10.47

与 2020 年相比，2021 年电子行业上市公司的营业收入增长率、营业利润增长率和累计保留盈余率情况均呈现明显拉升的态势，但资本扩张率和总资产增长率等指标有所下降，整体综合得分较 2020 年略有降低；计算机行业上市公司的各项指标除营业收入增长率外，资本扩张率、累计保留盈余率、总资产增长率和营业利润增长率等指标均呈现下降的趋势，整体综合得分较 2020 年略有下降。说明电子和计算机行业的资产规模增速正逐步趋于稳定，在信息安全、云计算、信息创新及国产替代等领域相关政策的推动下，行业保持了较高速的业绩增长趋势，为发展提供动力。

（五）市场表现

2021年，受新冠肺炎疫情以及国际间竞争加剧的影响，全球经济受到了严重冲击。回顾过去一年，我国证券市场在一季度末出现明显下跌，而后呈现为持续震荡的过程。电子行业上市公司上半年表现基本持平于市场平均水平，下半年表现明显优于市场平均水平，电子行业全年总涨幅达到14.31%；计算机行业上市公司全年表现基本接近于市场平均水平。同期电子和计算机行业市场走势具体情况见图10-1。

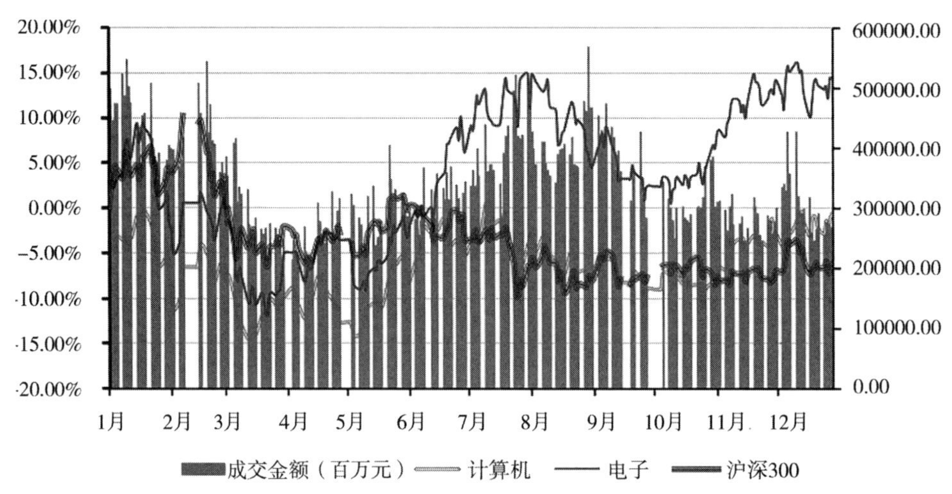

图10-1 2021年电子和计算机行业指数与大盘指数波动

从综合得分来看，电子行业上市公司市场表现状况基本持平于全部上市公司的平均水平，计算机行业上市公司市场表现状况低于全部上市公司的平均水平。

表10-10和10-11分别列示了电子和计算机行业上市公司市场表现状况评价结果。在电子和计算机行业上市公司市场表现状况指标评价中，新开普获得了最高分13.14分，三利谱、太龙股份等8家公司超过12分。以三利谱为例，该公司通过技术研发，打破了偏光片长期由日本、韩国和中国台湾企业垄断的局面，为公司在偏光片行业的进一步发展打下了坚实的基础，呈现了较好的市场表现。

表10-10 电子行业公司市场表现状况比较表

分析指标	2021年上市公司平均值	2021年行业值	2020年行业值	增长率（%）
市场投资回报率（%）	27.90	22.13	15.62	41.68
股价波动率（%）	108.84	112.71	103.19	9.23
得分	9.23	8.18	9.21	4.34

表 10-11 计算机行业公司市场表现状况比较表

分析指标	2021 年上市公司平均值	2021 年行业值	2020 年行业值	增长率（%）
市场投资回报率（%）	27.90	9.49	-0.29	-3372.41
股价波动率（%）	108.84	92.67	97.66	-5.11
得分	9.23	8.50	8.21	3.53

2021 年电子行业上市公司市场投资回报率为 22.13 %，略低于全部上市公司水平，计算机行业上市公司市场投资回报率为 9.49%，明显低于全部上市公司 27.90%的平均水平，但与上年行业平均水平相比呈现明显提升的趋势。2021 年，电子和计算机行业上市公司有 178 家市场投资回报率高于全部上市公司平均水平，其中最高的为国科微（323.46%）和凤凰光学（282.89%）。以国科微为例，国内信息化的快速发展与“东数西算”国家级工程的启动，给公司固态硬盘存储业务未来的增长奠定了良好的外部宏观经济环境基础，在物联网领域，随着我国北斗全球定位系统的组网完成及 22nm 多频多模导航定位芯片上市，公司物联网系列产品的运用将迎来快速增长，公司在物联网领域的发展潜力巨大。

二、2021 年度电子和计算机行业上市公司业绩影响因素分析

2021 年，我国电子和计算机行业面对新冠肺炎疫情和复杂的国际贸易局势，通过创新提效，正在加快从规模发展向高质量发展的转型升级，行业保持总体运行态势良好，盈利能力稳步改善，在经济社会发展中的支撑引领作用进一步增强。影响电子和计算机行业业绩的主要因素表现在以下几个方面。

（一）国产替代进程深化，带动电子行业市场规模持续增长

2021 年，在全球经济因新冠肺炎疫情受到严重冲击和中美贸易摩擦持续的背景下，我国为改变在芯片、材料等核心领域受外国掣肘的困境，积极探索自主创新，相关领域的国产化替代进程正在持续深化，推动了行业的蓬勃发展。根据工信部数据，2021 年电子信息制造业持续实现了营业收入和利润总额双增长的良好运行态势。全年规模以上电子信息制造业实现营业收入同比增长 14.7%，增速较上年提高 6.4 个百分点；利润总额同比增长 38.9%，增速同比提高 21.7 个百分点。以兆易创新为例，公司通过保持技术创新和市场研发，在存储器方面业务稳定增长，MCU 业务抓住智能化终端需求、市场紧缺和国产替代的时机，实现强劲增长，传感器业务市场占有率也有所提高，在市场需求的推动下，公司实现营业收入 85.10 亿元，同比增长 89.25%，归属于上市公司股东的净利润 23.37 亿元，同比增长 165.33%。

（二）产业政策推动计算机行业高质量发展，盈利能力稳步提升

2021 年，我国计算机行业持续恢复，逐步摆脱新冠肺炎疫情负面影响，呈现良好的发

展态势。行业收入规模继续保持较快增长速度，盈利能力稳步提升，软件业务出口保持增长，从业人员规模不断扩大。

以软件为例，根据工信部统计数据，2021 年我国软件和信息技术服务业规模以上企业超 4 万家，累计完成软件业务收入 94994 亿元，同比增长 17.7%。软件和信息技术服务业实现利润总额 11875 亿元，同比增长 7.6%。在行业政策重点支持的细分领域中，信息技术服务收入增速领先。2021 年，信息技术服务收入 60312 亿元，同比增长 20.0%，高出全行业水平 2.3 个百分点，占全行业收入比重为 63.5%。其中，云服务、大数据服务共实现收入 7768 亿元，同比增长 21.2%，占信息技术服务收入的 12.9%，占比较上年同期提高 4.6 个百分点。计算机行业整体盈利能力稳步提升。

（三）研发投入初现成果，带动行业整体收入规模明显提升

近年来，随着以大数据、云计算、人工智能为代表的新一代信息技术的兴起，网络安全事故也随着网络空间的延伸和复杂化变得愈发多样化，并由此带动了计算机相关行业的飞速发展。随着我国网络安全市场及业务的逐步成熟，持续的研发投入成果初显。

根据工信部数据，2021 年信息安全产品和服务收入实现了较快的增长速度，全年信息安全产品和服务实现收入 1825 亿元，同比增长 13.0%，增速较上年同期提高 3 个百分点。以启明星辰为例，公司在 2021 年研发及营销费用较上年同期增长 35.38 %，通过持续研发投入布局新业务，在数据安全 2.0 和 3.0、安全运营中心、工业互联网安全和云安全新业务板块，实现营业收入 15.54 亿元，较上年同期增长 48%，在 EDR（终端检测与响应）、全流量检测、欺骗防御、信创产品、攻击面管理等新赛道产品营业收入均实现 300%以上的增长。

（四）疫情打破供需平衡，带动半导体行业大幅增长

在新冠肺炎疫情持续影响的背景下，2021 年在线需求激增与车用芯片供需错配推动了半导体行业的快速增长。在需求端，在线需求的增加导致个人电脑销售量激增。根据 IDC 数据，2020 年全球 PC 出货量为 3.04 亿台，2021 年则快速增长至 3.49 亿台，同比增长 14.8%；汽车销量的快速恢复超出制造厂商的库存规划，从而带来补库存的相关需求。在供给端，更趋谨慎的资本开支计划、运输与物流的停摆和 8 寸晶圆厂新增产能有限等因素共同导致了 2021 年半导体行业供需的失衡。

根据 SIA（半导体行业协会）2022 年 2 月发布的报告称，2021 年全球半导体行业销售额达 5559 亿美元，创下历史新高。这一数据与 2020 年的 4404 亿美元相比增长了 26.2%，是自 2010 年以来最大增幅。强劲的市场需求驱动了半导体行业上市公司业绩的明显增长。以圣邦股份为例，公司的主营业务属于半导体行业中的集成电路设计行业。公司在 2021 年实现了营业收入 22.38 亿元，同比增长 87.07%，实现净利润 6.89 亿元，同比增长 142.95%，经营业绩增长显著。

三、2022 年电子和计算机行业业绩前景分析

2022 年，是我国“十四五”规划的关键之年，在《“十四五”数字经济发展规划》等政策及“东数西算”工程启动的推动下，随着人工智能和云计算等新兴技术的全面应用，我国电子和计算机行业将通过与其他各行业的融合创新，成为我国驱动经济持续增长的新引擎。

（一）《“十四五”数字经济发展规划》推动各行业加快数字化转型升级

2022 年 1 月 12 日，国务院发布《“十四五”数字经济发展规划》（以下简称《规划》），1 月 15 日习近平总书记在《求是》杂志上发表重要文章《不断做强做优做大我国数字经济》，两文重磅齐发，将数字经济提升到了极高的战略位置，数字经济已经成为各行业未来发展的核心主题之一。《规划》确立了数字经济的远期目标：到 2025 年数字经济核心产业增加占比提升至 10%；软件和信息技术产业规模达 14 万亿元，CAGR 为 11.4%；工业互联网平台普及率达 45%，当前为 14.7%；在线政务服务实名用户数到 8 亿人，较 2020 年翻倍。

（二）“东数西算”工程全面启动，加快推进数字经济新基建

2022 年 2 月，国家发展改革委、中央网信办、工业和信息化部、国家能源局近日联合印发文件，同意在京津冀、长三角、粤港澳大湾区、成渝、内蒙古、贵州、甘肃、宁夏启动建设国家算力枢纽节点，并规划了张家口集群等 10 个国家数据中心集群。至此，全国一体化大数据中心体系完成总体布局设计，“东数西算”工程正式全面启动。

作为围绕算力展开的国家级工程，“东数西算”通过构建数据中心、云计算、大数据一体化的新型算力网络体系，将东部算力需求有序引导到西部，优化数据中心建设布局，促进东西部协同发展。西部地区的优势在于可再生能源丰富，具备发展数据中心潜力。未来，通过八地算力枢纽的建立，确立差异性定位完成全国范围计算资源规划；在算力枢纽基础上建立 10 个国家数据中心集群，单个集群内进行大型、超大型数据中心建设，能够有效降低数据绕转延时与传输费用，保障数据的能源供给，协调安排能耗指标。“东数西算”可以实现优化算力，提升我国数据国际竞争力；打通数字动脉，推动东西部协调发展；高度契合“双碳”目标助推数字经济绿色可持续发展。工程将加大政策支持力度，提升整体算力规模和效率，带动未来上下游产业发展。

（三）人工智能产业化落地持续加速，赋能各行业降本增效

近年来，随着资本的助力、政策的驱动、技术的投入，人工智能领域中数据、硬件、算法都产生了巨大飞跃，成了人工智能拐点的催化剂，推动业务的飞跃发展。同时，人工智能企业基于人脸识别、温度识别、动态追踪等技术，为制造业、旅游业、金融行业等各

行各业提供了智慧化解决方案，可以有效降本增效。未来，人工智能将通过与其他各行业的融合创新，成为驱动产业升级和持续发展的新引擎。

以海康威视为例，制造企业通过与海康威视合作，实现了 AR 数字车间，助力智能生产，实时监测上下料情况、计划数据、产出数据来帮助企业优化空间。此外，在港口建设场景中，为用户实现多片区联网互通，统一管理；在小区智能化联网场景中，一套系统打通视频监控和网络设备运维，精简管理界面，节省用户投资；在企业园区场景中，帮助用户快速发现定位监控问题，疏通网络，为企业用户实现运维降本，管理提效。

（四）我国云计算行业发展阶段仍处于初期，发展潜力巨大

随着我国企业上云步伐加速，云计算公司无论是 IaaS（基础设施即服务）层的基础计算提供商抑或 SaaS（软件即服务）的应用层企业的业务规模及需求均呈现持续增长态势，但渗透率水平相对较低。根据行业研究，在美国云计算产业细分领域中，SaaS 占比已经达到 58%，而国内云计算产业中 SaaS 占比仅 28%；从另一个角度看，美国 SaaS 在 IT 投入中占比 2020 年达到 5.4%，而国内仅 1.3%。

在行业应用方面，在疫情刺激下，视频、游戏、电商等带动的互联网行业推动了公有云服务市场的快速增长；政府、医疗、教育、制造、服务等非互联网行业也意识到云计算对于业务数字化转型的重要作用，将加速推动云计算的全面应用，推动我国整体云计算渗透的快速提升。根据艾媒咨询数据，全球 2023 年云计算业务有望达到 3596 亿美元，2021—2023 年复合增速有望达到 17%。根据中国互联网协会数据，到 2023 年国内整体市场规模有望达到 3754 亿元，2021—2023 年复合增速 28%。云计算行业具有广阔的发展潜力。

附表 2021 年度电子和计算机行业上市公司业绩评价结果排序表

序号	A股上市公司评价得分排序	股票代码	股票简称	综合得分	评价等级	每股收益（元）	总资产报酬率（%）	净资产收益率（%）	总资产周转率（次）	流动资产周转率（次）	资产负债率（%）	已获利息倍数	营业收入增长率（%）	资本扩张率（%）	市场投资回报率（%）	股价波动率（%）	年末资产总额（万元）	营业收入（万元）	净利润（万元）
1	25	603986	兆易创新	80. 88	AA	3. 54	18. 65	18. 40	0. 63	0. 86	12. 55	428. 76	89. 25	26. 08	21. 93	109. 66	1541837. 08	851022. 35	233679. 35
2	34	688699	明微电子	80. 24	AA	8. 70	45. 55	45. 15	0. 81	0. 98	10. 54	922. 62	138. 21	55. 45	192. 85	366. 52	188671. 55	125120. 2	64724. 46
3	36	300661	圣邦股份	79. 93	A	2. 98	30. 17	32. 67	0. 91	1. 27	21. 14	332. 15	87. 07	60. 46	74. 83	220. 36	304898. 88	223840. 2	68896. 14
4	50	688099	晶晨股份	78. 93	A	1. 97	19. 38	21. 45	1. 09	1. 31	22. 72	1261. 29	74. 46	33. 67	68. 38	108. 41	505645. 12	477707. 49	82790. 67
5	51	688036	传音控股	78. 93	A	4. 88	16. 76	25. 35	1. 72	1. 98	55. 31	130. 60	30. 75	33. 79	7. 35	97. 91	3145925. 75	4941190. 17	391156. 72
6	74	002241	歌尔股份	77. 81	A	1. 29	8. 75	16. 22	1. 42	2. 47	54. 27	22. 58	35. 47	41. 54	38. 40	134. 46	6107905. 11	7822141. 86	430706. 65
7	81	002415	海康威视	77. 41	A	1. 81	19. 44	28. 62	0. 85	1. 01	37. 04	75. 05	28. 21	20. 03	-7. 61	59. 95	10386454. 32	8142005. 35	1751072. 12
8	84	605111	新洁能	77. 36	A	2. 90	28. 60	29. 87	0. 91	1. 09	18. 83	0. 00	56. 89	31. 93	32. 08	136. 74	188525. 21	149827. 13	41046. 18
9	93	300408	三环集团	77. 10	A	1. 10	14. 91	13. 56	0. 40	0. 59	13. 04	410. 80	55. 69	49. 73	22. 34	58. 25	1862004. 92	621804. 2	201331. 2
10	113	000725	京东方 A	76. 42	A	0. 71	9. 12	14. 62	0. 50	1. 51	51. 78	7. 63	61. 79	25. 07	-20. 20	77. 86	44972698. 04	21930979. 95	3043166. 9
11	124	688368	晶丰明源	76. 07	A	10. 95	35. 10	38. 44	1. 05	1. 28	31. 07	70. 46	108. 75	49. 39	100. 14	224. 13	276643. 57	230234. 82	71083. 73
12	127	000100	TCL 科技	75. 98	A	0. 75	7. 66	13. 68	0. 58	2. 14	61. 25	5. 26	113. 28	32. 85	-16. 23	106. 33	30873313. 2	16354056	1495896. 8
13	129	300782	卓胜微	75. 93	A	6. 42	41. 86	37. 69	0. 80	1. 21	9. 63	14601. 78	65. 95	187. 87	-6. 64	96. 60	844784. 61	463357. 09	213470. 41
14	132	002636	金安国纪	75. 84	A	0. 95	12. 99	19. 66	0. 97	1. 43	46. 62	225. 68	63. 33	25. 68	76. 79	161. 92	686520. 62	589117. 28	70100. 82
15	147	688396	华润微	75. 18	A	1. 76	12. 30	14. 26	0. 48	0. 72	21. 14	85. 88	32. 56	48. 30	2. 71	110. 50	2219120. 96	924920. 28	225779. 82
16	157	603893	瑞芯微	74. 92	BBB	1. 45	19. 95	17. 43	0. 89	1. 04	15. 63	405. 93	45. 90	26. 09	96. 81	233. 95	337870. 79	271860. 21	60177. 85
17	165	688536	思瑞浦	74. 73	BBB	5. 54	14. 60	12. 84	0. 43	0. 45	7. 74	762. 61	134. 06	23. 39	98. 52	184. 61	344192. 47	132594. 89	44353. 56
18	170	603501	韦尔股份	74. 58	BBB	5. 16	19. 78	29. 27	0. 88	1. 41	49. 18	13. 19	21. 59	41. 47	16. 95	61. 08	3207992. 75	2410350. 96	454588. 13
19	177	002049	紫光国微	74. 35	BBB	3. 22	23. 22	29. 79	0. 56	0. 76	37. 10	40. 30	63. 35	46. 77	60. 01	197. 01	1159224. 83	534211. 51	198399. 23
20	181	600884	杉杉股份	74. 27	BBB	2. 04	16. 38	12. 72	0. 64	1. 39	51. 97	8. 37	151. 94	39. 14	103. 93	261. 02	4028846. 9	2069938. 26	357032. 64
21	185	603738	泰晶科技	74. 25	BBB	1. 35	17. 14	19. 32	0. 71	1. 37	21. 06	25. 41	96. 64	85. 92	203. 79	297. 69	211324. 31	124065. 45	24880. 01
22	190	300458	全志科技	74. 04	BBB	1. 50	16. 23	14. 14	0. 66	0. 84	19. 55	818. 26	37. 19	19. 68	102. 48	257. 02	348634. 37	206535. 68	49445. 88

续 表

序号	A股上市公司评价得分排序	股票代码	股票简称	综合得分	评价等级	每股收益（元）	总资产报酬率（%）	净资产收益率（%）	总资产周转率（次）	流动资产周转率（次）	资产负债率（%）	已获利息倍数	营业收入增长率（%）	资本扩张率（%）	市场投资回报率（%）	股价波动率（%）	年末资产总额（万元）	营业收入（万元）	净利润（万元）
23	193	002475	立讯精密	73.99	BBB	1.01	9.23	17.64	1.62	2.66	62.03	13.41	66.43	48.13	-17.81	116.35	12057209.82	15394609.78	782061.03
24	194	600563	法拉电子	73.96	BBB	3.69	23.68	23.28	0.68	0.88	24.73	227.38	48.66	18.78	120.72	227.42	464157.88	281055.62	84435.18
25	212	300726	宏达电子	73.62	BBB	2.04	26.70	25.91	0.51	0.63	18.07	1482.49	42.79	82.43	32.14	95.53	490793.2	200035.01	89079.87
26	231	300671	富满微	73.18	BBB	2.23	22.32	23.72	0.59	0.76	19.34	30.43	63.82	129.99	154.27	382.59	296484.58	136991.71	45270.87
27	233	300373	扬杰科技	73.17	BBB	1.51	16.63	18.59	0.77	1.45	29.22	83.87	68.00	74.12	40.37	136.47	739374.85	439659.35	82551.36
28	234	300687	赛意信息	73.16	BBB	0.63	10.48	11.70	0.77	1.18	21.39	11.15	39.68	89.01	96.44	141.30	300601.48	193493.25	22805.93
29	237	300852	四会富仕	73.08	BBB	1.81	17.11	17.95	0.86	1.37	24.48	1147.20	61.44	18.40	27.52	99.06	137688.19	104969.14	18424.42
30	254	600460	士兰微	72.75	BBB	1.13	16.30	15.42	0.61	1.28	48.51	9.82	68.07	57.72	86.08	243.09	1380636.27	719414.82	151800.16
31	265	000733	振华科技	72.51	BBB	2.89	18.01	20.69	0.56	0.81	33.14	36.87	43.20	24.53	110.36	235.37	1112276.89	565597.18	149696.49
32	267	688188	柏楚电子	72.50	BBB	5.49	21.31	19.75	0.32	0.35	4.75	1956.13	60.02	20.23	37.20	135.52	314859.76	91343.97	54892.69
33	269	600845	宝信软件	72.43	BBB	1.22	12.69	21.12	0.74	0.96	46.23	168.70	23.55	27.83	25.15	135.19	1786016.92	1175936.15	190876.72
34	275	600171	上海贝岭	72.36	BBB	1.04	17.99	11.11	0.47	0.85	14.57	466.69	51.95	19.63	84.52	244.63	466026.31	202433.46	73755.09
35	290	300223	北京君正	72.09	BBB	1.97	9.21	9.59	0.52	1.07	8.93	1167.79	143.07	25.56	64.83	245.59	1133502.62	527405.91	92137.1
36	302	688508	芯朋微	71.83	BBB	1.78	13.99	10.82	0.50	0.56	7.29	0.00	75.44	17.37	41.72	183.56	163443.69	75317.1	20113.75
37	308	688233	神工股份	71.76	BBB	1.37	17.87	16.31	0.33	0.49	5.03	566.05	146.69	16.70	107.37	257.49	148908.57	47389.01	21844.25
38	313	300327	中颖电子	71.69	BBB	1.2	26.26	30.04	0.99	1.30	22.07	753.04	47.58	23.61	131.73	187.40	170530.33	149390.77	37065.57
39	332	600707	彩虹股份	71.41	BBB	0.74	8.77	11.80	0.36	1.27	47.94	5.68	45.23	13.52	13.64	128.58	4314832.78	1517362.96	267459.48
40	333	600183	生益科技	71.41	BBB	1.23	16.12	20.57	0.95	1.66	39.15	24.76	38.04	39.68	-17.95	52.37	2443116.45	2027426.3	292460.05
41	335	002312	川发龙蟒	71.34	BBB	0.63	15.72	12.59	0.79	2.44	27.70	50.72	28.28	78.91	125.91	241.46	949354.07	664476.43	101630.7
42	371	300390	天华超净	70.72	BBB	1.59	34.30	43.25	0.78	1.61	35.03	51.06	158.73	173.38	236.15	390.59	625569.2	339755.79	125104.29
43	372	002008	大族激光	70.72	BBB	1.9	10.20	16.29	0.67	0.97	55.64	14.81	36.76	19.38	14.58	80.81	2718055.97	1633233.55	208014.87
44	379	600570	恒生电子	70.67	BBB	1.01	13.79	17.30	0.50	1.09	48.55	144.68	31.73	23.37	-12.47	60.67	1207990.83	549657.86	149012.87

续 表

序号	A股上市公司评价得分排序	股票代码	股票简称	综合得分	评价等级	每股收益（元）	总资产报酬率（%）	净资产收益率（%）	总资产周转率（次）	流动资产周转率（次）	资产负债率（%）	已获利息倍数	营业收入增长率（%）	资本扩张率（%）	市场投资回报率（%）	股价波动率（%）	年末资产总额（万元）	营业收入（万元）	净利润（万元）
45	382	002185	华天科技	70.65	BBB	0.50	8.44	9.48	0.49	1.38	40.07	11.18	44.32	54.52	-9.59	52.30	2997435.16	1209679.33	171832.75
46	385	002920	德赛西威	70.61	BBB	1.51	9.80	16.30	1.08	1.44	46.64	130.02	40.75	16.66	61.19	122.56	1015155.56	956943.45	83184.19
47	386	603290	斯达半导	70.59	BBB	2.48	13.17	12.32	0.49	0.59	9.51	133.97	77.22	331.99	44.98	221.24	552204.76	170664.32	39940.41
48	404	603297	永新光学	70.38	BBB	2.39	19.31	11.72	0.50	0.71	13.81	141.57	37.94	17.42	198.55	239.22	171432.84	79509.33	26103.97
49	405	600584	长电科技	70.37	BBB	1.72	10.03	14.46	0.88	2.67	43.39	11.13	15.26	56.60	-26.10	75.66	3709861.89	3050241.79	296025.94
50	406	300650	太龙股份	70.36	BBB	1.06	8.15	14.23	2.39	4.08	52.33	9.96	336.80	94.16	89.29	129.25	234534.6	494756.03	12881.14
51	409	002649	博彦科技	70.35	BBB	0.75	10.81	11.03	1.16	1.69	25.40	14.44	28.36	20.94	42.51	73.02	502828.83	553244.88	41728.71
52	417	002236	大华股份	70.22	BBB	1.15	8.84	14.14	0.81	1.05	45.14	36.82	24.07	19.63	0.15	44.79	4405587.2	3283547.93	341154.66
53	429	603005	晶方科技	70.10	BBB	1.41	14.34	12.97	0.34	0.55	11.58	0.00	27.88	17.26	-7.96	82.89	446203	141117.39	57872.17
54	430	300525	博思软件	70.09	BBB	0.58	12.50	14.01	0.67	0.98	26.23	35.19	37.65	22.24	18.31	55.30	252832.81	156410.37	25434.93
55	441	600271	航天信息	69.86	BB	0.55	12.19	15.77	1.00	1.41	26.48	18.19	7.81	6.05	1.28	42.54	2280442.13	2351554.42	224439.14
56	442	002138	顺络电子	69.84	BB	0.98	11.50	14.04	0.53	1.44	39.95	18.73	31.66	18.21	48.87	69.95	974116	457731.75	84990.81
57	449	002180	纳思达	69.79	BB	0.98	6.36	7.14	0.56	1.38	57.84	4.37	16.37	50.95	87.65	159.65	4358506.26	2279165.85	159646.59
58	481	603039	泛微网络	69.35	BB	1.20	10.95	12.82	0.66	0.79	44.34	0.00	35.11	39.55	-10.76	58.09	337671.32	200286.32	30869.87
59	490	300623	捷捷微电	69.23	BB	0.68	13.16	14.15	0.41	0.72	31.40	512.49	75.37	57.55	-2.75	82.60	572648.9	177280.09	49249.49
60	494	601138	工业富联	69.16	BB	1.01	9.27	16.64	1.79	1.91	55.18	46.32	1.80	14.85	-14.46	57.02	26660877.5	43955719.5	2002473.6
61	495	603380	易德龙	69.15	BB	1.42	16.73	20.18	1.11	1.55	36.52	122.36	35.88	14.99	105.30	183.58	178007.22	175157.07	23095.62
62	505	002925	盈趣科技	68.94	BB	1.40	16.26	18.75	0.89	1.19	32.08	77.55	32.97	15.35	-2.72	66.81	833948.43	706097.06	112559.87
63	510	300768	迪普科技	68.85	BB	0.76	10.81	11.53	0.34	0.37	11.92	156.07	15.59	66.23	15.05	58.87	363287.37	103025.45	30926.9
64	512	002913	奥士康	68.82	BB	3.17	9.09	13.89	0.75	1.48	52.48	40.04	52.38	27.98	44.44	141.00	741396.31	443547.44	49016.01
65	514	603931	格林达	68.81	BB	0.99	12.22	10.90	0.59	0.81	12.66	4273.01	33.60	10.35	20.71	78.71	139577.31	77961.89	14054.32
66	539	002222	福晶科技	68.51	BB	0.45	17.08	15.76	0.54	0.92	8.71	4584.11	26.03	13.91	39.40	84.85	137764.49	68870.04	19724.43

续 表

序号	A股上市公司评价得分排序	股票代码	股票简称	综合得分	评价等级	每股收益（元）	总资产报酬率（%）	净资产收益率（%）	总资产周转率（次）	流动资产周转率（次）	资产负债率（%）	已获利息倍数	营业收入增长率（%）	资本扩张率（%）	市场投资回报率（%）	股价波动率（%）	年末资产总额（万元）	营业收入（万元）	净利润（万元）
67	557	688519	南亚新材	68.34	BB	1.70	10.61	13.04	0.97	1.23	42.83	83.20	98.39	11.61	76.87	159.96	506219.04	420711.96	39932.66
68	574	688595	芯海科技	68.08	BB	0.95	8.59	11.18	0.62	0.80	11.62	64.10	81.67	15.30	112.84	215.71	111817.66	65908.12	9560.99
69	577	300613	富瀚微	68.05	BB	3.03	19.39	20.92	0.79	1.18	28.05	26.73	181.36	56.83	105.94	221.63	291033.06	171700.3	38213.25
70	594	688093	世华科技	67.85	BB	1.07	17.09	12.55	0.34	0.78	6.80	50026.70	29.32	14.27	41.60	168.12	133887.77	42540.49	18428.13
71	599	300773	拉卡拉	67.79	BB	1.38	10.34	18.33	0.56	0.79	59.23	612.18	18.69	-7.66	-0.84	63.83	1175092.99	659603	108152.21
72	608	002410	广联达	67.71	BB	0.56	7.82	11.05	0.57	1.06	37.69	42.73	40.92	-4.35	-18.51	72.56	1006762.61	556221.64	71868.01
73	611	300508	维宏股份	67.67	BB	0.65	8.72	8.20	0.56	1.11	26.28	201.01	97.61	10.30	88.33	304.59	83687.21	41348.75	5870.43
74	613	688568	中科星图	67.64	BB	1	13.01	12.63	0.51	0.55	37.41	144.16	48.03	18.44	53.49	125.46	236313.86	103994.73	24227.4
75	625	002938	鹏鼎控股	67.51	BB	1.43	11.21	13.68	0.97	2.03	33.00	126.82	11.60	10.45	-13.35	97.42	3554145.76	3331484.92	331601.41
76	636	603989	艾华集团	67.41	BB	1.22	12.51	12.86	0.68	0.94	40.92	20.08	28.51	14.61	79.30	123.03	523176.31	323409.57	48998.53
77	646	600667	太极实业	67.32	BB	0.43	5.63	11.75	1.04	1.66	65.15	7.41	36.10	7.29	-11.62	47.90	2505614.87	2428908.15	100819.83
78	647	300319	麦捷科技	67.31	BB	0.39	7.67	9.18	0.70	1.30	32.68	18.39	42.47	76.83	75.67	191.32	569013.35	331835.71	31580.06
79	649	002916	深南电路	67.27	BB	3.02	11.04	15.93	0.91	2.11	49.26	18.77	20.19	14.45	-6.38	98.82	1679229.11	1394252.19	148085.17
80	653	300682	朗新科技	67.23	BB	0.83	10.93	11.85	0.56	0.79	26.26	36.64	36.98	16.85	154.98	281.98	884978.73	463944.95	84186.88
81	657	688111	金山办公	67.18	BB	2.26	11.88	11.83	0.35	0.39	25.37	190.05	45.07	12.91	-33.58	131.36	1042566.94	328005.88	106895.17
82	658	603228	景旺电子	67.18	BB	1.11	7.93	11.71	0.72	1.33	47.84	185.46	34.95	10.72	16.25	57.79	1434183.11	953242.25	93061.74
83	659	002230	科大讯飞	67.17	BB	0.7	5.56	6.82	0.65	1.08	44.78	23.75	40.61	33.65	22.38	73.43	3139403.78	1831360.56	161071.83
84	660	002841	视源股份	67.16	BB	2.61	13.70	18.58	1.51	2.75	44.99	29.54	23.91	16.53	-26.93	160.58	1550776.6	2122571.18	170349.38
85	663	002815	崇达技术	67.15	BB	0.63	9.32	12.74	0.73	1.57	45.41	11.72	37.27	9.12	23.75	93.01	869415.43	599576.95	61178.86
86	678	688135	利扬芯片	67.05	BB	0.78	9.82	9.04	0.33	0.90	16.61	65.37	54.73	7.61	4.13	103.82	126004.43	39119.81	10584.19
87	685	688181	八亿时空	66.91	BB	2.14	12.12	9.85	0.43	0.58	14.89	103.99	36.71	8.83	-7.85	48.10	215789.42	88678.39	20670.76
88	696	603383	顶点软件	66.80	BB	0.82	9.52	10.37	0.32	0.36	22.65	2243.44	43.68	6.57	27.53	95.82	163123.23	50293.09	13939.09

续 表

序号	A股上市公司评价得分排序	股票代码	股票简称	综合得分	评价等级	每股收益（元）	总资产报酬率（%）	净资产收益率（%）	总资产周转率（次）	流动资产周转率（次）	资产负债率（%）	已获利息倍数	营业收入增长率（%）	资本扩张率（%）	市场投资回报率（%）	股价波动率（%）	年末资产总额（万元）	营业收入（万元）	净利润（万元）
89	702	603927	中科软	66.74	BB	0.97	9.25	22.65	0.97	1.02	61.98	322.65	8.65	15.12	−2.44	45.41	688174.6	628148.71	57747.77
90	706	002859	洁美科技	66.66	BB	0.96	12.63	18.88	0.51	1.11	47.13	21.03	30.58	13.04	47.09	70.75	403896.79	186140.38	38895.14
91	709	002724	海洋王	66.65	BB	0.5	13.49	13.32	0.59	0.89	17.19	607.91	23.96	12.72	136.48	242.58	379286.8	211261.77	42423.28
92	720	300916	朗特智能	66.52	BB	2.21	13.68	13.58	0.81	0.88	25.78	66.37	23.97	15.29	−9.89	37.86	129444.81	96003.06	14093.34
93	731	600571	信雅达	66.42	BB	0.66	22.04	4.14	0.84	1.04	31.86	3496.17	21.38	29.13	75.55	128.53	198524.14	153695.22	33536.42
94	745	300556	丝路视觉	66.31	BB	0.62	5.66	8.65	0.95	1.24	53.21	18.25	38.31	28.80	65.91	158.48	168518.48	138893.23	7104.41
95	754	002402	和而泰	66.24	BB	0.61	10.29	15.02	0.90	1.44	44.74	34.58	28.30	19.50	57.77	74.83	714255.98	598584.7	62089.44
96	776	003026	中晶科技	66.02	BB	1.32	15.45	16.37	0.42	0.62	29.18	147.89	60.13	18.32	−1.41	81.26	124864.82	43696.31	13839.49
97	777	002876	三利谱	66.01	BB	1.94	11.41	16.02	0.64	1.03	44.33	12.24	20.94	16.13	93.67	106.97	386813.83	230396.22	35375.69
98	779	300496	中科创达	65.99	BB	1.53	10.36	11.58	0.64	1.06	27.31	32.66	57.04	19.93	12.73	67.54	723862.11	412674.25	63017.64
99	783	002777	久远银海	65.95	BB	0.7	10.95	14.88	0.56	0.69	36.31	452.88	13.21	13.14	43.91	81.35	243418.81	130590.72	23302.36
100	784	603327	福蓉科技	65.95	BB	0.73	19.56	18.26	1.09	1.71	8.30	187.68	16.71	10.25	−5.85	61.29	179663.87	193064.19	29321.96
101	789	300672	国科微	65.90	BB	1.63	9.18	18.64	0.72	1.29	57.05	12.57	217.66	21.15	323.46	375.07	347901.98	232189.72	29224.9
102	790	300747	锐科激光	65.90	BB	1.1	12.98	15.42	0.79	1.01	36.39	66.74	47.18	15.83	−0.14	67.31	485369.7	340957.97	50200.03
103	813	002937	兴瑞科技	65.67	BB	0.38	9.10	9.94	0.93	1.33	26.18	444.95	20.32	5.62	59.62	128.85	143368.77	125182.77	11341.02
104	818	002273	水晶光电	65.62	BB	0.34	5.77	5.41	0.44	0.95	14.62	142.85	18.18	41.27	51.85	119.42	983512.87	380938.21	46122.04
105	823	300476	胜宏科技	65.57	BB	0.86	7.16	12.33	0.64	1.50	53.42	9.06	32.72	68.03	22.86	100.27	1346121	743201.46	67042.47
106	832	300701	森霸传感	65.50	BB	0.7	18.71	12.66	0.40	0.52	10.04	265.06	−9.62	9.67	−0.84	64.60	82657.15	31134.91	12557.59
107	840	688018	乐鑫科技	65.42	BB	2.48	10.56	9.97	0.70	0.74	14.37	343.20	66.77	11.08	39.02	194.08	212905.61	138637.15	19842.77
108	870	000636	风华高科	65.07	BB	1.05	11.27	11.95	0.52	1.36	34.61	42.58	16.69	16.79	−1.83	67.41	1082758.25	505505.99	95090.22
109	898	300790	宇瞳光学	64.86	B	1.15	9.57	16.07	0.67	1.37	52.49	13.33	40.11	27.54	154.15	232.89	344259.52	206173.89	24266.03
110	902	688299	长阳科技	64.82	B	0.66	8.69	9.31	0.56	0.95	20.05	430.17	24.08	13.61	33.70	107.32	248650.46	129668.81	18678.66

续 表

序号	A股上市公司评价得分排序	股票代码	股票简称	综合得分	评价等级	每股收益（元）	总资产报酬率（%）	净资产收益率（%）	总资产周转率（次）	流动资产周转率（次）	资产负债率（%）	已获利息倍数	营业收入增长率（%）	资本扩张率（%）	市场投资回报率（%）	股价波动率（%）	年末资产总额（万元）	营业收入（万元）	净利润（万元）
111	903	002106	莱宝高科	64.82	B	0.7	7.80	10.00	1.21	1.53	28.34	0.00	13.79	5.88	2.05	45.95	653202.43	768230.45	49250.79
112	908	002439	启明星辰	64.79	B	0.93	10.89	12.02	0.51	0.68	24.60	225.79	20.27	12.32	-3.20	48.88	893637.19	438603.08	86275.5
113	910	002351	漫步者	64.77	B	0.35	14.55	11.72	0.87	1.12	16.48	903.96	19.10	8.00	-10.17	71.37	267590.13	230366.79	32738.01
114	924	300909	汇创达	64.66	B	1.48	11.21	11.50	0.55	0.80	20.50	40.61	35.90	13.20	-7.54	47.37	160901.69	82720.46	14902.62
115	926	300674	宇信科技	64.65	B	0.61	10.14	14.11	0.88	1.07	37.86	151.97	24.97	17.65	18.85	61.00	445254.8	372620.45	39524.62
116	929	605358	立昂微	64.61	B	1.46	8.49	11.27	0.27	0.53	34.39	6.57	69.17	227.99	3.36	166.95	1256063.14	254091.62	62223.33
117	939	688055	龙腾光电	64.50	B	0.27	16.06	20.81	0.89	1.97	36.02	167.02	30.81	23.38	-14.89	48.77	723681.02	573295.41	91059.38
118	950	603186	华正新材	64.44	B	1.68	7.35	11.04	0.85	1.50	67.22	5.91	58.47	13.97	38.15	78.41	509752.11	361968.56	24021.83
119	961	688369	致远互联	64.35	B	1.67	7.28	9.10	0.53	0.58	30.11	58.31	35.10	9.27	0.39	55.97	207002.01	103122.93	13447.44
120	973	300379	东方通	64.25	B	0.55	10.28	10.27	0.34	0.80	15.49	270.31	34.80	10.93	10.41	94.11	268067.64	86316.07	24810.33
121	974	300679	电连技术	64.24	B	0.88	8.22	9.03	0.61	0.87	31.21	21.56	25.20	11.65	143.19	237.30	593247.42	324572.04	37931.11
122	990	600850	电科数字	64.12	B	0.76	4.27	11.10	1.00	1.05	67.47	70.84	10.24	7.92	28.55	111.44	962016.51	896177.69	34546.91
123	991	605118	力鼎光电	64.11	B	0.36	12.38	10.64	0.38	0.55	14.25	0.00	20.14	8.01	14.77	46.85	141779.06	50104.52	14584.42
124	995	300088	长信科技	64.04	B	0.37	10.15	11.36	0.65	1.73	29.86	37.88	2.55	13.39	52.49	141.02	1156272.14	701842.55	93293.38
125	998	002414	高德红外	64.03	B	0.48	14.96	17.77	0.45	0.62	17.98	119.48	4.98	74.48	-31.83	76.65	925938.76	349968.02	111177.15
126	1003	688008	澜起科技	63.96	B	0.73	10.54	7.50	0.29	0.36	6.34	770.24	40.49	3.97	-7.40	125.10	895856.22	256201.75	82913.75
127	1004	688981	中芯国际	63.96	B	1.36	5.66	3.82	0.16	0.36	29.56	17.33	29.70	14.36	-13.96	36.94	22993280.6	3563063.4	1120250.5
128	1005	002371	北方华创	63.96	B	2.15	5.24	7.59	0.40	0.58	44.62	60.49	59.90	141.83	85.39	245.23	3105447.34	968347.81	119336.84
129	1021	600745	闻泰科技	63.83	B	2.11	5.34	6.61	0.80	1.90	52.44	6.26	1.98	18.72	22.18	95.58	7257588.25	5272864.95	251291.61
130	1044	003028	振邦智能	63.67	B	1.9	15.72	17.23	0.85	0.89	27.00	287.54	32.49	18.78	-6.27	77.36	168452	131723.25	21009.3
131	1048	002484	江海股份	63.66	B	0.53	9.47	10.03	0.66	1.12	22.21	67.12	34.71	9.88	165.43	213.68	557276.72	354968.33	43837.52
132	1052	002409	雅克科技	63.63	B	0.72	6.31	6.49	0.57	1.39	16.86	42.25	66.40	24.87	29.59	126.25	729577.37	378230.99	34106.54

续 表

序号	A股上市公司评价得分排序	股票代码	股票简称	综合得分	评价等级	每股收益（元）	总资产报酬率（%）	净资产收益率（%）	总资产周转率（次）	流动资产周转率（次）	资产负债率（%）	已获利息倍数	营业收入增长率（%）	资本扩张率（%）	市场投资回报率（%）	股价波动率（%）	年末资产总额（万元）	营业收入（万元）	净利润（万元）
133	1055	300378	鼎捷软件	63. 60	B	0. 42	6. 60	5. 70	0. 72	1. 28	36. 42	32. 51	19. 52	9. 52	-7. 32	87. 79	263820. 76	178813. 93	11228. 35
134	1061	002384	东山精密	63. 57	B	1. 09	6. 35	11. 31	0. 84	1. 46	61. 34	8. 39	13. 17	11. 35	5. 03	100. 69	3795140. 88	3179314. 79	186089. 97
135	1073	300002	神州泰岳	63. 50	B	0. 2	9. 33	7. 24	0. 83	2. 24	17. 43	25. 86	19. 98	9. 54	31. 60	88. 31	524807. 04	431426. 87	36542. 94
136	1078	300042	朗科科技	63. 46	B	0. 34	6. 13	4. 49	1. 57	1. 93	11. 02	242. 48	28. 30	5. 22	23. 16	77. 11	125758. 21	191286. 17	6885. 05
137	1080	300036	超图软件	63. 45	B	0. 62	7. 55	10. 04	0. 45	0. 67	34. 23	451. 18	16. 46	47. 87	68. 86	164. 98	482293. 22	187509. 41	28536. 66
138	1085	300708	聚灿光电	63. 42	B	0. 34	7. 81	3. 42	0. 71	1. 31	45. 07	7. 17	42. 83	115. 80	32. 24	172. 72	300784. 25	200919. 75	17707. 66
139	1094	002993	奥海科技	63. 34	B	1. 46	8. 29	13. 07	0. 92	1. 14	50. 59	383. 55	44. 14	12. 80	-17. 72	79. 87	505906. 98	424527. 57	34330. 35
140	1103	603890	春秋电子	63. 27	B	0. 76	8. 23	10. 56	0. 85	1. 36	47. 29	11. 46	11. 41	50. 64	10. 34	49. 48	512423. 01	399025. 04	30053. 52
141	1112	603386	广东骏亚	63. 20	B	0. 92	7. 99	14. 01	0. 86	1. 92	57. 02	7. 82	32. 01	30. 08	30. 62	119. 96	338931. 65	272690. 14	20740. 69
142	1125	000997	新大陆	63. 10	B	0. 69	7. 50	8. 47	0. 61	0. 91	42. 61	119. 12	10. 62	0. 56	26. 72	55. 22	1125968. 63	703201. 12	75093. 12
143	1127	300130	新国都	63. 06	B	0. 41	6. 65	4. 78	1. 01	1. 44	33. 00	13. 51	37. 21	4. 88	40. 09	98. 27	379835. 57	361173. 86	20276. 45
144	1128	002463	沪电股份	63. 04	B	0. 56	11. 49	14. 15	0. 70	1. 38	37. 90	63. 83	-0. 55	15. 14	-4. 30	94. 52	1164866. 01	741871	106350. 08
145	1148	002079	苏州固锝	62. 88	B	0. 28	9. 70	7. 84	0. 92	1. 33	20. 52	36. 82	37. 18	26. 17	35. 46	163. 65	303580. 65	247568. 61	22061. 31
146	1160	300843	胜蓝股份	62. 77	B	0. 7	7. 84	10. 77	0. 90	1. 22	37. 83	65. 42	42. 41	12. 22	11. 28	70. 26	156515. 11	130280. 12	10720. 03
147	1178	000823	超声电子	62. 65	B	0. 7	6. 96	9. 63	0. 88	1. 37	43. 49	12. 58	30. 23	9. 17	24. 74	80. 27	833034. 79	673116. 36	44143. 76
148	1180	000988	华工科技	62. 63	B	0. 76	6. 89	7. 53	0. 81	1. 10	46. 49	24. 56	65. 65	11. 04	16. 19	105. 79	1388385. 57	1016674. 75	74805. 04
149	1181	002745	木林森	62. 62	B	0. 78	6. 26	8. 23	0. 63	1. 15	53. 76	5. 94	7. 10	6. 24	2. 07	72. 78	2877289. 06	1861461. 35	116920. 16
150	1183	688007	光峰科技	62. 61	B	0. 52	8. 35	4. 68	0. 68	1. 05	35. 98	17. 89	28. 19	20. 03	91. 72	137. 46	409723. 1	249822. 84	22153. 48
151	1195	002436	兴森科技	62. 53	B	0. 42	10. 22	14. 80	0. 70	1. 46	48. 38	10. 54	24. 92	19. 76	53. 03	141. 98	830221. 83	503998. 71	61266. 47
152	1204	002987	京北方	62. 46	B	1. 03	10. 39	11. 17	1. 36	1. 42	18. 41	66. 49	33. 22	11. 34	-2. 69	75. 86	241825. 44	305426. 22	23048. 3
153	1217	300460	惠伦晶体	62. 35	B	0. 44	10. 49	12. 82	0. 43	1. 07	39. 57	7. 12	68. 98	118. 55	40. 94	148. 94	200041. 06	65536. 88	11678. 15
154	1232	300866	安克创新	62. 31	B	2. 42	14. 13	12. 93	1. 63	1. 87	27. 52	159. 56	34. 45	12. 41	-38. 26	148. 97	847423. 19	1257420. 33	102442. 72

续 表

序号	A股上市公司评价得分排序	股票代码	股票简称	综合得分	评价等级	每股收益（元）	总资产报酬率（%）	净资产收益率（%）	总资产周转率（次）	流动资产周转率（次）	资产负债率（%）	已获利息倍数	营业收入增长率（%）	资本扩张率（%）	市场投资回报率（%）	股价波动率（%）	年末资产总额（万元）	营业收入（万元）	净利润（万元）
155	1233	002955	鸿合科技	62.29	B	0.72	5.22	4.84	1.31	1.68	32.84	178.68	45.52	4.19	4.27	51.55	471143.04	581141.49	18698.42
156	1250	300248	新开普	62.15	B	0.34	7.80	8.31	0.42	0.66	18.79	61.21	8.23	12.60	89.11	99.40	258716.67	101665.84	17162.65
157	1252	002845	同兴达	62.15	B	1.55	5.53	11.57	1.38	1.76	67.03	7.17	21.31	16.66	14.23	89.46	927916.64	1286042.42	40495.63
158	1262	603918	金桥信息	62.08	B	0.25	6.85	8.72	0.72	0.82	34.33	68.74	11.75	56.07	24.40	55.81	171816.96	112223.57	8761.68
159	1282	000049	德赛电池	61.90	B	2.64	10.88	24.20	1.97	2.53	68.18	8.45	0.38	21.51	27.85	102.67	1077693.75	1947085.43	79394.48
160	1287	002134	天津普林	61.87	B	0.11	3.92	5.82	1.01	1.72	45.93	103.75	52.89	7.03	20.24	53.10	78791.1	70007.54	2707.57
161	1300	603515	欧普照明	61.77	B	1.2	12.10	12.62	1.00	1.32	35.77	67.13	11.00	11.00	-36.28	114.14	907691	884662.67	91025.19
162	1304	002139	拓邦股份	61.76	B	0.47	7.86	10.14	0.95	1.36	46.74	26.13	39.69	44.19	156.43	162.13	960699.24	776703.48	57211.26
163	1309	300738	奥飞数据	61.73	B	0.38	5.77	10.61	0.29	1.33	71.33	2.98	43.35	19.73	19.14	66.69	543120.73	120495.08	14343.49
164	1320	300582	英飞特	61.54	B	0.62	10.36	12.24	0.65	1.50	39.41	21.36	34.48	16.30	101.99	266.78	236122.5	141621.13	18197.78
165	1325	002152	广电运通	61.51	B	0.33	6.81	7.59	0.41	0.60	29.53	82.82	5.79	9.66	13.70	73.18	1703337.23	678183.51	97861.44
166	1328	605058	澳弘电子	61.50	B	1	7.49	8.40	0.49	0.59	42.85	38.29	21.37	9.80	16.23	40.67	250407.57	107071.9	14272.08
167	1346	688019	安集科技	61.39	B	2.35	9.18	8.10	0.46	0.68	28.17	36.05	62.57	14.60	-2.52	111.95	167222.84	68666.06	12508.41
168	1350	002156	通富微电	61.36	B	0.72	5.05	7.66	0.65	1.76	59.33	4.54	46.84	10.06	-27.69	83.48	2710106.62	1581223.28	96647.57
169	1351	603508	思维列控	61.34	B	1.43	10.29	9.18	0.24	0.43	7.49	0.00	26.19	9.43	3.09	56.20	462952.58	106449.53	39426.52
170	1352	002119	康强电子	61.33	B	0.48	11.59	15.84	1.11	1.90	46.46	7.95	41.71	17.66	49.24	192.74	213445.4	219461.59	18123.64
171	1354	300219	鸿利智汇	61.32	B	0.38	6.60	9.92	0.99	1.86	51.37	14.14	30.43	13.92	58.12	142.36	448726.99	407521.49	26679.88
172	1358	688678	福立旺	61.31	B	0.7	7.80	8.44	0.41	0.68	23.71	83.31	40.53	5.51	61.87	130.72	183629.61	72648.78	12518.61
173	1366	300624	万兴科技	61.25	B	0.22	4.42	3.71	0.79	1.62	42.93	5.98	5.39	6.17	-0.62	99.75	154089.33	102915.81	4900.64
174	1382	003029	吉大正元	61.13	B	0.81	9.81	10.89	0.45	0.48	25.18	225.98	33.72	11.50	-24.77	63.37	188733.61	81617.58	15735.99
175	1385	600718	东软集团	61.10	B	0.98	6.96	-1.17	0.50	0.87	47.23	22.93	14.60	14.41	39.93	68.66	1830514.64	873480.29	103198.87
176	1403	300077	国民技术	60.92	B	0.39	10.75	3.22	0.43	0.88	41.84	6.28	168.00	42.43	218.63	416.04	266794.56	101760.87	21519.7

续表

序号	A股上市公司评价得分排序	股票代码	股票简称	综合得分	评价等级	每股收益（元）	总资产报酬率（%）	净资产收益率（%）	总资产周转率（次）	流动资产周转率（次）	资产负债率（%）	已获利息倍数	营业收入增长率（%）	资本扩张率（%）	市场投资回报率（%）	股价波动率（%）	年末资产总额（万元）	营业收入（万元）	净利润（万元）
177	1409	300377	赢时胜	60.88	B	0.35	8.29	1.16	0.32	0.75	10.42	556.96	22.93	7.34	46.45	110.25	333057.8	102989.08	24321.08
178	1410	002063	远光软件	60.88	B	0.23	10.29	10.36	0.58	0.77	13.81	954.75	13.23	8.64	36.74	76.02	348849.25	191526.28	32008.31
179	1447	002881	美格智能	60.48	B	0.65	9.89	10.46	1.59	1.95	53.99	13.52	75.68	18.83	134.11	260.66	150259.36	196907.5	11774.43
180	1448	688078	龙软科技	60.48	B	0.89	11.24	11.01	0.46	0.49	17.86	328.37	47.17	10.83	129.40	312.70	69035.91	29086.71	6307.81
181	1485	688579	山大地纬	60.12	B	0.26	6.39	6.89	0.38	0.72	26.03	37136.21	28.67	5.41	-1.36	41.44	172117.23	63750.99	10310.01
182	1486	300735	光弘科技	60.12	B	0.46	8.41	7.09	0.64	0.97	26.11	22.37	57.68	7.04	11.69	82.79	629247.94	360361.84	38632.6
183	1487	600703	三安光电	60.11	B	0.29	4.28	1.73	0.29	0.81	35.91	10.08	48.71	2.64	19.15	116.17	4752155.51	1257210.09	131302.14
184	1491	600110	诺德股份	60.08	B	0.29	8.00	10.34	0.53	1.03	55.89	2.97	106.32	12.54	43.82	284.95	870535.14	444567.62	40508.46
185	1499	300789	唐源电气	60.05	B	0.8	7.49	7.52	0.35	0.39	24.06	0.00	30.78	8.62	5.98	65.23	106686.28	35184.15	6648.97
186	1503	600800	渤海化学	60.01	B	0.16	5.53	5.59	0.89	2.13	39.48	8.09	55.29	6.20	7.01	44.21	486662.45	424664.09	18779.22
187	1509	300296	利亚德	59.97	CCC	0.24	5.65	7.37	0.60	0.81	50.78	8.60	33.45	7.49	65.53	131.00	1584825.99	885242.74	61078.17
188	1511	688208	道通科技	59.96	CCC	0.97	10.73	14.19	0.61	0.85	31.95	31.83	42.84	12.87	38.70	73.69	420142.56	225371.27	43873.62
189	1515	300369	绿盟科技	59.94	CCC	0.44	8.31	6.63	0.57	0.82	23.70	101.05	29.80	4.00	8.43	98.88	476504.25	260899.51	34497.2
190	1517	002189	中光学	59.93	CCC	0.56	5.26	8.14	1.15	1.58	54.11	8.91	23.88	11.17	17.34	84.23	368068.04	412884.36	15859.32
191	1525	300634	彩讯股份	59.86	CCC	0.35	7.85	7.35	0.41	0.62	15.59	38.14	20.06	41.89	3.06	81.08	254052.47	88736.67	15378.23
192	1545	300231	银信科技	59.68	CCC	0.41	8.22	11.40	0.81	1.06	45.62	6.56	1.36	6.54	11.70	43.95	275439.92	234851.46	17029.37
193	1550	300656	民德电子	59.65	CCC	0.64	12.58	8.99	0.67	1.17	31.72	9.89	35.48	3.84	127.21	237.72	83166.66	54628.42	7745.51
194	1564	300207	欣旺达	59.55	CCC	0.58	4.23	4.47	1.02	1.65	67.75	2.92	25.82	92.35	40.86	207.93	4262843.14	3735872.35	85499.3
195	1569	300709	精研科技	59.52	CCC	1.33	6.02	2.50	0.70	1.20	34.44	5.89	53.70	37.28	33.28	156.96	358126.87	240411.32	16243.18
196	1578	000938	紫光股份	59.44	CCC	0.75	7.06	9.45	1.08	1.73	46.31	18.19	13.29	4.35	3.20	97.06	6643045.26	6763753.85	379239.19
197	1581	688589	力合微	59.43	CCC	0.42	5.21	3.98	0.41	0.45	22.35	42.38	66.99	4.22	123.59	228.10	96112.09	36007.37	4203.73
198	1586	300346	南大光电	59.38	CCC	0.34	6.08	5.95	0.29	0.66	42.98	14.17	65.46	50.06	29.51	226.74	415456.71	98444.63	18315.63

续 表

序号	A股上市公司评价得分排序	股票代码	股票简称	综合得分	评价等级	每股收益（元）	总资产报酬率（%）	净资产收益率（%）	总资产周转率（次）	流动资产周转率（次）	资产负债率（%）	已获利息倍数	营业收入增长率（%）	资本扩张率（%）	市场投资回报率（%）	股价波动率（%）	年末资产总额（万元）	营业收入（万元）	净利润（万元）
199	1596	300083	创世纪	59. 32	CCC	0. 34	9. 48	14. 50	0. 64	1. 05	64. 61	4. 85	51. 40	51. 49	22. 47	94. 28	885944. 65	526174. 62	49710. 5
200	1602	300579	数字认证	59. 23	CCC	0. 64	8. 67	12. 98	0. 66	0. 77	46. 69	46. 15	19. 62	13. 36	-0. 67	70. 82	161578. 14	102627. 28	11775. 9
201	1608	002922	伊戈尔	59. 20	CCC	0. 66	8. 98	4. 07	0. 88	1. 28	40. 44	17. 69	58. 61	11. 42	192. 25	338. 33	273024. 25	223010. 31	18864. 99
202	1618	000977	浪潮信息	59. 14	CCC	1. 38	5. 68	12. 00	1. 59	1. 69	66. 31	10. 03	6. 36	4. 98	23. 13	59. 35	4620816. 26	6704755. 16	202992. 97
203	1623	000062	深圳华强	59. 13	CCC	0. 84	10. 52	15. 92	1. 63	2. 30	56. 89	10. 56	39. 86	11. 41	44. 68	100. 28	1576684. 76	2284058. 17	104268. 9
204	1625	300451	创业慧康	59. 10	CCC	0. 27	8. 35	8. 85	0. 35	0. 59	18. 01	312. 11	16. 30	10. 12	15. 69	66. 26	560957. 84	189897. 7	41414. 94
205	1633	300766	每日互动	59. 05	CCC	0. 29	6. 21	5. 58	0. 29	0. 42	17. 41	266. 23	19. 76	1. 33	-4. 15	60. 16	210148. 22	60053. 39	12144. 02
206	1639	300857	协创数据	58. 99	CCC	0. 61	6. 49	7. 96	1. 32	1. 64	47. 61	9. 24	31. 61	10. 28	11. 71	58. 15	247319. 55	295989. 32	12381. 96
207	1646	002268	卫士通	58. 95	CCC	0. 28	3. 60	3. 49	0. 41	0. 58	28. 57	260. 29	17. 00	6. 98	226. 99	361. 83	706591. 98	278896. 8	23866. 5
208	1654	002449	国星光电	58. 91	CCC	0. 33	3. 98	4. 02	0. 63	1. 11	40. 34	58. 60	16. 64	5. 40	11. 24	72. 60	627734. 56	380634. 74	20148. 65
209	1659	002401	中远海科	58. 85	CCC	0. 43	5. 18	10. 29	0. 49	0. 55	63. 43	68. 34	12. 25	11. 87	-8. 24	39. 03	349458. 43	170685. 15	15675. 75
210	1664	300684	中石科技	58. 81	CCC	0. 47	7. 42	6. 25	0. 63	0. 85	15. 23	223. 35	8. 62	-2. 53	0. 54	68. 96	196347. 19	124759. 72	13088. 68
211	1669	688066	航天宏图	58. 75	CCC	1. 15	8. 37	8. 39	0. 55	0. 67	34. 69	17. 13	73. 43	68. 50	70. 74	157. 39	346525. 45	146844. 38	19983. 87
212	1674	688123	聚辰股份	58. 73	CCC	0. 9	7. 12	5. 41	0. 34	0. 36	7. 28	267. 21	10. 17	4. 03	19. 41	108. 89	163909. 64	54405. 39	10368. 6
213	1688	300541	先进数通	58. 65	CCC	0. 51	9. 15	14. 53	1. 74	2. 09	51. 00	6. 57	-12. 90	16. 88	10. 97	93. 92	236289. 09	391361. 46	15578. 45
214	1695	605258	协和电子	58. 57	CCC	0. 89	7. 03	6. 24	0. 53	0. 82	20. 32	38. 56	19. 20	2. 31	-2. 09	51. 21	141356. 53	73406. 71	7951. 8
215	1704	300075	数字政通	58. 49	CCC	0. 43	5. 67	5. 52	0. 35	0. 46	20. 00	54. 34	4. 71	12. 24	64. 24	104. 79	436466. 42	148060. 87	20640. 87
216	1712	603936	博敏电子	58. 39	CCC	0. 48	5. 29	6. 11	0. 58	1. 32	44. 57	7. 18	26. 39	3. 72	46. 70	85. 65	655168. 31	352066. 02	24857. 46
217	1715	002962	五方光电	58. 37	CCC	0. 29	4. 69	3. 91	0. 39	0. 55	12. 98	79. 05	33. 89	2. 50	-3. 80	50. 33	205300. 06	78801. 19	8319. 63
218	1718	603920	世运电路	58. 35	CCC	0. 39	5. 66	6. 68	0. 77	1. 24	48. 61	6. 16	48. 23	13. 98	17. 50	160. 65	598924. 83	375917. 21	19991. 41
219	1725	300253	卫宁健康	58. 27	CCC	0. 18	6. 20	3. 79	0. 41	0. 74	30. 99	8. 99	21. 34	9. 74	3. 39	65. 21	749629. 67	275020. 21	35373. 43
220	1732	688588	凌志软件	58. 22	CCC	0. 37	12. 67	8. 71	0. 49	0. 67	7. 56	538. 42	3. 58	6. 06	-34. 68	117. 98	137842. 54	65266. 33	14595. 38

续 表

序号	A股上市公司评价得分排序	股票代码	股票简称	综合得分	评价等级	每股收益(元)	总资产报酬率(%)	净资产收益率(%)	总资产周转率(次)	流动资产周转率(次)	资产负债率(%)	已获利息倍数	营业收入增长率(%)	资本扩张率(%)	市场投资回报率(%)	股价波动率(%)	年末资产总额(万元)	营业收入(万元)	净利润(万元)
221	1739	300566	激智科技	58.14	CCC	0.51	5.71	8.02	0.66	1.00	50.87	4.42	35.51	103.70	35.09	89.52	350888.36	192452.04	12780.68
222	1742	300787	海能实业	58.12	CCC	1.22	8.60	13.41	0.93	1.76	45.60	23.45	32.86	12.58	-16.46	53.13	249238.86	208033.14	18603.64
223	1743	601231	环旭电子	58.12	CCC	0.85	7.01	13.48	1.66	2.08	63.51	11.62	15.94	8.58	-18.40	83.99	3585673.35	5529965.48	185669.3
224	1755	300659	中孚信息	58.05	CCC	0.52	6.11	5.97	0.62	0.79	22.97	40.80	27.93	9.02	-8.88	88.53	217526.09	127004.33	11687.29
225	1762	600728	佳都科技	58.01	CCC	0.18	3.58	5.11	0.59	0.85	47.26	13.68	45.19	3.76	11.51	69.90	1081807.4	622375.52	30663.16
226	1775	688002	睿创微纳	57.92	CCC	1.04	10.67	12.09	0.42	0.64	22.64	278.21	14.02	29.15	-28.99	99.79	489139.63	178028.66	45896.35
227	1783	600237	铜峰电子	57.88	CCC	0.09	3.35	3.84	0.59	1.00	30.93	10.34	18.06	4.84	116.22	132.11	173617.63	100009.23	5032.28
228	1798	300229	拓尔思	57.83	CCC	0.34	9.41	8.83	0.31	0.75	30.82	10.40	-21.44	18.24	34.02	60.41	372597.96	102871.2	24809.34
229	1800	002296	辉煌科技	57.80	CCC	0.33	6.01	6.93	0.33	0.50	27.81	962.12	15.60	0.42	16.79	50.44	228398.87	73716.81	11725.52
230	1809	002405	四维图新	57.71	CCC	0.06	1.28	0.63	0.26	0.62	14.30	9.84	42.48	57.61	12.10	85.37	1450627.35	306003.17	12562.86
231	1855	002729	好利科技	57.37	CCC	0.26	5.87	5.26	0.45	0.80	15.02	55.12	31.56	6.25	40.85	135.96	51999.37	22258.83	2414.17
232	1861	600602	云赛智联	57.35	CCC	0.19	4.84	4.13	0.76	0.89	32.45	44.47	8.80	3.70	22.63	47.70	693192.31	499297.66	29222.06
233	1874	688608	恒玄科技	57.30	CCC	3.4	6.78	5.16	0.29	0.30	7.15	446.92	66.36	7.42	-6.39	82.21	635776.4	176533.82	40771.65
234	1886	603303	得邦照明	57.17	CCC	0.69	7.92	7.74	1.11	1.45	37.08	39.44	16.98	8.53	46.68	108.53	500830.37	527308.1	32787.21
235	1892	688168	安博通	57.14	CCC	1.41	7.09	5.84	0.33	0.36	11.83	36.75	48.92	6.71	9.73	72.78	123710.93	39142.29	7087.74
236	1901	300691	联合光电	57.03	CCC	0.33	4.33	5.32	0.76	1.24	40.53	7.85	26.93	60.81	93.05	168.24	257380.07	163516.22	7434.67
237	1921	300454	深信服	56.93	CCC	0.67	2.53	1.90	0.66	1.29	33.29	68.92	24.67	12.19	-27.53	91.75	1095033.29	680490.35	27285.79
238	1922	002990	盛视科技	56.92	CCC	0.7	6.80	6.79	0.41	0.44	33.20	121.13	20.50	7.30	-13.98	83.00	303059.81	112680.95	17923.7
239	1923	300925	法本信息	56.90	CCC	0.61	8.48	9.58	1.86	1.97	30.85	26.98	58.55	11.80	-24.45	105.87	180912.92	308822.75	13525.32
240	1937	300543	朗科智能	56.80	CCC	0.4	6.94	10.50	1.19	1.50	54.38	8.48	40.13	16.43	50.59	112.97	226488.92	233069.99	10685.82
241	1940	300532	今天国际	56.78	CCC	0.33	4.35	8.18	0.65	0.74	58.53	11.27	71.87	34.65	25.17	85.34	278533.67	159800.01	9166.13
242	1968	000532	华金资本	56.52	CCC	0.56	9.77	14.89	0.25	0.80	51.41	8.16	22.49	14.79	10.81	118.44	278835.02	63086.26	19865.02

续 表

序号	A股上市公司评价得分排序	股票代码	股票简称	综合得分	评价等级	每股收益(元)	总资产报酬率(%)	净资产收益率(%)	总资产周转率(次)	流动资产周转率(次)	资产负债率(%)	已获利息倍数	营业收入增长率(%)	资本扩张率(%)	市场投资回报率(%)	股价波动率(%)	年末资产总额(万元)	营业收入(万元)	净利润(万元)
243	1971	300468	四方精创	56.51	CCC	0.24	5.68	5.31	0.50	0.79	8.15	161.87	11.77	2.36	4.85	53.34	129878.19	64154.47	6675.71
244	1976	002199	东晶电子	56.47	CCC	0.13	5.43	5.64	0.51	0.91	34.89	20.22	16.00	7.87	30.95	97.21	67011.64	30439.93	3084.19
245	1977	300303	聚飞光电	56.45	CCC	0.21	6.41	7.98	0.48	0.67	41.32	8.84	0.86	16.09	19.17	108.65	495563	237134.93	27736.3
246	1979	002537	海联金汇	56.43	CCC	0.23	5.12	4.11	0.99	1.33	44.02	25.00	14.64	6.63	12.88	66.01	773867.46	724990.59	27479.14
247	1980	600552	凯盛科技	56.41	CCC	0.21	5.55	5.28	0.85	1.41	59.94	3.14	24.79	5.15	74.17	145.08	737859.08	632415	24802.26
248	1981	000021	深科技	56.40	CCC	0.51	5.06	3.76	0.68	1.07	57.58	5.93	10.16	43.25	-17.44	76.93	2704891.58	1648825.32	83406.31
249	1982	603328	依顿电子	56.39	CCC	0.15	3.66	4.38	0.66	1.00	27.04	0.00	12.54	1.48	5.56	39.53	461720.12	290811.76	15060.78
250	1991	600446	金证股份	56.32	CCC	0.27	5.34	7.30	1.13	1.48	43.32	63.03	17.76	51.85	-5.78	41.85	658482.13	664562.86	28189.06
251	2001	300232	洲明科技	56.22	CCC	0.17	2.50	2.40	0.76	1.15	57.12	11.32	45.69	30.88	1.84	41.28	1077733.04	722909.42	16809.81
252	2012	300830	金现代	56.13	CCC	0.15	5.66	4.03	0.48	0.52	9.89	215.29	21.36	6.83	6.38	113.34	131539.62	59944.78	6617.18
253	2026	688004	博汇科技	56.04	CCC	0.87	6.58	6.17	0.35	0.41	10.53	272.79	-0.25	4.97	-18.50	60.21	83617.95	28714.51	4916.62
254	2034	300609	汇纳科技	55.97	CCC	0.29	3.50	1.07	0.30	0.49	15.17	31.85	77.59	1.57	7.18	64.33	134628.82	38848.85	4411.48
255	2041	000050	深天马A	55.95	CCC	0.63	3.45	2.01	0.41	1.99	56.64	2.67	8.88	3.89	-12.55	51.06	8043233.57	3182921.38	154245.71
256	2046	300250	初灵信息	55.93	CCC	0.37	8.77	10.29	0.52	0.83	22.93	177.41	19.42	-0.44	31.46	83.57	91045.48	48694.49	7814.87
257	2066	600353	旭光电子	55.67	CCC	0.11	5.04	5.71	0.58	0.84	26.28	61.09	11.61	11.06	46.45	78.07	184781.27	100675.83	7899.52
258	2070	688025	杰普特	55.64	CCC	0.99	4.81	3.87	0.54	0.70	24.97	19.03	40.50	6.93	81.87	160.00	230211.75	119937.88	9084.39
259	2082	300739	明阳电路	55.54	CCC	0.38	4.80	4.31	0.63	1.01	46.33	5.97	43.60	17.29	11.40	93.25	324306.29	185408.93	10723.59
260	2083	000727	冠捷科技	55.51	CCC	0.12	5.31	13.91	1.82	2.33	82.35	5.84	3.00	21.25	23.89	56.87	4139366.59	7061024.24	131613.22
261	2091	300241	瑞丰光电	55.45	CCC	0.15	4.30	-1.09	0.52	1.14	37.19	10.84	19.41	71.55	31.12	147.43	341659.84	147223.73	9841.03
262	2092	300771	智莱科技	55.45	CCC	1.06	9.07	8.87	0.58	0.68	19.25	35.45	22.34	5.60	-25.08	140.59	231856.42	125789.12	16811.34
263	2095	300666	江丰电子	55.42	CCC	0.47	5.75	5.39	0.60	1.18	49.48	3.21	36.64	34.46	8.44	63.04	290143.63	159391.27	9933.57
264	2099	300645	正元智慧	55.40	CCC	0.46	5.75	6.90	0.58	0.83	51.21	3.57	14.77	12.51	60.76	124.73	175160.34	94755.19	6440.89

续 表

序号	A股上市公司评价得分排序	股票代码	股票简称	综合得分	评价等级	每股收益（元）	总资产报酬率（%）	净资产收益率（%）	总资产周转率（次）	流动资产周转率（次）	资产负债率（%）	已获利息倍数	营业收入增长率（%）	资本扩张率（%）	市场投资回报率（%）	股价波动率（%）	年末资产总额（万元）	营业收入（万元）	净利润（万元）
265	2106	688118	普元信息	55.33	CCC	0.42	3.86	1.54	0.40	0.43	14.29	82.83	20.99	−5.39	−0.36	57.40	107948.29	43642.93	3912.63
266	2107	603019	中科曙光	55.33	CCC	0.8	6.20	7.02	0.48	0.73	49.94	57.40	10.23	9.38	−22.80	51.50	2612198.48	1120036.22	126403.65
267	2108	003019	宸展光电	55.32	CCC	1.18	11.28	10.11	0.95	1.06	30.19	96.43	33.40	8.19	7.92	62.03	187544.67	159231.99	15088.77
268	2123	002141	贤丰控股	55.22	CCC	0.03	3.94	3.19	1.15	2.02	39.10	8.08	52.51	13.48	171.13	339.87	139495.98	146971.07	3944.39
269	2127	002577	雷柏科技	55.20	CCC	0.15	4.08	2.45	0.41	0.51	7.84	111.05	8.15	4.27	2.05	40.57	119663.42	48680.4	4296.42
270	2134	603933	睿能科技	55.09	CCC	0.43	5.74	6.40	1.22	1.46	41.19	16.20	39.30	11.75	49.47	123.23	197076.96	208536.64	8012.51
271	2136	688127	蓝特光学	55.09	CCC	0.35	9.93	7.49	0.26	0.41	11.80	0.00	−5.34	6.39	−21.07	110.23	166946.65	41548.37	14092.92
272	2151	603685	晨丰科技	54.98	CC	0.59	6.85	7.60	0.73	1.26	51.22	6.70	32.00	9.23	21.61	77.23	248615.85	154814.2	10892.22
273	2166	688318	财富趋势	54.91	CC	4.23	10.38	7.92	0.10	0.13	5.15	1350.06	19.42	7.61	−23.43	65.34	327399.33	32631.77	28169.59
274	2178	300102	乾照光电	54.85	CC	0.26	4.53	3.68	0.31	0.82	57.38	3.72	42.82	10.00	62.29	142.72	607379.8	187914.24	18592.59
275	2195	002976	瑞玛精密	54.75	CC	0.38	3.91	4.23	0.67	0.95	30.32	0.00	29.22	4.47	7.98	51.29	113273.77	75489.51	4295.37
276	2207	300162	雷曼光电	54.63	CC	0.14	4.48	4.89	0.98	1.43	56.11	8.15	59.17	5.65	70.97	229.52	150959.98	130335.74	4756.77
277	2209	000701	厦门信达	54.63	CC	−0.16	4.52	5.25	6.45	9.22	77.80	1.60	42.31	14.81	12.26	44.02	1571331.88	10854934.81	16854.34
278	2215	300188	美亚柏科	54.55	CC	0.39	7.48	8.64	0.53	0.85	27.19	96.45	6.25	6.45	−20.33	52.33	489532.98	253519.55	33587.81
279	2220	688228	开普云	54.50	CC	0.91	5.53	5.31	0.32	0.42	16.64	154.17	52.90	10.56	−17.21	50.21	156047.32	46059.48	8455.17
280	2233	600751	海航科技	54.37	CC	1.06	8.13	23.32	2.56	3.13	38.45	5.34	−49.02	12.81	13.71	122.05	1233775.5	17166171.8	369734.5
281	2238	002368	太极股份	54.35	CC	0.64	3.51	7.83	0.69	0.86	76.98	4.55	23.11	4.40	−3.49	100.54	1710641.44	1050487.83	39389.49
282	2241	300139	晓程科技	54.34	CC	0.29	9.13	3.73	0.16	0.28	11.99	351.42	4.59	10.24	23.91	140.18	121658.22	19322.68	9420.7
283	2247	000555	神州信息	54.28	CC	0.39	3.66	5.58	0.93	1.20	51.49	12.29	6.27	5.98	−17.24	57.18	1242170.6	1135568.47	38784.35
284	2252	300288	朗玛信息	54.23	CC	0.19	4.23	3.41	0.22	0.81	20.78	6.82	8.19	3.67	30.27	87.76	189840.89	40597.22	5654.33
285	2254	300245	天玑科技	54.22	CC	0.13	2.34	0.06	0.31	0.46	13.91	98.69	10.15	2.02	9.47	45.46	177214.15	54210.28	3700.56
286	2279	600588	用友网络	53.97	CC	0.22	5.38	4.61	0.52	1.09	54.26	6.25	4.78	−7.27	−16.25	73.97	1732934.38	893179.79	68237.07

续 表

序号	A股上市公司评价得分排序	股票代码	股票简称	综合得分	评价等级	每股收益（元）	总资产报酬率（%）	净资产收益率（%）	总资产周转率（次）	流动资产周转率（次）	资产负债率（%）	已获利息倍数	营业收入增长率（%）	资本扩张率（%）	市场投资回报率（%）	股价波动率（%）	年末资产总额（万元）	营业收入（万元）	净利润（万元）
287	2285	600363	联创光电	53. 91	CC	0. 52	5. 26	6. 30	0. 56	1. 05	41. 31	6. 74	-6. 29	16. 06	20. 29	109. 71	650157. 93	358586. 37	28194. 99
288	2287	300344	立方数科	53. 89	CC	0. 05	5. 71	-2. 80	0. 82	1. 12	28. 55	3. 02	182. 49	1076. 86	55. 94	109. 98	88880. 54	55850. 07	2485. 58
289	2299	688138	清溢光电	53. 81	CC	0. 17	3. 95	2. 75	0. 37	1. 22	21. 32	12. 42	11. 64	1. 74	-11. 64	79. 52	152348. 7	54391. 24	4452. 58
290	2304	002609	捷顺科技	53. 75	CC	0. 25	5. 63	6. 21	0. 45	0. 73	31. 78	55. 74	9. 75	5. 45	7. 03	50. 17	356872. 37	150489. 27	16402. 43
291	2311	688521	芯原股份-	53. 72	CC	0. 03	0. 79	-1. 75	0. 61	0. 76	29. 47	7. 85	42. 04	3. 60	8. 88	94. 56	385827. 25	213931. 48	1329. 24
292	2327	002983	芯瑞达	53. 59	CC	0. 45	6. 35	5. 48	0. 56	0. 65	30. 21	0. 00	46. 65	3. 91	4. 86	59. 56	153100. 17	82092. 02	8267. 53
293	2328	300598	诚迈科技	53. 59	CC	0. 19	3. 60	-1. 74	1. 00	1. 78	31. 21	4. 66	51. 88	49. 49	-6. 97	150. 50	174425. 36	142443. 55	3018. 17
294	2331	300678	中科信息	53. 58	CC	0. 23	5. 13	3. 93	0. 53	0. 65	35. 66	102. 55	13. 43	2. 82	10. 85	63. 40	98559. 09	49541. 13	4331. 42
295	2335	300831	派瑞股份	53. 52	CC	0. 17	7. 18	6. 27	0. 21	0. 25	8. 69	507. 43	46. 61	6. 33	4. 54	128. 28	88430. 19	17818. 3	5350. 86
296	2345	002373	千方科技	53. 39	CC	0. 46	4. 16	5. 66	0. 53	0. 88	34. 18	27. 90	9. 15	4. 93	-23. 74	59. 11	1967939. 85	1028109. 6	80954. 96
297	2349	300389	艾比森	53. 36	CC	0. 1	0. 72	-1. 24	0. 97	1. 38	55. 04	9. 26	41. 78	2. 14	12. 29	89. 00	270314. 07	232814. 79	2977. 36
298	2357	002835	同为股份	53. 31	CC	0. 42	8. 11	8. 22	0. 88	1. 24	30. 36	28. 97	27. 32	10. 37	-13. 83	61. 65	119147. 06	100375. 31	9031. 66
299	2360	300339	润和软件	53. 30	CC	0. 23	5. 48	2. 94	0. 63	1. 31	30. 75	4. 77	11. 23	6. 52	140. 18	385. 28	441369. 49	275886. 78	18061. 31
300	2376	300493	润欣科技	53. 17	CC	0. 12	6. 24	7. 36	1. 57	1. 88	37. 29	34. 46	33. 96	6. 25	18. 86	79. 53	127658. 56	185760. 63	5769. 32
301	2377	002579	中京电子	53. 17	CC	0. 25	3. 35	4. 80	0. 51	1. 17	56. 23	4. 86	25. 87	6. 49	1. 98	47. 69	651461. 67	294482. 75	14805. 24
302	2405	300136	信维通信	52. 92	CC	0. 52	4. 58	7. 29	0. 66	1. 10	50. 22	13. 05	18. 58	8. 31	-30. 47	99. 90	1211295. 52	758139. 96	52006. 38
303	2411	603516	淳中科技	52. 88	CC	0. 45	8. 13	6. 37	0. 33	0. 46	27. 08	6. 66	-3. 01	3. 90	-3. 73	98. 33	146225. 67	46809. 61	8310. 54
304	2415	300227	光韵达	52. 85	CC	0. 18	6. 33	6. 11	0. 44	0. 94	35. 33	7. 08	4. 85	18. 67	-11. 48	48. 87	224709. 9	93026. 68	9618. 17
305	2421	002660	茂硕电源	52. 76	CC	0. 24	5. 17	7. 35	0. 94	1. 34	58. 70	8. 29	31. 65	3. 73	6. 92	56. 88	174049. 66	162588. 37	6775. 09
306	2422	002655	共达电声	52. 76	CC	0. 18	6. 50	11. 94	0. 83	1. 49	46. 57	6. 21	-20. 62	19. 66	169. 11	257. 67	116762. 09	93675. 62	6555. 36
307	2426	300706	阿石创	52. 75	CC	0. 12	3. 86	2. 94	0. 54	1. 08	36. 57	2. 32	72. 43	56. 87	16. 01	143. 74	126354. 01	61036. 76	2618. 51
308	2430	300822	贝仕达克	52. 71	CC	0. 8	8. 71	9. 77	0. 69	0. 95	25. 17	130. 94	22. 03	6. 41	-22. 88	66. 00	162056. 06	108097. 72	12514. 71

续 表

序号	A股上市公司评价得分排序	股票代码	股票简称	综合得分	评价等级	每股收益（元）	总资产报酬率（%）	净资产收益率（%）	总资产周转率（次）	流动资产周转率（次）	资产负债率（%）	已获利息倍数	营业收入增长率（%）	资本扩张率（%）	市场投资回报率（%）	股价波动率（%）	年末资产总额（万元）	营业收入（万元）	净利润（万元）
309	2433	605218	伟时电子	52.69	CC	0.25	3.40	3.09	0.83	1.09	22.18	61.26	8.98	2.47	19.18	56.18	146600.66	120051.47	5239.64
310	2436	300884	狄耐克	52.67	CC	0.58	6.72	6.15	0.54	0.58	29.99	109.46	21.06	6.57	-24.58	94.46	185157.82	94172.04	10312.29
311	2440	300433	蓝思科技	52.64	CC	0.42	3.40	3.02	0.58	1.40	44.13	5.31	22.55	1.14	-32.16	108.73	7661117.87	4526814.62	211992.52
312	2443	300842	帝科股份	52.63	CC	0.94	6.50	11.93	1.45	1.58	58.86	4.94	77.96	11.66	23.63	210.33	226532.56	281445.6	9393.57
313	2449	603160	汇顶科技	52.53	CC	1.91	8.00	8.62	0.55	0.85	18.95	38.58	-14.57	8.17	-30.20	80.42	1072720.84	571287.18	85992.3
314	2455	300330	华虹计通	52.48	CC	0.06	1.39	1.08	0.58	0.71	39.62	0.00	14.60	1.98	6.97	63.13	64287.86	37169.77	1016.6
315	2460	300608	思特奇	52.43	CC	0.3	5.60	5.90	0.51	0.82	47.53	2.80	22.67	12.02	51.05	193.13	181349.89	90434.85	6022.05
316	2473	600536	中国软件	52.26	CC	0.15	2.97	5.62	1.06	1.29	69.66	4.75	39.73	14.79	-34.98	91.36	1091912.85	1035158.82	20266.23
317	2486	300046	台基股份	52.16	CC	0.19	5.30	4.19	0.35	0.41	6.90	0.00	-15.26	59.80	-15.29	124.21	110734.78	32900.91	4276.56
318	2487	300166	东方国信	52.15	CC	0.27	4.13	4.21	0.31	0.61	19.91	8.83	18.25	16.46	4.05	59.90	863203.72	246964.64	30664.92
319	2500	000948	南天信息	52.03	CC	0.23	2.48	4.88	0.93	1.08	66.71	6.62	31.92	0.97	54.63	116.72	716542.68	559270.9	11964.83
320	2505	002635	安洁科技	52.00	CC	0.29	3.04	1.59	0.51	1.01	25.83	21.65	33.68	-3.38	-3.89	77.65	779267.8	388379.77	19811.13
321	2511	002065	东华软件	51.98	CC	0.14	2.69	3.19	0.54	0.63	47.29	3.48	18.73	10.81	-6.66	36.23	2107103.29	1088428.86	37838.3
322	2512	600360	华微电子	51.96	CC	0.12	3.35	3.55	0.34	0.76	52.55	2.20	28.60	3.25	11.96	112.10	678702.12	221005.52	11594.28
323	2523	002947	恒铭达	51.87	CC	0.19	2.29	5.13	0.59	0.73	21.52	51.48	75.59	34.44	19.48	109.79	219518.7	113016.95	2982.61
324	2524	002888	惠威科技	51.87	CC	0.17	6.02	5.46	0.59	0.83	10.56	0.00	9.00	1.32	0.61	29.72	48401.37	28947.43	2595.46
325	2527	603068	博通集成	51.85	CC	0.39	2.32	2.24	0.49	0.56	13.13	152.39	35.40	1.91	-32.44	108.79	233260.62	109499.27	5846.36
326	2540	300170	汉得信息	51.79	CC	0.22	5.05	-5.03	0.54	0.78	34.06	4.58	12.74	3.19	16.12	49.45	517041.75	281066.15	18995.47
327	2549	300730	科创信息	51.73	CC	0.24	5.07	5.70	0.64	0.82	39.10	38.05	14.04	8.69	18.33	48.42	82950.78	49677.8	3837.37
328	2554	003015	日久光电	51.66	CC	0.29	7.43	7.06	0.35	0.61	16.68	13.82	-5.60	-0.78	-15.01	76.23	134255.55	48834.36	8236.24
329	2566	688590	新致软件	51.50	CC	0.78	9.56	5.67	0.64	0.71	35.55	7.78	19.38	8.54	8.94	100.07	199246.51	128248.04	14495.96
330	2569	300625	三雄极光	51.49	CC	0.1	0.78	0.46	0.82	1.07	33.50	9.08	15.66	-6.97	7.12	36.14	335281.1	270864.2	2635.63

续 表

序号	A股上市公司评价得分排序	股票代码	股票简称	综合得分	评价等级	每股收益（元）	总资产报酬率（%）	净资产收益率（%）	总资产周转率（次）	流动资产周转率（次）	资产负债率（%）	已获利息倍数	营业收入增长率（%）	资本扩张率（%）	市场投资回报率（%）	股价波动率（%）	年末资产总额（万元）	营业收入（万元）	净利润（万元）
331	2571	603633	徕木股份	51.47	CC	0.18	4.07	4.12	0.37	0.78	41.56	2.97	29.48	2.32	84.29	158.82	189180.96	68554.42	4772.49
332	2576	000670	＊ST盈方	51.43	CC	0	7.27	27.39	1.94	2.82	84.51	4.57	312.88	38.66	0.00	0.00	151433.83	289002.79	5582.92
333	2577	300542	新晨科技	51.42	CC	0.21	7.47	10.72	0.97	1.42	45.80	30.27	-7.66	-16.29	14.18	71.36	111069.17	106110.09	7344.67
334	2578	002600	领益智造	51.39	CC	0.17	4.12	5.33	0.94	1.66	55.43	5.29	7.97	9.29	-38.06	130.81	3554665.14	3038449.42	118370.36
335	2580	300184	力源信息	51.38	CC	0.26	7.94	9.89	2.09	2.52	37.02	17.65	0.79	12.18	46.74	173.14	519648	1044245.07	30640.88
336	2595	603189	网达软件	51.22	CC	0.28	4.91	4.08	0.24	0.36	9.66	24.59	10.44	90.45	12.98	63.42	187435.64	36224.79	6555.78
337	2605	003004	声迅股份	51.16	CC	0.49	5.35	5.00	0.35	0.51	18.21	68.97	0.12	-0.22	-7.99	62.35	86896.51	30834.96	4232.18
338	2606	300455	康拓红外	51.16	CC	0.16	5.02	6.65	0.44	0.55	49.00	16.35	13.49	5.09	-4.72	67.55	321632.14	128830.78	11288.39
339	2607	002952	亚世光电	51.15	CC	0.28	5.11	3.29	0.60	0.70	20.82	1651.04	31.47	-0.40	-6.47	35.60	105248.35	61041.52	4597.71
340	2619	300440	运达科技	51.02	CC	0.21	4.59	5.48	0.42	0.53	42.33	51.30	30.62	-2.48	16.39	84.15	236569.2	90635.26	8541.78
341	2621	600756	浪潮软件	51.00	CC	0.13	0.76	0.39	0.46	0.61	47.88	58.37	37.72	1.95	-16.45	40.73	415519.63	183018.77	4217.52
342	2623	002866	传艺科技	50.99	CC	0.58	6.32	6.70	0.63	0.88	42.93	12.98	8.51	8.99	-27.94	59.19	337899.83	192046.22	16441.67
343	2624	002036	联创电子	50.99	CC	0.11	2.48	-0.02	0.83	1.45	68.56	1.39	40.18	-2.04	132.31	219.33	1296949.58	1055794.26	8668.75
344	2641	600478	科力远	50.82	CC	0.03	2.40	-0.68	0.49	1.82	51.67	1.43	20.14	0.27	66.20	197.33	632800.05	305857.22	516.59
345	2642	002072	＊ST凯瑞	50.82	CC	0.05	10.16	-7.61	0.52	0.97	29.43	2.13	379.62	0.00	37.92	122.57	9009.55	12716.55	867.54
346	2646	300520	科大国创	50.79	CC	0.42	4.07	5.27	0.55	0.91	58.08	6.42	13.74	12.28	0.00	88.75	360771.62	171983.93	10488.09
347	2652	002214	大立科技	50.77	CC	0.29	7.64	5.34	0.34	0.44	11.36	120.49	-26.12	74.96	-20.90	71.93	286150.32	80543	16707
348	2659	000541	佛山照明	50.70	CC	0.19	3.27	2.66	0.52	1.11	35.29	51.49	27.44	-0.57	-6.11	35.07	969959.25	477269.05	26729.74
349	2671	300465	高伟达	50.52	CC	0.28	8.67	18.81	1.32	1.53	52.90	8.43	20.35	21.89	3.58	96.06	150523.7	227896.46	12732.27
350	2678	000034	神州数码	50.46	CC	0.37	2.62	12.09	3.51	4.34	83.01	2.23	32.94	40.69	-24.32	71.32	3895337.88	12238487.56	24977.15
351	2680	300632	光莆股份	50.44	CC	0.26	4.05	1.51	0.41	0.49	21.83	36.57	5.18	2.34	13.47	56.71	252125.51	101421.14	8179.29
352	2683	603232	格尔软件	50.43	CC	0.34	5.16	2.45	0.35	0.40	26.67	1689.53	37.38	4.96	-19.64	64.12	190371.31	61107.17	7981.14

续 表

序号	A股上市公司评价得分排序	股票代码	股票简称	综合得分	评价等级	每股收益（元）	总资产报酬率（%）	净资产收益率（%）	总资产周转率（次）	流动资产周转率（次）	资产负债率（%）	已获利息倍数	营业收入增长率（%）	资本扩张率（%）	市场投资回报率（%）	股价波动率（%）	年末资产总额（万元）	营业收入（万元）	净利润（万元）
353	2693	003005	竞业达	50. 31	CC	1. 17	7. 34	7. 25	0. 34	0. 42	24. 80	210. 22	9. 44	6. 30	-30. 11	105. 42	194408. 38	65739. 57	12369. 32
354	2716	300079	数码视讯	50. 09	CC	0. 07	2. 05	2. 47	0. 23	0. 35	11. 71	1445. 60	4. 16	2. 17	104. 86	258. 89	456995. 2	102770. 42	10773. 34
355	2717	600261	阳光照明	50. 09	CC	0. 23	5. 38	3. 56	0. 68	0. 94	39. 75	29. 42	-11. 55	-6. 08	30. 91	52. 88	614953. 47	426410. 61	31451. 85
356	2719	300348	长亮科技	50. 05	CC	0. 18	6. 87	7. 46	0. 71	0. 99	36. 64	12. 13	1. 37	8. 29	-19. 75	78. 21	236451. 41	157201. 88	12751. 97
357	2737	603496	恒为科技	49. 86	C	0. 26	4. 44	0. 63	0. 49	0. 65	27. 30	7. 69	27. 21	44. 61	-2. 76	60. 06	161468. 85	67820. 57	4954. 18
358	2740	300516	久之洋	49. 85	C	0. 43	5. 11	6. 31	0. 48	0. 60	21. 90	0. 00	0. 88	5. 26	14. 48	98. 80	152633. 56	72909. 6	7809. 45
359	2746	300456	赛微电子	49. 82	C	0. 31	3. 61	0. 36	0. 15	0. 31	21. 52	11. 09	21. 38	58. 73	6. 95	123. 98	723964. 23	92854. 7	18650. 65
360	2750	603595	东尼电子	49. 78	C	0. 16	2. 67	1. 03	0. 49	1. 14	51. 12	1. 59	44. 27	44. 20	79. 99	220. 83	327161. 85	133901. 09	3341. 41
361	2763	688555	泽达易盛	49. 64	C	0. 55	4. 66	4. 68	0. 31	0. 45	27. 44	24. 15	28. 67	2. 61	9. 25	62. 40	117554. 31	32901. 68	4607. 39
362	2769	300605	恒锋信息	49. 57	C	0. 28	5. 11	8. 35	0. 58	0. 69	52. 28	16. 04	21. 95	7. 64	21. 85	89. 89	108959. 25	61234. 37	4703. 71
363	2770	688060	云涌科技	49. 57	C	0. 88	5. 76	5. 08	0. 31	0. 34	6. 18	854. 05	17. 58	5. 99	-5. 66	88. 52	103704. 01	30917. 92	5288. 65
364	2824	300793	佳禾智能	49. 02	C	0. 19	1. 53	0. 34	0. 90	1. 14	34. 30	5. 16	3. 03	85. 66	21. 26	86. 84	344493. 04	273371. 64	5249. 62
365	2825	002642	荣联科技	49. 01	C	0. 08	2. 02	0. 95	1. 17	1. 54	55. 46	5. 51	27. 35	6. 52	19. 66	61. 35	334408. 68	358252. 21	5630. 61
366	2835	000045	深纺织 A	48. 86	C	0. 12	2. 14	1. 39	0. 44	1. 00	27. 89	4. 38	8. 76	1. 65	38. 17	78. 54	549664. 71	229374. 79	7511. 47
367	2843	300279	和晶科技	48. 77	C	0. 14	4. 14	6. 23	0. 74	1. 18	69. 07	2. 68	22. 50	-1. 19	42. 43	108. 95	289227. 18	206036. 75	6136. 01
368	2852	688039	当虹科技	48. 64	C	0. 77	3. 66	3. 37	0. 24	0. 28	14. 73	115. 89	14. 30	3. 99	44. 18	69. 59	179683. 47	41819. 89	6134. 75
369	2853	600288	大恒科技	48. 63	C	0. 21	2. 51	1. 31	0. 71	0. 99	38. 53	11. 93	9. 59	2. 85	34. 54	73. 72	353406. 06	253709. 86	7238. 24
370	2857	300552	万集科技	48. 57	C	0. 22	0. 82	1. 04	0. 31	0. 38	17. 83	17. 91	-43. 17	27. 83	-5. 23	122. 53	332183. 69	94485. 34	4050. 14
371	2873	002288	超华科技	48. 47	C	0. 08	3. 82	6. 13	0. 66	1. 22	54. 77	1. 86	93. 49	4. 34	-13. 37	82. 29	366533. 8	247237. 83	7115. 04
372	2884	300736	百邦科技	48. 24	C	0. 05	2. 84	0. 17	1. 22	1. 52	33. 09	4. 28	-36. 18	-12. 68	44. 58	149. 02	23980. 6	31204. 43	650. 84
373	2894	300120	经纬辉开	48. 15	C	0. 09	2. 14	1. 20	0. 81	1. 70	36. 58	2. 08	6. 12	1. 14	-5. 45	60. 58	409110. 83	330585. 9	5004. 62
374	2911	603881	数据港	47. 89	C	0. 34	3. 68	2. 98	0. 15	0. 71	63. 83	1. 84	32. 55	3. 09	-13. 63	67. 30	824931. 29	120584. 06	9939. 38

续 表

序号	A股上市公司评价得分排序	股票代码	股票简称	综合得分	评价等级	每股收益（元）	总资产报酬率（%）	净资产收益率（%）	总资产周转率（次）	流动资产周转率（次）	资产负债率（%）	已获利息倍数	营业收入增长率（%）	资本扩张率（%）	市场投资回报率（%）	股价波动率（%）	年末资产总额（万元）	营业收入（万元）	净利润（万元）
375	2926	600476	湘邮科技	47.67	C	0.03	1.31	2.28	0.89	1.15	73.77	1.50	35.58	3.36	28.46	56.01	62507.26	46313.84	395.37
376	2928	000158	常山北明	47.65	C	0.08	2.30	-1.53	0.69	1.12	62.82	1.62	10.10	2.22	17.28	175.97	1659783.72	1088160.6	12972.73
377	2929	300047	天源迪科	47.65	C	0.06	2.88	2.37	0.91	1.30	43.96	2.39	6.85	2.12	10.10	67.21	629575.52	561422.35	8175.69
378	2932	688030	山石网科	47.61	C	0.42	3.27	3.64	0.55	0.67	22.49	34.46	41.57	5.69	-22.63	96.15	194353.75	102694.81	7478.29
379	2939	300872	天阳科技	47.53	C	0.44	3.88	2.36	0.62	0.71	22.22	12.99	35.03	4.57	-5.28	61.63	297640.49	177609.3	10179.3
380	2940	603138	海量数据	47.52	C	0.04	0.86	0.03	0.46	0.49	15.53	37.06	6.02	81.29	19.36	120.14	109430.16	42061.37	514.62
381	2941	002771	真视通	47.51	C	0.06	0.88	1.44	0.56	0.65	37.56	13.35	-3.16	1.75	3.28	41.07	114917.7	64101.21	1155.56
382	2948	002388	新亚制程	47.41	C	0.12	3.12	3.51	0.99	1.13	35.78	10.04	13.75	11.32	7.68	52.23	224181.58	231958.68	4954.78
383	2962	002782	可立克	47.21	C	0.05	0.72	3.84	0.82	1.22	29.03	15.17	28.83	0.82	41.79	125.03	207520.23	164892.17	2626.96
384	2964	688126	沪硅产业－	47.20	C	0.06	1.49	-1.32	0.16	0.82	35.45	3.22	36.19	10.00	-20.23	78.98	1625671.27	246683.22	14548.35
385	2971	300235	方直科技	47.11	C	0.14	3.83	2.41	0.16	0.23	3.24	0.00	-8.86	2.10	24.99	106.68	68526.62	11148.9	2271.24
386	2984	300399	天利科技	46.96	C	0.03	1.38	-1.27	0.94	1.12	15.00	0.00	4.48	0.09	-15.76	65.31	56405.43	50839.74	638.3
387	3001	300277	海联讯	46.62	C	0.04	3.33	3.63	0.35	0.37	29.25	333.53	-25.07	-0.18	26.48	80.19	71241.42	25781.68	2228.85
388	3011	300271	华宇软件	46.50	C	0.36	3.65	4.03	0.61	0.91	23.28	91.87	71.40	3.35	-46.23	155.79	894850.38	575184.3	29014.98
389	3012	002885	京泉华	46.49	C	0.11	1.17	-2.48	1.09	1.56	56.71	2.56	45.35	1.06	88.67	251.65	186986.1	190957.42	1771.48
390	3017	300903	科翔股份	46.42	C	0.41	2.31	4.86	0.77	1.17	66.23	8.82	40.60	5.10	-29.20	85.23	356987.19	225259.75	7096.5
391	3019	002376	新北洋	46.40	C	0.22	3.86	4.16	0.43	0.86	39.99	4.09	10.42	-1.25	4.78	42.93	643405.44	264565.01	18064.33
392	3024	002212	天融信	46.30	C	0.2	2.32	1.57	0.29	0.69	18.26	55.36	-41.24	-1.20	-8.26	52.42	1159631.29	335156.64	22607.34
393	3026	600855	航天长峰	46.29	C	0.27	3.15	3.46	0.62	0.73	57.23	23.48	0.81	3.80	9.63	59.83	438644.38	278536.91	10441.35
394	3027	603636	南威软件	46.29	C	0.23	3.64	3.74	0.38	0.71	39.88	10.29	11.51	0.49	0.30	42.31	450645.72	171633.35	15041.97
395	3029	300155	安居宝	46.28	C	0.05	1.37	1.63	0.44	0.57	17.37	12.90	-18.98	7.19	11.84	46.31	174815.62	75939.97	2817.35
396	3030	000020	深华发A	46.28	C	0.03	3.08	1.88	1.19	2.14	47.96	2.52	10.68	2.14	1.45	38.38	65993.32	76561.12	720.19

续 表

序号	A股上市公司评价得分排序	股票代码	股票简称	综合得分	评价等级	每股收益（元）	总资产报酬率（%）	净资产收益率（%）	总资产周转率（次）	流动资产周转率（次）	资产负债率（%）	已获利息倍数	营业收入增长率（%）	资本扩张率（%）	市场投资回报率（%）	股价波动率（%）	年末资产总额（万元）	营业收入（万元）	净利润（万元）
397	3033	002077	大港股份	46.20	C	0.23	4.62	1.38	0.15	0.61	24.12	4.86	-20.54	9.67	30.14	99.10	445534.39	68362.69	15785.76
398	3045	000066	中国长城	46.06	C	0.2	3.71	2.16	0.59	0.92	67.10	2.94	23.15	15.15	-27.54	79.87	3271073.96	1779043.3	68248.89
399	3047	300380	安硕信息	46.05	C	0.08	1.50	0.89	0.89	1.04	39.68	4.59	14.26	-2.89	-2.59	42.05	82618.9	75518	1076.7
400	3049	688288	鸿泉物联	46.01	C	0.3	1.69	1.94	0.36	0.47	17.73	7.36	-11.09	0.05	19.74	101.66	111525.75	40559.53	2646.75
401	3050	300340	科恒股份	46.00	C	0.07	1.77	-0.26	0.96	1.38	84.04	1.11	102.29	1.65	71.01	225.78	442584.82	333064.25	1444.39
402	3052	002380	科远智慧	45.97	C	0.16	1.18	0.74	0.36	0.56	33.99	55.44	35.02	-6.60	9.11	45.29	333743.6	114027.9	3211.59
403	3053	300845	捷安高科	45.96	C	0.39	4.55	4.32	0.29	0.34	19.71	0.00	-6.23	-2.58	-11.16	93.39	93554.36	26816.74	3551.77
404	3056	300895	铜牛信息	45.90	C	0.45	3.89	3.98	0.21	0.39	22.83	24.11	-1.80	3.95	7.44	84.11	154818.6	30395.28	4974.95
405	3081	600071	凤凰光学	45.55	C	0.04	1.13	-0.54	0.90	1.42	67.08	1.07	25.15	2.21	282.89	481.54	184744.43	159274.41	154.6
406	3083	688010	福光股份	45.54	C	0.3	2.67	1.12	0.27	0.50	33.71	4.00	14.82	-1.05	4.19	48.43	269013.86	67464.03	4762.11
407	3089	603773	沃格光电	45.46	C	-0.22	0.20	-1.39	0.45	1.13	37.27	0.33	73.79	1.18	5.21	52.73	260537.04	104999.53	-1724.19
408	3099	601360	三六零	45.37	C	0.13	3.08	1.52	0.25	0.39	16.84	13.52	-6.28	-4.89	-27.36	92.65	4203948.4	1088583.2	84037.5
409	3100	002045	国光电器	45.34	C	0.09	1.03	0.49	1.03	1.55	58.93	1.51	13.20	-2.41	71.23	131.14	484782.96	481538.59	4020.29
410	3104	603629	利通电子	45.30	C	0.58	2.78	2.49	0.68	0.93	49.72	3.49	9.52	55.53	-28.85	173.47	313669.49	180449.57	5724.89
411	3108	300150	世纪瑞尔	45.22	C	0.05	1.54	1.26	0.40	0.58	20.00	12.41	20.99	1.68	4.59	53.38	241920.6	94039.25	2828.8
412	3121	002197	证通电子	44.99	C	0.07	2.34	-0.36	0.19	0.53	53.39	1.20	-5.55	25.54	3.16	47.43	652581.45	125495.2	2590.51
413	3124	300333	兆日科技	44.96	C	0.08	6.17	-4.20	0.23	0.41	5.03	0.00	-6.29	3.88	-5.21	65.71	88374.03	20032.72	4333.11
414	3140	300074	华平股份	44.61	C	0.02	0.99	-1.29	0.25	0.45	32.90	2.20	0.74	3.39	8.76	48.86	179597.38	44862.83	1270.42
415	3146	300323	华灿光电	44.55	C	0.08	1.67	-4.24	0.28	0.66	44.99	1.83	19.37	1.89	2.98	121.62	1168512.75	315624.42	9362.36
416	3151	300131	英唐智控	44.49	C	0.03	4.31	4.43	1.83	2.38	57.90	1.64	-39.16	0.67	1.62	60.71	346197.52	633805.22	1699.2
417	3154	688258	卓易信息	44.45	C	0.49	4.57	2.84	0.22	0.30	20.04	9.05	19.25	0.40	-33.16	89.73	113269.64	23660.41	4221.24
418	3161	603660	苏州科达	44.37	C	0.13	2.73	1.96	0.72	0.90	47.66	2.67	11.03	-0.15	-4.10	44.34	371108.21	261338.27	6352.55

续 表

序号	A股上市公司评价得分排序	股票代码	股票简称	综合得分	评价等级	每股收益（元）	总资产报酬率（%）	净资产收益率（%）	总资产周转率（次）	流动资产周转率（次）	资产负债率（%）	已获利息倍数	营业收入增长率（%）	资本扩张率（%）	市场投资回报率（%）	股价波动率（%）	年末资产总额（万元）	营业收入（万元）	净利润（万元）
419	3164	002362	汉王科技	44.31	C	0.22	5.22	5.66	0.75	0.91	19.60	88.17	3.74	5.33	-30.58	87.34	219252.44	161326.12	10651.64
420	3176	300550	和仁科技	44.06	C	0.13	2.45	2.35	0.30	0.36	23.61	14.93	2.08	3.24	1.22	48.09	152038.81	46419.97	3461.46
421	3181	300546	雄帝科技	44.02	C	0.08	0.98	0.00	0.45	0.56	18.40	17.08	17.08	1.14	25.30	97.41	105113.41	47299.89	1014.46
422	3184	300177	中海达	44.00	C	0.06	2.42	2.10	0.48	0.72	33.43	4.94	1.28	30.68	-5.94	60.13	403847.5	179569.69	5980
423	3193	300545	联得装备	43.88	C	0.13	1.85	1.35	0.41	0.61	42.83	2.11	13.38	70.01	-4.47	62.91	250811.77	88681.1	1922.17
424	3195	300889	爱克股份	43.83	C	0.24	2.02	1.13	0.47	0.52	41.16	9.17	13.90	1.57	-31.40	123.73	265959.47	113214.47	3971.15
425	3199	002195	二三四五	43.67	C	0.07	4.97	4.03	0.09	0.13	6.90	24.75	-23.93	1.54	9.35	54.57	997357.78	93240.93	39749.37
426	3211	300322	硕贝德	43.55	C	0.1	2.30	2.65	0.67	0.98	50.62	3.06	6.26	2.36	8.65	72.94	289792.27	196148.8	5307.29
427	3225	300846	首都在线	43.33	C	0.05	2.52	0.78	0.93	2.89	57.74	1.77	21.00	-12.70	-25.09	180.33	156542.55	122037.12	2432.97
428	3228	688020	方邦股份	43.31	C	0.47	2.70	1.54	0.15	0.23	15.06	24.70	-0.76	0.58	5.55	61.43	192891.38	28635.09	4342.22
429	3249	688023	安恒信息	42.86	C	0.18	-0.71	-3.44	0.50	0.70	35.91	-1.44	37.59	85.98	-10.42	83.33	485176.65	182032.81	1118.96
430	3257	002587	奥拓电子	42.73	C	0.05	1.34	0.64	0.43	0.53	38.13	10.97	17.85	0.07	4.64	69.63	224769.96	96578.6	3241.5
431	3261	688286	敏芯股份	42.68	C	0.23	0.53	-0.09	0.31	0.38	5.01	12.98	6.57	3.47	-30.99	121.52	116217.05	35175.81	1340.96
432	3264	002232	启明信息	42.60	C	0.1	2.16	1.99	0.48	0.59	37.30	521.78	-32.26	2.19	93.14	237.49	211972.56	105119.24	4040.47
433	3272	300448	浩云科技	42.37	C	0.02	0.05	-1.01	0.34	0.52	9.65	0.91	10.43	-1.49	-4.58	65.44	161495.44	56481.17	-831.42
434	3276	300020	银江技术	42.26	C	0.15	2.92	2.10	0.30	0.45	47.18	2.24	-6.48	-0.73	14.49	53.86	658911.97	199968.62	9564.58
435	3281	300808	久量股份	42.18	C	0.05	1.02	0.49	0.45	0.90	23.62	1.80	-10.87	0.16	-2.36	42.20	141568.36	62887.8	831.84
436	3283	300663	科蓝软件	42.10	C	0.08	3.16	2.92	0.57	0.79	48.91	1.86	25.01	2.70	50.05	184.84	228667.03	129846.44	3760.48
437	3289	688058	宝兰德	42.01	C	0.67	2.43	1.24	0.20	0.21	3.99	115.23	9.65	-2.98	-3.66	61.16	99232.71	19983.95	2557.77
438	3293	300053	欧比特	41.97	C	0.06	1.18	0.79	0.18	0.39	21.28	12.83	-19.98	1.32	16.24	65.11	390371.56	69601.06	4259.85
439	3296	002253	川大智胜	41.89	C	0.11	1.58	0.55	0.17	0.46	17.46	11.18	-15.67	-0.17	34.73	72.07	180609.18	30135.16	2436.37
440	3306	002474	榕基软件	41.60	C	0.05	2.16	0.76	0.25	0.38	44.44	2.41	-1.82	1.82	20.98	79.38	291484.05	71721.01	3023.55

续表

序号	A股上市公司评价得分排序	股票代码	股票简称	综合得分	评价等级	每股收益（元）	总资产报酬率（%）	净资产收益率（%）	总资产周转率（次）	流动资产周转率（次）	资产负债率（%）	已获利息倍数	营业收入增长率（%）	资本扩张率（%）	市场投资回报率（%）	股价波动率（%）	年末资产总额（万元）	营业收入（万元）	净利润（万元）
441	3314	603106	恒银科技	41. 28	C	0. 04	0. 45	−1. 26	0. 29	0. 35	33. 61	0. 00	−22. 60	−0. 31	15. 86	45. 54	244852. 09	71498. 11	1901. 73
442	3329	600410	华胜天成	40. 97	C	0. 02	1. 88	−1. 26	0. 41	0. 85	39. 97	1. 92	−2. 62	−7. 12	−21. 44	53. 24	888354. 91	379901	5458. 64
443	3330	300686	智动力	40. 91	C	0. 21	2. 19	2. 75	0. 69	1. 08	39. 01	4. 47	−6. 72	−14. 61	−27. 00	68. 17	283371. 36	216602. 17	5627. 08
444	3332	300559	佳发教育	40. 83	C	0. 21	5. 83	6. 45	0. 27	0. 40	20. 57	104. 57	−37. 37	−10. 16	−34. 56	127. 92	131445. 63	36969. 79	7246. 53
445	3355	688088	虹软科技	40. 19	C	0. 35	5. 20	3. 59	0. 19	0. 22	12. 68	175. 25	−16. 12	−5. 67	−31. 99	97. 25	291129. 15	57302. 46	13813. 17
446	3363	300365	恒华科技	39. 93	C	0. 1	2. 46	2. 49	0. 31	0. 35	22. 32	10. 73	−9. 65	3. 84	19. 05	150. 72	291297. 6	87217. 68	6415. 5
447	3364	300561	汇金科技	39. 93	C	0. 04	1. 84	1. 05	0. 22	0. 42	10. 58	59. 06	−17. 99	−0. 95	−0. 03	48. 91	73660. 76	16723. 12	1389. 65
448	3365	300602	飞荣达	39. 93	C	0. 06	0. 27	−7. 09	0. 60	1. 08	52. 37	0. 37	4. 39	−1. 98	22. 83	116. 61	552934. 25	305800. 87	−2658. 66
449	3375	300324	旋极信息	39. 62	C	−0. 07	−1. 04	−6. 33	0. 47	0. 79	37. 31	−2. 84	13. 37	1. 83	−2. 54	65. 17	671970. 25	317162. 94	−10980. 9
450	3391	603990	麦迪科技	39. 11	C	0. 26	4. 10	2. 96	0. 25	0. 32	16. 45	8. 67	14. 86	−11. 68	−33. 54	161. 18	131234. 5	35384. 65	4350. 47
451	3393	300366	创意信息	39. 05	C	−0. 04	−0. 38	−3. 27	0. 53	0. 64	40. 17	−0. 36	−6. 96	40. 07	35. 12	204. 50	377359. 06	186687. 67	−4761. 52
452	3395	300302	同有科技	39. 00	C	−0. 02	−0. 46	−1. 39	0. 22	0. 50	17. 11	−0. 74	17. 91	5. 89	−6. 62	77. 19	181195. 47	39090. 87	−1207. 74
453	3398	603869	新智认知	38. 88	C	0. 04	0. 51	0. 58	0. 16	0. 23	21. 45	1. 42	−20. 28	0. 38	12. 95	63. 79	510472. 27	93660. 37	2716. 64
454	3400	002153	石基信息	38. 84	C	−0. 32	−3. 30	−4. 83	0. 30	0. 50	15. 54	−50. 53	−3. 09	−3. 19	33. 15	95. 38	1050297. 7	321469. 89	−41338. 45
455	3442	002981	朝阳科技	37. 66	C	−0. 43	−3. 89	−5. 59	1. 00	1. 60	43. 01	−11. 26	44. 75	−5. 56	−15. 67	56. 18	138489. 38	130961. 86	−4159. 5
456	3444	002970	锐明技术	37. 54	C	0. 18	0. 95	−0. 70	0. 74	0. 96	34. 30	4. 33	6. 45	−3. 61	−28. 26	99. 37	231927. 33	171270. 65	1570. 91
457	3447	300368	汇金股份	37. 46	C	0. 05	5. 33	−2. 96	0. 44	0. 61	73. 38	1. 55	17. 17	−4. 87	−16. 98	73. 03	366470. 27	159254. 69	4142. 15
458	3449	688095	福昕软件	37. 37	C	0. 96	1. 66	−0. 77	0. 17	0. 19	10. 30	73. 77	15. 48	−5. 23	−38. 00	149. 99	317394. 76	54112. 13	4591. 9
459	3450	002657	中科金财	37. 35	C	−0. 27	−2. 77	−3. 67	0. 53	0. 89	26. 39	−45. 68	−8. 66	−4. 16	19. 64	45. 58	293654. 61	160609. 5	−9269. 37
460	3451	002217	合力泰	37. 29	C	0. 02	2. 41	−8. 36	0. 54	0. 85	64. 16	1. 00	−5. 37	0. 60	−12. 10	36. 95	2930951. 42	1623259. 72	11031. 29
461	3486	300168	万达信息	36. 05	C	0. 06	2. 76	−1. 15	0. 50	0. 92	78. 47	1. 43	16. 78	3. 53	−35. 03	129. 74	714476. 75	351311. 4	4335. 63
462	3489	002681	奋达科技	35. 99	C	0. 03	−5. 99	−1. 19	0. 83	1. 59	54. 37	−7. 35	17. 81	−0. 51	−4. 89	110. 66	490666. 62	416784. 96	−201. 95

续 表

序号	A股上市公司评价得分排序	股票代码	股票简称	综合得分	评价等级	每股收益（元）	总资产报酬率（%）	净资产收益率（%）	总资产周转率（次）	流动资产周转率（次）	资产负债率（%）	已获利息倍数	营业收入增长率（%）	资本扩张率（%）	市场投资回报率（%）	股价波动率（%）	年末资产总额（万元）	营业收入（万元）	净利润（万元）
463	3497	688500	慧辰股份	35.78	C	-0.51	-3.21	-5.59	0.33	0.39	15.88	-45.15	22.25	-3.28	-0.05	45.47	145050.16	47598.2	-3889.82
464	3498	002766	*ST索菱	35.72	C	-0.79	-2.02	2808.70	0.43	0.71	53.26	-0.10	-25.77	0.00	42.56	117.43	137827.15	76195.76	-67396.81
465	3502	300868	杰美特	35.63	C	0.21	1.51	-0.42	0.33	0.38	22.53	7.07	-16.35	-1.91	-31.64	107.35	228141.69	71499.38	2642.02
466	3527	300419	浩丰科技	34.57	C	-0.09	-2.57	-5.54	0.43	0.50	44.15	0.00	-3.56	-7.09	19.81	72.46	142995.93	61716.36	-3486.99
467	3533	300032	金龙机电	34.29	C	-0.13	-4.36	-6.15	0.73	1.42	61.37	-4.20	8.39	-7.20	24.43	78.84	287841.54	188842.67	-10836.15
468	3536	300386	飞天诚信	34.24	C	-0.12	-3.02	-3.01	0.38	0.52	10.13	-41.39	-13.26	-3.94	-2.12	94.31	203881.38	77930.52	-4734.92
469	3550	300799	左江科技	33.71	C	0.06	-0.09	-0.30	0.15	0.17	8.87	-0.82	-41.04	2.78	79.16	133.21	79503.83	11834.89	109.71
470	3553	600654	ST中安	33.60	C	-1.17	-30.11	142.78	0.58	1.00	135.92	-6.46	-16.40	-1660.41	48.19	85.04	402265.37	251999.11	-149535.71
471	3554	002861	瀛通通讯	33.59	C	-0.23	-1.58	-4.37	0.61	1.13	38.10	-1.61	-13.35	-4.01	-10.03	63.33	166734.69	104665.63	-3634.71
472	3558	300551	古鳌科技	33.47	C	0.05	2.69	-5.13	0.18	0.28	38.64	35.89	-40.60	1.85	-9.24	43.14	104939.95	17349.85	1475.3
473	3568	600666	*ST瑞德	33.07	C	-0.39	-15.87	481.01	0.25	0.71	111.03	-3.32	34.67	-466.52	60.61	134.51	262488.13	69969.34	-48328.88
474	3570	300331	苏大维格	33.06	C	-1.44	-10.07	-21.89	0.52	0.86	44.18	-9.55	24.74	27.70	58.04	125.39	359115.9	173679.35	-36080.72
475	3577	002912	中新赛克	32.70	C	0.33	1.11	-0.34	0.31	0.37	22.37	113.44	-27.27	-4.29	-41.37	126.69	216377.94	69387.75	5626.83
476	3587	600152	维科技术	32.40	C	-0.28	-2.48	-9.56	0.58	0.99	50.78	-3.28	18.94	39.15	21.40	104.28	403325.4	207543.82	-12900.53
477	3594	600100	同方股份	32.05	C	-0.61	-1.11	-10.61	0.46	0.90	67.06	-0.58	9.84	-0.98	-1.15	32.03	6178540.26	2845634.96	-187041.52
478	3604	600797	浙大网新	31.71	C	-0.62	-8.10	-15.39	0.65	1.46	44.09	-8.13	11.60	-14.64	-0.12	31.65	667897.74	424551.71	-61442.4
479	3605	002383	合众思壮	31.63	C	-0.13	2.16	-40.03	0.34	0.65	66.43	0.65	24.69	-6.17	8.22	74.12	498672.19	210754.62	-10127.04
480	3614	300270	中威电子	31.08	C	-0.17	-5.50	-7.04	0.23	0.35	24.07	-58.78	16.53	-5.15	17.25	90.66	99033.6	24302.94	-5159.72
481	3618	300076	GQY视讯	30.68	C	-0.02	-0.70	-1.90	0.12	0.14	8.73	-73.98	-26.26	-0.42	27.09	101.83	112573.98	13245.21	-783.07
482	3622	002055	得润电子	30.56	C	-1.26	-4.89	-24.75	0.78	1.29	64.66	-1.99	4.33	40.61	7.74	96.22	996879.51	758675.51	-71762.18
483	3624	300287	飞利信	30.43	C	-0.18	-8.60	-12.44	0.49	0.83	37.63	-94.75	75.98	-11.29	54.01	152.99	341818.96	170992.12	-25741.68
484	3625	000536	华映科技	30.42	C	-0.08	0.58	-9.72	0.26	1.15	53.39	0.26	37.37	-3.78	-21.12	70.90	1149821.22	301372.94	-20474.93

续 表

序号	A股上市公司评价得分排序	股票代码	股票简称	综合得分	评价等级	每股收益（元）	总资产报酬率（%）	净资产收益率（%）	总资产周转率（次）	流动资产周转率（次）	资产负债率（%）	已获利息倍数	营业收入增长率（%）	资本扩张率（%）	市场投资回报率（%）	股价波动率（%）	年末资产总额（万元）	营业收入（万元）	净利润（万元）
485	3628	300479	神思电子	30.25	C	-0.95	-17.75	-24.72	0.37	0.56	23.35	-32.54	-2.52	17.23	31.94	172.63	104763.64	36614.19	-17645.68
486	3630	002279	久其软件	30.17	C	-0.19	-3.47	-13.52	1.02	1.66	62.83	-2.19	-4.00	-13.10	11.30	50.01	262782.57	270860.56	-13213.51
487	3634	600198	大唐电信	30.12	C	-0.05	4.15	-38.54	0.34	0.61	62.40	1.90	8.58	0.00	-13.47	119.15	456030.88	131079.93	7196.23
488	3640	300752	隆利科技	29.94	C	-0.54	-5.19	-12.58	0.78	1.12	57.92	-7.37	-1.81	22.80	5.84	181.67	256988.89	197592.94	-10702.02
489	3647	600203	福日电子	29.79	C	-0.50	-2.16	-10.84	1.82	2.46	71.55	-2.24	42.96	23.72	8.94	71.39	1225963.6	1863372.72	-30972.12
490	3653	002289	宇顺电子	29.67	C	-0.09	-6.19	-9.34	0.51	0.77	24.36	-20.86	31.87	-8.72	-8.87	112.63	35991.21	18385.97	-2600.67
491	3656	300657	弘信电子	29.59	C	-0.63	-5.42	-19.12	0.68	1.22	64.88	-3.31	21.15	1.02	19.13	120.17	479726.66	319521.52	-28354.2
492	3658	002855	捷荣技术	29.52	C	-0.98	-8.94	-17.12	1.08	1.83	58.59	-27.65	9.52	-16.58	-4.62	38.22	281899.49	309181.69	-24993.14
493	3659	300220	金运激光	29.50	C	-0.42	-15.55	-35.64	0.82	1.46	60.21	-18.10	76.27	-29.05	18.87	160.04	39491.75	34692.74	-6433.46
494	3668	688561	奇安信-U	29.32	C	-0.82	-4.04	-7.90	0.45	0.69	26.50	-17.04	39.60	-1.11	-31.43	75.35	1348291.93	580907.56	-55396.97
495	3673	002161	远望谷	29.15	C	-0.09	-2.27	-5.67	0.18	0.43	47.15	-1.71	3.85	-3.65	-1.93	50.18	274977.13	49224.74	-6832.74
496	3691	002369	卓翼科技	28.29	C	-0.29	-4.77	-13.67	0.84	2.17	58.01	-3.83	-17.94	-11.88	63.13	128.56	291195.32	249522.74	-16478.58
497	3692	002308	威创股份	28.28	C	-0.44	-15.39	-19.58	0.28	0.35	17.99	-49.47	7.46	-17.84	-1.91	63.90	234609.5	68864.33	-39650.87
498	3702	300311	任子行	28.02	C	-0.06	-3.05	-6.32	0.41	0.65	46.30	-31.50	-20.81	-5.16	49.93	172.12	170895.92	69530.6	-5211.22
499	3717	002005	ST 德豪	27.61	C	-0.30	-14.11	-21.21	0.55	1.45	54.09	-153.13	-6.21	-19.19	75.67	153.17	343001.08	207848.03	-53528.56
500	3735	300290	荣科科技	26.97	C	-0.65	-17.65	-27.85	0.42	0.69	42.19	-37.26	3.73	-23.18	50.26	101.55	187462.97	81730.97	-39425.86
501	3737	000004	国华网安	26.81	C	-3.16	-37.53	-43.30	0.22	0.50	14.62	-1340.69	3.00	-34.91	1.04	75.54	111057	28894.42	-50857.45
502	3740	688158	优刻得-W	26.77	C	-1.50	-13.99	-21.92	0.64	1.13	42.28	-71.66	18.17	-16.90	-41.64	100.55	469819.92	290124.73	-63757.61
503	3741	002076	＊ST 雪莱	26.75	C	-0.23	-18.28	160.46	0.25	0.66	136.46	-1.92	-53.49	0.00	2.19	51.07	56210.84	15548.5	-17441.8
504	3747	300301	长方集团	26.61	C	-0.47	-10.51	-45.02	0.72	1.56	53.68	-6.33	22.73	-31.98	-6.50	63.77	169924.55	159904.43	-37001.97
505	3754	688365	光云科技	26.41	C	-0.15	-5.96	-8.75	0.39	0.71	24.97	-42.02	6.94	-1.63	-41.55	162.58	148602.07	54533.91	-6757.47
506	3761	002177	御银股份	26.21	C	-0.08	-2.69	-1.44	0.05	0.15	7.04	-18.86	-50.94	-4.07	17.73	142.39	175949.95	8946.34	-6176.13

续 表

序号	A股上市公司评价得分排序	股票代码	股票简称	综合得分	评价等级	每股收益（元）	总资产报酬率（%）	净资产收益率（%）	总资产周转率（次）	流动资产周转率（次）	资产负债率（%）	已获利息倍数	营业收入增长率（%）	资本扩张率（%）	市场投资回报率（%）	股价波动率（%）	年末资产总额（万元）	营业收入（万元）	净利润（万元）
507	3769	002512	达华智能	25.93	C	−0.47	−10.73	−32.12	0.52	1.33	68.72	−5.27	5.97	−0.33	2.52	68.62	432556.79	224109.93	−51916.62
508	3772	300807	天迈科技	25.91	C	−0.55	−6.31	−8.12	0.30	0.44	24.11	−40.63	7.76	−5.51	−8.95	69.61	79279.35	23275.75	−3776.34
509	3774	300167	迪威迅	25.86	C	−0.56	−20.03	−41.92	0.41	0.56	57.30	−10.89	25.69	−32.78	15.41	118.72	74502.62	31685.41	−16980.14
510	3780	002387	维信诺	25.64	C	−1.20	−4.42	−11.49	0.12	0.63	54.60	−2.25	32.32	−9.88	−15.64	60.50	3867138.52	454447.06	−198510.11
511	3782	300212	易华录	25.52	C	−0.25	1.15	−5.45	0.14	0.21	68.44	0.53	−28.01	−2.68	15.18	85.34	1439070.47	202010.97	−14299.92
512	3795	300045	华力创通	25.15	C	−0.37	−9.64	−14.16	0.29	0.44	31.29	−30.55	3.10	−13.35	17.58	81.10	220523.77	66504.57	−22702.86
513	3811	300264	佳创视讯	24.58	C	−0.26	−28.92	−55.93	0.39	0.52	52.18	−22.62	7.22	−41.05	205.95	319.86	30296.92	13628.04	−10561.29
514	3813	300300	海峡创新	24.54	C	−0.54	−21.21	−32.58	0.28	0.59	66.02	−11.57	34.07	−40.38	3.50	88.27	159643.7	47407.95	−36535.88
515	3816	002331	皖通科技	24.40	C	−0.22	−3.14	−4.95	0.36	0.47	30.24	−89.32	−36.09	−4.76	−23.98	146.09	278571.19	100726.36	−8332.29
516	3818	603528	多伦科技	24.31	C	−0.27	−4.79	−10.65	0.25	0.40	42.30	−3.14	12.44	−9.38	−19.52	76.57	294223.61	71466.13	−17508.65
517	3824	002530	金财互联	24.08	C	−0.51	−11.37	−18.80	0.38	0.72	37.81	−20.70	18.83	−17.39	−22.74	123.99	303795.09	120190	−38068.53
518	3827	300085	银之杰	24.05	C	−0.40	−14.33	−24.04	0.64	1.03	39.75	−14.74	−14.55	−29.41	−8.43	47.70	163005.22	118813.76	−27623.86
519	3829	003007	直真科技	23.97	C	−0.68	−6.69	−10.16	0.32	0.42	19.42	−321.84	−24.62	−10.96	−11.71	66.96	101169.96	33435.98	−7195.79
520	3834	002421	达实智能	23.89	C	−0.26	−5.49	−18.69	0.38	0.63	68.31	−6.21	−1.46	−15.47	8.66	36.65	849015.9	316399.86	−50282.35
521	3840	300128	锦富技术	23.74	C	−0.32	−11.79	−31.35	0.45	0.94	52.95	−9.15	−28.74	−26.93	21.79	54.80	198216.02	97216.02	−34493.58
522	3848	300096	易联众	23.46	C	−0.25	−7.67	−18.85	0.50	0.83	53.67	−10.13	−17.13	−14.76	25.78	96.17	167009.81	87100.08	−13060.71
523	3854	600651	飞乐音响	23.27	C	−0.18	−3.39	−16.39	0.54	0.98	70.05	−2.41	3.11	−18.94	2.14	50.40	769605.45	457148.27	−45131.31
524	3863	300588	熙菱信息	23.10	C	−0.51	−9.16	−24.12	0.15	0.17	51.50	−22.31	−46.27	71.76	64.79	202.02	99532.19	14533.85	−8545.86
525	3865	300256	＊ST 星星	23.02	C	−1.45	−26.83	2397.47	0.61	1.12	90.06	−6.96	−37.76	0.00	−44.78	174.21	322707.96	321835.19	−142346.32
526	3869	300647	超频三	22.96	C	−0.40	−9.48	−21.92	0.33	0.62	46.94	−5.30	−4.88	60.77	−28.94	85.96	208856.69	57958.56	−18938.04
527	3873	002808	恒久科技	22.83	C	−0.61	−25.27	−35.74	0.34	0.48	31.00	−52.07	−51.17	−30.27	12.00	55.89	60920.07	23767.65	−17671.23
528	3884	002280	联络互动	22.22	C	−0.18	−2.05	−12.90	1.62	2.71	80.37	−1.55	2.43	−18.11	255.59	293.67	1075049.99	1654870.11	−30872.98

续 表

序号	A股上市公司评价得分排序	股票代码	股票简称	综合得分	评价等级	每股收益（元）	总资产报酬率（%）	净资产收益率（%）	总资产周转率（次）	流动资产周转率（次）	资产负债率（%）	已获利息倍数	营业收入增长率（%）	资本扩张率（%）	市场投资回报率（%）	股价波动率（%）	年末资产总额（万元）	营业收入（万元）	净利润（万元）
529	3890	300352	北信源	22.02	C	-0.30	-18.61	-22.39	0.24	0.35	38.87	-90.79	5.36	-20.74	14.45	115.30	283085.09	67515.4	-44818.55
530	3895	300115	长盈精密	21.67	C	-0.50	-3.16	-13.36	0.72	1.24	65.50	-2.02	12.74	-16.03	-25.35	104.17	1697884.98	1104651.5	-66533.92
531	3913	002528	英飞拓	21.16	C	-1.20	-19.46	-49.48	0.42	0.66	61.85	-16.11	-43.95	-38.94	8.76	39.12	608289.88	293566.2	-144002.84
532	3915	002456	欧菲光	21.09	C	-0.91	-7.48	-29.81	0.78	1.27	60.68	-4.13	-52.75	7.65	-28.78	112.85	2463718.53	2284394.29	-282756.75
533	3924	300523	辰安科技	20.68	C	-0.68	-4.43	-8.69	0.48	0.57	52.54	-8.88	-6.71	-7.82	-25.85	66.91	343177.68	153932.91	-13171.34
534	3937	002316	亚联发展	20.29	C	-0.70	-9.51	-191.95	0.85	1.45	98.03	-4.13	-41.05	-87.93	34.41	129.54	208226.83	193324.3	-27502.61
535	3940	688256	寒武纪-U	20.08	C	-2.06	-11.48	-17.98	0.10	0.11	14.44	-241.12	57.12	-7.02	-35.08	161.31	698914.63	72104.53	-82981.45
536	3969	603679	华体科技	18.31	C	-0.39	-4.00	-9.08	0.39	0.64	48.82	-4.20	-15.99	-8.01	-36.63	99.57	141586.35	59007.63	-5460.95
537	3980	002417	*ST深南	17.75	C	-0.43	-40.36	-55.83	0.34	0.46	29.29	-673.44	-78.03	-43.62	-24.47	110.92	22078.64	10585.35	-12079.15
538	3984	300078	思创医惠	17.51	C	-0.87	-14.14	-31.16	0.20	0.39	54.67	-7.44	-33.93	-26.22	-7.87	56.21	486353.08	96154.99	-73357.34
539	3988	002992	宝明科技	17.34	C	-1.98	-12.84	-27.80	0.45	0.75	52.92	-14.76	-19.08	-26.70	-27.21	95.13	235448.86	111536.8	-35489.95
540	3995	002618	*ST丹邦	17.02	C	-0.40	-8.72	-24.50	0.07	1.01	42.77	-2.00	138.58	1.98	-45.04	206.88	163120.31	11624.47	-22114.72
541	3998	000413	东旭光电	16.94	C	-0.49	-2.42	-10.17	0.09	0.17	58.60	-1.02	-20.10	-9.60	-5.49	47.20	6248560	563194.32	-286201.14
542	4001	300469	信息发展	16.75	C	-0.39	-4.62	-46.97	0.42	0.75	77.73	-3.14	-26.24	-26.03	51.06	116.82	97789.13	42188.7	-7471.41
543	4016	002547	春兴精工	15.87	C	-0.92	-17.46	-70.25	0.43	0.81	88.36	-13.77	-48.12	-59.52	2.02	79.74	620458.07	267329.53	-110431.47
544	4025	300367	*ST网力	15.28	C	-0.92	-37.96	150.54	0.04	0.10	172.62	-7.39	-60.48	-843.22	-31.97	91.97	208075.61	10924.65	-110136.76
545	4038	688086	紫晶存储	14.43	C	-1.20	-9.57	-6.89	0.17	0.25	40.29	-23.58	-6.69	-14.29	-43.72	138.37	263894.54	45793.58	-23089.71
546	4040	300462	华铭智能	14.33	C	-1.01	-8.19	-14.10	0.24	0.30	33.65	-18.33	-52.50	-12.13	-30.34	114.38	226594.25	59362.45	-18982.25
547	4043	688051	佳华科技	14.18	C	-1.67	-7.34	-10.77	0.25	0.39	28.63	-31.81	-28.63	-11.43	-32.89	130.76	185819.55	48634.77	-12928.39
548	4048	300209	天泽信息	13.85	C	-6.42	-92.92	-154.54	0.61	0.90	68.73	-109.25	-64.91	-87.17	-10.30	129.42	127621.96	176397.58	-270594.04
549	4049	600601	ST方科	13.74	C	-0.55	-11.26	-3850.45	0.63	1.34	108.46	-3.69	-9.06	-192.36	-33.97	97.21	815225.72	543161.36	-121384.25
550	4055	688229	博睿数据	13.22	C	-1.64	-10.91	-10.32	0.16	0.17	5.77	-658.02	-4.13	-8.19	-49.49	199.45	81927.53	13310.78	-7295.75

续 表

序号	A股上市公司评价得分排序	股票代码	股票简称	综合得分	评价等级	每股收益（元）	总资产报酬率（%）	净资产收益率（%）	总资产周转率（次）	流动资产周转率（次）	资产负债率（%）	已获利息倍数	营业收入增长率（%）	资本扩张率（%）	市场投资回报率（%）	股价波动率（%）	年末资产总额（万元）	营业收入（万元）	净利润（万元）
551	4058	002869	金溢科技	13.13	C	-1.08	-8.27	-8.89	0.11	0.15	14.54	-130.51	-80.71	-4.11	-50.48	196.57	265758.43	30155.51	-19273.25
552	4076	300044	*ST赛为	10.36	C	-0.45	-6.17	-58.38	0.26	0.46	68.76	-2.87	-23.83	-17.38	-46.29	229.34	332015.76	103239.47	-35486.7
553	4081	000606	ST顺利	9.51	C	-0.82	-63.13	-565.27	0.21	0.30	150.16	-186.18	-74.22	-154.31	-24.08	148.13	43319.17	19964.83	-62915.19
554	4082	300449	汉邦高科	9.18	C	-2.53	-74.73	-139.49	0.29	0.60	74.30	-44.55	-31.01	-82.35	-35.17	101.67	62896.24	29242.86	-75434.05
555	4093	300202	*ST聚龙	7.87	C	-0.75	-17.50	-11.30	0.16	0.22	25.71	-16.27	-41.65	-25.40	-41.84	171.65	163440.54	33018.1	-40889.42
556	4097	300010	豆神教育	6.19	C	-0.68	-12.91	-189.93	0.28	0.55	98.45	-4.25	-19.05	-93.57	-52.28	248.31	354888.99	112211.73	-71093.08
557	4100	300297	*ST蓝盾	3.20	C	-1.24	-19.85	-76.58	0.04	0.07	79.67	-4.77	-72.47	-56.12	-27.46	96.32	624883.7	28785.39	-160562.33
558		688661	和林微纳	76.60	A	1.38	25.43	25.13	0.80	1.16	17.87	2461.79	61.35	251.93	143.76	124.37	69543.23	37009.97	10334.73
559		300996	普联软件	74.99	BBB	1.10	17.85	18.60	0.70	0.77	17.59	243.03	37.86	127.59	-8.14	43.28	112570.22	58193.25	13639.2
560		688201	信安世纪	74.44	BBB	1.81	17.66	18.52	0.58	1.00	15.08	278.88	26.02	139.86	67.99	61.48	120865.36	52460.44	14585.66
561		688296	和达科技	73.84	BBB	1.09	14.73	15.29	0.68	0.76	23.08	363.93	39.61	106.26	114.42	45.37	95197.09	50728.44	10136.58
562		688601	力芯微	73.62	BBB	2.84	22.54	22.15	1.01	1.06	12.51	1284.89	42.50	201.42	-15.33	49.06	111732.84	77356.46	16136.02
563		688385	复旦微电	72.58	BBB	0.69	16.89	17.85	0.75	1.05	19.16	127.66	52.42	59.41	-20.73	50.26	416501.42	257726.23	55932.47
564		688800	瑞可达	70.35	BBB	1.23	10.31	13.83	0.72	0.89	35.08	65.14	47.73	86.80	115.87	118.13	153687.76	90172.35	11379.13
565		688766	普冉股份	70.19	BBB	9.64	22.64	23.51	0.88	0.93	4.58	4039.44	53.75	393.84	-77.66	54.33	202471.81	110292.4	29115.06
566		688689	银河微电	69.36	BB	1.12	14.44	15.67	0.76	1.03	22.72	584.89	36.40	86.49	17.85	156.56	139042.97	83235.4	14087.13
567		688798	艾为电子	69.15	BB	2.09	11.03	12.01	0.85	1.08	16.27	37.60	61.86	879.60	-52.00	28.84	445247.13	232700.14	28834.91
568		688683	莱尔科技	68.88	BB	0.50	9.99	8.69	0.58	0.90	13.63	53.31	13.52	68.46	79.85	125.63	96736.59	45504.23	6774.48
569		603171	税友股份	68.26	BB	0.60	7.37	8.31	0.51	0.70	30.60	347.63	4.14	36.71	99.24	75.21	349853.59	160476.15	23042.96
570		688662	富信科技	67.98	BB	1.09	14.32	14.76	1.00	1.23	19.94	551.86	11.57	104.46	16.07	76.47	89592.31	69666.1	8975.79
571		688655	迅捷兴	67.61	BB	0.52	9.81	11.25	0.79	1.30	23.80	81.76	26.04	68.77	-3.03	31.97	85069.12	56406.72	6407.53
572		300951	博硕科技	66.87	BB	3.09	20.36	19.43	0.59	0.70	11.87	89.52	21.78	393.19	-37.52	67.01	218483.5	83592.1	24510.9

续 表

序号	A股上市公司评价得分排序	股票代码	股票简称	综合得分	评价等级	每股收益（元）	总资产报酬率（%）	净资产收益率（%）	总资产周转率（次）	流动资产周转率（次）	资产负债率（%）	已获利息倍数	营业收入增长率（%）	资本扩张率（%）	市场投资回报率（%）	股价波动率（%）	年末资产总额（万元）	营业收入（万元）	净利润（万元）
573		300941	创识科技	66. 28	BB	0. 81	12. 55	11. 75	0. 45	0. 46	9. 45	545. 93	-31. 52	162. 90	6. 33	112. 70	130409. 99	42036. 54	10602. 91
574		688216	气派科技	65. 80	BB	1. 45	10. 61	16. 34	0. 56	1. 48	45. 72	49. 60	47. 69	83. 52	-41. 25	61. 08	184521	80936. 37	13458. 74
575		688232	新点软件	65. 45	BB	1. 98	12. 97	16. 33	0. 65	0. 71	19. 50	1401. 85	31. 56	494. 34	-61. 76	11. 90	646881. 83	279443. 86	50410. 35
576		300976	达瑞电子	65. 50	BB	3. 23	11. 43	10. 61	0. 55	0. 72	8. 03	536. 51	26. 54	257. 12	-27. 24	45. 87	333476. 37	121416. 62	22220. 54
577		688230	芯导科技	65. 42	BB	2. 48	10. 58	9. 73	0. 40	0. 41	2. 82	3197. 17	29. 13	1363. 59	-178. 56	16. 88	214822. 6	47564. 95	11452. 63
578		688110	东芯股份	65. 42	BB	0. 77	12. 27	12. 06	0. 46	0. 48	5. 10	185. 09	44. 62	522. 17	-43. 66	2. 60	417842. 8	113428. 13	28409. 13
579		688711	宏微科技	65. 23	BB	0. 84	8. 83	7. 65	0. 65	0. 89	31. 56	25. 44	66. 04	277. 22	95. 40	83. 61	128071. 49	55063. 61	6824. 59
580		301221	光庭信息	64. 95	B	1. 05	6. 25	5. 48	0. 32	0. 40	7. 57	814. 83	29. 26	341. 54	37. 85	1. 02	215353. 21	43219. 7	7660. 17
581		605588	冠石科技	64. 92	B	1. 62	11. 45	12. 87	1. 33	1. 76	25. 27	22. 30	26. 34	148. 09	-22. 92	45. 34	124743. 95	139669. 19	9865. 61
582		688195	腾景科技	64. 64	B	0. 43	7. 49	6. 28	0. 37	0. 68	17. 09	14. 54	12. 44	101. 71	70. 25	134. 09	100930. 23	30274. 98	5228. 18
583		688728	格科微	63. 69	B	0. 54	16. 30	23. 43	0. 74	1. 02	43. 25	12. 32	8. 44	177. 66	-39. 84	25. 39	1330364. 57	700056. 13	125844. 71
584		301045	天禄科技	63. 47	B	1. 07	12. 33	14. 87	1. 05	1. 65	24. 36	77. 64	24. 22	121. 52	-64. 07	36. 42	109490. 52	88989. 07	9233. 74
585		301185	鸥玛软件	63. 28	B	0. 68	11. 33	10. 80	0. 27	0. 34	11. 53	0. 00	36. 06	110. 21	-114. 56	15. 97	107654. 64	20978. 1	8071. 93
586		300939	秋田微	62. 71	B	1. 40	11. 98	10. 87	1. 09	1. 28	17. 64	419. 09	34. 88	185. 68	-32. 38	101. 15	142622. 75	111148. 53	10966. 39
587		688083	中望软件	62. 23	B	3. 13	10. 70	6. 02	0. 33	0. 38	9. 78	125. 21	35. 65	472. 94	-26. 60	126. 81	311731. 89	61868. 07	18165. 02
588		301086	鸿富瀚	62. 16	B	2. 88	11. 32	11. 86	0. 52	0. 71	16. 29	21. 56	13. 66	413. 76	-54. 60	17. 45	212688. 94	73955. 34	13622. 15
589		688049	炬芯科技	61. 78	B	0. 89	7. 31	5. 63	0. 46	0. 48	5. 89	229. 09	28. 23	310. 39	-128. 62	11. 84	181925. 98	52626. 72	8394. 78
590		301099	雅创电子	61. 62	B	1. 50	14. 06	15. 33	1. 49	1. 59	29. 47	9. 98	29. 16	131. 52	98. 79	14. 78	118914. 26	141784. 74	9289. 09
591		301021	英诺激光	60. 60	B	0. 56	8. 63	6. 77	0. 41	0. 56	11. 47	37. 36	15. 32	64. 49	-16. 22	42. 75	110206. 21	39097. 62	7606. 85
592		688103	国力股份	59. 98	CCC	0. 94	7. 55	8. 35	0. 47	0. 64	26. 08	58. 04	25. 76	59. 50	-18. 67	33. 32	128770. 57	50905. 03	7343. 69
593		301180	万祥科技	59. 79	CCC	0. 48	14. 36	20. 18	0. 90	1. 45	36. 71	31. 17	19. 85	115. 48	-144. 80	21. 65	180717. 41	133144. 94	17587. 64
594		300991	创益通	59. 79	CCC	0. 89	9. 02	13. 16	0. 56	1. 33	39. 82	52. 13	8. 11	96. 90	-40. 36	43. 72	108389. 09	49919. 87	7168. 77

续 表

序号	A股上市公司评价得分排序	股票代码	股票简称	综合得分	评价等级	每股收益（元）	总资产报酬率（%）	净资产收益率（%）	总资产周转率（次）	流动资产周转率（次）	资产负债率（%）	已获利息倍数	营业收入增长率（%）	资本扩张率（%）	市场投资回报率（%）	股价波动率（%）	年末资产总额（万元）	营业收入（万元）	净利润（万元）
595		301067	显盈科技	59. 25	CCC	1. 22	8. 78	9. 91	0. 79	0. 96	23. 51	17. 63	7. 31	340. 75	-57. 89	24. 94	107578. 64	56929. 23	5350. 07
596		605398	新炬网络	59. 13	CCC	1. 19	8. 30	8. 05	0. 62	0. 63	22. 23	42. 33	5. 43	134. 91	-36. 19	90. 03	125549. 95	59143. 67	6934. 54
597		301051	信濠光电	59. 00	CCC	2. 34	6. 12	6. 71	0. 62	1. 04	31. 43	11. 68	40. 80	299. 34	-33. 71	48. 46	450628. 5	187677. 69	15478. 72
598		301041	金百泽	58. 95	CCC	0. 58	7. 36	7. 53	0. 93	1. 30	29. 87	46. 80	20. 21	49. 91	-33. 76	40. 58	86936. 79	69943. 19	5090. 05
599		301002	崧盛股份	58. 90	CCC	1. 56	17. 19	21. 84	1. 28	1. 65	36. 94	38. 17	62. 74	124. 06	-45. 68	86. 52	118038. 75	110083. 01	12910. 67
600		688082	盛美上海	58. 80	CCC	0. 68	6. 72	6. 64	0. 40	0. 45	24. 02	45. 04	60. 88	359. 15	15. 00	11. 40	633741. 34	162086. 91	26624. 82
601		301213	观想科技	58. 72	CCC	0. 95	11. 43	10. 36	0. 26	0. 27	12. 91	53. 16	0. 16	332. 13	310. 02	32. 44	93729. 24	15735. 1	5829. 1
602		300814	中富电路	58. 59	CCC	0. 66	7. 71	10. 78	1. 01	1. 44	42. 11	29. 07	33. 12	66. 91	-33. 72	31. 38	182216. 59	144035. 19	9629. 86
603		301182	凯旺科技	58. 44	CCC	0. 76	7. 12	7. 12	0. 64	0. 87	25. 93	10. 77	40. 67	188. 70	-152. 38	4. 27	131154. 43	61551. 25	5466. 68
604		301042	安联锐视	58. 29	CCC	1. 23	7. 67	8. 68	0. 86	1. 08	13. 45	90. 09	-7. 78	151. 31	-41. 38	34. 43	128406. 87	86792. 09	7228. 57
605		300936	中英科技	58. 30	CCC	0. 70	8. 57	7. 17	0. 31	0. 45	6. 35	110. 10	3. 41	146. 01	-41. 45	76. 45	94515. 97	21761. 44	5172. 73
606		300964	本川智能	57. 68	CCC	0. 84	6. 55	6. 62	0. 60	0. 73	23. 23	61. 72	26. 64	162. 76	-67. 25	44. 35	129246. 5	55404. 88	5390. 04
607		688272	富吉瑞	57. 29	CCC	1. 27	15. 06	14. 49	0. 54	0. 57	14. 66	24. 96	-2. 87	192. 07	-10. 95	36. 23	79525. 5	31792. 72	7644. 36
608		688079	美迪凯	57. 30	CCC	0. 26	7. 56	8. 22	0. 30	0. 83	11. 13	68. 63	4. 00	167. 27	-30. 14	63. 33	180879. 11	43946. 71	9914. 41
609		301085	亚康股份	57. 29	CCC	1. 12	10. 61	11. 72	1. 42	1. 44	25. 80	25. 05	-3. 01	124. 58	7. 49	21. 21	106547. 08	117571. 88	7062. 87
610		301178	天亿马	57. 14	CCC	1. 53	8. 67	9. 69	0. 64	0. 70	18. 82	182. 62	27. 32	223. 91	-110. 64	18. 16	100821. 37	46712. 92	5562. 9
611		300935	盈建科	56. 79	CCC	1. 08	9. 94	6. 76	0. 34	0. 36	8. 02	64. 97	53. 61	325. 88	-65. 16	166. 90	108047. 84	23079. 61	6002. 87
612		605365	立达信	56. 53	CCC	0. 64	5. 74	8. 85	1. 33	1. 72	49. 02	43. 28	19. 55	58. 47	-88. 98	72. 48	567949. 29	647722. 76	30079. 72
613		688227	品高股份	55. 62	CCC	0. 66	4. 82	5. 08	0. 34	0. 41	28. 00	7. 15	2. 03	225. 59	0. 00	0. 00	194428. 9	47100. 38	5333. 85
614		688109	品茗股份	53. 98	CC	1. 23	9. 07	7. 50	0. 68	0. 70	11. 96	69. 61	25. 17	225. 66	-48. 74	102. 92	103337. 94	47549. 56	6267. 95
615		688183	生益电子	53. 45	CC	0. 33	5. 77	7. 81	0. 66	1. 52	39. 27	8. 44	0. 38	101. 05	-36. 62	64. 39	642829. 66	364739. 46	26427. 31
616		300968	格林精密	50. 42	CC	0. 24	4. 61	5. 30	0. 68	0. 91	19. 76	90. 55	-19. 05	61. 83	-57. 42	90. 25	235762. 19	142333. 24	8914. 08

续 表

序号	A股上市公司评价得分排序	股票代码	股票简称	综合得分	评价等级	每股收益（元）	总资产报酬率（%）	净资产收益率（%）	总资产周转率（次）	流动资产周转率（次）	资产负债率（%）	已获利息倍数	营业收入增长率（%）	资本扩张率（%）	市场投资回报率（%）	股价波动率（%）	年末资产总额（万元）	营业收入（万元）	净利润（万元）
617		300975	商络电子	50.04	CC	0.59	13.72	16.68	2.10	2.23	54.24	9.49	71.94	37.86	-53.09	66.53	332453.52	536280.45	23399.87
618		300940	南极光	48.89	C	0.36	3.82	4.47	0.73	0.91	39.06	9.15	-10.90	73.55	-64.93	153.16	141375.02	94275.96	4203.95
619		688619	罗普特	48.40	C	0.49	5.90	5.42	0.40	0.50	33.82	27.47	17.33	140.14	-36.11	73.61	231279.02	72435.7	9016.64
620		688787	海天瑞声	46.47	C	0.89	5.16	3.39	0.31	0.33	4.13	219.91	-11.53	84.02	-83.53	85.94	84066.34	20647.65	3160.54
621		688246	嘉和美康	46.42	C	0.48	1.89	1.95	0.38	0.41	26.60	5.33	22.58	244.31	-154.99	10.55	244486.9	65194.02	3294.05
622		688107	安路科技-	46.19	C	-0.09	-2.76	-6.86	0.62	0.66	12.76	-33.86	141.44	366.29	13.42	27.22	172957.37	67852.02	-3084.91
623		688260	昀冢科技	45.01	C	0.14	2.45	-0.06	0.65	1.35	49.78	1.23	-6.14	109.13	-35.35	77.13	99046.77	51970.41	584.46
624		300956	英力股份	44.54	C	0.51	3.47	5.24	0.86	1.43	50.53	10.16	11.74	60.87	-64.53	107.75	221209.65	168962.99	6341.02
625		688509	正元地信	44.25	C	0.07	3.14	3.45	0.42	0.57	57.25	3.66	-6.48	25.70	-54.41	41.14	396827.27	156745.37	6725.72
626		688038	中科通达	42.15	C	0.37	4.50	4.72	0.38	0.56	38.37	4.96	-13.72	46.91	-61.86	58.38	120137.83	42790.57	3662.64
627		688538	和辉光电-	31.82	C	-0.08	-2.68	-7.72	0.14	0.62	47.50	-4.57	60.69	68.24	-43.33	56.54	3313960.11	402054.66	-94515.82
628		688316	青云科技-	31.00	C	-6.36	-43.40	-78.40	0.65	1.01	36.88	-99.64	-1.11	229.77	-32.77	85.73	92283.89	42383.42	-28456.88

第十一章

电力行业上市公司业绩评价

电力行业作为传统公共事业产业，是国民经济发展的支柱之一。宏观经济运行状态、国家政策、气候环境等自然因素很大程度影响着电力行业的产业结构及供需。2021 年全国全口径发电装机容量 23.8 亿千瓦，同比增长 7.9%；全国新增发电装机容量 17629 万千瓦，同比下降 1458 万千瓦，在“双碳”目标的主导下，新增非化石能源发电装机容量 13809 万千瓦，占新增发电装机总容量的比重为 78.3%，新增装机容量非化石能源首次超过火电；全社会用电量 8.31 万亿千瓦时，同比增长 10.3%，两年平均增长 7.1%；2021 年末电力（申万）行业股票指数 3500.82，较 2020 年末上升 36.51%，涨幅远高于沪深 300 指数。2022 年国内疫情多点暴发，很多地区面临较大的防控压力，影响着宏观经济及电力需求。新冠肺炎疫情及新的国内外环境形势为我国电力发展也带来很多不确定性因素，保障电力资源稳定供应成为常谈常新的工作重点。

一、电力行业上市公司业绩评价结果

截至 2021 年末，电力行业 A 股上市公司共计 85 家，较 2020 年参与业绩评价的电力上市公司增加 10 家，其中 9 家为新增上市公司。盈利 55 家，亏损 30 家，仅有 64.71%的公司实现盈利，以火电为主的企业大面积亏损；电力行业上市公司总资产共计 52745.78 亿元，比 2021 年初上升 16.63 个百分点，投资规模扩张加快，占全部上市公司总资产的 6.11%。

2021 年，全部上市公司共计实现营业收入 548446.24 亿元，电力行业 85 家上市公司实现营业收入 15837.95 亿元，较上年同期上升 30.67%，占全部上市公司营业收入的 2.89%，占比较上年略有上升；全部上市公司共计实现营业利润 37247.35 亿元，电力行业上市公司实现营业利润 553.59 亿元，较上年同期下降 68.12%，占全部上市公司营业利润的 1.49%，相比 2020 年下降 4.70 个百分点。2021 年电力行业整体评价结果为中，行业业绩综合得分 54.9 分，较全市场综合得分62.8分低7.9分。85家电力行业上市公司中仅涪陵电力业绩评价综合得分位列2021年度“中联价值100”。电力行业上市公司业绩评价为A的共2家；业绩评价为B的共28家（其中5家BBB，10家BB，13家B）；业绩评价为C的有55家（其中12家CCC，9家CC，34家C）。表11-1列示了2021年电力行业评价得分前十的上市公司。

表11-1 2021年度电力行业评价得分前十名的公司

序号	评价单位代码	单位名称	在A股上市公司中评价得分排名
1	600452	涪陵电力	82
2	600900	长江电力	245
3	600116	三峡水利	387
4	600025	华能水电	642
5	000883	湖北能源	687
6	600483	福能股份	713
7	601985	中国核电	768
8	000155	川能动力	774
9	003816	中国广核	792
10	600101	明星电力	864

基于对电力行业上市公司的整体评价，下面分别从财务效益状况、资产质量状况、偿债风险状况、发展能力状况、市场表现状况五个方面对电力行业上市公司进行具体分析。

（一）财务效益

表11-2列示了电力行业上市公司财务效益状况评价结果。因成本端煤炭价格非理性上涨，以火电为主的上市公司在2021年呈现大面积亏损，导致电力行业上市公司财务效益状况较上年大幅下滑，且远低于全部上市公司平均水平。根据财务效益状况指标具体分析：与全部上市公司平均值比较，除盈利现金保障倍数外，2021年电力行业上市公司财务效益指标均低于上市公司平均水平；与2020年行业情况相比较，除盈利现金保障倍数外，各指标均出现较大幅度的下降。大唐发电以火电发电为主，2021年火电售电量在各种电源中占比超过80%，由于火电的发电单位燃料成本比上年同期上升110.25元/兆瓦时，导致燃料成本增加233.49亿元，亏损超过118.96亿元，财务效益评价指标均为负数，远低于全部上市公司的平均水平。

表11-2 电力行业财务效益状况比较表

分析指标		2021年上市公司平均值	2021年行业值	2020年行业值	增长率（%）
基本指标	扣除非经常性损益净资产收益率（%）	7.51	1.08	8.06	-86.60
	总资产报酬率（%）	5.47	3.06	6.06	-49.50
	基本得分	20.98	15.53	22.64	-31.40

续 表

分析指标		2021 年上市公司平均值	2021 年行业值	2020 年行业值	增长率（%）
修正指标	营业利润率（%）	6. 79	3. 5	14. 33	-75. 58
	盈利现金保障倍数	1. 75	6. 37	2. 72	134. 19
	总股本收益率（%）	46. 81	9. 25	34. 51	-73. 20
综合得分		23. 08	18. 81	24. 81	-24. 18

（二）资产质量

表 11-3 列示了电力行业上市公司资产质量状况评价结果。从综合得分来看，2021 年电力行业上市公司资产质量状况略优于上市公司平均水平。受煤炭价格影响，2021 年火电企业发电成本大幅上升，存货周转率较上年同期有所提高；水风光电力企业存货主要为备品备件规模较小，因此电力企业流动资产周转率、存货周转率高于全部上市公司平均值。此外，总资产周转率、应收账款周转率指标低于上市公司平均水平。除应收账款周转率指标外，其他指标均显示电力行业上市公司资产周转性较上年呈现上升趋势，总资产周转率、流动资产周转率和应收账款周转率分别较上年提升了 10. 71%、5. 95%和 24. 66%。电力行业中有 54 家上市公司的综合得分超过全部上市公司平均水平。华电国际的主营业务为电力、热力供应。2021 年其总资产周转率、流动资产周转率、存货周转率和应收账款周转率分别为 0. 46、3. 84、26. 2 和 10. 9，除总资产周转率外，其他资产质量指标均高于行业其他上市公司。2021 年，其应收账款周转率为 10. 9 次，较上年同比提升 2. 14 次。

表 11-3　电力行业资产质量状况比较表

分析指标		2021 年上市公司平均值	2021 年行业值	2020 年行业值	增长率（%）
基本指标	总资产周转率（次）	0. 67	0. 31	0. 28	10. 71
	流动资产周转率（次）	1. 25	1. 96	1. 85	5. 95
	基本得分	9. 72	9. 46	8. 74	8. 24
修正指标	存货周转率（次）	3. 07	13. 65	10. 95	24. 66
	应收账款周转率（次）	8. 97	5. 81	5. 97	-2. 68
综合得分		9. 27	10. 42	10. 19	2. 26

（三）偿债风险

表 11-4 列示了电力行业上市公司偿债风险状况评价结果。电力行业一直是资产负债率较高的行业，从综合得分来看，电力行业得分值低于全部上市公司平均值，因而偿债风险仍然高于上市公司平均水平。与 2020 年的情况相比，电力行业整体盈利能力下降，已获利息倍数和现金流动负债比率分别较上年下降 46. 42%和 48. 25 %，资产负债率提升 4. 32 百分点。从行业内具体公司来看，电力行业上市公司中有 13 家企业高于上市公司平均水平，较

上年已有所改善。其中该指标得分较高的公司有恒盛能源、金房节能、涪陵电力等。涪陵电力不仅从事电力供应业务还从事配电网节能业务，负债规模相对有限，2021 年电力生产营业收入占营业收入的比例为 45%。其现金流动负债比率为 65.55%，明显高于行业平均水平。

表 11-4 电力行业偿债风险状况比较表

分析指标		2021 年上市公司平均值	2021 年行业值	2020 年行业值	增长率（%）
基本指标	资产负债率（%）	59.93	64.17	61.51	4.32
	已获利息倍数	5.28	1.57	2.93	-46.42
	基本得分	8.86	5.85	7.7	-24.03
修正指标	速动比率（%）	83.33	56.93	53.83	5.76
	现金流动负债比率（%）	13.68	18.07	34.92	-48.25
	带息负债比率（%）	38.47	75.1	77.06	-2.54
综合得分		8.86	4.81	5.77	-16.64

（四）发展能力

表 11-5 列示了电力行业上市公司发展能力状况评价结果。从综合得分来看，2021 年电力行业上市公司发展能力低于全部上市公司平均水平，与 2020 年电力行业上市公司发展能力状况相比，营业收入增长、三年营业收入平均增长率、总资产增长率较上年有明显回升，资本扩张率、累计保留盈余率、营业利润增长率指标均出现不同程度的下降。上述情况是由于 2021 年行业发电量、上网电价、装机容量较上年同期均有所增长，但由于成本端动力煤价格上涨，行业整体利润表现不佳，影响了涉及损益的相关指标。44 家水电、新能源发电上市公司的营业利润总额基本与上一年同期持平；剩余 41 家火电、热电、燃机发电企业 2021 年亏损 531 亿元，而上年同期营业利润为 792 亿元，多家公司资本扩张率及营业利润增长率为负数。2021 年五大电力集团对新能源电力公司的并购活跃，但借助上市公司主体进行资产收购的规模较小。

表 11-5 电力行业发展能力状况比较表

分析指标		2021 年上市公司平均值	2021 年行业值	2020 年行业值	增长率（%）
基本指标	营业收入增长率（%）	22.02	23.33	-0.80	3016.25
	资本扩张率（%）	11.29	1.93	11.99	-83.90
	基本得分	12.09	10.69	11.79	-9.33
修正指标	累计保留盈余率（%）	41.52	27.31	31.16	-12.36
	三年营业收入平均增长率（%）	11.08	11.20	8.53	31.30
	总资产增长率（%）	10.88	9.30	5.94	56.57
	营业利润增长率（%）	26.49	-70.23	20.55	-441.75
综合得分		12.34	10.35	11.85	-12.66

（五）市场表现

2021年我国电力行业指数的变动与沪深300指数变动差异较大，整体表现好于沪深300指数。2021年末电力（申万）行业股票指数3500.82点，较2020年末上升36.51%，涨幅远高于沪深300指数，具体如图11-1所示。表11-6列示了电力行业上市公司市场表现状况评价结果。从综合得分来看，电力行业上市公司市场回报率为54.63%，高于全部上市公司27.9%的水平，是2020年电力行业回报率10.65%的4倍以上。从公司来看，电力行业有55家上市公司在市场表现方面优于全部上市公司平均得分。除了当年上市的公司，中国核电、涪陵电力、吉电股份等在市场表现方面得分较高。根据中国核电2021年度报告，核电装机容量、发电量、利用小时数均稳步上升。2021年其营业利润同比增长25%，市场回报率表现69.93%，表现突出。

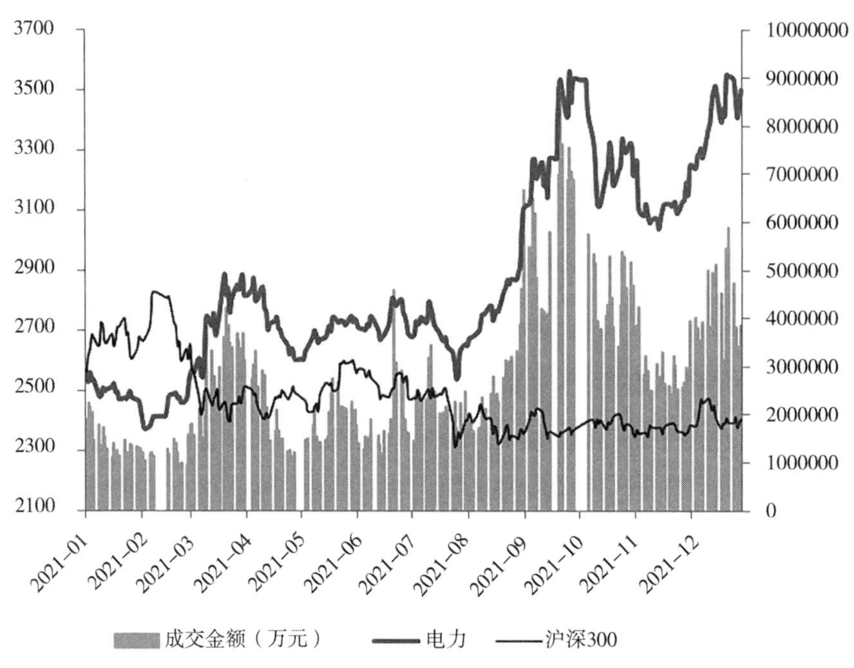

图11-1　沪深300与电力行业指数走势图

表11-6　电力行业市场表现状况比较表

分析指标		2021年上市公司平均值	2021年行业值	2020年行业值	增长率（%）
基本指标	市场投资回报率（%）	27.90	54.63	10.65	412.96
	股价波动率（%）	108.84	122.39	75.63	61.83
	基本得分	9.23	10.51	9.50	10.63

二、2021年度电力行业上市公司业绩影响因素分析

2021年全社会用电量8.31万亿千瓦时，同比增长10.3%，用电量快速增长主要受国内

经济恢复、上年同期基数低、外贸出口快速增长等因素拉动。第一产业用电量 1023 亿千瓦时，同比增长 16.4%，两年平均增长 14.6%，增长主要由乡村电网改造升级、产业内电气化水平提升所带动。第三产业用电量 1.42 万亿千瓦时，同比增长 17.8%，两年平均增长 9.5%，平均增速基本恢复至疫情前水平。该增长主要得益于电动汽车的发展，据统计，充换电服务业用电量两年平均增速达到 79.0%。在电力供给方面，2021 年全年电力供应紧张，特别是 2021 年 9—10 月部分地区因“双控”煤炭产量缩减，煤炭价格非理性上涨，个别地区出现拉闸限电停工停产，多个省份采取有序用电措施。经过政府采取一系列措施后，紧张的电力供应情况才有所缓解，但火电企业大幅亏损。就电力结构而言，截至 2021 年底，全国非化石能源发电装机容量 11.2 亿千瓦，首次超过火电装机规模。受汛期降水影响，水电发电量同比下降 2.5%，其他电力板块发电量均有不同程度的提升，火电发电量占总发电量比重为 60.0%，仍是保障电力稳定供应的基础电源。2021 年影响电力行业业绩的因素主要如下。

（一）煤价上涨难以传导，火电巨额亏损

2021 年由于电煤供需阶段性失衡，煤炭价格创历史新高，电煤采购成本大幅增加，火电企业全行业亏损严重。具体而言，“十三五”期间煤炭行业淘汰的落后产能超过 10 亿吨/年，煤炭在整体能源结构中占比降低 7 个百分点，我国对天然气及非化石能源的依赖提升。2021 年天然气价格大涨，水电发电量下降，“双控”背景下 2021 年 3—9 月各月原煤产量接近零增长或负增长。在上述因素叠加影响下，电煤价格高位运行，大幅上涨的燃料成本无法传导到火电价格，电力供应缩紧，超过 20 个省级电网采取了有序用电措施，个别地区出现拉闸限电现象。

针对上述情况，国家从煤炭供给及电价市场化改革两方面入手采取多项举措。2021 年 10 月，国家发展改革委印发《关于进一步深化燃煤发电上网电价市场化改革的通知》，要求燃煤发电电量原则上全部进入电力市场，将燃煤发电市场交易价格浮动范围上下浮动扩大为 20%，高耗能企业市场交易电价不受上浮 20%限制，电力现货价格不受上述幅度限制。取消工商业目录销售电价，推动工商业用户全部进入电力市场，煤炭价格上涨一定程度上向电价端传导。

由于电煤价格的非理性上涨，导致燃料成本大幅上涨，火电企业和热电联产企业持续大幅亏损。据测算，2021 年因电煤价格上涨导致全国火电企业采购成本额外增加 6000 亿元左右。以五大电力集团下属的主要火电上市公司为例，国电电力、上海电力、华能国际、华电国际、大唐发电 5 家公司 2021 年末资产总额在行业中占比近 30%，5 家公司 2021 年亏损合计 374 亿元。

（二）分布式光伏装机大幅提升，国企收购民营电站规模瞩目

尽管 2021 年的电力供需总体偏紧，但电源结构调整、绿色低碳发展的成绩却非常瞩

目。2021年，全国光伏新增装机5488万千瓦，创历史新高，其中，光伏电站2560万千瓦，分布式光伏2928万千瓦。到2021年底，光伏发电累计装机3.06亿千瓦。从新增装机布局看，装机占比居于前列的区域为华北、华东和华中地区，分别占全国新增装机的39%、19%和15%。

我国新能源资源和需求一直存在逆向分布，即西北部地区“风光”资源丰富、自我消纳能力弱，东中部地区资源有限、用电需求和减排压力大。分布式光伏装机大幅提升、装机布局贴近电力需求端都反映出新能源就地消纳将成为新趋势。2021年，全国光伏发电量3259亿千瓦时，同比增长25.1%，占全国全年总发电量的4.0%；利用小时数1163小时，同比增加3小时；全国光伏发电利用率98%，与上年基本持平。新疆、西藏两地光伏消纳水平显著提升，光伏利用率同比分别提升2.8和5.6个百分点。以中节能太阳能发电股份有限公司为例，其主营业务为光伏电站及光伏组件的生产销售，2021年公司积极推进高质量光伏电站的建设和收购，当年光伏电站营业收入同比增加9.69%，发电利用小时数增加40小时，平均上网电价略有降低。

2021年，可统计的光伏电站总交易规模已超900万千瓦，交易总额287亿元以上；沪深港三地上市公司全年共披露39笔风电资产交易，装机容量超过0.197亿千瓦。买方以央企电力集团为主，卖方市场，财务投资人集中退出，民营企业向轻资产转型出清相关资产缓解资金压力。2021年协鑫集团已完成10起光伏电站出售交易，电站出售总规模超过200万千瓦，资金回笼55.752亿元。此外，国家也在着力解决可再生能源补贴缺口，财政部在《关于2021年中央和地方预算执行情况与2022年中央和地方预算草案的报告》中提出推动解决补贴资金缺口。

（三）风电装机及发电量高速增长，海上风电抢装

2021年，全国风电新增并网装机4757万千瓦，其中陆上风电新增装机3067万千瓦，海上风电新增装机1690万千瓦。从新增装机分布看，中东部和南方地区占比61%，“三北”地区占39%，风电开发布局进一步优化。到2021年底，全国风电累计装机3.28亿千瓦，其中陆上风电累计装机3.02亿千瓦，海上风电累计装机2639万千瓦。2021年，全国风电发电量6526亿千瓦时，同比增长40.5%；利用小时数2246小时。全国风电平均利用率96.9%，同比提升0.4个百分点。由于从2022年开始中央财政不再对新建海上风电进行补贴，鼓励地方政府自行补贴支持本省海上风电的建设，这项政策给2021年海上风电带来了一波抢装潮，新增装机是此前累计装机规模的1.5倍。

上市公司龙源电力2021年累计风电装机规模0.23亿千瓦，在风电行业的市场占有率为7.2%，全年风电售电量489.72亿千瓦时，同比增加17.11%，风电平均发电利用小时数同比增加127小时。龙源电力提前布局海上风电，三个大型海上风电项目已于年底实现投产发电。

（四）水电电价上行抵减发电量下滑带来的业绩影响

2021 年，水电装机容量 3.9 亿千瓦（常规水电 3.5 亿千瓦，抽水蓄能 3639 万千瓦），新增并网水电装机容量 2349 万千瓦。受汛期降水下降影响，2021 年水电设备利用小时 3622 小时，比上年同期下降 203 小时，水电全年发电量 13401 亿千瓦时，同比下降 1.1%。在全国水电装机布局中，五大电力央企及三峡集团占全部装机的 45%以上。

华能水电 2021 年上网电量 937.07 亿千瓦时，同比减少 3.25%，主要由于 2021 年澜沧江来水偏枯；2021 年公司综合结算电价 0.241 元/千瓦时（含税），同比提高 0.018 元/千瓦时，主要因为云南市场化交易电价提升，且市场化交易电量提升，占公司发电量的权重超过 65%。电价上行抵消电量下滑的影响，2021 年华能水电营业收入同比增长 4.93%。此外，华能水电积极开展“风光水储一体化”发展，2021 年完成新能源核准（备案）387 万千瓦，开工建设 99 万千瓦，相关项目的投产将成为未来业绩的增长点。

三、2022 年电力行业前景分析

2022 年 1 月，国家发展改革委、国家能源局印发《“十四五”现代能源体系规划》（以下简称《规划》），确定了“立足国内、补齐短板、多元保障、强化储备”的原则，强调能源自主供给能力建设，确保能源供需形势总体平稳有序。“十四五”是碳达峰的关键窗口期，在保障电力供应的前提下有效推进“双控”工作对能源发展及电力供应提出了挑战。从电力供应方面来看，由于主要流域降水情况带来的水电供应能力的不确定，储能、氢能领域也处于向规模化应用的推进阶段，因此火电仍将是保证电力供应的重要一环，而煤炭的稳定供应也将是 2022 年的工作重点。根据政府工作报告，2022 年要统筹疫情防控和经济社会发展，国内生产总值预期增长目标设定在 5.5%。中电联预计 2022 年全社会用电量增长率为 5%~6%。

（一）煤炭增产、火电价格深化改革双管齐下确保火电稳定供应

2021 年我国进口煤炭 3.22 亿吨，煤炭进口量全球第一，我国煤炭进口量占全年煤炭消费总量的 11%。2022 年俄乌局势下国内外煤炭价格倒挂，印尼等主要煤炭出口国对煤炭出口设置限制措施减少了全球煤炭供给，2022 年一季度我国煤炭进口量减少 24.2%。此外，作为煤炭替代品的石油天然气等能源也受俄乌冲突影响，出现不同程度进口额下降，价格上涨。基于上述情况，2022 年 4 月国务院常务会议确定在 2021 年四季度已释放 2.2 亿吨/年煤炭产能的基础上，2022 年新增煤炭产能 3 亿吨，确保煤炭的供应。

除保障煤炭供给总量外，2022 年 2 月 24 日，国家发展改革委印发《关于进一步完善煤炭市场价格形成机制的通知》，明确煤炭中长期交易价格合理区间为 570~770 元/吨，引导基准价格，扩大长协煤范围，加强中长期合同履约情况监督，有助于煤价趋向合理区间。

从动力煤2022年一季度的市场价格表现来看，上述举措有效地控制了煤价。

此外，各地将加快落实燃煤基准价上下浮动20%、高耗能企业交易电价不受限的政策。火电成本端的压力可有效地传导至火电上网电价，火电企业的亏损情况将有所缓解。但来自保障电力供应和有效推进“双控”的双层压力，火电企业业绩仍将负重前行。

（二）光伏装机持续增长，上游设备成本仍有下降空间

2022年集中式与分布式光伏电站将齐头并进，预计2022年新增光伏装机容量可达到0.75亿千瓦，较2021年增长37%。政策方面主要有大基地项目、整县推进分布式光伏电站及风光保障并网等政策促进光伏增长。

2022年2月国家能源局印发《以沙漠、戈壁、荒漠地区为重点的大型风电光伏基地规划布局方案》，“十四五”时期规划建设风光基地总装机规模约2亿千瓦，到2030年达到4.55亿千瓦的总装机。

在分布式方面，2021年正式启动整县推进屋顶分布式光伏推广工作，目前全国31省份共676个县申报试点。国家四部委印发的《深入开展公共机构绿色低碳引领行动促进碳达峰实施方案》提出，到2025年，公共机构新建建筑可安装光伏屋顶面积力争实现光伏覆盖率达到50%。

在政策利好刺激下，光伏产业链各环节大幅度扩产，行业竞争愈发激烈。但由于上游产能错配，导致集中式光伏电站系统成本13年来首次不降反升。预计随着产业链新建，产能将逐步释放，加上颗粒硅、异质结和TOPCon等产业链上各环节的技术发展，光伏组件成本有望降低。此外，海外市场对光伏设备的旺盛需求也保障了产业链扩产后的产能利用率和企业利润，进而有利于光伏设备降价。

（三）大基地风电、海上风电持续增长，水电、核电有序发展

为完成2025年非化石能源消费比重25%、非化石能源发电量比重达到39%的目标，除光伏产业集中发力外，风电也是引领新增装机的重要部分。预计2022年新增风电装机容量超过0.5亿千瓦，会在东部和中部地区积极推进分散式风电建设，西部、东北等地区陆上风电基地化开发，东部沿海着力海上风电建设。值得注意的是，尽管我国海上风电起步较晚，但截至2021年底我国海上风电累计装机规模已经超越英国位居世界第一。我国海上风电发电利用小时数约为3000小时，是陆上风电的1.5倍。目前国产风电设备产业链已基本完善，但在电子器件、芯片、大型轴承等核心零部件的国产化替代仍是近期的发展重点，技术提升将驱动成本下降。

此外，通过推进雅鲁藏布江下游水电开发等重大工程，常规水电装机容量规划由2021年的3.5亿千瓦增长至2025年的3.8亿千瓦。核电也将有序发展，按照《规划》，核电运行装机容量由2021年的5326万千瓦增长至7000万千瓦。

（四）进一步推广源网荷储一体化、多能互补、能源系统信息化，保障电力结构优化

要实现“双碳”目标，发展以水光风为代表的清洁能源是必然趋势，但清洁能源的波动性、间歇性为电力系统带来不稳定因素。为解决这一难题我国提出源网荷储一体化、多种能源互补的发展路径。通过打通电源侧、电网侧、负荷侧的资源信息，充分发挥各端灵活的协调能力，实现清洁能源就地就近消纳。

以增长势头强劲的分布式能源为例，由于分布式电源的接口增多，电源端与电网负荷端的协调配合更为复杂，需要信息化技术支撑。借助信息系统通过水光互补方式，水轮机组可以快速捕捉光伏发电的变化并做出调节，把间歇性、随机性的光伏电源调节为均衡平滑的稳定电源；而若光伏有所富余，则可以利用光伏电力抽水蓄能，待夜晚放水运行水电。目前，全球储能技术中主流的技术路线是抽水蓄能和电化学储能，用富余的“风光”电制氢等。推动新型储能规模化市场化发展，探索氢能、综合智慧能源服务发展也将是2022年行业的重点工作。浙江、山东、四川等共计25省政府工作报告都对储能发展提出详细举措。

（五）有序推进电力系统市场化改革

经过多年发展，我国电力市场化体系构建稳步有序推进，市场化交易电量比重大幅提升。2021年，全国市场化交易电量3.7万亿千瓦时，同比增长17.2%，占全社会用电量的44.6%。以省级电力市场为基础、以跨省跨区市场为突破、以全国统一电力市场为方向的电力市场建设初见雏形。

2022年国家发展改革委、国家能源局印发《关于加快建设全国统一电力市场体系的指导意见》（以下简称《意见》）对电力市场的多层次协作运行方式、市场体系的功能、监管机制等多方面提供指导意见。《意见》确定了全国统一电力市场体系的分阶段目标。第一阶段是到“十四五”结束，初步建成全国统一电力市场体系，国家市场与省/区域市场协同运行，实现电力中长期交易、现货市场和辅助服务市场一体化设计、联合运营；第二阶段是到“十五五”结束，全国统一电力市场体系基本建成，适应新型电力系统要求，国家市场与省/区域市场联合运行。

附表　2021年度电力行业上市公司业绩评价结果排序表

序号	A股上市公司评价得分排序	证券代码	公司简称	评价等级	综合得分	每股收益（元）	净资产收益率（%）	总资产报酬率（%）	总资产周转率（次）	流动资产周转率（次）	资产负债率（%）	已获利息倍数	营业收入增长率（%）	资本扩张率（%）	市场投资回报率（%）	股价波动率（%）	年末资产总额（万元）	营业收入（万元）	净利润（万元）
1	82	600452	涪陵电力	A	77.4	0.76	16.81	9.56	0.51	2.19	34.63	12.87	18.5	113.54	76.8	136.46	628471.58	314552.09	50518.12
2	245	600900	长江电力	BBB	73	1.16	13.21	11.29	0.17	3.41	42.08	7.75	-3.7	6.71	21.58	36.47	32856328.16	5564625.4	2648544.39
3	387	600116	三峡水利	BBB	70.6	0.45	6.91	6.88	0.5	2.41	47.25	5.03	93.62	7.03	41.02	73.19	2125190.16	1017664.33	87325.09
4	642	600025	华能水电	BB	67.3	0.32	9.36	6.46	0.12	4.04	58.78	3.12	4.93	4.27	55.21	116.41	16065427.48	2020163.05	628068.52
5	687	000883	湖北能源	BB	66.9	0.36	6.18	5.63	0.34	2.57	50.25	4.97	32.86	3.71	43.36	106.1	7307332.29	2261818.47	240487.89
6	713	600483	福能股份	BB	66.6	0.68	7.53	5.62	0.31	1.86	50.97	4.07	26.37	15.88	116.9	200.89	4398489.48	1207737.78	152532.69
7	768	601985	中国核电	BB	66.1	0.44	11.46	6.12	0.16	1.14	69.42	3.16	19.3	7.54	69.93	128.39	40962138.62	6236721.75	1405478.69
8	774	000155	川能动力	BB	66	0.23	9.44	9.06	0.33	0.95	58	3.48	120.79	59.76	174.88	282.35	1730900.99	440800.5	67197.68
9	792	003816	中国广核	BB	65.9	0.19	10.72	6.81	0.2	1.23	62.27	3.05	14.3	6.55	15.33	53.35	39999300.78	8067874.48	1568394.5
10	864	600101	明星电力	BB	65.1	0.29	4.8	4.39	0.55	1.98	29.12	75.04	15.58	4.42	38.42	97.65	358207.86	192805.81	12411.26
11	916	000027	深圳能源	B	64.7	0.32	3.98	4.38	0.26	1.31	62.29	2.05	54.34	18.48	37.53	121.97	13150729.05	3156955.46	210959.05
12	1066	600131	国网信通	B	63.5	0.57	13.28	7.1	0.67	0.81	54.96	30.52	6.49	10.6	51.61	115.67	1139509.73	746574.31	67709.3
13	1097	600982	宁波能源	B	63.3	0.44	4.85	7.5	0.81	2.44	55.86	6.34	56.75	10.77	25.83	102.46	998589.4	691374.1	51319.9
14	1168	600780	通宝能源	B	62.7	0.16	2.9	4.01	0.93	3.68	33.29	7.63	12.8	1.77	22.2	82.19	857197.39	783083.93	18349.54
15	1176	002015	协鑫能科	B	62.7	0.74	10.22	8.56	0.41	1.58	70.85	2.75	0.07	-4.23	188.91	259.17	2750165.78	1131432.46	127155.69
16	1223	000690	宝新能源	B	62.3	0.38	7.27	6.54	0.48	1.48	43.22	4.37	31.44	2.5	-14.71	74.85	1967807.42	941064.85	82437.35
17	1257	601619	嘉泽新能	B	62.1	0.34	16.77	8.95	0.12	0.59	56.38	4.64	40.62	43.22	52.27	163.38	1203052.96	142260.91	75178.51
18	1260	600163	中闽能源	B	62.1	0.37	15.87	8.61	0.14	0.57	54.3	5.17	22.41	37.33	123.64	234.69	1131068.41	153263.42	71121.99
19	1285	600886	国投电力	B	61.9	0.32	5.75	4.65	0.19	2.05	63.52	2.49	11.09	6.63	33.16	71.43	24136952.51	4368174.58	517567.23
20	1407	600642	申能股份	B	60.9	0.33	0.94	4.32	0.31	1.26	57.01	3.34	28.43	-1.03	47.92	96.09	8963655.52	2531277.39	177607.62
21	1428	600236	桂冠电力	B	60.7	0.16	8.15	6.19	0.19	2.25	55.69	3.19	-6.24	1.73	50	101.41	4444721	841429	159529.05
22	1490	600644	乐山电力	B	60.1	0.22	5.94	4.58	0.64	4.57	51.46	4.49	12.22	6.55	43.08	109.93	399915.54	257114.8	12182.99
23	1539	600167	联美控股	CCC	59.8	0.46	12.45	9.94	0.25	0.45	33.54	24.15	-3.61	-1.13	-18.07	58.59	1349208.08	346795.54	107413.88
24	1556	600157	永泰能源	CCC	59.6	0.05	1.27	3.55	0.26	2.8	55.8	1.66	22.29	1.43	30.94	98.12	10430620.78	2708048.39	88059.25

续 表

序号	A股上市公司评价得分排序	证券代码	公司简称	评价等级	综合得分	每股收益（元）	净资产收益率（%）	总资产报酬率（%）	总资产周转率（次）	流动资产周转率（次）	资产负债率（%）	已获利息倍数	营业收入增长率（%）	资本扩张率（%）	市场投资回报率（%）	股价波动率（%）	年末资产总额（万元）	营业收入（万元）	净利润（万元）
25	1593	603693	江苏新能	CCC	59.3	0.49	6.16	4.59	0.14	0.59	59.31	3.87	20.04	24.66	124.27	285.65	1580448.37	185672.02	36458.84
26	1673	000875	吉电股份	CCC	58.7	0.17	5.44	4.28	0.21	1.26	78.61	1.59	30.99	26.4	121.88	182.41	6675195.62	1317755.58	78533.15
27	1687	002039	黔源电力	CCC	58.7	0.77	7.62	5.87	0.12	3.4	65.84	2.18	-23.18	4.27	42.52	147.29	1696775.98	203609.64	42551.78
28	1778	600995	文山电力	CCC	57.9	0.03	3.73	1.4	0.71	4.26	33.13	7.38	15	-2.49	163.38	359.54	319623.92	216360.13	1575.79
29	1817	600098	广州发展	CCC	57.6	0.07	-1.13	0.93	0.75	2.89	55.04	0.6	19.8	24.14	30.25	100.78	5812962.51	3791013.27	-7169.2
30	1889	000591	太阳能	CCC	57.2	0.39	7.2	5.94	0.18	0.62	62.51	2.37	32.25	5.24	51.81	182.57	3976810.35	701577.19	116547.28
31	1906	600863	内蒙华电	CCC	57	0.05	0.42	2.91	0.45	3.92	53.82	1.64	23.26	5.44	63.63	191.8	4148495.11	1893356.58	11796.46
32	2040	600674	川投能源	CCC	56	0.7	9.91	8	0.03	0.29	33.38	8.75	22.52	8.51	28.88	57.38	4846728.93	126333.33	313589.91
33	2051	600979	广安爱众	CCC	55.9	0.17	3.96	4.15	0.26	1.78	54.8	2.97	5.5	3.04	17.18	59.44	962368.6	239404.25	20854.27
34	2146	000966	长源电力	CC	55	-0.01	-4.11	1.73	0.74	4.49	59.15	0.84	112.58	117.21	89.2	235.83	2335437.28	1216396.57	-3292.8
35	2175	601016	节能风电	CC	54.9	0.15	7.22	4.5	0.1	0.52	71.12	2.25	32.68	7.74	64.4	203.91	3941607.41	353890.25	80370.56
36	2218	600310	桂东电力	CC	54.5	0.07	-2.74	3.26	0.81	2.75	79.64	1.25	-8.92	60.41	48.06	110.46	2178941.11	1707998.85	9931.85
37	2258	600505	西昌电力	CC	54.2	0.12	2.92	1.97	0.26	1.83	66.9	4.19	12.43	1.12	61.35	117.34	440605.88	108147.29	4603.31
38	2340	603105	芯能科技	CC	53.5	0.22	5.92	6.81	0.15	1.04	48.76	2.73	4.31	4.99	95.25	251.15	313966.18	44513.1	11001.13
39	2478	600969	郴电国际	CC	52.2	0.12	2.74	1.99	0.24	1.33	73.84	2.56	11.94	2.13	13.92	62.37	1502458.78	341110.47	11916.36
40	2567	600795	国电电力	CC	51.5	-0.11	-4.99	1.72	0.45	3.78	72.06	0.81	44.46	-6.21	48.53	102.24	39790881.89	16818548.44	-341784.75
41	2637	000791	甘肃电投	CC	50.9	0.19	3.99	4.37	0.11	0.76	54.47	1.88	-11.15	7.89	56.32	155.18	1776072.03	201245.16	31725.1
42	2658	600023	浙能电力	CC	50.7	-0.06	-3.07	-1.45	0.62	2.49	37.95	-1.44	37.51	-5.93	19.93	51.37	11569396.21	7107323.74	-200050.97
43	2735	000862	银星能源	C	49.9	0.13	3.51	4.42	0.17	0.84	62.49	1.41	13.11	3.87	111.03	188.13	743618.6	135946.58	10111.68
44	2753	000993	闽东电力	C	49.7	0.26	3.3	3.83	0.14	0.36	51.97	3.76	57.83	6	105.4	252.58	434027.6	58304.64	11755.66
45	2788	002893	华通热力	C	49.4	0.14	4.24	3.5	0.47	1.36	69	1.57	5.62	4.57	12.68	113.34	206041.44	100504.49	2788.56
46	2827	601778	晶科科技	C	49	0.13	2.83	4.6	0.13	0.34	57.92	1.53	2.44	11.24	16.89	158.6	2948408.25	367495.36	37631.13
47	2856	002608	江苏国信	C	48.6	-0.09	-2.66	0.27	0.36	1.2	52.69	0.21	35.87	-3.31	1.08	41.43	8045432.18	2801054.81	-78157.82
48	2862	000722	湖南发展	C	48.5	0.26	2.78	4.34	0.14	0.32	6.14	27.33	53.88	1.76	37.84	87.05	334478.61	47839.55	11785.9

续 表

序号	A股上市公司评价得分排序	证券代码	公司简称	评价等级	综合得分	每股收益（元）	净资产收益率（%）	总资产报酬率（%）	总资产周转率（次）	流动资产周转率（次）	资产负债率（%）	已获利息倍数	营业收入增长率（%）	资本扩张率（%）	市场投资回报率（%）	股价波动率（%）	年末资产总额（万元）	营业收入（万元）	净利润（万元）
49	2922	600509	天富能源	C	47.7	-0.04	-2.73	1.94	0.32	1.55	70.37	0.85	44.31	-2.3	25.9	115.71	2180802.41	706505.83	-9360.78
50	3114	600868	梅雁吉祥	C	45.1	0	1	1.49	0.13	0.64	13.23	7.03	91.43	1.45	-0.98	33.87	278300.78	34845.76	2719.95
51	3116	000531	穗恒运A	C	45.1	0.23	1.73	2.51	0.27	0.89	63.4	1.56	13.47	-0.59	5.21	67.66	1598300.43	392819.98	17840.26
52	3153	600021	上海电力	C	44.5	-0.77	-4.57	1.33	0.21	1.4	75.87	0.63	26.56	9.03	81.34	195.34	15670875.04	3063131.83	-168136.21
53	3196	000720	新能泰山	C	43.8	-0.08	-3.2	0.15	0.77	0.88	49.48	0.1	8.5	-3.21	35.08	121.03	551261.98	418074.46	-8743.88
54	3258	000601	韶能股份	C	42.7	0.03	0.03	2.87	0.31	1.32	61.23	1.32	-20.03	-0.61	-17.63	64.04	1296616.63	396608.46	4014.12
55	3322	000767	晋控电力	C	41.1	-0.01	-4.78	2.99	0.26	0.97	84.91	1.02	30.69	7.59	-20.49	88.54	6149092.01	1527480.06	-26348.99
56	3337	600726	*ST华源	C	40.7	-1.49	484.53	-9.9	0.43	2.2	109.28	-2.61	-8.14	-359	38.01	104.07	2263372.82	980177.5	-312509.66
57	3383	000539	粤电力A	C	39.3	-0.6	-12.35	-3.55	0.44	2.43	71.34	-2.37	55.91	-8.39	70.66	107.96	11427145.15	4416722.39	-447269.53
58	3433	000899	赣能股份	C	38	-0.25	-4.68	-1.73	0.3	1.74	52.28	-1.68	0.84	-6.65	-6.7	76.41	985109.27	269955.88	-24757.66
59	3482	000543	皖能电力	C	36.2	-0.59	-12.32	-5.73	0.57	4.55	58.9	-4.74	25.55	-13.83	40.78	73.24	4057626.93	2103226.68	-219465.46
60	3506	600011	华能国际	C	35.5	-0.79	-11.28	-0.9	0.44	2.58	74.72	-0.41	20.75	-12.43	126.42	243.56	49006848.58	20460508.31	-1267342.55
61	3547	000040	东旭蓝天	C	33.9	-0.4	-5.33	0.14	0.15	0.3	55.71	0.06	11.68	-5.03	27.34	113.28	2615292.7	387672.3	-60372.07
62	3555	600027	华电国际	C	33.6	-0.61	-12.2	-1.84	0.46	3.84	66.39	-0.98	15.07	-20.87	73.24	137.38	21886042.9	10442221.3	-675424.2
63	3602	601991	大唐发电	C	31.9	-0.58	-15.07	-1.52	0.36	2.61	74.27	-0.64	8.16	-16.66	38.34	91.38	29596770	10341195.8	-1189566.7
64	3627	300125	聆达股份	C	30.3	-0.27	-13.01	-1.87	0.45	1.31	71.09	-0.89	272.4	-24.82	21.84	57.67	230054.33	105137.63	-7592.05
65	3637	600578	京能电力	C	30.1	-0.47	-15.03	-2.74	0.27	2.16	68.19	-1.38	10.65	-15.94	19.31	56.88	8263116.21	2223699.24	-387207.63
66	3669	000600	建投能源	C	29.3	-1.23	-21.58	-7.1	0.42	1.91	68.49	-3.87	5.78	-17.53	0.8	58.31	3852787.29	1504080.31	-274694.13
67	3723	001896	豫能控股	C	27.5	-1.5	-37.23	-6.86	0.47	2.21	80.63	-2.34	37.15	-18.94	-15.6	96.01	2875204.64	1190612.03	-230064.59
68	3727	600744	华银电力	C	27.3	-1.27	-127.87	-9.21	0.51	1.82	96.66	-3.41	16.32	-77.61	88.69	228.53	1983999.58	960331.2	-228387.05
69	3773	002616	长青集团	C	25.9	-0.21	-7.45	0.41	0.28	1.07	74.63	0.22	-12.28	-10.97	-13.88	64.97	966241.4	265122.16	-15772.7
70	3830	600396	金山股份	C	24	-1.3	-158.9	-7.15	0.32	1.99	98.68	-2.08	-9.77	-88.56	31.17	109.13	2094627.73	657433.9	-213923.83
71	3838	000692	惠天热电	C	23.8	-0.41	-220.49	-1.83	0.37	1.08	97.92	-0.72	4.94	-65.82	42.42	98.78	584481.7	198728.06	-23552.58
72	3858	002499	*ST科林	C	23.2	-0.16	-90.26	0.03	0.24	0.32	94.74	0.01	331.69	-39.33	-19.44	73.65	69653.43	17001.23	-2898.81

续 表

序号	A股上市公司评价得分排序	证券代码	公司简称	评价等级	综合得分	每股收益（元）	净资产收益率（%）	总资产报酬率（%）	总资产周转率（次）	流动资产周转率（次）	资产负债率（%）	已获利息倍数	营业收入增长率（%）	资本扩张率（%）	市场投资回报率（%）	股价波动率（%）	年末资产总额（万元）	营业收入（万元）	净利润（万元）
73	3872	002610	爱康科技	C	22.9	-0.09	-14.11	-2.8	0.27	0.58	58.67	-1.01	-16.09	-8.25	55.13	257.03	909548.06	253104.57	-41987.54
74	3916	600719	大连热电	C	21.1	-0.35	-16.37	-3.99	0.24	0.7	78.75	-3.31	-2.16	-19.7	14.19	61.81	281033.31	65967.86	-14321.98
75	3932	002256	兆新股份	C	20.5	-0.26	-15.32	-15.99	0.14	0.55	40.33	-3.42	-18	-26.21	345.86	330.22	209570.22	33986.99	-50013.77
76	3967	000037	深南电A	C	18.6	-0.73	-31.86	-16.44	0.26	0.39	43.43	-15.59	-23.15	-24.4	-21.91	76.81	279000.28	75717.57	-50940.06
77		605580	恒盛能源	A	79.6	0.75	19.62	19.65	0.89	2.03	19.21	31.13	46.28	136.39	57.76	34.06	104872.17	77061.87	12456.11
78		603071	物产环能	BBB	74	2.21	31.16	14.01	5.67	9.33	62.44	13.83	99.18	79	59.62	16.45	1226836.06	5988131.32	114784.83
79		605028	世茂能源	BBB	72	1.28	23.3	24.32	0.47	0.88	10.33	366.58	31.96	137.31	-42.71	39.25	115230.96	39472.65	17542.64
80		605011	杭州热电	BBB	70.6	0.61	12.28	10.74	0.85	2.61	41.04	7.12	52.41	21.93	187.4	84.97	391760.03	318262.95	30355.02
81		605162	新中港	BB	69.6	0.32	10.85	13.54	0.67	1.61	16.48	33.73	35	91.92	41.44	57.14	136470.58	77084.38	11368.75
82		600905	三峡能源	BB	69.6	0.23	8.96	5.27	0.09	0.55	64.73	3.34	36.85	64.95	138.25	60.51	21719644.8	1548410.58	608619.7
83		001210	金房节能	BB	67.1	1.67	12.74	11.16	0.54	0.79	31.32	690.89	4.18	127.49	-45.21	29.13	181655.18	79032.25	13463.46
84		003035	南网能源	B	62	0.13	8.98	6.7	0.21	0.92	52.72	3.85	29.43	32.21	218.09	149.31	1354266.9	260010.32	52080.1
85		600032	浙江新能	CCC	57.9	0.23	5.32	4.91	0.08	0.42	71.11	1.87	23.99	17.8	210.79	109.81	4128490.15	290953.38	69649.2

第十二章

建筑装饰行业上市公司业绩评价

2021 年全年全社会建筑业实现增加值 8.01 万亿元，比上年增长 2.1%，增速低于国内生产总值 6 个百分点。全国建筑业企业实现利润 8554 亿元，比上年增加 106.26 亿元，增速为 1.26%，比上年降低 0.77 个百分点，增速连续 5 年放缓。2021 年，建筑业产值利润率为 2.92%，跌破 3%，为近 10 年最低。2021 年建筑行业股票指数累计上涨 946.24 点，累计涨幅为 26.73%，在全面加强基建的政策背景下，2022 年建筑行业景气度有望提升，进一步支撑股指走强。

一、建筑装饰行业上市公司业绩评价结果

截至 2021 年末，建筑装饰行业 A 股上市公司共 157 家，其中 122 家盈利，占比 77.71%。建筑装饰行业的综合评价分值为 54.12 分，低于全部上市公司的综合评价分值（62.78 分）。有 1 家建筑装饰行业上市公司（中材国际）进入 2021 年上市公司业绩评价综合得分的前 100 名。建筑装饰行业 157 家上市公司业绩评价等级如下：2 家 A；4 家 BBB，13 家 BB，24 家 B；33 家 CCC，27 家 CC，54 家 C。

2021 年建筑装饰行业上市公司资产总额合计 11.41 万亿元，占全部上市公司资产总额的 13.21%，行业同比增长 10.44%；建筑装饰行业上市公司实现营业收入 7.70 万亿元，占全部上市公司营业收入的 14.03%，行业同比增加 15.31%；建筑装饰行业上市公司实现利润总额 0.28 万亿元，占全部上市公司利润总额的 7.63%，行业同比增长 2.87%；建筑装饰行业上市公司实现净利润 0.22 万亿元，占全部上市公司实现净利润的 7.57%，行业同比增长 3.64%；建筑装饰行业上市公司 2021 年度市场投资回报率 22.7%，低于全部上市公司 27.9%的市场投资回报率；建筑装饰行业上市公司股价波动率为 87.13%，低于全部上市公司 108.84%的股价波动率。

建筑装饰行业扣除非经常性损益净资产收益率的平均值为6.99%，低于全部上市公司7.51%的平均水平；营业利润率平均值3.62%，低于全部上市公司6.79%的平均水平；总资产报酬率3.65 %，低于全部上市公司5.47 %的平均水平。说明2021年建筑装饰行业上市公司净资产收益率、经营收益和总资产报酬率低于全部上市公司平均水平。2021年，建筑装饰行业按评价体系综合排名十强见表12-1。

表12-1　2021年度建筑装饰行业评价得分前十名的公司

名次	股票代码	股票简称	业绩评价得分	在A股上市公司中评价得分排序
1	600970	中材国际	78.3	65
2	002469	三维化学	74.3	180
3	000498	山东路桥	73.6	217
4	600039	四川路桥	73.4	227
5	601117	中国化学	72.1	294
6	601668	中国建筑	69.5	467
7	600512	腾达建设	68.4	548
8	603466	风语筑	68.1	578
9	002061	浙江交科	67.6	617
10	002541	鸿路钢构	66.9	690

基于对建筑装饰行业上市公司整体评价，下面分别从财务效益状况、资产质量状况、偿债风险状况、发展能力状况和市场表现状况五个方面对建筑行业上市公司进行具体分析。

（一）财务效益

从综合得分来看，2021年建筑装饰行业上市公司财务效益状况平均得分为19.83分，低于全部上市公司的平均得分。

表12-2列示了2021年建筑装饰行业上市公司财务效益状况评价结果（满分为35分）。在建筑装饰行业上市公司财务效益状况指标中，有22家得分高于全国上市公司平均水平；有7家得分超过25分。

从结果上看，建筑装饰行业上市公司财务效益状况平均得分低于全部上市公司的平均水平。该行业股本收益率高于全部上市公司平均值，扣除非经常性损益净资产收益率、总资产报酬率、营业利润率及盈利现金保障倍数等财务指标低于全部上市公司平均水平。

行业内财务效益状况指标得分前五的分别是中材国际、四川路桥、中国建筑、地铁设计和同济科技。2021年中材国际完成了对北京凯盛、南京凯盛、中材矿山三个优质资产的并购，受益于全球疫情的逐步好转，盈利能力大幅提升，2021年营业收入362.42亿元，同比增长18.86%，归母净利润18.1亿元，同比增长18.99%。

表 12-2 建筑装饰行业财务效益状况比较表

分析指标		2021 年上市公司平均值	2021 年行业值	2020 年行业值	增长率（%）
基本指标	扣除非经常性损益净资产收益率（%）	7.51	6.99	7.81	-10.50
	总资产报酬率（%）	5.47	3.65	3.98	-8.29
	基本得分	20.98	19.01	20.32	-6.45
修正指标	营业利润率（%）	6.79	3.62	4.17	-13.19
	盈利现金保障倍数	1.75	0.31	1.06	-70.75
	股本收益率（%）	46.81	56.32	66.91	-15.83
综合得分		23.08	19.83	22.09	-10.23

（二）资产质量

从表 12-3 中可以看出，建筑装饰行业上市公司资产质量状况指标与 2020 年基本持平，略低于全部上市公司平均值。

从综合得分来看，2021 年建筑装饰行业上市公司资产质量状况（满分为 15 分）平均得分为 8.91 分，低于全部上市公司 9.27 分的平均水平，其中有 69 家企业超过全国上市公司的平均水平，浙江交科、名雕股份、维业股份和东易日盛四家企业的资产质量状况评分获得满分。

上市公司资产质量排名前五的公司为浙江交科、中国海诚、名雕股份、维业股份和东易日盛，这 5 家公司在资产质量上得分优良。排名第一的东易日盛得益于公司持续加强技术及产品研发，不断加大营销投入力度的影响，2021 总资产周转率 1.25 次，流动资产周转率 2.45 次，存货周转率为 18.85 次，应收账款周转率 12.20 次。

表 12-3 建筑装饰行业资产质量状况比较表

分析指标		2021 年上市公司平均值	2021 年行业值	2020 年行业值	增长率（%）
基本指标	总资产周转率（次）	0.67	0.71	0.69	2.90
	流动资产周转率（次）	1.25	1.11	1.06	4.72
	基本得分	9.72	9.61	9.4	2.23
修正指标	应收账款周转率（次）	8.97	6.11	5.98	2.17
	存货周转率（次）	3.07	4.13	3.43	20.41
综合得分		9.27	8.91	8.91	0

（三）偿债风险

从表 12-4 中可以看出，建筑装饰行业上市公司偿债风险状况指标较 2020 年略有下降，仍低于全部上市公司平均水平。资产负债率和带息负债比率略有下降，现金流动负债比率大幅下降，下降率为 73.00%，说明建筑装饰行业上市公司偿债能力较 2020 年降低。

从综合得分来看，2021 年建筑装饰行业上市公司偿债风险状况平均得分为 3.24 分，低于全部上市公司 8.86 分的平均水平。其中有 51 家企业超过全国上市公司的平均水平，三维化学、中公高科两家企业的偿债风险状况评分高于 14 分。

上市公司偿债风险状况综合得分排名前五的为三维化学、中公高科、蕾奥规划、尤安设计和上海港湾，这 5 家公司在偿债风险上得分优良。排名第一的三维化学实现营业总收入 26.31 亿元，同比增长 289.29%，资产负债率为 20.88 %，已获利息倍数为 55.85，速动比率为 424.36 %，带息负债比率为 2.35 %。

表 12-4 建筑装饰行业偿债风险状况比较表

分析指标		2021 年上市公司平均值	2021 年行业值	2020 年行业值	增长率（%）
基本指标	资产负债率（%）	59.93	74.07	74.10	-0.04
	已获利息倍数	5.28	3.34	3.58	-6.70
	基本得分	8.86	3.24	3.82	-15.18
修正指标	速动比率（%）	83.33	87.02	87.09	-0.08
	现金流动负债比率（%）	13.68	1.08	4.00	-73.00
	带息负债比率（%）	38.47	32.04	32.56	-1.60
综合得分		8.86	4.26	4.96	-14.11

（四）发展能力

从表 12-5 中可以看出，建筑装饰行业上市公司发展能力状况较 2020 年略有下降，且低于全部上市公司平均水平。近年来，改革和创新一直是我国经济的主旋律，建筑行业在多重政策影响下，整体资产和营业收入都呈现高速增长趋势，但随着近年基建投资增速放缓，建筑装饰行业增速下调，进入发展趋于平稳的状态。

从综合得分来看，2021 年建筑装饰行业上市公司发展能力状况平均得分为 11.73 分，低于全部上市公司 12.34 分的平均水平。其中有 42 家公司超过全国上市公司的平均水平。

上市公司发展能力状况综合得分排名前五的有中材国际、山东路桥、四川路桥、中国化学和陕西建工，这 5 家公司在发展能力上得分优良。排名第一的山东路桥强化市场开拓力量，持续优化产业结构，持续巩固传统路桥施工优势，同时把握国家基建行业发展大趋势，积极开拓市政、产业园区、城市片区综合开发、铁路、水环境治理、土地整理等业务领域，在手订单充足，优质项目增多，抗风险能力持续增强。2021 年营业收入增长率为 289.5%，资本扩张率为 55.21%，累计保留盈余率为 42.33%，三年营业收入平均增长率为 57.34%，总资产增长率为 51.39%，营业利润增长率为 86.31%。

表 12-5　建筑装饰行业发展能力状况比较表

分析指标		2021 年上市公司平均值	2021 年行业值	2020 年行业值	增长率（%）
基本指标	营业收入增长率（%）	22.02	15.31	14.19	7.89
	资本扩张率（%）	11.29	10.32	18.08	-42.92
	基本得分	12.09	11.18	14.46	-22.68
修正指标	累计保留盈余率（%）	41.52	39.57	41.32	-4.24
	三年营业收入平均增长率（%）	11.08	15.54	13.92	11.64
	总资产增长率（%）	10.88	10.44	14.12	-26.06
	营业利润增长率（%）	26.49	0.14	8.63	-98.38
综合得分		12.34	11.73	13.65	-14.07

（五）市场表现

从表 12-6 中可以看出，建筑装饰行业上市公司市场表现状况较 2020 年略有上升，且高于全部上市公司平均水平。

从综合得分来看，2021 年建筑装饰行业上市公司市场表现状况平均得分为 9.39 分，高于全部上市公司 9.23 分的平均水平，其中有 101 家企业超过全国上市公司的平均水平。上市公司市场表现状况综合得分排名前三的为＊ST 围海、中粮工科、汇绿生态，这三家公司在市场表现上得分优良。

表 12-6　建筑装饰行业市场表现状况比较表

分析指标		2021 年上市公司平均值	2021 年行业值	2020 年行业值	增长率（%）
基本指标	市场投资回报率（%）	27.90	22.70	-2.86	893.71
	股价波动率（%）	108.84	87.13	80.15	8.71
	得分	9.23	9.39	8.45	11.12

2021 年虽受疫情影响，但建筑装饰业上市公司发展稳定。建筑装饰行业的市场表现与整体经济周期相关度较高，建筑装饰指数随市场行情同步变化。2021 年建筑装饰行业上市公司市场投资回报率为 22.7%，低于全部上市公司 27.9%的平均水平，比 2020 年行业值-2.86%的水平大幅上升。

二、2021 年度建筑装饰行业上市公司业绩影响因素分析

2021 年全年全社会建筑装饰业实现增加值 8.01 万亿元，比上年增长 2.1%，全国建筑装饰业企业实现利润 8554 亿元，比上年增加 106.26 亿元，增速为 1.26%，比上年降低 0.77 个百分点，增速连续 5 年放缓。建筑装饰业产值利润率（利润总额与总产值之比）自

2014 年达到最高值 3.63%之后，总体呈下降趋势。2021 年，建筑装饰业产值利润率为 2.92%，跌破 3%，为近 10 年最低。详见图 12-1。2021 年建筑装饰行业上市公司业绩的主要影响因素分析如下。

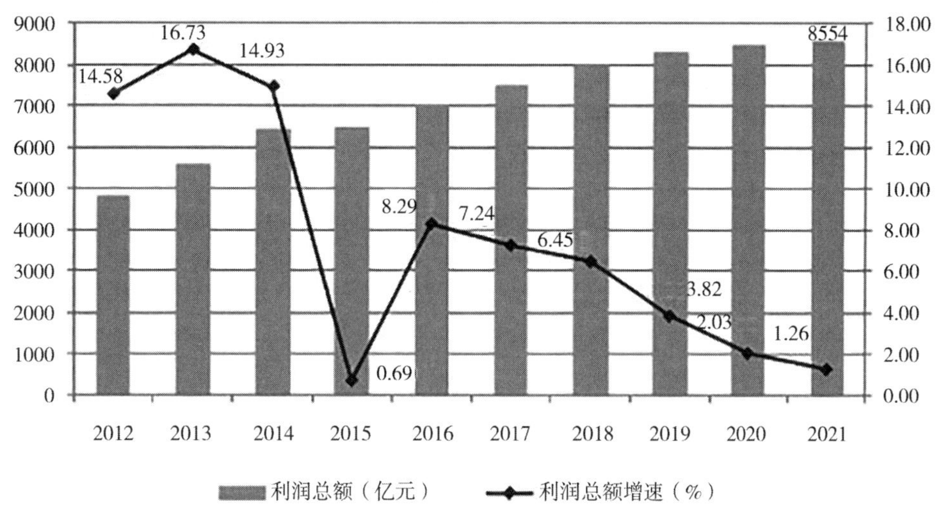

图 12-1 2012—2021 年全国建筑业企业利润总额及增速

数据来源：中国建筑业协会《2021 年建筑业发展统计分析》。

（一）“3060 双碳”目标实施与经济增速放缓，新老基建投资进入新常态

2021 年 10 月国务院印发《2030 年前碳达峰行动方案的通知》（国发〔2021〕23 号），明确提出碳达峰贯穿于经济社会发展全过程和各方面，要重点实施能源绿色低碳转型行动、节能降碳增效行动等“碳达峰十大行动”，“30·60 双碳”目标对高能耗、高排放行业影响较大，进而影响相关行业投入与产出。据国家统计局数据显示，2021 年我国固定资产投资（不含农户）544547 亿元，增速为 4.9%，其中，房地产开发投资增速为 4.4%，投资（资本形成）对 GDP 的拉动为 1.1%左右。2021 年中国基建投资充分反映了国家的政策导向，基建投资低增长或者负增长成为常态，新基建持续发力，老基建投资将进入低增长常态。根据前瞻产业研究院数据，2021 年新基建重点领域投资规模达 1 万多亿元，其中大数据中心、5G 基础设施、工业互联网和人工智能投资占比分别为 52%、27%、11%和 10%。

从基建投资子项来看，传统的“铁公基”全线回落，甚至出现负增长。2021 年铁路投资完成额同比下降 1.8%，道路投资完成额同比下降 1.2%，公共设施管理业投资完成额同比下降 1.3%，生态保护与环境治理业投资完成额同比下降 2.6%，公共设施管理业投资完成额同比下降 1.3%，仅水利管理业投资相对较好，同比增长 1.3%。根据前瞻产业研究院数据，从新基建来看，我国在工业互联网、大数据中心、5G、人工智能等新基建重点领域投资规模约达 1 万亿元，虽然新基建占比持续提升，但由于新基建占基建投资比重较低，新基建的增长难以带动整体基建投资较快增长。

上市公司作为新基建产业链技术创新、产业创新的主体，可以划分两种类型：第一类是特高压、充电桩、城际高铁和轨道交通。主要是借助新技术对传统基础设施网络进行升级，对应的三大产业都属于资本密集型产业，需要大量资本投入，且成本回收周期较长，同时又具有一定的社会公益性，享受大量的政府财政补贴，因此主要由大型国有企业唱主角，包括中国建筑、中国中车、中国中铁、中国铁建等。在该产业的上市公司当中，国有企业占比超过 50%；该领域市值排名前十的上市公司当中，有 7 家为国有企业，占据 10 家企业总市值的 70%以上。第二类是 5G、人工智能、大数据和工业互联网。这些属于数字经济基础设施，更强调企业在数字化方向上进行技术创新及产业融合。对应的四大产业都属于知识密集型产业，技术密集程度较高，更新换代迅速，企业研发和应用先进技术成果的能力决定了其在市场上的竞争力。在这四大领域，社会资本明显更为活跃，民营企业参与得也比较深，在上述产业领域内，上市公司中民营企业的占比都超过了 50%。

（二）从业人数持续降低和企业家数增速下降，制约了行业的发展

2021 年，建筑装饰业从业人数为 5282.94 万人，连续 3 年减少。2021 年比上年末减少 83.98 万人，减少 1.56%。详见图 12-2。

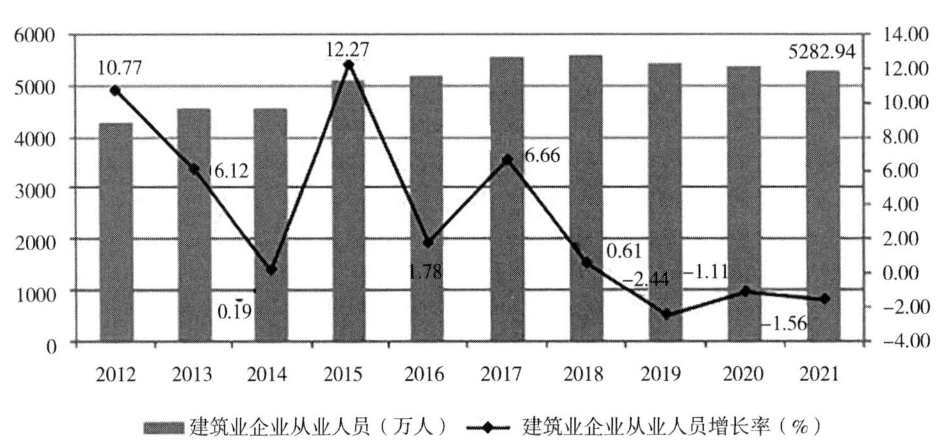

图 12-2　2012—2021 年建筑业从业人数增长情况

数据来源：中国建筑业协会《2021 年建筑业发展统计分析》。

截至 2021 年底，全国共有建筑装饰业企业 128746 家，比上年增加 12030 家，增速为 10.31%，比上年减少了 2.12 个百分点，增速在连续 5 年增加后出现下滑。国有及国有控股建筑装饰业企业 7826 家，比上年增加 636 家，占建筑装饰业企业总数的 6.08%，比上年下降 0.08 个百分点。详见图 12-3。

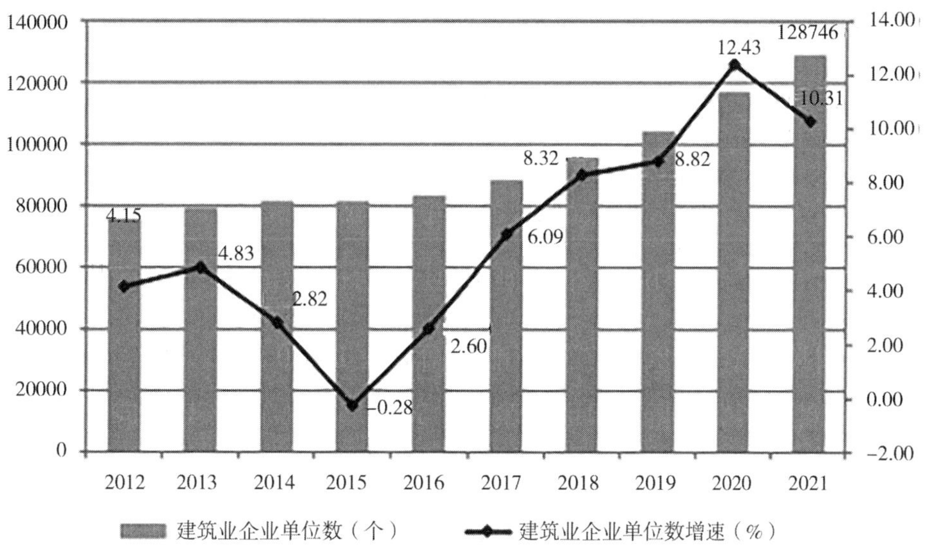

图 12-3 2012—2021 年建筑业企业数量及增速

数据来源：中国建筑业协会《2021 年建筑业发展统计分析》。

2021 年，按建筑装饰业总产值计算的劳动生产率再创新高，达到 473196 元/人，比上年增长 11. 89%，增速比上年增长 6. 07 个百分点。详见图 12-4。

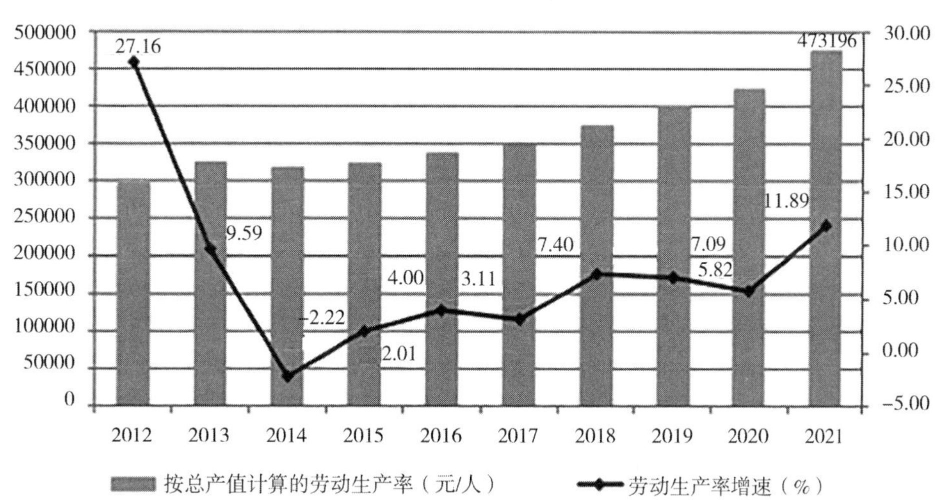

图 12-4 2012—2021 年按建筑业总产值计算的建筑业劳动生产率及增速

数据来源：中国建筑业协会《2021 年建筑业发展统计分析》。

（三）科技创新引领建筑行业高质量发展

我国建筑装饰企业已经进入了技术创新的发展阶段，但相比于其他行业，建筑装饰企业的科研能力及转化都相对较弱。国家科技成果网数据显示，近年来建筑装饰行业产业化应用的科技成果比例在 40%~60%之间，在所有行业中处于中等水平。近年来，建筑装饰企业不断加大科研创新投入，利用新工艺、新工法开拓建筑市场、降低成本，以期实现提高经济效益的目的。

作为建筑装饰行业的国有企业重要代表，中国建筑积极引领科技创新赋能行业变革。公司在 2021 年度全力以赴攻克“卡脖子”技术，全年投入科研经费 399 亿元，投入强度首次超过 2%。实现碳纤维千吨级索锚体系世界首次大型工程应用，成功研发工程建造软件底层图形平台技术，并发布自有软件品牌。推动建筑领域绿色低碳转型，加快 5G 智慧工地推广应用。2021 年度，中国建筑荣获国家科学技术进步奖 5 项，其中一等奖 2 项，荣获詹天佑奖 15 项，鲁班奖 35 项，获奖数量和质量再创历史新高。

作为建筑行业民营企业重要代表，三一重工认为投研发就是投未来，在 2021 年推行“销售一代、储备一代、研发一代”的三代研发政策。2021 年，公司研发费用投入 65.09 亿元，较 2020 年增加 15.17 亿元，增幅为 30.4%，主要投向新产品，新技术，电动化，智能化及国际化产品。2021 年全年，公司推出全球最大 4500 吨履带起重机、SY650 挖掘机、新能源搅拌车等新品 186 款，突破关键技术 219 项，科技成果数量与质量均为历史最佳。截至 2021 年底，研发人员达 7231 人，较 2020 年底增长 35%。在专利申请方面，2021 年研发结项项目增长超过 100%；年度申请专利数量达 2862 个，增长超过 150%，公司申请专利 13140 项，授权专利 9124 项，申请及授权数居国内行业第一。

（四）实施保障性租赁住房，实现建筑装饰业标准化升级发展

2021 年发展保障性租赁住房作为“十四五”期间完善住房市场体系和住房保障体系的重要举措。因此国家陆续出台了《国务院办公厅关于加快发展保障性租赁住房的意见》等一系列政策文件，将保障性租赁住房纳入保障房体系，形成公租房、共有产权房、保障性租赁住房三支柱。并从金融、土地、审批流程、资金补助、降低税费负担、执行民用水电气价格等多方面予以支持，提升市场主体参与保障性租赁住房建设的积极性。

三、2022 年建筑装饰行业前景分析

当前，全球新冠肺炎疫情影响仍然存在，世界经济衰退，国际贸易和投资萎缩，经济全球化遭遇逆流，我国经济正处在转变发展方式、优化经济结构、转换增长动力的攻关期，建筑装饰行业结构性、体制性、周期性问题相互交织，正处于高速发展转向高质量发展的关键阶段。展望 2022 年，传统基建短期业绩有望提升，而长期来看新基建为建筑业带来新机遇；低碳政策背景下绿色建筑是建筑企业转型升级的重要方向，而 Pre-REITs（不动产投资信托基金）的加速发行将为基础设施项目提供新一轮的资金来源。

（一）传统基建短期业绩增速有望提升，长期来看不具备成长性

政府工作报告中提出 2022 年坚持稳中求进工作总基调，着力稳定宏观经济大盘。将 GDP 增长目标定在 5.5%左右，赤字率为 2.8%。作为重要的逆周期调节工具，高增长目标下基建将加速发力。虽赤字率较 2021 年下调 0.4%，但预计 2022 年财政收入继续增长，加

之特定国有金融机构和专营机构依法上缴近年结存的利润、调入预算稳定调节基金等，支出规模比 2021 年扩大 2 万亿元以上，可用财力明显增加。对信贷端政府工作报告也提出要加大稳健的货币政策实施力度，扩大新增贷款规模，保持货币供应量和社会融资规模增速与名义经济增速基本匹配。

在出口和消费增长预期转弱的情况下，政府只能通过加大投资来刺激经济发展。预计 2022 年财政支出及信贷投放都将继续增长，共同为基建投资加速保驾护航。基于稳经济和稳就业的双重作用，传统基建板块毫无疑问是稳增长实现的重要发力点，同时也是受益最大、最直接的行业，虽然传统基建属于业绩低增速板块，不具备穿越周期的高成长性，但今年的市场宏观变量起到了决定作用，即稳增长占据了阶段主导地位，在此背景下，传统基建板块未来的业绩增速有望提升，短期内确定性相对较高。

保障性租赁住房是“十四五”期间地产投资的重要新增量。根据东吴证券研究所的预测：（1）“十四五”期间保障性租赁住房建设总套数约为 961. 3 万套，总投资约 2. 7 万亿元，建安投资约 1 万亿元，土地购置费约 1. 6 万亿元。2021—2025 年投资额分别为 3033 亿元、5465 亿元、9450 亿元、5166 亿元、3678 亿元；（2）2022 年保障性租赁住房建设套数约 242. 5 万套，总投资约 5465 亿元，建安投资 1706 亿元，土地购置费 3759 亿元。2022 年新增投资为 2431 亿元，相当于 2021 年房地产开发投资的 1. 6%。

保障房建设的快速推进有助于装配式建筑产业发展，装配式建筑技术在保障房中的应用在政策和技术上均具备有利条件。保障房通常由政府投资建设，政府投资类建设项目中更倡导推行使用建筑新技术，如装配式建筑、BIM（建筑信息模型）技术等，能有效推进装配式建筑应用。在技术应用层面，保障房类建筑建设规模较大，住户个性化需求较低，户型标准化程度更强，户型和面积基本固定，为装配式建筑提供了较为有利的应用场景，且采用装配式建造方式可加快施工进度，缩短工期，实现标准化升级发展。目前，受限于其较高的成本，装配式建筑在住宅领域的应用依然较为缓慢。为了实现住房和城乡建设部在《“十四五”建筑业发展规划》中指出的到 2025 年装配式建筑占新建建筑的比例达 30%以上的任务目标，装配式建筑在政府主导的保障性租赁住房项目中得到了更为广泛的推广。保障性租赁住房因此成为装配式建筑应用的重要载体，带动上下游产业的发展。详见图 12-5。

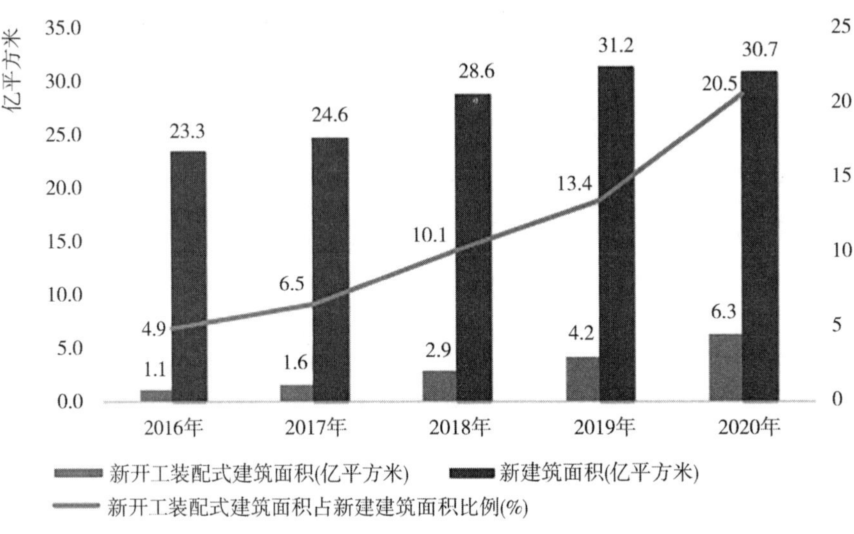

图 12-5 2016—2020 年新建建筑和新开工装配式建筑面积

数据来源：Wind 数据库、西部证券研发中心。

假设 2021—2025 年新建建筑面积年复合增长率与 2016—2020 年保持一致，新开工装配式建筑面积占新建建筑面积比例每年增长 2%，至 2025 年达到 30%的目标。预计 2022 年新开工装配式建筑面积 8.5 亿平方米，“十四五”期间新开工装配式建筑面积年增长率保持在 14%~17%之间，虽较“十三五”期间下滑幅度较大，但总量依然可观。

（二）基建投资持续分化，新型基建有望发力

2021 年 3 月《“十四五”规划纲要》要求系统推进基础设施建设，构建系统完备、实用高效、智能绿色、安全可靠的现代化基础设施体系，要系统布局新型基础设施，加快建设交通强国，推进能源革命，加强水利基础设施建设。2021 年 11 月国务院常务会议提出合理发行运用地方专项债，支持重点项目和重大民生工程建设，并要求加快剩余专项债发行，合理提出 2022 年专项债发行额度。2022 年地方政府专项债将继续聚焦“两新一重”，成为基建投资的“排头兵”。

（三）绿色建筑是产业升级的重要方向，孕育丰富成长投资新机遇

2022 年 3 月住房和城乡建设部《“十四五”建筑节能与绿色建筑发展规划》明确提出，到 2025 年，城镇新建建筑全面执行绿色建筑标准（2020 年渗透率 77%），行业迎来重要成长窗口期。而从《绿色建筑评价标准（2019）》中“资源节约”评分项分值是其他评分项的 2 倍，以及 2020 年《绿色建筑创建行动方案》8 大任务对“资源节约”的倾斜均可以看出，资源节约是我国现阶段推动绿色建筑的主要着力点。

打造“资源节约”型绿色建筑的四个方向：基于《绿色建筑评价标准》，我国资源节约型绿色建筑包括以下四个方向：（1）建造方式选择装配式建筑，以及铝模板支护，以实现建造过程的绿色化；（2）建筑材料选择陶瓷纤维、保温材料、绿色涂料等绿色建材，不仅生产过程更加节能减排，同时也使建筑更具保温隔热、减水降耗、健康安全等绿色属性；

(3) 建筑类型选择超低能耗建筑及近零能耗建筑，并积极运用 BIPV（光伏建筑一体化）/BAPV（“安装型”太阳能光伏建筑），以及被动式建筑；(4) 运维方式使用建筑节能技术来减少建筑运行能耗，重点包括企业微电网、供热节能技术。

(四) Pre-REITs 基金模式兴起，加速发行解决基建投资资金来源问题

基建投资资金引擎大致已经历地方债、PPP（政府和社会资本合作）模式、专项债融资等若干阶段，PPP 模式近年持续走低。其问题或在于部分地方财政较高依赖中央转移支付、PPP 财政红线压力加剧等。PPP 市场未来或仍有成长空间，但会极大依赖于政策弹性。专项债虽然或为 2022 年基建投资增速的主要动力，但长期看，其大概率为过渡产品，存在资金用不逢时、基建属性下滑等问题。且未来符合专项债发行要求的基建项目也或将不断减少，对专项债融资进行边界限制。而公募 REITs 的加入可使资本市场流动性活力化解政府财政流动性压力。

Pre-REITs 基金是以尚处于建设期或未形成稳定现金流的基础设施等项目为投资标的，以在公募 REITs 市场上市为主要退出手段，以获取二级市场溢价为投资目的的金融投资产品。REITs 相当于基础设施资产的 IPO（首次公开发行），而 Pre-REITs 基金类似于企业上市前的 VC（风险投资）/PE（私募股权投资）投资基金，在项目早期投资参与项目的建设和运营。其筛选并投资或并购优质底层基础设施资产，通过运营管理、提质增效等市场化运作，加速底层资产在 REITs 市场上市节奏，缩短回款周期，解决资金期限匹配问题，引导新建投资预期，吸引更多资金参与到新项目投资中，进而撬动更多新增基建投资，更好地形成“募-投-管-退-再投资”的良性循环，提升金融服务实体经济效率。

附表　2020年度建筑装饰行业上市公司业绩评价结果排序表

序号	A股上市公司评价得分排序	股票代码	股票简称	综合得分	评价等级	每股收益（元）	总资产报酬率	净资产收益率（%）	总资产周转率（次）	流动资产周转率（次）	资产负债率（%）	已获利息倍数	营业收入增长率（%）	资本扩张率（%）	市场投资回报率（%）	股价波动率（%）	年末资产总额（万元）	营业收入（万元）	净利润（万元）
1	65	600970	中材国际	78.3	A	0.82	12.26	7.12	0.96	1.33	67.21	9.46	61.13	21.00	65.71	112.51	4147779.99	3624208.62	203284.94
2	180	002469	三维化学	74.3	BBB	0.58	14.35	14.19	0.84	1.07	20.88	55.85	289.29	8.10	34.79	59.94	326687.88	263146.53	38401.28
3	217	000498	山东路桥	73.6	BBB	1.37	15.52	5.95	0.83	1.13	76.00	5.66	67.03	55.21	34.14	82.21	8338686.73	5752229.03	275103.88
4	227	600039	四川路桥	73.4	BBB	1.17	20.20	7.39	0.68	1.31	77.72	3.85	39.26	23.29	170.59	225.71	13703847.38	8504851.24	569419.85
5	294	601117	中国化学	72.1	BBB	0.84	8.24	4.00	0.87	1.13	70.49	27.20	25.43	28.92	115.64	210.99	17789604.31	13728897.76	500383.15
6	467	601668	中国建筑	69.5	BB	1.25	12.46	5.49	0.83	1.15	73.21	5.05	17.11	10.85	5.34	22.68	238824912.60	189133897.00	7773249.20
7	548	600512	腾达建设	68.4	BB	0.51	14.47	9.31	0.62	0.84	48.81	34.87	17.31	14.48	16.68	69.43	1156269.62	692515.71	82447.21
8	578	603466	风语筑	68.1	BB	1.20	19.29	11.62	0.67	0.77	47.90	1094.31	30.30	16.32	88.77	136.22	440373.65	293990.63	43883.59
9	617	002061	浙江交科	67.6	BB	0.70	10.21	3.75	0.98	1.28	80.29	5.49	25.37	8.63	12.14	27.03	5274516.35	4605796.47	103111.78
10	690	002541	鸿路钢构	66.9	BB	2.19	12.94	9.36	1.09	1.63	62.86	10.32	45.08	21.63	33.86	65.23	1957616.21	1951480.99	115011.45
11	710	003013	地铁设计	66.7	BB	0.89	18.73	9.55	0.54	0.73	58.05	142.99	27.28	5.32	17.05	59.40	462704.89	238060.40	36168.08
12	769	603357	设计总院	66.1	BB	0.85	13.39	10.68	0.56	0.66	34.26	1987.79	23.41	10.53	4.71	22.95	439746.73	235696.27	39036.08
13	852	600248	陕西建工	65.3	BB	0.98	16.99	2.68	0.78	0.88	89.90	4.26	24.86	34.02	11.59	86.25	22925447.83	15947789.92	362214.11
14	854	601390	中国中铁	65.2	BB	1.04	8.61	3.89	0.84	1.39	73.68	4.08	10.19	14.42	10.11	39.80	136172618.30	107041745.20	3046951.50
15	865	002761	浙江建投	65.1	BB	0.92	12.99	2.87	1.02	1.38	91.52	2.56	19.84	14.65	1.37	26.17	9924577.70	9533495.49	126800.64
16	888	002116	中国海诚	64.9	B	0.39	10.26	4.11	1.12	1.26	69.18	62.58	3.30	7.14	3.60	44.25	487264.12	526504.97	16078.74
17	1019	000065	北方国际	63.8	B	0.81	6.63	5.22	0.70	1.07	64.63	5.77	1.55	9.87	17.47	72.42	1934381.12	1305001.27	67705.37
18	1049	603637	镇海股份	63.6	B	0.31	7.31	6.04	0.78	0.85	42.59	0.00	0.35	0.82	29.30	96.41	142212.66	110005.62	7488.97
19	1090	002140	东华科技	63.4	B	0.46	9.47	3.74	0.66	0.94	71.78	9.66	15.22	16.47	129.33	228.60	992158.86	600312.46	26581.35
20	1104	600820	隧道股份	63.3	B	0.76	8.43	3.93	0.52	1.04	77.37	2.73	15.22	16.47	2.94	34.54	12975718.10	6222614.00	242679.19
21	1167	600284	浦东建设	62.7	B	0.55	6.42	3.20	0.60	0.82	67.97	11.65	36.03	3.88	8.04	48.60	2154585.87	1139478.61	53799.85
22	1192	002830	名雕股份	62.6	B	0.22	4.71	2.96	0.56	0.95	58.98	0.00	1.99	2.43	15.46	45.31	165485.16	88447.07	3450.28
23	1198	600846	同济科技	62.5	B	0.92	18.58	7.84	0.59	0.69	63.10	26.05	−2.70	3.17	7.85	57.80	930157.67	613235.41	64941.00
24	1200	300621	维业股份	62.5	B	0.18	8.03	5.97	1.81	1.93	86.70	1.82	374.83	0.46	10.75	69.03	807099.80	1002138.51	10550.24

续 表

序号	A股上市公司评价得分排序	股票代码	股票简称	综合得分	评价等级	每股收益（元）	总资产报酬率	净资产收益率（%）	总资产周转率（次）	流动资产周转率（次）	资产负债率（%）	已获利息倍数	营业收入增长率（%）	资本扩张率（%）	市场投资回报率（%）	股价波动率（%）	年末资产总额（万元）	营业收入（万元）	净利润（万元）
25	1224	600769	祥龙电业	62.3	B	0.02	9.56	5.27	0.31	0.62	64.09	0.00	72.77	11.46	37.41	104.35	18750.94	5298.73	692.14
26	1228	601618	中国中冶	62.3	B	0.35	7.04	3.45	0.95	1.25	72.14	4.43	25.11	7.86	35.71	137.74	54347014.70	50057164.70	1160719.40
27	1249	603018	华设集团	62.2	B	0.92	16.59	7.60	0.59	0.67	62.71	39.94	8.74	15.53	-1.25	60.50	1069094.32	582196.48	63653.13
28	1265	601226	华电重工	62.1	B	0.26	6.38	3.85	1.06	1.36	62.30	13.37	15.97	7.81	63.92	148.27	1066548.72	1032902.72	30391.11
29	1269	300500	启迪设计	62	B	0.79	7.42	5.40	0.74	1.04	52.49	10.26	24.40	6.85	97.87	246.93	344304.17	230125.31	12808.51
30	1329	601186	中国铁建	61.5	B	1.60	8.20	3.63	0.79	1.15	74.39	3.93	12.05	10.48	-0.10	36.34	135297000.60	102001017.90	2931520.20
31	1373	600170	上海建工	61.2	B	0.36	6.38	2.47	0.83	1.06	85.42	2.72	21.50	17.47	26.03	85.20	35376589.18	28105546.80	404809.47
32	1374	002941	新疆交建	61.2	B	0.39	5.94	3.45	0.72	1.20	76.63	2.47	62.73	7.79	9.38	57.41	1773181.78	1161793.28	26054.59
33	1398	300746	汉嘉设计	61	B	0.44	4.15	5.73	1.32	2.45	37.63	32.97	23.17	6.26	29.98	148.42	218802.02	280143.57	10798.79
34	1404	002949	华阳国际	60.9	B	0.54	6.91	5.51	0.99	1.49	50.74	12.80	51.87	3.60	3.85	98.81	304137.11	287648.17	13055.38
35	1521	300384	三联虹普	59.9	CCC	0.60	9.40	7.21	0.27	0.43	32.58	115.82	-4.00	6.04	67.72	147.96	324168.93	84042.72	19974.35
36	1524	300564	筑博设计	59.9	CCC	1.71	9.15	9.73	0.53	0.64	36.62	4756.67	6.87	10.92	-0.39	53.94	200113.87	102621.48	17146.61
37	1549	603359	东珠生态	59.7	CCC	1.08	13.66	6.80	0.33	0.40	60.02	143.78	15.95	12.22	31.19	86.66	926722.24	271074.91	48058.31
38	1567	000928	中钢国际	59.5	CCC	0.51	5.73	4.51	0.72	0.94	74.15	6.37	6.98	9.06	126.87	192.63	2428775.83	1586234.14	66239.43
39	1592	603081	大丰实业	59.4	CCC	0.96	14.56	8.02	0.48	0.76	62.67	14.08	17.91	14.46	33.11	48.19	711812.59	295856.15	38324.16
40	1628	000628	高新发展	59.1	CCC	0.46	8.64	3.02	0.69	0.73	84.63	5.31	19.50	-1.52	30.42	78.01	1082827.43	661179.68	17312.69
41	1636	000779	甘咨询	59	CCC	0.87	13.62	9.58	0.64	0.97	41.58	144.99	4.09	13.71	-0.48	30.45	419807.39	258203.97	32733.87
42	1660	603929	亚翔集成	58.8	CCC	0.12	1.17	1.45	1.05	1.16	53.34	7.78	138.02	0.21	8.72	54.16	225524.72	221210.81	2564.26
43	1666	603698	航天工程	58.8	CCC	0.29	3.18	3.57	0.55	0.69	33.39	0.00	17.44	3.52	56.81	83.67	453542.85	243155.55	15549.76
44	1678	002135	东南网架	58.7	CCC	0.48	8.33	4.47	0.73	1.00	62.12	5.32	21.94	33.82	87.87	167.74	1715065.14	1128710.73	49550.65
45	1680	300826	测绘股份	58.7	CCC	0.73	7.83	5.27	0.37	0.45	52.50	364.01	40.55	4.99	4.82	34.23	226382.01	76363.10	9235.30
46	1689	601611	中国核建	58.6	CCC	0.49	7.20	2.63	0.53	0.84	82.58	2.78	15.00	15.95	32.86	100.02	17174305.46	8371993.35	219830.24
47	1741	600610	中毅达	58.1	CCC	0.04	51.82	7.65	1.01	2.94	90.32	2.35	29.20	46.55	190.54	317.46	136189.84	139402.03	4188.77
48	1754	603458	勘设股份	58.1	CCC	1.10	10.10	6.79	0.42	0.59	55.95	6.70	8.63	9.99	31.67	50.03	763643.91	303943.15	35114.93

续 表

序号	A股上市公司评价得分排序	股票代码	股票简称	综合得分	评价等级	每股收益（元）	总资产报酬率	净资产收益率（%）	总资产周转率（次）	流动资产周转率（次）	资产负债率（%）	已获利息倍数	营业收入增长率（%）	资本扩张率（%）	市场投资回报率（%）	股价波动率（%）	年末资产总额（万元）	营业收入（万元）	净利润（万元）
49	1757	601669	中国电建	58	CCC	0.50	5.57	3.10	0.48	1.07	75.09	2.40	11.75	7.25	109.89	250.39	96397736.94	44832549.06	1345777.89
50	1780	601800	中国交建	57.9	CCC	1.02	5.36	3.65	0.51	1.19	71.86	2.40	9.25	9.38	21.08	79.01	139083709.17	68563899.98	2349630.53
51	1788	002713	东易日盛	57.9	CCC	0.18	11.91	4.10	1.25	2.45	70.10	6.75	24.52	8.57	−10.73	63.57	371090.22	429192.62	11906.84
52	1801	600133	东湖高新	57.8	CCC	0.67	7.38	4.94	0.43	0.66	71.50	2.65	14.60	16.75	4.57	36.06	2890672.65	1213993.47	70331.60
53	1823	002060	粤水电	57.6	CCC	0.27	9.10	3.43	0.47	1.01	87.02	1.67	14.13	7.21	79.69	181.96	3173232.19	1436131.38	36619.39
54	1837	002883	中设股份	57.5	CCC	0.47	10.31	7.29	0.55	0.65	43.77	33.32	27.61	9.50	−3.75	56.01	120911.16	60634.27	7077.94
55	1857	300732	设研院	57.4	CCC	1.17	9.98	7.55	0.38	0.49	51.06	11.37	8.81	13.90	14.51	49.47	579511.84	205202.00	32220.97
56	1869	603860	中公高科	57.3	CCC	0.57	4.74	5.29	0.25	0.50	13.92	561.40	13.12	4.38	6.93	37.38	81404.67	20329.50	3619.13
57	1870	600629	华建集团	57.3	CCC	0.52	9.22	4.08	0.72	0.96	73.15	10.05	5.12	9.25	4.41	32.74	1342581.05	905478.30	39101.20
58	1930	600496	精工钢构	56.9	CCC	0.34	8.99	5.19	0.89	1.15	58.84	5.34	31.85	10.45	−12.72	95.08	1835660.93	1514135.98	69940.20
59	1947	600502	安徽建工	56.7	CCC	0.64	7.29	2.77	0.61	0.90	84.51	2.27	25.22	13.29	17.16	40.95	12687567.93	7133987.23	141322.26
60	1956	300517	海波重科	56.6	CCC	0.46	10.55	6.03	0.60	0.74	51.33	9.25	30.41	9.25	61.29	95.71	189539.21	111789.86	9106.23
61	2005	300649	杭州园林	56.2	CCC	0.25	5.87	2.69	0.56	0.68	62.37	184.40	−7.17	18.84	14.63	82.24	141072.37	74852.33	3266.49
62	2050	600477	杭萧钢构	55.9	CCC	0.19	6.57	6.04	0.92	1.33	60.57	7.08	17.68	9.25	14.28	36.28	1175410.54	957785.48	48853.47
63	2093	601789	宁波建工	55.4	CCC	0.40	5.19	3.42	1.08	1.33	79.63	4.13	7.69	11.86	−1.13	29.25	2083112.85	2132019.16	44252.54
64	2125	002989	中天精装	55.2	CCC	0.72	5.34	4.28	0.80	0.86	50.71	13.17	0.10	3.29	−23.57	187.77	339391.52	256749.14	10839.29
65	2131	300712	永福股份	55.1	CCC	0.22	0.67	2.16	0.60	0.75	61.38	1.89	59.92	12.51	109.59	304.47	302606.31	156791.80	2945.88
66	2144	003001	中岩大地	55	CC	0.88	7.99	5.88	0.64	0.69	41.64	342.87	21.97	6.59	−6.53	128.34	233668.46	137735.87	11140.60
67	2206	300284	苏交科	54.7	CC	0.45	6.95	4.86	0.35	0.44	46.53	5.93	−6.91	47.96	8.30	62.10	1508418.80	511942.65	50138.35
68	2262	600853	龙建股份	54.2	CC	0.27	8.51	3.57	0.61	0.95	84.85	1.72	28.39	21.62	5.68	31.11	2662064.39	1519833.20	31958.46
69	2272	603909	合诚股份	54	CC	0.20	4.46	3.87	0.54	0.72	40.93	6.20	5.60	7.76	43.63	99.77	162972.08	84138.28	4501.92
70	2276	603843	正平股份	54	CC	0.18	5.47	3.23	0.60	0.87	77.40	2.23	4.79	24.93	28.76	63.57	980536.86	512570.76	11451.05
71	2283	002062	宏润建设	54	CC	0.36	10.31	3.85	0.58	0.75	78.24	4.08	−8.79	4.77	2.24	37.07	1831480.49	1032150.43	40854.10
72	2378	300668	杰恩设计	53.2	CC	0.16	3.43	3.95	0.65	0.83	24.80	18.37	22.45	−1.68	38.99	93.30	60577.52	38152.73	1708.00

续 表

序号	A股上市公司评价得分排序	股票代码	股票简称	综合得分	评价等级	每股收益（元）	总资产报酬率	净资产收益率（%）	总资产周转率（次）	流动资产周转率（次）	资产负债率（%）	已获利息倍数	营业收入增长率（%）	资本扩张率（%）	市场投资回报率（%）	股价波动率（%）	年末资产总额（万元）	营业收入（万元）	净利润（万元）
73	2452	603815	交建股份	52.5	CC	0.27	6.49	3.77	0.75	0.99	74.18	4.84	61.28	79.09	-20.12	65.77	824792.76	512732.32	15044.53
74	2498	002811	郑中设计	52	CC	0.07	0.59	1.82	0.62	0.77	50.05	1.62	0.62	-6.86	14.64	45.01	299364.81	190489.75	1737.59
75	2550	603098	森特股份	51.7	CC	0.06	1.13	1.16	0.61	0.72	48.73	1.92	-0.41	25.31	471.36	343.76	522265.16	313958.01	3137.61
76	2558	002963	豪尔赛	51.6	CC	0.09	-0.57	0.54	0.35	0.38	27.93	0.00	31.74	0.53	1.82	36.88	231080.14	78794.31	1328.99
77	2564	300355	蒙草生态	51.5	CC	0.16	6.45	5.53	0.19	0.48	64.04	2.23	14.54	4.79	53.23	72.65	1601093.03	291142.69	36854.66
78	2629	300778	新城市	50.9	CC	0.65	6.51	7.52	0.31	0.33	18.57	38.29	-3.56	4.20	2.93	50.22	125026.88	40080.03	8100.14
79	2648	000055	方大集团	50.8	CC	0.21	3.12	3.21	0.29	0.70	54.40	3.24	19.41	2.64	14.51	37.86	1226133.85	355772.44	22679.86
80	2660	002822	中装建设	50.7	CC	0.15	3.12	3.12	0.76	0.88	58.98	3.37	12.48	9.13	-2.90	55.92	919517.54	627817.26	12393.98
81	2701	600491	龙元建设	50.3	CC	0.44	2.89	3.63	0.30	0.46	80.35	1.67	9.90	5.20	34.07	107.34	6702780.18	1954781.74	68838.39
82	2705	002593	日上集团	50.2	CC	0.14	3.87	3.39	0.82	1.13	52.19	2.99	26.47	19.52	9.99	49.91	492907.63	377848.58	10682.96
83	2761	300675	建科院	49.7	C	0.30	5.92	5.09	0.38	0.71	58.03	4.37	-0.72	6.55	4.65	68.82	133741.11	50283.14	4758.32
84	2791	002743	富煌钢构	49.4	C	0.38	5.20	3.21	0.60	0.75	69.22	2.36	40.82	5.13	13.10	63.20	1008318.17	573748.59	16707.60
85	2838	600939	重庆建工	48.8	C	0.05	0.77	1.26	0.76	0.94	86.17	1.57	4.55	9.03	14.55	39.58	7800398.79	5780894.98	28547.23
86	2904	002178	延华智能	48	C	0.01	-1.44	1.04	0.47	0.64	58.42	1.86	23.84	0.58	72.00	130.64	177030.93	81712.98	894.05
87	2938	002051	中工国际	47.5	C	0.23	0.88	1.48	0.40	0.48	50.89	7.19	8.46	1.24	2.89	37.41	2204636.93	863976.45	26074.55
88	2958	300635	中达安	47.3	C	0.25	5.72	4.63	0.51	0.71	41.55	4.05	10.60	5.72	-26.81	91.11	118499.19	60478.31	3953.13
89	2975	002298	中电兴发	47.1	C	0.29	3.95	3.56	0.36	0.76	34.68	6.50	0.15	11.60	-13.51	57.79	800165.92	277061.16	21113.96
90	2993	002586	＊ST 围海	46.8	C	-0.02	-4.44	1.05	0.30	0.68	58.11	0.78	20.00	9.42	86.39	102.92	888124.68	258072.94	-5882.88
91	3101	603388	元成股份	45.3	C	0.17	2.55	3.11	0.18	0.32	59.23	2.32	-19.84	25.78	35.98	87.12	346835.46	57292.94	4712.22
92	3109	002307	北新路桥	45.2	C	0.05	-0.71	1.81	0.29	0.89	88.34	1.35	3.66	12.38	-12.90	40.59	4569258.39	1232048.99	6880.06
93	3117	300492	华图山鼎	45	C	0.09	2.11	4.69	0.34	0.45	8.23	126.74	-12.31	2.83	0.18	111.03	32295.23	11000.68	1277.78
94	3162	603316	诚邦股份	44.4	C	0.08	1.59	1.47	0.49	0.89	68.40	2.04	14.51	0.31	6.18	50.21	296506.96	131392.65	2155.23
95	3178	600193	创兴资源	44.1	C	0.05	6.70	3.29	0.54	0.65	72.51	7.99	-37.01	7.47	40.03	133.39	127808.91	69038.07	2300.52
96	3197	000010	美丽生态	43.8	C	0.03	4.39	3.46	0.43	0.54	81.29	1.79	24.73	5.16	-2.59	37.01	458749.06	175690.68	3924.71

续 表

序号	A股上市公司评价得分排序	股票代码	股票简称	综合得分	评价等级	每股收益（元）	总资产报酬率	净资产收益率（%）	总资产周转率（次）	流动资产周转率（次）	资产负债率（%）	已获利息倍数	营业收入增长率（%）	资本扩张率（%）	市场投资回报率（%）	股价波动率（%）	年末资产总额（万元）	营业收入（万元）	净利润（万元）
97	3204	300592	华凯创意	43.6	C	−0.43	−7.15	−2.86	1.07	1.81	26.29	−17.53	1435.08	398.88	9.70	115.91	296904.23	207486.15	−8195.17
98	3303	002628	成都路桥	41.8	C	0.10	3.48	3.21	0.22	0.47	62.78	1.63	−17.72	3.06	1.18	38.51	819575.39	178974.76	7860.87
99	3381	603959	百利科技	39.5	C	0.06	3.05	2.19	0.35	0.48	78.82	1.87	−25.85	6.08	31.46	172.16	319573.93	104120.91	3096.10
100	3402	603955	大千生态	38.8	C	0.43	3.44	3.73	0.15	0.27	51.18	3.25	−41.07	4.16	−0.11	32.21	367885.78	55642.02	7166.12
101	3415	601068	中铝国际	38.4	C	−0.37	−5.85	−0.35	0.41	0.61	71.93	−0.35	1.40	5.62	78.72	155.54	5882803.53	2334819.63	−86160.29
102	3469	300536	农尚环境	36.7	C	0.00	−0.90	−0.23	0.25	0.28	48.08	−1.46	6.71	1.06	58.48	162.93	118517.06	30760.42	−210.26
103	3504	002717	岭南股份	35.6	C	0.03	0.22	1.68	0.25	0.38	73.04	1.20	−27.84	6.14	2.99	52.18	1908603.77	479943.65	5124.96
104	3512	605178	时空科技	35.2	C	−0.18	−1.46	−0.88	0.28	0.30	22.50	−58.34	−16.81	−1.36	3.25	58.10	262700.80	74578.30	−2043.65
105	3657	600209	*ST 罗顿	29.6	C	−0.12	−14.92	−10.48	0.14	0.53	38.42	−155.68	33.83	−15.72	48.99	93.84	55131.82	7278.87	−5404.02
106	3667	002375	亚厦股份	29.4	C	−0.66	−11.41	−4.08	0.53	0.64	66.73	−11.65	11.95	−10.52	1.73	65.09	2307658.11	1207629.40	−87313.04
107	3700	603017	中衡设计	28	C	−1.52	−25.29	−10.96	0.51	0.82	56.53	−41.77	−2.27	−29.29	22.05	44.16	329295.47	179365.75	−41516.64
108	3715	002663	普邦股份	27.7	C	−0.35	−19.23	−9.60	0.42	0.58	46.08	−15.74	10.03	−16.08	7.89	50.55	619594.24	279650.69	−67975.80
109	3734	300197	节能铁汉	27.2	C	−0.15	−5.62	0.88	0.09	0.20	74.48	0.39	−36.78	15.84	−1.02	45.50	3092289.94	266269.76	−36224.30
110	3742	002542	中化岩土	26.8	C	−0.17	−8.52	−1.82	0.50	0.64	63.72	−1.13	−8.63	−10.21	−2.94	51.39	1014635.39	517388.55	−31484.02
111	3776	601886	江河集团	25.8	C	−0.89	−12.29	−2.66	0.72	0.89	72.77	−3.21	15.18	−23.15	19.31	75.55	2817883.02	2078938.91	−97737.44
112	3778	603717	天域生态	25.7	C	−0.81	−17.00	−5.63	0.19	0.30	51.59	−3.83	9.53	18.46	43.72	125.26	332883.29	63808.27	−22056.15
113	3828	002325	洪涛股份	24	C	−0.17	−10.40	−0.51	0.24	0.30	69.35	−0.32	−27.40	−16.94	22.25	53.63	912674.89	259061.34	−21148.37
114	3870	002620	瑞和股份	23	C	−4.87	−96.87	−30.62	0.62	0.80	80.62	−32.34	−6.55	−65.71	19.89	129.41	496271.18	351741.45	−181611.49
115	3871	603828	柯利达	22.9	C	−0.61	−27.17	−7.31	0.49	0.70	75.65	−11.68	−2.98	−22.26	−2.61	34.79	519384.32	257785.75	−37088.87
116	3883	002856	美芝股份	22.2	C	−1.19	−22.58	−11.93	0.35	0.40	58.45	−17.19	−52.91	−19.74	−8.65	49.03	160154.61	58791.31	−16115.17
117	3901	002200	ST 云投	21.5	C	−0.40	−41.69	−0.12	0.15	0.26	90.15	−0.04	46.52	−29.43	64.16	167.85	233918.38	39225.02	−10763.06
118	3907	300506	名家汇	21.4	C	−0.80	−31.65	−17.93	0.21	0.28	53.49	−11.93	8.09	−27.91	46.44	178.58	226337.75	55435.37	−53090.60
119	3945	002310	东方园林	19.8	C	−0.43	−9.21	−1.07	0.23	0.39	73.09	−0.59	20.18	−8.40	−30.05	112.45	4524726.77	1048662.76	−116980.82
120	3946	300237	美晨生态	19.8	C	−0.25	−16.63	−0.64	0.20	0.25	76.12	−0.21	−32.28	−8.71	11.35	53.30	1025789.85	207554.44	−38660.43

续 表

序号	A股上市公司评价得分排序	股票代码	股票简称	综合得分	评价等级	每股收益（元）	总资产报酬率	净资产收益率（%）	总资产周转率（次）	流动资产周转率（次）	资产负债率（%）	已获利息倍数	营业收入增长率（%）	资本扩张率（%）	市场投资回报率（%）	股价波动率（%）	年末资产总额（万元）	营业收入（万元）	净利润（万元）
121	3949	002374	中锐股份	19.7	C	-0.61	-27.09	-9.95	0.13	0.25	55.47	-4.50	10.80	-23.91	411.90	358.61	485605.69	68260.00	-67175.87
122	3985	002047	宝鹰股份	17.5	C	-1.24	-49.81	-15.05	0.41	0.44	75.93	-7.46	-21.59	-39.24	16.58	68.55	1064892.05	466944.63	-165683.41
123	3987	002775	文科园林	17.4	C	-3.24	-102.83	-37.89	0.39	0.63	86.76	-34.32	-23.57	-76.17	2.67	55.97	455212.75	192629.11	-167023.83
124	4013	603778	乾景园林	16	C	-0.31	-16.14	-9.71	0.09	0.16	28.31	-102.13	-31.60	-14.41	13.68	86.03	183464.37	17679.89	-21890.19
125	4018	002431	棕榈股份	15.6	C	-0.51	-17.06	-2.82	0.24	0.38	77.69	-1.33	-16.08	-16.61	12.75	44.27	1768172.74	404589.35	-78441.14
126	4023	002482	广田集团	15.3	C	-3.64	-163.99	-28.69	0.41	0.48	96.71	-18.75	-34.38	-91.60	-17.07	49.62	1621895.93	803638.87	-569037.42
127	4031	002081	金螳螂	15.1	C	-1.85	-34.22	-12.82	0.61	0.68	69.89	-42.48	-18.79	-32.94	-30.72	116.80	3818506.90	2537415.18	-487484.50
128	4041	002789	建艺集团	14.3	C	-6.76	-170.20	-25.84	0.51	0.64	95.98	-14.10	-14.17	-86.82	-25.41	89.69	332976.91	194782.34	-98414.96
129	4046	603030	全筑股份	14	C	-2.34	-63.36	-11.20	0.41	0.48	84.38	-6.92	-25.49	-45.62	-18.68	73.39	928448.33	404178.53	-128537.48
130	4051	603887	城地香江	13.4	C	-1.47	-17.09	-6.01	0.36	0.51	55.73	-3.43	-26.09	-15.84	-39.00	140.88	771135.32	290717.36	-60525.36
131	4052	002781	ST 奇信	13.4	C	-7.77	-275.70	-50.16	0.43	0.50	108.11	-20.47	-31.10	-116.00	-21.84	87.80	299094.80	145342.41	-175916.63
132	4091	002504	ST 弘高	8.1	C	-0.36	-98.19	-10.42	0.05	0.06	93.51	-118.22	-61.64	-66.87	-4.23	75.06	289858.52	17267.38	-37129.04
133	4102	603007	ST 花王	2	C	-1.78	-76.40	-17.63	0.05	0.09	80.02	-9.58	-70.94	-54.43	-29.66	153.16	265721.64	16622.15	-64400.16
134	4106	300495	*ST 美尚	0	C	-1.55	-52.35	-15.98	0.03	0.07	75.77	-6.24	-83.76	-42.04	-60.68	227.37	593840.25	21377.33	-104904.88
135		300982	苏文电能	75.3	A	2.34	25.51	17.84	0.94	1.05	40.01	281.31	35.58	103.41	133.24	126.54	242700.61	185591.93	30117.80
136		301046	能辉科技	67.3	BB	0.83	16.25	11.74	0.58	0.70	39.84	401.30	41.28	78.17	-5.08	36.15	130817.10	59268.68	10368.58
137		301038	深水规院	66.1	BB	0.94	11.93	7.29	0.57	0.70	47.25	64.47	8.25	42.55	-5.72	24.08	178629.78	93482.22	10613.79
138		301058	中粮工科	65.1	BB	0.37	9.44	5.88	0.67	0.81	49.52	704.42	6.30	37.83	184.63	69.12	378882.37	216955.31	16498.73
139		605167	利柏特	63.7	B	0.29	8.41	7.60	1.07	1.77	38.76	60.10	31.73	67.90	-5.76	41.77	219790.54	198307.24	10945.39
140		301167	建研设计	62.3	B	1.12	9.66	9.08	0.46	0.58	25.29	0.00	-9.29	175.95	2.50	8.48	112530.51	39325.57	6815.81
141		300989	蕾奥规划	62.2	B	1.87	15.48	14.57	0.64	0.67	18.43	75.10	6.69	419.74	-63.87	78.17	121220.16	52555.27	10280.07
142		605289	罗曼股份	61.1	B	1.48	11.10	8.19	0.45	0.53	36.73	107.48	22.49	97.50	32.96	110.17	206602.14	73573.57	11765.85
143		300983	尤安设计	60.9	B	4.15	14.32	15.21	0.41	0.46	11.20	0.00	3.22	347.27	-36.79	45.46	358420.06	95537.37	30338.27
144		301091	深城交	58.3	CCC	1.26	10.84	8.93	0.57	0.73	32.46	15.10	6.47	385.46	-9.75	9.41	299422.16	115917.61	16032.52

续 表

序号	A股上市公司评价得分排序	股票代码	股票简称	综合得分	评价等级	每股收益（元）	总资产报酬率	净资产收益率（%）	总资产周转率（次）	流动资产周转率（次）	资产负债率（%）	已获利息倍数	营业收入增长率（%）	资本扩张率（%）	市场投资回报率（%）	股价波动率（%）	年末资产总额（万元）	营业收入（万元）	净利润（万元）
145		605598	上海港湾	57	CCC	0.44	5.21	6.46	0.52	0.64	15.75	17.17	-7.27	66.07	-65.75	40.41	166728.07	73451.85	6133.92
146		601868	中国能建	54.4	CC	0.19	5.68	3.60	0.64	1.08	71.69	3.60	19.41	8.56	-35.67	42.67	52886258.80	32231856.50	959754.40
147		300948	冠中生态	54.3	CC	0.57	10.75	10.27	0.45	0.55	27.49	176.63	37.66	70.31	-43.38	92.30	109713.72	40202.90	7812.56
148		301027	华蓝集团	53.8	CC	1.02	18.16	10.39	0.75	0.86	48.45	32.85	5.79	113.19	-67.66	51.75	179192.80	115483.29	12899.06
149		300844	山水比德	52.4	CC	1.54	6.63	7.59	0.74	0.82	17.72	12.68	20.30	330.57	-61.26	52.59	119058.29	58974.22	5185.48
150		603176	汇通集团	52.3	CC	0.24	9.37	4.93	0.68	0.96	73.14	4.68	-1.24	29.03	0.00	0.00	363940.84	236816.07	8318.82
151		605287	德才股份	52.2	CC	1.60	12.72	3.15	0.67	0.73	81.20	4.07	8.73	132.09	-59.83	51.48	839613.39	503950.56	14832.38
152		300949	奥雅设计	52.2	CC	1.31	7.29	8.32	0.57	0.70	17.89	36.97	24.48	193.10	-40.95	140.44	146127.14	61175.27	7528.01
153		301098	金埔园林	51.4	CC	1.04	9.80	5.55	0.43	0.46	58.76	8.74	2.79	55.03	-108.97	16.22	253439.07	95841.66	8524.55
154		001267	汇绿生态	51.2	CC	0.11	6.32	5.44	0.33	0.41	52.12	6.51	-4.84	4.26	69.26	51.44	241830.99	77482.27	8004.75
155		301024	霍普股份	50.7	CC	1.30	7.21	8.12	0.51	0.58	11.04	42.92	7.25	158.54	-28.85	29.91	93409.16	34123.15	4688.17
156		605081	太和水	45.8	C	1.22	6.38	5.08	0.27	0.32	13.66	0.00	-17.80	89.79	-37.58	113.88	212979.62	46028.52	9094.09
157		605303	园林股份	45.7	C	0.40	4.47	2.63	0.39	0.45	50.08	5.84	-14.12	60.34	-18.83	99.60	336225.73	122370.94	6289.99

第十三章

银行业上市公司业绩评价

2021年我国宏观经济发展进入“新常态”，随着经济结构的不断优化转型，社会经济增长的可持续性和均衡性有所提升。在基本面改善的背景下，我国银行业业绩在低基数和多重利好带动下快速改善，经营态势总体稳健向好，资产负债规模稳步扩张，资产质量总体稳定，净利润出现历史罕见高增长。但目前银行板块估值较低。2021年申万银行业指数从年初的3627.68点波动下降至年末的3527.37点，下跌2.77%。展望2022年，随着货币政策不断加码，信用环境持续改善，社会融资增速进入上行区间，银行信贷放量在即，上市银行预计将保持稳健平稳的发展态势。

一、2021年度银行业上市公司业绩评价结果

截至2021年末，我国A股市场上市银行共41家，其中2021年新上市的有4家银行，为重庆银行、齐鲁银行、瑞丰银行、沪农商行。对当年上市的银行不进行指标评价，因此，纳入本次业绩评价的银行业上市公司共37家，详见表13-1。

截至2021年末，37家银行A股上市公司中，沪市29家，占比78.38%，深市8家，占比21.62%。37家银行上市公司资产总额2239541.75亿元，所有者权益合计188881.54亿元，2021年实现营业收入57517.87亿元，实现净利润19224.71亿元。

表13-1　2021年纳入业绩评价的A股上市银行汇总表

股票简称	上市日期	股票简称	上市日期
平安银行	1991-04-03	无锡银行	2016-09-23
浦发银行	1999-11-10	常熟银行	2016-09-30
民生银行	2000-12-19	杭州银行	2016-10-27
招商银行	2002-04-09	上海银行	2016-11-16

续 表

股票简称	上市日期	股票简称	上市日期
华夏银行	2003-09-12	苏农银行	2016-11-29
中国银行	2006-07-05	张家港行	2017-01-24
工商银行	2006-10-27	成都银行	2018-01-31
兴业银行	2007-02-05	郑州银行	2018-09-19
中信银行	2007-04-27	长沙银行	2018-09-26
交通银行	2007-05-15	紫金银行	2019-01-03
宁波银行	2007-07-19	青岛银行	2019-01-16
南京银行	2007-07-19	西安银行	2019-03-01
北京银行	2007-09-19	青农商行	2019-03-26
建设银行	2007-09-25	苏州银行	2019-08-02
农业银行	2010-07-15	渝农商行	2019-10-29
光大银行	2010-08-18	浙商银行	2019-11-26
江苏银行	2016-08-02	邮储银行	2019-12-10
贵阳银行	2016-08-16	厦门银行	2020-10-27
江阴银行	2016-09-02		

在37家银行上市公司中，评价等级为AA的有2家；评价等级为BBB的有6家，评价等级为BB的有11家，评价等级为B的有10家；评价等级为CCC的有5家，评价等级为CC的有3家。

2021年银行业整体评价结果显示，业绩评价综合得分进入“中联价值100（含金融）”名单的有两家，分别是招商银行和宁波银行。招商银行位列全部上市公司第30位，居银行业之首，宁波银行位列全部上市公司第32位。2021年度银行业评价得分排名前十的公司如表13-2所示。

表13-2 2021年度银行业评价得分前十名的公司

名次	股票代码	股票简称	在A股上市公司中评价得分排序
1	600036. SH	招商银行	30
2	002142. SZ	宁波银行	32
3	601658. SH	邮储银行	162
4	601838. SH	成都银行	216
5	601577. SH	长沙银行	307
6	601009. SH	南京银行	339
7	601398. SH	工商银行	344
8	601939. SH	建设银行	433
9	002839. SZ	张家港行	515
10	601288. SH	农业银行	564

基于对银行业上市公司的整体评价，下面分别从安全性、流动性、盈利能力、发展能力以及市场表现五个方面对上市银行进行具体分析。

（一）安全性状况

1. 资本充足率

2021 年，37 家上市银行的平均资本充足率为 14.43%，较 2020 年提升了 1.21%。上市银行资本充足率较高的三家是工商银行（18.02%）、建设银行（17.85%）、招商银行（17.48%）；资本充足率较低的三家分别为华夏银行（12.82%）、上海银行（12.16%）、常熟银行（11.95%）。37 家上市银行的资本充足率均满足银保监会《商业银行资本管理办法（试行）》规定的资本充足率最低要求，但仍有 21 家银行的核心一级资本充足率较年初下降。

2021 年，上市银行除通过自身经营留存利润外，还通过运用多样的外源性资本补充工具进一步增强风险抵御能力。截至 2021 年末，上市银行发行资本补充工具合计募资 1.17 万亿元，其中配股、IPO、定增、可转债、永续债和二级资本债占比分别为 1.01%、1.35%、3.44%、5.12%、43.15%和 45.92%。值得一提的是，相较定增、可转债等资本补充工具，配股具有不受市净率限制且快速补充资本的优势，2021 年有 3 家上市银行完成或推出了配股方案。

2. 不良贷款率

2021 年初，银保监会要求银行业保持不良贷款处置力度不减，推动全年不良贷款处置总体多于 2020 年。同时，得益于银行业经营业绩改善与信贷投放逆周期扩张，2021 年末上市银行信贷资产质量基本稳定，不良贷款率明显回落企稳。37 家上市银行 2021 年末不良贷款率的平均值为 1.25%，较 2020 年下降了 9.18%，整体稳中向好。其中，不良贷款率较低的三家分别为宁波银行（0.77%）、常熟银行（0.81%）、邮储银行（0.82%）；不良贷款率较高的三家分别为华夏银行（1.77%）、民生银行（1.79%）、郑州银行（1.85%）。郑州银行虽是所有上市银行中不良贷款率最高的，但其 2021 年不良贷款率较上年同期下降了 11.06%，且该指标近三年均呈现下降态势，资产质量明显提升。华夏银行、民生银行的不良贷款率处在高位主要是由于房地产信贷领域的不良率有所攀升，但整体不良贷款率较 2020 年分别下降了 1.67%和 1.65%，资产质量整体稳中向好发展，银行业上市公司安全性状况如表 13-3 所示。

表 13-3　银行业安全性状况表

分析指标	2020 年行业平均值（%）	2021 年行业平均值（%）	增长率幅度（%）
资本充足率	14.25	14.43	1.26
不良贷款率	1.37	1.25	-8.76

（二）流动性状况

1. 流动性覆盖率

2021 年 37 家上市银行的流动性覆盖率平均为 164.66%，虽较上年同期下降了 1.80%，但仍高于《商业银行流动性风险管理办法》中要求的 100%监管指标，流动性覆盖率回调一定程度上也体现了商业银行对于流动性成本的考虑。

上市银行流动性覆盖率较高的三家分别为西安银行（417.85%）、郑州银行（339.61%）、渝农商行（282.27%）；流动性覆盖率较低的三家分别为紫金银行（114.14%）、工商银行（112.20%）、平安银行（103.52%）。

2. 存贷款比例

2021 年 37 家上市银行的存贷款比例为 86.73%，同比增长了 4.63%，意味着资本补充压力持续存在，需要进一步增强流动性风险管理，提升资产与负债的期限和规模匹配度。上市银行存贷款比例较高的三家分别为华夏银行（116.23%）、浦发银行（108.70%）、民生银行（107.15%）；存贷款比例较低的三家分别为贵阳银行（70.88%）、长沙银行（69.70%）、邮储银行（56.84%）。邮储银行的前身是邮政储蓄，仅办理存款业务而无放贷功能，2007 年成立后放贷业务才刚刚起步，因此目前依然没有摆脱存贷比较低的局面。银行业上市公司流动性状况如表 13-4 所示。

表 13-4　银行业流动性状况表

分析指标	2020 年行业平均值（%）	2021 年行业平均值（%）	增长率幅度（%）
流动性覆盖率	161.74	164.66	1.80
存贷款比例	82.89	86.73	4.63

（三）盈利能力状况

1. 净资产收益率

2021 年 37 家上市银行的净资产收益率平均为 10.55%，较上年同期增长了 1.72%。上市银行净资产收益率较高的三家分别是成都银行（15.99%）、招商银行（15.16%）、宁波银行（14.59%）；净资产收益率较低的三家分别是浦发银行（8.10%）、郑州银行（6.31%）、民生银行（6.23%）。

2021 年上市银行盈利水平整体有所提升，但各家上市银行净资产收益率的增速分化较大，盈利能力分化加剧。

2. 总资产收益率

2021 年 37 家上市银行的总资产收益率平均为 0.83%，较上年同期增长了 3.09%。上市银行总资产收益率较高的三家分别为招商银行（1.37%）、成都银行（1.10%）、宁波银行（1.08%）；总资产收益率较低的三家分别为郑州银行（0.61%）、浙商银行（0.60%）、民生银行（0.50%）。民生银行2021年进行多项业务及资产结构调整，加快风险暴露、不良出清，削减高风险资产等，导致营业收入呈负增长，盈利能力指标连续三年下滑。银行业上市公司盈利能力状况如表13-5所示。

表13-5 银行业盈利能力状况表

分析指标	2020年行业平均值（%）	2021年行业平均值（%）	增长率幅度（%）
净资产收益率	10.37	10.55	1.74
总资产收益率	0.81	0.83	2.47

（四）发展能力状况

1. 资本扩张率

2021年37家上市银行的资本扩张率平均为13.92%，较上年同期增长了14.61%。其中，邮储银行、无锡银行、长沙银行、贵阳银行4家银行分别非公开增发300亿元、20亿元、60亿元、45亿元用于补充核心一级资本，宁波银行和青岛银行通过配股，实际分别募集资金118.88亿元和24.81亿元用于补充核心一级资本，这些银行的资本规模均得到较大幅度提升。37家上市银行资本扩张率较低的三家分别为浦发银行（5.02%）、华夏银行（6.38%）、光大银行（6.45%）。

2. 营业收入增长率

2021年37家上市银行的营业收入增长率平均为8.16%，较上年同期增长了17.92%。营业收入增长率较高的三家分别为宁波银行（28.37%）、江苏银行（22.58%）、成都银行（22.54%）；营业收入增长率较低的三家为厦门银行（-4.32%）、贵阳银行（-6.70%）、民生银行（-8.73%）。得益于财富管理、国际结算、小微企业等护城河业务的持续构筑和大零售及轻资本业务盈利占比的不断提升，宁波银行发展的可持续性不断增强。而民生银行由于在2021年持续压降非标投资、为降低信用风险调整贷款结构、调整债券投资结构和让利实体经济等原因，导致营业收入增速为负。银行业上市公司发展能力状况如表13-6所示。

表13-6 银行业发展能力状况表

分析指标	2020年行业平均值（%）	2021年行业平均值（%）	增长率幅度（%）
资本扩张率	12.14	13.92	14.66
营业收入增长率	6.92	8.16	17.92

（五）市场表现状况

2021年银行业指数和沪深300指数保持较大相关性，总体来看，沪深300指数走势弱于银行业指数，详见图13-1。

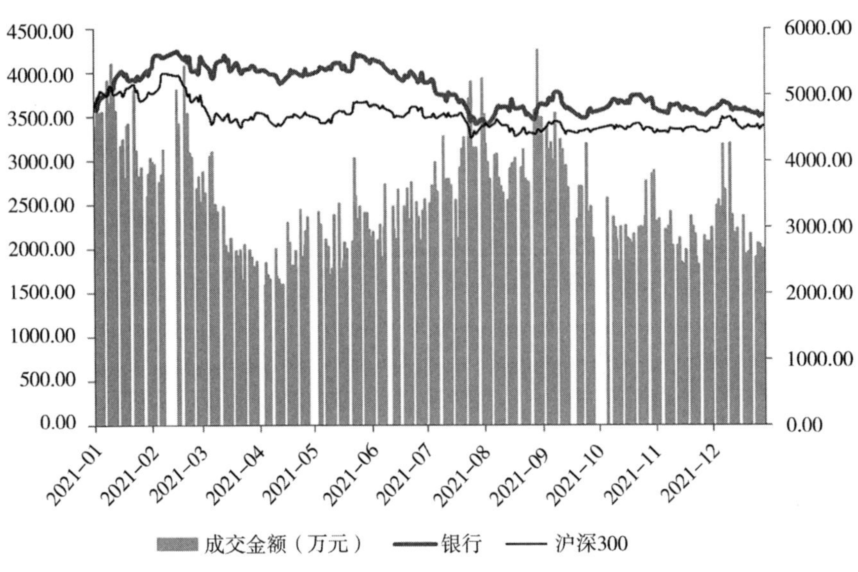

图 13-1　银行指数和沪深 300

数据来源：同花顺 iFinD。

1. 市场投资回报率

根据统计数据，2021 年上市银行整体市场投资回报率仍为负值，市场两极分化较为严重。在 37 家上市银行中，市场投资回报率较高的三家分别为成都银行（27.45%）、宁波银行（20.46%）、南京银行（19.78%）；市场投资回报率较低的三家分别为青农商行（-20.66%）、民生银行（-20.95%）、厦门银行（-42.84%）。除民生银行外，排名靠后的几家银行均是近几年上市的小型商业银行，特别是厦门银行，2021 年是其登陆 A 股主板市场后的第一个完整年度，目前处于价值回归阶段当中。

2. 股价波动率

从波动性指标看，股价波动最大的三家分别为平安银行（40.79%）、杭州银行（38.23%）、厦门银行（37.53%）；股价波动相对较小的三家分别为浙商银行（9.35%）、农业银行（8.79%）、中国银行（6.70%）。银行业上市公司市场表现状况如表 13-7 所示。

表 13-7　银行业市场表现状况表

分析指标	2020 年行业平均值（%）	2021 年行业平均值（%）	增长率幅度（%）
市场投资回报率	-3.10	-3.16	-1.94
股价波动率	25.73	20.30	-21.10

二、2021 年度银行业上市公司业绩影响因素分析

截至2021年末，我国A股纳入业绩评价的上市银行一共有37家，包括6家大型商业银行、9家全国性股份制商业银行、14家城市商业银行、8家农村商业银行。37家上市银行实现营业收入57517.87亿元，同比增长7.88%；净利润为19224.71亿元，同比增长12.38%。总体来看，2021年我国银行业经营情况有较大幅度改善，影响上市银行业绩的因素主要有以下几方面。

（一）规模扩张总体平稳，整体结构有所优化

资产规模方面，截至2021年末，37家上市银行的总资产为2239541.75亿元，同比增长7.87%，详见图13-2。在鼓励银行回归信贷主业、支持实体经济发展的大背景下，2021年上市银行的信贷增量超过2020年，且国有银行贷款增速近年来首度超过股份制银行，信贷仍是支撑全年资产增长的重要因素。

同时，2021年央行结构性货币政策频繁发力，信贷结构持续优化，精准支持制造业、小微企业等重点领域和薄弱环节。因此，具有小微金融业务优势的区域性银行信贷投放实现较高幅度增长，城市商业银行和农村商业银行资产扩张速度最快，而其他两类上市银行的资产规模扩张放缓更加明显。

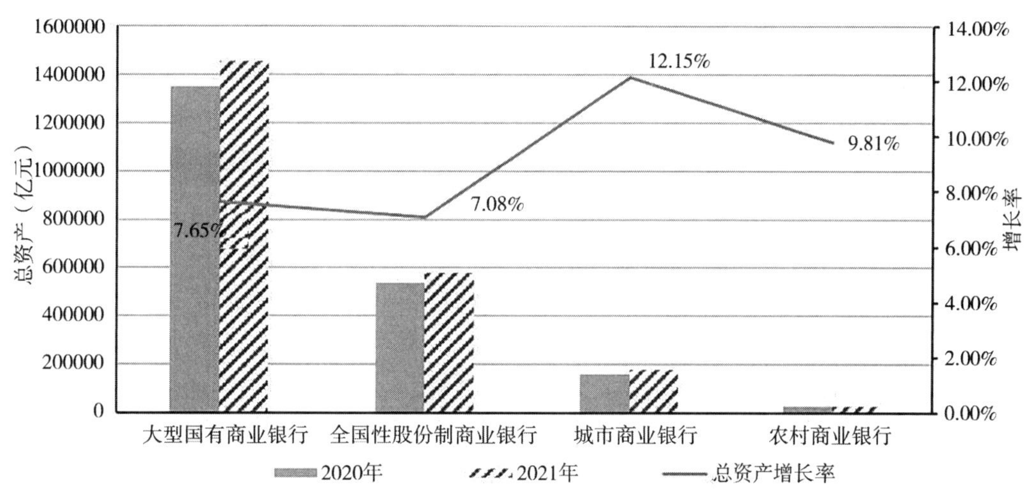

图 13-2　上市银行总资产增长情况

数据来源：同花顺 iFinD。

在资产结构方面，截至2021年末，37家上市银行发放贷款及垫款增速为11.34%，各类型银行发放贷款及垫款增速均超过资产增速，资产端进一步向贷款集中。详见图13-3。

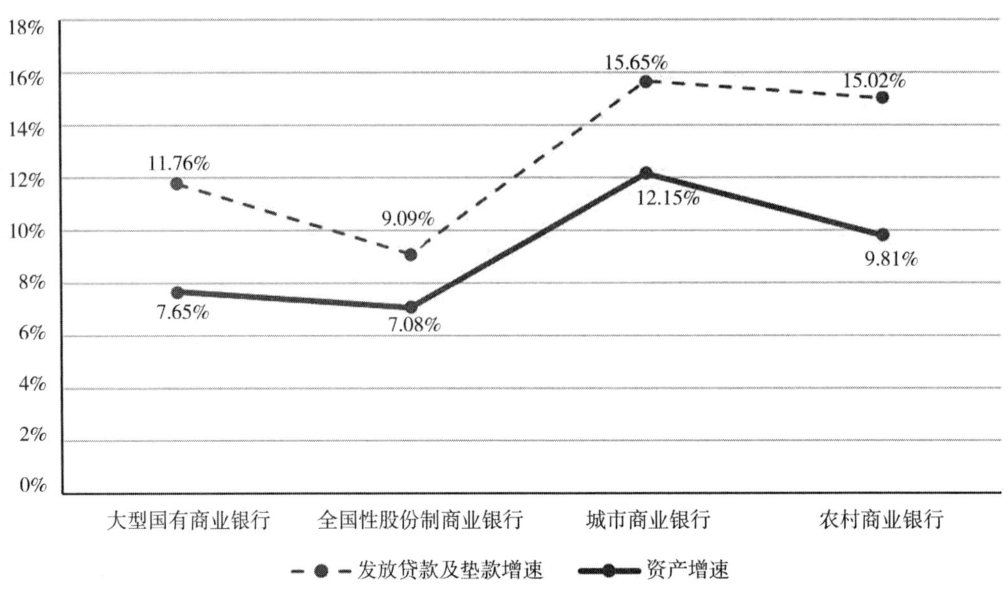

图 13-3　2021 年上市银行总资产增速和发放贷款及垫款增速

数据来源：同花顺 iFinD。

负债规模方面，2021 年揽储压力上行导致存款增速放缓，除城市商业银行负债规模增速略高于资产规模增速外，其余类型的上市银行资产增速均超过负债增速，存款增速持续放缓。截至 2021 年末，37 家上市银行的总负债合计为 2050660.21 亿元，同比增长 7.56%。详见图 13-4。

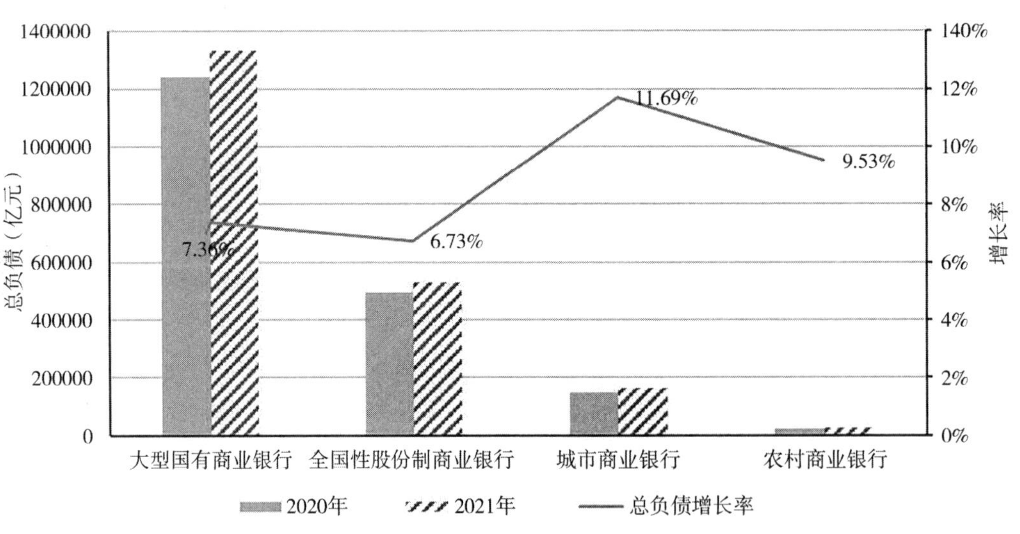

图 13-4　上市银行总负债增长情况

数据来源：同花顺 iFinD。

（二）经营状况持续向好，利润呈罕见高增长

1. 盈利能力水平整体改善，下降幅度放缓

在营业收入方面，四类上市银行发放贷款及垫款的增长率均高于营业收入增长率，因此规模仍是驱动营业收入增长的主要因素。同时，2021 年仅 6 家上市银行的增速为负值，

说明盈利对规模增长的依赖下降，盈利驱动逐步转向多元化。详见图 13-5。

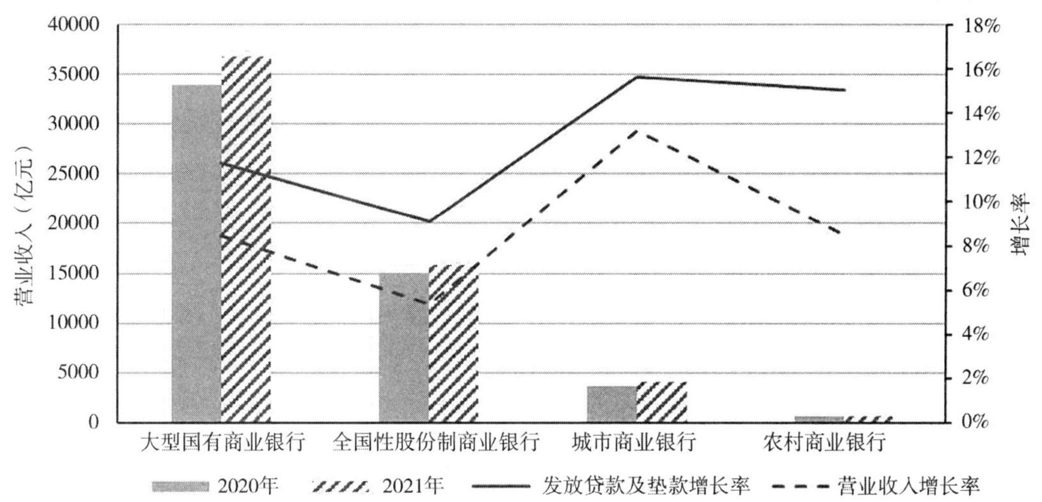

图 13-5　上市银行营业收入与发放贷款及垫款增长情况

数据来源：同花顺 iFinD。

在净利润方面，截至 2021 年末，37 上市银行的净利润增速高达 12.38%，详见图13-6。其主要原因，一是随着新冠肺炎疫情得到有效控制，社会经济逐渐回暖，营商环境持续改善，并有效带动上市银行营业收入攀升；二是在做实不良率的政策导向下，前两年曾大幅度增加计提拨备，上市银行的拨备计提压力缓解，减少了计提拨备对利润的吞噬；三是低基数效应，2020 年较低的净利润对 2021 年净利润的高增长形成一定支撑。

其中，城市商业银行净利润的高速增长主要是受资产端信贷投放力度大以及息差韧劲较强支撑。农村商业银行净利润增速强劲主要是因为在区域经济分化的背景下，部分地区融资需求较为旺盛，区域扩张所带来的高业绩增长显现。详见图 13-6。

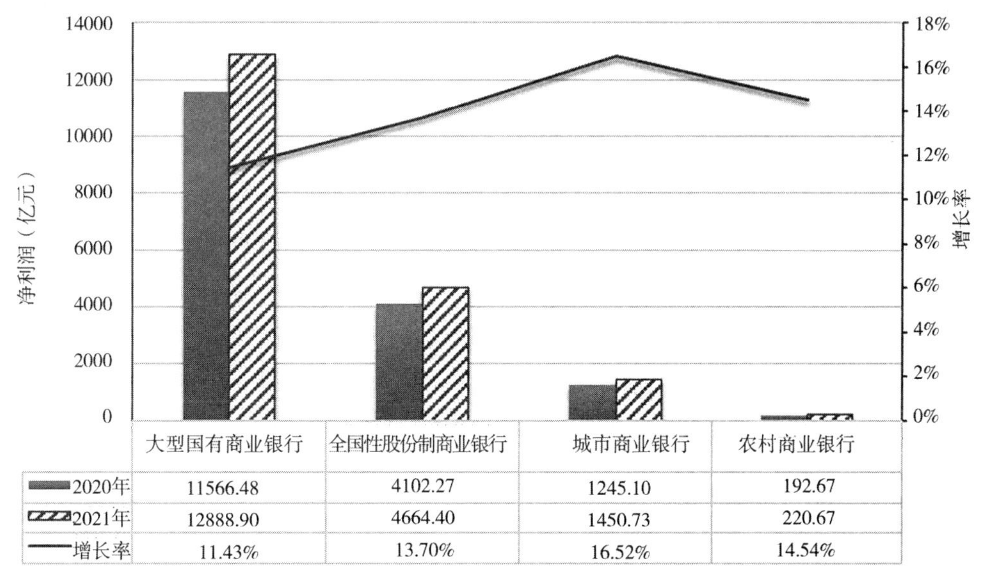

	大型国有商业银行	全国性股份制商业银行	城市商业银行	农村商业银行
2020年	11566.48	4102.27	1245.10	192.67
2021年	12888.90	4664.40	1450.73	220.67
增长率	11.43%	13.70%	16.52%	14.54%

图 13-6　上市银行净利润增长情况

数据来源：同花顺 iFinD。

2. **净息差仍受息差压力制约，个体间略有分化**

2021 年，在贷款利率重定价、持续让利实体经济、信贷需求增长乏力等多重不利因素的叠加影响下，37 家上市银行净息差平均同比降低 5. 14%，详见图 13-7～图 13-10。在资产端，资产规模稳步增长，银行资产收益率较 2020 年略有提升；在负债端，上市银行整体信贷业务拓展良好，贷款占比有所提升，成本管控效果显现。

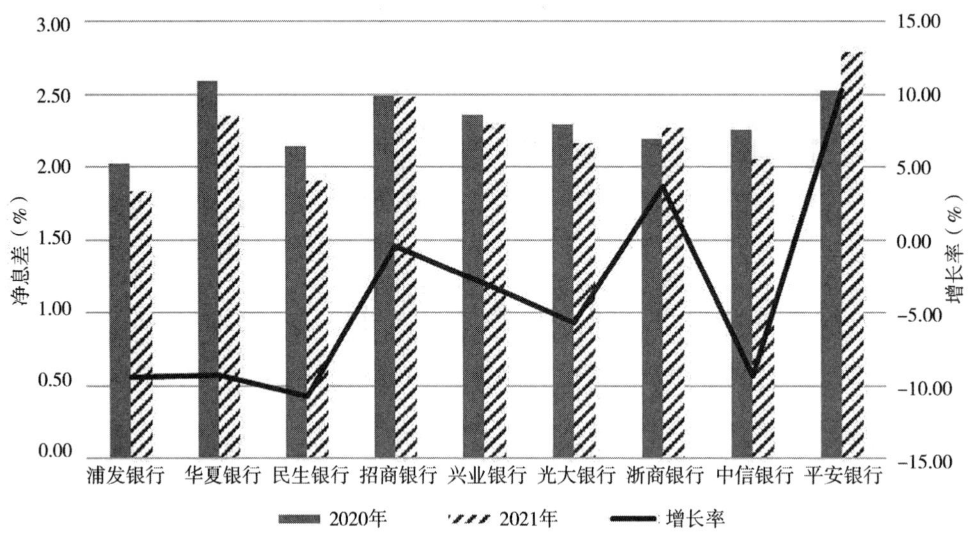

图 13-7 全国性股份制商业银行净息差

数据来源：同花顺 iFinD

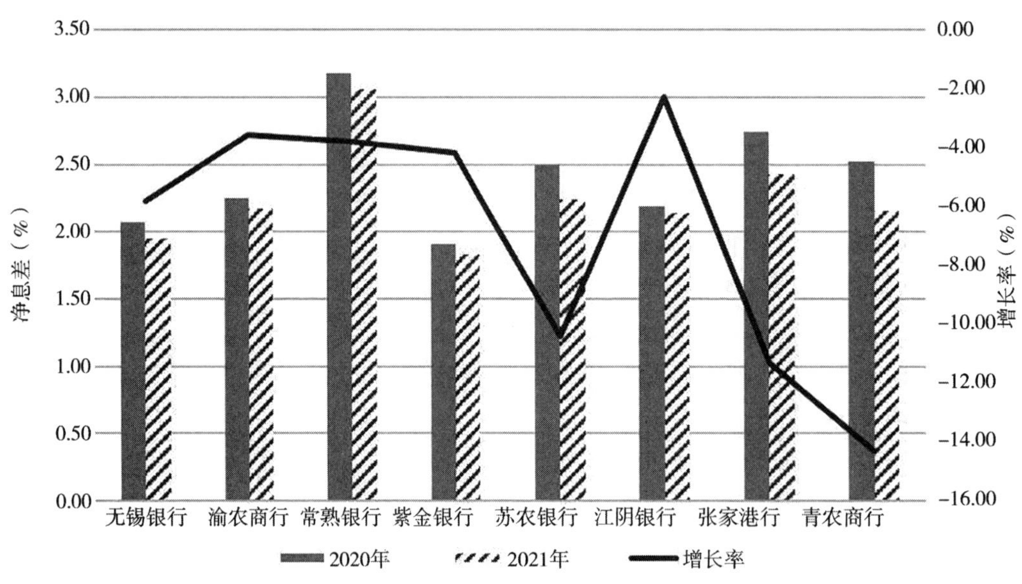

图 13-8 农村商业银行净息差

数据来源：同花顺 iFinD。

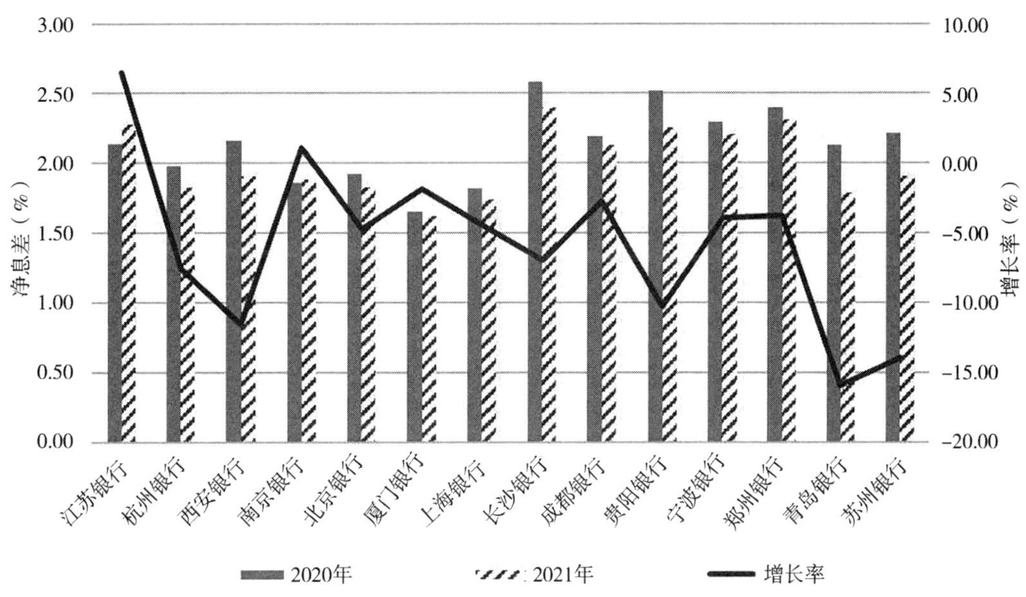

图 13-9　城市商业银行净息差

数据来源：同花顺 iFinD。

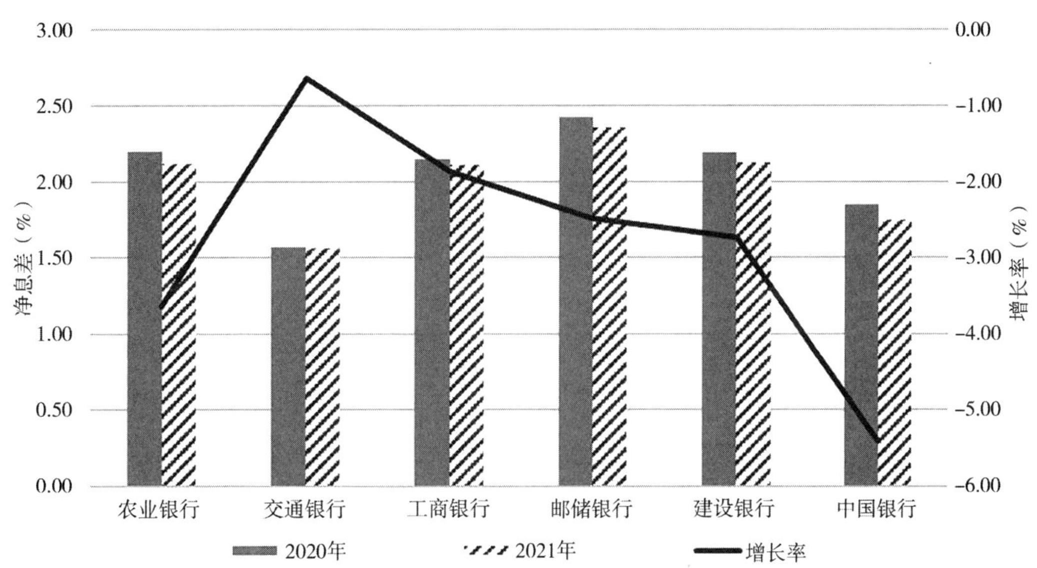

图 13-10　大型国有银行净息差

数据来源：同花顺 iFinD。

3. 利息净收入占比稳定，业绩依靠规模驱动

2021 年，在息差持稳和生息资产规模稳步扩张的带动下，37 家上市银行的利息净收入逐渐增长，利息净收入占比保持稳定。2021 年实现利息净收入总额 42008.00 亿元，较 2020 年增加了 4.99%。同时，得益于持续推进双轻转型以及大力发展资管和投行等中间业务，上市银行共实现手续费及佣金净收入 8412.80 亿元，同比增加了 6.41%。其中，城市商业银行、农村商业银行深耕区域，中间业务收入发展势头良好，手续费及佣金净收入实现总额分别为 478.13 亿元和 42.41 亿元，同比分别增加了 22.60%和 9.44%，详见图 13-11。

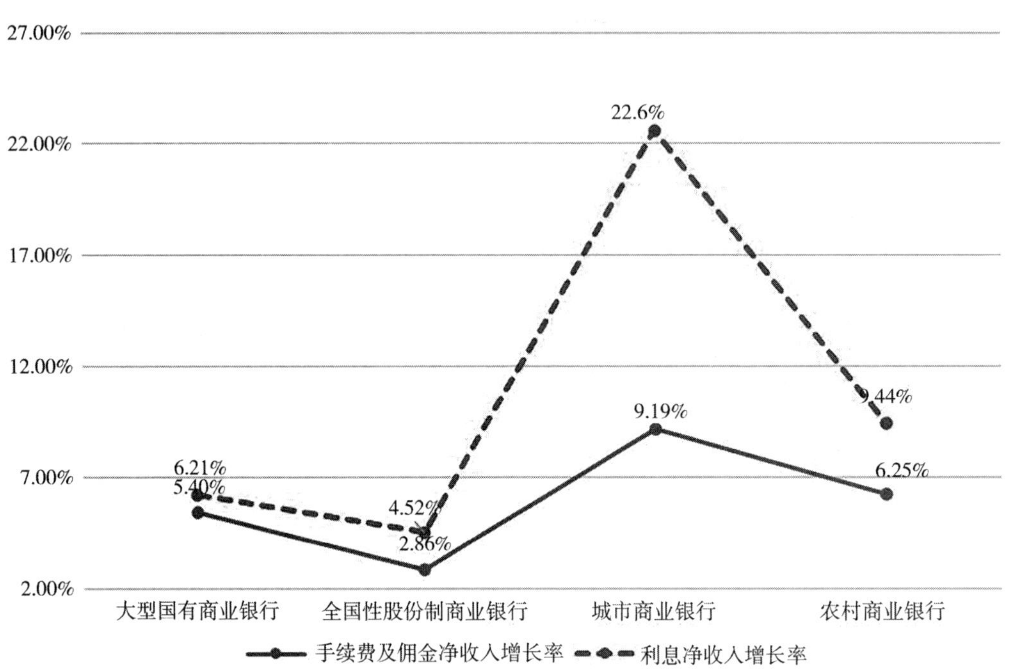

图 13-11　2021 年上市银行利息净收入和手续费及佣金净收入增长情况

数据来源：同花顺 iFinD。

2021 年 37 家上市银行营业收入规模达 57517.87 亿元，较 2020 年增长了 7.88%。同时，营业支出为 34626.14 亿元，较 2020 年增长 5.19%，成本控制能力有所增强。从营业收入结构来看，在手续费及佣金净收入保持增长的同时，利息净收入和手续费及佣金净收入在营业收入中的占比总体均小幅度下降。因此，2021 年上市银行全年业绩主要仍旧依靠规模驱动，但中间业务整体发展提速，有效支撑上市银行业绩和盈利能力高效提升。

（三）资产质量持续好转，风险抵补能力稳定

1. 不良贷款额总体微增，但不良贷款率下降

2021 年，37 家上市银行的不良贷款金额为 17313.83 亿元，不良贷款余额同比提升了 1.02%，上市银行仍在持续清出风险。但 2021 年上市银行不良贷款率平均为 1.25%，同比下降 9.18%，详见图 13-12、图 13-13。其主要原因，一是新冠肺炎疫情等不利因素逐步消退，客户整体的还款能力和意愿提升；二是企业信贷需求逐步恢复，贷款规模提升产生了基数效应；三是上市银行通过调整贷款投放结构降低信用风险，同时持续加大贷款重组、核销等处置力度；四是持续完善风险管理，运用多种新型智能风控手段，不断改善资产质量。

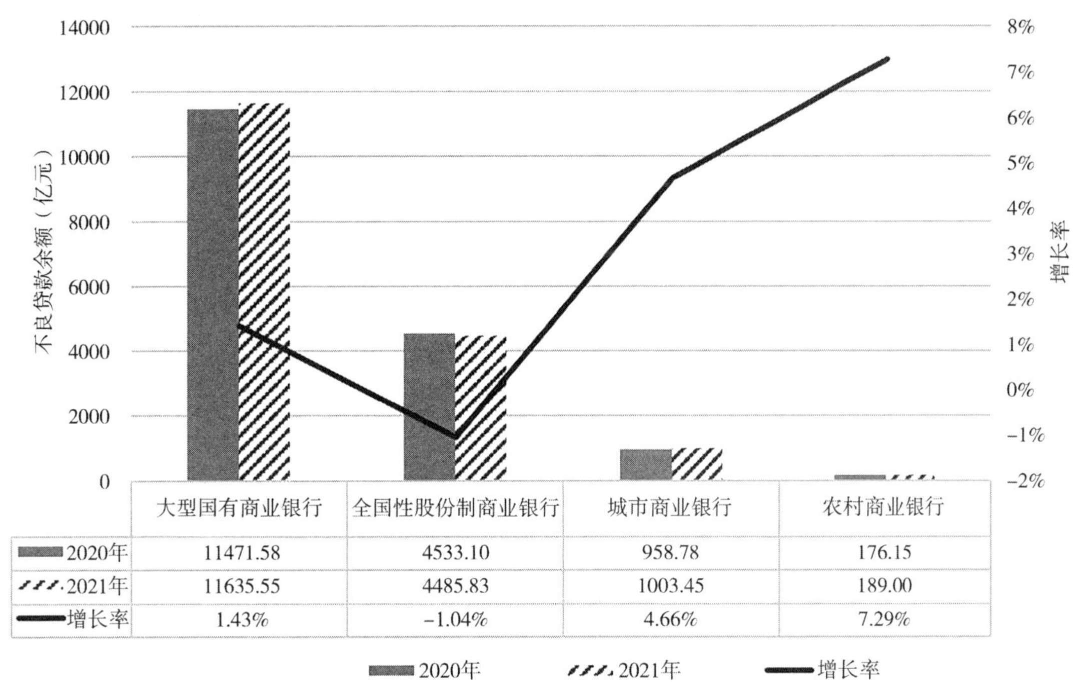

	大型国有商业银行	全国性股份制商业银行	城市商业银行	农村商业银行
2020年	11471.58	4533.10	958.78	176.15
2021年	11635.55	4485.83	1003.45	189.00
增长率	1.43%	-1.04%	4.66%	7.29%

图 13-12 2021 年上市银行不良贷款余额

数据来源：同花顺 iFinD。

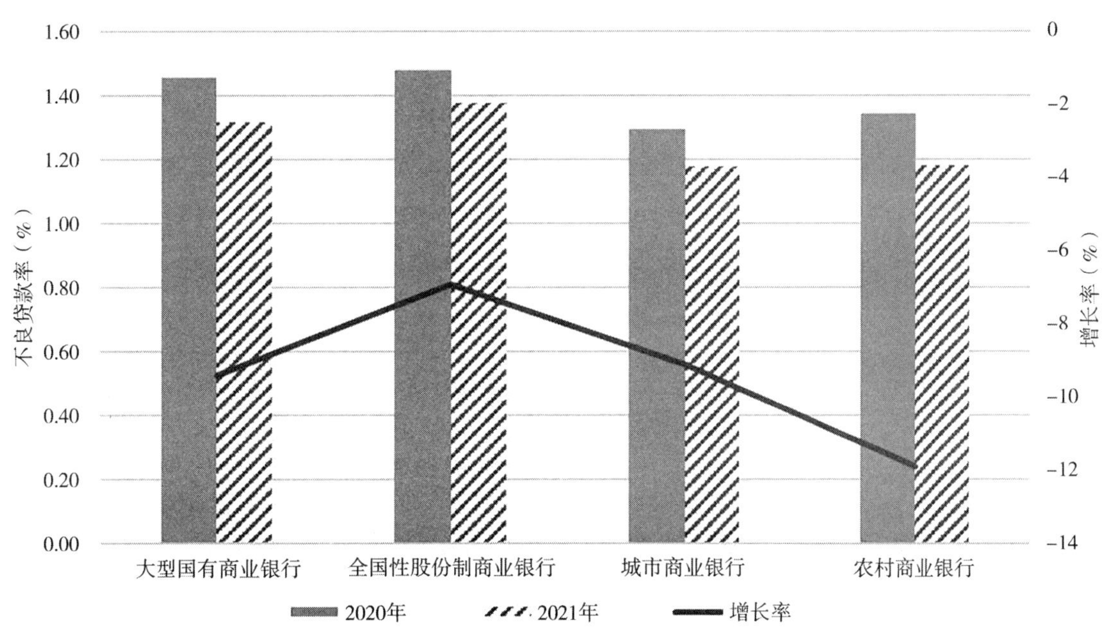

图 13-13 2021 年上市银行不良贷款率

数据来源：同花顺 iFinD。

2. 拨备覆盖率与拨贷比同步提升，风险抵补能力高位夯实

2021 年，上市银行在审慎处置不良资产的同时，通过持续提高拨备覆盖率的方式增强其风险抵补能力。2021 年，37 家上市银行拨备覆盖率均值为 303. 29%，同比上升 12. 21%，拨贷比为 3. 47%，同比上升 0. 15%。详见图 13-14。

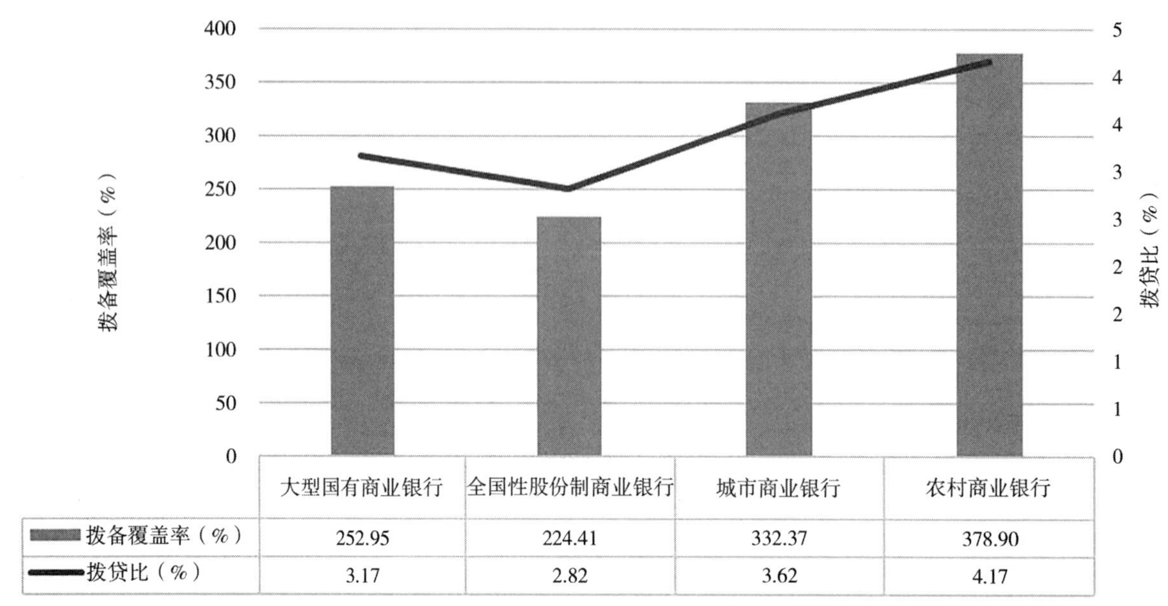

	大型国有商业银行	全国性股份制商业银行	城市商业银行	农村商业银行
拨备覆盖率（%）	252.95	224.41	332.37	378.90
拨贷比（%）	3.17	2.82	3.62	4.17

图 13-14　2021 年上市银行拨备覆盖率和拨贷比

数据来源：同花顺 iFinD。

3. 资本充足率有所下降，中小银行加快补充进程

2021 年，37 家上市银行核心一级资本充足率均值为 10.15%，一级资本充足率均值为 11.71%，资本充足率均值为 14.43%。详见图 13-15。与 2020 年相比，除核心一级资本充

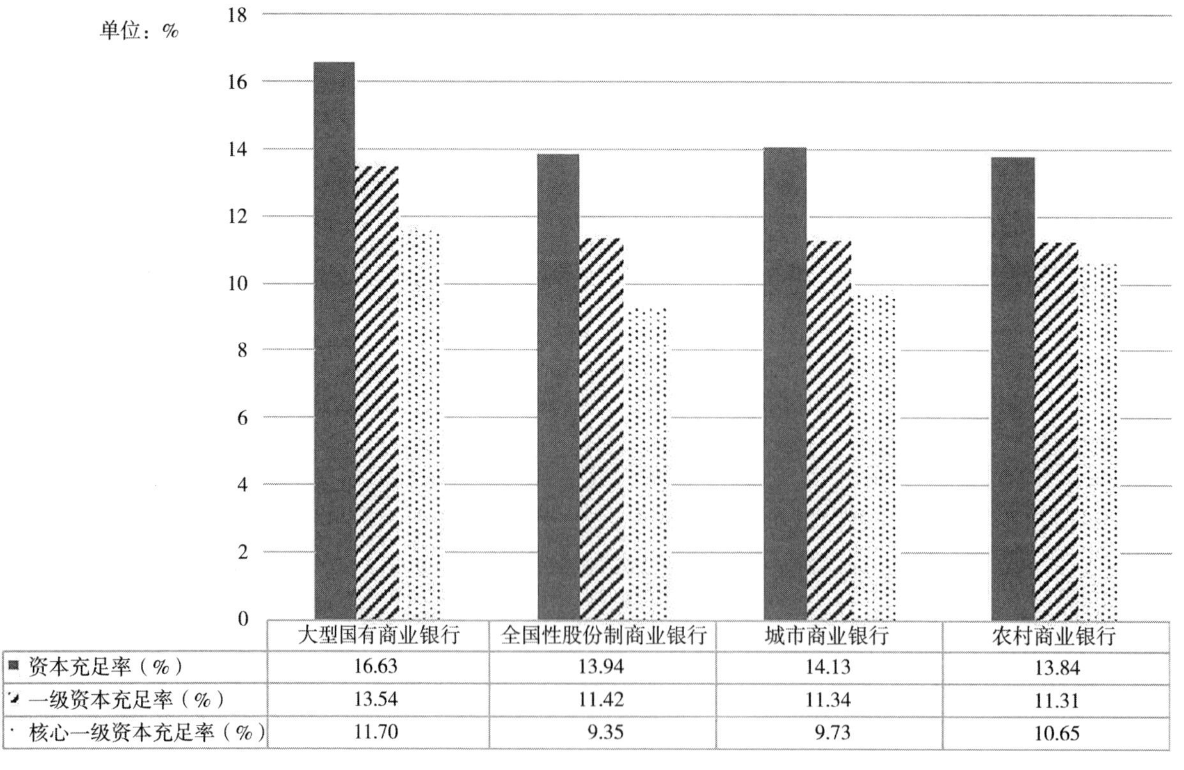

	大型国有商业银行	全国性股份制商业银行	城市商业银行	农村商业银行
资本充足率（%）	16.63	13.94	14.13	13.84
一级资本充足率（%）	13.54	11.42	11.34	11.31
核心一级资本充足率（%）	11.70	9.35	9.73	10.65

图 13-15　2021 年上市银行资本充足率

数据来源：同花顺 iFinD。

足率略有下降外，一级资本充足率和资本充足率均有所增长。其主要原因，一是为有效应对新冠肺炎疫情冲击，银行在持续加大拨备计提力度的同时通过永续债和二级资本债等多种方式补充资本；二是因为国内系统重要性银行监管以及附加资本要求的落地，推动上市银行提升资本补充的力度；三是上市银行持续优化资产结构，风险资产占用有一定优化；四是2021年风险加权资产的涨幅远小于资本的涨幅，从而对资本充足率形成一定支撑。

（四）货币政策持续加码，行业发展整体稳定

2021年，央行通过综合运用降准等多种货币政策工具，在满足金融机构合理的流动性需求的同时，不断引导货币市场利率平稳运行。

1. 保持货币信贷总量增长

2021年，央行运用下调存款准备金率等多种货币政策工具，推动社会信贷总量稳定增长。第一，2021年7月、12月两次全面下调存款准备金率各0.5个百分点，两次下调存款准备金率共释放长期流动性约2.2万亿元。第二，通过中期借贷便利和公开市场操作向市场投放中期和短期流动性。第三，2021年8月、12月两次召开金融机构货币信贷形势分析座谈会，旨在稳住信贷总量的同时，调整和优化信贷结构。

2. 稳步优化信贷结构

首先，持续助力中小微企业发展。一方面，运用再贷款再贴现工具，落实普惠再贷款再贴现政策；另一方面，做好普惠小微企业贷款延期支持工具和普惠小微企业信用贷款支持计划这两项直达工具的延期和转换工作。

其次，促进区域长期协调发展。2021年央行多措并举，要求全国性商业银行，特别是国有大型银行发挥信贷支持“先锋队”作用，加大力度引导金融机构加强对信贷增长缓慢地区信贷支持力度。

最后，加大力度支持绿色发展。2021年推出碳减排支持工具和支持煤炭清洁高效利用专项再贷款。截至2021年末，金融机构共发放碳减排贷款2309亿元，发放煤炭清洁高效利用领域贷款134亿元。

3. 保持内部、外部均衡

2021年，为有效地减轻因发达经济体货币政策调整给我国企业带来的集中偿债压力，央行将企业跨境融资宏观审慎调节参数从1.25下调至1。同时，为促进金融机构加强外汇流动性管理，两次上调外汇存款准备金率，合计上调4个百分点。这些措施有效降低了发达经济体政策调整对我国经济的影响。

三、2022年银行业业绩前景分析

2022年是“十四五”规划推进的关键一年，从宏观经济来看，2022年新冠肺炎疫情对

经济的负面扰动依然存在，在需求收缩、供给冲击、预期转弱三重压力下，经济下行压力加大，但随着政策面逆周期调节力度加大，我国经济增速将保持在稳定合理的水平，进而奠定了银行业2022年稳健运行的基础。

同时，监管环境预计将步入常态化稳定阶段。2021年系统重要性银行名单出炉标志着监管引导银行优化资本发展模式和提高资本补充能力将步入长效阶段，中国版TLAC（总损失吸收能力）监管规则的出台，也将进一步完善全球系统重要性银行监管和风险处置的制度框架，防范化解系统性金融风险能力将有效提升。

（一）利润增长回归常态，行业分化日趋明显

在营业收入方面，在加大财富管理业务布局、理财转型持续推进、银行卡及投行等业务恢复性增长等因素的影响下，预计财富管理、投行、资管等业务将带动中间业务收入提升，支撑营业收入的上行空间。招商银行等较早向零售转型的股份制商业银行，其非息收入比重将进一步增加，并推动营业收入保持稳定增长。

在利润方面，随着低基数因素的消失，上市银行全年净利润同比增速应有所回落。一是生息资产扩张可能略微放缓，经济下行期间上市银行的扩表意愿将趋于谨慎。二是净息差总体稳定，或有小幅度下降。一方面，在流动性偏松调节、存款自律机制红利继续释放等因素的共同作用下，上市银行负债端成本将被持续压低；另一方面，受到全球经济下行的影响，社会信贷需求整体偏弱，上市银行的资产定价压力加大。三是非息收入增速有望持续提升，其中银行卡业务或将恢复快速发展，结算收入预计将保持相对平稳，居民的财富管理需求将推动资管等中间业务实现较快增长。

此外，各家上市银行在区域、结构等方面的分化将持续加剧。深耕于经济活力较高、高净值客户较为集中的地区和具有国家战略政策优势的地区的上市银行，其业绩将随着地方经济的回暖迅速提升，而处于区域经济发展较慢地区的部分银行仍面临不良资产持续出清的挑战。

（二）资产结构持续优化，利率整体稳中有降

首先，信贷结构向重点领域倾斜。在对公信贷方面，一是加大对政策鼓励的绿色信贷、普惠小微、科技创新、乡村振兴等领域的倾斜力度；二是对国家重点战略领域重大项目投资、“两新一重”等领域有所倾斜，同时支持优质房地产开发项目并购等合理融资需求。在零售信贷方面，一是按揭贷款将平稳增长，重点满足刚需和改善型需求；二是预计经营性贷款将持续增加；三是消费贷、信用卡有望在消费复苏带动下增速回升。预计大型国有商业银行将持续承担大行责任，在政策的引导下持续加大对重点领域和重点项目的信贷支持，同时各类银行均逐步迈入零售转型阶段，进一步优化信贷结构。

其次，预计活期存款占比将在稳中略降。目前投资水平修复困难较大，滞后于消费水平的修复，因此存款定期化态势很难扭转，预计2022年上市银行的活期存款体量可能呈现

小幅度下降态势。

最后，存、贷款利率稳中有降。在我国监管部门持续深化利率市场化改革、推动金融系统向实体经济让利等政策的引导下，预计国内实际贷款利率将稳中有降。同时，存款定价机制改革效果的释放将有助于推动存款利率有所下降。

（三）规模体量稳健增长，资产质量整体稳定

首先，在政策引导下资产规模将稳步提升。一方面，2021 年央行明确提出，2022 年要保持货币信贷总量稳定增长，引导金融机构有力扩大信贷投放，避免信贷塌方；另一方面，货币市场、债券市场利率下行，国债和地方债发力稳增长等因素将带动同业资产、债券投资稳步增长。预计具有小微金融业务优势的城市商业银行和农村商业银行的信贷投放规模将进一步扩大，其他两类上市银行的资产规模扩张将持续放缓。同时，由于城市商业银行和农村商业银行存款利率较为灵活，其吸纳资金的能力较强，其存款增速预计将保持现有优势。

其次，资产质量基本稳定，但将结构性承压。预计在经济增长回归常态、实体部门融资环境改善的背景下，随着逆周期和跨周期安排下房地产行业逐步企稳，银行业潜在风险缓释压力减轻，资产质量有望保持稳定。2022 年银行资产质量潜在承压的领域集中在以下几个方面：一是房地产市场风险仍未完全出清；二是部分中小微企业的存续压力显著提升；三是弱资质地方融资平台风险仍需警惕；四是“双碳”转型影响下，部分传统能源企业的信用风险增大；五是大额不良风险仍在暴露期，或将提升非信贷类资产的不良压力。

（四）数字化转型持续推进，经营模式加速变革

2022 年，预计上市银行数字化转型将持续纵深推进。一是将持续提升数据、技术、业务等中台的能力建设；二是开放平台构建生态联盟，构建特色化业务生态体系；三是进一步加大金融科技的投入力度，人员、硬件支持等投入将会持续增加；四是进一步关注数据安全和信息保护，更强调数字资产的合规运用。

同时，经营模式将加快变革。在业务领域方面，金融支持向绿色金融、科技金融、供应链金融等方面倾斜。同时，随着居民财富稳步增长，银行理财业务净值化转型加速推进，财富管理将作为各家上市银行转型发展的重要赛场。在产品和服务模式方面，更加注重贴合特定产业、特定客群、特定场景的金融需求特点，通过线上线下相融合提供高效的产品服务，打造出特色金融名片。在业务开展方式方面，将深入推进银政合作等多元化合作方式，加快打通拓客渠道，提升综合金融服务能力。

附表　2021 年度银行业上市公司业绩评价结果排序表

序号	A 股上市公司评价得分排序	股票代码	股票简称	综合得分	评价等级	资本充足率（%）	不良贷款率（%）	存贷款比率（%）	流动性覆盖率（%）	净资产收益率（%）	总资产收益率（%）	资本扩张率（%）	营业收入增长率（%）	收益率（%）	波动性（%）	年末资产总额（亿元）	营业收入（亿元）	净利润（亿元）
1	30	600036. SH	招商银行	80. 45	AA	17. 48	0. 91	87. 76	164. 82	15. 14	1. 37	18. 53	14. 04	18. 52	29. 22	92490. 21	3312. 53	1208. 34
2	32	002142. SZ	宁波银行	80. 34	AA	15. 44	0. 77	79. 75	279. 06	14. 58	1. 08	26. 06	28. 37	20. 46	30. 96	20156. 07	527. 74	196. 09
3	162	601658. SH	邮储银行	74. 81	BBB	14. 78	0. 82	56. 84	248. 54	10. 42	0. 64	18. 22	11. 38	16. 22	29. 18	125878. 73	3187. 62	765. 32
4	216	601838. SH	成都银行	73. 58	BBB	13. 00	0. 98	74. 76	244. 81	15. 96	1. 10	12. 81	22. 54	27. 45	33. 24	7683. 46	178. 91	78. 31
5	307	601577. SH	长沙银行	71. 77	BBB	13. 66	1. 20	69. 70	193. 79	12. 84	0. 88	23. 89	15. 79	-8. 32	27. 54	7961. 50	208. 68	65. 70
6	339	601009. SH	南京银行	71. 23	BBB	13. 54	0. 91	73. 77	201. 35	13. 85	0. 98	13. 45	18. 74	19. 78	28. 33	17489. 47	409. 25	159. 66
7	344	601398. SH	工商银行	71. 17	BBB	18. 02	1. 42	77. 30	112. 20	11. 33	1. 02	12. 57	6. 81	-1. 52	11. 30	351713. 83	9427. 62	3502. 16
8	433	601939. SH	建设银行	70. 04	BBB	17. 85	1. 42	85. 18	134. 70	12. 15	1. 04	9. 41	9. 05	-0. 33	15. 72	302539. 79	8242. 46	3039. 28
9	515	002839. SZ	张家港行	68. 80	BB	14. 30	0. 95	82. 40	-	10. 33	0. 87	28. 79	10. 05	-0. 93	19. 44	1645. 79	46. 16	13. 37
10	564	601288. SH	农业银行	68. 22	BB	17. 13	1. 43	79. 35	121. 10	10. 45	0. 86	9. 53	9. 42	-0. 22	8. 79	290691. 55	7199. 15	2419. 36
11	610	601997. SH	贵阳银行	67. 68	BB	13. 96	1. 45	70. 88	229. 60	12. 70	1. 04	21. 62	-6. 70	-13. 86	14. 40	6086. 87	150. 04	62. 56
12	668	601166. SH	兴业银行	67. 13	BB	14. 39	1. 10	102. 72	138. 86	12. 71	1. 02	11. 12	8. 91	0. 64	34. 33	86030. 24	2212. 36	838. 16
13	714	601988. SH	中国银行	66. 59	66. 59	66. 59	66. 59	66. 59	66. 59	66. 59	66. 59	66. 59	66. 59	66. 59	66. 59	66. 59	66. 59	66. 59
14	729	600919. SH	江苏银行	66. 44	BB	13. 38	1. 08	96. 48	267. 71	10. 74	0. 82	8. 77	22. 58	15. 96	28. 44	26188. 74	637. 71	204. 09
15	767	601169. SH	北京银行	66. 07	BB	14. 63	1. 44	98. 46	164. 03	8. 64	0. 75	34. 34	3. 07	-1. 76	9. 43	30589. 59	662. 75	223. 92
16	819	600926. SH	杭州银行	65. 61	BB	13. 62	0. 86	72. 51	168. 59	10. 84	0. 72	11. 39	18. 36	-5. 44	38. 23	13905. 65	293. 61	92. 61
17	830	601916. SH	浙商银行	65. 52	BB	12. 89	1. 53	91. 00	163. 50	8. 63	0. 60	25. 91	14. 19	-10. 11	9. 35	22867. 23	544. 71	129. 16
18	853	601328. SH	交通银行	65. 25	BB	15. 45	1. 48	94. 31	115. 70	9. 58	0. 80	11. 22	9. 42	10. 75	9. 86	116657. 57	2693. 90	889. 39
19	859	601128. SH	常熟银行	65. 19	BB	11. 95	0. 81	99. 91	157. 79	11. 64	1. 03	10. 62	16. 31	-4. 12	28. 47	2465. 83	76. 55	23. 41
20	891	601077. SH	渝农商行	64. 90	B	14. 77	1. 25	76. 67	282. 27	9. 69	0. 81	12. 06	9. 42	-9. 22	11. 51	12658. 51	308. 42	97. 18
21	899	600908. SH	无锡银行	64. 85	B	14. 35	0. 93	75. 14	-	10. 79	0. 85	13. 18	11. 63	0. 21	28. 40	2017. 70	43. 49	16. 18
22	970	002936. SZ	郑州银行	64. 26	B	15. 00	1. 85	98. 13	339. 61	6. 45	0. 61	29. 23	1. 33	-12. 36	18. 74	5749. 80	148. 01	33. 98
23	1036	601998. SH	中信银行	63. 71	B	13. 53	1. 39	102. 52	146. 59	9. 38	0. 72	14. 75	5. 05	-4. 13	11. 90	80428. 84	2045. 57	563. 77
24	1164	601187. SH	厦门银行	62. 76	B	16. 40	0. 91	95. 23	203. 37	10. 31	0. 72	18. 26	-4. 32	-42. 84	37. 53	3294. 95	53. 16	22. 13

续 表

序号	A股上市公司评价得分排序	股票代码	股票简称	综合得分	评价等级	资本充足率（%）	不良贷款率（%）	存贷款比率（%）	流动性覆盖率（%）	净资产收益率（%）	总资产收益率（%）	资本扩张率（%）	营业收入增长率（%）	收益率（%）	波动性（%）	年末资产总额（亿元）	营业收入（亿元）	净利润（亿元）
25	1210	002958. SZ	青农商行	62. 41	B	13. 07	1. 74	88. 28	189. 56	9. 55	0. 74	18. 00	7. 58	-20. 66	13. 97	4304. 38	102. 97	30. 92
26	1259	600928. SH	西安银行	62. 12	B	14. 12	1. 32	78. 33	417. 85	10. 55	0. 86	7. 73	0. 91	-18. 88	13. 42	3458. 64	72. 03	28. 07
27	1349	002966. SZ	苏州银行	61. 37	B	13. 06	1. 11	78. 59	183. 30	10. 03	0. 78	9. 79	4. 49	-7. 74	17. 41	4530. 29	108. 29	32. 87
28	1357	601229. SH	上海银行	61. 32	B	12. 16	1. 25	83. 59	150. 51	11. 13	0. 86	7. 77	10. 81	-3. 32	14. 89	26531. 99	562. 30	220. 80
29	1493	000001. SZ	平安银行	60. 08	B	13. 34	1. 02	103. 43	103. 52	9. 57	0. 77	8. 60	10. 32	-6. 79	40. 79	49213. 80	1693. 83	363. 36
30	1557	603323. SH	苏农银行	59. 59	CCC	12. 99	1. 01	77. 68	–	9. 14	0. 78	9. 29	2. 17	3. 77	21. 21	1587. 25	38. 34	11. 61
31	1583	002948. SZ	青岛银行	59. 43	CCC	15. 83	1. 34	77. 89	179. 54	9. 32	0. 61	7. 83	5. 65	-17. 22	22. 05	5222. 50	111. 36	29. 93
32	1701	601818. SH	光大银行	58. 51	CCC	13. 37	1. 25	91. 35	136. 39	9. 29	0. 77	6. 45	7. 21	-10. 45	16. 95	59020. 69	1527. 51	436. 39
33	1713	002807. SZ	江阴银行	58. 39	CCC	14. 11	1. 31	79. 92	–	10. 11	0. 87	7. 39	0. 46	-5. 29	12. 88	1531. 28	33. 67	12. 85
34	1796	601860. SH	紫金银行	57. 84	CCC	15. 20	1. 45	89. 65	114. 14	9. 83	0. 71	7. 99	0. 57	-14. 91	16. 87	2066. 66	45. 02	15. 15
35	2251	600000. SH	浦发银行	54. 24	CC	14. 01	1. 61	108. 70	140. 34	8. 12	0. 67	5. 02	-2. 75	-6. 38	15. 16	81367. 57	1909. 82	537. 66
36	2288	600015. SH	华夏银行	53. 89	CC	12. 82	1. 77	116. 23	138. 15	8. 19	0. 68	6. 38	0. 59	-4. 99	13. 26	36762. 87	958. 70	239. 03
37	2620	600016. SH	民生银行	51. 02	CC	13. 64	1. 79	107. 15	133. 42	6. 18	0. 50	8. 37	-8. 73	-20. 95	11. 27	69527. 86	1688. 04	348. 53

第十四章

证券行业上市公司业绩评价

2021年，随着资本市场深化改革，证券公司主动融入经济社会发展全局和国家发展战略，业绩稳健增长。2021年A股市场从牛市转为结构性行情，申万证券指数全年呈现震荡波动趋势，年初逐渐下行后于第二季度前后震荡上升，而后于第四季度逐步回落，申万证券指数2021年报收于7027.35点，较年初7387.82点下降5.13%。展望2022年，随着全面注册制改革推进，预计后续市场将持续扩容，我国证券行业有望继续分享改革政策红利，保持业绩稳步增长。

一、证券行业上市公司业绩评价结果

截至2021年12月31日，证券行业41家上市公司业绩评价等级如下：评价等级为A的有2家；评价等级为BBB的有9家，评价等级为BB的有8家，评价等级为B的有16家；评价等级为CCC的有5家，评价等级为CC的有1家。截至2021年12月31日，41家证券行业上市公司资产总额105348.73亿元，较上年增长17.90%；实现营业收入6368.69亿元，同比增长22.71%；实现净利润1958.16亿元，同比增长29.54%。A股上市证券公司如表14-1所示。

表14-1 2021年A股上市证券公司

股票简称	上市日期	股票名称	上市日期
中信证券	2003-01-06	中银证券	2020-02-26
国金证券	1997-08-07	光大证券	2009-08-18
华创阳安	1998-09-18	浙商证券	2017-06-26
西南证券	2001-01-09	中国银河	2017-01-23
海通证券	1994-02-24	方正证券	2011-08-10

续　表

股票简称	上市日期	股票名称	上市日期
华安证券	2016-12-06	南京证券	2018-06-13
中泰证券	2020-06-03	中金公司	2020-11-02
东方证券	2015-03-23	申万宏源	2015-01-26
招商证券	2009-11-17	东北证券	1997-02-27
中信建投	2018-06-20	国元证券	1997-06-16
太平洋	2007-12-28	国海证券	1997-07-09
财通证券	2017-10-24	广发证券	1997-06-11
天风证券	2018-10-19	长江证券	1997-07-31
东兴证券	2015-02-26	山西证券	2010-11-15
国泰君安	2015-06-26	西部证券	2012-05-03
红塔证券	2019-07-05	国信证券	2014-12-29
中原证券	2017-01-03	第一创业	2016-05-11
兴业证券	2010-10-13	华西证券	2018-02-05
国联证券	2020-07-31	长城证券	2018-10-26
东吴证券	2011-12-12	华林证券	2019-01-17
华泰证券	2010-02-26		

注：2021 年新上市的证券公司未纳入本次评价范围。

根据综合评价结果，2021 年证券行业上市公司业绩评价进入“中联价值 100（含金融）”的共有两家。其中，广发证券排第 52 名，综合得分 78.89 分；中信证券排第 79 名，综合得分 77.57 分。2021 年度证券行业评价等级前十名数据见表 14-2。

表 14-2　2021 年度证券行业评价得分前十名的公司

名次	股票代码	股票简称	在 A 股上市公司中评级得分排序
1	000776. SZ	广发证券	52
2	600030. SH	中信证券	79
3	002736. SZ	国信证券	188
4	601881. SH	中国银河	219
5	601236. SH	红塔证券	240
6	601688. SH	华泰证券	258
7	601211. SH	国泰君安	261
8	000166. SZ	申万宏源	262
9	600837. SH	海通证券	282
10	600999. SH	招商证券	349

基于对证券行业上市公司的总体评估，下面将分别从盈利能力、稳健性、发展能力、市场表现四个方面对证券行业上市公司进行具体分析。

（一）盈利能力

表 14-3 为 2021 年证券行业全部上市公司盈利能力评价结果。从基本指标来看，净资产收益率和总资产收益率在一定程度上有所提升。盈利能力上升主要原因为 A 股市场再融资规模上升，叠加政策红利的影响，促进了证券行业上市公司各业务板块稳定发展。此外，2021 年证券行业全部上市公司较 2020 年增加了 5 家，也促使行业整体盈利能力有所提升。

相较于 2020 年，2021 年证券行业全部上市公司净资产收率上涨幅度为 17. 25%。净资产收益率排名位居前三的分别是中信建投（13. 82%）、中金公司（13. 81%）、兴业证券（13. 59%）；居后三位的分别是太平洋（1. 38%）、天风证券（2. 49%）、中原证券（3. 89%）。

表 14-3　证券行业盈利状况比较表

分析指标	2021 年行业平均值（%）	2020 年行业平均值（%）	增长率（%）
净资产收益率	9. 21	6. 90	33. 48
总资产收益率	1. 94	1. 90	2. 11

（二）稳健性

从证券行业上市公司稳健性指标分析来看，2021 年证券行业全部上市公司资本杠杆率均高于监管标准值，行业平均值为 22. 86%。其中，资本杠杆率位居前三名的分别是：太平洋（55. 75%）、红塔证券（49. 72%）、中银证券（38. 00%）。2021 年证券行业全部上市公司流动性覆盖率均高于监管标准值，行业平均值为 261. 93%，较 2020 年有所下降。其中，流动性覆盖率排名位居前三的分别是南京证券（460. 19%）、国信证券（437. 92%）、太平洋（413. 63%）。此外，证券行业全部上市公司的风险覆盖率、净稳定资金率均高于监管标准值，行业均值分别为 266. 02% 和 157. 94%，说明我国证券业上市公司风险控制水平均符合监管规定。表 14-4 为 2021 年证券行业稳健性状况比较。

表 14-4　证券行业稳健性状况比较表

单位：%

分析指标	行业标准	2021 年行业平均值
资本杠杆率	≥8	22. 86
流动性覆盖率	≥100	261. 93
风险覆盖率	≥100	266. 02
净稳定资金率	≥100	157. 94

（三）发展能力

2021 年，证券行业全部上市公司平均资本扩张率为 12. 54%，较 2020 年有一定比例下降。41 家证券行业上市公司中，共有 40 家证券公司资本呈扩张态势，2021 年资本扩张位居前三名的分别是红塔证券（60.45%）、国联证券（54.62%）、东吴证券（32.82%），仅中原证券1家公司资本扩张率小于0，为-0.30%。

2021年A股市场交易活跃，市场交投活跃度进一步提高。伴随着注册制改革稳步推进，上市证券公司营业收入稳步增长，营业收入平均增长率为45.93%，较2020年有大幅上升。营业收入增长率位居前三的分别是华创阳安（1122.33%）、国联证券（58.11%）、浙商证券（54.36%）；排名后三位的分别是华林证券（-6.34%）、东兴证券（-5.48%）、西南证券（-2.32%）。除此之外，财通证券的营业收入增长率也为负数，为-1.84%。表14-5列示了证券行业发展能力状况。

表14-5 证券行业发展能力状况比较表

分析指标	2021年行业平均值（%）	2020年行业平均值（%）	增长率（%）
资本扩张率	12.54	17.77	-29.43
营业收入增长率	45.93	29.93	53.46

（四）市场表现

2021年度沪深300指数全年下跌5.20%，全年股票成交额832746.20亿元，同比增加34.26%。申万证券指数全年下跌5.13%。2021年证券板块第一季度呈现震荡下行趋势，第二季度在经历继续下行后，在5月中旬开始有一明显拉升过程，第三季度继续呈现整体震荡上升趋势，至9月中旬达到7400点左右高点后，于第四季度开始下降，一直在6500~7100点之间震荡。具体情况见图14-1。

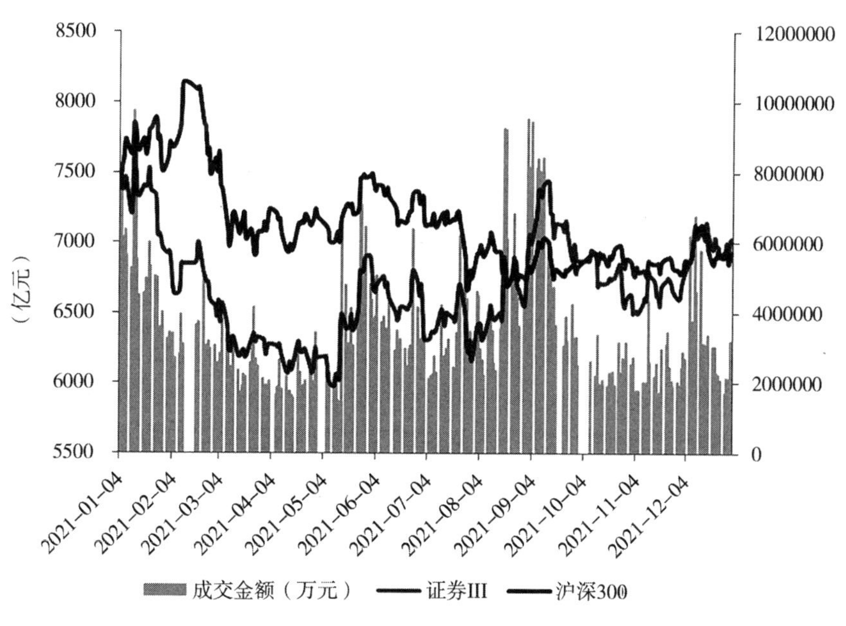

图14-1 申万证券行业指数与沪深300指数

如上所述，伴随着2021年A股指数及证券指数的下跌，2021年证券行业全部上市公司平均市场投资回报率下降为-10.60%，同时，股价波动率较2020年呈现平缓趋势，下降至

36.72%。表14-6列示了证券行业市场表现状况评价结果。

在41家上市证券公司中，市场投资回报率前三名分别是广发证券（64.19%）、东方证券（46.39%）、兴业证券（30.16%），投资回报率前三名对应的股价波动率也较高，分别是32.67%、48.93%和48.47%；投资回报率最后三名分别为中银证券（-45.36%）、中泰证券（-39.52%）、天风证券（-31.48%），对应股价亦呈现较高的波动水平，分别为47.36%、46.44%和25.32%。

表14-6　证券行业市场表现状况比较表

分析指标	2021年行业平均值（%）	2020年行业平均值（%）	增长率（%）
市场投资回报率	-10.60	12.60	-184.13
股价波动率	36.72	102.90	-64.31

二、2021年度证券行业上市公司业绩影响因素分析

2021年，随着资本市场深化改革，证券公司合规风控水平不断提升，业绩稳健增长，资本实力不断增强。2021年证券公司服务居民进行财富管理的能力不断提升，财富管理业务转型加速。行业资产规模进一步提升，截至2021年12月31日，证券行业41家上市公司合并口径资产总额105348.73亿元，较2020年增长17.90%。

（一）市场交投活跃度提升带动经纪业务增长，财富代销收入增速加快

证券公司的经营情况与资本市场波动趋势高度相关。2021年，A股市场呈现震荡行情，大盘整体呈现温和上涨趋势。同时，2021年A股市场交易活跃，日均成交金额10583.74亿元，同比增长24.94%，2021年市场双边股基成交额约为551万亿元，同比增长25.43%，市场交投活跃度进一步提高。A股市场交投活跃给经纪业务带来快速增长动力，提振经纪业务佣金收入。证券行业41家上市公司2021年实现经纪业务手续费净收入1386.47亿元，同比增长20.70%。

证券经纪业务收入可以拆分为三部分，即代理买卖证券业务净收入、交易单元席位租赁收入和代销金融产品收入，分别反映了通道交易、机构经纪以及代销财富管理业务的发展情况。2021年经纪业务收入中，财富代销收入增速明显加快。2021年证券行业代理销售金融产品净收入206.90亿元，同比增长53.96%，占全部经纪业务收入的13.39%，占比提升3.02个百分点。

证券行业41家上市公司中，2021年经纪业务手续费净收入最高的是中信证券，高达139.63亿元，占营业收入的比重为10.20%，同比增长24.04%。一方面，中信证券全年股票基金交易额为38.4万亿元，传统经纪业务代理买卖证券业务市场占有率保持稳步增长；

另一方面，中信证券财富管理转型成效明显，代销金融产品收入占经纪业务手续费收入比例快速提升，2019—2021年该比例分别为11.34%、18.20%、19.01%。在代销金融产品保有规模方面，中信证券2021年公募及私募基金保有规模超过3800亿元，较2020年末增长26%，经纪业务的各项业务均衡发展，财富管理转型处于稳步推进中。近十年证券行业经纪业务净收入情况及收入增速详见图14-2。

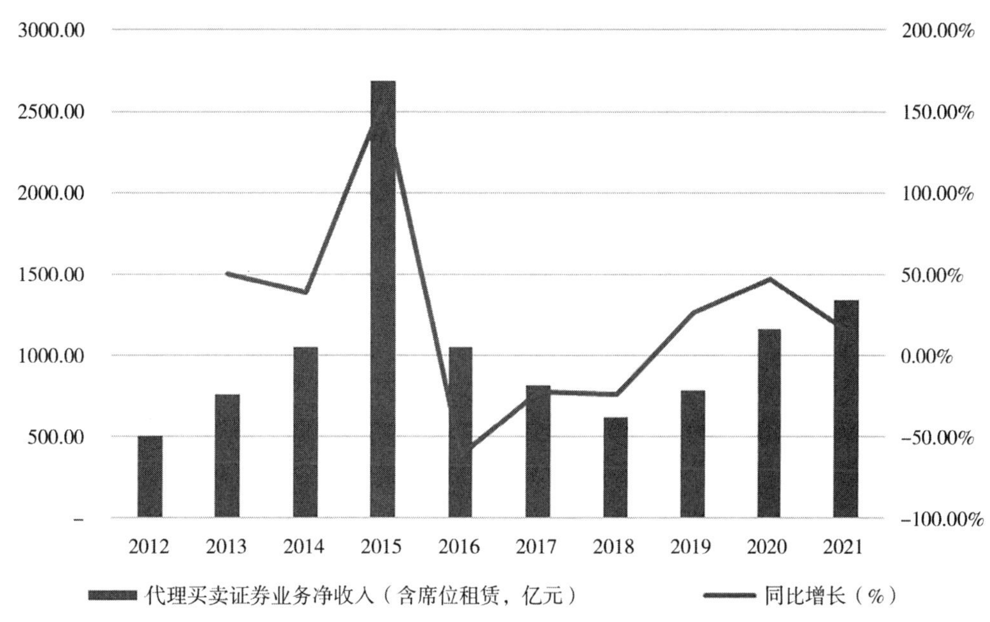

图14-2 2012—2021年证券行业经纪业务净收入

数据来源：中国证券业协会。

（二）注册制改革稳步推进，股债承销规模继续增长

受益于注册制改革和北交所成立，投行业务继续保持高速增长。2021年证券行业股权融资规模合计18177.84亿元，同比增长8.3%。2021年全市场共计524家企业完成IPO[1]发行上市，合计发行规模人民币5426.75亿元，同比增长15.80%。IPO项目累计过会率88.22%，发行审核通过率维持在较高水平，IPO维持常态化发行。随着2020年推出的再融资新政逐步落地，2021年再融资发行持续快速增长，全年证券公司服务527家境内上市公司实现再融资，同比增加132家，融资金额达到9575.93亿元，同增长8.10%。

境内债券市场方面，2021年财政政策回归疫情前常态化，国债发行规模较2020年略有下降，地方债发行节奏偏慢；非金融企业债券受地产和城投信用收缩影响，总体发行量与2020年基本持平。2021年央行实施稳健的货币政策，综合运用多种货币政策工具，保持流动性合理充裕。在此背景下，2021年券商债券承销规模继续增长，总规模达到10.99万亿元，同比增长10.6%，其中券商承销的地方政府债、金融债、公司债规模分别为1.79万亿元、2.47万亿元、3.43万亿元。

[1] IPO，即首次公开募股（Initial Public Offering），是指一家企业第一次将它的股份向公众出售。

证券行业 41 家上市公司 2021 年实现投资银行业务手续费净收入 622.41 亿元，同比增长 6.46%。其中，中信证券、中金公司、中信建投继续保持投资银行业务净收入前三名，2021 年投行业务收入分别为 81.56 亿元、70.36 亿元和 56.31 亿元，中信证券和中金公司分别同比增长了 18.52%和 18.14%，中信建投较 2020 年投行净收入水平略有下降，同比减少 3.85%。近 10 年证券行业投资银行业务净收入情况及收入增速详见图 14-3。

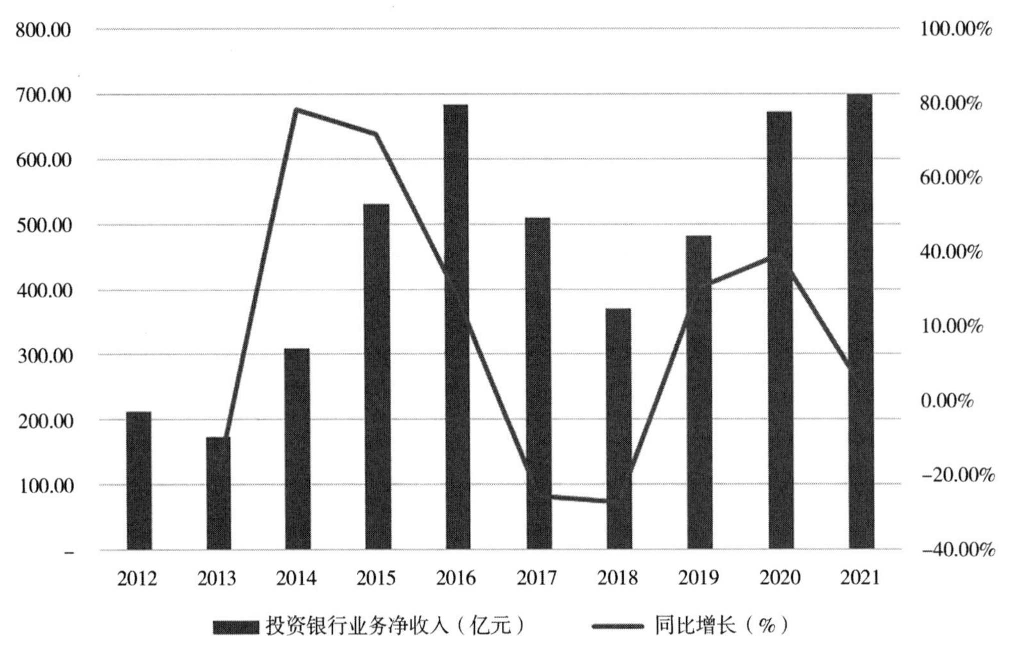

图 14-3　2012—2021 年证券行业投资银行业务净收入

数据来源：中国证券业协会。

（三）资产管理业务规模企稳，收入稳定增长

自 2018 年 4 月资管新规正式发布，并于 2018 年 7 月发布补充文件以来，证券公司的资产管理业务面临着许多新要求，如去通道、嵌入限制和净资产管理等。2021 年为资管新规过渡期的最后一年，行业的商业模式正在发生变革。2021 年，证券公司增强主动管理能力，压降低费率通道业务，具有主动管理特征的集合资管规模大幅增长，定向资管规模持续收缩，资产管理业务结构持续改善

根据中国基金业协会统计数据，2021 年券商资管业务资产规模合计 8.24 万亿元，同比下降 3.72%，降幅较前 3 年趋缓。其中以主动管理为代表的集合资管资产规模为 3.65 万亿元，较上年大幅增长了 74.52%，在资管业务规模中的占比进一步提升至 44.30%。2021 年定向和专项资管规模分别为 4.04 万亿元和 0.55 万亿元，定向资管规模较上年下降明显。集合资管规模大幅增长，定向资管大幅下降，增速出现明显分化。

受益于主动管理较高的管理费率，证券行业资产管理收入维持稳定增长，根据中国证券业协会披露的数据，2021 年证券行业实现资产管理业务净收入 317.86 亿元，同比增长 6.10%。详见图 14-4。

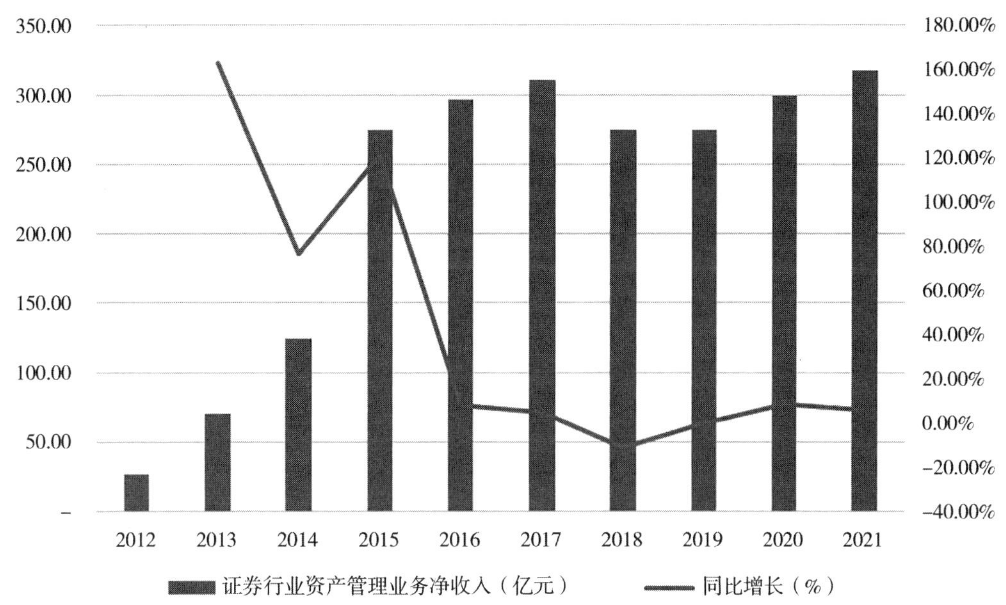

图 14-4　2012—2021 年证券行业资产管理业务净收入

数据来源：中国证券业协会。

在基金行业实现快速发展的背景下，2021 年公募基金资产规模进一步扩张，其中头部基金公司多为券商系子公司，对参股券商的营业收入贡献及利润贡献均有所提升，证券行业基金子公司净利润贡献率走高。例如，兴业全球基金、南方基金对兴业证券的合计净利润贡献率达 28. 20%，汇添富对东方证券的净利润贡献率达 21. 51%。

证券行业 41 家上市公司中，2021 年资产管理业务净收入排名前三的证券公司分别为中信证券、广发证券和华泰证券，收入分别为 117. 02 亿元、99. 46 亿元和 37. 72 亿元，同比增速分别为 46. 16%、50. 74%和 26. 59%。

（四）资本中介业务顺应客户需求变化，融资融券业务规模增速平稳，股票质押规模继续回落

随着证券公司发展互联网模式的意愿增强，证券行业逐渐从以中介赚取佣金为主的模式转向以资本体量优势、品牌优势以及专业服务优势为主要竞争力的资本中介模式，证券公司以满足客户多元化的金融需求为前提，转向重资本型业务与轻资本型业务深度融合的发展阶段，能够更好地服务实体经济。

2021 年 A 股市场融资融券余额创下 2015 年以来新高，两融利息收入实现高增长。根据中国证券金融股份有限公司统计，截至 2021 年末，市场融资融券余额为 1. 83 万亿元，同比增长 13. 17%，其中，融资余额和融券余额分别为 1. 71 万亿元和 0. 12 万亿元，融资余额较 2020 年末增长 15. 52%，融券余额较 2020 年末下降 12. 28%。头部券商得益于自身资本金的优势，融出资金利息收入增速较快。截至 2021 年末，中信证券、华泰证券和国泰君安的融出资金规模分别为 1291. 19 亿元、1169. 42 亿元、1092. 87 亿元，融出资金利息收入分别为 102. 31 亿元、88. 02 亿元、66. 56 亿元。两融业务作为服务零售客户的重要手段，具备高收益、低风险、周期性等特征，在市场上涨过程中能够给券商贡献明显的业绩弹性。

2021年股票质押规模继续收缩。根据中国证券登记结算有限责任公司市场披露数据，2021年质押股数4198.27亿股，同比降低13.71%，市场质押股数的总股本占比为5.67%，同比降低1.16%。市场质押市值4.18万亿元，同比降低2.6%。总体而言，2021年股票质押股数、在总股本占比、股票质押市值继续呈现下行趋势。

两融业务增长带动证券行业利息净收入增长，证券行业41家上市公司2021年实现利息净收入合计601.13亿元，同比增加12.66%。证券行业41家上市公司利息净收入排名前三的分别为海通证券、国泰君安和中国银河，利息净收入分别为66.21亿元、55.91亿元和54.56亿元。其中，排名第一的海通证券2021年利息净收入对其净收入贡献率为48.16%，海通证券利息净收入增幅较大的原因主要有两点，一是融券业务的高速增长，二是海通证券通过有效的负债管理，使得利息支出实现了一定程度的下降。

（五）自营投资业务保持平稳增长，场外衍生品市场迅速扩容

2021年国内宏观经济延续新冠肺炎疫情后恢复的态势，同时也出现供需两端冲击和市场预期转弱等多重挑战，股票市场因此震荡分化。市场结构分化加剧，高景气高增长主题方向相对强势，新能源产业涨幅领跑全年。境外主要市场指数多数上涨。2021年标普500指数上涨26.89%，纳斯达克100指数上涨26.63%，欧洲STOXX600指数上涨22.25%，而恒生指数下跌14.08%。国债中长期关键期限利率温和下行，短端利率相对稳定，银行间流动性整体仍然较为宽松。在此市场投资背景下，2021年上市券商自营业务收入实现平稳增长。证券行业41家上市公司2021年实现自营业务收入合计1656.08亿元，同比增加12.65%。自营业务收入排名前三的证券公司分别为中信证券、中金公司和国泰君安，2021年分别实现自营业务收入226.83亿元、147.03亿元和114.39亿元，同比增速分别为26.67%、11.74%和26.02%。上市券商自营收入增速分化明显。

近年来，伴随着资管新规落地、理财保本收益打破，境内资管机构对主动管理、风险管理的需求提升；金融对外开放加速，外资基金、券商、资管等机构涌入，对冲交易的需求较强；此外，居民财富积累，个性化组合投资、跨境投资等定制化产品需求迅速增长。上述需求驱动场外衍生品业务快速发展，期权、互换规模持续高速增长。同时，场外衍生品业务对证券公司的主要作用在于提供风险对冲工具，有利于券商平滑业绩波动，丰富收入来源。2021年12月，证券公司开展场外金融衍生品存续未了结初始名义本金合计20167亿元，同比增加57.80%。从标的类型看，存续的场外期权标的和收益互换均以股指类和其他类为主，场外期权标的股指类和其他类所占比重分别为57.33%和23.19%，收益互换对应比重分别为22.40%和57.23%。

2020—2021年，场外期权新规、收益互换新规相继落地，批准8家一级交易商、33家二级交易商资格，其中龙头券商在资本实力、人才储备、产品创设等方面优势明显，率先布局场外衍生品业务。随着龙头券商加大衍生品业务资源投入，行业竞争激烈程度有所上升，中信证券、中金公司领先优势稳固，华泰证券、国泰君安、招商证券等证券公司衍生品业务规模增长迅速。

三、2022 年证券行业前景分析

2021 年随着国内疫情逐渐可控，我国宏观经济增长回归正常水平，为证券行业的发展创造了稳健的宏观环境。2022 年，随着资本市场改革持续深化，全面注册制持续推进，多层次资本市场架构逐步完善，我国证券市场的交易活力将得到一定激发，继续推动证券公司收入水平和盈利能力的稳健发展。

（一）全面注册制提速重塑证券公司投行业务核心竞争力

2022 年 3 月 5 日，政府工作报告对资本市场建设作出部署，要求完善民营企业债券融资支持机制，全面实行股票发行注册制，促进资本市场平稳健康发展。近年来，政府工作报告对注册制进行持续部署，从 2019 年设立科创板并试点注册制、2020 年改革创业板并试点注册制到 2021 年稳步推进注册制改革、2022 年全面实行股票发行注册制，全面注册制提速，资本市场改革不断深化。

注册制以信息披露为核心，并对发行条件进行精简优化，提升包容性，鼓励符合国家产业战略方向、拥有核心技术的中小创企业通过资本市场融资发展壮大，投资银行主营业务规模进一步扩大。此外，上市企业的增加进一步推动了企业间的兼并收购业务，间接带动了投资银行中间业务的发展。

另一方面，注册制对投资银行信息的发现和披露能力提出了更高的要求。注册制环境下要求券商可以为资本市场带来有效的信息，降低因信息不对称带来的交易成本，给市场交易主体提供有效建议。证券公司应重视提升其专业能力、渠道资源、客户关系、团队建设、自有资金的充足度以及市场地位等综合能力，不断增强市场竞争力。

注册制是多层次资本市场高质量发展、落实创新驱动发展战略的重要一环。目前科创板、创业板注册制试点日渐成熟，北交所注册制试点已落地，预计 2022 年注册制的全面落地将提升新股发行的市场化，企业上市速度加快，进一步推动资本市场的高质量发展。

（二）证券公司行业竞争加剧，差异化发展趋势明确

近年来，证券公司行业集中度不断提升。未来证券行业将面临更为激烈的竞争。首先，金融业对外开放，外资证券公司的进入迫使中资证券公司做大做强。从外资证券公司竞争情况来看，证监会自 2020 年 4 月 1 日起正式取消证券公司外资股比例限制。截至 2021 年，中国内地外资控股证券公司已达 9 家。外资券商发展受制于资本规模、业务牌照、网点较少和缺乏业务协同等原因导致发展进度较慢，但从中长期来看，外资券商进入将会产生

"鲶鱼效应"，激发市场活力，部分外资券商在全球大类资产配置和衍生品业务等方面具备一定优势，有利于提升行业整体服务水平。同时，外资机构入场将有助于带来大量境外增量资金、先进的管理经验和丰富的业务模式，与内资券商形成差异化良性竞争，提升内资券商竞争能力，并引入国际竞争，倒逼国内证券公司创新发展。

其次，头部证券公司龙头优势进一步扩大。2020 年 7 月，证监会提出，鼓励有条件的证券公司、基金管理公司实施市场化并购重组，证券公司之间收、并购成为其发展壮大的重要手段。随着行业马太效应的凸显，市场化并购有助于龙头证券公司稳固行业地位，弥补自身业务短板，实现跨区域的资源调配。头部证券公司凭借其自身客户基础、市场占有率、业务类型、资产规模等综合竞争力，业务开展优势明显。

再次，中小券商呈现差异化、特色化发展。随着政策的不断倾斜和变化，资本化市场改革将继续推动证券公司转型，中小证券公司更倾向于通过巩固其在细分领域的优势，以特色化经营提升其自身价值。例如，随着金融科技信息技术在证券交易、量化分析、风险管理等领域融合的不断深入，推动了证券业务向线上化、自动化、智能化转型，对传统展业模式形成一定冲击，为中小型券商实现差异化、特色化发展带来机遇。

（三）资产管理业务结构持续优化

2021 年，资本管理新规过渡期迈入最后一年，行业监管向常态化发展。资本管理新规要求"金融机构不得为其他金融机构的资产管理产品提供规避投资范围、杠杆约束等监管要求的通道服务"。新规促成了资本管理行业深度变革，将证券资本管理主动管理能力推到新高度，推动证券经营机构在人才、产品、平台等领域的强化建设，实现自我革新。预计未来我国证券行业的资产管理业务将继续处于转型升级阶段。

2020 年 7 月，证监会发布《公开募集证券投资基金管理人监督管理办法（征求意见稿）》，提出证券公司可以同时控制一家基金公司和一家公募持牌机构。在外部竞争和政策驱动下，公募牌照申请成为证券经营机构拓展主动管理业务的重要渠道，持有公募基金牌照的券商系队伍逐渐扩容。预计未来更多券商将申请公募基金牌照，发力公募基金业务。

附表 2021年度证券行业上市公司业绩评价结果排序表

序号	A股上市公司评价得分排序	股票代码	股票简称	综合得分	评价等级	净资产收益率（%）	总资产收益率（%）	资本杠杆率（%）	流动性覆盖率（%）	风险覆盖率（%）	净稳定资金率（%）	资本扩张率（%）	营业收入增长率（%）	投资回报率（%）	波动性（%）	年末资产总额（亿元）	营业收入（亿元）	净利润（亿元）
1	52	000776. SZ	广发证券	78. 89	A	11. 32	2. 43	16. 03	238. 90	197. 71	163. 37	8. 34	17. 48	64. 19	32. 67	5358. 55	342. 50	120. 55
2	79	600030. SH	中信证券	77. 57	A	12. 01	2. 06	14. 22	140. 76	174. 74	126. 45	15. 02	40. 71	-5. 37	27. 00	12786. 65	765. 24	240. 05
3	188	002736. SZ	国信证券	74. 07	BBB	11. 38	3. 04	19. 66	437. 92	437. 92	178. 53	19. 77	26. 80	-12. 03	21. 34	3623. 01	238. 18	101. 17
4	219	601881. SH	中国银河	73. 53	BBB	11. 62	2. 09	15. 75	219. 03	219. 03	138. 29	20. 69	51. 52	-4. 99	27. 88	5601. 35	359. 84	105. 17
5	240	601236. SH	红塔证券	73. 04	BBB	8. 35	3. 87	49. 72	359. 62	359. 62	219. 11	60. 45	20. 57	-23. 35	33. 92	442. 25	67. 34	15. 99
6	258	601688. SH	华泰证券	72. 68	BBB	9. 57	1. 79	15. 99	169. 68	246. 45	126. 98	14. 91	20. 55	5. 40	28. 20	8066. 51	379. 05	136. 01
7	261	601211. SH	国泰君安	72. 58	BBB	10. 31	2. 05	20. 09	190. 16	190. 16	130. 54	3. 01	21. 64	7. 60	20. 48	7912. 73	428. 17	153. 03
8	262	000166. SZ	申万宏源	72. 55	BBB	9. 67	1. 75	13. 11	207. 06	207. 06	131. 00	18. 83	16. 66	4. 98	33. 65	6010. 11	343. 07	95. 35
9	282	600837. SH	海通证券	72. 19	BBB	7. 95	1. 91	22. 28	259. 39	200. 25	157. 72	5. 73	13. 04	-0. 62	19. 79	7449. 25	432. 05	137. 48
10	349	600999. SH	招商证券	71. 06	BBB	10. 67	2. 13	15. 24	294. 70	265. 66	139. 36	6. 39	21. 22	-19. 33	28. 27	5972. 21	294. 29	116. 58
11	362	600958. SH	东方证券	70. 89	BBB	8. 64	1. 74	11. 77	237. 01	237. 01	132. 24	6. 49	5. 34	46. 39	48. 93	3266. 00	243. 70	53. 73
12	526	601995. SH	中金公司	68. 64	BB	13. 81	1. 85	12. 81	151. 62	151. 62	136. 45	17. 98	27. 35	-27. 41	46. 45	6497. 95	301. 31	108. 10
13	580	601066. SH	中信建投	68. 04	BB	13. 82	2. 48	15. 85	282. 07	282. 07	137. 31	17. 53	27. 93	-23. 32	41. 37	4527. 91	298. 72	102. 35
14	604	002945. SZ	华林证券	67. 75	BB	7. 88	2. 13	37. 57	391. 31	391. 31	176. 69	4. 04	-6. 34	1. 96	45. 09	206. 44	13. 95	4. 84
15	614	601990. SH	南京证券	67. 64	BB	6. 03	2. 05	34. 52	460. 19	460. 19	232. 89	5. 59	15. 91	-12. 73	36. 44	517. 14	27. 42	9. 86
16	620	601377. SH	兴业证券	67. 58	BB	13. 59	2. 94	14. 71	195. 94	195. 94	130. 27	11. 07	7. 92	30. 16	48. 47	2174. 63	189. 72	58. 55
17	628	601555. SH	东吴证券	67. 46	BB	7. 35	2. 10	27. 69	328. 18	328. 18	163. 98	32. 82	25. 68	1. 19	33. 11	1243. 18	92. 45	24. 12
18	761	601788. SH	光大证券	66. 17	BB	6. 37	1. 52	26. 29	244. 46	283. 89	155. 69	10. 15	5. 30	-14. 19	32. 66	2391. 08	167. 07	35. 63
19	868	601198. SH	东兴证券	65. 08	BB	6. 90	1. 78	27. 09	317. 39	317. 39	163. 23	26. 00	-5. 48	-6. 79	31. 64	989. 65	53. 76	16. 52
20	912	002939. SZ	长城证券	64. 76	B	9. 55	2. 24	21. 11	208. 65	208. 65	143. 29	8. 56	12. 93	13. 90	47. 37	926. 97	77. 57	18. 46
21	918	601878. SH	浙商证券	64. 71	B	10. 17	2. 03	20. 41	321. 71	321. 71	137. 46	23. 19	54. 36	-8. 81	30. 71	1252. 51	164. 18	21. 96
22	992	600155. SH	华创阳安	64. 10	B	6. 18	1. 94	25. 26	285. 61	226. 55	149. 36	6. 81	1122. 33	-20. 77	31. 09	517. 42	37. 66	9. 75
23	1032	600109. SH	国金证券	63. 76	B	9. 89	2. 99	28. 44	257. 84	334. 41	138. 64	8. 71	17. 55	-25. 41	34. 48	883. 13	71. 27	23. 28
24	1082	601099. SH	太平洋	63. 44	B	1. 38	0. 63	55. 75	413. 63	314. 61	194. 72	0. 96	39. 16	-15. 42	32. 29	200. 19	16. 30	1. 34

续 表

序号	A股上市公司评价得分排序	股票代码	股票简称	综合得分	评价等级	净资产收益率（%）	总资产收益率（%）	资本杠杆率（%）	流动性覆盖率（%）	风险覆盖率（%）	净稳定资金率（%）	资本扩张率（%）	营业收入增长率（%）	投资回报率（%）	波动性（%）	年末资产总额（亿元）	营业收入（亿元）	净利润（亿元）
25	1086	600909. SH	华安证券	63. 42	B	8. 04	2. 10	24. 04	249. 20	249. 20	177. 95	31. 99	3. 78	-20. 15	23. 21	736. 41	34. 83	13. 88
26	1142	002673. SZ	西部证券	62. 91	B	5. 35	1. 91	33. 84	318. 62	318. 62	151. 45	4. 22	30. 22	-17. 41	23. 65	851. 18	67. 51	14. 25
27	1157	000686. SZ	东北证券	62. 81	B	9. 45	2. 29	18. 52	272. 75	205. 55	155. 08	7. 32	13. 14	-6. 40	21. 48	801. 32	74. 78	17. 06
28	1185	000728. SZ	国元证券	62. 61	B	6. 05	1. 86	23. 91	317. 31	283. 76	152. 79	4. 66	34. 91	-9. 91	20. 62	1146. 18	61. 10	19. 11
29	1188	601108. SH	财通证券	62. 59	B	10. 53	2. 48	13. 81	216. 74	216. 74	143. 43	7. 50	-1. 84	-4. 63	30. 41	1104. 25	64. 08	25. 63
30	1213	002926. SZ	华西证券	62. 39	B	7. 69	1. 94	24. 56	283. 13	283. 13	191. 20	4. 85	9. 38	-18. 14	22. 77	957. 95	51. 22	16. 82
31	1215	600369. SH	西南证券	62. 38	B	4. 07	1. 27	22. 65	176. 02	358. 03	151. 66	0. 81	-2. 32	3. 96	26. 26	822. 58	30. 96	10. 25
32	1253	601456. SH	国联证券	62. 15	B	6. 59	1. 58	25. 27	206. 78	206. 78	158. 41	54. 62	58. 11	-27. 74	42. 68	659. 39	29. 67	8. 89
33	1261	002797. SZ	第一创业	62. 10	B	5. 60	1. 97	28. 47	296. 24	294. 24	178. 61	3. 84	4. 32	-20. 74	37. 38	431. 47	32. 55	8. 24
34	1367	601696. SH	中银证券	61. 24	B	6. 27	1. 65	38. 00	295. 92	295. 92	288. 48	4. 68	2. 75	-45. 36	47. 36	626. 72	33. 34	9. 63
35	1425	000783. SZ	长江证券	60. 70	B	8. 02	1. 64	17. 47	165. 57	204. 73	156. 38	5. 88	10. 78	-5. 70	24. 02	1596. 65	86. 23	24. 15
36	1562	601901. SH	方正证券	59. 57	CCC	4. 54	1. 27	20. 05	306. 96	306. 96	135. 08	4. 43	14. 31	-20. 09	33. 11	1726. 13	86. 21	18. 72
37	1789	002500. SZ	山西证券	57. 86	CCC	4. 62	1. 17	15. 59	226. 95	226. 95	177. 78	1. 46	19. 51	-22. 99	23. 61	763. 02	39. 94	8. 12
38	1833	000750. SZ	国海证券	57. 55	CCC	4. 74	1. 22	21. 44	152. 59	262. 59	149. 14	0. 96	15. 36	-25. 67	24. 89	758. 68	51. 70	9. 07
39	1868	601375. SH	中原证券	57. 33	CCC	3. 89	1. 04	18. 48	251. 88	251. 88	140. 92	-0. 30	42. 46	-24. 71	35. 39	537. 48	44. 21	5. 51
40	1927	600918. SH	中泰证券	56. 87	CCC	9. 22	1. 74	15. 09	211. 51	211. 51	141. 93	7. 93	27. 02	-39. 52	46. 44	2046. 90	131. 50	32. 99
41	2192	601162. SH	天风证券	54. 78	CC	2. 49	0. 67	14. 91	178. 18	178. 18	121. 82	16. 09	1. 06	-31. 48	25. 32	965. 59	44. 06	5. 98

第十五章

医药生物行业上市公司业绩评价

2021年，新冠肺炎疫情对国际经济活动的影响仍在持续。新冠肺炎疫情通过限制人员流动、降低物流效率、冲击居民收入就业和制约居民消费意愿四大渠道，对消费产生直接、明显冲击，一定程度上对其他医疗医药服务需求形成抑制。2021年，国家药品集采政策逐渐由试点转向常态化运行，药价水平继续下行；同时，集采加快推动中国医药产业重构，使得仿制药行业集中度提高，创新药物占比提升。综合来看，2021年医药生物（申万）行业上市公司整体营业收入增速为14.24%，营业利润增速为43.9%，显著高于全部上市公司的平均增速水平和GDP增速。2021年末医药生物（申万）行业股票指数报收于11385.45点，较2020年末下降5.73%。

一、医药生物行业上市公司业绩评价结果

2021年医药生物行业的上市公司共有405家，其中盈利352家，亏损53家。医药生物行业综合评价分值为67.2分，高于同年全部上市公司的综合评价分值。热景生物、东方生物、明德生物、迈瑞医疗和智飞生物等5家公司业绩评价综合得分名列2021年度“中联价值100”，排名最高的热景生物位列2021年全部上市公司业绩评价综合得分第8位。医药生物行业405家上市公司中，业绩评价为AA的有3家，业绩评价为A的有8家；业绩评价为BBB的有49家，业绩评价为BB的有62家，业绩评价为B的有71家；业绩评价为CCC的有67家，业绩评价为CC的有48家，业绩评价为C的有97家。

2021年全部上市公司为4543家，其资产总额合计为86.37万亿元，其中，医药生物行业405家上市公司资产总额合计为3.24万亿元，占全部上市公司资产总额的3.75%；全部上市公司实现营业收入54.84万亿元，医药生物行业上市公司实现营业收入2.23万亿元，占全部上市公司营业收入的4.07%；全部上市公司共计实现利润总额3.64万亿元，医药生物行业上市公司实现利润总额达到0.27万亿元，占全部上市公司全部实现利润总额的

7.30%；全部上市公司共计实现净利润 2.88 万亿元，医药生物行业上市公司实现净利润 0.22 万亿元，占全部上市公司全部实现净利润的 7.75%；该行业上市公司 2021 年度市场投资回报率为 22.06%，高于全部上市公司 27.9%的市场投资回报率；医药生物行业上市公司股价波动率为 98%，低于全部上市公司 108.84%的股价波动率；医药生物行业扣除非经常性损益净资产收益率的平均值为 9.68%，高于全部上市公司 7.51%的扣除非经常性损益净资产收益率。表 15-1 列示了 2021 年度医药生物行业评价得分前十的上市公司。

表 15-1　2021 年度医药生物行业评价得分前十名的上市公司

名次	股票代码	股票简称	在 A 股上市公司中评价得分排序
1	688068	热景生物	8
2	688298	东方生物	26
3	002932	明德生物	62
4	300760	迈瑞医疗	66
5	300122	智飞生物	69
6	688202	美迪西	102
7	002030	达安基因	140
8	603392	万泰生物	155
9	688139	兴齐眼药	166
10	300573	海尔生物	167

基于对医药生物行业上市公司的整体评价，下面分别从财务效益、资产质量、偿债风险、发展能力、市场表现五个方面对医药生物行业上市公司进行具体分析。

（一）财务效益

由表 15-2 可以看出，医药生物行业上市公司整体财务效益状况优于全部上市公司平均水平，除盈利现金保障倍数外，扣除非经常性损益净资产收益率、总资产报酬率、营业利润率和股本收益率指标均高于全部上市公司平均水平。

表 15-2　医药生物行业财务效益状况比较表

评价指标		2021 年上市公司平均值	2021 年行业值	2020 年行业值	增长率（%）
基本指标	扣除非经常性损益净资产收益率（%）	7.51	9.68	7.76	24.74
	总资产报酬率（%）	5.47	9.57	7.79	22.85
	基本得分	20.98	25.02	23.66	5.75
修正指标	营业利润率（%）	6.79	12.14	9.49	27.92
	盈利现金保障倍数	1.75	1.12	1.52	-26.32
	股本收益率（%）	46.81	76.79	51.16	50.10
综合得分		23.08	26.27	24.01	9.41

除盈利现金保障倍数外，2021 年医药生物行业上市公司各项指标均高于 2020 年行业值。财务效益综合得分前五名的上市公司为新和成、迈瑞医疗、智飞生物、药明康德和长春高新。盈利状况较好与创新渠道、高端客户高端产品拓展推广、新冠肺炎疫情造成疫苗和检测类医药服务需求提高等因素息息相关。

资料链接：

迈瑞医疗：营收及归母净利润延续超 20%增长

报告期内，公司实现营业收入 2526958.08 万元，较上年同期增长 20.18%；利润总额 901708.48 万元，较上年同期增长 21.22%；实现归属于上市公司股东的净利润 800155.36 万元，较上年同期增长 20.19%。报告期内，公司继续保证高研发投入，全年研发投入 272594.81 万元，同比增长 30.08%，产品不断丰富，持续技术迭代，尤其在高端产品不断实现突破。

资料来源：迈瑞医疗 2021 年年报。

（二）资产质量

由表 15-3 可以看出，医药生物行业上市公司资产质量状况中应收账款周转率明显低于全部上市公司平均水平，流动资产周转率略低于全部上市公司平均水平，这与医药生物行业特殊的营销模式有一定的关系，即医药生物行业上市公司对客户应收账款期限过长导致应收账款周转率及流动资产周转率偏低。医药生物行业上市公司资产质量状况中总资产周转率、存货周转率高于全部上市公司平均水平，这与药品及耗材带量采购的推进等因素存在一定的关联性。资产质量综合得分排名前五的医药生物上市公司为通策医疗、热景生物、ST 冠福、易明医药和英科医疗，上述公司规模整体较小，资产管理能力较强，在医疗体制改革及新冠肺炎疫情影响下，资产质量表现优异。

表 15-3　医药生物行业资产质量状况比较表

评价指标		2021 年上市公司平均值	2021 年行业值	2020 年行业值	增长率（%）
基本指标	总资产周转率（次）	0.67	0.74	0.73	1.37
	流动资产周转率（次）	1.25	1.24	1.24	—
	基本得分	9.72	10.08	10.02	0.60
修正指标	应收账款周转率（次）	8.97	4.78	4.46	7.17
	存货周转率（次）	3.07	4.29	3.90	10.00
综合得分		9.27	8.79	8.85	-0.68

（三）偿债风险

由表 15-4 可以看出，2021 年医药生物行业上市公司资产负债率低于全部上市公司平均水平，已获利息倍数、速动比率、现金流动负债比率显著高于全部上市公司的平均水平，带息负债比率略低于全部上市公司，显示出医药生物行业上市公司较强的短期偿债能力。

表 15-4 医药生物行业偿债风险状况比较表

评价指标		2021 年上市公司平均值	2021 年行业值	2020 年行业值	增长率（%）
基本指标	资产负债率（%）	59.93	39.91	42.58	-6.27
	已获利息倍数	5.28	12.00	8.03	49.44
	基本得分	8.86	10.46	10.23	2.25
修正指标	速动比率（%）	83.33	149.67	137.31	9.00
	现金流动负债比率（%）	13.68	23.91	22.37	6.88
	带息负债比率（%）	38.47	36.25	42.11	-13.92
综合得分		8.86	10.09	9.79	3.06

2021 年医药生物行业上市公司已获利息倍数指标显著改善，速动比率和现金流动负债比率有所好转，资产负债率和带息负债比率指标略有恶化。2021 年医药生物行业上市公司偿债风险状况与 2020 年总体上差异不大，略有上升。偿债风险综合评价得分前五的医药生物行业上市公司为中红医疗、普门科技、华特达因、爱威科技和天臣医疗，上述公司财务政策相对稳健。

（四）发展能力

从表 15-5 可知，除营业收入增长率外，医药生物行业上市公司 2021 年度行业资本扩张率、累计保留盈余率、三年营业收入平均增长率、总资产增长率和营业利润增长率 5 项发展能力指标均高于全部上市公司平均水平。医药行业作为典型的刚性消费行业，社会人口老龄化以及农村人口城镇化等客观因素保证了医药需求的确定性增长。

2021 年医药生物行业上市公司营业收入增长率、资本扩张率、累计保留盈余率、总资产增长率和营业利润增长率指标优于 2020 年行业水平，三年营业收入平均增长率低于 2020 年行业水平，主要是带量采购政策推进以及新冠肺炎疫情一定程度上抑制了其他医疗服务活动的影响，行业收入增长率水平有所放缓。发展能力综合评价得分前五的医药生物行业上市公司为智飞生物、百济神州、东方生物、万泰生物和明德生物。

表 15-5 医药生物行业发展能力状况比较表

评价指标		2021 年上市公司平均值	2021 年行业值	2020 年行业值	增长率（%）
基本指标	营业收入增长率（%）	22.02	14.24	7.04	102.27
	资本扩张率（%）	11.29	18.97	16.79	12.98
	基本得分	12.09	12.35	13.42	-7.97
修正指标	累计保留盈余率（%）	41.52	44.5	44.42	0.18
	三年营业收入平均增长率（%）	11.08	12.21	12.97	-5.86
	总资产增长率（%）	10.88	14.92	14.13	5.59
	营业利润增长率（%）	26.49	43.90	26.35	66.60
综合得分		12.34	12.91	13.70	-5.77

（五）市场表现

2021 年，全部上市公司市场投资回报率为 27.9%，股价波动率为 108.84%。受带量采购政策推进、新冠肺炎疫情一定程度上抑制了其他医疗服务活动以及医药生物行业股价处于较高水平等因素的影响，医药生物上市公司市场投资回报率 22.06%，低于 2020 年行业水平。具体情况见表 15-6。

表 15-6 医药生物行业公司市场表现状况比较表

评价指标	2021 年上市公司平均值	2021 年行业值	2020 年行业值	增长率（%）
市场投资回报率（%）	27.90	22.06	31.26	-29.43
股价波动率（%）	108.84	98.00	114.66	-14.53
得分	9.23	9.12	10.04	-9.16

与 2020 年相比，2021 年医药生物行业上市公司的市场表现状况得分下降，股价波动率和市场投资回报率都显著下降。市场表现状况综合得分前五的医药生物行业上市公司为佐力药业、同和药业、新天药业、龙津药业和羚锐制药，上述公司资本管理能力较好，在二级市场股价表现优异。

二、2021 年度影响医药生物行业上市公司业绩的因素分析

2021 年医药生物行业上市公司实现营业收入 22295.57 亿元，同比增长 14.24%，实现营业利润 2705.76 亿元，同比增长率 43.9%，显著高于 2020 年的 26.35%。在人口老龄化持续、药品及耗材集采常态化推进、叠加疫情影响等因素驱动下，我国医药市场整体保持向上趋势。2021 年影响医药生物行业上市公司业绩的主要因素如下。

（一）国家药品集采转向常态化运行，重塑整个市场格局

2021 年，国家药品集采政策转向常态化运行，整个市场格局被重塑。密集推出的第四

批、第五批、第六批药品集采加速挤出药价虚高水分。同时，集采加快推动中国医药产业重构，仿制药行业集中度提高，创新药物占比提升，集采对整个医药行业的合规性及估值判断形成正向引导。

2021 年 1 月份，国务院办公厅发布《关于推动药品集中带量采购工作常态化制度化开展的意见》，再一次明确药品集中带量采购是协同推进医药服务供给侧改革的重要举措，推动药品集中带量采购工作常态化制度化开展，加快形成全国统一开放的药品集中采购市场。政策的发布进一步推进集采常态化，2021 年集采逐渐在多个领域展开。2 月份，第四批集采启动，中选产品平均降价 52%，最高降幅达到 96%，此轮集采首次纳入注射剂；6 月份，第五批集采启动，采购规模创历史新高，注射剂的竞争尤为激烈，最终 61 种药品采购成功，平均降价 56%；11 月份，第六批集采启动，此次是以胰岛素为对象的专项采购，也是首次将集采拓展到生物医药领域，本次集采 42 个产品中选，中选产品平均降价 48%，最高降幅 70%。

除了药品集采之外，高值耗材带量采购也持续推进。2021 年 9 月 14 日，继冠状动脉支架首次带量采购之后，国家组织的人工关节集中带量采购在天津开标，此次中选的人工关节产品价格从平均 3 万元降到 1 万元以内。

随着采购模式、体系和规则的不断完善，资本市场医药板块股价对于集采的反应呈现边际递减。2018 年首次“4+7”试点集采结果公布时，药品价格最高降幅达 96%，一度引发资本市场相关板块震荡调整。而 2021 年，第六次胰岛素专项集采中选结果公示，价格降幅最高达 70%，A 股相关上市公司股价则应声上扬，因为国内药企有望提高市场占有率。

资料链接：

甘李药业盘中股价大涨逾 7%，有三代胰岛素产品中标

2021 年 11 月 26 日上午 10 点，胰岛素集采正式在上海开标，这是国家集采启动的第六批药品，也是首个进入集采的生物制剂品种。在三代胰岛素基础胰岛素类似物组的竞价中，甘精胰岛素 3ml：300 单位（笔芯）规格报价中，甘李药业、赛诺菲、通化东宝、珠海联邦分别报价 48.71 元、69 元、77.98 元、66.97 元，这四家企业均中标。

截至上午 11 点 30 分，甘李药业和通化东宝股价分别涨 6.61%和跌 0.71%。

资料来源：第一财经资讯。

（二）系列支持政策出台，中药行业呈现恢复性增长

2021 年，紧抓中医药产业发展机遇的上市公司业绩增长显著。近年来，国家颁布多项政策，推动中医药行业规范发展，中医药逐渐步入深化创新阶段。2019 年 10 月，国务院出台《促进中医药传承与创新发展的意见》，内容包括健全中医药服务体系、推动中药质量提

升、加强中医药人才队伍建设、改革完善中医药管理体制机制等。2020年初，中西医在抗击新冠肺炎疫情的战斗中，各自发挥所长，协同救治。2020年9月，《中药注册分类及申报资料要求》进行重大更新，将中药创新药单列作为第一大类。2021年，国家医疗保障局、国家中医药管理局发布《国家医疗保障局 国家中医药管理局关于医保支持中医药传承创新发展的指导意见》，对于中医药在医保中的相关细则做了详细的讲解。国家对于中医药的审批、标准等更加规范，对于中医药在医保中的处理更加细致，同时也更加重视中医药人才的培养和中医药的传承。

（三）新冠肺炎疫情推动疫苗及免疫诊断领域上市公司业绩上涨

随着2020年新冠肺炎疫情的爆发，成功研发和推出新冠肺炎疫苗产品及新冠病毒检测产品的上市公司在2021年业绩取得了大幅增长，且外贸订单激增。

创新新冠肺炎疫苗不断推出并日益普及，极大地促进全球疫苗市场规模进一步扩容，也为全球生物制药行业带来了更多的活力与变化。在此背景下，国内医药企业持续加大在疫苗产品研发上的投入和创新，提高疫苗产品可及性，疫苗产品市场规模保持高速增长，实现了生物制药行业的崛起。我国庞大的人口基数为预防接种事业发展提供了广阔空间，各级政府及相关机构对疫苗研发生产给予大力推动和支持，民众对预防接种的需求日益增加，我国疫苗市场规模也逐渐攀升，高于全球疫苗市场平均增速。截至2021年底，全国范围内新冠病毒疫苗累计接种28.3亿剂次，疫苗全程接种覆盖率超过85%。

对于新冠病毒检测产品，由于市场门槛并不高，国内外多家企业陆续进入新冠病毒抗原检测试剂产品市场，市场竞争逐渐加剧。目前，国家药监局已批准30个新冠病毒抗原检测试剂产品。

新冠病毒检测产品销售集中于海外市场的IVD企业，其2021年业绩增长中外贸订单的增长作了较大贡献。

资料链接：

热景生物：受益新冠诊断，净利润同比增加1850.41%

热景生物（SH 688068）年度业绩报告显示，2021年营业收入约53.69亿元，同比增加945.54%；归属于上市公司股东的净利润约21.86亿元，同比增加1850.41%；基本每股收益35.14元，同比增加1852.22%。拟每10股派发现金红利50元（含税）、不送红股。

2021年1—12月，热景生物的营业收入构成中体外诊断产品占比98.83%。

资料来源：热景生物2021年年报。

三、2022年医药生物行业前景展望

（一）普通仿制药或将进入微利时代，创新药开发大势所趋

在带量采购常态化进行的趋势下，仿制药高毛利率的黄金时代已经结束，对于创新药的研发投入正在异军突起。整体来看，集采压缩企业利润空间的同时也存在结构性机会，原料药制剂一体化发展模式的优势逐步凸显，国内仿制药企业有望通过成本优势快速抢占原研市场，同时带量采购也加速了国内仿制药行业整合，优秀的仿制药有望通过带量采购中标快速扩大市场份额，仿制药市场集中度有望快速提升。

全球生物医药行业在新技术的推动下正在发生深刻的变革，生物技术、基因疗法、细胞治疗等跨时代的产品形态大量涌现，而全球制药企业的研发创新模式已经从传统的“闭门造车”向全新的专利合作以及兼并收购模式转变。面对全球医药行业的不确定性以及全新的挑战，在政策支持引导下，资本纷纷跻身医药创新领域，中国创新医药产业已逐步从“跟踪仿制”发展到“模仿创新”和“自主创新”阶段。与此同时，在中国医药产业国际化进程提速及中国药品集采、医保控费等支付方改革的背景下，依赖国内单一市场的商业模式和业务拓展已不能满足企业长远发展的需求。国内药企也在寻求多种方式锻造自身参与全球竞争的能力，积极布局和拓展海外市场，充分利用全球化产业链资源配置优势推动盈利能力的提升，助力中国制药企业在新的产业竞争格局下形成新的发展动能。

另一方面，随着战“疫”的持续进行，中医药独特的临床价值进一步凸显，在国家各项支持中医药的红利政策频出以及中成药集采常态下，中医药行业新格局拉开序幕，中医药企业的创新变革迎来发展窗口期。

（二）医疗器械行业迎来新的发展机遇

随着公立医院发展改革深入推进，将会带动相关医疗设备采购需求。“十四五”期间，国家强调推动公立医院高质量发展。2021年以来，支持公立医院发展的国家政策陆续出台。“十四五”期间中央投资将重点支持公共卫生防控救治能力提升工程、公立医院高质量发展工程、重点人群健康服务补短板工程和促进中医药传承创新工程等4大工程共14个方向的项目建设。相关政策指出，“十四五”期间，由中央财政带动地方投入，从国家、省、市（县）不同层面分级分类开展临床重点专科建设，在定向支持国家医学中心和委属委管医院进行关键技术创新的同时，实施临床重点专科“百千万工程”。国家将重点支持各省份加强心血管外科、产科、骨科、麻醉、儿科、精神科及病理科、检验科、医学影像科等专科建设。2021年10月27日，国家卫健委印发了《“千县工程”县医院综合能力提升工作方案（2021—2025年）》。方案中明确指出，推动省市优质医疗资源向县域下沉，补齐县医院医

疗服务和管理能力短板，逐步实现县域内医疗资源整合共享，有效落实县医院在县域医疗服务体系中的龙头作用和城乡医疗服务体系中的桥梁纽带作用。到2025年，全国至少1000家县医院达到三级医院医疗服务能力水平，发挥县域医疗中心作用，为实现一般病在市县解决打下坚实基础。2021年12月28日，工信部、国家卫健委、国家发展改革委、科技部、财政部、国务院国资委、市场监管总局、国家医保局、国家中医药管理局、国家药监局等十部门联合印发《“十四五”医疗装备产业发展规划》，是医疗装备领域首个国家层面的产业发展规划，聚焦诊断检验装备、治疗装备、监护与生命支持装备、中医诊疗装备、妇幼健康装备、保健康复装备、有源植介入器械7个重点发展领域，提出到2025年，初步形成对公共卫生和医疗健康需求的全面支撑能力。2022年1月10日，国家发展改革委等21部门在印发的《“十四五”公共服务规划》中提到，推进区域医疗中心建设和临床专科能力建设。在医疗资源不足的地区，坚持“按重点病种选医院、按需求选地区，院地合作、省部共建”的思路进一步推进区域医疗中心试点建设，通过建设高水平医院分中心、分支机构和“一院多区”等方式，定向放大国家顶级优质医疗资源。2022年1月30日，工信部、国家发展改革委、科学技术部、商务部、国家卫健委、应急管理部、国家医疗保障局、国家药品监督管理局、国家中医药管理局等九部门联合印发《“十四五”医药工业发展规划》，总结了“十三五”期间医药工业的重要成就，提出了六项具体目标，其中第一项目标是规模效益稳步增长——在全面分析“十三五”期间医药工业规模效益指标的基础上，综合考虑国内外技术发展、政策变化等因素，提出“十四五”期间医药工业营业收入、利润总额年均增速保持在8%以上，增加值占全部工业的比重提高到5%左右，行业龙头企业集中度进一步提高。

医保支付改革下的DRG（疾病诊断相关分组）和DIP（区域点数法总额预算和按病种分值付费）全面推行，国内医疗器械行业国产化进程加速。DRG和DIP的实施在规范诊疗行为的同时，对医疗机构的诊疗能力提出了更高的要求。医疗机构愈发重视和提升一次性把病看准、看好的能力。精准诊疗的前提是精准检测，不仅是体外诊断，还有医学影像等领域诊断检查的重要性和价值都将凸显，甚至很多疾病的诊疗需要体外诊断加上影像等多方面的联合诊断，因此必要的临床检测在DRG和DIP支付体系下显得更加重要。未来，DRG和DIP将成为缓解医保资金压力、反向促使设备供应商降低产品价格的更为有效方式，尤其是在疫情加剧了医院财政和医保资金压力的情况下，医院将更加重视临床的诊疗效率和成本控制。同时，DRG和DIP将进一步规范国内的医疗环境和医保支出结构，直接推动检验科更加重视耗材的采购成本，加速具备核心竞争力和高性价比的国产产品渗透。

（三）2022年新冠肺炎疫情影响恐将持续

进入2022年以来，西安、吉林、深圳、上海等地新冠肺炎疫情的陆续爆发给人们的经济活动、社会生活等各方面带来深远影响。新冠肺炎疫情肆虐全球已近 3 年，新冠肺炎疫情流行成为新常态。2022 年新冠检测、新冠疫苗领域上市公司业绩有望保持较高水平。同时，新冠特效药的研发或将带来新的业绩增长点。目前国际新冠特效药研发及生产企业相关产品已带来显著收益，国产新冠特效药研发整体落后于国外医药行业巨头，未来研发及推广进度值得关注。

附表 2021年度医药生物行业上市公司业绩评价结果排序表

序号	A股上市公司评价得分排序	证券代码	股票简称	评价等级	综合得分	每股收益（元）	净资产收益率（%）	总资产报酬率（%）	总资产周转率（次）	流动资产周转率（次）	资产负债率（%）	已获利息倍数	营业收入增长率（%）	资本扩张率（%）	市场投资回报率（%）	股价波动率（%）	年末资产总额（万元）	营业收入（万元）	净利润（万元）
1	8	688068	热景生物	AA	83.2	35.14	121.01	113.61	2.36	3.46	21.15	2029.45	945.54	284.82	179.01	318.91	364484.46	536920.38	220237.67
2	26	688298	东方生物	AA	80.82	41	105.45	91.97	1.62	1.78	23.26	6163.52	211.43	181.01	32.74	116.27	897697.12	1016916.77	494064.58
3	62	002932	明德生物	A	78.33	14.82	72.48	70.06	1.17	1.34	16.59	802.28	195.05	155.64	51.17	100.32	341708.98	282982.95	144668.79
4	66	300760	迈瑞医疗	A	78.07	6.59	31.25	25.28	0.71	1.18	29.22	1045.35	20.18	15.79	-14.93	87.28	3810302.3	2526958.08	800404.59
5	69	300122	智飞生物	A	77.97	6.38	78.62	52.97	1.35	1.69	41.24	213.51	101.79	114.06	-17.71	106.59	3004732.35	3065241.59	1020854.85
6	102	688202	美迪西	A	76.81	4.55	22.21	20.58	0.74	1.47	25.99	161.25	75.28	16.89	180.59	249.3	179357.17	116726.16	28464.76
7	140	002030	达安基因	A	75.46	2.58	58.11	48.48	0.9	1.49	25.89	441.66	43.49	69.67	-7.24	57.73	1033644.41	766426.22	361848.68
8	155	603392	万泰生物	BBB	74.96	3.33	56.09	44.17	1.09	1.74	35.25	409.38	144.25	76.81	22.47	90.73	704594.81	575032.91	207921.42
9	166	300573	兴齐眼药	BBB	74.7	2.39	19.55	18.81	0.78	1.61	20.3	41.65	49.26	93.71	27.65	132.7	168684.43	102791.49	20910.78
10	167	688139	海尔生物	BBB	74.68	2.67	13.15	21.8	0.48	0.69	25.74	333.25	51.63	30.68	42.32	114.73	489982.9	212586.27	84917.04
11	169	605369	拱东医疗	BBB	74.58	2.77	22.81	23.54	0.78	1.1	17.86	12658.22	43.95	14.91	262.86	250.27	168991.12	119425.42	31098.72
12	171	300639	凯普生物	BBB	74.49	2.91	29.07	30.04	0.75	1.18	17.88	143.84	97.34	37.12	-3.59	50.34	423138.53	267302.3	88493.72
13	173	603259	药明康德	BBB	74.44	1.75	11.48	12.12	0.45	1.02	29.69	47.87	38.5	18.46	-2.48	77.01	5512738.84	2290238.51	513594.72
14	186	002001	新和成	BBB	74.2	1.68	20.18	16.37	0.45	1.04	36.98	15.9	43.47	12.68	0.76	58.67	3469216.51	1479798.91	434036.53
15	187	300677	英科医疗	BBB	74.12	13.6	58.04	51.65	0.97	1.69	21.82	492.26	17.37	70.75	-54.7	277.18	2062464.48	1624009.37	746347.12
16	195	603882	金域医学	BBB	73.88	4.8	44.86	31.92	1.37	1.88	39.33	100.74	44.88	68.26	-22.49	108.3	1075089.19	1194322.36	236351.19
17	223	600566	济川药业	BBB	73.44	1.94	18.41	17.53	0.67	1.04	24.73	56.89	23.77	17.62	42.09	95.54	1213103.68	763051	171721.65
18	236	600436	片仔癀	BBB	73.15	4.03	26.52	25.57	0.71	0.85	18.88	88.21	23.2	22.77	47.7	112.32	1249533.47	802155.05	246402.1
19	238	002737	葵花药业	BBB	73.04	1.21	18.18	16.85	0.83	1.41	30.17	83.79	28.86	16.05	15.68	52.05	563520.35	446089.99	76234.99
20	244	603127	昭衍新药	BBB	72.97	1.51	12.65	12.14	0.28	0.43	16.31	163.04	40.97	483.62	39.08	127.64	853707.71	151668	55641.63
21	250	300896	爱美客	BBB	72.88	4.43	19.12	22.71	0.29	0.35	4.47	526.45	104.13	11	33.38	119.01	526482.58	144787.2	95733.33
22	260	600085	同仁堂	BBB	72.59	0.9	11.62	10.47	0.62	0.84	33.5	19.25	13.86	7.24	79.12	114.01	2507283.54	1460310.07	189076.05
23	271	300759	康龙化成	BBB	72.41	2.1	13.52	13.39	0.49	1.05	44.01	17.23	45	15.24	21.43	122.15	1838912.44	744376.97	162007.66
24	273	000915	华特达因	BBB	72.38	1.62	21.48	21.52	0.53	0.86	13.62	0	11.32	15.81	33.19	92.86	393542.69	202714.2	70429.97

续 表

序号	A股上市公司评价得分排序	证券代码	股票简称	评价等级	综合得分	每股收益（元）	净资产收益率（%）	总资产报酬率（%）	总资产周转率（次）	流动资产周转率（次）	资产负债率（%）	已获利息倍数	营业收入增长率（%）	资本扩张率（%）	市场投资回报率（%）	股价波动率（%）	年末资产总额（万元）	营业收入（万元）	净利润（万元）
25	284	300358	楚天科技	BBB	72.17	1.01	15.85	7.89	0.62	1.01	63	27.66	47.08	28.08	149.89	201.87	994826.2	525987.3	57216.28
26	287	603456	九洲药业	BBB	72.13	0.77	14.97	12.78	0.67	1.34	34.99	30.95	53.48	48.31	70.24	112.71	704042.37	406318.19	63415.09
27	306	600285	羚锐制药	BBB	71.78	0.65	15.44	11.44	0.74	1.33	39.72	276.07	15.52	−1.53	96.34	123.26	379308.74	269351.09	36249.96
28	315	688399	硕世生物	BBB	71.68	20.36	54.26	48.32	0.98	1.31	27.52	352.3	63.19	52.39	−24.05	117.08	349934.36	283903.63	119321.43
29	319	600993	马应龙	BBB	71.59	1.08	14.09	13.97	0.85	1.05	19.69	54.7	21.26	12.48	21.85	123.28	412692.06	338505.93	47405.03
30	321	688356	键凯科技	BBB	71.57	2.93	16.48	20.22	0.35	0.45	4.5	1197.29	88.18	22.82	255.64	319.19	110118.56	35119.06	17578.01
31	337	600763	通策医疗	BBB	71.27	2.19	27.47	25.03	0.69	3	36.54	34.71	33.19	33.9	−34.72	154.13	495476.39	278072.54	78615.01
32	343	688363	华熙生物	BBB	71.19	1.63	12.25	13.63	0.75	1.29	24.01	81.31	87.93	13.64	12.73	145.34	750374.02	494777.38	77555.6
33	347	300653	正海生物	BBB	71.12	1.4	22.47	22.09	0.46	0.67	15.46	0	36.45	21.42	23.96	123.19	92892.1	40017.53	16855.26
34	350	002223	鱼跃医疗	BBB	71.04	1.49	16.59	15.7	0.62	1.13	29.74	56.81	2.51	12.47	30.03	84.73	1199785.89	689430.81	148402.4
35	352	600750	江中药业	BBB	71	0.8	10.17	11.47	0.53	0.78	23.59	181	17.72	7.79	38.8	73.68	599760.02	287397.45	53094.91
36	360	000650	仁和药业	BBB	70.89	0.48	12.97	15.67	0.75	1.25	14.2	1058.04	20.21	5.64	57.78	137.03	690789.19	493575.52	79987.38
37	363	002262	恩华药业	BBB	70.83	0.79	17.29	17.63	0.75	1.07	13.93	182.02	17.09	19.44	−0.76	37.96	569718.67	393566.42	79802.14
38	365	000999	华润三九	BBB	70.77	2.09	12.68	10.55	0.66	1.31	35.36	184.09	12.34	11.76	34.8	56.04	2430798.06	1531999.36	208083.68
39	369	300595	欧普康视	BBB	70.74	0.65	23.18	26.39	0.5	0.73	14.68	1537	48.74	27.36	−10.62	139.02	297242.65	129504.58	59159.57
40	390	002432	九安医疗	BBB	70.54	2	36.42	31.71	0.75	1.06	27.84	76.17	19.36	55.62	444.36	557.44	393032.72	239709.78	93440.3
41	392	600332	白云山	BBB	70.49	2.29	11.94	8.17	1.1	1.38	52.62	12.3	11.9	11.07	15.48	42.27	6611778.98	6901405.23	396898.57
42	403	603896	寿仙谷	BBB	70.38	1.34	13.46	11.54	0.42	0.78	17.45	20.77	20.61	22.15	60.13	88.71	196245.96	76713.73	20031.13
43	419	688016	心脉医疗	BBB	70.21	4.39	20.76	23.23	0.44	0.52	13.2	205.11	45.59	23.35	−4.1	117.28	175357.24	68463.07	31351.19
44	421	688301	奕瑞科技	BBB	70.2	6.67	11.99	17.48	0.37	0.41	13.02	248.06	51.43	16.81	223.77	281.65	353710.35	118735.29	48457.41
45	424	300347	泰格医药	BBB	70.17	3.31	9.09	17.15	0.24	0.46	13.21	148.91	63.32	15.38	−22.41	89.2	2374117.16	521353.81	339170.22
46	428	300015	爱尔眼科	BBB	70.13	0.43	25.61	17.72	0.8	2.33	44.05	20.12	25.93	14.76	−27.67	111.78	2184901.01	1500080.94	246990.32
47	435	300685	艾德生物	BB	70	1.09	17.22	17.94	0.65	0.83	9.89	672.59	25.9	21.37	0.98	65.29	151988.13	91703.34	23902.45
48	444	688185	康希诺	BB	69.84	7.74	24.49	20.96	0.46	0.58	28.01	133.64	17174.54	40.8	−22.31	224.34	1187418.7	429970.2	190708.6

续 表

序号	A股上市公司评价得分排序	证券代码	股票简称	评价等级	综合得分	每股收益（元）	净资产收益率（%）	总资产报酬率（%）	总资产周转率（次）	流动资产周转率（次）	资产负债率（%）	已获利息倍数	营业收入增长率（%）	资本扩张率（%）	市场投资回报率（%）	股价波动率（%）	年末资产总额（万元）	营业收入（万元）	净利润（万元）
49	445	300705	九典制药	BB	69.83	0.87	18.62	16.84	1.13	2.14	37.01	15.13	66.4	31.55	44.38	107.14	174523.68	162766.49	20424.58
50	451	688389	普门科技	BB	69.77	0.45	13.57	14.7	0.56	0.79	14.68	1054	40.5	10	11.61	95.91	147445.36	77810.71	19019.06
51	458	300453	三鑫医疗	BB	69.68	0.4	17.66	14.9	0.88	2.27	30.39	94.91	23.81	15.8	14	80.9	140603.95	116428.88	17181.14
52	475	600867	通化东宝	BB	69.43	0.64	18.76	24.89	0.53	1.6	4.6	0	12.99	11.89	-13.39	44.68	652010.18	326789.75	130859.57
53	483	300003	乐普医疗	BB	69.34	0.96	16.8	12.22	0.55	1.45	40.7	10.39	32.61	16.48	-19.04	90.1	2069866.23	1065973.49	178041.86
54	486	002821	凯莱英	BB	69.29	4.4	10.05	10.76	0.42	0.65	16.8	163.79	47.28	110.36	47.57	121.23	1515629.73	463883.42	106925.57
55	525	300519	新光药业	BB	68.69	0.71	13.03	14.48	0.35	0.42	9.24	0	13.35	2.33	39.04	82.15	93240.38	32087.61	11428.04
56	535	000739	普洛药业	BB	68.55	0.81	17.63	13.8	1.07	1.67	44.78	32.19	13.49	15.24	56.35	128.39	916332.99	894261.82	95555.02
57	538	300363	博腾股份	BB	68.52	0.97	11.99	10.32	0.56	1.15	36.21	26.29	49.87	23.37	172.42	214.5	656203.52	310514.96	47558.74
58	544	002758	浙农股份	BB	68.46	1.35	24.18	13.16	2.43	3.16	63.77	17.58	22.25	18.56	8.07	43.84	1631254.07	3514383.46	137873.73
59	553	300723	一品红	BB	68.37	1.07	9.59	13.72	0.75	1.59	45.51	10.42	31.26	35.01	62.42	94.84	370441.48	219921.44	29341.47
60	587	002287	奇正藏药	BB	67.98	1.35	11.61	16.78	0.35	0.6	42.16	15.75	19.93	22.23	8.59	75.06	556775.38	177048.6	71082.58
61	593	600216	浙江医药	BB	67.9	1.09	9.55	10.36	0.79	1.64	26.73	30.18	24.6	14.35	24.98	64.21	1253197.98	912909.45	88455.6
62	598	600062	华润双鹤	BB	67.81	0.9	9.13	8.68	0.7	1.27	23.39	97.45	7.14	11.73	14.72	25.97	1367605.03	911151.69	97213.19
63	600	688278	特宝生物	BB	67.78	0.45	18.17	16.54	0.87	1.41	18.46	201.36	42.61	16.08	-12.21	79.21	142417.49	113222.77	18120.1
64	616	600329	中新药业	BB	67.62	1	12.16	10.09	0.8	1.15	28.16	298.17	4.6	9.48	77.82	126.98	906708.5	690754.43	78687.68
65	638	300158	振东制药	BB	67.4	2.55	1.84	35.44	0.58	0.83	20.2	159.76	5.07	42.98	56.68	143.12	1009344.16	509377.63	260962.53
66	639	688658	悦康药业	BB	67.38	1.21	13.54	11.32	0.89	1.25	31.43	182.16	14.45	9.52	38.09	46.57	572679.11	496572.6	54372.29
67	674	000661	长春高新	BB	67.08	9.28	26.27	23.63	0.55	0.86	23.45	138.03	25.3	39.87	-46.82	171.37	2251576.95	1074671.73	389746.44
68	712	300765	新诺威	BB	66.6	0.58	10.55	12.53	0.46	0.68	8.23	6606.76	8.7	10.18	12.46	57.12	322577.62	143198.77	31654.35
69	715	600976	健民集团	BB	66.57	2.13	20.83	13.89	1.25	1.95	44.5	112.39	33.48	18.51	163.88	218.68	282560.22	327818.36	32542.14
70	717	600572	康恩贝	BB	66.52	0.78	4.22	25.75	0.61	1.33	31.51	35.41	4.09	38.19	8.22	29.74	1079274.81	615086.06	211963
71	719	600380	健康元	BB	66.52	0.69	12.73	10.27	0.54	0.84	35.12	33.7	17.62	4.9	-8.68	63	3110390.04	1590368.83	261284.9
72	728	002826	易明医药	BB	66.46	0.22	5.63	5.87	0.84	1.79	12.66	60.32	20.38	4.8	20.22	46.79	82447.33	72545.91	4347.33

续 表

序号	A股上市公司评价得分排序	证券代码	股票简称	评价等级	综合得分	每股收益（元）	净资产收益率（%）	总资产报酬率（%）	总资产周转率（次）	流动资产周转率（次）	资产负债率（%）	已获利息倍数	营业收入增长率（%）	资本扩张率（%）	市场投资回报率（%）	股价波动率（%）	年末资产总额（万元）	营业收入（万元）	净利润（万元）
73	730	688029	南微医学	BB	66.43	2.44	9.91	11.23	0.58	0.73	17.66	480.84	46.77	12.26	25.81	109.61	363174.68	194672.4	32935.19
74	738	300633	开立医疗	BB	66.39	0.62	9.06	9.85	0.55	0.8	22.02	46.77	24.2	75.11	33.33	104.29	302035.78	144459.76	24724.46
75	739	300244	迪安诊断	BB	66.39	1.87	20.93	14.44	0.93	1.37	52.06	8.78	22.85	24	-9.69	83.81	1559403.57	1308261.32	148360.11
76	758	603707	健友股份	BB	66.19	0.87	22.49	16.26	0.46	0.54	34.25	14.05	26.48	44.28	62.61	112.69	821688.81	368669.3	106391.58
77	766	300452	山河药辅	BB	66.09	0.49	11.11	10.51	0.66	1.18	26.66	81.54	16.1	7.75	38.14	69.57	96258.4	61670.73	8553.58
78	770	002020	京新药业	BB	66.04	0.75	11.77	11.56	0.55	1.05	24.59	189.32	2.39	23.01	19.68	47.6	641536.52	333597.09	61470.4
79	775	600479	千金药业	BB	66.02	0.72	11.92	10.51	0.88	1.2	33.5	205.95	1.02	-2.25	63.79	85.52	406024.1	366384.46	37473.96
80	787	300294	博雅生物	BB	65.9	0.79	5.53	7.1	0.41	0.62	9.2	43.08	5.47	65.07	8.75	123.16	762177.59	265052.84	35827.92
81	791	000963	华东医药	BB	65.89	1.32	13.86	11.31	1.35	2.29	37.25	42.29	2.61	11.61	41.56	126.48	2699640.34	3456330.12	233862.76
82	793	000513	丽珠集团	BB	65.88	1.9	12.9	10.85	0.56	0.82	36.03	27.74	14.67	4.92	-5.29	80.4	2237191.56	1206386.33	195210.12
83	801	600529	山东药玻	BB	65.79	0.99	12.82	11.4	0.64	1.2	27.14	0	13.08	9.74	-1.96	85.7	640971.54	387530.47	59108.85
84	806	300630	普利制药	BB	65.72	0.95	17.71	13.56	0.39	0.93	45.48	9.39	26.94	24.65	33.76	61.16	466223.96	150882.94	41660.31
85	809	300181	佐力药业	BB	65.69	0.29	10.03	8.98	0.56	1.53	27.84	19.42	33.6	15.34	109.02	105.53	274853.22	145739.61	19198.35
86	811	002626	金达威	BB	65.68	1.29	20.4	17.54	0.66	1.72	31.14	28.66	3.19	15.31	-7.28	102.71	584779.21	361615.95	78186.54
87	814	603676	卫信康	BB	65.67	0.23	7.92	8.01	0.72	1.09	28.64	996.02	44.43	8.55	12.96	35.24	149556.93	103362.25	9591.11
88	815	002727	一心堂	BB	65.67	1.56	14.36	10.42	1.23	2.02	53.46	9.05	15.26	15.43	16.74	104.5	1433734.93	1458740.13	91720.67
89	828	300642	透景生命	BB	65.52	0.99	9.22	12.49	0.46	0.71	6.84	161.75	33.7	10.24	5.3	99.68	149884.22	65458.86	16105.79
90	829	300725	药石科技	BB	65.52	2.46	11.06	17.43	0.41	0.65	25.07	56.29	17.55	38.69	20.16	113.26	350692.25	120162.91	50376.63
91	848	600161	天坛生物	BB	65.31	0.57	13.07	13.01	0.43	0.67	11.32	402.7	19.35	70.24	-35.44	84	1157763.23	411215.56	106881.38
92	861	002294	信立泰	BB	65.16	0.5	4.08	7.55	0.38	0.94	12.96	57.98	11.68	43.89	-9.84	93.48	924388.5	305839.2	52832.15
93	867	300357	我武生物	BB	65.08	0.65	18.29	22.24	0.46	0.64	7.01	1086.03	26.95	17.57	-24.43	114.59	193196.1	80769.16	32628.88
94	872	605116	奥锐特	BB	65.06	0.42	11.27	11.8	0.49	0.84	12.4	0	11.36	8.86	36.7	84.56	172143.33	80336.27	16828.14
95	874	603229	奥翔药业	BB	65.04	0.51	11.21	9.99	0.35	0.57	31.78	109.69	39.21	11.35	28.75	86.74	183945.54	56969.83	14593.02
96	881	600276	恒瑞医药	B	64.96	0.71	12.52	12.08	0.7	0.89	9.41	949.22	-6.59	15.54	-46.13	162.78	3926622.17	2590552.64	448402.69

续 表

序号	A股上市公司评价得分排序	证券代码	股票简称	评价等级	综合得分	每股收益（元）	净资产收益率（%）	总资产报酬率（%）	总资产周转率（次）	流动资产周转率（次）	资产负债率（%）	已获利息倍数	营业收入增长率（%）	资本扩张率（%）	市场投资回报率（%）	股价波动率（%）	年末资产总额（万元）	营业收入（万元）	净利润（万元）
97	892	300676	华大基因	B	64. 89	3. 56	17. 77	14. 54	0. 53	0. 7	33. 76	17. 67	−19. 42	56. 68	−37. 13	140. 47	1425402. 96	676613. 73	147769. 86
98	904	000403	派林生物	B	64. 81	0. 55	7. 13	10. 73	0. 45	1. 18	10. 72	43. 5	87. 8	554. 43	−25. 23	108. 78	708779. 8	197173. 43	39154
99	905	603939	益丰药房	B	64. 81	1. 25	14. 09	10. 05	1. 02	1. 92	53. 88	8. 92	16. 6	36. 02	−20. 26	122. 91	1705203. 69	1532630. 53	99074. 88
100	907	002864	盘龙药业	B	64. 79	1. 09	12. 31	9. 03	0. 71	0. 98	39. 32	32. 2	32. 4	9. 73	27. 75	58. 44	133017. 46	88748. 49	9455. 67
101	913	603987	康德莱	B	64. 75	0. 66	12. 12	11. 02	0. 67	1. 2	31. 63	21	17. 07	14. 26	56. 8	92. 97	495792. 67	309702. 48	41921. 2
102	927	688013	天臣医疗	B	64. 65	0. 52	6. 21	8. 95	0. 41	0. 49	6	0	30. 85	9. 92	−6. 12	60. 09	54483. 41	21373. 7	4141. 94
103	935	300832	新产业	B	64. 56	1. 24	16. 95	19. 85	0. 44	0. 59	8. 53	7437. 34	15. 97	16. 81	−37. 51	122. 19	613550. 76	254541. 53	97369. 65
104	938	688289	圣湘生物	B	64. 51	5. 61	38. 65	41. 72	0. 72	0. 82	10	3155. 33	−5. 22	34. 47	−51. 08	197. 19	709037. 01	451453. 93	224252. 38
105	941	002880	卫光生物	B	64. 49	0. 91	11. 53	12. 71	0. 47	0. 86	10. 74	87. 99	0. 32	10. 13	−5. 58	59. 01	200350. 5	90743. 47	20499. 22
106	949	003020	立方制药	B	64. 45	1. 86	12. 25	12. 22	1. 42	1. 81	22. 13	144. 3	20. 01	11. 07	38. 09	135. 19	167444. 49	227325. 45	17222. 72
107	963	300401	花园生物	B	64. 32	0. 88	10. 99	17. 14	0. 32	0. 78	35. 36	55. 11	81. 67	−21. 69	−0. 3	40. 49	352531. 14	111709. 99	51000. 77
108	977	688580	伟思医疗	B	64. 22	2. 6	10. 18	12. 43	0. 27	0. 3	6. 45	1069. 66	13. 66	8. 65	19. 11	120. 49	163874. 27	43004. 45	17753. 66
109	984	300485	赛升药业	B	64. 19	0. 84	3. 17	13. 74	0. 33	0. 7	3. 48	0	−3. 97	15. 2	−5. 85	46. 78	340164. 94	105080. 51	39513. 44
110	989	002901	大博医疗	B	64. 13	1. 68	26. 88	26. 69	0. 66	0. 91	23. 42	1462. 5	25. 68	21. 3	−37. 31	113. 89	337985. 83	199433. 38	69150. 03
111	1002	603387	基蛋生物	B	63. 97	1. 1	17. 79	15. 96	0. 48	0. 63	27. 53	32. 56	24. 78	13. 47	−14. 96	77. 54	313793. 14	140170. 14	41201. 13
112	1015	002603	以岭药业	B	63. 87	0. 8	14. 03	12. 97	0. 83	1. 83	29. 7	56. 32	15. 19	1. 67	−6. 18	61. 33	1290484. 23	1011679. 39	134163. 22
113	1022	603309	维力医疗	B	63. 81	0. 41	7. 96	8. 21	0. 62	1. 59	25. 36	17. 52	−1. 07	39. 12	36. 75	63. 16	213236. 3	111857. 09	11467. 47
114	1050	300529	健帆生物	B	63. 64	1. 49	36. 54	35. 41	0. 67	1. 06	29. 66	101. 53	37. 15	19. 41	−32. 75	167. 98	481010. 21	267545. 45	119584. 14
115	1054	605266	健之佳	B	63. 61	4. 36	15. 67	9. 4	1. 21	1. 98	63. 69	8. 19	17. 21	11. 24	−0. 22	54. 52	521419	523495. 54	29925. 56
116	1070	688085	三友医疗	B	63. 52	0. 91	8. 22	11. 86	0. 32	0. 46	13. 06	1353. 42	51. 97	13. 15	−16. 32	96. 99	199717	59335. 93	19515. 19
117	1071	000423	东阿阿胶	B	63. 5	0. 68	3. 55	5. 11	0. 34	0. 47	14. 04	101. 12	12. 89	2. 23	28. 78	81. 85	1162803. 19	384898. 57	43891. 35
118	1074	603222	济民医疗	B	63. 49	0. 44	8. 38	8. 89	0. 47	1. 33	43. 32	5. 95	25. 16	31. 38	66. 19	115. 41	242506. 2	109846. 99	13805. 14
119	1102	300049	福瑞股份	B	63. 27	0. 37	8. 44	7. 95	0. 37	0. 85	28. 48	82. 33	11. 26	11. 77	97. 62	187. 05	252464. 3	89848. 32	14804. 22
120	1113	600196	复星医药	B	63. 2	1. 85	7. 48	7. 8	0. 44	1. 41	48. 15	8. 15	28. 7	5. 2	−6	140. 66	9329379. 1	3900508. 66	498743. 81

续 表

序号	A股上市公司评价得分排序	证券代码	股票简称	评价等级	综合得分	每股收益（元）	净资产收益率（%）	总资产报酬率（%）	总资产周转率（次）	流动资产周转率（次）	资产负债率（%）	已获利息倍数	营业收入增长率（%）	资本扩张率（%）	市场投资回报率（%）	股价波动率（%）	年末资产总额（万元）	营业收入（万元）	净利润（万元）
121	1115	002252	上海莱士	B	63.18	0.19	5.34	5.84	0.16	0.72	4.89	3260.98	55.26	3.08	-7.59	43.15	2723658.2	428772.67	128894.76
122	1124	300601	康泰生物	B	63.1	1.85	14.32	12.59	0.31	0.58	35.21	27.4	61.51	22.82	-40.9	139.97	1414898.49	365209.49	126337.71
123	1131	600557	康缘药业	B	62.99	0.56	6.95	5.59	0.6	1.27	25.68	30.43	20.34	3.37	21.55	47.05	601801.92	364857.01	32435.06
124	1152	002365	永安药业	B	62.84	0.38	5.27	5.95	0.7	1.5	14.39	54.19	33.47	7.89	19.53	50.74	228592.57	156540.92	11904.53
125	1174	600535	天士力	B	62.69	1.57	5.12	16.96	0.48	0.86	19.51	36.19	-41.43	7.51	6.97	31.94	1654155.85	795195.66	240761.55
126	1189	688050	爱博医疗	B	62.58	1.63	8.89	10.23	0.23	0.38	15.02	255.81	58.61	12.44	21.63	144.75	204759.6	43307.07	16775.37
127	1190	603520	司太立	B	62.58	1.32	15.39	10.09	0.43	1	54.76	6.36	46.29	18.76	9.99	109.86	489537.78	199991.69	32976.84
128	1194	603658	安图生物	B	62.54	1.66	13.77	12.42	0.43	0.71	19.82	85.01	26.45	12.42	-50.37	190.44	923269.44	376591.7	97985.58
129	1219	688513	苑东生物	B	62.35	1.94	6.25	9.32	0.39	0.56	17.43	679.16	10.96	9.37	2.88	21.88	277526.65	102293.56	23242.76
130	1220	600796	钱江生化	B	62.34	0.22	0.51	7.45	0.53	1.66	49.09	3.78	372.75	381.91	15.06	87.8	649015.16	203090.1	16274.51
131	1222	002022	科华生物	B	62.34	1.4	28.44	25.3	0.76	1.41	23.47	36.25	2.71	3.57	-6.04	76.38	527657.95	426801.18	114503.93
132	1225	603811	诚意药业	B	62.33	0.73	16.63	15.97	0.55	2.43	24.47	44.68	-8.46	12.73	11.89	89.62	132249.34	69396.48	17122.84
133	1241	002275	桂林三金	B	62.25	0.6	8.98	11.21	0.44	0.72	30.67	24.56	11.15	-4.03	15.92	62.9	409586.81	174122.46	34371.89
134	1243	601607	上海医药	B	62.21	1.79	9.11	6.18	1.38	1.93	63.86	6.36	12.46	7.9	7.04	39.43	16343550.92	21582425.9	627456.94
135	1247	000538	云南白药	B	62.18	2.21	8.68	6.57	0.68	0.77	26.5	68.4	11.09	0.23	-23.45	112.3	5229276.56	3637391.9	279633.6
136	1270	002332	仙琚制药	B	62.03	0.62	12.24	11.05	0.64	1.19	26.45	32.42	7.92	7.91	3.24	58.06	672320.8	433715.1	61787.88
137	1273	688505	复旦张江	B	62.02	0.21	8.21	8.22	0.43	0.58	21.27	205.64	36.76	9.02	-13.09	69.07	278117.23	114031.31	21238.07
138	1299	300636	同和药业	B	61.79	0.39	9.29	5.57	0.35	0.9	53.42	16.53	35.99	8.77	108.42	108.33	190672.77	59212.66	8111.98
139	1307	300841	康华生物	B	61.74	9.22	23.91	35.45	0.5	0.69	11.52	12594.93	24.44	35.24	-38.09	182.3	301804.14	129244.8	82947.78
140	1314	600511	国药股份	B	61.67	2.32	13.6	9.5	1.77	2	47.75	56.93	15.08	9.63	-32.17	82.74	2747501.77	4646860.28	192850.26
141	1315	600587	新华医疗	B	61.65	1.37	7.58	6.86	0.82	1.58	54.64	10.42	3.62	8.45	138.3	212.12	1161389.37	948219.88	55602.36
142	1317	002873	新天药业	B	61.57	0.62	10.92	8.71	0.63	1.39	41.59	8.03	29.15	7.5	79.07	95.67	152442.65	96984.45	10060.53
143	1336	300482	万孚生物	B	61.47	1.43	16.89	15.46	0.73	1.38	27.84	25.52	19.57	17.05	-45.58	178.39	485582.45	336104.33	63258.05
144	1339	300009	安科生物	B	61.45	0.13	5.3	8.27	0.6	1.22	20.86	182.9	27.47	-0.85	10.64	83.81	366908.6	216876.52	20338.64

续 表

序号	A股上市公司评价得分排序	证券代码	股票简称	评价等级	综合得分	每股收益（元）	净资产收益率（%）	总资产报酬率（%）	总资产周转率（次）	流动资产周转率（次）	资产负债率（%）	已获利息倍数	营业收入增长率（%）	资本扩张率（%）	市场投资回报率（%）	股价波动率（%）	年末资产总额（万元）	营业收入（万元）	净利润（万元）
145	1363	300439	美康生物	B	61.27	0.48	8.74	7.23	0.66	1.26	33.46	8.46	-2.19	41.72	24	58.96	359318.71	225153.22	19015.3
146	1371	002817	黄山胶囊	B	61.18	0.27	5.97	6.3	0.39	0.63	23.14	335.94	18.93	5.86	44.33	77.53	105382.03	37989.1	5557.31
147	1380	300026	红日药业	B	61.13	0.23	8.63	8.3	0.7	1.23	31.49	18.05	18.22	7.58	69.6	91.83	1160730.07	767052.5	67085.13
148	1389	688198	佰仁医疗	B	61.06	0.53	3.92	5.24	0.26	0.3	4.14	420.54	38.42	18.23	243.24	220.33	103095.59	25181.76	5126.31
149	1408	002923	润都股份	B	60.88	0.76	11.78	8.97	0.7	1.5	41.75	86.63	-5.01	7.12	51.57	192.03	190943.81	118992.69	13976.63
150	1419	600420	国药现代	B	60.76	0.55	7.43	5.51	0.75	1.33	45.62	9.31	11.06	5.61	12.28	46.83	1906996.14	1394494.83	82114.59
151	1431	002728	特一药业	B	60.64	0.62	9.66	8.17	0.35	0.92	38.94	5.98	19.83	16.78	60.04	112	206619.64	75816.05	12691.74
152	1457	300558	贝达药业	B	60.35	0.92	7.75	7.06	0.39	1.28	25.28	25.71	20.08	13.07	-24.74	119.52	627143.21	224585.56	37956.07
153	1463	002317	众生药业	B	60.3	0.35	8.28	7.92	0.5	0.84	27.82	5.19	28.13	-2.44	19.11	74.46	490198.09	242909.55	27467.01
154	1472	600682	南京新百	B	60.2	0.81	6.62	6.22	0.25	0.62	28.36	20.35	9.19	7.06	16.32	68.17	2533013.02	617674.75	124816.36
155	1477	688366	昊海生科	B	60.16	2	5.48	5.85	0.27	0.47	12.81	78.1	32.61	5.69	43.02	199.85	695035.54	176699.43	34728.4
156	1483	002412	汉森制药	B	60.13	0.27	7.88	7.82	0.45	1.68	17.48	23.98	20.32	9.25	1.11	41.91	211128.22	89183.52	13484.89
157	1496	002940	昂利康	B	60.07	1.27	9.07	8.6	0.69	1	29.21	470.4	7.04	7.04	-2.17	57.17	208357.83	138037.76	14132.21
158	1513	603087	甘李药业	CCC	59.94	2.59	14.06	16.67	0.35	0.56	6.32	1759.07	7.44	13.75	-58	219.95	1085316.35	361204.38	145275.46
159	1530	300289	利德曼	CCC	59.84	0.05	2.24	3.07	0.28	0.57	15.77	28.3	19.63	43.48	43.58	64.3	234841.03	56405.8	4718.12
160	1531	000989	九芝堂	CCC	59.84	0.32	6.03	7.04	0.73	1.37	24.6	51.59	6.31	1.14	42.9	66.08	526553.4	378415.52	26799.65
161	1537	600739	辽宁成大	CCC	59.76	1.41	8.73	7.55	0.42	1.79	34.45	5.01	8.43	25.88	-18.28	66.67	4801783.87	1837254.96	248855.8
162	1538	300142	沃森生物	CCC	59.75	0.27	8.57	6.13	0.3	0.56	26.88	123.84	17.82	27.41	44.91	155.06	1367411.43	346283.11	60135.19
163	1541	603858	步长制药	CCC	59.73	1.17	8.04	8.03	0.67	1.93	39.76	11.24	-1.52	4.63	-8.12	56.29	2398564.15	1576267.98	123541.48
164	1547	002038	双鹭药业	CCC	59.66	0.41	4.3	8.21	0.22	0.54	7.54	2033.12	9.17	6.85	9.29	54.86	576046.39	121481.05	42132.62
165	1559	600422	昆药集团	CCC	59.57	0.67	5.97	7.82	0.97	1.41	44.45	19.8	6.95	7.34	28.7	55.74	889291.85	825353.25	51321.41
166	1563	000028	国药一致	CCC	59.56	3.12	8.46	5.49	1.66	2.24	57.88	7.86	14.6	6.71	-12.23	53.46	4278368.24	6835780.96	152764.22
167	1568	603168	莎普爱思	CCC	59.52	0.11	2.34	3	0.39	1.05	14.69	0	75.8	3.55	33.92	131.6	158535.46	62976.47	3565.61
168	1570	002349	精华制药	CCC	59.51	0.2	4.37	6.04	0.43	0.9	19.65	14.82	5.97	3.33	143	150.73	319809.62	135786.8	13995.91

续 表

序号	A股上市公司评价得分排序	证券代码	股票简称	评价等级	综合得分	每股收益（元）	净资产收益率（%）	总资产报酬率（%）	总资产周转率（次）	流动资产周转率（次）	资产负债率（%）	已获利息倍数	营业收入增长率（%）	资本扩张率（%）	市场投资回报率（%）	股价波动率（%）	年末资产总额（万元）	营业收入（万元）	净利润（万元）
169	1572	300404	博济医药	CCC	59.5	0.16	4.48	5.14	0.34	0.6	25.64	34.51	24.47	74.51	32.83	72.83	113820.92	32420.26	4350.2
170	1599	002107	沃华医药	CCC	59.27	0.28	16.81	15.38	0.74	1.33	19.97	41.46	-6.3	1.23	-14.7	62	116109.21	94267.46	16132.31
171	1600	300584	海辰药业	CCC	59.23	2.38	2.83	30.6	0.52	1.94	27.15	45.07	-18.12	39.69	4.92	48.54	130200.83	57831.5	28483.2
172	1604	688358	祥生医疗	CCC	59.22	1.41	6.41	8.89	0.29	0.31	10.91	0	19.43	4.42	-1.51	37.69	139806.96	39781.19	11247.24
173	1610	000756	新华制药	CCC	59.19	0.56	8.66	6.58	0.91	2.41	50.2	8.93	9.23	7.66	22.75	61.02	733203.37	656007.76	36207.43
174	1614	688166	博瑞医药	CCC	59.16	0.6	13.73	11.14	0.44	1.09	41.35	27.55	34	21.58	-22.11	100.41	296961.51	105240.86	23755.78
175	1616	002755	奥赛康	CCC	59.15	0.41	10.43	10.89	0.82	1.21	13.35	102.72	-17.87	6.41	0.04	53.9	372475	310666.66	38056.46
176	1626	300434	金石亚药	CCC	59.09	0.17	2.67	3.56	0.4	1.13	21.9	6035.65	35.53	5	51.45	79.62	276812.77	105350.46	6610.35
177	1629	600055	万东医疗	CCC	59.07	0.34	6.42	7.28	0.4	0.62	12.97	138.66	2.14	5.19	136.02	192.04	287597.97	115617.47	18026.44
178	1634	300039	上海凯宝	CCC	59.04	0.13	4.48	5.45	0.35	0.49	9.26	1143.43	21.21	18.1	24.76	71.63	335581.68	110057.84	14011.13
179	1643	603439	贵州三力	CCC	58.97	0.37	13.14	13.89	0.7	0.93	26.54	22.18	48.99	5.11	-20.59	107.92	140499.13	93896.61	14860.1
180	1647	603367	辰欣药业	CCC	58.95	0.74	6.09	5.46	0.6	0.93	20.56	56.13	2.95	5.28	3.13	22.98	636371.51	378259.26	33390.18
181	1657	300463	迈克生物	CCC	58.89	1.73	23.22	19.28	0.62	1.01	30.84	21.03	7.47	13.39	-36.95	142.01	656689.41	398064.72	100224.81
182	1667	600351	亚宝药业	CCC	58.78	0.24	4.74	5.54	0.68	1.57	27.3	9.92	6.21	5.15	89.3	134.69	407667.71	276396.25	18376.27
183	1675	002550	千红制药	CCC	58.73	0.15	6.2	8.51	0.76	1.2	15.56	127.3	12.43	2.55	21.02	46.96	250839.8	187493.65	18634.32
184	1676	000919	金陵药业	CCC	58.72	0.24	3	4.47	0.64	1.3	20.53	666.8	12.18	2.95	5.34	71.34	444766.53	280875.49	15293.56
185	1697	300406	九强生物	CCC	58.56	0.69	14.56	13.49	0.39	0.91	32.56	25.87	88.58	-14.9	-18.95	84.48	431970.95	159938.44	46965.84
186	1705	002422	科伦药业	CCC	58.48	0.78	5.71	5.38	0.54	1.2	55.2	3.22	4.94	0.9	2.95	49.85	3153991.08	1727740.75	86811.65
187	1719	600594	益佰制药	CCC	58.32	0.31	4.92	6.71	0.65	1.67	29.71	9.83	-1.95	2.87	57.14	85.38	506803.86	334670.46	23079.07
188	1735	603351	威尔药业	CCC	58.17	0.76	7.25	7.23	0.6	2.16	24.76	17.87	41.61	6.6	78.5	159.12	184142.66	104230.59	10014.9
189	1756	300396	迪瑞医疗	CCC	58.05	0.76	10.63	10.62	0.41	0.72	21.02	52.48	-3.35	13.41	-23.4	83.15	237562.62	90579.5	20994.84
190	1768	002462	嘉事堂	CCC	57.97	1.21	10.83	6.8	1.76	1.98	62.13	6.02	10.19	6.25	-2.59	30.67	1493755	2562561.88	60187.86
191	1794	688393	安必平	CCC	57.84	0.85	4.9	6.71	0.33	0.45	11.42	231.99	16.93	3.61	-12.01	67.49	136568.39	43898.88	7528.24
192	1803	600513	联环药业	CCC	57.76	0.41	10.82	8.11	0.75	1.45	45.6	9.35	18.74	8.37	-4.59	42.79	235479.65	164581.64	13990.13

续 表

序号	A股上市公司评价得分排序	证券代码	股票简称	评价等级	综合得分	每股收益（元）	净资产收益率（%）	总资产报酬率（%）	总资产周转率（次）	流动资产周转率（次）	资产负债率（%）	已获利息倍数	营业收入增长率（%）	资本扩张率（%）	市场投资回报率（%）	股价波动率（%）	年末资产总额（万元）	营业收入（万元）	净利润（万元）
193	1818	688566	吉贝尔	CCC	57.64	0.61	5.82	7.43	0.29	0.35	11.57	0	-9.94	2.03	-7.71	37.95	181868.69	50969.4	11434.72
194	1835	603108	润达医疗	CCC	57.53	0.66	13.9	9.57	0.8	1.3	63.45	3.77	25.33	7.64	16.79	56.17	1201654.41	886010.8	59820.07
195	1840	600211	西藏药业	CCC	57.51	0.84	2.71	7.68	0.63	1.21	30.44	59.88	55.75	2.19	-19.58	84.26	380265.58	213858.66	21302.71
196	1847	000950	重药控股	CCC	57.47	0.58	10.05	5.83	1.36	1.64	76.32	2.43	38.26	12.27	1.17	25.2	4970008.13	6252075.53	129067.29
197	1904	300314	戴维医疗	CCC	57.03	0.28	6.86	7.66	0.42	0.57	14.31	2659.32	3.18	3.88	-15.01	71.73	115588.68	47413.26	8020.67
198	1924	300239	东宝生物	CCC	56.89	0.06	2.02	2.62	0.35	0.89	24.08	9.7	36.39	60.66	31.53	68.62	211224.05	61216.57	3582.27
199	1936	600851	海欣股份	CCC	56.82	0.11	1.51	2.01	0.28	1.73	19.58	17.7	62.03	-2.21	15.38	77.47	532561.95	151125.53	9368.47
200	1948	600613	神奇制药	CCC	56.71	0.13	1.57	3.46	0.74	1.6	24.02	12.95	26.61	2.78	39.87	78.2	314897.01	230303.27	6796.24
201	1957	000590	启迪药业	CCC	56.61	0.15	3.37	4.55	0.32	0.57	29.5	89.69	9.34	5.81	24.29	46.46	96782.58	30077.46	3543.79
202	1990	002007	华兰生物	CCC	56.33	0.71	15.8	15.85	0.41	0.62	21.44	78.71	-11.69	11.9	-41.7	136.02	1153723.71	443620.01	145411.69
203	1999	300753	爱朋医疗	CCC	56.25	0.43	6.35	6.54	0.53	0.92	13.18	49.93	4.09	5.5	-6.52	80.85	89905.81	46121.09	5331.84
204	2014	600079	人福医药	CCC	56.11	0.87	10.73	8.34	0.62	1.17	54.64	4.95	0.35	20.97	-27.4	113.6	3450142.54	2044103.94	184598.92
205	2024	000623	吉林敖东	CCC	56.04	1.56	7.59	6.73	0.08	0.37	13.86	14.54	2.31	6.42	13.92	43.04	2906739.94	230376.38	177085.92
206	2044	300233	金城医药	CCC	55.94	0.28	3.2	4.35	0.61	1.44	34.8	8.27	5.96	-0.8	59.77	135.95	527515.32	313845.43	12308.4
207	2053	603590	康辰药业	CCC	55.83	0.94	4.3	5.32	0.23	0.59	7.14	135.07	0.14	1.51	-9.61	41.84	337132.02	80978.22	16744.16
208	2060	002907	华森制药	CCC	55.74	0.23	6.58	6.97	0.48	0.95	28.54	6.68	-4.12	7.12	34.89	62.46	177148.37	84614.11	9178.04
209	2062	000790	华神科技	CCC	55.7	0.11	7.35	6.8	0.77	1.06	25.06	433.53	24.5	7.36	51.36	92.64	130728.2	94531.75	6960.08
210	2079	688177	百奥泰	CCC	55.57	0.2	1.76	3.66	0.33	0.52	20.26	118.42	352.23	4.08	-17.5	80.7	261778.21	83657.86	8193.65
211	2098	603976	正川股份	CCC	55.4	0.71	8.38	8.47	0.49	0.88	40.53	10.63	58.7	12.07	-48.48	153.76	196049.77	79665.73	10660.36
212	2110	002793	罗欣药业	CCC	55.3	0.28	8.07	6.85	0.75	1.15	50.13	5.63	6.27	8.86	-1.85	42.59	949682.98	647793.26	42164.64
213	2113	603301	振德医疗	CCC	55.28	2.64	14.08	13.18	0.79	1.35	30.87	33.7	-51.04	-0.61	-22.4	145.36	642167.67	509157.24	72094.68
214	2116	603998	方盛制药	CCC	55.25	0.16	4.9	4.41	0.63	1.89	51.8	5.94	22.54	3	21.49	56.42	270447.47	156697.27	6992.12
215	2126	600530	交大昂立	CCC	55.2	0.05	3.21	4.6	0.27	1.2	32.45	3.34	8.98	4.69	69.02	98.21	135234.52	36257.67	4048.4
216	2135	600998	九州通	CCC	55.09	1.27	5.93	5.41	1.47	1.78	68.5	3.94	10.42	5.68	-14.53	63.11	8593587.09	12240743.4	260838.2

续 表

序号	A股上市公司评价得分排序	证券代码	股票简称	评价等级	综合得分	每股收益（元）	净资产收益率（%）	总资产报酬率（%）	总资产周转率（次）	流动资产周转率（次）	资产负债率（%）	已获利息倍数	营业收入增长率（%）	资本扩张率（%）	市场投资回报率（%）	股价波动率（%）	年末资产总额（万元）	营业收入（万元）	净利润（万元）
217	2142	600645	中源协和	CCC	55. 03	0. 33	1. 45	4. 53	0. 31	0. 78	29. 81	136. 8	16. 41	0. 87	35. 48	77. 21	503337. 77	153532. 87	15121
218	2153	603233	大参林	CC	54. 97	1	12. 71	8. 47	1. 13	2. 07	65. 76	5. 92	14. 92	6. 51	-34. 73	187. 76	1733568. 17	1675933. 53	80439. 47
219	2170	002382	蓝帆医疗	CC	54. 9	1. 13	0. 61	8. 72	0. 48	1. 2	37. 71	11. 11	3. 04	7. 32	-27. 15	96. 63	1691387. 55	810858. 65	115570. 86
220	2176	603538	美诺华	CC	54. 87	0. 96	7. 57	5. 87	0. 36	0. 89	50. 56	7. 64	5. 4	12. 26	-0. 82	92. 69	400149. 55	125814. 77	15806. 95
221	2198	600721	* ST 百花	CC	54. 74	0. 16	1. 37	6. 36	0. 29	0. 62	30. 14	1318. 28	232. 84	9. 95	102. 61	252. 05	98231. 3	28135. 3	5987. 43
222	2204	002393	力生制药	CC	54. 7	0. 67	2. 68	2. 69	0. 21	0. 47	15. 03	428. 83	-4. 29	2. 52	13. 16	35. 4	519093. 25	109194. 06	12210. 53
223	2213	000952	广济药业	CC	54. 55	0. 32	4. 36	7	0. 42	1. 19	29. 19	8. 44	21. 64	6. 23	9. 92	39. 1	204889. 64	83710. 66	10580. 82
224	2214	603368	柳药股份	CC	54. 55	1. 56	11. 21	6	1. 12	1. 31	63. 42	5. 57	9. 36	6. 64	-6. 08	83. 85	1587475. 05	1713482. 32	64108. 47
225	2219	000534	万泽股份	CC	54. 52	0. 19	3. 83	6. 64	0. 31	0. 89	48. 07	6. 58	18. 77	10. 87	19. 62	91. 32	211745. 47	65625. 55	8887. 08
226	2239	002675	东诚药业	CC	54. 35	0. 19	4. 79	5. 48	0. 52	1. 34	34. 38	7. 31	14. 42	1. 17	-15. 35	90. 05	765628. 12	391205	26084. 99
227	2245	600713	南京医药	CC	54. 29	0. 49	11. 22	4. 95	1. 83	2. 02	79. 78	3. 21	13. 33	8. 58	13. 98	50. 37	2588571. 24	4512319. 51	61055. 18
228	2255	002644	佛慈制药	CC	54. 21	0. 18	2. 69	4. 72	0. 35	0. 78	30. 81	118. 19	22. 39	2. 55	40. 94	63. 13	235209. 37	81764. 08	9351. 77
229	2275	600673	东阳光	CC	54. 01	0. 29	-1. 04	6. 27	0. 51	0. 99	59. 13	2. 43	23. 4	-8. 54	74. 12	247. 88	2215611. 77	1279780. 62	55072. 86
230	2305	300206	理邦仪器	CC	53. 75	0. 4	10. 57	11. 6	0. 76	1. 09	15. 44	96. 76	-29. 42	-4. 49	-18. 39	121. 05	204810. 83	163641. 1	22725. 59
231	2312	000153	丰原药业	CC	53. 71	0. 37	4. 31	5. 05	0. 94	2. 04	59. 18	4. 88	5. 43	7. 58	46. 62	150. 34	381633. 02	350166. 87	10946. 92
232	2347	002102	ST 冠福	CC	53. 37	0. 04	1. 64	2. 57	1. 46	4. 41	62. 05	4. 7	5. 38	3. 53	159. 21	223. 96	935988. 94	1353255. 77	12120. 33
233	2387	600664	哈药股份	CC	53. 08	0. 15	6. 08	5. 96	1. 04	1. 55	65. 58	7	18. 66	10. 83	14. 17	62. 19	1284243. 88	1280201. 56	40984. 56
234	2388	002166	莱茵生物	CC	53. 08	0. 21	5. 29	5. 48	0. 33	0. 59	41. 68	7. 29	34. 4	5. 07	18. 97	48. 65	325900. 08	105323. 54	13118. 51
235	2392	002390	信邦制药	CC	53. 06	0. 15	6. 52	5. 4	0. 67	1. 11	29. 08	5. 2	10. 71	32. 12	-12. 4	108. 89	962864. 54	647186. 63	37395. 51
236	2397	300298	三诺生物	CC	53	0. 19	3. 45	4. 12	0. 59	1. 41	32. 77	5. 99	17. 17	1. 87	-20. 11	109. 67	415351. 36	236130. 81	10701. 44
237	2399	603883	老百姓	CC	52. 98	1. 64	14. 4	8. 18	1. 11	2. 65	71. 82	5. 99	12. 38	-0. 55	-29. 11	139. 93	1695808. 57	1569566. 41	78673. 02
238	2403	002198	嘉应制药	CC	52. 95	0	0. 04	0. 85	0. 71	1. 24	15. 22	6. 72	5. 5	0. 22	79. 87	157. 43	80733. 77	57471. 34	147. 73
239	2406	688338	赛科希德	CC	52. 92	1. 19	6. 66	7. 8	0. 17	0. 18	4. 24	456. 61	7. 88	4. 77	-14. 59	64. 67	148374. 37	23991. 54	9736. 88
240	2420	300238	冠昊生物	CC	52. 77	0. 28	3. 85	8. 01	0. 44	1. 12	31. 91	12. 14	11. 91	4. 4	-19. 88	65. 66	109873. 71	48898. 19	5073. 56

续 表

序号	A股上市公司评价得分排序	证券代码	股票简称	评价等级	综合得分	每股收益（元）	净资产收益率（%）	总资产报酬率（%）	总资产周转率（次）	流动资产周转率（次）	资产负债率（%）	已获利息倍数	营业收入增长率（%）	资本扩张率（%）	市场投资回报率（%）	股价波动率（%）	年末资产总额（万元）	营业收入（万元）	净利润（万元）
241	2446	000705	浙江震元	CC	52.6	0.23	3.49	3.77	1.27	1.95	37.32	23.12	5.01	6.24	26.87	45.17	298639.65	361204.53	8046.99
242	2451	300255	常山药业	CC	52.53	0.25	7.51	6.61	0.61	0.93	40.81	5.18	25.56	7.67	37.35	68.5	518984.88	296805.08	23126.15
243	2467	000411	英特集团	CC	52.34	0.67	11.35	5.96	2.28	2.57	71.29	4.38	6.89	9.66	-12.22	59.29	1224533.45	2673097.95	39613.32
244	2485	300683	海特生物	CC	52.16	0.26	0.39	0.86	0.25	0.42	13.14	42.18	17.28	35.83	51.45	87.65	269751.19	61468.35	3001.49
245	2497	002773	康弘药业	CC	52.05	0.46	5.07	5.64	0.52	0.94	12.24	0	9.4	6.07	-52.62	237.69	695607.99	360534.66	42108.06
246	2514	002750	龙津药业	CC	51.95	0.01	-3.02	-0.61	0.84	1.35	18.01	-10.87	176.55	-3.75	82.9	118.17	82727.99	70251.87	-746.02
247	2529	300326	凯利泰	CC	51.85	0.22	3.44	6.65	0.35	0.7	20.83	10.54	19.5	3.39	-22.24	83.26	350947.57	126857.95	17499.37
248	2559	600222	太龙药业	CC	51.58	0.01	2.23	2.34	0.45	0.84	53.02	1.1	13.23	16.14	82.04	147.77	378377.24	160451.69	677.86
249	2582	002566	益盛药业	CC	51.36	0.29	4.28	4.83	0.31	0.4	23.25	10.23	4.19	3.1	45.4	87.07	286436.67	87792.95	10469.61
250	2583	600829	人民同泰	CC	51.35	0.48	12.91	6.42	1.46	1.59	67.41	8.13	16.36	10.39	0.31	34.59	674799.02	931523.56	27651.35
251	2584	300016	北陆药业	CC	51.35	0.25	3.89	5.88	0.29	0.64	28.19	3.52	2	10.18	1.79	54.43	290288.28	84390.14	10891.18
252	2618	688321	微芯生物	CC	51.04	0.05	-0.27	1.38	0.24	0.61	25.17	3.9	59.74	-5.1	-7.31	44.2	189440.6	43045	2195.83
253	2647	300583	赛托生物	CC	50.78	0.34	1.23	2.91	0.41	1.08	41.68	2.8	31.7	2.4	14.77	51.49	296969.93	120262.27	3578.61
254	2650	603567	珍宝岛	CC	50.77	0.38	1.27	5.52	0.38	0.65	38.72	4.14	21.24	28.13	47.11	114.91	1150607.68	412681.39	33275.97
255	2654	000597	东北制药	CC	50.75	0.07	1.12	1.9	0.64	1.32	67.45	2	10.3	4.08	24.42	42.63	1317952.1	814511.75	9544.14
256	2655	000788	北大医药	CC	50.73	0.07	3.35	3.49	0.92	1.07	47.48	3.72	13.12	3.34	11.39	46.73	254129.95	223677.64	4314.87
257	2657	002581	未名医药	CC	50.72	0.41	11.28	10.98	0.15	0.6	10.4	41.5	45.47	12.72	26.32	179.54	275607.96	40271.3	27868.91
258	2663	605199	葫芦娃	CC	50.65	0.18	5.18	5.82	0.82	1.32	47.16	6.89	16.53	1.53	6.01	115.65	176093.03	135379.32	6955.59
259	2664	002950	奥美医疗	CC	50.65	0.68	12.12	10.6	0.59	1.15	45.01	30.42	-23.7	-5.85	-18.66	113.28	500482.9	292555.49	43196.04
260	2721	002653	海思科	CC	50.02	0.32	7.19	10.76	0.55	1.52	41.66	19.81	-16.71	2.29	23.21	101.87	500528.51	277331.49	51758.25
261	2731	600488	天药股份	C	49.9	0.05	2.56	3.11	0.6	1.99	39.84	4.25	20.27	1.17	-8.2	54.36	634501.5	374866.46	10866.76
262	2765	300878	维康药业	C	49.61	1.2	6.08	6.15	0.38	0.68	16.79	47.32	1.64	1.78	11.16	44.25	169330.78	63295.32	9654.71
263	2826	002788	鹭燕医药	C	48.98	0.79	11.54	6.5	1.9	2.28	74.38	3.26	12.97	6.4	5.52	31.81	999269.55	1754539.73	30461.14
264	2836	600056	中国医药	C	48.86	0.61	5.27	3.61	1.13	1.53	59.79	5.24	-7.83	2.38	-15.94	55.61	3111054.94	3623441.47	71427.61

续 表

序号	A股上市公司评价得分排序	证券代码	股票简称	评价等级	综合得分	每股收益（元）	净资产收益率（%）	总资产报酬率（%）	总资产周转率（次）	流动资产周转率（次）	资产负债率（%）	已获利息倍数	营业收入增长率（%）	资本扩张率（%）	市场投资回报率（%）	股价波动率（%）	年末资产总额（万元）	营业收入（万元）	净利润（万元）
265	2839	002900	哈三联	C	48.82	1.13	-7.66	16.82	0.34	0.66	30.96	33.81	-29.36	18.13	125.97	260.87	306551.7	94579.94	34967.76
266	2860	603079	圣达生物	C	48.55	0.44	3.58	4.95	0.46	0.88	24.24	14.9	-8.95	0.9	-17.55	100.84	176481.41	78973.28	7182.21
267	2869	600518	＊ST康美	C	48.48	0.57	3611.59	37.17	0.17	0.31	37.91	8.98	-23.27	0	32.71	217.9	1605425.93	415252.11	791990.4
268	2892	603139	康惠制药	C	48.15	0.37	1.11	2.83	0.28	0.73	40.06	7.1	6.93	3.92	39.33	69.28	186022.87	44275.69	3299.7
269	2956	300110	华仁药业	C	47.26	0.11	5.32	4.71	0.34	0.66	56.69	3.38	18.55	4.89	6.9	30.48	564153.96	156085.54	13405.22
270	2967	600833	第一医药	C	47.17	0.22	3.03	5.01	1.02	1.81	41.71	21.7	-11.89	3.82	-2.99	40.82	133446.3	139828.5	4941.91
271	2972	600267	海正药业	C	47.11	0.43	3	4.92	0.6	1.77	62.09	2.86	6.89	-11.03	-16.58	82.66	1937426.35	1213646.58	51063.09
272	2973	002437	誉衡药业	C	47.09	0.02	-0.9	3.42	0.68	1.58	57.85	2.2	2.96	2.38	-4.59	41.55	469514.37	314531.17	5383.71
273	2981	600767	＊ST运盛	C	46.97	0.04	-0.38	5.73	0.16	0.43	22.33	39.27	6.56	7.27	185.74	247.77	31532.94	5186.74	1523.95
274	3003	300562	乐心医疗	C	46.59	0.04	-0.81	-0.04	1.15	1.72	41.63	-0.25	36.23	59.9	-16.65	113.84	179448.51	182107.25	-27.51
275	3005	600272	开开实业	C	46.56	0.09	-0.19	2.5	0.64	1.36	48.58	15.51	-12.08	4.94	21.95	28.93	106297.13	66983.04	1637.74
276	3010	002099	海翔药业	C	46.5	0.06	1.04	1.91	0.33	0.74	23.77	6.62	0.54	4.47	1.98	92.33	801994.33	248482.84	9386.77
277	3013	300702	天宇股份	C	46.47	0.59	4.43	4.39	0.48	0.89	36.05	14.38	-1.64	4.58	-2.19	118.57	580060.17	254500.95	20467.61
278	3023	600521	华海药业	C	46.3	0.34	0.78	6.7	0.47	1	56.19	5.73	2.44	0.78	-30.69	117.54	1546812.49	664357.31	48064.41
279	3034	600789	鲁抗医药	C	46.2	0.09	1.09	2.28	0.65	1.88	56.36	2.63	16.3	1.19	-21.44	41.99	778956.3	489067.26	8347.83
280	3037	300869	康泰医学	C	46.16	0.88	20.24	16.81	0.37	0.69	34.74	143.52	-35.15	16.01	-66.38	271.96	278904.28	90871.22	35235.34
281	3044	300246	宝莱特	C	46.07	0.44	4.71	5.4	0.66	1.29	42.29	7.5	-21.85	-3.92	-14.13	115.15	171950.67	109101.84	6725.85
282	3046	002424	贵州百灵	C	46.06	0.09	1.96	3.77	0.46	0.77	38.97	2.38	0.77	1.02	1.07	87.53	648933.41	311164.95	11668.83
283	3060	002399	海普瑞	C	45.89	0.16	0.71	2.22	0.33	0.64	39.69	2.1	19.38	-1.42	1.74	47.85	1910817.53	636517.75	23338.34
284	3062	000766	通化金马	C	45.85	0.04	0.82	3.26	0.32	1.13	49.59	1.61	36.31	1.47	51.71	89.15	464079.14	151548.25	3398.82
285	3065	002044	美年健康	C	45.83	0.02	1.94	3.86	0.49	1.35	53.55	2.04	17.16	0.77	-34.53	227.72	1885855.55	915556.7	16051.19
286	3082	688578	艾力斯-U	C	45.55	0.04	-2.12	0.62	0.17	0.21	5.02	31.2	94407.79	3.31	8.95	60.49	313025.95	53009.42	1827.46
287	3093	000078	海王生物	C	45.43	0.04	2.8	3.76	1.06	1.26	80.57	1.66	2.58	-2.42	-11.97	40.91	3760384.94	4105358.41	25786.76
288	3130	688136	科兴制药	C	44.89	0.49	2.52	3.99	0.49	0.83	32.46	12.91	5.32	4.4	-26.03	79.28	282902.97	128517.17	9646.39

续 表

序号	A股上市公司评价得分排序	证券代码	股票简称	评价等级	综合得分	每股收益（元）	净资产收益率（%）	总资产报酬率（%）	总资产周转率（次）	流动资产周转率（次）	资产负债率（%）	已获利息倍数	营业收入增长率（%）	资本扩张率（%）	市场投资回报率（%）	股价波动率（%）	年末资产总额（万元）	营业收入（万元）	净利润（万元）
289	3131	600200	江苏吴中	C	44.88	0.03	-4.83	2.79	0.48	0.66	50.06	1.61	-5.14	1.35	67.39	136.67	375833.76	177545.07	2064.1
290	3138	300534	陇神戎发	C	44.64	-0.03	-1.93	-0.5	0.34	0.9	11.07	-7.88	12.91	-0.85	169.65	175.72	82407.29	28781.3	-629.81
291	3152	002551	尚荣医疗	C	44.47	0.07	1.71	1.92	0.36	0.72	30.7	13.33	-21.04	-5.46	-8.67	56.51	497315.18	179029.62	8801.96
292	3177	002019	亿帆医药	C	44.06	0.23	2.1	2.4	0.37	1.24	27.87	3.83	-18.36	0.51	-3.99	77.14	1216512.5	440903.56	24221.41
293	3188	300497	富祥药业	C	43.94	0.09	3.26	1.83	0.33	0.61	37.77	3.21	-4.25	-4.48	25.15	167.09	467849.12	142954.29	3953.81
294	3194	600538	国发股份	C	43.87	0.02	0.73	1.52	0.4	0.84	14.79	30.92	58.65	8.34	1.69	117.19	108277.48	42471.71	992.67
295	3203	600080	金花股份	C	43.64	-0.05	2.12	-1.13	0.28	0.6	11.44	-9.87	-20.08	-3.78	56.52	96.28	187018.81	53403.65	-1816.05
296	3237	603669	灵康药业	C	43.13	0.09	1.99	3.29	0.28	0.39	41.98	5.54	-26.04	-1.42	18.95	68.09	251436.39	74032.75	6590.36
297	3247	688222	成都先导	C	42.95	0.16	1.8	3.71	0.19	0.27	23.22	9.51	27.69	2.97	-11.58	96.53	171380	31105.86	6338.38
298	3256	600812	华北制药	C	42.75	0.01	-0.46	3.18	0.43	0.84	71.85	1.21	-9.64	-0.54	13.41	80.01	2492993.47	1038457.53	3538.21
299	3259	300086	康芝药业	C	42.7	0.02	-2.62	1.54	0.33	1.17	36.81	2.09	-9.23	-3	66.89	88.5	245878.17	83656.58	1057.14
300	3270	605177	东亚药业	C	42.44	0.6	2.74	3.57	0.33	0.56	21.9	353.2	-19.22	1.65	-15.08	72.75	225107.61	71221.81	6849.21
301	3274	300030	阳普医疗	C	42.3	0.06	0.35	2.76	0.45	0.94	43.54	1.94	-12.99	2.75	-12.4	69.38	182505.02	79983.4	1976.87
302	3310	600252	中恒集团	C	41.46	0.09	-0.67	2.46	0.26	0.51	26.91	4.74	-14	5.62	32.59	73.37	1188972.35	316184.36	17316.63
303	3324	600227	圣济堂	C	41.02	-0.03	-1.94	-1.09	0.47	1.4	31.12	-2.59	13.21	-1.85	37.3	87.57	460216.78	218136.97	-5664.38
304	3343	002898	赛隆药业	C	40.48	-0.13	-6.84	-0.67	0.29	0.93	36.15	-0.7	104.73	-3.98	18.84	49.32	88278.46	24707.86	-2334.14
305	3404	688336	三生国健	C	38.71	0.03	-0.6	-1.08	0.19	0.31	7.15	0	41.8	0.41	-17.85	50.35	488883.21	92880.69	-169.61
306	3406	002524	光正眼科	C	38.63	0.09	-19.1	5.32	0.63	2.82	81.08	2.34	13.4	3.03	-25.51	107.64	183459.7	104447.69	4218.47
307	3417	002173	创新医疗	C	38.37	-0.23	-4.43	-3.77	0.27	0.69	22.11	-16.3	-1.76	-7.16	54	77.15	255618.47	71151.55	-10511.7
308	3418	000931	中关村	C	38.36	-0.15	-5.72	-0.23	0.55	1.09	50.95	-0.13	9.29	-5.1	13.98	53.36	369720.75	195583.44	-10007.63
309	3446	300436	广生堂	C	37.49	-0.23	-5.56	-2.98	0.3	0.92	27.44	-4.01	0.53	80.39	34.17	73.28	144676.65	37044.22	-3416.4
310	3454	002589	瑞康医药	C	37.15	0.09	0.21	3.53	0.73	0.89	63.28	1.84	-22.59	-7.51	-22.47	75	2639697.44	2105971.89	38201.3
311	3455	000509	*ST 华塑	C	37.13	-0.01	-12.39	1.08	0.7	1.03	62.02	2.05	488.19	45.83	19.76	88.06	57488.84	29459.03	-164.11
312	3485	300199	翰宇药业	C	36.07	0.03	-24.19	3.07	0.19	0.67	57.81	1.38	1.97	-1.78	114.11	172.86	390639.03	73597.11	2843.58

续 表

序号	A股上市公司评价得分排序	证券代码	股票简称	评价等级	综合得分	每股收益（元）	净资产收益率（%）	总资产报酬率（%）	总资产周转率（次）	流动资产周转率（次）	资产负债率（%）	已获利息倍数	营业收入增长率（%）	资本扩张率（%）	市场投资回报率（%）	股价波动率（%）	年末资产总额（万元）	营业收入（万元）	净利润（万元）
313	3487	603716	塞力医疗	C	36.02	-0.25	-2.23	1.43	0.63	0.84	59.41	0.71	22.3	-3.31	-8.63	64.74	429357.37	259954.73	-3837.8
314	3500	688180	君实生物-	C	35.68	-0.81	-12.64	-6.02	0.42	0.76	24.64	-26.25	152.36	42.7	-15.55	156.57	1103491.11	402484.09	-73053.39
315	3503	300381	溢多利	C	35.63	-0.24	-3.18	-1.19	0.41	0.94	31.96	-1.58	-1.18	-6.59	7.71	56.63	447993.46	189216.03	-8542.55
316	3530	300204	舒泰神	C	34.44	-0.29	-8.95	-11.53	0.32	0.73	15.12	-326.02	37.41	-2.32	104.31	209.41	182698.52	58429.14	-13740.02
317	3551	300254	仟源医药	C	33.63	-0.4	-14.32	-0.98	0.56	1.95	51.23	-0.33	9.7	-14.67	41.15	68.68	152680.94	93037.49	-7454.6
318	3571	002693	双成药业	C	32.95	-0.05	-10.28	-3.56	0.36	1.76	33.68	-3.47	18.87	-5.27	14.55	47.4	85455.62	32029.35	-4080.85
319	3613	000516	国际医学	C	31.09	-0.37	-14.94	-5.73	0.23	1.25	59.97	-3.82	81.78	5.92	0.37	161.53	1332027.55	292112.71	-84514.14
320	3616	000813	德展健康	C	30.85	-0.03	-2.43	-0.6	0.12	0.18	5.33	-55.77	-23.72	-8.11	0.63	65.89	577804.33	73447.99	-9620.16
321	3626	002435	长江健康	C	30.33	-0.33	-12.37	-4.73	0.61	1.18	35.75	-4.96	3.05	-9.79	21.66	127.62	716963.22	436981.51	-41584.26
322	3636	300267	尔康制药	C	30.08	-0.38	-15.28	-13.97	0.37	0.97	10.28	-90.06	-6.17	-15.88	18.26	37.62	543197.92	223530.28	-79823.33
323	3638	002872	ST 天圣	C	30.05	-0.21	-5.75	-0.89	0.22	0.66	26.95	-1.24	-38.75	-4.62	24.65	64.28	312002.55	73668.58	-7233.92
324	3643	002219	*ST 恒康	C	29.86	-0.2	-47.17	-2.3	0.52	1.43	76.29	-0.58	7.49	904.86	137.64	175.37	669020.58	301607.07	-36730.33
325	3644	300149	睿智医药	C	29.85	-0.81	-19.01	-6.51	0.41	2.1	52.84	-3.03	14.11	-18.89	5.18	76.84	421759.15	169067.79	-40209.68
326	3666	300143	盈康生命	C	29.37	-0.57	-23.03	-11.99	0.43	1.14	26.99	-17.69	64.87	-19.42	-24.53	141.81	247306.49	108986.75	-35633.46
327	3682	603880	南卫股份	C	28.76	-0.08	-3.3	-1.64	0.46	0.86	46.98	-1.6	-50.82	-6.55	-21.31	85.76	123519.07	52744.07	-2303.81
328	3690	300194	福安药业	C	28.48	-0.25	-15.11	-9.79	0.42	1.22	32.25	-27.95	3.58	-15.13	4.8	36.89	570645.94	245314.49	-60959.29
329	3694	300006	莱美药业	C	28.21	-0.1	-8.33	-2.43	0.4	0.72	24.42	-2.3	-22.63	79.61	-7.33	140.65	292677.39	122522.42	-10593.73
330	3706	000150	宜华健康	C	27.96	-0.78	2946.63	-9.22	0.28	0.69	107.4	-1.7	-14.55	-215.36	19.37	170.79	429187.8	133440.73	-70865.77
331	3738	000503	国新健康	C	26.81	-0.2	-21.77	-14.01	0.2	0.26	33.97	-69.92	21.77	-18.36	109.15	177.25	119230.96	25251.5	-17712.23
332	3759	000710	贝瑞基因	C	26.27	-0.31	-5.23	-2.96	0.42	0.73	28.3	-4.93	-7.67	4.18	-46.69	159.33	351972.18	142218.09	-10986.23
333	3775	603963	大理药业	C	25.83	-0.19	-10.13	-7.33	0.3	0.47	23.67	-167.18	-19.71	-11.04	12.61	50.34	54874.61	17149.33	-4189.06
334	3792	600129	太极集团	C	25.2	-0.94	-26.05	-2.4	0.88	1.62	80.25	-2.04	8.4	-17.8	73.28	105.94	1317002.34	1214943.27	-57720.44
335	3841	688266	泽璟制药-	C	23.73	-1.88	-34.56	-24.8	0.1	0.12	28.23	-104.3	588.19	-25.92	-0.56	51.55	174596.16	19036.06	-46199.08
336	3842	000518	四环生物	C	23.72	-0.03	-6.04	-4.35	0.43	0.54	19.08	-50.2	-30.56	-5.59	-33.76	91.53	79931.21	35096.18	-3827.16

续　表

序号	A股上市公司评价得分排序	证券代码	股票简称	评价等级	综合得分	每股收益（元）	净资产收益率（%）	总资产报酬率（%）	总资产周转率（次）	流动资产周转率（次）	资产负债率（%）	已获利息倍数	营业收入增长率（%）	资本扩张率（%）	市场投资回报率（%）	股价波动率（%）	年末资产总额（万元）	营业收入（万元）	净利润（万元）
337	3853	600896	＊ST 海医	C	23.3	-0.27	-15.28	-9.98	0.04	0.09	26.61	-41.05	59.29	-12.75	32.84	101.68	268212.07	11850.24	-28487.16
338	3910	600771	广誉远	C	21.31	-0.64	-15.77	-9.34	0.25	0.35	31	-10.66	-23	-13.31	168.95	239.62	310248.26	85422.31	-33242.97
339	3925	688488	艾迪药业	C	20.65	-0.07	-3.44	-2.92	0.18	0.28	8.7	-170.78	-11.54	-3.68	-31.2	96.95	143461.44	25570.95	-2998.56
340	3930	300147	香雪制药	C	20.5	-1.04	-17.5	-4.1	0.28	0.87	66.98	-2.15	-3.3	-11.64	-12.58	67.75	1138059.24	297057.58	-65869.73
341	3962	688277	天智航-U	C	18.84	-0.19	-10.12	-8.45	0.13	0.24	16.53	-30.25	14.8	4	-42.31	161.88	127905.02	15602.19	-8265.13
342	3983	600671	ST 目药	C	17.59	-0.24	-49.17	-6.24	0.35	0.72	83.97	-3.59	-28.82	-30.83	22.5	40.78	40264.86	14706.92	-3278.13
343	3996	688520	神州细胞-	C	16.99	-1.99	-497.09	-55	0.09	0.17	116.82	-24.76	40848.45	-139.26	28.74	103.59	137318.36	13439.28	-86886.89
344	4006	000504	南华生物	C	16.13	-0.06	-35.42	-2.65	0.26	0.31	83.27	-1.14	-10.79	-17.97	50.13	139.98	65924.56	15661.83	-3310.1
345	4010	000908	景峰医药	C	16.04	-0.19	-106.68	-3.09	0.36	0.95	81.71	-0.81	-7.6	-48.65	6.1	129.34	179229.95	81118.35	-20163.9
346	4029	688221	前沿生物-	C	15.12	-0.72	-15.93	-10.45	0.02	0.02	27.73	-171.85	-13.13	-14.5	3.85	92.28	253263.25	4050.29	-26526.94
347	4034	688189	南新制药	C	14.71	-1.19	-13.27	-9.56	0.32	0.41	34.58	-10.61	-37.08	-14.21	-23.67	127.43	213086.96	68468.39	-18823.74
348	4047	688108	赛诺医疗	C	13.94	-0.32	-13.35	-13.87	0.17	0.34	14.32	-73.14	-40.64	-12.31	-32.35	102.26	110308.6	19435.61	-13129.85
349	4057	300273	ST 和佳	C	13.15	-0.48	-15.23	-4.92	0.12	0.21	58.28	-2.84	-21.09	-13.94	-6.2	85.08	576109.99	73404.7	-38870.13
350	4059	300318	博晖创新	C	12.99	-0.39	-43.91	-12.4	0.19	0.66	74.72	-10.19	-3.24	-35.18	-16.08	96.34	369002.67	71474.85	-50578.99
351	4063	000566	海南海药	C	12.19	-1.2	-42.97	-14.03	0.22	0.47	71.48	-5.26	-6.42	-39.95	-40.06	135.3	836272.04	205906.28	-159762.56
352	4074	002370	亚太药业	C	10.53	-0.43	-43.7	-9.38	0.18	0.28	73.12	-2.94	-38.8	-34.44	36.53	71.23	161078.14	31513.42	-22828.03
353	0	688767	博拓生物	AA	80.98	9.62	64.89	63.24	1.19	1.45	13.3	1429.44	110.09	375.85	17.78	30.14	243150.89	181807.59	83575.59
354	0	688075	安旭生物	A	79.78	15.62	42.53	39.47	0.73	0.8	20.54	6072.77	32.47	221.12	541.58	45.13	328044.37	158927.91	73852.63
355	0	688553	汇宇制药-	A	76.35	1.2	19.02	17.92	0.68	0.91	13.83	449.59	33.69	373.53	12.67	9.61	412950.5	182373.31	44585.86
356	0	688105	诺唯赞	A	75.1	1.87	23.59	24.71	0.6	0.69	10.41	198.86	19.44	209.77	42.61	13.15	460711.99	186862.73	67828.96
357	0	301060	兰卫医学	BBB	74.26	0.58	16.61	17.96	0.99	1.18	22.12	98.38	43.62	31.46	192.53	108.18	210548.54	177833.28	26161.68
358	0	301080	百普赛斯	BBB	74.01	2.75	12.25	14.01	0.28	0.3	3.1	0	56.3	1132.62	82.96	37.56	254478.71	38498.77	17343.83
359	0	688606	奥泰生物	BBB	73.18	15.15	34.35	34.74	0.73	0.8	18.33	1340.01	64.98	236.56	-21.88	85.32	400834.44	187342.77	76568.89
360	0	301093	华兰股份	BBB	72.88	2.03	15.21	15.85	0.5	0.62	8.22	53.4	83.92	509.61	-3.19	9.01	263295.55	82086.69	21601.92

续 表

序号	A股上市公司评价得分排序	证券代码	股票简称	评价等级	综合得分	每股收益（元）	净资产收益率（%）	总资产报酬率（%）	总资产周转率（次）	流动资产周转率（次）	资产负债率（%）	已获利息倍数	营业收入增长率（%）	资本扩张率（%）	市场投资回报率（%）	股价波动率（%）	年末资产总额（万元）	营业收入（万元）	净利润（万元）
361	0	688617	惠泰医疗	BBB	72.7	3.19	13.79	17.16	0.64	0.87	11.03	137.24	72.85	297.94	24.08	176.42	201308.15	82868.79	19485.11
362	0	688621	阳光诺和	BBB	72.13	1.51	21.87	15.44	0.61	0.82	38.06	35.25	42.12	298.95	54.35	131.65	124265.09	49364.65	10879.2
363	0	688677	海泰新光	BBB	71.85	1.41	13.21	16.81	0.39	0.59	7.37	117.79	12.53	242.44	78.72	105.62	118178.52	30967.5	11715.82
364	0	301111	粤万年青	BBB	71.64	0.48	10.24	11.04	0.58	0.71	9.12	1184.06	2.59	132.17	553.03	36.78	82619.81	34978.89	5718.19
365	0	688236	春立医疗	BBB	70.72	0.93	17.34	16.19	0.49	0.6	17.69	0	18.18	128.71	0	0	299965.74	110813.95	32236.07
366	0	300981	中红医疗	BBB	70.74	15.33	49.31	51.47	0.91	1.25	8.36	1735	2.74	156.45	-60.32	103.84	715172.1	490931.09	234190.39
367	0	688656	浩欧博	BB	69.37	1.4	15.02	17.3	0.55	0.87	10.87	81	43.2	273.09	-9.86	110.16	86391.93	31770.75	8619.27
368	0	688315	诺禾致源	BB	69.21	0.58	12.29	10.21	0.76	1.2	37.14	85.51	25.26	60.37	52.17	100.79	285935.19	186639.63	22866.71
369	0	301096	百诚医药	BB	68.29	1.37	7.73	6.88	0.21	0.3	20.76	33.45	80.61	581.36	352.23	8.97	292487.37	37431.18	11096.95
370	0	301075	多瑞医药	BB	68.15	1.05	10.8	12.18	0.87	1.09	7.37	63.17	8.05	227.61	14.07	33.83	85142.36	52961.54	6586.04
371	0	688739	成大生物	BB	67.15	2.34	12.81	14.47	0.29	0.39	4.5	671.38	4.63	127.09	-21.85	6.33	979273.15	208804.35	89249.07
372	0	688314	康拓医疗	BB	66.78	1.57	17.72	22.23	0.49	0.82	12.55	129.8	29.54	106.29	-47.41	121.94	57337.92	21254.77	8118.25
373	0	688161	威高骨科	BB	66.8	1.82	19.4	18.9	0.5	0.59	16.02	1327.01	18.08	84.15	-63.41	66.97	540327.41	215354.7	69133.29
374	0	688317	之江生物	BB	66.66	3.98	27.82	29.23	0.66	0.79	10.04	0	-1.62	161.69	-38.74	100.98	425467.97	201882.97	75852.49
375	0	688067	爱威科技	BB	66.43	0.53	6.72	8.03	0.5	0.9	12.79	0	16.91	101.75	-17.93	39.58	54761.04	21066.87	3127.5
376	0	688626	翔宇医疗	BB	66.32	1.35	11.12	14.08	0.33	0.44	10.86	0	5.65	161.75	6.1	162.63	218254.97	52349.62	19953.85
377	0	688212	澳华内镜	BB	66.13	0.55	5.59	5.89	0.35	0.52	6.7	187.16	31.82	131.07	13.82	12.36	134923.53	34705.36	5977.27
378	0	301087	可孚医疗	BB	66.06	3.39	12.12	13.55	0.6	0.79	14.5	75.67	-4.19	396.54	-22.33	17.94	580712.22	227563.28	42958.58
379	0	688690	纳微科技	BB	65.66	0.5	21.67	22.18	0.47	0.86	18.32	0	117.74	94.74	-42.21	58.79	127953.11	44634.68	18733.52
380	0	688799	华纳药厂	BB	65.34	2.01	13.16	13.24	0.84	1.41	17.69	0	20.61	123.13	-56.57	50.95	179753.4	114659.9	16076.07
381	0	301089	拓新药业	B	64.8	0.66	7.89	7.45	0.43	0.83	21.26	9.52	-4.82	123.55	997.53	90.05	139371.15	50248.21	6571.1
382	0	688607	康众医疗	B	64.45	0.99	11.86	14.06	0.5	0.54	7.46	462.55	0.81	136.12	-5.68	112.69	94106.52	34198.45	8505.08
383	0	688131	皓元医药	B	64.19	2.94	14.96	13.04	0.6	0.87	22.99	116.1	52.61	247.94	-40.7	72.15	238455.16	96922.56	19057.17
384	0	301211	亨迪药业	B	64.04	0.68	7.03	8.88	0.35	0.4	4.61	0	-8.82	217.36	11.11	0.3	233030.4	54062.26	12164.94

续 表

序号	A股上市公司评价得分排序	证券代码	股票简称	评价等级	综合得分	每股收益（元）	净资产收益率（%）	总资产报酬率（%）	总资产周转率（次）	流动资产周转率（次）	资产负债率（%）	已获利息倍数	营业收入增长率（%）	资本扩张率（%）	市场投资回报率（%）	股价波动率（%）	年末资产总额（万元）	营业收入（万元）	净利润（万元）
385	0	301033	迈普医学	B	63.19	0.79	5.09	8.72	0.26	0.46	22.89	105.35	24.51	69.49	-5.66	43.4	74656.97	15378.57	4470.13
386	0	688687	凯因科技	B	61.47	0.66	4.92	7.36	0.68	0.89	22.51	2244.09	32.75	97.68	-17.8	86.03	217773.94	114435.68	9827.24
387	0	688468	科美诊断	B	61.18	0.37	11.54	13.37	0.39	0.52	10.64	223.15	12.57	44.1	-37.53	99.63	143090.67	47077.46	14275.72
388	0	688319	欧林生物	B	61.11	0.28	15.82	11.71	0.53	0.79	30.3	83.72	52.18	124.07	1.02	43.9	121188.08	48715.16	10796.35
389	0	605507	国邦医药	CCC	59.4	1.38	14.38	12.83	0.69	1.21	15.54	29.09	7.11	93.81	-43.78	35.61	751307.23	450535.06	70622.96
390	0	688575	亚辉龙	CCC	58.3	0.53	15.89	13.81	0.68	1.19	29.17	21.3	17.91	98.2	-75.94	166.5	213780.96	117789.62	20384.65
391	0	301047	义翘神州	CCC	57.9	12.71	14.82	20.29	0.23	0.24	2	421.35	-39.53	419.95	-104.51	71.65	689023.53	96527.25	72001.37
392	0	688117	圣诺生物	CCC	57.67	0.85	9.5	9.12	0.5	0.78	17.93	413.69	2.05	79.43	-75.81	100.73	95661.78	38652.97	6125.28
393	0	688076	诺泰生物	CCC	57.54	0.6	7.08	7.49	0.37	0.81	14.96	21.55	13.58	87.24	-74.08	125.08	212690.59	64386.95	10880.82
394	0	301015	百洋医药	CCC	56.13	0.85	22.21	14.63	1.64	1.85	52.72	10.3	19.94	45.04	-59.88	70.15	459802.75	705156.72	41745.92
395	0	688613	奥精医疗	CCC	55.57	1.01	9.86	12.14	0.21	0.28	10.9	39.67	28.46	94.97	-65.93	124.17	142607.63	23606.32	11807.19
396	0	688670	金迪克	CCC	55.2	1.1	7.73	7.41	0.31	0.49	16.71	9.52	-33.41	502.62	-37.83	45.87	175448.98	39227.25	8246.02
397	0	300966	共同药业	CC	54.14	0.74	7.64	9.06	0.59	0.82	31.61	17.64	26.23	53.45	-37.36	106.23	121124.33	59088.53	7806.59
398	0	301017	漱玉平民	CC	53.22	0.3	5.9	4.52	1.32	2.25	61.74	5.7	14.7	25.09	4.12	94.29	500276.97	532163.92	11432.09
399	0	688217	睿昂基因	CC	52.97	0.95	3.5	5.18	0.35	0.62	5.37	87.31	2.11	35.49	-62.09	130.26	94753.2	29095.16	4008
400	0	688276	百克生物	CC	52.3	0.62	8.99	7.89	0.36	0.7	18.13	796.52	-16.6	92	-78.2	79.64	417463.52	120202.66	24355.34
401	0	301126	达嘉维康	CC	52.06	0.44	4.78	5.01	1	1.14	43.92	3.87	10.79	61.13	56.18	7.62	299430.72	259217.73	6825.89
402	0	300937	药易购	C	38.85	0.07	-0.25	0.98	3.36	4.72	33.62	5.47	21.88	50.02	-52.83	203.78	118706.86	340058.07	672.9
403	0	688091	上海谊众-U	C	35.04	-0.05	-2.5	-1.19	0.01	0.01	2.08	-14.76	0	382.76	25.71	38.58	120056.19	407.75	-399.71
404	0	688235	百济神州-U	C	30.83	-8.08	-30.55	-20.42	0.17	0.19	27.65	-43.68	257.94	57.59	-187.14	9.09	5518471.1	758895.7	-974767.3
405	0	688192	迪哲医药-U	C	22.05	-1.86	-38.5	-33.95	0.01	0.01	10.3	-217.33	-62.95	128.27	-129.37	9.73	274575.72	1028.54	-66987.59

第十六章

农林牧渔行业上市公司业绩评价

2021年尽管面对全球新冠肺炎疫情、世界经济复苏迹象不显、气候变化恶劣挑战以及养殖周期下行等不利因素的影响，我国农业农村经济在党中央和各级政府的正确领导下，农业经济的基本盘依旧取得稳步发展，2021年全国粮食总产量68285万吨，比上年增长2.0%；年猪牛羊禽肉产量8887万吨，比上年增长16.3%。2021年农林牧渔行业指数总体却呈震荡下跌趋势，年初行业股票指数为4181.35点，年末报收于3720.12点，下跌11.03%。2022年，为了确保粮食播种面积、产量稳定，保障“菜篮子”产品供给，从容应对百年变局和世纪疫情，推动经济社会平稳健康发展，将持续推进产业融合发展，扎实稳妥推进乡村建设。

一、农林牧渔行业上市公司业绩评价结果

截至2021年末申银万国行业数据显示，参与本次等级评价的中国A股上市农林牧渔行业公司共有95家，其中，盈利企业61家，亏损企业34家，盈利企业占比64.21%。

2021年，农林牧渔行业95家上市公司总资产共计12270.03亿元，占全部上市公司总资产的1.42%。2021年全部上市公司共计实现营业收入548446.24亿元，农林牧渔行业上市公司实现营业收入10477.45亿元，占全部上市公司营业收入的1.91%；全部上市公司共计实现净利润28754.37亿元，农林牧渔行业上市公司实现净利润-312.12亿元。

根据2021年上市公司业绩综合评价结果显示，有1家农林牧渔行业上市公司梅花生物进入“中联价值100”名单，业绩评价得分为79.20分。从整体行业上看，农林牧渔行业整体业绩表现综合评分为42.6分，低于全部A上市公司的62.8分。农林牧渔行业95家业绩评价等级如下：1家A、7家BB、9家B、10家CCC、15家CC以及47家C，2021年农林牧渔行业业绩评价得分前十的公司如表16-1所示。

表 16-1 2021 年农林牧渔行业业绩评价得分前十的公司

名次	股票代码	股票简称	在 A 股上市公司中评价得分排序
1	600873	梅花生物	46
2	002311	海大集团	439
3	600598	北大荒	557
4	002714	牧原股份	628
5	000930	中粮科技	652
6	600298	安琪酵母	671
7	300087	荃银高科	727
8	603566	普莱柯	785
9	603739	蔚蓝生物	908
10	600097	开创国际	985

下面分别从财务效益、资产质量、偿债风险、发展能力与市场表现五个方面，对 2021 年农林牧渔行业上市公司的具体业绩表现进行分析。

（一）财务效益

从财务效益上看，2021 年农林牧渔行业上市公司财务效益状况平均得分为 7.73 分，低于全部上市公司 23.08 分的平均得分，表 16-2 列示了 2021 年农林牧渔行业上市公司财务效益状况。

从具体指标上看，2021 年农林牧渔行业上市公司的所有财务指标都有较大幅度的下降，尤其是表中扣除非经常性损益净资产收益率和股本收益率这两大指标，下降幅度分别为 134.63%和 138.38%，下降的主要原因是 2021 年迎来“超级猪周期”的价格触底时期，同时受新冠肺炎疫情的影响，各地施行严格的道路封锁，致使农产品运销受阻，影响农业经济的运行。

表 16-2 2021 年农林牧渔行业财务效益状况比较表

分析指标		2021 年上市公司平均值	2021 年行业值	2020 年行业值	增长率（%）
基本指标	扣除非经常性损益净资产收益率（%）	7.51	-5.87	16.95	-134.63
	总资产报酬率（%）	5.47	-0.98	10.60	-109.25
	得分	20.98	8.53	32.80	-73.99
修正指标	营业利润率（%）	6.79	-1.90	9.98	-119.04
	盈利现金保障倍数	1.75	0	0.86	-100.00
	股本收益率（%）	46.81	-33.31	86.78	-138.38
综合得分		23.08	7.73	25.39	-69.55

在 2021 年财务效益状况指标中，北大荒、牧原股份等 35 家公司的财务效益状况超过了

全部上市公司的平均值。以北大荒为例，公司主营耕地发包经营、作物的种植及销售等业务。2021 年公司实现营业收入 36.29 亿元，同比增长 3.88 亿元，增幅为 11.99%。

（二）资产质量

从综合得分上看，2021 年农林牧渔上市公司的资产质量得分为 12.65 分，与上年度相比，资产状况得分有所下降；相较于全行业公司得分 9.27 分而言，农林牧渔上市公司整体资产质量较好。表 16-3 列示了 2021 年农林牧渔行业的资产状况比较情况，从总体上看，各指标都呈现一定程度的负增长。其原因在于，随着农林牧渔行业市场集中化程度的进一步提升，行业内各企业不断扩大经营规模，资产规模不断增加；同时受到非洲猪瘟疫情的影响，各养殖类企业大幅增加防疫投入，各项资产的增长幅度超过了营业收入等指标的增长幅度。

表 16-3　2021 年农林牧渔行业资产质量状况比较表

分析指标		2021 年上市公司平均值	2021 年行业值	2020 年行业值	增长率（%）
基本指标	总资产周转率（次）	0.67	0.92	0.98	-6.12
	流动资产周转率（次）	1.25	2.13	2.09	1.91
	基本得分	9.72	13.11	13.96	-6.09
修正指标	应收账款周转率（次）	8.97	31.06	29.25	6.19
	存货周转率（次）	3.07	4.60	4.26	7.98
综合得分		9.27	12.65	12.73	-0.63

在 2021 年农林牧渔行业上市公司的资产状况指标中，北大荒等 69 家公司的资产状况指标高于全部上市公司的平均值，占比 72.63%。其中北大荒、牧原股份、圣农发展、温氏股份、西部牧业等公司的资产状况排名靠前。从农林牧渔行业的特性上分析，该行业各指标均高于我国全部上市公司平均值。其原因在于人们对农产品的流通效率与效益的要求越来越高，因此流通环节相对较少，各周转率相对较高，受 2021 年猪肉价格低迷影响，消费者购买意愿增强，流动资产周转率较 2020 年有一定幅度提高。以牧原股份为例，公司销售生猪 4026.3 万头，其中商品猪 3688.7 万头。2021 年公司营业收入 788.9 亿元，比 2020 年增长 40.18%。

（三）偿债风险

从综合得分上看，2021 年农林牧渔行业上市公司的偿债风险得分为 4.99 分，低于全部上市公司得分 8.86 分。

表 16-4 列示了 2021 年农林牧渔行业的偿债风险状况比较情况，从总体上看，资产负债率有较大幅度的增长，说明行业负债在一定程度上有所增加；修正指标中，速动比率、现金流动负债比率和带息负债比率均有所下降，说明行业偿还流动负债的能力有所下降，

同时说明行业在降低长期负债的比例，缓解未来偿还利息的压力。

表 16-4 2021 年农林牧渔行业偿债风险状况比较表

分析指标		2021 年上市公司平均值	2021 年行业值	2020 年行业值	增长率（%）
基本指标	资产负债率（%）	59.93	57.52	47.88	20.13
	已获利息倍数	5.28	-0.78	9.67	-108.07
	基本得分	8.86	4.9	10.11	-51.53
修正指标	速动比率（%）	83.33	60.64	73.23	-17.19
	现金流动负债比率（%）	13.68	10.34	18.66	-44.59
	带息负债比率（%）	38.47	58.20	59.96	-2.94
综合得分		8.86	4.99	7.91	-36.92

在 2021 年农林牧渔行业上市公司的偿债风险状况指标中，北大荒、农发种业等 30 家公司的偿债风险评分高于全部上市公司的平均值，占农林牧渔行业上市公司的 31.58%。

（四）发展能力

从综合得分上看，2021 年农林牧渔行业上市公司的发展能力得分为 9.3 分，相较于 2020 年而言有较大幅度下降，低于全部上市公司发展能力状况得分 12.34 分。

表 16-5 列示了 2021 年农林牧渔行业的发展能力状况比较情况，与 2020 年相比，基本指标和修正指标的增长率均为负，说明 2021 年，农林牧渔行业的收入有所增长，但成本的增长使得行业利润有大幅下降，同时，资本扩张率的下降说明了行业在逐渐去除落后产能，挤压出过去无序扩张而产生的泡沫。其原因在于 2021 年新冠肺炎疫情的影响，各地施行严格的道路封锁，致使农产品运销受阻，疫情因素和超级猪周期因素共同影响了农业经济的运行。

表 16-5 2021 年农林牧渔行业发展能力状况比较表

分析指标		2021 年上市公司平均值	2021 年行业值	2020 年行业值	增长率（%）
基本指标	营业收入增长率（%）	22.02	16.76	23.71	-29.31
	资本扩张率（%）	11.29	-4.1	28.45	-114.41
	基本得分	12.09	8.83	16.98	-48.00
修正指标	累计保留盈余率（%）	41.52	34.64	48.3	-28.28
	三年营业收入平均增长率（%）	11.08	17.95	16.45	9.12
	总资产增长率（%）	10.88	18	29.62	-39.23
	营业利润增长率（%）	26.49	-121.85	43.06	-382.98
综合得分		12.34	9.3	15.91	-41.55

在2021年农林牧渔行业中，荃银高科、登海种业等35家公司的发展能力高于全部上市公司的平均值，占农林牧渔行业上市公司36.84%。同时有55家上市公司发展能力状况评分低于10分，低分比例远高于全部上市公司。

（五）市场表现

2021年，受新冠肺炎疫情和供需关系影响，农林牧渔板块发展整体呈震荡下跌趋势。2021年农林牧渔行业指数总体呈下降趋势，年初行业股票指数为4181.35点，年末报收于3720.12点，年下跌11.03%，在行业中跌幅居前。从趋势上看，2021年农林牧渔指数变动情况整体与沪深300指数较为一致，并且农林牧渔指数始终低于沪深300指数。详见图16-1。

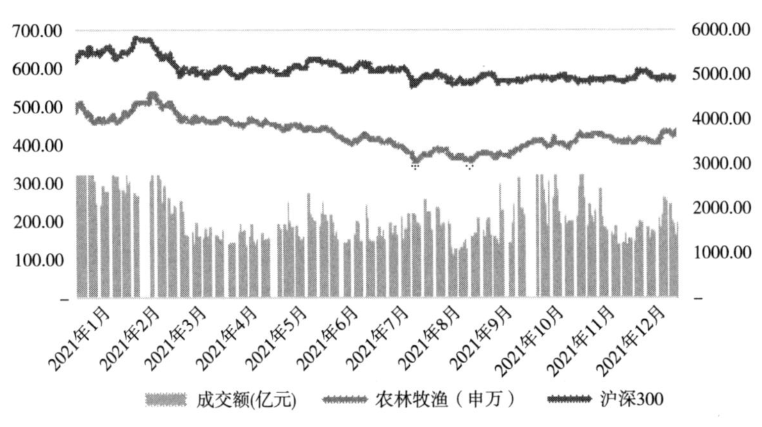

图16-1　农林牧渔指数与大盘指数波动

从综合得分上看，2021年农林牧渔行业上市公司的市场表现状况得分为6.96分，相较于2020年在一定程度上有所下降。农林牧渔上市公司在市场表现上低于上市公司平均水平。

表16-6列示了2021年农林牧渔行业的市场表现状况比较情况。市场投资回报率较2021年大幅度下降，原因在于市场整体调整，供需变化，导致投资回报率大幅降低。股价波动率较2020年同样有所下降，其原因在于行业整体呈下降趋势，股市投资氛围与投资吸引力下降。

表16-6　2021年农林牧渔行业市场表现状况比较表

分析指标	2021年上市公司平均值	2021年行业值	2020年行业值	增长率（%）
市场投资回报率（%）	27.90	-1.59	25.36	-106.27
股价波动率（%）	108.84	91.30	123.45	-26.04
基本得分	9.23	7.88	9.41	-16.26

二、2021年农林牧渔行业上市公司业绩影响因素分析

2021年农林牧渔行业上市公司实现营业收入10477.45亿元，实现净利润-312.12亿元。行业子行业收入出现均增长，子行业利润均出现下滑，尤其是畜牧业版块下滑尤为明显。影响行业业绩的因素主要如下。

（一）政策和产业升级，实现种植业稳定发展

1. 高产作物播种和产业升级，保障粮食行业稳健增长

保障粮食安全是我国的基本国策，是关乎国民经济发展、社会稳定的重大战略问题。2021年，尽管河南等地极端强降雨引发洪涝灾害、西北陕甘宁局部地区阶段性干旱、秋收时期华北和黄淮海地区出现连续阴雨天气等因素对部分地区秋粮产生一定影响，但全国主要农区大部分时段光温水匹配良好，气象条件总体有利于粮食作物生长发育和产量形成。同时，高产作物玉米播种面积扩大，占粮食作物比重提高，促进粮食单产增加。粮食产量实割实测抽样调查显示，2021年，粮食播种面积为17.64亿亩，较上年增加1295万亩，亩产387公斤，产量13657亿斤，全国粮食作物单产387公斤/亩，每亩产量比上年增加4.8公斤，增长1.2%。

中国粮食加工业由粗放向精细加工转型，未来随着粮食产业的不断发展，市场竞争更加激烈，将由国内局部竞争转向国内、国际全方位竞争，由单纯生产能力的竞争转向“生产能力+流通能力+创新能力”的竞争。国家鼓励企业并购和产业整合，积极促进农业生产转型升级，实现农业现代化建设与发展。

2. 政策推动种业振兴，行业迎来新变革

2021年中央全面深化改革委员会第二十次会议审议通过了《种业振兴行动方案》，提出种业振兴是我国农业现代化的基础，保障种源安全是国家粮食安全的重要一环，应尽快实现种业科技自强、种源自主可控。基于此，国家密集出台鼓励政策，2021年底《种子法》修正草案通过，引导提高审定门槛，引导培育突破性品种，强化种业知识产权保护。继续下发转基因生物安全证书并密集修订转基因重要文件，旨在推动落实转基因品种在研发、生产、加工、销售、进出口等全流程监管，加速转基因品种商用。2021年，种业龙头公司隆平高科为水稻+玉米种子双轮驱动且市占率均居第一，其中，2021年杂交水稻制种量2.7亿公斤，杂交玉米制种量9.9亿公斤，2021年公司水稻种子营收同比增长10%，玉米种子营收同比增长25%。

（二）供给过剩导致猪价触底，生猪养殖业务深度亏损

自2019年至今，受到非洲猪瘟、环保问题、规模化养殖、新冠肺炎疫情、粮食价格波动等多方面影响，养殖行业迎来“超级猪周期”，2019年年末达到周期的最高点超过40元/

公斤，此后猪价处于高位震荡。从2021年1月开始，猪价开始快速下跌，最低点为2021年10月8日10.78元/公斤，跌幅超70%。后又受临近年关制作腊肉等需求的提振影响，2021年底猪肉价格恢复至15元/公斤左右。

2021年猪肉价格一路下跌的主要原因在于供过于求，其供给过剩主要体现在三方面：一是非洲猪瘟以来，各地规模养殖场已全面升级消杀防疫体系，并且为了切断动物疫情传播渠道，出台了生猪禁运政策，疫情防控取得显著成效。养殖户受多项政策鼓励，并在高猪价带来的超高收益刺激下，国内生猪产能得以快速回复。二是看涨情绪显著，尤其是年初疫情防控形势尚不明朗，养殖主体压栏严重，导致从二季度开始，出栏生猪体重远远高于正常年份，相当于出栏相同数量生猪的情况下，市场猪肉供给量同比增长10%以上。三是冻肉进口量持续增加，2021年以来，月均进口冻肉在40万吨以上，高出正常年份4倍，冻肉大量流入市场也对国内生猪价格造成冲击。以温氏股份为例，2021年公司实现营业收入649.54亿元，同比下降13.31%，毛猪销售均价为17.39元/公斤，同比大幅下滑48.18%。同时，饲料原料价格上涨、公司外购部分猪苗育肥等因素推高养猪成本，肉猪业务深度亏损。

（三）受益于下游产能恢复，饲料行业迎来高质量发展

2021年随着生猪生产加快恢复，同时水产和牛羊养殖行业也持续发展，推动了饲料行业快速发展。全国饲料工业总产值12234.1亿元，比上年增长29.3%；总营业收入11687.3亿元，同比增长28.8%。同时“禁抗令”持续影响与“散装料”广泛应用，将饲料行业的准入门槛提高，养殖业客户对饲料供应商的产品质量、产量供给稳定性、产品安全性等有了更高的要求，小作坊、小厂房逐步淘汰市场，饲料行业迎来规模化和集群化变革。2021年，全国10万吨以上规模饲料生产厂957家，比上年增加208家；合计饲料产量17707.7万吨，比上年增长24.4%，在全国饲料总产量中的占比为60.3%，比上年提高7.5个百分点。

国内行业市场前景空间巨大，上游客户与供应商都迎来重大发展，稳健的行业增速和规模化、集群化的发展态势，促进了大型集团、头部公司的高速发展。以海大集团为例，2021年公司饲料销量1963万吨，约占全国饲料总产量的6.69%，同比增长28%，其中，对内销售86万吨，对外销售1877万吨。禽饲料、猪饲料、水产饲料销售量分别为944、460、467万吨，同比增长分别为11%、100%、21%

（四）宠物食品行业进入快速增长期，未来发展大有可为

宠物食品行业作为宠物行业市场规模最大的子行业，市场规模占比超过50%。2012年中国宠物食品市场规模为157亿元，2021年增长到524亿元，占宠物行业市场规模的62.2%，近三年复合增速达22.98%。国内宠物食品行业自发展以来，由于外资企业拥有技术、品牌和渠道的优势，率先占据了国内市场较高的市场份额。近年来，随着市场规模的扩张，国内厂商加入国内宠物市场的竞争。国内厂商凭借产品性价比，成熟的销售渠道和品牌推广等后发优势，逐渐在国内市场站稳脚跟。

同时随着电商直播销售渠道的发展，线上渠道具备流量大、传播快、成本低、便利性高、品类齐全、入驻门槛低等优势，助力国内中小宠物食品厂商的快速崛起，为国内厂商实现“弯道超车”创造了条件。国内宠物食品市场电商渠道占比已由2013年的10.10%快速提升至2021年的61.2%。以中宠股份为例，2021年公司营业收入为28.82亿元，同比增长29.06%，其中，主营业务分类宠物零食、宠物罐头、宠物干粮分别贡献收入19.8亿元、4.75亿元、3.06亿元，同比增长15.64%、52.97%、115.66%。

（五）水产养殖行业逐渐恢复，工业化养殖助力规模化发展

水产养殖是国内农业结构中发展最快的模块之一。2021年水产养殖产量接近5400万吨。国内居民水产品人均占有量在46kg左右。随着农产品电子商务快速发展，水产品流通渠道不断拓展，并带动消费增长。2021年，中国水产品表观消费量接近5200万吨。随着国内疫情防控有了显著的程序，水产品养殖业也逐渐走出了疫情，逐步脱离存货积压、销售不畅的困境。

工业化水产养殖较传统水产养殖，能够帮助养殖户精准饲喂、智能环控、动物行为监测清洁消毒、分级起捕、养殖循环净化等，有效提高养殖效率。随着人工智能、物联网等高新技术的逐步应用，水产养殖行业的门槛又将进一步提高。在淘汰小规模、小厂房的养殖模式后，水产品供求关系将发生改变，市场话语权逐渐集中至头部企业。

三、2022年农林牧渔行业前景分析

2022年是十四五规划的第二个年头，是全面推进乡村振兴的关键一年，保障粮食安全，稳定农林牧渔行业发展是政府工作的头等大事之一。但受俄罗斯与乌克兰爆发冲突造成的国际形势动荡、国内新冠肺炎疫情和非洲猪瘟疫情等因素的持续影响，农林牧渔行业发展面临了较为严峻的考验。

（一）国际形势的复杂动荡短期或造成农作物价格波动，长期影响有限

二月下旬俄罗斯与乌克兰爆发军事冲突，导致了大宗商品的价格的剧烈波动。受此次冲突主要影响的农作物有：葵油、小麦、玉米、大麦以及因原油价格高涨而受影响的代替性油料。短期内俄乌冲突造成两方农产品出口受阻，而俄罗斯和乌克兰都是世界重要的农业出口大国，相关主要农产品如小麦、玉米、大豆等产品受运输限制，价格可能进一步上涨。若冲突持续时间较长，或直接影响乌克兰春季播种，对未来年份的农产品也会造成持续影响。

短期内全球加剧对粮食安全问题的担忧，商品价格显著上涨，同时也刺激全球农业生

产者扩大种粮规模。长期来看，并不会出现全球性的粮食危机。国内受其影响主要源自进口于两国的玉米、菜油等商品产量减少、运输受限，间接地导致了饲料原材料价格的上涨，或将进一步推动生猪养殖规模化、集中化。

（二）养殖企业向产业一体化发展，寻求新的盈利增长点

为应对非洲猪瘟，国家以及地方层面均在一定程度上限制了活猪的调运，只能在各自管辖区域内进行短距离流通。随着活猪调运空间的减小，业内主流趋势逐渐从“调猪”转变为“调肉”，这就推动了生猪养殖企业采取纵向一体化发展策略，将养殖、屠宰企业相互渗透，逐渐形成产业链一体化发展雏形。

目前头部生猪养殖企业，温氏股份未来将为20%的养猪产能配套屠宰，新希望也将按生猪出栏规模的20%自建屠宰厂，天邦股份更是规划了6个单体500万头规模的屠宰厂。随着养殖业和屠宰企业相互渗透的程度不断深入，生猪生产、屠宰加工与销售一体化经营能够提高生猪产业的竞争优势、抗风险能力和综合生产能力，生猪产业链一体化发展模式将成为我国生猪产业未来发展的方向。生猪屠宰行业一头连着生猪养殖，一头连着猪肉消费，同时也是保障猪肉品质安全的关键环节，因此，生猪屠宰业务会成为养殖企业实施一体化战略的发力点。养殖企业布局屠宰业务后再对肉制品业务进行开拓，并改善销售渠道，改变传统的多环节批发销售路线，直接供货给连锁商超、餐饮企业甚至通过电商等渠道直接销售给终端消费者，凭借稳定、有保障的原材料供给，发展具有更高附加值的肉制品产品，打造自身产品品牌，推出有品牌肉制品产品，走差异化竞争路线，提高产品毛利率。

（三）非洲猪瘟疫情防控常态化，疫苗市场持续扩容

非洲猪瘟疫情虽已得到有效控制，但仍为养殖行业敲响警钟，规模化、集中化的养殖场猪群密度大，疫情更易发生并且传染影响大，防疫需求更加旺盛。在政策鼓励与实际需求双重因素影响下，未来养殖行业的疫苗使用量将会增加，养殖疫苗市场有望迎来持续扩容阶段。

我国高度重视疫苗的研发工作，支持研究所与企业、高校合作开展疫苗研发工作。2021年，国家重点研发计划中有关动物疫病综合防控技术研发与应用项目里，四个上榜项目中就有三个是非洲猪瘟疫苗研发项目，预计几年内或将有重大突破。一旦非洲猪瘟疫苗成功上市，基于国内庞大养殖市场的需求量，合作参与疫苗研发的企业将迎来新的盈利增长点。

此外，国内宠物市场规模庞大，2020年国内宠物数量就突破1亿大关，而宠物疫苗的渗透率不足3%，远远低于国外发达国家的40%。国内相关企业已开始布局宠物疫苗研发工作，随着人民生活品质提高和养宠安全性重视，国产疫苗较高的性价比，会吸引众多消费者为自家宠物购买疫苗产品，国内宠物疫苗市场也同样有着较大发展空间。

附表 2021 年度农林牧渔行业上市公司业绩评价结果排序表

序号	A 股上市公司评价得分排序	股票代码	股票简称	综合得分（100）	评价等级	每股收益（元）	总资产报酬率（%）	净资产收益率（%）	总资产周转率（次）	流动资产周转率（次）	资产负债率（%）	已获利息倍数	营业收入增长率（%）	资本扩张率（%）	市场投资回报率（%）	股价波动率（%）	年末资产总额（万元）	营业收入（万元）	净利润（万元）
1	43	600873	梅花生物	79. 26	A	0. 76	15. 05	20. 73	1. 14	3. 48	49. 23	16. 92	33. 94	14. 01	65. 18	80. 55	2092120. 05	2283689. 03	237614. 77
2	364	600598	北大荒	70. 78	BBB	0. 48	9. 08	12. 58	0. 45	1. 13	16. 42	0	11. 99	-0. 19	-20. 45	39. 09	802900. 6	362937. 41	69909. 17
3	393	002714	牧原股份	70. 49	BBB	1. 28	6. 27	11. 16	0. 53	1. 8	61. 3	5. 25	40. 18	3. 78	-21. 49	145. 85	17726575. 92	7888987. 06	763858. 31
4	410	002311	海大集团	70. 32	BBB	0. 96	8. 81	11. 23	2. 72	5. 66	55. 3	8. 7	42. 56	6. 52	4. 37	71. 86	3564857. 98	8599855. 97	181109. 06
5	640	300087	荃银高科	67. 36	BB	0. 39	7. 94	15. 2	0. 84	1. 11	53. 34	9. 29	57. 38	86. 08	-12. 3	115. 94	353839. 43	252077. 28	21242. 53
6	661	000930	中粮科技	67. 16	BB	0. 61	8	9. 35	1. 22	2. 68	34. 9	9. 77	17. 88	8. 86	16. 89	63. 89	1806211. 99	2346855. 31	113303. 28
7	673	600298	安琪酵母	67. 11	BB	1. 59	13. 08	16. 03	0. 88	2. 15	46. 44	22. 85	19. 5	16. 37	7. 23	70. 24	1344564. 75	1067533. 3	132148. 44
8	749	603566	普莱柯	66. 27	BB	0. 78	13. 54	10. 53	0. 52	1. 36	16. 96	0	18. 31	5. 31	10. 93	67. 25	216828. 08	109856. 81	24413. 74
9	940	688526	科前生物	64. 50	B	1. 23	19. 36	18. 91	0. 32	0. 52	15. 34	365. 39	30. 81	16. 44	-24. 9	122. 58	372532. 77	110302. 1	57063. 61
10	959	601952	苏垦农发	64. 36	B	0. 53	9. 84	9. 82	0. 93	1. 49	55. 91	3. 98	23. 43	-6. 95	-11. 82	51. 9	1409899. 54	1063952. 62	78250. 41
11	976	600097	开创国际	64. 23	B	0. 79	8. 86	4. 69	0. 69	1. 43	31. 52	17. 47	0. 58	5. 29	1. 47	66. 84	294366. 47	198031. 7	19801. 6
12	978	603739	蔚蓝生物	64. 21	B	0. 54	9. 45	7. 98	0. 63	1. 34	24. 13	81. 75	19. 85	51. 14	20. 75	38. 41	222176. 1	115082. 36	15009. 73
13	1042	002286	保龄宝	63. 67	B	0. 55	8. 99	9. 63	0. 98	2. 38	40. 14	14. 97	34. 58	13. 37	26. 21	124. 71	302899. 58	276497. 7	20157. 94
14	1132	300119	瑞普生物	62. 98	B	1. 03	10. 67	8. 65	0. 42	0. 86	24. 02	21. 48	0. 34	57. 97	30. 8	124. 05	569078. 12	200713. 83	43358. 97
15	1229	002041	登海种业	62. 32	B	0. 26	6. 02	5. 84	0. 28	0. 34	20. 42	470. 81	22. 2	6. 88	8. 06	134. 52	421022. 54	110072. 7	23866. 46
16	1242	600195	中牧股份	62. 25	B	0. 51	9. 54	10. 39	0. 75	1. 9	21. 01	79. 61	6. 06	9. 4	2. 42	67. 7	743660. 54	530157. 17	58732. 84
17	1400	603668	天马科技	60. 94	B	0. 22	4. 8	6. 53	1. 28	2. 38	56. 8	4. 6	48. 88	47. 58	62. 83	108. 04	514141. 31	541902. 2	13180. 13
18	1479	300138	晨光生物	60. 16	B	0. 67	8. 51	11. 71	0. 92	1. 41	53. 26	8. 49	24. 55	35. 15	-2. 42	45. 53	595516. 54	487361. 04	35059. 87
19	1501	000505	京粮控股	60. 05	B	0. 28	6. 09	7. 18	2	3. 24	45. 22	8. 46	34. 56	6. 87	-16. 43	44. 24	604660. 01	1176309. 38	23923. 37
20	1558	300871	回盛生物	59. 58	CCC	0. 8	6. 84	7. 69	0. 44	0. 72	40. 95	53. 51	28. 14	17. 38	15. 53	110. 72	274166. 2	99621. 68	13286. 55
21	1650	000713	丰乐种业	58. 94	CCC	0. 3	7. 41	2. 43	0. 97	1. 68	28. 43	40. 92	6. 54	9. 45	-14. 18	56. 43	271356. 85	261724. 24	18625. 99
22	1746	600737	中粮糖业	58. 09	CCC	0. 24	5. 16	5. 05	1. 39	2. 12	45. 66	5. 32	19. 08	10. 97	-8. 81	32. 87	1873972. 75	2516047. 12	53569. 4
23	1782	002299	圣农发展	57. 89	CCC	0. 36	4. 05	3. 79	0. 91	3. 75	41. 78	4. 76	5. 34	4. 22	-12. 7	101. 47	1704355. 37	1447819. 65	45236. 26
24	1839	600201	生物股份	57. 51	CCC	0. 34	6. 42	6. 97	0. 28	0. 6	15. 8	9702. 28	12. 29	5. 65	-16. 26	96. 84	660392. 57	177631. 78	38900. 9

续 表

序号	A股上市公司评价得分排序	股票代码	股票简称	综合得分(100)	评价等级	每股收益(元)	总资产报酬率(%)	净资产收益率(%)	总资产周转率(次)	流动资产周转率(次)	资产负债率(%)	已获利息倍数	营业收入增长率(%)	资本扩张率(%)	市场投资回报率(%)	股价波动率(%)	年末资产总额(万元)	营业收入(万元)	净利润(万元)
25	1913	300829	金丹科技	56.99	CCC	0.73	7.37	7.77	0.73	2.44	34.25	27.92	40.02	7.53	-25.09	123.01	218540.27	143836.13	13033.91
26	2047	600313	农发种业	55.90	CCC	0.03	3.37	2.3	1.13	1.83	33.37	5.99	2.78	3.71	1.37	45.96	336374.76	376439.28	7508.61
27	2065	600251	冠农股份	55.68	CCC	0.38	5.64	9.2	0.64	0.95	55.85	7.16	56.62	7.91	35.72	149.43	712411.17	433718.93	31674.94
28	2078	002234	民和股份	55.58	CCC	0.14	1.67	1.16	0.5	1.28	18.57	3.47	5.56	18.98	7.78	52.43	384119.09	177543.22	4259.41
29	2147	300106	西部牧业	55.00	CC	0.07	5.13	7.5	1.05	2.22	37.09	5.36	37.5	4.54	-28.55	84.29	108716.71	112795.68	4571.58
30	2185	600371	万向德农	54.82	CC	0.13	5.64	6.27	0.29	0.42	23.64	0	-7.65	1.03	-5.63	60.03	76390.39	22169.71	4255.82
31	2223	002688	金河生物	54.43	CC	0.14	5.25	4.86	0.56	1.44	33.66	3.73	14.51	54.09	17.25	63.55	406452.59	207798.87	12208.88
32	2227	300999	金龙鱼	54.40	CC	0.76	4.23	5.99	1.17	1.85	56.04	4.08	16.06	4.13	-56.54	173.81	20724993.7	22622516.2	448870.5
33	2259	605198	德利股份	54.18	CC	0.43	6.84	4.59	0.37	0.56	9.68	300.25	3.51	5.59	-6.33	120.42	246411.16	87158.73	16001.5
34	2270	601118	海南橡胶	54.11	CC	0.04	2.09	-2.48	0.82	2.3	48.97	1.52	-2.61	-1.83	6.63	33.91	1948100.5	1533274.84	13417.86
35	2273	603609	禾丰股份	54.03	CC	0.13	2.27	0.53	2.39	5.8	42.08	2.7	23.73	-4.92	-14.4	72.81	1297150.62	2946892.59	2454.19
36	2292	300021	大禹节水	53.87	CC	0.17	4.82	6.65	0.59	0.83	67.58	3.09	74.21	4.8	19.37	44	632498.44	351508.86	14677.67
37	2355	002458	益生股份	53.31	CC	0.03	1.55	0.21	0.4	2.26	42.91	1.31	19.35	0.65	0.62	39.6	567151.77	208992.19	1354.73
38	2447	002891	中宠股份	52.60	CC	0.39	6.38	6.58	1.04	2.12	35.47	10.69	29.06	5.94	-31.35	89.97	301518.16	288155.27	12648.58
39	2519	600359	新农开发	51.89	CC	0.11	4.34	6.14	0.38	0.8	71.37	2.47	23.22	9.43	-3.43	37.66	184294.94	68536.11	4538.69
40	2521	688098	申联生物	51.88	CC	0.27	8.09	6.45	0.23	0.47	7.85	0	6.13	5.49	-29.84	77.51	159846.43	35842.92	10445.91
41	2537	000048	京基智农	51.81	CC	0.74	5.49	13.05	0.26	0.42	82.75	14.64	-20.88	-7.99	3.18	54.76	1483256.03	322147.44	39858.93
42	2638	002982	湘佳股份	50.85	CC	0.25	1.86	0.71	1.15	2.7	41.46	2.77	37.26	2.8	-29.57	137.62	286833.67	300550.73	2869.16
43	2766	600354	敦煌种业	49.60	C	0.02	3.85	1.44	0.57	0.91	58.28	2.36	-3.36	6.01	29.94	140.28	158754.46	92213.13	4204.15
44	2809	002746	仙坛股份	49.17	C	0.1	1.78	-0.58	0.59	0.84	21.05	12.14	3.87	-2.04	40.73	57.79	576151.96	331177.57	8746.51
45	2882	603718	海利生物	48.25	C	0.08	3.83	1.49	0.19	0.4	46.47	5.62	34.02	2.6	25.41	83.56	184409.3	34728.92	4566.63
46	2905	600108	亚盛集团	47.93	C	0.04	2.73	0.7	0.4	0.9	50.74	1.39	6.41	1.11	4.44	79.63	824065.35	333269.25	6446.37
47	3000	002696	百洋股份	46.65	C	0.08	2.62	0.99	1.05	2.06	47.04	1.6	17.03	2.19	-10.88	52.66	273483.23	290528.48	3207.07
48	3133	600467	好当家	44.80	C	0.05	2.9	0.59	0.19	0.62	50.52	1.6	1.91	1.23	-2.67	29.74	672185.46	125366.44	6195.29

续 表

序号	A股上市公司评价得分排序	股票代码	股票简称	综合得分(100)	评价等级	每股收益(元)	总资产报酬率(%)	净资产收益率(%)	总资产周转率(次)	流动资产周转率(次)	资产负债率(%)	已获利息倍数	营业收入增长率(%)	资本扩张率(%)	市场投资回报率(%)	股价波动率(%)	年末资产总额(万元)	营业收入(万元)	净利润(万元)
49	3144	300673	佩蒂股份	44.59	C	0.28	3.58	3.39	0.52	0.87	37.14	9.46	-5.15	10.15	-10.53	72.91	285491.45	127089.26	6205.62
50	3165	000998	隆平高科	44.30	C	0.05	2.64	-5.37	0.25	0.59	55.26	2.08	6.47	-0.37	13.69	104.28	1400375.6	350344.25	17318.01
51	3189	002772	众兴菌业	43.93	C	0.14	2.23	1.01	0.26	0.59	50.37	1.67	4.92	18.99	-17.26	156.23	655129.72	155614.67	5431.57
52	3231	603336	宏辉果蔬	43.25	C	0.11	4.06	4.03	0.63	1.05	31.39	4.13	1.06	1.94	-0.62	53.01	159485.97	97426.07	4653.15
53	3265	300761	立华股份	42.59	C	-0.98	-3.29	-7.31	1.1	2.94	42.91	-5.29	29.12	-6.3	9.93	89.85	1096421.7	1113172.81	-39558.5
54	3269	300094	国联水产	42.45	C	-0.02	2.3	-1.68	0.88	1.2	57.1	1.05	-0.44	9.52	-11.03	40.67	511904.52	447417	-1692.94
55	3336	002385	大北农	40.71	C	-0.11	-1.57	-10.52	1.23	3.12	52.76	-1.18	37.32	-2.54	-3.17	90.63	2689481.59	3132807.81	-93817.75
56	3370	002679	福建金森	39.70	C	0.05	3.46	-1.39	0.1	0.11	60.19	1.25	28.27	0.77	29.42	170.37	191370.44	18988.65	1291.48
57	3382	002852	道道全	39.38	C	-0.69	-5.69	-7.33	1.44	3.09	40.58	-6.58	3.07	29.91	-7.9	62	412259.27	544947.45	-19805.03
58	3392	600127	金健米业	39.09	C	-0.04	0.51	-6.38	2.93	4.34	63.56	0.31	17.33	-4.21	-23.43	47.15	212499.84	670648.22	-3850.85
59	3443	600962	国投中鲁	37.56	C	-0.07	1.22	-3.8	0.61	0.94	65.23	0.74	26.35	-3.58	24.1	94.78	232291.53	144986.12	-839.02
60	3461	002069	獐子岛	36.95	C	0.01	4.42	-105.61	0.83	1.38	96.31	1.29	8.11	26.81	-21.29	70.62	247047.06	208283.75	2392.36
61	3470	002868	绿康生化	36.69	C	-0.17	-2.65	-1.58	0.33	1.36	42.62	-10.5	17.93	-6.22	-6.94	48.53	125839.89	36338.64	-2644.41
62	3478	002100	天康生物	36.31	C	-0.62	-2.68	-8.84	0.96	1.48	54.71	-2.14	31.35	13.33	-1.79	90.92	1718473.87	1574433.76	-67851.96
63	3494	000911	南宁糖业	35.82	C	-0.17	3.74	-48.58	0.49	1.06	91.17	0.85	-8.85	155.24	32.26	117.96	733640.77	323333.49	-6425.48
64	3509	002567	唐人神	35.40	C	-1	-7.81	-17.34	1.75	4.83	57.88	-5.45	17.44	4.54	-12.03	78.75	1454462.14	2174219.42	-117224.39
65	3516	600191	*ST 华资	35.02	C	0.02	0.65	0.52	0.02	0.41	4.66	0	9.3	-0.73	-40.08	151.27	175604.31	4223.44	996.7
66	3541	600975	新五丰	34.14	C	-0.41	-6.86	-15.7	0.52	1.3	58.74	-7.51	-26.47	48.62	-22.67	66.63	540662.99	200286.29	-29441.07
67	3563	600265	*ST 景谷	33.35	C	-0.21	-6.32	-31.86	0.45	0.53	44.65	-2.13	170.39	742.16	17.38	108.29	31195.7	13702.91	-2819.59
68	3573	300189	神农科技	32.85	C	-0.06	-4.69	-6.12	0.13	0.39	16.54	-45.05	14.27	-5.63	-1.02	65.17	114060.1	14783.3	-5632.18
69	3599	600257	大湖股份	32.00	C	-0.37	-6.51	-8.87	0.6	1.21	54.06	-3.34	37.99	-17.23	11.37	111.05	234042.44	129231.24	-19753.57
70	3651	000592	平潭发展	29.74	C	-0.2	-16.94	-26.98	0.35	0.42	40.08	-3076.06	30.16	-24.02	19.3	76.88	415694.89	160651.26	-78201.77
71	3660	603363	傲农生物	29.50	C	-2.34	-9.42	-60.46	1.24	4.63	87.18	-3.05	56.62	-43.82	-6.59	129.36	1710052.7	1803816.02	-185091.99
72	3664	600275	*ST 昌鱼	29.42	C	-0.06	-24.51	-140.77	0.93	1.84	92.03	-11579.96	356.03	-78.89	17.09	107.18	11116.01	11016.55	-2896.33

续 表

序号	A股上市公司评价得分排序	股票代码	股票简称	综合得分（100）	评价等级	每股收益（元）	总资产报酬率（%）	净资产收益率（%）	总资产周转率（次）	流动资产周转率（次）	资产负债率（%）	已获利息倍数	营业收入增长率（%）	资本扩张率（%）	市场投资回报率（%）	股价波动率（%）	年末资产总额（万元）	营业收入（万元）	净利润（万元）
73	3685	000702	正虹科技	28.67	C	-0.84	-34.01	-71.19	1.57	3.69	69.11	-16.23	34	-55.23	-10.82	50.6	90109.78	143156.49	-33261.46
74	3728	300498	温氏股份	27.29	C	-2.11	-13.28	-35.97	0.73	2.22	64.1	-8.57	-13.31	-26.98	2.16	90.54	9678836.65	6495406.42	-1354762.1
75	3739	300268	佳沃食品	26.78	C	-1.66	-0.88	-29.31	0.41	1.36	90.72	-0.31	1.6	-24.91	69.01	205.72	1130042.08	459721.82	-32969.96
76	3748	000876	新希望	26.60	C	-2.2	-6.5	-16.01	1.04	3.95	64.98	-6.42	14.97	-9.52	-38.02	173.29	13273420.23	12626170.26	-950276.01
77	3750	002321	*ST华英	26.52	C	-4.59	-37.78	-63.94	0.55	1.21	66.12	-6.11	2.14	-18.4	-13.25	90.32	434632.06	319245.78	-253605.71
78	3752	000798	中水渔业	26.48	C	-0.27	-7.07	-14.08	0.43	1.61	44.73	-5.95	3.84	-14.03	-32.41	88.65	101194.34	46239.07	-8886.87
79	3794	600540	新赛股份	25.15	C	-0.35	-6.45	-28.57	0.52	0.86	80.04	-4.2	-1.98	-25.07	21.42	94.07	247964.74	109690.19	-17505.49
80	3825	300511	雪榕生物	24.07	C	-0.72	-5.88	-18.84	0.46	1.96	61.88	-2.87	-6.33	-18.21	-36.07	121.27	434012.89	206282.88	-34846.76
81	3856	002548	金新农	23.23	C	-1.6	-15.78	-25.5	0.81	2.19	65.75	-7.26	19.61	-34.44	-39.17	118.78	585421.71	486704.05	-109620.33
82	3876	600506	*ST香梨	22.69	C	-0.24	-1.65	-14.23	0.18	0.31	93.29	-8.23	194.76	-12.9	26.9	128.37	361392.56	34953.65	-3593.34
83	3880	000735	罗牛山	22.44	C	-0.37	-3.94	-9.49	0.19	0.69	61.34	-4.44	-19.78	-1.52	-19.97	67.98	1092981.56	187173.11	-43557.74
84	3908	000972	*ST中基	21.35	C	-0.13	-14.28	-73.54	0.28	0.6	88.18	-8.77	659.6	-55.5	22.28	125.88	68233.61	17445.16	-10058.01
85	3934	300175	朗源股份	20.42	C	-0.2	-13.44	-23.34	0.28	0.52	33.99	-18.84	-17.14	-23.45	-7.05	56.36	79260.1	24694.85	-13162.73
86	3936	002157	正邦科技	20.31	C	-6.01	-33.68	-131.16	0.9	2.04	92.6	-14.16	-3.04	-85.97	-43.5	154.83	4656700.43	4767022.37	-1911459.99
87	3947	002124	天邦股份	19.71	C	-2.43	-23.74	-78.61	0.62	2.15	79.93	-11.11	-2.39	-57.82	-40.69	194.63	1849118.65	1050663.08	-447290.54
88	4042	002086	ST东洋	14.23	C	-1.35	-31.76	-88.31	0.13	0.27	84.1	-12.3	-9.12	-70.79	77.02	98.65	265374.44	38896.94	-102091.79
89	4083	300313	ST天山	9.07	C	-0.09	-1.6	-49.83	0.12	0.87	86.43	-0.96	-33.88	-23.28	-62.85	250.22	84279.07	10797.62	-3039.47
90		605016	百龙创园	72.10	BBB	0.9	11.31	10.06	0.62	1.08	6.16	115.51	30.77	74.14	53.12	77.86	128251.14	65335.61	10447.92
91		300967	晓鸣股份	69.36	BB	0.48	8.77	8.98	0.7	3.38	28.93	12.06	32.29	34.21	27.17	132.62	116142.24	71436.77	8184.56
92		605296	神农集团	68.39	BB	0.64	6.71	7.06	0.69	1.35	13.03	28.86	2.02	98.99	-58.38	67.79	516981	277945.88	24529.2
93		001201	东瑞股份	63.01	B	1.3	8.81	9.27	0.39	1.06	15.62	16.84	-23.03	157.67	-37.14	52.13	367073.18	105184.31	21157.98
94		300972	万辰生物	57.34	CCC	0.17	4.61	0.74	0.56	2.15	24.36	6.77	-5.44	63.12	-43.18	74.33	86400.51	42552.07	2427.92
95		300970	华绿生物	55.97	CCC	0.14	1.84	0.41	0.38	0.92	23.39	2.51	-5.14	68.92	-14.64	68.53	187652.11	57808.82	1628.05

第十七章 房地产行业上市公司业绩评价

从国民经济上下游产业链的关系看，房地产行业处于承上启下的位置，在经济建设、社会发展、财政税收、国防建设以及稳定就业等方面发挥着重要作用。2021 年全年房地产开发投资 147602 亿元，比上年增长 4.4%，全年房地产行业调控经历了从趋紧到逐步稳定的过程，继续抑制投机活动，降低市场风险，稳步推进去库存的任务，截至 2021 年 12 月末，商品房待售面积 5.10 亿平方米，同比增长 2.20%。疫情影响和整体行业环境下行收紧使得房地产行业指数（申万）全年震荡下行，全年最终跌幅为 9.75%。预计 2022 年房地产行业整体将继续处于调整升级的状态，以促进房地产业良性循环和健康发展。

一、房地产行业上市公司业绩评价

截至 2021 年末，房地产行业 A 股上市公司共 128 家，其中 93 家盈利，占比 72.66%。房地产行业综合评价分值为 46.27 分，低于全部上市公司的综合评价分值 62.78 分。房地产行业 128 家上市公司业绩评价等级如下：4 家 BBB，5 家 BB，11 家 B；11 家 CCC，15 家 CC，82 家 C。

2021 年房地产行业 128 家上市公司资产总额合计为 14.00 万亿元，占全部上市公司比例为 16.21%；实现主营业务收入 3.02 万亿元，占全部上市公司的比例为 5.50%；实现利润总额达到 0.18 万亿元，占全部上市公司的比例为 4.83%；实现净利润 0.09 万亿元，占全部上市公司的比例为 3.23%；房地产行业扣除非经常性损益净资产收益率的平均值为 2.62%，远低于全部上市公司 7.51%的平均值；该行业上市公司 2021 年度市场投资回报率为 13.95%，远低于全部上市公司 27.90%的平均值；房地产行业上市公司股价波动率为 92.08%，低于全部上市公司 108.84%的平均值。表 17-1 列示了房地产行业业绩评价排名前十的公司。

表 17-1　2021 年度房地产行业业绩评价得分前十名的公司

名次	股票代码	股票简称	业绩得分	在 A 股上市公司中评价得分排序
1	300917	特发服务	73.85	197
2	603506	南都物业	72.69	257
3	002968	新大正	72.33	277
4	600007	中国国贸	71.81	303
5	601155	新城控股	68.04	579
6	000897	津滨发展	67.93	591
7	000090	天健集团	67.33	644
8	600173	卧龙地产	65.7	807
9	002208	合肥城建	65.15	862
10	002244	滨江集团	64.88	895

基于对房地产行业上市公司的整体评价，下面分别从财务效益、资产质量、偿债风险、发展能力和市场表现五个方面对房地产行业上市公司进行具体分析。

（一）财务效益

由于 2021 年疫情和行业环境下行等因素的影响，导致行业整体财务效益状况下降，无论是扣除非经常性损益净资产收益率还是股本收益率相较于 2020 年均出现不同程度的下降。这主要是由于一方面 2021 年疫情反复导致整体宏观经济受到一定程度的影响，另一方面下半年房地产行业的信用受到部分房企违约事件的影响使得行业整体经营环境受到打击，进而导致市场需求处于观望情绪中。虽然各家上市公司采取了多种多样的营销方式，提升销售能力，以期提升财务效益，但是相对于 2020 年房地产行业在财务效益上仍然是受到了较大的冲击。具体财务效益状况如表 17-2 所示。

财务效益评价得分排名前三的分别为的是陆家嘴、雅戈尔和保利发展。其中保利发展 2021 年实现营业收入 2850.24 亿元，比上年增长 17.19%，实现营业利润 496.70 亿元，扣除非经常性损益净资产收益率 12.86%，盈利现金保障倍数 0.28。这主要由于保利发展始终聚焦于核心城市及城市群，深耕国家重点发展区域，助力国家新型城镇化建设。坚持以商品住宅开发为主，适度发展持有经营性物业地产开发，避免无序开发和过度开发，在现有领域聚焦深耕，提升现有项目的全业态、全流程管理，提高运营效率，持续地获取稳健的现金流，降低财务杠杆，提升运营能力和财务效益。

表 17-2　房地产行业财务效益状况比较表

分析指标		2021 年全部上市公司平均值	2021 年行业值	2020 年行业值	增长率（%）
基本指标	扣除非经常性损益净资产收益率（%）	7. 51	2. 62	8. 83	-70. 33
	总资产报酬率（%）	5. 47	2. 34	4. 22	-44. 55
	基本得分	20. 98	15. 56	21. 36	-27. 15
修正指标	营业利润率（%）	6. 79	6. 16	13. 88	-55. 62
	盈利现金保障倍数	1. 75	3. 95	1. 17	237. 61
	股本收益率（%）	46. 81	16. 55	75. 45	-78. 06
综合得分		23. 08	19. 71	24. 41	-19. 25

（二）资产质量

资产质量方面，房地产行业整体资产质量状况相较于 2020 年有所下降。事实上由于 2020 年疫情的影响导致整体房地产行业销售去库存受到一定程度的影响，行业整体应收账款周转率和存货周转率同比有所下降，具体见表 17-3。

在房地产行业上市公司资产质量状况评价中，招商积余和特发服务等 11 家公司得分均为满分 15 分，但另有 53 家得分为 0。这说明房地产行业上市公司在资产质量上一方面两极分化较为严重；另一方面相对于全国平均水平而言仍有一定的差异，资产质量较低的上市公司占比较大，仍然需要通过转型升级提升资产质量。以招商积余为例，其总资产周转率为 0. 64 次，高于行业平均值，存货周转率为 6. 16 次，同样高于行业平均值，主要受益于公司逐步转向建设领先的物业资产管理运营的方向发展，即以高周转轻资产运营为主的发展模式，加速现金回流能力，提升运营团队的管理能力，以进一步提高资产质量和企业的运营能力。

表 17-3　房地产行业资产质量状况表

分析指标		2021 年全部上市公司平均值	2021 年行业值	2020 年行业值	增长率（%）
基本指标	总资产周转率（次）	0. 67	0. 22	0. 22	0. 00
	流动资产周转率（次）	1. 25	0. 27	0. 27	0. 00
	基本得分	9. 72	1. 92	1. 92	0. 00
修正指标	应收账款周转率（次）	8. 97	12. 21	12. 33	-0. 97
	存货周转率（次）	3. 07	0. 33	0. 3	10. 00
综合得分		9. 27	4. 84	4. 98	-2. 81

（三）偿债风险

2021 年随着“三条红线”（三条红线具体是指：红线一为剔除预收款的资产负债率不得大于 70%，红线二为净负债率不得大于 100%，红线三为现金短债比不得小于 1 倍）政策持续发力导致行业整体融资环境收紧，且下半年行业同时受到部分企业实质性违约事件的影响，进一步使得整体行业发展环境恶化，进而使房地产行业的偿债风险加大，与 2020 年相比较，2021 年房地产行业上市公司偿债风险状况平均得分下降了 24.52%。

表 17-4 列示了房地产行业偿债风险状况评价结果。在房地产行业上市公司偿债风险状况指标中，排名前五的为特发服务、新大正、宁波富达、万业企业和同达创业。其中较为典型的是万业企业，该公司在全年经营稳健，有效推出契合市场需求的产品，加快产品销售和资金回笼，提升现金流量和盈利能力，进而降低偿债风险。

表 17-4　房地产行业偿债风险状况比较表

分析指标		2021 年全部上市公司平均值	2021 年行业值	2020 年行业值	增长率（%）
基本指标	资产负债率（%）	59.93	79.20	79.08	0.15
	已获利息倍数	5.28	2.21	3.58	-38.27
	基本得分	8.86	2.66	3.82	-30.37
修正指标	速动比率（%）	83.33	47.14	48.85	-3.50
	现金流动负债比率（%）	13.68	4.31	3.91	10.23
	带息负债比率（%）	38.47	32.11	34.02	-5.61
综合得分		8.86	3.14	4.16	-24.52

（四）发展能力

从综合得分来看，2021 年房地产行业上市公司发展能力得分明显低于全部上市公司平均值，从盈利能力到资本扩张均为同比下降的情况。

表 17-5 列示了房地产行业发展能力状况评价结果。在房地产行业上市公司发展能力状况指标中排名前五位的公司分别是滨江集团、天健集团、荣安地产、上海临港和荣丰控股。以滨江集团为例，其资本扩张率 33.31%、累计保留盈余率 47.35%，各项指标得分均比较靠前，规模的稳定扩张和运营能力的不断提高为企业发展提供了强大的动力。这主要是因为企业一贯保持人员精干高效和稳定，提升管理水平，准确把握精准投入、控制成本、保证品质，推动企业更好发展。

表 17-5　房地产行业发展能力状况比较表

分析指标		2021 年全部上市公司平均值	2021 年行业值	2020 年行业值	增长率（%）
基本指标	营业收入增长率（%）	22.02	8.56	10.74	-20.30
	资本扩张率（%）	11.29	3.62	13.45	-73.09
	基本得分	12.09	9.29	13.36	-30.46
修正指标	累计保留盈余率（%）	41.52	40.89	45.91	-10.93
	总资产增长率（%）	10.88	4.21	13.73	-69.34
	三年营业收入平均增长率（%）	11.08	12.94	16.92	-23.52
	营业利润增长率（%）	26.49	-51.72	-7.53	586.85
综合得分		12.34	9.81	13.35	-26.52

2021 年房地产行业上市公司资本扩张率由 13.45%降至 3.62%，累计保留盈余率由 45.91%降至 40.89%，营业利润增长率由-7.53%降至-51.72%。这首先说明房地产行业上市公司受到宏观调控政策的影响导致销售增速有所减慢，且扩张速度逐步放缓，其次由于 2021 年全年疫情反复，叠加行业环境受创导致整体上市公司发展趋于保守，企业主要集中于拓宽销售渠道回笼资金以应对未来新的行业环境。

（五）市场表现

从综合得分来看，房地产行业上市公司市场表现状况平均得分有所上升，但全年整体表现为震荡下行。

表 17-6 列示了房地产行业市场表现状况评价结果。在房地产行业上市公司市场表现状况指标中，有 58 家公司得分高于全部上市公司平均水平。

表 17-6　房地产行业公司市场表现状况比较表

分析指标	2021 年全部上市公司平均值	2021 年行业值	2020 年行业值	增长率（%）
市场投资回报率（%）	27.90	13.95	-7.03	-298.44
股价波动率（%）	108.84	92.08	80.98	13.71
综合得分	9.23	8.77	8.13	7.87

2021 年，宏观调控仍然严格，“三条红线”政策持续发力，下半年部分房企的暴雷也对整个行业产生了巨大的冲击。房地产行业指数与沪深 300 指数波动情况如图 17-1 所示。

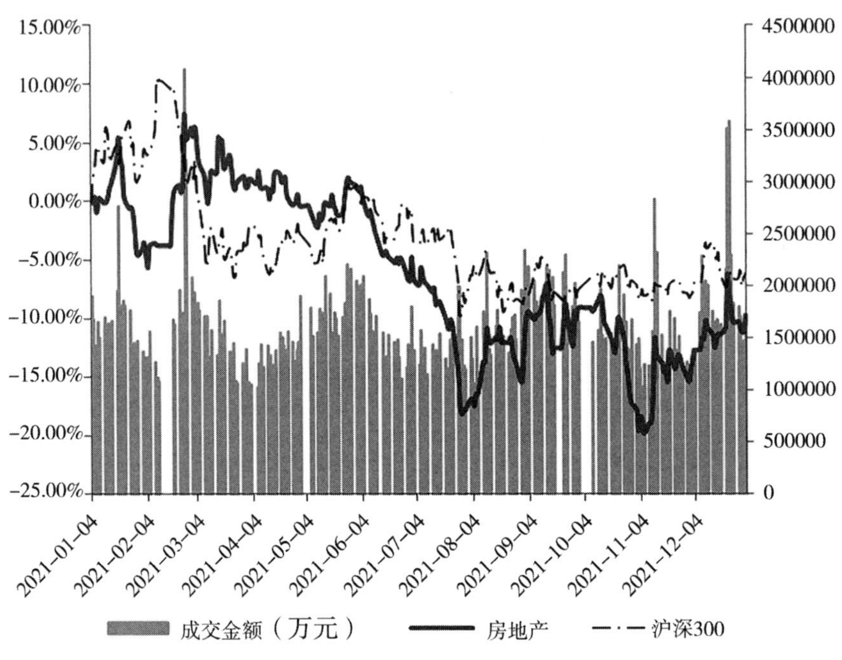

图 17-1　房地产行业指数（申万）与沪深 300 指数波动

数据来源：同花顺资讯。

二、2021 年度房地产行业上市公司业绩影响因素分析

总体来看，2021 年全年房地产市场受到政策环境趋紧和部分房企暴雷影响，导致行业下行，发展环境严峻，房地产行业整体的结构转型和分化调控进一步加速。房地产行业上市公司作为社会经济发展的重要组成部分和代表力量，也在稳步推进自身的结构调整和转型升级，2021 年房地产行业 128 家上市公司实现主营业务收入 3.02 万亿元，同比增长 8.63%，实现净利润 0.09 万亿元，同比下降 66.67%。2021 年对房地产行业上市公司业绩产生重要影响因素有以下几个方面。

（一）趋严的行业调控政策，加大了对去库存和销售业绩的影响

为促进房地产行业健康发展，推动和完善房地产行业长效机制的建立，各地政府在 2021 年全年延续上年实行了较为多样化的调控政策，进一步夯实房产的居住属性，使得各地房地产市场热度更加趋于回归理性。下半年部分房地产企业由于近几年野蛮无序的激进式发展叠加行业周期下行的原因，导致其难以维持原有的三高发展模式（即高负债、高周转和高回报模式），进而导致其形成实质性的债务违约，尤其是部分头部房企，所带来的影响深远，这进一步导致房地产行业整体观望情绪严重，市场去库存难度进一步加大。

从成交量来看，市场表现逐步降温，截至 2021 年 12 月末，商品房待售面积 5.10 亿平方米，同比增长 2.20%，相较 2020 年的去化速度下降明显。中指数据研究院公布数据显示，2021 年，50 个重点城市新建商品住宅成交面积同比小幅增长，绝对规模仅次于 2016 年

同期，但下半年行业受到部分房企暴雷和调控政策进一步收紧影响，导致整体市场观望情绪严重，市场明显降温，下半年成交规模降至 2015 年以来同期最低水平。从各个梯队来看：一二线城市和其他城市出现明显分化，中指研究院数据显示，2021 年新建商品住宅成交面积一线城市同比增长 18.0%，二线代表城市同比增长 5.8%，三线代表城市同比下降 2.0%。

从销售角度而言，2021 年上半年在三条红线的“要求”下和到期负债的压力下，各大房企采用各种促销手段加大回款力度和销售速度，加快现金回流，但是下半年受到部分企业的信用违约影响以及行业政策环境的进一步收缩，如购房信贷额度偏紧、放款时间延长等各种政策效果的显现，均导致销售出现明显下降，尤其对于私营企业影响较大。中指研究院数据初步统计显示，2021 年，50 个代表城市新建商品住宅月均成交面积约 3324 万平方米，同比增长 4.6%，其中下半年同比下降超 20%。整体来看 2021 年全年房地产行业仍然以稳为主，但稳中有变，稳中有降，以变革应对行业洪流，以加速回笼资金和降低负债应对行业危机。

根据 Wind 数据统计，2021 年房地产行业 128 家实现营业利润 0.19 万亿元，同比大幅下降 51.72%；从全年整体来看，行业整体财务状况出现较大程度的下滑，但行业利润集中度逐步提高。房地产公司强者更强，A 股上市房地产开发企业净利润排名前十的公司平均年度净利润规模为 150.61 亿元，是 128 家上市房地产企业净利润均值的 20.78 倍。

（二）注重质量与结构性调控，优化运营模式，提升发展质量

2021 年房地产行业的宏观调控逐步趋向稳定，但“三条红线”的政策影响逐步显现，叠加全年到期债务压力骤增，进一步推动房地产行业的调整和转型升级。各大房地产企业继续全力以赴通过“去库存”提升周转率和现金流量，提升财务质量和企业的生存能力，为结构转型和未来的生存发展奠定良好的资金基础。以万科为例，2021 年存货周转率为 0.34，较 2020 年的 0.31 有所上升。

政策层面：第一，2021 年 2 月，在自然资源部的指示下，全国 22 个城市实施住宅用地“双集中”出让政策，即集中发布出让公告、集中组织出让活动，全年供地次数不超过三次，使得各大房企不能像过去野蛮式囤地，而是需要集中公司资源，更加合理利用资金，提高土地开发效率和公司的运营效率。第二，上半年，房企融资“三条红线”、房贷管理“两道红线”持续发力，从融资角度进一步管控房地产行业，倒逼行业转型升级，提高现有资金的利用效率，合理规划企业的战略部署。第三，2021 年 7 月 2 日，国家发展改革委印发了《关于进一步做好基础设施领域不动产投资信托基金（REITs）试点工作的通知》，明确将保障性租赁住房（包括各直辖市及人口净流入大城市的保障性租赁住房项目）纳入基础设施 REITs 试点项目，提升对租赁市场的支持力度，进一步推动房地产的健康发展。第四，2021 年 12 月，中央经济工作会议坚定表明，要坚持房子是用来住的、不是用来炒的定位，加强预期引导，探索新的发展模式，坚持租购并举，加快发展长租房市场，推进保障性住房建设，支持商品房市场更好满足购房者的合理住房需求，因城施策促进房地产业良性循环和健康发展，从整体上为未来行业的发展奠定新的发展基调。

企业层面：加速回笼资金和提高偿债能力。2021 年由于疫情反复的影响，房企在销售方面受到了巨大的冲击，虽然企业通过各种促销手段并结合开发线上销售模式，对销售有所挽回，但是下半年部分房企信用违约的冲击导致整个行业的销售继续处于萎靡不振的状态，融资的收紧也同时使得房地产行业整体“现金流环境”受到一定程度的打击。事实上各大房企为了应付疲软的销售状态以及不断到期的债务，一方面，通过裁员优化降低企业运营成本，同时谨慎拿地，以提高企业运营质量、资产质量和项目的盈利能力，从拿地和企业运营端提升企业的现金流保有和现金流的运营效率。依据克而瑞数据统计显示，截至 2021 年末销售百强房企的总土储货值超 40. 4 万亿元，降至 2019 年以来最低水平，较 2019 年末和 2020 年末分别下滑 4%和 7%。以保利发展为例，2021 年保利发展拓展项目 145 个，新增容积率面积 2722 万平方米，同比下滑 15%，拓展金额 1857 亿元，同比下滑 21%。另一方面，从销售需求端来看，随着不同城市市场分化加剧，各大企业采用更具针对性的销售策略。在一线和热点二线城市积极供货推盘，提升周转效率；在需求不足、竞争激烈的低能级城市深化销售渠道，加强营销和折扣力度，及时调整价格，抢占市场份额，加速现金回流，虽然受到行业和疫情的双重打击，但仍然取得了一定程度的回报。最后，各个房企也在不断尝试新的发展运营模式，以房地产开发依托，大力发展房地产周边经济，尤其是涉及房地产服务类的物业和房屋租赁将成为房地产行业未来重要的现金流来源和业务支撑点。

总而言之，随着房地产开发行业环境的变化以及各个企业运营和发展模式的变化，房地产上市公司的整体资产质量也将呈现新的面貌。

（三）应对政策持续发力和环境变化，企业多元举措降低融资成本

从 2016 年的“9・30”调控政策之后，2017—2018 年房地产行业经历了多轮调控，2021 年为了更好地贯彻“房子是用来住的，不是用来炒的”的理念，调控政策仍然趋于收紧，房地产行业的融资环境更是“步步紧逼”，下半年由于部分房企的债务问题导致行业整体的融资环境受到进一步的影响。2021 年房地产行业融资环境现状整体上呈现以下特点：

（1）融资规模和融资成本均有所下降，但融资成本仍然维持较高的水平，推动融资结构继续多元化。根据 CRIC 数据统计整理，据不完全统计，2021 年 100 家典型房企的融资量为 12873 亿元，同比下降 26%，近 5 年来融资量首次出现负增长，同时达到 5 年来最低点。整体融资成本有所下降，2021 年的新增债券类融资成本 5. 32%，较 2020 年全年下降 0. 99 个百分点，其中境外债券融资成本 6. 88%，较 2020 年全年下降 1. 71 个百分点，境内债券融资成本 4. 06%，较 2020 年全年下降 0. 43 个百分点。主要原因为：第一，融资成本的下降，主

要是由于受到部分房企的影响国外发债较难，导致大部分房企回归国内进行发债，相较于国外成本有所下降。第二，由于受到部分房企暴雷影响，房企融资受到一定程度的限制，优质企业融资发债成为主力，导致融资成本和融资规模两者整体均有所下降。

（2）为了更好应对环境变化，有效降低疫情和部分房企暴雷的影响，缓解资金紧张的局面，各个房地产企业不断寻求新的融资渠道和融资方式，利用境外渠道、股权方式和资产证券化等多种渠道或方式融取资金，以提高自身的现金保有量。除此之外，通过加大销售回款、减少拿地、加大促销力度，共同推动企业的现金流质量提升，进一步提升企业的资产质量和偿债能力。

（四）主要原材料价格和劳动力成本维持稳定，房地产营运成本略有上升

房地产项目施工涉及多种原材料，如沙、土、石料、砖、水泥、钢筋等。一方面，受各国应对疫情所采取的量化宽松政策的影响，导致输入性通货膨胀，叠加国内成本性通胀的影响，建筑类原材料价格 2021 年仍然有所上涨；另一方面，国际形势严峻导致大宗商品价格持续上涨进一步带来输入性通货膨胀，推高价格。

以水泥和钢筋两种原材料为例。从图 17-2 可以看出全年水泥市场指数上半年受到疫情的持续影响较为低迷，随着经济逐步复苏，水泥市场的价格逐步上涨。全年平均价格达到 455 元/吨，高出 2011 年 412 元/吨，整体相对仍然呈现较为平稳的发展水平。

同样，2021 年钢铁市场随着疫情逐步得到控制逐步回暖，但全年波动明显，整体呈现较大浮动震荡。其中以螺纹钢为代表的黑色产业链表现较为活跃。由图 17-3 可以看出钢铁市场在 2021 年全年钢铁市场呈现震荡调整的状态。

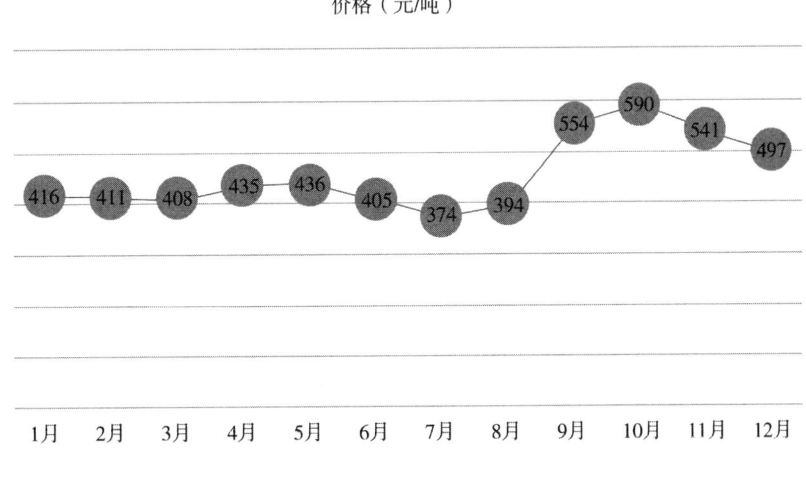

图 17-2 2021 年全年水泥市场价格走势

数据来源：水泥地理。

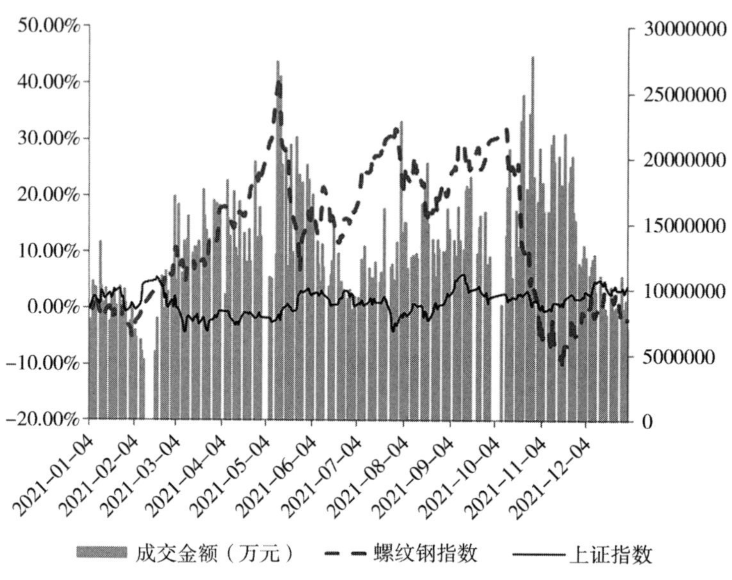

图 17-3　同花顺螺纹钢指数

数据来源：Wind 资讯。

除此之外，劳动力资源作为房地产经营必不可少的生产要素之一，其成本的上升也必然导致房地产营运成本上涨。根据国家统计局公布数据显示，2021 年，全国居民人均工资性收入 19629 元，增长 9.6%。

三、2022 年房地产行业前景分析

从整体来看，在坚持“房住不炒”的前提下，为了有效促进房地产行业健康发展和良性循环，预计 2022 年中央将继续有针对性地对房地产行业进行调控，进一步采取有针对性的结构化调整。同时在继续落实去库存任务的前提下，完善和健全租购并举的住房制度，发展和培育健康的长期租赁住房市场，形成以市场为主满足多层次需求，以政府为主提供基本保障的体系。除此之外，也会积极应对“后疫情时代”所带来的经济影响和国际上的地区保护主义，尤其是美国对亚太地区的态度和措施，以推动整体经济的转型平稳过渡，改变房地产行业占据经济支柱地位的现状。

（一）中国经济处于改革和平稳发展关键期，房地产投资将趋于谨慎和理性

在深化改革、结构化调整的攻坚和落地阶段的背景下，我国的经济已经步入改革转型的关键期，为了更好地实现转型升级和产业结构的优化调整，转变过去主要依赖房地产行业发展的情况，在“后疫情时代”积极应对国内外所带来的挑战，我国将对房地产行业进行更加合理的调控，预计中央将继续有针对性地对房地产行业进行新一轮的结构性调整。从趋势来看，中国经济结构转型升级的常态化依然会导致部分资金从房地产行业流向其他领域；进一步的调控政策也将会使得房地产行业发展步入稳定的状态。2022 年房地产开发

投资将更加谨慎。

（二）行业政策结构化调整，推动行业结构转型升级加速

2022年由于疫情的反复以及国际形势的严峻考验，导致国内经济整体受到一定的影响。为了更好应对国内外复杂的经济环境，房地产行业在整体坚持健康发展和良性循环的前提下，政策方面对于房地产的未来也将推行结构化的政策调控，对于有效刚性合理需求将有针对性地满足。企业层面在政策调控的基本大环境下，一方面民企寻求和大型央企和国企合作互补优势进行发展，另一方面进行多元化的产业布局，如进一步布局物业服务和不动产租赁服务等房地产服务行业以增加现金流来源，进一步提升企业财务的边际安全，实现企业的转型升级。

（三）房地产行业新时代的到来引导新的行业发展趋势

2022年经济的新常态发展和结构化调整已进入新的阶段，房地产行业将加快推进结构升级转型，集中化和降负债发展将成为行业发展新的趋势。

第一，集中化将成为未来一段时间的行业标签。随着疫情加剧，债务的不断压顶，部分房企难以继续维持原来的“三高”发展模式，故一部分行业内的“白衣骑士”将会对部分短暂经营困难的企业采取“救助”式的并购合作等模式，避免行业整体硬着陆。例如年初银保监会明确表示要“鼓励机构稳妥有序开展并购贷款，重点支持优质房企兼并收购困难房企优质项目，促进房地产业良性循环和健康发展”。这一政策更加明确鼓励行业内优质企业进行合理并购，促进整个房地产行业的转型升级和健康发展。

第二，“降负债”将成为房地产行业未来的发展关键词。虽然经过一年的积极去化，但各大房企的负债率仍然较高，据中指院数据显示，截至2021年12月31日，2022年将有6589.4亿元债券到期，其中信用债占比47.0%，海外债占比53.0%。一方面较高的负债率和偿债压力，促使企业积极降低负债率，同时，“三条红线”的政策也驱使各大房企加速回笼现金，降低负债率，满足监管的基本要求；另一方面由于房地产行业已经进入了新的时代和新的发展模式，精耕细作、降低负债和运营成本、提高效率将成为未来行业发展的关键发展模式。

2022年，受到疫情和部分房地产企业实质性违约的连锁叠加因素影响，房地产行业将呈现内部分化严重和产生重大变革的趋势。一方面，在中央仍将坚持“房住不炒”总基调不变前提下，土地集中供应和行业“三条红线”政策也将持续发力，促进行业“变革”式发展，行业集中度将进一步加大，龙头企业的优势更加显现，但结构化调控和因城施策预计将在2022年贯穿全年；另一方面，“去杠杆”和“低成本运营”将成为2022年房地产行业的关键词。各大房企将通过去杠杆、调结构更好地保证企业的高质量发展，提高房地产企业的资产质量和财务安全性，除此之外也将通过开源节流的方式降低成本、提高利润率，提升企业的边际安全性。从整体上进一步推动房地产行业更加理性发展、建立健康发展的长效机制。

附表　2021年度房地产行业上市公司业绩评价结果排序表

序号	A股上市公司评价得分排序	股票代码	股票简称	综合得分	评价等级	每股收益（元）	净资产收益率（%）	总资产报酬率（%）	总资产周转率（次）	流动资产周转率（次）	资产负债率（%）	已获利息倍数	营业收入增长率（%）	资本扩张率（%）	市场投资回报率（%）	股价波动率（%）	年末资产总额（万元）	营业收入（万元）	净利润（万元）
1	197	300917	特发服务	73.85	BBB	0.86	11.88	12.75	1.37	1.49	35.45	130.19	52.54	8.65	7.6	68.62	136058.68	169110.89	11724.49
2	257	603506	南都物业	72.69	BBB	0.87	13.95	12.06	0.82	1.1	54.48	0	12.7	14.66	14.18	35.42	211545.64	159291.71	16953.45
3	277	002968	新大正	72.33	BBB	1.03	16.32	14.88	1.55	1.98	32.08	177.97	58.4	15.72	3.56	82.57	145371.41	208826.39	16638.04
4	303	600007	中国国贸	71.81	BBB	1.02	12.2	11.95	0.29	1.24	32.13	12.79	15.76	7.75	18.55	135.35	1272592.48	358598.29	102460.52
5	579	601155	新城控股	68.04	BB	5.59	12.73	3.66	0.31	0.42	81.82	15.03	15.64	18.24	-10.03	99.07	53429311.42	16823167.79	1375962.76
6	591	000897	津滨发展	67.93	BB	0.3	27.19	9.73	0.32	0.35	71.63	94.75	22.39	29.17	17.26	69.63	694305.66	225443.18	48528.3
7	644	000090	天健集团	67.33	BB	0.96	15.99	5.72	0.43	0.49	78.56	9.28	35.88	16.21	9.59	37.92	5982401.64	2326933.19	195164.97
8	807	600173	卧龙地产	65.7	BB	0.68	13.92	8.19	0.33	0.38	52.14	0	9.73	11.79	37.78	103.82	737689.27	250328.79	47700.05
9	862	002208	合肥城建	65.15	BB	1.09	13.56	5.96	0.37	0.4	68.48	11.98	41.01	18.48	-3.03	43.69	2255733.13	755729.57	90021.86
10	895	002244	滨江集团	64.88	B	0.97	14.92	3.93	0.2	0.22	82.34	9.44	32.8	33.31	11.57	34.95	21172579.74	3797635.65	492086.36
11	936	600724	宁波富达	64.52	B	0.25	11.15	14.65	0.55	1.07	16.13	292.88	0	3.41	10.21	47.09	428985.31	234023.89	47425.86
12	951	600639	浦东金桥	64.43	B	1.45	12.81	7.77	0.15	0.34	62.39	7.54	28.5	13.95	5.34	45.24	3326783.93	461715.16	157519.3
13	1091	000573	粤宏远A	63.37	B	0.22	8.51	7.97	0.43	0.77	33.23	5.83	46.69	6.29	19.06	61.98	250782.05	121171.16	13619.62
14	1108	000011	深物业A	63.25	B	1.68	23.26	10.37	0.34	0.39	68.93	18.44	9.44	19.83	6.48	60.09	1458189.72	449196.56	98675.87
15	1205	600159	大龙地产	62.45	B	0.12	7.22	6.18	0.39	0.43	39.11	0	72.36	5.77	27.86	65.83	427213.29	170142.61	18347.08
16	1277	600383	金地集团	61.99	B	2.08	11.9	5.17	0.23	0.29	76.19	3.43	18.26	17.19	9.66	54.84	46280951.02	9893491.57	1295109.24
17	1330	001914	招商积余	61.5	B	0.48	3.62	5.39	0.64	1.83	48.85	6.17	22.65	3.46	-15.28	139.39	1676551.13	1059093.01	45264.07
18	1383	600177	雅戈尔	61.12	B	1.13	14.16	9.03	0.17	0.33	57.4	6.92	18.57	19.04	0.95	44.39	8022399.2	1360686.31	513575.87
19	1402	600048	保利发展	60.93	B	2.29	12.86	4.2	0.21	0.24	78.36	9.96	17.21	13.61	9.55	74.57	139993305.29	28493313.63	3718947.58
20	1466	002133	广宇集团	60.27	B	0.42	7.89	2.79	0.42	0.45	76.04	10.02	40.7	13.5	10.17	38.71	1977653.62	736367.26	37228.17
21	1571	600064	南京高科	59.5	CCC	1.9	13.51	8.8	0.15	0.28	51.63	13.81	69.4	13.23	-2.33	27.87	3302944.48	491862.87	240228.53
22	1658	002016	世荣兆业	58.89	CCC	0.87	15.73	13.07	0.32	0.37	32.41	485.39	-19.24	15.47	-16.09	55.44	691929.39	238048.21	70749.22
23	1699	000691	亚太实业	58.53	CCC	0.05	15.43	8.94	0.71	2.09	59.01	4.33	96.25	29.54	13.13	57.57	73258.57	52155.99	4304.14
24	1776	001979	招商蛇口	57.92	CCC	1.16	5.16	4.21	0.2	0.26	67.68	3.13	23.93	9.24	7.01	62.03	85620334.74	16064341.3	1520173.71

续 表

序号	A股上市公司评价得分排序	股票代码	股票简称	综合得分	评价等级	每股收益（元）	净资产收益率（%）	总资产报酬率（%）	总资产周转率（次）	流动资产周转率（次）	资产负债率（%）	已获利息倍数	营业收入增长率（%）	资本扩张率（%）	市场投资回报率（%）	股价波动率（%）	年末资产总额（万元）	营业收入（万元）	净利润（万元）
25	1958	000517	荣安地产	56.61	CCC	0.34	11.91	2.54	0.24	0.26	82.26	7.08	62.66	40.54	-12.45	59.78	8341154.6	1818135.46	115936.26
26	1965	000608	阳光股份	56.55	CCC	0.09	2.07	3.72	0.1	1.87	34.86	2.68	-0.46	1.05	6.63	73.32	562170.17	56755.49	8281.27
27	1966	601512	中新集团	56.54	CCC	1.02	12.44	10.3	0.14	0.26	44.42	8.64	14.74	9.02	-1.56	27.47	2943046.16	391723.66	199621.21
28	1967	000909	数源科技	56.53	CCC	0.13	3.23	4.87	0.41	0.66	54.59	2.84	32.21	-3.91	2.5	45.66	436971.13	177810.67	9860.32
29	2023	000560	我爱我家	56.06	CCC	0.07	0.82	3.03	0.45	1.06	67.51	1.4	24.94	3.15	-17.17	108.66	3296351.14	1196287.38	13078.1
30	2037	000656	金科股份	55.96	CCC	0.61	7.88	2.57	0.3	0.34	79.07	8.78	28.05	5.76	-31.22	117.79	37136186.09	11230967.11	668828.98
31	2042	600848	上海临港	55.95	CCC	0.61	10	6.66	0.14	0.27	59.45	5.34	59.61	13.06	-8.6	56.34	4926474.99	627192.13	186026.82
32	2226	000926	福星股份	54.41	CC	0.18	2.42	3.55	0.25	0.31	74.42	1.55	67.22	1.1	-10.02	36.7	4854827.92	1254350.24	35634.95
33	2229	000069	华侨城A	54.4	CC	0.47	4.89	3.47	0.22	0.27	74.84	2.82	25.3	9.43	9.29	98.35	48006102.45	10258365.09	715181.68
34	2242	600708	光明地产	54.34	CC	-0.04	0.71	2.34	0.32	0.33	81.69	2.32	72.71	-5.81	-2.05	32.67	7521670.96	2587973.45	46557.27
35	2246	600215	派斯林	54.28	CC	0.42	1.86	4.69	0.46	0.66	58.99	5.8	741.35	-43.74	61.95	157.07	340420.1	142149.81	13145.98
36	2269	600325	华发股份	54.11	CC	1.34	5.55	2.44	0.15	0.17	72.99	5.83	0.46	51.38	7.58	42.34	35505703.32	5124067.92	467664.75
37	2291	000668	荣丰控股	53.87	CC	1.6	-6.85	13.33	0.08	0.09	51.65	10.85	130.2	78.49	6.66	78.28	384649.32	25225.9	27960.65
38	2313	600663	陆家嘴	53.71	CC	1.07	12.22	7.11	0.12	0.28	68.22	7.06	-4.16	13.75	6.36	83.25	12089588.7	1387204.28	501567.86
39	2336	600606	绿地控股	53.5	CC	0.48	5.59	1.75	0.38	0.43	88.84	3.53	19.43	5.54	-16.87	59.57	146909790.87	54428636.2	944280.85
40	2367	600376	首开股份	53.23	CC	0.19	3.05	3.63	0.21	0.25	78.68	1.54	53.31	4.44	5.8	35.97	31431798.34	6780225.98	209585.21
41	2428	600641	万业企业	52.72	CC	0.41	3.27	5.92	0.1	0.17	16.76	210.13	-5.54	14.38	105.53	264.78	916681.96	87990.73	37694.86
42	2517	000002	万科A	51.93	CC	1.94	10.21	3.51	0.24	0.29	79.74	4.59	8.04	12.27	-28.78	113	193863812.87	45279777.4	3806952.7
43	2572	600510	黑牡丹	51.46	CC	0.64	7.89	4.02	0.29	0.34	69.18	8.06	-3.77	4.67	23.38	92.53	3482758.39	982667.51	85272.21
44	2611	601588	北辰实业	51.1	CC	0.02	0.4	2.94	0.27	0.32	75.77	1.3	22.77	-2.13	13.77	29.01	7970497.01	2209429.62	9916.16
45	2643	600692	亚通股份	50.8	CC	0.13	3.97	2.51	0.55	0.7	62.75	5.2	50.23	3.44	-10.54	68.4	263136.85	150605.8	4521.45
46	2681	000797	中国武夷	50.43	CC	0.03	2.29	2.22	0.39	0.42	73.6	4.41	48.92	-4.82	-14.94	61.46	2124585.01	866673.9	15426.33
47	2728	000014	沙河股份	49.93	C	0.18	4.08	3.62	0.26	0.28	60.86	4.17	85.11	4.18	1.01	37.54	253886.8	64173.64	4898.94
48	2732	600208	新湖中宝	49.88	C	0.27	4.74	3.76	0.13	0.22	69.24	2.3	22.47	5.8	-1.57	25.57	13249687.66	1689129.6	228414.33

续 表

序号	A股上市公司评价得分排序	股票代码	股票简称	综合得分	评价等级	每股收益（元）	净资产收益率（%）	总资产报酬率（%）	总资产周转率（次）	流动资产周转率（次）	资产负债率（%）	已获利息倍数	营业收入增长率（%）	资本扩张率（%）	市场投资回报率（%）	股价波动率（%）	年末资产总额（万元）	营业收入（万元）	净利润（万元）
49	2759	600748	上实发展	49. 68	C	0. 27	−3. 25	4. 01	0. 25	0. 3	71. 89	22. 91	37. 76	−7. 82	−9. 66	46. 09	3957449. 33	1026913. 08	57691. 3
50	2764	000514	渝开发	49. 62	C	0. 19	5. 41	3. 79	0. 15	0. 17	52. 1	4. 98	90. 2	4. 75	9. 19	57. 6	838767. 32	118685. 47	20230. 95
51	2807	600162	香江控股	49. 24	C	0. 06	0. 08	3. 6	0. 21	0. 26	74. 35	1. 6	14. 5	34. 03	15. 43	37. 58	2964148. 32	570431. 4	6283. 21
52	2810	600647	同达创业	49. 17	C	0. 04	1. 06	1. 13	0. 19	0. 2	37. 18	0	784. 16	1. 77	23. 56	57. 81	52968. 7	9725. 29	579. 73
53	2850	600648	外高桥	48. 65	C	0. 83	5. 87	4. 76	0. 21	0. 41	72. 24	3. 14	−13. 86	6. 52	−4. 56	35. 45	4310882. 09	874350. 18	95041. 73
54	2879	600665	天地源	48. 36	C	0. 44	6. 69	1. 91	0. 18	0. 19	88. 99	5. 41	30. 89	7. 38	8. 66	36. 44	4127456. 99	694194. 72	41862. 07
55	2881	600223	鲁商发展	48. 27	C	0. 36	6. 02	1. 23	0. 2	0. 21	89. 42	6. 73	−9. 2	−0. 27	48. 93	95. 65	6141545. 93	1236327. 09	39379. 81
56	2883	002314	南山控股	48. 25	C	0. 36	3. 35	4. 25	0. 18	0. 29	75. 3	1. 82	−0. 46	47. 96	−10. 53	40. 63	7124620. 89	1118020. 15	93680. 85
57	2903	000965	天保基建	47. 98	C	0. 04	−1. 14	3. 23	0. 22	0. 27	57. 7	2. 05	209. 89	0. 83	−16. 42	58. 82	1284954. 81	254023. 66	4953. 1
58	2914	600266	城建发展	47. 86	C	0. 17	4. 32	1. 55	0. 18	0. 21	79. 46	3. 12	74. 1	2. 28	−7. 33	33. 67	13929471. 89	2418426. 77	92743. 3
59	2923	600185	格力地产	47. 7	C	0. 17	3. 65	4. 78	0. 2	0. 26	72. 9	1. 38	11. 65	5. 39	24. 52	108. 2	3279350. 26	713310. 69	31464. 33
60	2963	000029	深深房A	47. 2	C	0. 22	5. 2	5. 37	0. 24	0. 28	31. 62	24. 38	−18. 22	15. 59	17. 6	39. 32	618249. 81	132079. 06	21759. 97
61	2985	600657	信达地产	46. 95	C	0. 29	0. 55	4. 82	0. 24	0. 3	71. 64	1. 51	−14. 53	1. 8	−2. 36	47. 7	8692174. 32	2210528. 28	84485. 83
62	2989	000402	金融街	46. 88	C	0. 55	0. 93	4. 15	0. 14	0. 21	74. 15	1. 64	33. 3	7. 01	−5. 91	47. 02	16478038. 28	2415531. 36	158117. 72
63	3076	600895	张江高科	45. 64	C	0. 48	5. 12	3. 74	0. 06	0. 17	61. 05	3	169. 13	−0. 03	−12. 95	46. 02	3725134. 38	209706. 18	64831. 05
64	3112	600638	新黄浦	45. 14	C	0. 16	2. 45	1	0. 17	0. 2	78. 9	9. 3	200. 31	0. 35	−8. 89	53. 66	2144116. 96	358608. 11	14528. 94
65	3113	600533	栖霞建设	45. 13	C	0. 35	7. 76	2. 84	0. 14	0. 16	80. 5	3. 5	−3. 24	6. 28	4. 09	31. 95	2315440. 36	318795. 45	35516. 18
66	3119	000863	三湘印象	45. 01	C	0. 1	−2. 95	2. 56	0. 36	0. 44	40. 32	2. 76	−38. 51	−9. 52	−22. 66	93. 74	708852. 07	300628. 28	2753. 65
67	3137	600736	苏州高新	44. 67	C	0. 23	1. 41	2. 05	0. 2	0. 26	74. 72	2. 35	18. 47	0. 64	2. 22	26. 41	6156722. 25	1189514. 1	47921. 5
68	3149	000031	大悦城	44. 54	C	0. 03	1. 43	2. 47	0. 21	0. 28	75. 51	2. 34	10. 84	14. 12	−12. 43	53. 48	21272710. 45	4261449. 74	76742. 4
69	3167	600675	中华企业	44. 26	C	0. 13	5. 26	5. 39	0. 19	0. 28	68. 59	3. 78	−16. 92	−2. 55	−3. 01	44. 02	5418462. 06	959689. 86	118191. 85
70	3183	000631	顺发恒业	44. 01	C	0. 04	1. 06	1. 96	0. 03	0. 04	30. 67	6. 14	−53. 2	−0. 68	23. 1	65. 31	909049. 65	27198	10158. 77
71	3217	000736	中交地产	43. 43	C	0. 34	0. 46	3. 3	0. 12	0. 13	87. 36	1. 62	18. 23	39. 2	2. 08	64. 82	14196247. 18	1454246. 9	73921. 67
72	3234	000006	深振业A	43. 16	C	0. 4	6. 79	5	0. 16	0. 2	65. 32	4. 37	5. 24	4. 42	−11. 52	52. 54	2360103. 48	308857. 05	55349. 02

续 表

序号	A股上市公司评价得分排序	股票代码	股票简称	综合得分	评价等级	每股收益（元）	净资产收益率（%）	总资产报酬率（%）	总资产周转率（次）	流动资产周转率（次）	资产负债率（%）	已获利息倍数	营业收入增长率（%）	资本扩张率（%）	市场投资回报率（%）	股价波动率（%）	年末资产总额（万元）	营业收入（万元）	净利润（万元）
73	3244	600649	城投控股	42.98	C	0.36	1.35	4.61	0.14	0.17	67.69	1.92	40.03	4.28	-22.31	55.07	6890165	919300.44	89733.85
74	3253	600082	海泰发展	42.8	C	0.02	-0.97	2.76	0.31	0.33	37.83	1.22	98.98	0.21	7.44	29.85	281092.15	91154.55	1006.79
75	3288	600807	济南高新	42.05	C	0.02	5.52	2.36	0.24	0.43	89.63	1.68	17.65	-1.25	11.11	71.24	618194.07	128154.98	4092.35
76	3298	000036	华联控股	41.84	C	0.27	8.46	7.41	0.18	0.25	37.29	14.54	-30.43	3.2	13.43	73.39	958608.89	188192.72	52752.71
77	3319	600791	京能置业	41.09	C	0.01	-0.02	1.26	0.11	0.11	80.16	2.08	581.82	10.75	-18.59	63.8	2130931.14	213280.53	5570.53
78	3328	000502	*ST绿景	40.97	C	-0.11	-10.33	-7.32	0.6	1.08	22.4	-44.27	1071.14	40.34	-34.85	95.63	34546.24	17262.78	-2235.84
79	3340	600515	*ST基础	40.59	C	0.04	0.33	1.94	0.08	0.16	66.72	3.59	-28.35	149.68	7.93	131.04	6116892.83	452455.38	44902.83
80	3359	600683	京投发展	40.02	C	0.17	1.84	2.35	0.14	0.18	76.16	2.4	-23.67	32.69	45.77	190.33	4680393.31	676591.03	33278.93
81	3372	600684	珠江股份	39.69	C	0.08	-0.5	1.62	0.11	0.12	88.4	1.38	45.75	22.35	25.35	102.64	3320697.6	360731.4	2547.26
82	3374	600622	光大嘉宝	39.63	C	0.24	1.84	3.37	0.12	0.29	73.12	1.66	3.99	-4.37	-8.18	55.7	3537589.31	409456.16	22345.22
83	3405	000718	苏宁环球	38.7	C	0.21	6.59	6.47	0.19	0.25	41.13	9.27	-30.17	4.46	7.52	205.73	1543514.47	299384.47	61196.23
84	3412	600773	西藏城投	38.52	C	0.14	3.19	2.32	0.17	0.21	74.84	2.98	34.91	2.48	294.42	327.7	1458746.85	251445.78	11141.17
85	3434	000042	中洲控股	37.97	C	0.31	0.51	2.99	0.2	0.23	80.14	1.13	-18.89	0.39	-10.71	58.82	4143807.44	867613.89	6533.24
86	3458	600246	万通发展	37.04	C	0.09	1.09	3.15	0.07	0.14	31.78	2.82	-40.31	-2.58	41	143.48	1086019.78	81328.81	18009.99
87	3473	600225	*ST松江	36.59	C	0.23	104.81	14.4	0.1	0.18	70.64	3.34	-24.8	0	156.06	198.71	672415.95	81400.95	79720.33
88	3499	600823	世茂股份	35.7	C	0.26	4.47	2.32	0.13	0.23	65.74	10.04	-10.66	-1.86	-21.94	81.92	14298345.7	1939161.64	213549.47
89	3526	002147	*ST新光	34.58	C	0.38	-1142.86	11.78	0.18	0.36	95.05	4.24	5.2	0	432.58	349.21	867818.59	175621.1	68609.48
90	3540	600604	市北高新	34.2	C	0.06	-0.08	2.81	0.06	0.1	60.07	1.58	-7.34	0.83	-16.72	49.45	2115850.24	111410.74	12961.23
91	3546	600463	空港股份	33.9	C	-0.08	-8.34	-0.26	0.33	0.52	57.34	-0.21	-9.38	-3.99	41.33	64.68	291080.12	101307.64	-5137.02
92	3549	600658	电子城	33.74	C	0.03	0.01	2.17	0.1	0.13	66.25	1.35	-47.9	-0.22	-16.91	70.6	2147662.15	196452.98	7723.72
93	3559	600716	凤凰股份	33.45	C	0.04	0.49	0.78	0.05	0.08	26.65	3.34	-50.67	-4.97	3.56	34.97	786539.42	44103.22	3497.2
94	3572	600503	华丽家族	32.88	C	0.06	2.01	2.89	0.1	0.21	27	4.22	-51.39	-2.43	-5.53	42.45	504975.58	52483.08	8795.68
95	3578	000616	ST海投	32.68	C	0.03	1.53	1.76	0.01	0.11	9.69	4.48	-97.17	-6.22	-12.77	82.6	553484.93	3552.02	7291.22
96	3598	600094	大名城	32.01	C	-0.17	-3.88	-0.06	0.2	0.23	67.15	-0.09	-48.36	-7.06	-5.89	25.82	3995103.26	766122.46	-32900.41

续 表

序号	A股上市公司评价得分排序	股票代码	股票简称	综合得分	评价等级	每股收益（元）	净资产收益率（%）	总资产报酬率（%）	总资产周转率（次）	流动资产周转率（次）	资产负债率（%）	已获利息倍数	营业收入增长率（%）	资本扩张率（%）	市场投资回报率（%）	股价波动率（%）	年末资产总额（万元）	营业收入（万元）	净利润（万元）
97	3629	600743	华远地产	30.2	C	-0.29	-10.33	-0.88	0.23	0.25	81.46	-8.75	77.13	9.2	-3.36	28.97	5625181.61	1369332.37	-95368.84
98	3662	600067	冠城大通	29.47	C	-0.7	-11.7	-2.12	0.39	0.51	65.64	-1.68	6.36	-11.82	11.82	82.56	2389238.82	945721.88	-94200.96
99	3671	600239	*ST云城	29.18	C	-0.32	-126.22	2.92	0.1	0.17	93.8	0.65	37.65	33.81	1.77	66.27	4022304.29	604732.13	-98658.64
100	3689	002285	世联行	28.51	C	-0.57	-30.54	-9.82	0.61	0.86	57.85	-5.69	-9.52	-28.26	-16.64	192.35	896003.53	608250.79	-112808.27
101	3695	002377	国创高新	28.2	C	-1.22	-66.17	-33.33	1.23	2.01	59.21	-12.67	-13.66	-50.02	-4.64	74.5	277722.97	379761.94	-113243.57
102	3708	600568	ST中珠	27.94	C	-0.11	-5.51	-3.82	0.13	0.29	16.36	-10.82	-20.13	-6.31	24.84	61.6	445786.46	58105.94	-20850.56
103	3756	000506	中润资源	26.38	C	-0.14	-24.29	-2.91	0.45	1.46	76.21	-0.85	113.25	-30	41.41	161.92	168802.5	90643.83	-13724.55
104	3757	000809	ST新城	26.33	C	-0.17	-4.94	-0.85	0.03	0.03	33.86	-0.47	-32.92	-4.63	79.41	191.87	440667.77	11425.66	-14159.65
105	3810	000558	莱茵体育	24.61	C	-0.07	-9.29	-2.57	0.07	0.31	41.73	-1.1	0.48	-8.48	47.46	73.5	191524.39	14069.54	-10410.41
106	3831	000537	广宇发展	23.95	C	-0.73	-9.54	-0.13	0.21	0.22	83.05	-0.1	-17.8	-9.25	327.28	508.78	8224395.83	1623577.86	-137348.44
107	3837	600077	宋都股份	23.84	C	-0.31	-7.79	0.72	0.17	0.18	88.59	0.64	4.7	-5.58	-10.2	62.93	4734178.5	749821.9	-44881.22
108	3861	000615	奥园美谷	23.12	C	-0.32	-30.02	-1.14	0.22	0.39	55.4	-0.54	-22.58	-27.36	36.29	228.32	432116.58	153867.11	-26940.35
109	3866	600322	天房发展	23	C	-1.67	-93.99	-6.53	0.22	0.25	94.43	-7.41	69.47	-59.43	-5	42.4	1891696.08	466523.66	-175159.7
110	3875	000056	皇庭国际	22.73	C	-1.01	-8.39	-6.84	0.07	0.61	69.02	-1.02	10.02	-29.98	97.87	150.43	1092603.06	75441.04	-125795.71
111	3891	000679	大连友谊	21.89	C	-0.61	-56.2	-22.55	0.15	0.53	63.41	-10	0.32	-43.79	62.43	87.36	103948.65	17633.44	-29563.77
112	3906	600565	迪马股份	21.42	C	-0.84	-10.97	-1.85	0.24	0.29	79.73	-7.58	-3.8	-4.82	-4.13	52.82	8587334.68	2046321.11	-191809.17
113	3918	000838	财信发展	20.93	C	-0.67	-37.72	-5.14	0.31	0.32	86.97	-15.97	-16.48	-33.86	175.94	274.17	1477835.89	505468.03	-89779.1
114	3933	000609	*ST中迪	20.45	C	-1.26	-32.86	-8.87	0.23	0.24	70.41	-3.75	638.85	-30.32	15.79	155.55	291622.08	78464.64	-37567.81
115	3954	000961	中南建设	19.17	C	-0.89	-8.69	1.11	0.22	0.26	88.37	0.59	0.78	-11.51	-40.7	149.2	36797652.18	7921050.59	-330564.92
116	3989	000620	新华联	17.17	C	-2.05	-51.67	-3.82	0.18	0.33	89.94	-1.14	21.39	-47.99	-8.43	98.17	4311587.35	859878.16	-381611.6
117	3991	000732	泰禾集团	17.12	C	-1.61	-25.03	-0.74	0.02	0.03	93.25	-0.86	35.87	-26.27	-22.75	126.14	21912394.26	491112.73	-405194.81
118	4039	600890	*ST中房	14.38	C	-0.05	-13.67	-11.67	0.01	0.02	13.82	-226.26	-75.3	-7.19	-38.94	113.03	24888.71	269.29	-2938.41
119	4056	000981	*ST银亿	13.19	C	-0.65	-60.2	-11	0.18	0.42	81.52	-8.38	-50.04	-35.08	68.79	172.8	2151619.9	397628.53	-273876.42
120	4080	002305	南国置业	9.54	C	-0.64	-22.94	-2.31	0.1	0.12	86.87	-1.76	-18.68	-19.8	10.67	54.78	3561607.87	327325.77	-119359.15

续 表

序号	A股上市公司评价得分排序	股票代码	股票简称	综合得分	评价等级	每股收益（元）	净资产收益率（%）	总资产报酬率（%）	总资产周转率（次）	流动资产周转率（次）	资产负债率（%）	已获利息倍数	营业收入增长率（%）	资本扩张率（%）	市场投资回报率（%）	股价波动率（%）	年末资产总额（万元）	营业收入（万元）	净利润（万元）
121	4089	000918	嘉凯城	8.15	C	-0.7	-58.63	-6.03	0.1	0.18	92.01	-1.45	37.37	-56.8	-24.29	259.4	1279400.77	137356.13	-130549.29
122	4090	000540	中天金融	8.11	C	-0.92	-62.8	-6.06	0.04	0.08	92.79	-3.11	-19.55	-48.58	-10.81	57.46	15454780.41	573808.33	-1061908.72
123	4094	600393	ST 粤泰	7.66	C	-0.33	-18.15	-4.9	0.06	0.08	70.23	-2.53	-70.53	-19.1	-23.23	104.31	1403465.94	88873.3	-94607.15
124	4095	002146	荣盛发展	7.38	C	-1.14	-10.25	-0.76	0.16	0.18	84.49	-1.12	-33.94	-12.25	-27.29	94.08	29277543.79	4724395.36	-500272.77
125	4099	000671	阳光城	5.44	C	-1.75	-20.01	-1.68	0.12	0.14	88.25	-4.96	-48.25	-28.94	-49.07	151.74	35827077.02	4252648.37	-749285.49
126	4101	000667	美好置业	2.03	C	-1.1	-57.53	-10.84	0.13	0.18	85.62	-16.37	-15.37	-47.91	-54.45	151.75	2478252.23	355995.74	-320877.21
127	4103	600466	蓝光发展	0	C	-4.6	-44.51	-6.03	0.09	0.1	96.01	-6.97	-53.17	-84.97	-54.07	240.06	17459565.23	2011583.35	-1435077.06
128	4104	600340	华夏幸福	0	C	-10.17	-58.57	-5.91	0.09	0.1	94.6	-1.52	-57.33	-73.94	-70.37	286.19	44096415.41	4318081.29	-3983609.27

第十八章 环保行业上市公司业绩评价

2021年，我国环保行业开始进入稳定发展阶段并已成为支撑产业经济效益增长的重要力量，环保行业逐步成为改革和调整产业结构的重要目标和手段，随着环保行业的成形，环保企业也迈入产业集团化形态，已从过去倾向于某一细分领域专业治理的业务模式，转型为向环保问题的综合解决方案服务商、向全国性和区域环境综合服务集团发展。

2021年一批新的国家环保政策颁布实施，行业正经历升级和转型。预计2022年环保板块整体增长趋势不变，细化板块逐步产生差异，其中固废处理板块受到垃圾分类、焚烧发电等相关政策的影响，增长幅度稳定；水务与水处理板块受到融资环境的影响，涨幅较小；大气治理和环境监测板块政策导向性强，增长较为明显。2021年全国城市污水日处理量达到20405.15万立方米，同比增长49.02%。环保行业股票指数〔环保工程及服务（申万）〕上涨20.65%。

一、环保行业上市公司业绩评价结果

截至2021年末，环保工程及服务行业A股上市公司共85家，其中盈利72家。环保行业的综合评价得分值为49.88分，低于全部上市公司的54.05分。有1家环保行业上市公司（伟明环保）进入2021年上市公司业绩评价综合得分的“中联价值100”名单。在85家环保行业上市公司中，业绩评价为A级的有1家；业绩评价为BB级的有7家，业绩评价为B级的有15家；业绩评价为CCC级的有9家，业绩评价为CC级的有21家，业绩评价为C级的有32家。

2021年全部上市公司资产总额为86.37万亿元，环保行业上市公司资产总额为0.65万亿元，占全部上市公司资产总额的0.75%；全部上市公司实现营业收入54.84万亿元，环保行业上市公司实现营业收入为0.23万亿元，占全部上市公司营业收入的0.42%；全部上市公司实现利润总额为 3.64 万亿元，环保行业上市公司实现利润总额约为 0.016 万亿元，占全部上市公司利润总额的 0.43%；全部上市公司实现净利润 2.87 万亿元，环保行业上市公司实现净利润为 0.013 万亿元，占全部上市公司净利润的 0.45%；环保行业上市公司的市场投资回报率为 24.75%，低于全部上市公司市场投资回报率；环保行业上市公司的股价波动率为 93.73%，低于全部上市公司的股价波动率。

2021 年，环保行业排名前十的上市公司见表 18-1。

表 18-1 2021 年度环保行业上市公司评价得分前十名

序号	股票代码	股票简称	在全部上市公司中评价得分排序
1	603568	伟明环保	95
2	603279	景津装备	504
3	002266	浙富控股	537
4	600323	瀚蓝环境	582
5	002034	旺能环境	655
6	601827	三峰环境	683
7	300867	圣元环保	722
8	300800	力合科技	873
9	603588	高能环境	878
10	601330	绿色动力	884

基于对环保行业上市公司的整体评价，下面分别从财务效益状况、资产质量状况、偿债风险状况、发展能力状况、市场表现状况五个方面对环保行业上市公司进行具体分析。

（一）财务效益

从综合得分来看，2021 年环保行业上市公司财务效益略低于全部上市公司平均水平，部分指标（营业利润率）高于同行业上年水平。表 18-2 列示了 2021 年环保行业上市公司财务效益状况评价结果。

表 18-2 环保行业上市公司财务效益状况比较表

分析指标		2021 年上市公司平均值	2021 年行业值	2020 年行业值	增长率（%）
基本指标	净资产收益率（%）	7.51	2.91	5.17	-43.85
	总资产报酬率（%）	5.47	4.06	4.16	-2.40
	基本得分	20.98	17.43	18.22	-4.34
修正指标	营业利润率（%）	6.79	6.94	8.18	-15.16
	盈利现金保障倍数	1.75	1.26	2.13	-40.85
	总股本收益率（%）	46.81	24.05	23.99	0.25
综合得分		23.08	19.02	20.55	-7.45

与2020年的情况相比较，2021年环保行业上市公司财务效益得分略有下降，净资产收益率下降明显，整体指标下降幅度不大。从表18-2可以看出，环保行业的营业利润率高于全部上市公司平均水平，但总资产报酬率、净资产收益率和盈利现金保障倍数均低于全部上市公司平均水平。

在环保行业上市公司财务效益状况指标中，伟明环保的综合得分为27.48，在环保行业排名第一。2021年伟明环保进一步丰富完善固废处理业务产业链，在固废“减量化、资源化、无害化”处理领域为社会提供全方位的服务，打造成为国际先进、国内领先的综合性固废处理服务商，伟明环保净资产收益率21.70%，总资产报酬率13.97%，营业利润率40.32%，盈利保障倍数0.78，均高于同行业平均水平，公司净利润153808.88万元，2020年同期净利润125575.85万元，同比增长22.48%。公司持续加强与新材料产业链企业合作，积极研发新能源领域新工艺、新技术，布局新能源新材料产业链，继印尼高冰镍项目后再迎重大突破，新材料产业链延伸将通过降低成本、增加收入等方式帮助公司加速打造第二增长曲线。

（二）资产质量

从综合得分来看，环保行业上市公司资产质量状况略低于全部上市公司平均水平，低于同行业上年水平。

表18-3列示了环保行业上市公司资产质量状况评价结果。在环保行业上市公司资产质量状况指标中，总资产周转率、流动资产周转率及应收账款周转率均低于全部上市公司平均水平。与2020年相比，2021年各项周转率指标均有小幅度提高。

环保行业上市公司资产质量状况得分第一名为富春环保，为12.56分。富春环保总资产周转率0.45次，流动资产周转率1.41次，存货周转率7.42次，均高于行业值。2021年富春环保各板块业务稳步发展，富阳产业基地腾退工作及异地新建、扩建项目有序推进，EPC业务板块经过战略调整后，公司的资产质量得到保证，立足钢铁行业余热节能项目，锚定发展目标，取得了良好开端。

表18-3　环保行业上市公司资产质量状况比较表

分析指标		2021年上市公司平均值	2021年行业值	2020年行业值	增长率（%）
基本指标	总资产周转率（次）	0.67	0.35	0.33	6.06
	流动资产周转率（次）	1.25	0.83	0.80	3.75
	基本得分	9.72	7.04	6.96	1.15
修正指标	应收账款周转率（次）	8.97	2.77	2.63	5.32
	存货周转率（次）	3.07	4.37	3.23	35.29
综合得分		9.27	7.10	7.20	-1.39

（三）偿债风险

从综合得分来看，2021 年环保行业上市公司偿债风险状况低于全部上市公司平均水平，略低于同行业上年水平。

表 18-4 列示了环保行业上市公司偿债风险状况评价结果。在环保行业上市公司偿债风险状况指标中，资产负债率、已获利息倍数、速动比率等指标均略低于全部上市公司平均水平，这与其产品优势、经营状况有很大关系。

在环保行业上市公司偿债状况指标评价中，力合科技得分第一，得益于其产品自主创新研发和应用方面取得突破性进展。力合科技资产负债率 3.67%，比 2020 年（60.67%）下降明显，速动比率 7.03%，现金流动负债比率 37.37%，带息负债比率 20.41%，变现能力持续提升。

表 18-4 环保行业上市公司偿债风险状况比较表

分析指标		2021 年上市公司平均值	2021 年行业值	2020 年行业值	增长率（%）
基本指标	资产负债率（%）	59.93	57.08	59.83	-4.60
	已获利息倍数	5.28	2.63	2.78	-5.40
	基本得分	8.86	7.79	8.03	-2.99
修正指标	速动比率（%）	83.33	104.66	96.56	8.39
	现金流动负债比率（%）	13.68	7.32	11.22	-34.76
	带息负债比率（%）	38.47	50.91	50.60	-23.97
综合得分		8.86	7.59	7.88	-3.68

（四）发展能力

从综合得分来看，2020 年环保行业上市公司发展能力低于全部上市公司的平均水平，同时低于同行业上年水平。

表 18-5 列示了环保行业上市公司发展能力状况评价结果。在环保行业上市公司发展能力状况指标评价中，清新环境以 17.91 分排名第一。2021 年清新环境实现营业收入 68.80 亿元，同比增长 66.87%，资本扩张率 41.37%，累计保留盈余率达到 56.49%，三年营业收入平均增长率 18.95%，均高于行业平均值。公司近几年持续发展，扩大企业规模，报告期内，清新环境坚定“生态化、低碳化、资源化”战略引领，构筑“工业烟气治理、城市环境服务、土壤生态修复、低碳节能服务和资源再生利用”五大业务板块的新型发展战略，深入推进新老业务充分融合，发挥各板块业务、地域、资源优势，形成强强联手、优势互补的发展格局，充分发挥上市公司和国资平台优势，构筑崭新发展格局，迎来向上发展拐点。

表 18-5　环保行业上市公司发展能力状况比较表

分析指标		2021 年上市公司平均值	2021 年行业值	2020 年行业值	增长率（%）
基本指标	营业收入增长率（%）	22.02	13.50	8.68	55.53
	资本扩张率（%）	11.29	7.50	14.95	-49.83
	基本得分	12.09	10.50	13.34	-21.29
修正指标	累计保留盈余率（%）	41.52	33.44	31.75	5.32
	三年营业收入平均增长率（%）	11.08	13.80	14.85	-6.19
	总资产增长率（%）	10.88	1.98	14.10	-85.96
	营业利润增长率（%）	26.49	-6.47	5.17	-225.15
综合得分		12.34	10.53	12.98	-18.88

（五）市场表现

2021 年环保行业市场表现 3 月后优于大盘，且整体走势延续总体上升趋势，强于 2020 年的市场表现，详见图 18-1。

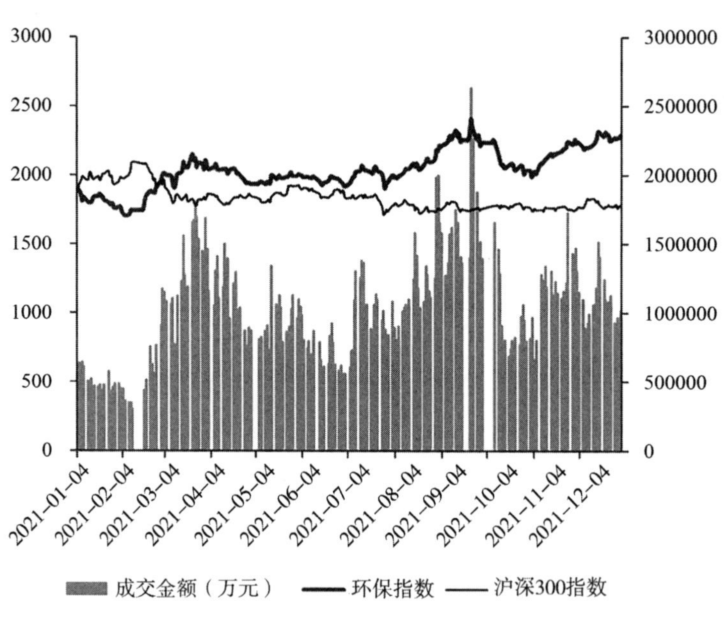

图 18-1　2021 年环保指数与大盘指数波动

从综合得分来看，环保行业上市公司市场表现优于全部上市公司的平均水平。表 18-6 列示了环保行业上市公司市场表现状况评价结果。

在环保行业上市公司市场表现状况指标评价中，倍杰特以 14.13 分名列第一，其投资回报率高达 94.85%，股价波动率比较高为 56.71%，市场表现比较活跃。倍杰特主营业务为聚焦于污水资源化再利用和水深度处理，依托自主研发的高含盐废水零排放分盐技术、中水高效回用工艺技术、高盐复杂废水减量化工艺技术等一系列核心技术，为客户提供水处理解决方案、运营管理及技术服务、商品制造与销售服务，在开拓焦化废水零排放领域、生物化工废水领域、电子半导体领域、盐湖提锂领域等新的市场上，业务突破异常显著，在旺盛的市场需求推动下，公司业绩稳步增长，保持了相对稳健的发展态势。

表 18-6 环保行业上市公司市场表现状况比较表

分析指标	2021 年上市公司平均值	2021 年行业值	2020 年行业值	增长率（%）
投资回报率（%）	27.90	24.75	0.60	4025.00
股价波动率（%）	108.84	93.73	79.39	18.06
得分	9.23	9.37	8.70	7.70

二、2021 年度环保行业上市公司业绩影响因素分析

近年来，受国家去杠杆、资本新规和 PPP 政策收紧等因素影响，很多环保行业上市公司将商业模式向“轻资产”转变。2021 年全国环保产业营业收入约 1.95 万亿元，较 2020 年增长约 7.3%，其中环境服务营业收入约 1.2 万亿元，同比增长约 9.7%。

2021 年，环保行业上市公司合计实现营业收入 2269.30.88 亿元，同比增长 16.86%，环保行业中，固废、环保设备、水务及水处理板块分别实现营业收入 13.5%以上的增长。环保行业上市公司合计实现归母净利润小幅增长；固废板块归母净利润增长 70%以上，环卫、环保设备、水务及水处理板块归母净利润有一定幅度的波动。影响 2021 年环保行业上市公司业绩的主要有以下因素。

（一）环保政策出台，给环保产业带来发展机遇

环保产业发展对环保标准、政策法规及国家环保目标依赖性强，国家出台系列政策促进环保行业发展。2021 年 1 月 11 日，国家发展改革委、科技部、财政部等十部门联合发布《关于推进污水资源化利用的指导意见》，对全面推进污水资源化利用进行了部署。2021 年 1 月 14 日，生态环境部印发《关于优化生态环境保护执法方式提高执法效能的指导意见》《关于统筹和加强应对气候变化与生态环境保护相关工作的指导意见》，以加快推进应对气候变化与生态环境保护相关职能协同、工作协同和机制协同，加强源头治理、系统治理、整体治理；2021 年 3 月 14 日，《中华人民共和国国民经济和社会发展第十四个五年规划和 2035 年远景目标纲要》正式通过全国人大常委会审议，明确提出加快壮大新能源、绿色环保产业，并推动互联网、大数据、人工智能与产业的深度融合，构建智能绿色现代化基础设施体系，健全现代环境治理体系，这将进一步推动环保产业发展。资源循环利用体系建设、碳减排和环保产业的信息化、智能化要求将推动环保行业核心技术革新，对环保企业技术创新能力要求更高，技术壁垒将成为相关环保企业发展的主要问题。2021 年 6 月 11 日，国家发展改革委、住房和城乡建设部印发《“十四五”城镇污水处理及资源化利用发展规划》，对污水处理率、再生水利用率、新增污水处理能力和新增或改扩建再生水生产能力

提出了新的要求。

以中建环能为例，公司致力于成为以先进技术和产品为核心的环境解决方案服务提供商，在市政、流域及村镇水环境治理，钢铁、煤炭等工业水处理，工业过程及固废处理处置等领域，为客户提供优质的技术产品和服务。在新冠肺炎疫情反复的大环境下，公司在报告期内新增专利110项，通过推动研产销链条融合，依托PLM系统从科研项目、平台建设、产品精益设计等多个方面加强研发过程管理和研产协同，2021年收入为14.61亿元，较2020年同比增长17.66%；净利润1.84亿元，同比增长6.36%。

（二）行业投融资环境改善促进环保行业持续发展

近年来，随着一系列政策法规出台，PPP模式进入改革阶段。财政部发布的《政府和社会资本合作（PPP）项目绩效管理操作指引》（财金〔2020〕13号）规范了PPP项目全生命周期绩效管理工作，明确绩效管理要求，将绩效考核与付费机制进行捆绑。对业内企业而言，要确保项目长期稳定运行、保障企业获得持续稳定的收益，需要贯彻以运营为核心、以绩效为导向的项目运作理念，推动PPP项目由重建设向重运营转变。

2021年度政府加大专项债发行力度，实施逆周期政策，将为环保产业降低融资成本带来机会。2021年全国发行2.29万亿元地方政府专项债，生态环保已成为地方政府专项债的主要投向之一。

（三）深化科技创新改革与模式创新，深入推进生态环境治理市场化进程

加快推进科技成果转化。主要从建立健全科技创新要素市场、加快建设综合性国家科学中心、支持科技成果转化示范区建设和激发科技人才创新活力等方面，不断健全国家技术创新体系。2020年4月，中共中央、国务院印发的《关于构建更加完善的要素市场化配置体制机制的意见》，提出健全职务科技成果产权制度，开展赋予科研人员职务科技成果所有权或长期使用权试点。完善科技创新资源配置方式。建立健全多元化支持机制。国务院印发的《关于新时代加快完善社会主义市场经济体制的意见》，指出要全面完善科技创新制度和组织体系。科技部印发《关于推进国家技术创新中心建设的总体方案（暂行）》（国科发区〔2020〕70号），明确到2025年，布局建设若干国家技术创新中心，突破制约我国产业安全的关键技术瓶颈。加快推动国家科技成果转移转化示范区与平台建设，积极推动科技成果转化。加大知识产权保护力度，完善科学技术奖励标准，激发科技人才创新活力与动力。

细化了从事污染防治的第三方企业所得税政策，取消部分固体废物的进口暂定税率，发挥税收调节作用。2021年，国家税务总局、国家发展改革委、生态环境部三部门印发《关于落实从事污染防治的第三方企业所得税政策有关问题的公告》（国家税务总局 国家发展改革委 生态环境部公告2021年第11号），进一步细化了从事污染防治的第三方企业所得税政策的具体要求，提高政策的可操作性。

持续推进环境服务模式创新试点。我国生态环境治理市场化进程不断深入，生态环境治理模式不断创新，探索将生态环境治理项目与资源、产业开发项目有效融合，解决生态环境治理缺乏资金来源渠道、总体投入不足、环境效益难以转化为经济收益等瓶颈问题，提升环保产业可持续发展能力。

三、2022 年环保行业前景分析

环保行业过去几年经历了剧烈的震荡和调整。很多企业纷纷“混改”，行业也在面临新的转型问题。在碳中和大背景下，环保行业承担了“绿色”“低碳”使命，减污降碳将是全社会持续发展的目标，2022 年，在政策的引导下，环保行业的需求在慢慢地释放出来。一方面国家能源结构转型，另一方面碳市场进一步建立。随着政策预期逐步兑现，在未来我国实现碳达峰、碳中和的长期目标之下，环保行业有望稳步上行。

（一）聚焦“双碳”目标，绿色产业发展体系全面升级

2022 年政府工作报告指出，能耗强度目标在“十四五”规划内统筹考核，并留有适当弹性，新增可再生能源和原料用能不纳入能源消费总量控制，坚决遏制高耗能、高排放、低水平项目盲目发展。推动能耗“双控”向碳排放总量和强度“双控”转变。整体上来看，这样的表述和 2021 年 12 月召开的中央经济工作会议的内容基本一致，保持了政策的连续性，对于“双碳”发展具有积极的推动作用。

生态环境保护将按照“提气、降碳、强生态，增水、固土、防风险”的思路开展，推动生态环境持续改善，基本消除重污染天气，基本消除城市黑臭水体，主要污染物排放总量持续减少，碳排放强度持续下降。环保产业与能源、材料等相关行业相融合，进一步提升资源能源利用效率，推动绿色低碳循环发展，为绿色发展提供技术保障支持。

据生态环境部环境规划院测算，实现我国“十四五”环境治理目标，生态环境投资需求约为 6. 8 万亿~8 万亿元，年均投资需求约 1. 4 万亿~1. 6 万亿元；要实现 2030 年前碳排放达峰目标，2021 年资金投入需求约为 2. 1 万亿元。环保产业作为生态文明建设和污染防治攻坚战的中坚力量，在促进经济社会发展全面绿色低碳转型，助力实现生态环境高水平保护和经济高质量发展中将发挥重要的作用。

（二）循环经济推动再生资源行业发展

再生资源产业是循环经济的重要组成部分，也是提高生态环境质量、实现绿色低碳发展的重要途径。废弃的有色金属、钢铁、塑料等资源通过一系列过程进行回收再生，既可以处置废弃物又可深度资源化提炼，具有“资源循环+节能环保”双重属性。因此，再生资源领域将成为碳中和背景下环保行业的“新主线”。

循环经济体系建设为再生资源领域带来发展良机。国家发展改革委于 2021 年 7 月印发

的《“十四五”循环经济发展规划》提出，到 2025 年，主要资源产出率比 2020 年提高约 20%，单位 GDP 能源消耗、用水量比 2020 年分别降低 13.5%、16%左右，农作物秸秆综合利用率保持在 86%以上，大宗固废综合利用率达到 60%，建筑垃圾综合利用率达到 60%，废纸、废钢利用量分别达到 6000 万吨和 3.2 亿吨，再生有色金属产量达到 2000 万吨，资源循环利用产业产值达到 5 万亿元。在建设循环经济体系的背景下，再生资源领域迎来发展良机。

（三）资源化将成为危废处置的主流

2021 年 5 月 11 日，国务院办公厅发布了《强化危险废物监管和利用处置能力改革实施方案》。方案指出，到 2022 年底，危险废物监管体制机制进一步完善，建立安全监管与环境监管联动机制；危险废物非法转移倾倒案件高发态势得到有效遏制。2021 年 7 月 7 日，国家发展改革委印发《“十四五”循环经济发展规划》，规划指出，到 2025 年，主要资源产出率比 2020 年提高约 20%，再生有色金属产量达到 2000 万吨，其中再生铜、再生铝和再生铅产量分别达到 400 万吨、1150 万吨和 290 万吨。为固危废资源化利用行业未来市场奠定政策基础。

以生态环境部发布的《大、中城市固体废物污染环境防治年报》为基准，测算“十四五”期间的危废行业的市场空间，假设到 2025 年我国有 60%的危废（包括新增和存量）进行了综合利用即资源化处理，36%的危废进行了无害化处理，两种处理方式的处理单价参考上市公司部分项目，预计到 2025 年我国大、中城市危废综合利用（即资源化）有 1400 亿元市场空间，无害化有 1000 亿元的市场空间。

（四）碳市场配额扩大，环境监测带来新机遇

碳监测是碳市场的重要辅助手段，2021 年 7 月 16 日，全国碳排放权交易市场正式启动。全国碳市场的建设运行，意味着相关行业碳排放量核算已具备较为完善的机制。截至 2022 年 4 月 30 日，全国碳市场碳排放配额（CEA）累计成交量 1.90 亿吨，累计成交额 82.38 亿元，碳市场均价 43.36 元/吨。碳排放权未来会与国际接轨，越来越市场化。“十四五”期间，在全面加强生态环境保护、深入打好污染防治攻坚战的大背景下，国家对生态环境保护的目标不变、力度不减，为巩固现有环境改善成果并进一步提升环境质量，环境监测网络将不断深入拓展，环境监测点位从省级至县级进行全面覆盖，使得环境监测行业的市场需求持续旺盛。

《“十四五”生态环境监测规划》明确指出，组织火电、钢铁、石油天然气开采、煤炭开采、废弃物处理等重点行业企业开展二氧化碳、甲烷等温室气体排放监测试点工作，推进碳排放实测技术发展和信息化水平提升。因此，在“双碳”目标背景下产生的减污降碳协同管控，将使环境监测市场迎来新一轮发展。

（五）数字化运营助力智慧环保

国务院发布的《关于积极推进“互联网+”行动的指导意见》指出，推动互联网与生态文明建设深度融合，完善污染物监测及信息发布系统，形成覆盖主要生态要素的资源环境承载能力动态监测网络，实现生态环境数据的互联互通和开放共享。

2022 年，数字化逐步渗透到环保产业链的各个环节，智慧水厂、智慧大气、智慧环卫、智慧监控，物联网平台。信息化提升了环保行业的运营效率和盈利能力，细分环节的应用构建起智慧环保的生态体系。部分环保公司已经在向着全产业链信息化整合的道路前进。在信息化的征途中，科技公司是新进入者或潜在进入者，智慧环保是科技公司构建智慧城市理念的一部分。“降维”竞争可能改变城市信息化、环保信息化的业态，城市运营的主导力量也存在变化的可能性。智慧大气监测是智慧环保中的重要模块。以首创大气为例，依托智慧环保云平台的生态环境监测、数值模拟、物联网及大数据分析等先进技术，公司可以为市区级管理者建成贯穿“量化溯源-动态分析-管理决策-执法监管-减排评估”全过程管理体系，实现中心式数据管理、智慧化分析决策、定量化指挥管理、政府企业民众的互通互联。

（六）非电行业改造持续推进，推动大气治理业务成长

2021 年 11 月，中共中央、国务院印发《关于深入打好污染防治攻坚战的意见》，明确到 2025 年，生态环境持续改善，主要污染物排放总量持续下降，单位国内生产总值二氧化碳排放比 2020 年下降 18%，地级及以上城市细颗粒物（PM2.5）浓度下降 10%，空气质量优良天数比率达到 87.5%。各地市分别印发相关文件，制定相关指标。在碳中和大背景下，大气治理将加速向绿色、低碳、高效、节能的方向转型。

2021 年 10 月，财政部发布《关于提前下达 2022 年大气污染防治资金预算的通知》，本次共下达 2022 年大气污染防治资金 207 亿元，31 个省市发放大气污染防治资金，其中河北省、山东省、陕西省资金总额排名前三，分别下达约 33 亿元、24 亿元、21 亿元大气污染防治资金。与 2021 年的 125 亿元相比，增加了 82 亿元，增幅为 65.6%。这些资金将用于支持开展减污降碳等相关工作，主要包括支持北方地区冬季清洁取暖、工业污染深度治理、能力建设等重点工作，推动产业结构、能源结构不断优化调整，促进全国环境空气质量持续改善。

附表　2021 年度环保行业上市公司业绩评价结果排序表

序号	A 股上市公司评价得分排序	股票代码	股票简称	综合得分	评价等级	每股收益（元）	总资产报酬率（%）	净资产收益率（%）	总资产周转率（次）	流动资产周转率（次）	资产负债率（%）	已获利息倍数	营业收入增长率（%）	资本扩张率（%）	市场投资回报率（%）	股价波动率（%）	年末资产总额（万元）	营业收入（万元）	净利润（万元）
1	95	603568	伟明环保	77. 05	A	1. 23	13. 97	21. 7	0. 33	1. 47	44. 1	27. 55	34	47. 59	97. 34	145. 35	1465137. 74	418536. 95	153808. 88
2	504	603279	景津装备	69	BB	1. 63	14. 31	19. 86	0. 83	1. 12	43. 37	2032. 27	39. 7	13. 4	181. 81	224. 96	595073. 61	465110. 1	64700. 61
3	537	002266	浙富控股	68. 52	BB	0. 43	13. 75	19. 68	0. 72	1. 37	52. 34	12. 41	69. 42	11. 13	65. 78	113. 63	2078260. 58	1413500. 82	232118. 92
4	582	600323	瀚蓝环境	68. 02	BB	1. 45	7. 05	12. 26	0. 43	2. 75	64. 02	4. 02	57. 41	28. 95	-12. 57	57. 61	2927848. 04	1177651. 48	118608. 45
5	655	002034	旺能环境	67. 2	BB	1. 53	7. 65	12. 41	0. 24	1. 27	57. 34	3. 66	74. 75	12. 94	14. 17	64. 66	1267352. 95	296793. 43	64705. 61
6	683	601827	三峰环境	66. 93	BB	0. 74	8. 43	14. 74	0. 29	1. 17	56. 3	6. 3	19. 16	14. 64	13. 52	71. 48	2146538. 95	587381. 64	130949. 78
7	722	300867	圣元环保	66. 51	BB	1. 74	9. 64	13. 88	0. 31	1. 47	58. 78	4. 46	122. 08	18. 06	-9. 42	45. 95	780993. 35	229568. 1	47141. 08
8	873	300800	力合科技	65. 04	BB	1. 08	12. 46	11. 13	0. 39	0. 44	13. 67	1362. 73	17. 24	7. 01	51. 2	105. 65	233190. 01	90781. 5	25461. 55
9	878	603588	高能环境	64. 98	B	0. 69	7. 35	13. 73	0. 48	1. 15	64. 16	3. 77	14. 65	16. 47	77. 11	106. 25	1733343. 69	782677. 13	83058. 31
10	884	601330	绿色动力	64. 94	B	0. 5	7. 22	11. 5	0. 27	1. 54	65. 78	2. 9	122. 03	19. 68	27. 58	74. 79	2021446. 6	505688. 94	74184. 31
11	1030	688156	路德环境	63. 78	B	0. 82	9. 67	8. 87	0. 41	0. 55	19. 05	66. 14	52. 56	9. 61	5. 95	38. 41	100455. 92	38200. 01	7932. 61
12	1161	601200	上海环境	62. 77	B	0. 61	4. 76	7. 16	0. 25	1. 33	59. 47	3. 57	57. 41	6. 85	20. 24	38. 14	2927709. 57	710190. 23	83433. 8
13	1162	002573	清新环境	62. 76	B	0. 43	6. 62	9. 5	0. 42	0. 97	68. 05	2. 95	66. 87	41. 37	43. 76	97. 36	2158674. 89	687975. 09	62721. 77
14	1221	000035	中国天楹	62. 34	B	0. 29	5. 68	7. 33	0. 55	2. 12	54. 48	2. 2	-5. 83	-10. 75	49. 92	81. 58	2449941. 38	2059267. 21	86804. 66
15	1386	300815	玉禾田	61. 1	B	1. 71	14. 5	17. 59	0. 99	1. 6	40. 78	15. 14	12. 01	14. 37	-31. 88	109. 92	522227. 7	483362. 76	52204. 96
16	1393	003027	同兴环保	61. 01	B	1. 25	9. 77	10. 59	0. 43	0. 51	25. 42	1560. 28	21. 6	9. 27	-2. 24	69. 05	226275. 55	93335. 84	18182. 4
17	1415	300055	万邦达	60. 8	B	0. 26	4. 76	3. 14	0. 29	0. 58	23. 57	10. 1	218. 43	2. 55	127. 85	242. 23	725211. 39	200931. 77	27535. 73
18	1497	300864	南大环境	60. 07	B	1. 02	7. 76	7. 56	0. 37	0. 39	21. 23	310. 4	7. 27	4. 53	0. 33	57. 69	145505. 3	51867. 48	9576. 31
19	1518	000820	＊ST 节能	59. 93	CCC	3. 12	1216. 05	-1. 35	0. 73	1. 37	56. 96	186. 12	7127. 51	0	195. 48	258. 25	31604. 76	12015. 73	201158. 13
20	1532	000920	沃顿科技	59. 83	CCC	0. 29	7. 11	8. 49	0. 55	1. 32	43. 15	7. 31	10. 1	-0. 14	66. 45	147. 42	245671. 88	138081. 94	13550. 48
21	1603	002658	雪迪龙	59. 22	CCC	0. 36	8. 28	7. 05	0. 41	0. 48	25. 67	12. 56	13. 86	14. 42	52. 81	142. 72	343630. 37	138091. 22	22086. 78
22	1827	688101	三达膜	57. 6	CCC	0. 74	5. 59	6. 49	0. 25	0. 42	28. 34	0	31. 29	4. 16	16. 6	111. 36	485463. 2	115070. 91	25006. 33
23	1852	600388	龙净环保	57. 4	CCC	0. 8	4. 44	10. 59	0. 43	0. 58	73. 9	6. 5	10. 96	10. 86	-0. 36	31. 44	2690955. 99	1129673. 74	87124. 7
24	1893	300786	国林科技	57. 13	CCC	0. 84	6. 72	7. 1	0. 37	0. 57	19. 27	34. 73	23. 41	49. 17	109. 01	207. 54	154413. 97	49558. 9	7599. 61

续 表

序号	A股上市公司评价得分排序	股票代码	股票简称	综合得分	评价等级	每股收益（元）	总资产报酬率（%）	净资产收益率（%）	总资产周转率（次）	流动资产周转率（次）	资产负债率（%）	已获利息倍数	营业收入增长率（%）	资本扩张率（%）	市场投资回报率（%）	股价波动率（%）	年末资产总额（万元）	营业收入（万元）	净利润（万元）
25	2063	300631	久吾高科	55.69	CCC	0.63	6.51	4.08	0.37	0.51	29.07	13.69	1.6	27.11	170.58	319.42	152282.47	53977.34	8322.36
26	2117	300899	上海凯鑫	55.25	CCC	0.75	7.96	6.26	0.33	0.36	8.15	100.58	20.42	5.21	-23.7	91.2	70926.2	22792.6	4804.59
27	2141	600217	中再资环	55.03	CCC	0.22	7.15	12.15	0.52	0.6	66.23	2.84	4.16	9.47	35.93	68.39	718898.35	346915.41	30586.26
28	2145	603126	中材节能	55.01	CCC	0.23	4.93	7.8	0.68	0.93	48.78	55.13	13.24	6.53	37.49	131.97	442609.48	294084.35	18006.32
29	2159	000551	创元科技	54.93	CC	0.27	4.46	6.61	0.71	1.08	48.87	9.34	15.06	4.91	30.16	108.85	544065.66	369738.65	19633.42
30	2172	002479	富春环保	54.88	CC	0.38	6.63	4.31	0.45	1.41	52.64	4.24	-1.86	-5.88	12.99	67.73	906674.67	456971.25	38656.61
31	2222	300862	蓝盾光电	54.49	CC	1.21	7.9	6.64	0.36	0.45	20.8	256.72	21.26	8.78	-11.95	54.13	248312.47	86650.41	16569.87
32	2280	300187	永清环保	53.96	CC	0.11	4.4	5.28	0.26	0.71	57.18	3.15	33.39	6.67	19.02	76.34	391369.83	99902.26	9714.52
33	2286	300332	天壕环境	53.9	CC	0.24	3.75	3.71	0.24	0.65	54.48	3.98	21.16	3.32	131.37	268.22	827737.49	205198.67	19280.58
34	2318	300425	中建环能	53.68	CC	0.27	6.19	8.14	0.4	0.79	43.08	9.68	17.66	7.62	26.75	73.86	379406.45	146146.3	18406.17
35	2329	688057	金达莱	53.59	CC	1.39	11.64	11.52	0.25	0.28	12.65	191.67	-6	3.5	-25.69	61.28	368814.83	91260.38	38716.17
36	2338	002973	侨银股份	53.47	CC	0.62	7.41	13.59	0.65	1.4	66.28	4.9	17.77	13.25	-25.86	105.46	572453.99	333173.3	25320.02
37	2391	300263	隆华科技	53.06	CC	0.32	6.65	8.09	0.38	0.76	47.15	8.15	21.1	16.57	59.38	199.88	628832.5	220907.49	30719.02
38	2457	688178	万德斯	52.47	CC	0.85	4.34	5.39	0.53	0.64	44.15	14.11	31.33	6.46	-16.09	47.75	214268.06	104747.56	7219.97
39	2520	600292	远达环保	51.88	CC	0.07	2.06	0.22	0.44	1.08	46.52	2.05	20.66	1.31	32.12	83.95	1042835.45	443809.57	6130.65
40	2547	300172	中电环保	51.75	CC	0.16	4.86	4.21	0.32	0.54	35.37	9.17	-4.94	5.62	30.76	89.24	277951.62	87438.45	10742.89
41	2575	002672	东江环保	51.44	CC	0.18	2.94	2.77	0.36	1.45	53.88	2.42	21.12	1.38	-9.27	42.78	1181321.07	401523.04	15584.19
42	2600	603200	上海洗霸	51.18	CC	0.33	3.94	4.2	0.47	0.64	29.33	6.83	5.63	4.15	24.86	76.65	123159.72	55993.77	3907.9
43	2602	688335	复洁环保	51.18	CC	0.89	5.35	4.58	0.24	0.28	20	111.65	-16.7	4.34	-4.25	38.89	140611.2	31302.8	6455.41
44	2615	300137	先河环保	51.07	CC	0.13	4.61	2.73	0.44	0.56	15.28	161.59	-10.97	0.84	16.31	70.29	250481.43	111115.78	7412.38
45	2694	688600	皖仪科技	50.31	CC	0.36	3.62	1.83	0.51	0.58	25.87	224.03	34.79	2.6	35.73	96.77	116319.5	56245.24	4889.96
46	2752	300385	雪浪环境	49.76	C	0.37	5.64	5.4	0.49	0.76	68.52	3.91	21.81	13.82	18.73	86.81	362451.09	181249.38	15390.11
47	2832	688096	京源环保	48.91	C	0.52	6.59	6.4	0.39	0.53	31.81	13.34	19.99	8.37	-15.88	46.67	116334.14	42211.24	5624.14
48	2859	688069	德林海	48.55	C	1.83	7.49	6.34	0.28	0.31	19.16	78.68	0.02	5.2	-15.67	102.84	183862.28	49146.27	10879.67

续 表

序号	A股上市公司评价得分排序	股票代码	股票简称	综合得分	评价等级	每股收益（元）	总资产报酬率（%）	净资产收益率（%）	总资产周转率（次）	流动资产周转率（次）	资产负债率（%）	已获利息倍数	营业收入增长率（%）	资本扩张率（%）	市场投资回报率（%）	股价波动率（%）	年末资产总额（万元）	营业收入（万元）	净利润（万元）
49	2917	688466	金科环境	47.85	C	0.61	4.81	6.01	0.35	0.46	37.25	58.48	0.41	7.99	-17.85	51.91	167770.93	55951.15	6637.49
50	2945	000967	盈峰环境	47.46	C	0.23	3.33	3.32	0.4	0.82	39.1	6.48	-17.57	-0.1	-8.54	73.78	2833200.96	1181353.74	76832.47
51	2997	688679	通源环境	46.72	C	0.38	3.37	2.44	0.51	0.73	44.17	6.7	12.75	1.08	-7.59	54.37	194910.5	96228.83	4665.06
52	3079	300190	维尔利	45.59	C	0.24	3.18	3.48	0.31	0.55	57.58	2.54	-1.55	2.43	-15.45	67.99	1064745.29	315324.21	18257.47
53	3120	300070	碧水源	44.99	C	0.19	2.67	2.38	0.14	0.4	60.29	1.81	-0.72	18.66	-3.59	33.44	7083119.41	954878.14	66338.22
54	3129	600526	菲达环保	44.89	C	0.1	2.09	-1.72	0.5	0.66	68.28	1.85	8.77	1.83	46.01	124.32	688478	338410.69	5045.98
55	3280	002887	绿茵生态	42.2	C	0.54	6.43	6.66	0.15	0.24	48.72	4.19	-38.29	2.87	-9.6	70.66	440674.54	58508.87	16769.06
56	3302	002205	国统股份	41.79	C	0.05	2.83	1.48	0.29	1.18	73.88	1.21	32.03	0.92	17.38	43.39	401037.23	115066.96	1474.59
57	3305	000005	ST星源	41.63	C	0.13	8.19	-1.95	0.16	0.28	40.38	10.21	-3.86	10.69	-2.91	62.95	247437.74	38353.62	13946.11
58	3346	300334	津膜科技	40.43	C	0.09	3.92	1.31	0.28	0.74	47.08	1.91	-5.81	2.08	0.43	190.41	158501.3	47333.62	3321.06
59	3437	300779	惠城环保	37.82	C	0.12	1.39	0.67	0.22	0.69	54.86	4.93	-12.04	9.2	7.48	61.45	161111.36	28486.22	1175.42
60	3580	000068	华控赛格	32.59	C	-0.1	-0.02	-17.23	0.24	0.79	83.66	-0.01	309.24	-15.45	24.06	57.46	402767.05	93583.99	-11830.37
61	3595	300335	迪森股份	32.01	C	-0.22	0	-7.09	0.39	0.9	50.58	0	-20.07	-16.67	22.16	100.99	302187.51	124908.18	-8733.2
62	3670	300203	聚光科技	29.22	C	-0.52	-1.12	-8.45	0.38	0.79	62.07	-0.62	-8.55	-6.72	140.91	257.37	1029957	375051.41	-22237.19
63	3677	300266	兴源环境	28.89	C	-0.02	2.2	-9.32	0.2	0.56	81.6	0.85	-4.59	-0.99	16.07	71.51	1192315.66	233633.65	-2893.59
64	3800	603177	德创环保	24.97	C	-0.4	-4.63	-23.74	0.47	0.68	75.85	-2.86	45.25	-19.37	68.88	106.48	137805.97	61588.74	-8262.13
65	3814	688309	＊ST恒誉	24.45	C	-0.12	-1.43	-3.02	0.11	0.14	7.28	0	-51.56	-1.29	-32.44	89.13	75758.65	8456.59	-948.18
66	3815	300056	中创环保	24.44	C	-1.12	-27.65	-43.92	0.78	1.27	51.29	-25.03	-37.4	-44.18	25.75	80.54	129592.99	114203.82	-42134.73
67	3938	300140	中环装备	20.19	C	-0.55	-4.42	-21.47	0.25	0.33	52.71	-4.25	-39.79	-14.75	43.01	110.55	339569.46	113411.33	-23378.82
68	3944	300152	科融环境	19.86	C	-0.37	-25.35	-43.34	0.17	0.32	42.76	-35.2	-65.74	-34.69	73.47	99.81	85548.32	17640.35	-26652.46
69	3955	300422	博世科	19.13	C	-1.17	-3.33	-20.13	0.22	0.52	75.6	-1.65	-26.4	7.73	-11.26	38.79	1226401.47	265657.7	-52859.74
70	4009	000826	启迪环境	16.06	C	-3.17	-10.06	-34.43	0.23	0.74	65.18	-5	-1.93	-24.07	-32.38	99.68	3278182.53	848098.69	-454999.95
71	4062	603603	博天环境	12.26	C	-3.4	-8.93	-266.03	0.1	0.39	101.89	-2.17	-40.25	-114.26	37.02	109.37	1009863.36	114754.14	-153377.58
72	4084	000711	京蓝科技	9.04	C	-1.25	-8.48	-74.58	0.08	0.13	87.07	-1.24	-36.29	-56.6	17.44	89.04	899422.33	73800.5	-144265.41

续 表

序号	A股上市公司评价得分排序	股票代码	股票简称	综合得分	评价等级	每股收益（元）	总资产报酬率（%）	净资产收益率（%）	总资产周转率（次）	流动资产周转率（次）	资产负债率（%）	已获利息倍数	营业收入增长率（%）	资本扩张率（%）	市场投资回报率（%）	股价波动率（%）	年末资产总额（万元）	营业收入（万元）	净利润（万元）
73	4085	300262	巴安水务	8.72	C	-1.95	-27.39	-117.8	0.03	0.14	87.02	-8.91	-68.25	-71.6	3.79	66.07	388565.39	13623.16	-138905.34
74		603324	盛剑环境	66.45	BB	1.31	9.83	13.61	0.69	0.81	38.35	80.16	31.49	96.9	94.59	169.42	224531.87	123302.97	15235.1
75		301049	超越科技	62.44	B	1.09	11.22	9.98	0.26	0.46	17.04	18.12	-26.44	107.57	-13.27	33.33	110279.02	22622.01	8566.98
76		300774	倍杰特	62.41	B	0.45	11.21	12.93	0.39	0.61	26.99	0	22.78	28.52	94.85	56.71	199287.32	71276.99	17541.16
77		300614	百川畅银	61.56	B	0.76	7.88	8.72	0.31	0.74	18.13	25.69	-3.74	41.82	20.56	84.27	180344.79	49932.29	10791.06
78		301068	大地海洋	61.15	B	0.76	5.49	8.21	0.5	0.9	37.34	6.47	10.32	64.5	13.18	25.24	118221.19	52748.69	5159.86
79		300854	中兰环保	57.42	CCC	1.26	9.46	7.85	0.53	0.65	35.98	186.35	1.5	45.99	-16.29	30.76	152879.22	69888.04	10958.85
80		300958	建工修复	53.15	CC	0.67	4.4	8.26	0.47	0.53	57.81	33.57	4.08	46.83	-45.7	73.72	250344.79	108065.44	8827.19
81		688701	卓锦股份	51.33	CC	0.37	8.1	9.26	0.62	0.66	35.64	7.77	21.31	82.54	-32.37	25.82	82693.16	41318.57	4003.66
82		688501	青达环保	48.85	C	0.69	6.56	8.1	0.5	0.59	45.53	7.16	12.62	51.12	-24.38	56.99	141367.46	62791.93	6366.93
83		301030	仕净科技	47.92	C	0.51	4.43	4.9	0.37	0.41	57.64	3.65	18.89	19.86	23.55	52.58	243458.07	79454.33	5886.44
84		688565	力源科技	47.51	C	0.38	5.05	5.3	0.51	0.7	29.85	18.65	55.26	56.18	-39.29	54.95	93149.9	42023.99	3663.96
85		605069	正和生态	46.55	C	0.79	4.64	6.71	0.28	0.47	55.96	2.85	6.82	47.81	-68.61	39.23	451377.09	113438.9	11414.2

第三部分

中国上市公司各板业绩评价

第十九章

科创板上市公司业绩评价

2021 年是“十四五”开局之年，科创板从创立至 2021 年底已两年有余，科创板作为注册制的先行者，为我国资本市场的全面深化改革积累了宝贵的经验。科创公司始终以科技创新为立足点，深耕科技主业，持续彰显“硬科技”本色。科创板服务国家创新驱动战略和实体经济高质量发展的作用逐步显现。

2021 年度，科创板共有 376 家上市公司，总市值达 6.2 万亿元，实现营业收入 7549.59 亿元，同比增长 36.81%。归属母公司股东净利润合计 916.02 亿元，同比增长 62.87%，2021 年在新冠肺炎疫情持续带来的严峻考验下，整体业绩仍呈较快增长态势。

从行业分布特征来看，科创板上市公司主要以制造业、信息技术服务业、科学研究技术服务业等为主，其中制造业最多，共 304 家，占比 80.85%；从细分领域来看，专用设备制造、计算机电子设备制造、软件信息服务、医药制造、电气机械分别以 72 家、71 家、52 家、47 家、25 家位居科创板行业前五位。从公司规模来看，科创版以高成长性的中小型企业为主，公司收入规模 1 亿~50 亿元的共 314 家，100 亿元以上的仅 25 家。中芯国际总资产规模 2299.32 亿元，位居首位，而天臣医疗以总资产规模 5.45 亿元位于末尾，二者资产规模相差约 422 倍。2021 年科创企业研发投入仍保持高位，全年研发投入金额合计达到 729 亿元，研发投入占营业收入的比例平均约为 10%。

一、科创板上市公司业绩评价结果

截至 2021 年末，科创板已上市公司 376 家，纳入本次评价范围内的 376 家科创板上市公司（以下简称“评价范围内的科创板上市公司”）综合评价平均分值 57.95 分，企业规模在 50 亿~100 亿元平均得分最高，为 61.5 分。详见图 19-1。个股方面，热景生物以 83.20 分位列科创板上市公司业绩评价第一名，进入“中联价值 100”名单。

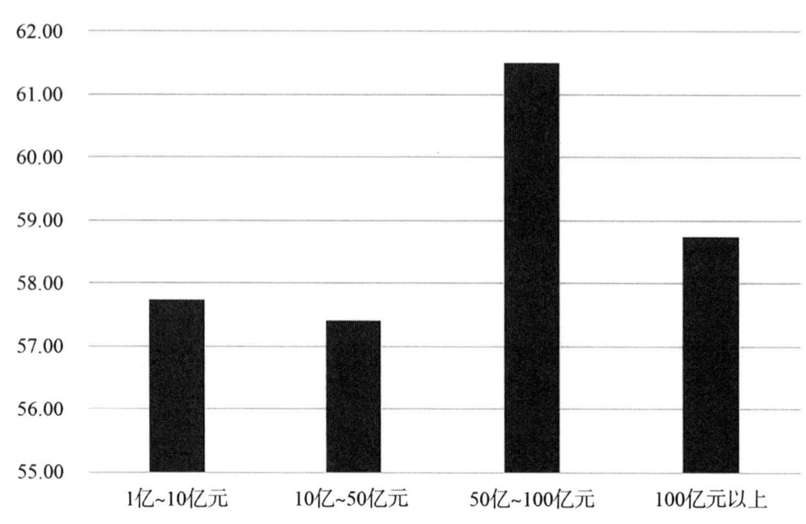

图 19-1　2021 年度科创板上市公司公司规模平均得分情况

从行业来看，得分较高的为废弃资源综合利用业、有色金属加工业、非金属矿物制品业。互联网、其他制造业、汽车制造业得分较低。其他行业分布在均值上下。详见图 19-2。

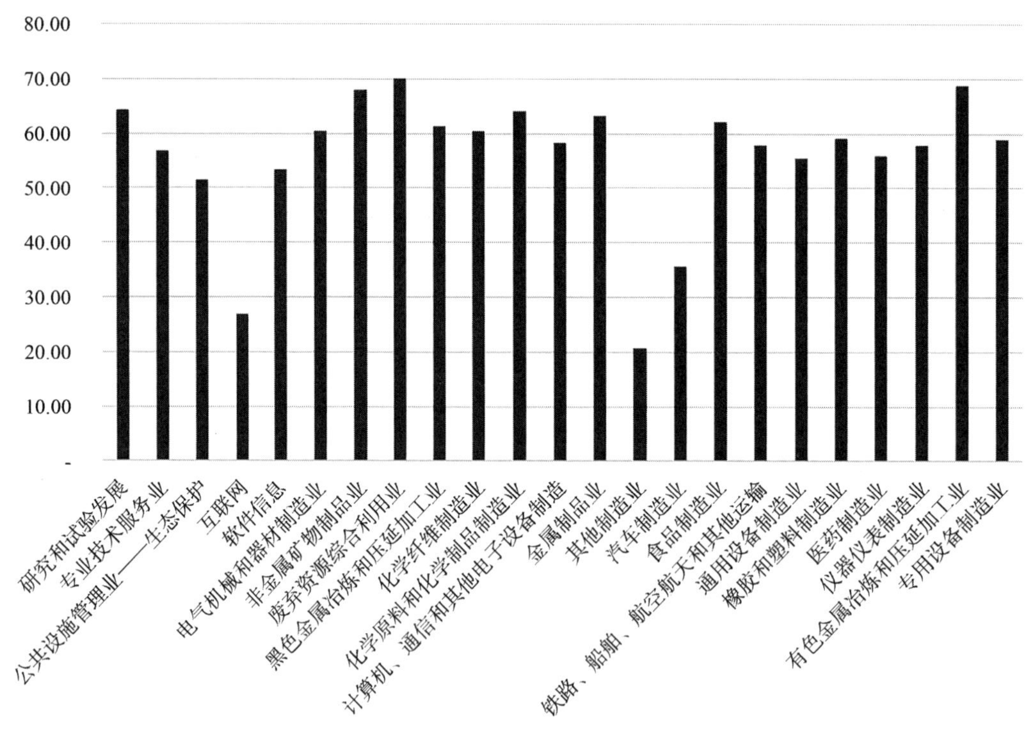

图 19-2　2021 年度科创板上市公司行业平均得分情况

评价范围内的科创板上市公司中，业绩评价等级为 AA 级的有 5 家、A 级有 16 家；BBB 级有 34 家、BB 级有 66 家、B 级有 73 家；CCC 级有 67 家、CC 级有 36 家、C 级有 79 家。

下面分别从财务效益、资产质量、偿债风险、发展能力及市场表现等五个方面对科创板上市公司进行具体分析。

（一）财务效益

2021年科创版上市公司的财务效益状况平均得分为24.68分。从具体指标来看，评价范围内的科创板上 市公司在净资产收益率、营业利润率、总资产报酬率和股本收益率方面表现优于全部上市公司，但在盈利现金保障倍数与全部上市公司平均水平存在一定差距。详见表19-1。

表19-1　科创板上市公司财务效益状况比较表

分析指标		科创板上市公司平均值	全部上市公司平均值
基本指标	净资产收益率（%）	7.0	7.51
	总资产报酬率（%）	7.25	5.47
	基本得分	22.02	20.98
修正指标	营业利润率（%）	13.89	6.79
	盈利现金保障倍数	0.82	1.75
	股本收益率（%）	81.85	46.81
综合得分		24.68	23.08

图19-3列示了科创板各行业财务效益得分情况，总体来看，科创板大多数行业财务效益均高于全部上市公司平均水平，其中有色金属冶炼加工业、非金属矿物制品业、废弃资源综合利用业得益于较好的盈利能力，以24.44分、23.53分、23.14分远高于科创板上市公司平均水平，而互联网行业的优刻得-W及汽车制造业的精进电动仍处于亏损状态，因此财务效益得分为0分。医药制造业一直作为受关注的重要行业，共计47家，全年实现营业

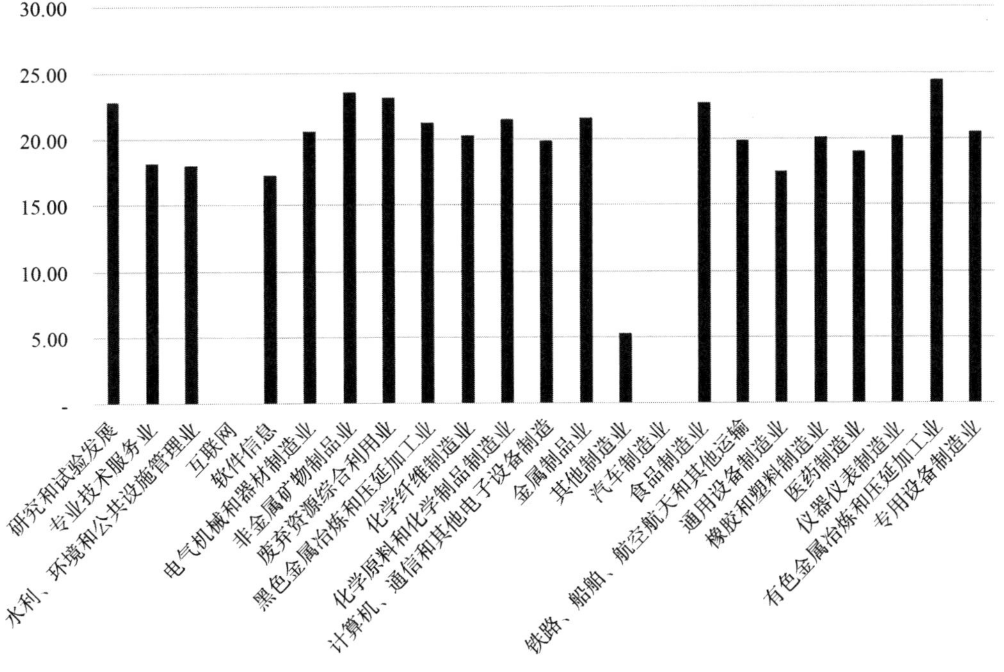

图19-3　2021年度科创板上市公司行业财务效益得分

利润125.46亿元，2020年营业利润仅为-1.26亿元，2021年科创板医药上市公司实现营业利润大幅度增长。主要由于新冠肺炎疫情的持续，使新冠病毒检测常态化，部分拥有检测制剂业务的上市公司营业收入呈爆发式增长。但是仍有9家企业处于亏损状态。专用设备制造业共计72家，2021年全年营业利润为151.44亿元，同比增长29.8%。

（二）资产质量

从综合得分来看，2021年科创板上市公司资产质量平均得分7.75分，低于全部上市公司资产质量平均得分，且得分分布差异较大，范围区间最高得分14.21分，最低得分0分，其中113家创科创板上市公司得分高于全部上市公司资产质量平均水平。由于科创企业目前大多仍处于研发阶段或初期发展阶段，资产运营效率略低。

从具体指标来看，评价范围内的科创板上市公司在总资产周转率、流动资产周转率、应收账款周转率等各项资产质量指标的平均得分均低于全部上市公司的平均水平。详见表19-2。

表19-2　科创板上市公司资产质量状况比较表

分析指标		科创板上市公司平均值	全部上市公司平均值
基本指标	总资产周转次数（次）	0.50	0.67
	流动资产周转次数（次）	0.73	1.25
	基本得分	7.61	9.72
修正指标	存货周转率（次）	3.37	3.07
	应收账款周转率（次）	4.75	8.97
综合得分		7.75	9.27

（三）偿债风险

从综合得分来看，2021年科创板上市公司偿债风险平均得分10.82分，高于全部上市公司偿债风险平均得分。从具体指标来看，评价范围内的科创板上市公司在资产负债率、已获利息倍数、速动比率、现金流动负债比率、带息负债比率等各偿债风险指标的平均得分均优于全部上市公司的平均水平，特别是得益于2021年强劲的业绩增长，科创板上市公司已获利息倍数的平均水平大幅高于全部上市公司平均值。详见表19-3。

表19-3　科创板板上市公司偿债风险状况比较表

分析指标		科创板上市公司平均值	全部上市公司平均值
基本指标	资产负债率（%）	34.66	59.93
	已获利息倍数	24.14	5.28
	基本得分	11.56	8.86
修正指标	速动比率（%）	214.79	83.33
	现金流动负债比率（%）	16.30	13.68
	带息负债比率（%）	26.21	38.47
综合得分		10.82	8.86

（四）发展能力

从综合得分来看，2021 年科创板上市公司发展能力平均得分 14.94 分，高于全部上市公司平均得分。得益于科创板企业业绩的快速增长，从表 19-4 具体指标可以看出，评价范围内的科创板上市公司其营业收入增长率、资本扩张率、三年营业收入平均增长率、总资产增长率和营业利润增长率各项指标平均值均远高于上市公司对应指标平均水平。进一步反映了科创板上市公司正处于高速发展阶段，科创企业发展潜力较大。

表 19-4　科创板上市公司发展能力状况比较表

分析指标		科创板上市公司平均值	全部上市公司平均值
基本指标	营业收入增长率（%）	36.81	22.02
	资本扩张率（%）	37.63	11.29
	基本得分	16.66	12.09
修正指标	累计保留盈余率（%）	20.77	41.52
	三年营业收入平均增长率（%）	23.11	11.08
	总资产增长率（%）	34.49	10.88
	营业利润增长率（%）	55.73	26.49
综合得分		14.94	12.34

（五）市场表现

从综合得分来看，2021 年科创板上市公司市场表现平均得分 8.94 分，略低于全部上市公司平均得分。从具体指标来看，评价范围内的科创板上市公司平均市场投资回报率、股价波动率均低于全部上市公司平均值。当前科创企业仍处于高速发展的阶段，其市场投资回报率还有较大的增长空间，同时科创板对于个人投资者参与有一定的限制，专业投资者和机构投资者较多，因此其股价波动要低于全部上市公司平均水平。详见表 19-5。

表 19-5　科创板上市公司市场表现状况比较表

分析指标	科创板上市公司平均值	全部上市公司平均值
市场投资回报率（%）	20.82	27.90
股价波动率（%）	102.95	108.84
综合得分	8.94	9.23

二、2021 年科创板上市公司高速成长，凸显科创本色

（一）整体业绩大幅提升，科创企业正高速成长

科创板开板迄今两年有余，从 2019 年仅 70 家，发展到 2021 年末 376 家，总市值达 6.2

万亿元。截至 2022 年 4 月 30 日，214 家科创板上市公司（不含 2021 年上市）实现营业收入约 3087.55 亿元，同比增长 51.61%。营业利润合计约 669.80 元，同比增长约 85.77%，2021 年在新冠肺炎疫情持续带来的严峻考验下，整体业绩仍呈较快增长态势。其中 192 家科创企业营业收入实现年内上涨。其中，艾力斯以涨幅 94408%位居涨幅第一位，2021 年是该公司正式商业化的元年，公司抗肿瘤药品获批上市，全年实现销售收入 2.35 亿元，授权费收入 2.94 亿元，公司业绩大幅增长并实现扭亏为盈。

2021 年全年 162 家科创企业成功登录科创板，平均资产规模 38 亿元，2021 年营业收入合计 2998.09 亿元，较同口径 2020 年营业收入 2255.99 亿元增长 32.89%。2021 年新上市科创公司主要为医药、机械设备、电子制造、电气设备及化工领域，其中医药生物行业 35 家、机械设备 30 家、电子制造 25 家、电气设备 18 家、化工行业 15 家。

业绩增长从行业来看，医药生物、材料、半导体行业公司业绩涨幅较大。业务收入增幅前十的科创公司 7 家为生物医药类。除了涨幅最高的艾力斯之外，神州细胞、康希诺、热景生物、泽景制药、百奥泰、百济神州营业收入也以 40848%、17175%、946%、588%、352%、258%的巨大涨幅排名靠前，其中热景生物在 2021 年上市公司评价中进入前十。业绩大幅增长，得益于公司研制的创新药获批上市，康希诺、百奥泰在 2021 年也实现扭亏为盈。可以看出，科创板生物医药公司在前期研发投入较高，尚未全部实现盈利，随着产品获批上市，持续放量，公司业绩有巨大的增长潜力。

（二）技术研发不断增强，展现“硬科技”发展根本

科创板上市公司创立之初定位于高新技术产业和战略性新兴产业，在服务国家战略、推动经济高质量发展中的作用日益凸显。2021 年科创板半导体、电子元件公司总数达 60 家，占 A 股同类上市公司的“半壁江山”，在产业链已形成上下游链条、功能齐备的发展格局；医药生物领域上市公司总数 79 家，成为继美国、中国香港之外主要医药企业选择上市的资本市场；光伏、动力电池、工业机器人等产业链也已初具规模。面向科技前沿的多个“硬科技”领域，关键技术攻关者通过资本市场，以实现产业链、技术链等深度融合。

2021 年，科创板上市公司研发强度保持高位，全年研发投入金额合计达到 729 亿元，研发投入占营业收入的比例平均为 10%。其中，神州细胞、虹软科技等 25 家公司的研发投入占比超过 30%。在研发高投入的情况下，创新成果不断涌现。2021 年取得一系列技术突破和科研进展。新增发明专利 5000 余项，目前共拥有约 5.75 万个发明专利，同时汇聚了 13 万人的科研队伍，平均每家公司超过 350 人。在 2021 年抗击新冠肺炎疫情的大环境下，科创板公司也首当其冲，君实生物、康希诺等创新药企业，推动新冠特效药、疫苗、快速检测试剂等加快落地，突出了“硬科技”企业的研发实力与企业社会责任的使命担当。

（三）科创板 IPO 稳步增长，专精特新“小巨人”不断集聚

2021 年共 162 家企业成功登录科创板市场，首发募集资金 2029 亿元。从首发上市股价

表现来看，10 只新股上市当日股价“破发”，其中成大生物跌幅最大，达到 27.27%，152 只新股首日股价收涨，纳微科技首日涨幅 1273.98%，涨幅最高。科德数控、复旦微电首日涨幅 853%、797%，位居第二、第三位。

从发行价格来看，2021 年新上市的科创板新股发行平均价格为 34.11 元/股，26 只新股发行价在 50 元/股以上，发行价超过 100 元的有 8 只。其中最高的为禾迈股份，发行价为 557.80 元/股，成为 A 股史上发行价最高新股。

除此之外，82 家公司被终止审核，9 家公司终止注册。从行业（申万二级行业）分布来看，医疗、半导体、专用设备、通用设备、电网设备五大行业上市企业数量最多，分别为 19 家、14 家、11 家、10 家和 10 家。

三、“科创板中联价值 100”业绩评价结果

按照中国上市公司业绩评价体系，我们以统一测算的评价标准为基准，运用功效系数法，对截至 2022 年 4 月 30 日公布年报的科创板 376 家上市公司业绩进行了评价，剔除 2021 年新上市的 162 家科创板上市公司后，根据评价结果得出了 2021 年度“科创板中联价值 100”上市公司，其中，热景生物以综合得分 83.2 分获得第一，得分第 2~10 名的企业分别是东方生物、明微电子、晶晨股份、传音控股、建龙微纳、美迪西、洁特生物、晶丰明源及华润微。具体信息见本书附录二。

第二十章

创业板上市公司业绩评价

2021年是创业板注册制改革下的第一个完整年度。自注册制改革以来，创业板吸引了一大批优秀的创新企业上市，2021年度共199家企业登陆创业板。作为以高科技、高成长企业为主的交易市场，创业板与科创板一道承担着为高新产业“输血”的重任，是加快推进我国产业结构调整，实现科技强国、提升中国“智造”水平重要保障。

2021年度，创业板上市公司（不含未公布年报及2022年上市的上市公司）实现营业收入2.68万亿元，同比增长19.04%，较2020年度营业收入增速7.72%，有较大幅度提升；归属于母公司股东净利润合计1822.53亿元，同比增长26.31%。从行业分布特征来看，截至2021年12月31日，创业板上市公司共1090家，制造业、信息技术服务业、科学研究技术服务业等为主，其中制造业最多共757家，占比69.45%；从细分领域来看，机械设备、计算机、电子、医药生物、电力设备分别以151家、133家、115家、108家、86家位居创业板行业前五位。从公司规模来看，创业板以高成长性的中小型企业为主，且规模差异较大，根据创业板上市公司2021年年报数据，宁德时代总资产规模以3076.67亿元居首位，而百邦科技以总资产规模仅2.40亿元位于末尾，二者资产规模相差1282倍。2021年创业板指数整体呈波动上涨态势，截至2021年12月31日收盘，创业指数全年上涨12.02%。

一、创业板上市公司业绩评价结果

截至2021年末，创业板上市公司1090家，其中2家未在2022年4月30日前公布年报，4家涉金融科技行业，剔除掉上述6家，另外加上2021年新上市199家创业板上市公司及借壳上市的公司未纳入本次评价排名范围，纳入本次评价排名范围内的创业板上市公司共885家（本章以下简称“排名范围内的创业板上市公司”）。创业板上市公司业绩评价综合得分61.31分；宁德时代以81.25分位列创业板上市公司业绩评价综合得分第一名，并与排名范围内的创业板上市公司圣邦股份、迈瑞医疗、智飞生物、亿田智能、三环集团、汤臣倍健共同进入“中联价值100”名单。

1084家创业板上市公司中，业绩评价等级为AA级的有2家；A级19家；BBB级66家；BB级120家；B级178家；CCC级182家；CC级165家；其余352家业绩评价等级为C级。

2021年，排名范围内的创业板上市公司按评价体系评分前十名的公司见表20-1。

表20-1 2021年度创业板上市公司评价得分前十名的公司

序号	股票代码	股票简称	A股上市公司中评价得分排序
1	300750	宁德时代	20
2	300661	圣邦股份	36
3	300821	迈瑞医疗	67
4	300408	智飞生物	70
5	300911	亿田智能	86
6	300146	三环集团	92
7	300760	汤臣倍健	94
8	300124	东岳硅材	101
9	300481	汇川技术	102
10	300610	濮阳惠成	124

下面分别从财务效益、资产质量、偿债风险、发展能力及市场表现等五个方面对创业板上市公司进行具体分析。

（一）财务效益

从综合得分来看，2021创业板上市公司财务效益综合得分21.39分，低于全部上市公司（本章中“全部上市公司”指纳入评价范围的全部上市公司，不包含2022年上市、未披露年报及金融行业和B股上市公司，共4543家）财务效益综合得分23.08分。从具体指标来看，创业板上市公司在总资产报酬率、营业利润率方面优于全部上市公司，但在净资产收益率、盈利现金保障倍数和总股本收益率方面与全部上市公司平均水平存在一定差距。由于新冠肺炎疫情推动疫苗及免疫诊断领域上市公司业绩上涨等因素，排名范围内的创业板上市公司中，财务效益综合得分排名前五的创业板上市公司中除宁德时代外，剩余4家创业板上市公司均为医药、医疗器械行业，分别是迈瑞医疗、智飞生物、乐普医疗和华大基因。

2021年创业板上市公司财务效益各指标及得分情况如表20-2所示。

表 20-2　创业板上市公司财务效益状况比较表

分析指标		创业板上市公司平均值	全部上市公司平均值
基本指标	净资产收益率（%）	5.69	7.51
	总资产报酬率（%）	5.84	5.47
	基本得分	20.31	20.98
修正指标	营业利润率（%）	8.14	6.79
	盈利现金保障倍数	1.34	1.75
	总股本收益率（%）	35.51	46.81
综合得分		21.39	23.08

（二）资产质量

从综合得分来看，2021 年创业板上市公司资产质量综合得分 8.43 分，略低于全部上市公司资产质量综合得分 9.27 分。从具体指标来看，创业板上市公司存货周转次数较全部上市公司高，周转速度较快，但在总资产周转次数、流动资产周转次数、应收账款周转次数等指标中低于全部上市公司水平，特别是应收账款周转次数显著低于全部上市公司周转次数。特发服务、维业股份、万兴科技、西部牧业、立华股份、温氏股份、雪榕生物以评价得分 15.00 分并列排名范围内的创业板上市公司资产质量得分第一名。其中，由于人们对农产品的流通效率与效益的要求越来越高，因此流通环节相对较少，各周转率相对较高等因素，西部牧业、立华股份、温氏股份、雪榕生物等畜牧、养殖涉农行业资产质量评价较高。

2021 年创业板上市公司资产质量各指标及得分情况如表 20-3 所示。

表 20-3　创业板上市公司资产质量状况比较表

分析指标		创业板上市公司平均值	全部上市公司平均值
基本指标	总资产周转次数（次）	0.63	0.67
	流动资产周转次数（次）	1.05	1.25
	基本得分	9.04	9.72
修正指标	应收账款周转次数（次）	4.50	8.97
	存货周转次数（次）	3.95	3.07
综合得分		8.43	9.27

（三）偿债风险

从综合得分来看，2021 年创业板上市公司偿债风险综合得分 9.58 分，与全部上市公司偿债风险综合得分 8.86 分相比较高，偿债能力相对较强、偿债风险相对较低。从具体指标来看，创业板上市公司在偿债风险评价的各项指标中的综合表现均优于全部上市公司，具有资产负债率相对低、带息负债比相对低、已获利息倍数相对高等特点，特别是在速动比率方面，创业板上市公司速动比率综合水平远高于全部行业上市公司，短期偿还能力具有较高保证。宏达电子、新媒股份以评价得分 15.00 分并列排名范围内的创业板上市公司偿债风险评价第一名，有 38 家创业板上市公司偿债风险评价得分高于 14.90 分。

2021 年创业板上市公司偿债风险各指标及得分情况如表 20-4 所示。

表 20-4 创业板上市公司偿债风险状况比较表

分析指标		创业板上市公司平均值	全部上市公司平均值
基本指标	资产负债率（%）	45.10	59.93
	已获利息倍数	7.30	5.28
	基本得分	9.87	8.86
修正指标	速动比率（%）	136.39	83.33
	现金流动负债比率（%）	14.61	13.68
	带息负债比率（%）	36.62	38.47
综合得分		9.58	8.86

（四）发展能力

从综合得分来看，2021 年创业板上市公司发展能力平均得分 13.29 分高于全部上市公司发展能力综合得分 12.34 分。从具体指标来看，虽然创业板上市公司累计保留盈余率及营业利润增长率略低于全部上市公司水平，但在三年营业收入平均增长率、总资产增长率、资本扩张率等方面优于全部上市公司。宁德时代与智飞生物以得分 20.00 分并列创业板上市公司发展能力评价得分第一。排名范围内发展能力评价得分前十名的创业板上市公司除圣邦股份、智飞生物、汇川技术外均为电力设备行业。

2021 年创业板上市公司发展能力各指标及得分情况如表 20-5 所示。

表 20-5 创业板上市公司发展能力状况比较表

分析指标		创业板上市公司平均值	全部上市公司平均值
基本指标	营业收入增长率（%）	23.45	22.02
	资本扩张率（%）	20.66	11.29
	基本得分	13.64	12.09
修正指标	累计保留盈余率（%）	32.79	41.52
	三年营业收入平均增长率（%）	13.79	11.08
	总资产增长率（%）	23.88	10.88
	营业利润增长率（%）	22.84	26.49
综合得分		13.29	12.34

（五）市场表现

从综合得分来看，2021 年创业板上市公司市场表现综合得分 8.62 分，略低于全部上市公司发展能力综合得分 9.23 分。从具体指标来看，创业板上市公司市场投资回报率与全部上市公司差距较大，且股价波动率略高于全部上市公司水平。润丰股份、瑞纳智能、奥万年青、佰诚医药、雅创电子和观想科技并列排名范围内的创业板上市公司市场表现得分第一名。

2021 年创业板上市公司市场表现各指标及得分情况如表 20-6 所示。

表 20-6 创业板上市公司市场表现状况比较表

分析指标	创业板上市公司平均值	全部上市公司平均值
市场投资回报率（%）	18.50	27.90
股价波动率（%）	111.36	108.84
得分	8.62	9.23

二、2021 年创业板上市公司业绩亮眼，注册制改革提升市场活力

（一）业绩表现强劲，“创业创新”定位显著增强

截至 2022 年 4 月 30 日，除吉药控股、*ST 邦讯未如期公布年报外，1088 家创业板上市公司（不含 2022 年上市）实现营业收入 2.68 万亿元，较 2021 年同口径营业收入 2.17 万亿元增长 5094.80 亿元，增长 19.04%，共 867 家创业板上市公司实现营业收入增长。按照行业划分，86 家电力设备行业创业板上市公司合计营业收入增长 1748.77 亿元，占 1088 家创业板上市公司合计营业收入增长额的 34.37%，户均营业收入增长额 20.33 亿元，户均营业收入增长率 62.16%，位列合计营业收入增长额和户均营业收入增长额的双第一名。

归母净利润方面，1088 家创业板上市公司 2021 年实现归母净利润 1822.53 亿元，较 2020 年全年归母净利润增长 25.77%，共 540 家创业板上市公司实现归母净利润增长，156 家创业板上市公司实现扭亏转盈。按照行业划分，电力设备、生物医药分别以 174.58 亿元、139.63 亿元排在创业板上市公司合计归母净利润增长额的第一、第二位，高新产业业绩增长强劲。非银金融行业以户均归母净利润增长 8.92 亿元位居创业板上市公司单家归母净利润增长额行业第一。

截至 2021 年 12 月 31 日，创业板注册制改革后共 262 家公司登陆创业板，平均资产规模 30.23 亿元，低于纳入评价范围内 1088 家创业板上市公司平均资产规模 44.81 亿元；2021 年营业收入合计 6070.07 亿元，较同口径 2020 年营业收入 5048.11 亿元增长 20.24%，营业收入增长率平均值 23.72%；按照行业划分，机械设备制造、电子、基础化工、医药生物、汽车（及配件）行业分别为前五大行业，共占据 136 家。整体来看，自创业板实施注册制以来，新上市企业呈规模更小、成长性更好且主要集中在高新制造行业等特点，创业板为成长型创新创业企业服务的定位更加明显。

（二）研发投入加大，科技兴业效果突出

2021 年 1088 家创业板上市公司研发总投入额 1326.72 亿元，较 2020 年同口径研发总投

入额 1029.49 亿元增长 28.87%，平均研发投入总额占营业收入比例由 2020 年 6.99%提升至 2021 年 7.31%，862 家创业板上市公司研发投入总额同比增长，持续加大研发投入。从行业来看，计算机、国防军工与医药生物分别以 14.90%、11.53%和 8.42%分别位列平均研发投入总额占营业收入比最高的三个行业；电力设备、非银金融、医药生物分别以 2.90 亿元、2.45 亿元和 1.79 亿元位列平均研发投入总额最高的三个行业。保力新通过加大磷酸铁锂低成本电池、锰酸锂电池产品开发等项目的研发投入，整个报告期研发人员及相关研发费用大幅增长，以 4697.31%的研发投入增长率位列创业板上市公司研发投入增长第一位。研发投入增长超过 100%的共 45 家创业板上市公司，其中电力设备 8 个、医药生物 6 个、电子行业 5 个为家数最多的三个行业；从收入增长方面来看，45 家研发投入增长超过 100%的创业板上市公司主营业务收入平均增长 116.46%，科技兴业效果突出。

（三）高投入驱动高回报，注册制改革激发市场活力

2021 年 12 月 31 日创业板指数收盘于 3322.67 点，较 2020 年 12 月 31 日收盘 2966.26 点上涨 12.02%，年中最高点位 3563.13 点，最低点位 2633.45 点，振幅 35.30%，呈先落后升的波动上涨态势。

2021 年 1 月 1 日之前首发上市的创业板上市公司共 891 家，其中 482 家实现年内上涨，平均涨幅 45.56%；除吉药控股未公布年报外，其余 481 家公司平均收入增长率 43.29%，归母净利润合计由 2020 年 9640.07 亿元增至 2021 年 17572.98 亿元，户均归母净利润增长 16.49 亿元。联创股份以涨幅 488.93%位居涨幅第一位。行业方面，家用电器、电力设备、建筑材料行业分别以平均涨幅 38.29%、36.00%、30.47%位居创业板上市公司行业涨幅前三名，美容护理中除科思股份外年内均处下跌态势，以平均跌幅 31.91%垫底。

2021 年首发上市的创业板上市公司共 199 家，截至 2021 年 12 月 31 日收盘，收盘价较首发价格平均涨幅 161.55%，“打新”收益仍较显著。读客文化于 2021 年 7 月 19 日正式登陆创业板，首发价格 1.55 元/股，2021 年 12 月 31 日收于 21.80 元/股，以 1306.45%的涨幅领跑创业板。

三、“创业板中联价值 100” 业绩评价结果

按照中国上市公司业绩评价体系，我们以统一测算的评价标准为基准，运用功效系数法，对截至 2022 年 4 月 30 日公布年报的创业板 1088 家上市公司业绩进行了评价，剔除 2021 年新上市的 199 家创业板上市公司后，根据评价结果得出了 2021 年度“创业板中联价值 100”，其中，宁德时代以综合得分 81.30 分获得第一，得分第 2~10 名的企业分别是圣邦股份、迈瑞医疗、智飞生物、亿田智能、三环集团、汤臣倍健、东岳硅材、汇川技术及濮阳惠成。具体信息见本书附录二：2021 年度各板中联价值 100 业绩评价得分情况。

从评价得分结果来看，“创业板中联价值 100”平均评价得分 71.26 分，高于创业板上市公司综合评价得分 61.31 分，在各评价指标中，创业板中联价值 100 均高于创业板上市公司各指标得分，综合表现也优于全部上市公司，具体如表 20-7 所示。

表 20-7　2021 年度“创业板中联价值 100”评价得分情况

得分项	创业板中联价值 100 平均值	创业板上市公司平均值	全部上市公司平均值
财务效益	25.83	21.39	23.08
资产质量	9.06	8.43	9.27
偿债风险	12.41	9.58	8.86
发展能力	14.76	13.29	12.34
市场表现	9.19	8.62	9.23
综合得分	71.25	61.31	62.78

从经营业绩来看，“创业板中联价值 100”2021 年主营业务收入共实现 5263.40 亿元、归母净利润 1058.17 亿元，分别占纳入评价范围内的 1088 家创业板上市公司 19.64%和 58.06%，户均归母净利润是 1088 家创业板上市公司户均归母净利润的 631.74 倍，显著高于评价范围内的创业板上市公司平均盈利能力。

从资产规模来看，“创业板中联价值 100”截至 2021 年 12 月 31 日，资产总量合计 1.01 万亿元，占评价范围内创业板上市公司资产总量 4.88 万亿元的 20.70%，户均资产总量比为 2.26∶1，“创业板中联价值 100”具有显著的规模优势。

从行业分布来看，“创业板中联价值 100”主要集中在高精尖制造业，其中医药生物行业最多，占据 20 席，电子、电力设备、基础化工、机械设备位列第 2~5 名，创业板着力助力“专精特”发展作用凸显。“创业板中联价值 100”行业分布如图 20-1 所示。

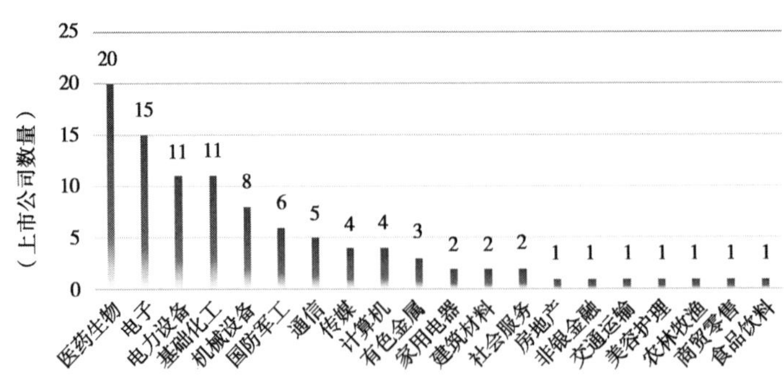

图 20-1　“创业板中联价值 100”行业分布情况

从地域分布来看，“创业板中联价值 100”较集中于我国东南沿海地区，广东省以 22 家位列第一，江苏、浙江、北京紧随其后。中西部、东北部省市相对较少，“创业板中联价值 100”地域分布如图 20-2 所示。

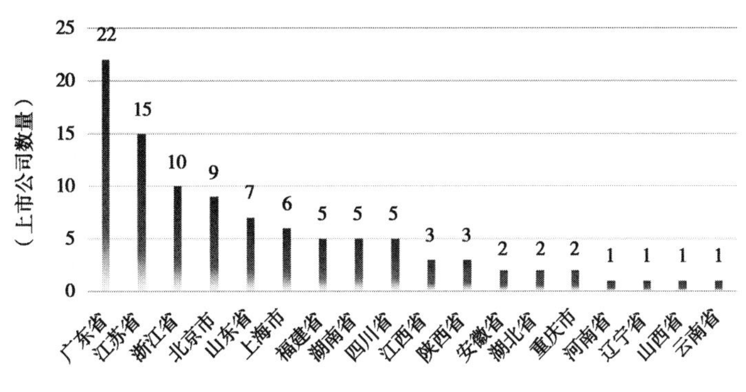

图 20-2 “创业板中联价值 100”地域分布

从市场表现来看，“创业板中联价值 100”备受追捧，2021 年全年平均涨幅 82.73%，远高于评价范围内的创业板上市公司全年平均涨幅 57.98%。天华超净以全年涨幅 293.82%位列“创业板中联价值 100”第一，位列评价范围内的创业板上市公司第十一位。

附 录

附录一

2021 年度中国上市公司业绩评价体系说明

为准确、科学评价上市公司的经营业绩，提高上市公司监管效率，更好地服务于广大投资者和促进提高上市公司经营管理水平，2001 年中联财务顾问有限公司和中联资产评估有限公司组织评价领域有关专家成立“中国上市公司业绩评价课题组”，借鉴国内外企业绩效评价的体系与方法，结合上市公司的特点，研究制定了中国上市公司业绩评价指标体系。该评价体系从多角度反映上市公司的业绩，在衡量公司盈利能力的同时，兼顾公司的成长、风险、资产质量和市场表现，做到财务效益和债务风险、资产质量与公司成长的平衡。该评价体系旨在为广大投资者、政府监管机构、债权人、公司职工以及其他利益相关者提供上市公司真实业绩的相关资料及信息，并提供一个有效的分析工具。现将该评价体系的基本内容说明如下。

一、中国上市公司评价体系的主要特点

在研究上市公司业绩评价体系过程中，我们充分借鉴了财政部、国家经贸委、中央企业工委、劳动保障部和原国家计委联合颁布的《企业绩效评价实施细则》和国务院国有资产监督管理委员会颁布的《中央企业绩效评价管理暂行办法》（国资委令第 14 号）的有关规定，根据公开披露的上市公司数据，紧密结合中国上市公司的特点，突出反映上市公司的市场表现，研究建立了中国上市公司业绩评价指标体系。归纳起来，主要有以下特点。

（一）充分体现了投入回报特性

企业的根本属性是以盈利为目的，不仅是短期盈利，更重要的是可持续的长期盈利。本评价体现以投入产出为核心，充分反映企业的盈利能力。在评价的五个方面中，有两个方面主要反映盈利能力，一个是从企业的角度反映企业的盈利水平，即盈利能力，占 35% 的权重；另一个是从市场角度反映股票的增值水平，即市场表现，占 15% 的权重。盈利能

力主要从投资人和社会两个角度来反映，体现在扣除非经常性损益后的净资产收益率和总资产报酬率上，增值水平主要体现在市场投资回报率上。因此，本评价体系的核心是体现投入产出特性。

（二）构建了多层次的立体评价体系

本评价体系的评价指标包括基本评价指标和修正评价指标两个层次，两层次之间不是简单的并列关系，而是递进的修正和验证关系。首先，通过 10 项基本评价指标计算出对上市公司业绩评价的得分，然后，通过 13 项评价指标对基本指标评价分数进行验证和修正，从而得出更加客观的评价结果。评价指标之间相互牵制，作假的财务数据，有可能造成有的指标得分高了，但其他指标可能得分就低了，不会获得高分。要想获得评价高分只有提高上市公司的竞争力和发展质量。

（三）首创线性评价标准

对某一个评价指标而言，传统的评价标准只是一个数值，最多也只有满意值和不允许值等两个评价标准。而本评价体系创立了线性评价标准。具体而言，每一评价指标分为优秀、良好、平均、较低、较差五档标准，这五档标准反映在坐标轴上就是一条曲线，即评价标准线。标准线不仅能为评价计分提供准确的计算依据，而且能描述不同评价指标的经济特性。不同的评价指标有不同类型的评价标准曲线，只有标准线才能实现更加科学的计分。

（四）具有较强的可操作性

在设计本评价体系时，我们将可操作性作为一项重要的目标。首先，要求所有的评价指标能够从公开的市场上能够获取；其次，评价标准要做到符合实际，既考虑到中国企业的普遍情况，又考虑到上市公司的实际特点；最后，还要设计一套上市公司业绩评价软件，通过软件自动得出中国上市公司的评价得分。

二、中国上市公司业绩评价指标体系

由于我国上市公司法人治理不完善、股权割裂、法制不健全等原因，上市公司出于市场融资、配合二级市场炒作、避免亏损、管理层骗取激励基金及政治追求等特别目的，人为进行盈余操纵甚至财务欺诈的行为时有发生。因此，不能仅仅以实现利润情况评价上市公司的业绩。我们认为，上市公司的业绩应包括财务效益、资产质量、偿债风险、发展能力及市场表现等五个方面，对于每一方面，我们设置了若干财务指标反映其真实状况，具体分为基本指标和修正指标两个层次。只有五方面有机结合，才能客观反映企业的真实业绩。

（一）中国上市公司业绩评价指标体系的设置原则

上市公司业绩评价指标体系的设置遵循以下几项原则：一是选定的指标应具有较强的横向、纵向可比性，尽可能排除偶然或异常事项的影响，如果不能完全剔除这些因素的干扰，则通过调整相关指标的权数以降低其对评价结果的影响程度；二是各项指标的设立在整体均衡的基础上应突出相互的制衡性，整个指标体系要具备“此消彼长”的内在机制，提高操控整个指标体系的困难程度；三是指标体系的确定要充分考虑上市公司特点，而且所有财务指标的计算、取值只局限在上市公司公告的数据资料内，不尝试获得每家上市公司进一步的内部信息资料，即在现行法规框架下，通过对部分必要信息的分析判断取得尽可能公平合理的评价结果。

（二）中国上市公司业绩评价指标体系的主要特点

第一，突出股东回报。企业的根本属性就是实现股东价值最大化，本评价体系以投入产出为核心，从股东价值和企业价值两个角度来反映企业的盈利能力，主要采用扣除非经常性损益后的净资产收益率和总资产报酬率两个财务指标来体现，占 35% 的权重，核心是突出股东回报，体现股东价值最大化。扣除非经常性损益后的净资产收益率剔除了企业盈利的偶然因素，反映企业持续盈利能力，总资产报酬率反映企业占用总资产创造的总价值，包括对股东的回报和对债权人的回报。当然，反映企业盈利能力的财务指标还有很多，我们重点从经营活动创造的利润、盈利是否有现金保障、投入资本获得的收益等多角度对企业的盈利能力进行修正，目的是更加全面、完整、真实地反映企业的盈利能力。

第二，关注公司成长。上市公司的发展不仅需要短期盈利，更需要长期持久的健康发展。本体系从规模增长的角度反映企业的成长性，采用的主要指标是营业收入增长率和资本扩张率，权重占 20%。营业收入增长反映企业的市场占有和业务发展状况，资本扩张反映企业的盈利中用于扩大再生产的状况。同时，还采用累计保留盈余率、三年营业收入平均增长率、总资产增长率和营业利润增长率等项指标对成长性进行修正。

第三，体现资产质量。企业资产是创造财富的源泉，资产质量的高低间接反映企业盈利能力。本体系从资产效率的角度反映资产运营水平，采用的主要指标是总资产周转率和流动资产周转率，权重占 15%。总资产周转率反映总资产创造产品和服务的能力，体现总资产的运营效率；流动资产周转率反映企业流动资产的运营效率。同时，还采用应收账款周转率和存货周转率进行修正。

第四，反映债务风险。企业在发展的同时要防范债务风险，防止出现债务危机，要做到收益和风险的平衡。本体系从负债和流动性角度反映企业的偿债能力，采用的主要指标是资产负债率和已获利息倍数，权重占 15%。资产负债率是国际通行的反映企业债务水平的指标，已获利息倍数反映企业的盈利中偿还债务利息的能力。同时，还采用带息负债比率、现金流动负债比率和速动比率进行修正。

第五，重视市场表现。尽管目前我国资本市场的股价与上市公司业绩的相关性不强，股价不能完全反映上市公司的真实业绩，但从我们多年的研究结果看，上市公司的市场表现与业绩的相关性逐年提高，本课题很重视企业在资本市场上的表现，将市场表现作为企业业绩的重要内容，采用的主要指标是市场投资回报率和股价波动率，占 15% 的权重。市场投资回报率反映股票投资人在资本市场上获得的收益，包括股价上涨、分红、送股等；股价波动率反映股价的稳定性，对股价大起大落的公司适当减分。

（三）中国上市公司业绩评价指标体系的基本框架

中国上市公司业绩评价指标体系由财务效益状况、资产质量状况、偿债风险状况、发展能力状况以及市场表现状况五部分指标构成，包括基本指标和修正指标两个层次，共 23 项评价指标。指标体系见表 1。

表 1　中国上市公司业绩评价指标体系与指标权数表

评价指标		基本指标		修正指标	
评价内容	权数（%）	指标	权数（%）	指标	权数（%）
一、财务效益状况	35	净资产收益率（%） 总资产报酬率（%）	20 15	营业利润率（%） 盈利现金保障倍数 股本收益率（%） 资产规模系数	7 8 8 12
二、资产质量状况	15	总资产周转率（次） 流动资产周转率（次）	8 7	应收账款周转率（次） 存货周转率（次）	9 6
三、偿债风险状况	15	资产负债率（%） 已获利息倍数	8 7	速动比率（%） 现金流动负债比率（%） 带息负债比率（%）	5 5 5
四、发展能力状况	20	营业收入增长率（%） 资本扩张率（%）	10 10	累计保留盈余率（%） 三年营业收入平均增长率（%） 总资产增长率（%） 营业利润增长率（%） 资产规模系数	3 3 4 4 6
五、市场表现状况	15	市场投资回报率（%） 股价波动率（%）	10 5		

（四）基本指标的内涵

基本指标是评价上市公司业绩的主要计量指标，是整个评价指标体系的核心。基本指标由净资产收益率、总资产报酬率、总资产周转率、流动资产周转率、资产负债率、已获利息倍数、营业收入增长率、资本扩张率、市场投资回报率以及股价波动率共 10 项计量指标构成。

1. 净资产收益率

（1）基本概念。

净资产收益率是指企业一定时期内的净利润同平均净资产的比率。净资产收益率充分体现了投资者投入企业的自有资本获取净收益的能力，突出反映了投资与报酬的关系，是评价企业资本经营效益的核心指标。

（2）计算公式。

$$扣非净资产收益率=\frac{净利润-非经常性损益}{平均净资产}\times100\%$$

（3）内容解释。

①净利润是指企业未作任何分配前的税后利润。为更好地评价企业业绩，反映上市公司的可持续盈利能力，本指标的净利润是指扣除非经常性损益后的净利润。

②平均净资产是企业年初所有者权益同本年所有者权益变动的平均数。净资产包括实收资本、资本公积、盈余公积和未分配利润等。

2. 总资产报酬率

（1）基本概念。

总资产报酬率是企业在报告期内获得的可供投资者和债权人分配的经营收益占总资产的百分比，反映资产利用的综合效果。本指标剔除了财务杠杆对收益率的影响。

（2）计算公式。

$$总资产报酬率=\frac{息税前利润}{年度平均资产总额}\times100\%$$

（3）内容解释。

①息税前利润是指“企业利润总额与利息支出”之和。数据取值于“利润及利润分配表”和“会计报表附注”。

②年度平均资产总额指企业年平均占用的资产额。数据取值于“资产负债表”。

$$年度平均资产总额=\frac{资产总额年初数+资产总额年末数}{2}$$

3. 总资产周转率

（1）基本概念。

总资产周转率是指企业一定时期主营业务收入净额同平均资产总额的比值。总资产周转率是综合评价企业全部资产经营质量和利用效率的重要指标。

（2）计算公式。

$$总资产周转率（次）=\frac{主营业务收入净额}{平均资产总额}$$

$$平均资产总额=\frac{资产总额期初数+资产总额期末数}{2}$$

（3）内容解释。

①主营业务收入净额是指企业当期主要经营活动所取得的收入减去折扣与折让后的数额。

②平均资产总额是指企业资产总额年初数与年末数的平均值。数据取值于“资产负债表”。

4. 流动资产周转率

（1）基本概念。

流动资产周转率是指企业一定时期主营业务收入净额同平均流动资产总额的比值。流动资产周转率是评价企业资产利用效率的另一主要指标。

（2）计算公式。

$$流动资产周转率（次）=\frac{主营业务收入净额}{平均流动资产总额}$$

$$平均流动资产总额=\frac{流动资产期初数+流动资产期末数}{2}$$

（3）内容解释。

①主营业务收入净额解释同上。

②平均流动资产总额是指企业流动资产总额的年初数与年末数的平均值。数据取值于“资产负债表”。

5. 资产负债率

（1）基本概念。

资产负债率是指企业一定时期负债总额同资产总额的比率。资产负债率表示企业总资产中有多少是通过负债筹集的，该指标是评价企业负债水平和偿债能力的综合指标。该指标为逆向指标，实际值越低，得分越高。

（2）计算公式。

$$资产负债率=\frac{负债总额}{资产总额}\times 100\%$$

（3）内容解释。

①负债总额是指企业流动负债、长期负债和递延税款贷项的总和。少数股东权益不在负债总额中体现。数据取值于“资产负债表”。

②资产总额是指企业拥有各项资产价值的总和。数据取值于“资产负债表”。

6. 已获利息倍数。

（1）基本概念。

已获利息倍数是指企业一定时期的盈利偿还利息的能力。从偿还利息的角度反映企业当期偿付债务的能力，也叫利息保障倍数。

（2）计算公式。

$$已获利息倍数=\frac{利润总额+利息费用}{利息支出}$$

（3）内容解释。

由于 Wind 系统数据不断丰富，利息支出取自 WIND 衍生报表中财务费用项下的“利息支出”。

7. 营业收入增长率

（1）基本概念。

营业收入增长率是指企业本年营业收入增长额同上年营业收入的比率。营业收入增长率表示与上年相比企业营业收入的增减变动情况，是评价企业成长状况和发展能力的重要指标。

（2）计算公式。

$$营业收入增长率=\frac{本年营业收入增长额}{上年营业收入}\times100\%$$

$$本年营业收入增长额=本年营业收入-上年营业收入$$

（3）内容解释。

①本年营业收入增长额是企业本年营业收入与上年营业收入的差额。如本年营业收入低于上年，本年营业收入增长额用“-”表示。有关数据取值于“利润及利润分配表”。

②上年营业收入指企业上年全年的主要经营活动所取得的收入减去折扣与折让后的数额。数据取值于“利润及利润分配表”。

8. 资本扩张率

（1）基本概念。

资本扩张率是指上市公司本年股东权益增长额同年初股东权益的比率。资本扩张率表示企业当年资本的积累能力，是评价企业发展潜力的重要指标。

（2）计算公式。

$$资本扩张率=\frac{本年股东权益增长额}{年初股东权益}\times100\%$$

$$本年股东权益增长额=股东权益年末数-股东权益年初数$$

（3）内容解释。

①本年股东权益增长额是指企业本年股东权益与上年股东权益的差额。数据取值于“资产负债表”。

②年初股东权益指股东权益的年初数。数值取值于“资产负债表”。

9. 市场投资回报率

（1）基本概念。

市场投资回报率是指上市公司本年在资本市场上投资股票所获的收益同年初股票投资成本的比率，反映上市公司股权在一年内的增值幅度。市场投资回报包括股票价格变动、企业分红派息、送配股等因素。市场投资回报率表示上市公司资本市场的增值能力，是评价上市公司市场表现的重要指标。

（2）计算公式。

$$市场投资回报率=\frac{本年股票投资收益}{股票投资成本}\times 100\%$$

$$本年股票投资收益=股票年末复权价格-股票年初复权价格$$

（3）内容解释。

①本年股票投资收益是指在资本市场投资股票所获的收益。

② 股票投资成本是指年初投资股票时的复权价格。

10. **股价波动率**

（1）基本概念。

股价波动率是指上市公司每周股价同平均股价的标准平均方差，反映上市公司本年股票价格在股票市场上的波动情况。股价波动率主要体现上市公司的经营风险以及稳定持续发展情况。该指标为逆向指标，实际值越低，得分越高。

（2）计算公式。

$$股价波动率=\sqrt{\sum_{i=1}^{n}\left(\frac{xi}{\bar{x}}-1\right)^{2}}\times 100\%$$

其中：xi 表示每周股票的复权开盘价；

$\bar{x}$ 表示一年股票的平均复权价；

n 表示一年的股票开盘周数。

（3）有关说明。

①为避免送配股、分红等对股价的影响，股价波动率采用股票的复权价格计算。

②考虑到股价对波动率的影响，在计算股价波动率时，对每周复权价和平均股价都除以平均股价。

（五）修正指标的内涵

修正指标是从多方面调整完善基本指标评价结果的计量因素，是整个评价指标体系的重要辅助部分。通过修正指标的分析评价，实现对基本指标评价结果的全面调整和修正，形成定量指标评价结果。修正指标由营业利润率、盈利现金保障倍数、股本收益率、资产规模系数、应收账款周转率、存货周转率、速动比率、现金流动负债比率、带息负债比率、累计保留盈余率、三年营业收入平均增长率、总资产增长率以及营业利润增长率等 13 项计量指标构成。

1. **营业利润率**

（1）基本概念。

营业利润率是指企业一定时期营业利润同营业收入的比率。它表明企业每单位营业收入能带来多少营业利润，反映了企业日常经营性业务的获利能力。

（2）计算公式。

$$营业利润率=\frac{营业利润}{营业收入}\times 100\%$$

（3）内容解释。

①营业利润是指日常经营业务获得的利润，不包括投资收益、营业外收支等因素。数据取值于“利润及利润分配表”。

②营业收入是指企业当期销售商品、提供劳务等主要经营活动所取得的收入减去折扣与折让后的数额。数据取值于“利润及利润分配表”。

2. 盈利现金保障倍数

（1）基本概念。

盈利现金保障倍数是企业一定时期经营现金净流量同净利润的比值。盈利现金保障倍数指标反映了企业当期净利润中现金收益的保障程度，真实地反映了企业盈余的质量。

（2）计算公式。

$$盈余现金保障倍数=\frac{经营现金净流量}{净利润}$$

（3）内容解释。

①经营现金净流量指一定时期内，由企业经营活动所产生的现金及其等价物的流入量与流出量的差额。数据取值于“现金流量表”。

②净利润解释同上。数据取值于“利润及利润分配表”。

3. 股本收益率

（1）基本概念。

股本收益率是指企业一定时期内获得的净利润与平均股本净额的比率。股本收益率揭示了上市公司净资产中的股本获取净收益的能力。突出反映了股本与报酬的关系。

（2）计算公式。

$$股本收益率=\frac{净利润}{平均股本净额}\times 100\%$$

$$平均股本净额=\frac{股本净额年初数+股本净额年末数}{2}$$

（3）内容解释。

①净利润采用归属母公司的净利润。

②平均股本净额是指企业股本净额年初数与年末数的平均值。数据取值于“资产负债表”。

4. 资产规模系数

为准确反映不同规模企业的业绩增长难度，合理评价公司业绩，我们设置了资产规模系数。对于资产总额较大的企业，其盈利增长和发展能力增长空间较小，获得高速增长的难度较大；对于资产总额较小的企业，其盈利增长和发展能力增长空间较大，获得高速增幅相对容易。因此，我们用资产规模系数来修正盈利能力和发展能力状况的评价得分，以上市公司的平均资产总额为基准，依据上市公司的实际资产规模适当修正评价得分。原则上，上市公司的总资产规模越大，则其对基本得分的正方向修正力度就越大。

5. 应收账款周转率

（1）基本概念。

应收账款周转率是企业一定时期内主营业务收入净额同应收账款平均余额的比率。应收账款周转率是对流动资产周转率的补充说明。

（2）计算公式。

$$应收账款周转率（次）=\frac{主营业务收入净额}{应收账款平均余额}$$

$$应收账款平均余额=\frac{应收账款余额年初数+应收账款余额年末数}{2}$$

（3）内容解释。

①主营业务收入净额解释同上。

②应收账款是指企业因赊销产品、材料、物资和提供劳务而应向购买方收取的各种款项。应收账款是应收账款账面价值减坏账准备之后的净值。数据取值于“资产负债表”。

6. 存货周转率

（1）基本概念。

存货周转率是企业一定时期主营业务成本与存货平均余额的比率。存货周转率是对流动资产周转率的补充说明。

（2）计算公式。

$$存货周转率（次）=\frac{主营业务成本}{存货平均余额}$$

$$存货平均余额=\frac{存货余额年初数+存货余额年末数}{2}$$

（3）内容解释。

①主营业务成本是指企业销售商品或提供劳务等经营业务的实际成本。数据取值于“利润及利润分配表”。

②存货余额是指企业存货账面价值减去存货跌价准备之后的净值。存货账面价值指企业期末各种存货的历史成本。存货跌价准备指存货可变现净值低于存货成本的部分。存货平均余额是存货余额年初数与年末数的平均值，数据取值于“资产负债表”。

7. 速动比率

（1）基本概念。

速动比率是企业一定时期的速动资产同流动负债的比率。速动比率衡量企业的短期偿债能力，评价企业流动资产变现能力的强弱。

（2）计算公式。

$$速动比率=\frac{速动资产}{流动负债}\times100\%$$

$$速动资产=流动资产-存货$$

（3）内容解释。

①速动资产是指扣除存货后流动资产的数额。数据取值于“资产负债表”。

②流动负债指企业所有偿还期在一年或一个经营周期以内的债务。数据取值于“资产负债表”。

8. 现金流动负债比率

（1）基本概念。

现金流动负债比率是企业一定时期的经营现金净流量同流动负债的比率。现金流动负债比率是从现金流动角度来反映企业当期偿付短期负债的能力。

（2）计算公式。

$$现金流动负债比率=\frac{年经营现金净流量}{年末流动负债}\times100\%$$

（3）内容解释。

①年经营现金净流量指一定时期内，由企业经营活动所产生的现金及其等价物的流入量与流出量的差额。数据取值于“现金流量表”。

②流动负债解释同上。

9. 带息负债比率

（1）基本概念。

带息负债比率是指带息负债与企业负债总额。该指标反映企业负债中承担利息负债的比率。该指标为逆向指标，实际值越低，得分越高。

（2）计算公式。

$$带息负债比率=\frac{带息负债}{负债总额}\times100\%$$

$$带息负债=短期借款+一年内到期的非流动负债+长期借款+应付债券+应付利息$$

（3）内容解释。

①带息负债表示企业负债中需要承担利息的额度。数据取值于“资产负债表”。

②负债总额同上。数据取值于“资产负债表”。

10. **累计保留盈余率**

（1）基本概念。

累计保留盈余率是指企业盈余公积与未分配利润之和同平均股东权益的比率。累计保留盈余率反映了企业靠自身经营积累的发展能力。

（2）计算公式。

$$累计保留盈余率=\frac{盈余公积+未分配利润}{平均股东权益}\times 100\%$$

$$平均股东权益=\frac{股东权益年初数+股东权益年末数}{2}$$

（3）内容解释。

①盈余公积是企业按照有关规定及程序从净利润中提取的。数据取值于“资产负债表”。

②未分配利润是企业净利润经过一系列利润分配程序之后的剩余额。数据取值于“资产负债表”。

③平均股东权益是指企业股东权益年初数与年末数的平均值。数据取值于“资产负债表”。

11. **三年营业收入平均增长率**

（1）基本概念。

三年营业收入平均增长率表明企业营业收入连续三年的增长情况，体现企业的持续发展态势和市场扩张能力。

（2）计算公式。

$$三年营业收入平均增长率=\left(\sqrt[3]{\frac{当年营业收入净额}{三年前营业收入净额}}-1\right)\times 100\%$$

（3）内容解释。

①当年营业收入解释同上。

②三年前营业收入指企业三年前的营业收入数。数据取值于三年前“利润及利润分配表”。

12. **总资产增长率**

（1）基本概念。

总资产增长率是指企业资产规模的增长，反映企业的成长性。

（2）计算公式。

$$总资产增长率=\frac{本年资产总额增长额}{上年资产总额}\times 100\%$$

$$本年资产总额增长额=年末资产总额-年初资产总额$$

（3）内容解释。

如本年资产总额低于上年，本年资产总额增长额用“-”表示。数据取值于“资产负债表”。

13. **营业利润增长率**

（1）基本概念。

营业利润增长率是指企业本年营业利润增加额同上年营业利润的比率。

（2）计算公式。

$$营业利润增长率=\frac{营业利润增长额}{上年营业利润}\times 100\%$$

（3）内容解释。

①营业利润增长额。如本年营业利润低于上年，营业利润增长额用“-”表示。数据取值于“利润及利润分配表”。

$$营业利润增长额=本年营业利润-上年营业利润$$

②上年营业利润数据取值于上年的“利润及利润分配表”。

（六）评价指标权数的确定方法

在一个指标集合中，指标权数是其中每项指标占有的比重。每项指标对上市公司业绩的影响程度不同，其占有的权重应有差别。不同的评价目的，评价指标权数的设置也有所区别。上市公司的财务效益状况是整个业绩评价指标体系的重点，该部分的指标权重应相应加大。在权数设置上进行了分层处理，根据不同层次指标评价的需要，同时采用了德尔菲法（专家意见法）和相关性权重法来确定每个指标的权数。

1. **总权数与分层次权数的设置**

按照权重设计的习惯做法，将评价指标体系的总权数设定为 100，即所有指标都是最好的企业可得满分 100 分。同时，为便于不同层次指标的评价计分，先将基本指标和修正指标的权重均设定为 100，修正指标是对基本指标的评价结果的修正，再将不同层次的计分结果返回百分制。

2. **具体指标的权数设置**

对具体指标的权数设置综合运用了相关性权重法与德尔菲法。首先，根据测算的各评价指标之间的相关系数，确定指标之间的关联度，根据关联度赋予每个指标的权数。然后，运用德尔菲法将测算初定的权数分配表，分别发送有关部门、专家，征求他们的意见，在此基础上进行意见综合，形成具体指标的权数分配。

三、中国上市公司业绩评价标准

评价标准是评价三要素之一，是上市公司业绩评价体系中重要的组成部分，如果没有合适的评价对比标准，就无法进行具体评价。为取得客观、公正、准确的业绩评价结果，需要根据评价目的和上市公司的特点制定评价标准。为了客观、准确地评价上市公司经营业绩，我们利用全部上市公司的数据，结合全社会平均水平测算制定出一个统一的标准值，以适应所有上市公司跨行业评价的需要，其中上市公司的行业特性和规模大小分别通过所属行业的行业系数和企业规模系数进行修正。

本次业绩评价在考虑行业、规模影响因素的基础上，进一步将评价标准分类细化，分为优秀、良好、平均、较低、较差五个档次。表2是根据上述原则制定的2021年度上市公司评价标准值。

表2 2021年度中国上市公司业绩评价标准值

项　目	优秀值	良好值	平均值	较低值	较差值
一、财务效益状况					
净资产收益率（%）	17.6	13.2	7.9	-0.3	-7.5
总资产报酬率（%）	14.3	10.1	5.2	2.2	-1.8
营业利润率（%）	26.5	17.5	6.7	2.4	-2.5
盈余现金保障倍数	2.9	2	1.4	0.3	-0.3
股本收益率（%）	70.1	52.2	24.7	-1.5	-20.1
二、资产质量状况					
总资产周转率（次）	1.2	0.9	0.6	0.3	0.2
流动资产周转率（次）	2.3	1.7	1.1	0.5	0.3
存货周转率（次）	13.7	9.4	3.2	1.1	0.5
应收账款周转率（次）	26.2	14.1	8.5	3.1	2
三、偿债风险状况					
资产负债率（%）［逆向指标］	17.4	28.2	59.4	65.2	71.5
已获利息倍数	137	25.8	5.2	2.5	-0.5
速动比率（%）	384.7	221.4	84.1	71.4	57.8
现金流动负债比率（%）	56.3	37.5	13.6	2.3	-2.5
带息负债比率［逆向指标］	1.9	16.5	37.4	48.1	62.8
四、发展能力状况					
营业收入增长率（%）	58.2	39.7	21.8	4.3	-11.2
资本扩张率（%）	51.5	24.3	10.8	-1.2	-11
累计保留盈余率（%）	63.6	56.6	40.5	13.9	-2.5
三年营业收入平均增长率（%）	34.0	22.3	10.8	0.2	-6.9
总资产增长率（%）	52.4	26.5	10.8	2.5	-4.2
营业利润增长率（%）	124.2	62.2	9	-47.4	-102.2
五、市场表现状况					
市场投资回报率（%）	89.3	57.1	22.9	-11.3	-25.7
股价波动率（%）［逆向指标］	43.7	58.7	105.9	153.2	199

需要特别说明的是，有些人建议不同行业采用不同的行业标准，我们考虑：一是上市公司具有行业选择的自主权；二是对上市公司评价更侧重从投资人角度进行，投资人关注的是上市公司的质量，而不是行业；三是对国有企业的评价侧重企业经营者的业绩，国有企业的主业范围被限定，经营者只能在限定的范围经营，对企业经营者的评价更要考虑行业因素，在实践中通常不同行业采用不同的行业评价标准考核，以更加准确衡量企业经营者的业绩。综合考虑上述因素，在本评价体系中，所有上市公司采用相同的一套评价标准。

四、中国上市公司的行业分类

本次业绩评价参照中国证监会颁布的《上市公司行业分类指引》对被评价的上市公司进行行业分类，并针对不同行业确定了不同的行业系数。上市公司业绩评价的行业分类情况见表3。

表3 上市公司业绩评价的行业分类情况表

序号	行业名称	行业代码
1	全国所有企业	
2	农林牧渔业	A
3	采掘业	B
4	其中：煤炭	B01
5	制造业	C
6	食品、饮料	C0
7	纺织、服装、毛皮	C1
8	造纸、印刷	C3
9	石油、化学、塑胶、塑料	C4
10	电子	C5
11	金属、非金属	C6
12	机械、设备、仪表	C7
13	医药、生物制品	C8
14	其他制造业	C9
15	电力、煤气及水的生产和供应业	D
16	建筑业	E
17	交通运输、仓储业	F
18	信息技术业	G
19	批发和零售贸易业	H
20	房地产业	J
21	社会服务业	K
22	传播与文化产业	L
23	综合类	M

在实践中，一些上市公司的上述行业分类填写不太准确，我们同时运用申银万国的行业分类标准进行行业分类，在一些行业分析中，我们使用申银万国的行业分类标准进行统计汇总，并撰写分析报告。

此外，我们根据上市公司的特点，分别依据上市地点、上市时间以及上市公司规模进行了分组。在本评价体系中，将各项分组汇总数据视同一户上市公司进行了业绩评价，目的是广大投资者在分析各上市公司业绩的同时，也能分辨不同行业的发展状况，从而更好地评判上市公司业绩状况。

五、中国上市公司业绩评价计分方法

上市公司业绩评价计分方法主要为功效系数法，分为基本指标计分方法、修正指标计分方法两种。

（一）基本指标计分方法

基本指标计分方法是指运用业绩评价的基本指标，将指标实际值对照相应的评价标准值，计算各项指标实际得分的方法。计算公式为：

$$\text{基本指标总得分} = \sum \text{单项基本指标得分}$$

$$\text{单项基本指标得分} = \text{本档基础分} + \text{调整分}$$

$$\text{本档基础分} = \text{指标权数} \times \text{本档标准系数}$$

$$\text{调整分} = \frac{\text{实际值} - \text{本档标准值}}{\text{上档标准值} - \text{本档标准值}} \times (\text{上档基础分} - \text{本档基础分})$$

$$\text{上档基础分} = \text{指标权数} \times \text{上档标准系数}$$

对有关指标的分母为零或为负数的情况，作了相应的具体处理。

在每一部分指标评价分数计算出来后，要计算该部分指标的分析系数。分析系数是指企业财务效益、资产营运、偿债能力、发展能力四部分评价内容各自的评价分数与该部分权数的比率。基本指标分析系数的计算公式为：

$$\text{某部分基本指标分析系数} = \text{该部分指标得分} \div \text{该部分权数}$$

（二）修正指标计分方法

修正指标计分方法是在基本指标计分结果的基础上，运用修正指标对企业效绩基本指标计分结果作进一步调整。修正指标的计分方法仍运用功效系数法原理，以各部分基本指标的评价得分为基础，计算各部分的综合修正系数，再据此计算出修正指标分数。计算公式为：

$$\text{修正后总得分} = \sum \text{四部分修正后得分}$$

$$\text{各部分修正后得分} = \text{该部分基本指标分数} \times \text{该部分综合修正系数}$$

综合修正系数＝∑该部分各指标加权修正系数

某指标加权修正系数＝（修正指标权数÷该部分权数）×该指标单项修正系数

某指标单项修正系数＝1.0+（本档标准系数+功效系数×0.2−该部分基本指标分析系数）÷2

功效系数＝（指标实际值−本档标准值）÷（上档标准值−本档标准值）

该部分基本指标分析系数＝该部分基本指标得分÷该部分权数

在计算修正指标的修正系数时，对有关指标的单项修正系数要作特殊规定。

（三）特殊修正指标计分方法

1. 资产规模系数

由于上市公司的总资产规模差异较大，不同规模公司的盈利增长难度是不同的，大企业可以获得规模效益，但利润或资产的增长速度很难与小企业相比，为了客观、公正地评价上市公司业绩，因而在评价体系的财务效益状况部分设置资产规模系数修正指标，并制定相应的评价标准值。上市公司的总资产规模越大，则其修正系数也越大，具体方法如下：

（1）当平均资产总额除以户均资产小于0.1，该指标修正系数为0.6；

（2）当平均资产总额除以户均资产在0.1（含）~0.5之间，该指标的基本修正系数为0.6~0.8；

（3）当平均资产总额除以户均资产在0.5（含）~1.0之间，该指标的基本修正系数为0.8~1.0；

（4）当平均资产总额除以户均资产在1（含）~5之间，该指标的基本修正系数为1.0~1.2；

（5）当平均资产总额除以户均资产在5（含）~10之间，该指标的基本修正系数为1.2~1.4；

（6）当平均资产总额除以户均资产在10（含）~100之间，该指标的基本修正系数为1.4~1.6；

（7）当平均资产总额除以户均资产大于100，该指标修正系数为1.6。

2. 行业系数

本次评价采用了所有企业统一的标准值，由于上市公司有本行业的资产营运特点，为客观、公正地评价上市公司业绩，需要通过设置行业系数来修正上市公司的行业差异。

取得行业系数的具体办法是：首先，根据企业绩效评价方法，采用统一的评价标准计算出全国所有企业资产营运状况得分；然后，分行业对资产营运状况得分进行汇总统计，计算出各行业的资产营运状况的平均得分；最后，根据各行业的平均得分测算出各行业相应的行业修正系数。

六、金融行业上市公司业绩评价方法

金融行业上市公司是中国证券市场的重要组成部分，当前资本市场金融行业上市公司越来越多，比重较大，金融行业上市公司的表现直接影响A股上市公司的总体表现，如何对金融行业上市公司业绩进行评价是一个重要课题。与其他行业企业不同，金融行业企业是经营特殊业务的企业，这种特殊性决定了不能采用一般行业企业的评价方法对其进行评价，主要表现在某些衡量指标差异较大，如金融行业企业资产负债率一般远高于其他企业，而总资产收益率则较低，无法与其他企业相比较，金融企业的安全性和资产质量方面有其独特的衡量指标。因此，不能将金融企业与其他企业合并进行评价，而必须单独对其进行评价。我们参考前面上市公司的评价方法，同时考虑到金融企业的特殊性，建立了一套上市银行、证券公司、保险公司的评价体系。

（一）金融行业上市公司绩效评价体系

结合目前金融行业上市公司的特点和我国上市公司的现状，我们对银行业、证券行业、保险行业公司评价方法进行逐步完善，以反映行业的整体财务状况。但是由于其他金融企业（如期货、信托、租赁以及个别金融信息服务行业公司）经营特点与银行、保险、证券行业有差距，不能简单套用这些评价体系，同时由于这类上市公司数量较少，我们准备在后期进行深入研究的基础上加以探讨。

参考上市公司的评价方法，考虑到上市银行、保险、证券公司经营效绩在盈利能力、资产质量、偿债风险、发展能力及股票市场表现上的要求，其评价体系的设计仍然围绕这五个方面来选择指标（考虑到金融行业的资产质量和偿债风险的相应指标均涉及公司的稳健性，部分指标难以准确划分其性质，因此设置了稳健性指标）。在比较各个指标，同时参考相应行业监管指标后，我们分别选取了相应指标用以衡量上述几个方面，同时考虑指标的影响力，决定其权重大小。表4~表6分别是上市银行、证券公司、保险公司简易的评价体系。

表4　上市银行简易评价体系

评价内容	基本指标	指标权重（%）
安全性	资本充足率	8
	不良资产比率	7
流动性	存贷款比率	8
	净稳定资金比例	7
盈利能力	净资产收益率	20
	总资产收益率	15

续 表

评价内容	基本指标	指标权重（%）
发展能力	资本扩张率	8
	营业收入增长率	12
市场表现	投资回报率	10
	股价波动率	5

表 5　上市证券公司简易评价体系

评价内容	基本指标	指标权重（%）
稳健性指标	资本杠杆率	8
	流动性覆盖率	7
	风险覆盖率	8
	净稳定资金率	7
盈利能力	净资产收益率	20
	总资产收益率	15
发展能力	资本扩张率	8
	营业收入增长率	12
市场表现	投资回报率	10
	股价波动率	5

表 6　上市保险公司简易评价体系

评价内容	基本指标	指标权重（%）
稳健性指标	偿付能力充足率	15
	资产负债率	15
盈利能力	净资产收益率	20
	总投资收益率	15
发展能力	内含价值增长率	8
	一年新业务价值增长率	12
市场表现	投资回报率	10
	股价波动率	5

注：银行业资本充足率、不良资产比率、流动性覆盖率、净稳定资金比例等指标，证券行业资本杠杆率、流动性覆盖率、风险覆盖率、净稳定资金率等指标，保险业偿付能力充足率、总投资收益率、内含价值增长率、一年新业务价值增长率等指标均为行业监管指标，其计算方法均按照监管部门有关规定，公司年报也会按照规定披露。

此外，考虑到金融类上市公司规模差异较大，不同规模公司的盈利能力和发展能力指标不能用统一标准衡量，因此，参考一般企业的评价方法，设置了规模系数对盈利能力和发展能力指标进行调整，使行业内不同规模的企业标准能够相符。考虑到金融行业公司的资产规模普遍较大，不能简单地运用一般上市企业的规模系数，因此，分别针对银行、证券公司具体情况单独设置了规模系数。

（二）金融行业上市公司业绩评价标准

本次业绩评价考虑到行业特殊性、行业监管要求及上市公司整体情况三个因素，将评价标准分为优秀值和平均值两个档次，但是对应不同的指标，标准值的选取有所不同。

对于银行业的资本充足率、证券行业净资本指标、保险行业偿付能力充足率等监管指标，其评价标准值综合考虑监管标准及各公司实际指标情况，选取标准值，这些标准值既考虑到监管要求，同时也具有一定的区分度，能够衡量各公司的相对水平。

对于净资产收益率、主营业务收入增长率、投资回报率、股价波动率等指标，由于在这些指标上金融行业公司与其他企业具有可比性，因此，选择所有上市公司对应指标的优秀值、平均值为标准计算。

其他指标则选取相应金融类上市公司对应指标的优秀值和平均值为标准计算。

（三）金融行业上市公司业绩评价计分方法

金融行业上市公司业绩评价计分方法仍然采用功效系数法。

指标计分方法是指运用业绩评价的指标，将指标实际值对照相应的评价标准值，计算各项指标实际得分的方法。计算公式为：

指标总得分＝∑单项基本指标得分

单项指标得分＝［0.6+（实际值−平均值）÷（优秀值−平均值）×0.4］×权重

注：对于部分行业监管部门规定了相应监管值的指标，由于各上市公司相关指标均较好地满足了监管标准，反映了金融类上市公司较好的稳健性，为了体现这种情况同时也考虑到增加公司区分度的需要，我们在计算单项指标得分过程中对计算系数进行了微调：单项指标得分 ＝〔0.8+（实际值 − 平均值）÷（优秀值 − 平均值）× 0.2〕× 权重。

对有关指标的分母为零或为负数的情况，作了相应的具体处理。

附录二

2021 年度各板"中联价值 100"业绩评价得分情况

2021 年度 A 股上市公司"中联价值 100"（含金融）业绩评价得分情况

序号	股票代码	股票简称	评价得分	评价等级	序号	股票代码	股票简称	评价得分	评价等级
1	601225	陕西煤业	90.50	AAA	25	603986	兆易创新	80.90	AA
2	601919	中远海控	89.50	AAA	26	688298	东方生物	80.80	AA
3	002648	卫星化学	87.10	AAA	27	000877	天山股份	80.70	AA
4	600426	华鲁恒升	84.80	AA	28	601216	君正集团	80.70	AA
5	601088	中国神华	84.70	AA	29	002271	东方雨虹	80.50	AA
6	600295	鄂尔多斯	84.00	AA	30	600036	招商银行	80.45	AA
7	601898	中煤能源	83.90	AA	31	600887	伊利股份	80.40	AA
8	688068	热景生物	83.20	AA	32	002142	宁波银行	80.34	AA
9	600438	通威股份	82.50	AA	33	000596	古井贡酒	80.30	AA
10	600746	江苏索普	82.40	AA	34	688699	明微电子	80.20	AA
11	601636	旗滨集团	82.30	AA	35	601101	昊华能源	80.10	AA
12	600809	山西汾酒	82.20	AA	36	300661	圣邦股份	79.90	A
13	603565	中谷物流	82.10	AA	37	600176	中国巨石	79.90	A
14	002064	华峰化学	82.00	AA	38	605399	晨光新材	79.80	A
15	600989	宝丰能源	81.90	AA	39	601012	隆基股份	79.80	A
16	600309	万华化学	81.70	AA	40	603599	广信股份	79.70	A
17	600803	新奥股份	81.70	AA	41	000830	鲁西化工	79.30	A
18	601001	晋控煤业	81.50	AA	42	600873	梅花生物	79.30	A
19	601699	潞安环能	81.40	AA	43	600585	海螺水泥	79.30	A
20	300750	宁德时代	81.30	AA	44	000408	藏格矿业	79.10	A
21	000683	远兴能源	81.10	AA	45	000932	华菱钢铁	79.10	A
22	603260	合盛硅业	81.10	AA	46	601899	紫金矿业	79.10	A
23	000825	太钢不锈	81.00	AA	47	600808	马钢股份	79.00	A
24	603833	欧派家居	81.00	AA	48	000959	首钢股份	79.00	A

续 表

序号	股票代码	股票简称	评价得分	评价等级	序号	股票代码	股票简称	评价得分	评价等级
49	600256	广汇能源	79.00	A	75	002241	歌尔股份	77.80	A
50	688099	晶晨股份	78.90	A	76	600233	圆通速递	77.70	A
51	688036	传音控股	78.90	A	77	600111	北方稀土	77.60	A
52	000776	广发证券	78.89	A	78	600328	中盐化工	77.60	A
53	000723	美锦能源	78.80	A	79	600030	中信证券	77.57	A
54	600596	新安股份	78.70	A	80	600075	新疆天业	77.50	A
55	000429	粤高速A	78.60	A	81	600452	涪陵电力	77.40	A
56	601888	中国中免	78.60	A	82	600123	兰花科创	77.40	A
57	600618	氯碱化工	78.50	A	83	605111	新洁能	77.40	A
58	600782	新钢股份	78.50	A	84	002415	海康威视	77.40	A
59	603026	石大胜华	78.40	A	85	603938	三孚股份	77.30	A
60	600141	兴发集团	78.30	A	86	300911	亿田智能	77.30	A
61	600970	中材国际	78.30	A	87	000807	云铝股份	77.30	A
62	002756	永兴材料	78.30	A	88	601918	新集能源	77.20	A
63	600273	嘉化能源	78.30	A	89	601233	桐昆股份	77.20	A
64	002932	明德生物	78.30	A	90	603722	阿科力	77.20	A
65	603444	吉比特	78.30	A	91	601568	北元集团	77.20	A
66	600019	宝钢股份	78.10	A	92	300408	三环集团	77.10	A
67	300760	迈瑞医疗	78.10	A	93	600089	特变电工	77.10	A
68	601857	中国石油	78.00	A	94	300146	汤臣倍健	77.10	A
69	002493	荣盛石化	78.00	A	95	603568	伟明环保	77.10	A
70	300122	智飞生物	78.00	A	96	688357	建龙微纳	77.00	A
71	600702	舍得酒业	77.90	A	97	002555	三七互娱	77.00	A
72	600801	华新水泥	77.90	A	98	002129	中环股份	76.90	A
73	002408	齐翔腾达	77.80	A	99	603077	和邦生物	76.90	A
74	601677	明泰铝业	77.80	A	100	000983	山西焦煤	76.90	A

注：当年IPO上市或借壳上市的公司未参与排序；查阅全部A股上市公司（含金融）业绩评价得分情况，请登录中联企业管理集团网页（https：//www.china-united.cn/）新闻动态之业绩评价。

2021年度创业板“中联价值100”业绩评价得分情况

排序	股票代码	股票简称	评价得分	评价等级	排序	股票代码	股票简称	评价得分	评价等级
1	300750	宁德时代	81.30	AA	9	300124	汇川技术	76.80	A
2	300661	圣邦股份	79.90	A	10	300481	濮阳惠成	76.10	A
3	300760	迈瑞医疗	78.10	A	11	300782	卓胜微	75.90	A
4	300122	智飞生物	78.00	A	12	300610	晨化股份	75.50	A
5	300911	亿田智能	77.30	A	13	300316	晶盛机电	75.00	BBB
6	300408	三环集团	77.10	A	14	300573	兴齐眼药	74.70	BBB
7	300146	汤臣倍健	77.10	A	15	300639	凯普生物	74.50	BBB
8	300821	东岳硅材	76.80	A	16	300677	英科医疗	74.10	BBB

续 表

排序	股票代码	股票简称	评价得分	评价等级	排序	股票代码	股票简称	评价得分	评价等级
17	300458	全志科技	74.00	BBB	55	300015	爱尔眼科	70.10	BBB
18	300917	特发服务	73.90	BBB	56	300525	博思软件	70.10	BBB
19	300801	泰和科技	73.80	BBB	57	300415	伊之密	70.00	BB
20	300171	东富龙	73.70	BBB	58	300685	艾德生物	70.00	BB
21	300628	亿联网络	73.70	BBB	59	300705	九典制药	69.80	BB
22	300873	海晨股份	73.60	BBB	60	300453	三鑫医疗	69.70	BB
23	300726	宏达电子	73.60	BBB	61	300505	川金诺	69.60	BB
24	300518	盛讯达	73.50	BBB	62	300196	长海股份	69.60	BB
25	300450	先导智能	73.50	BBB	63	300627	华测导航	69.50	BB
26	300671	富满微	73.20	BBB	64	300696	爱乐达	69.50	BB
27	300373	扬杰科技	73.20	BBB	65	300012	华测检测	69.50	BB
28	300687	赛意信息	73.20	BBB	66	300418	昆仑万维	69.40	BB
29	300852	四会富仕	73.10	BBB	67	300019	硅宝科技	69.40	BB
30	300394	天孚通信	73.00	BBB	68	300751	迈为股份	69.40	BB
31	300014	亿纬锂能	72.90	BBB	69	300285	国瓷材料	69.40	BB
32	300896	爱美客	72.90	BBB	70	300003	乐普医疗	69.30	BB
33	300759	康龙化成	72.40	BBB	71	300623	捷捷微电	69.20	BB
34	300073	当升科技	72.20	BBB	72	300487	蓝晓科技	69.10	BB
35	300358	楚天科技	72.20	BBB	73	300470	中密控股	69.10	BB
36	300223	北京君正	72.10	BBB	74	300622	博士眼镜	68.90	BB
37	300894	火星人	72.00	BBB	75	300768	迪普科技	68.90	BB
38	300861	美畅股份	71.70	BBB	76	300127	银河磁体	68.70	BB
39	300327	中颖电子	71.70	BBB	77	300519	新光药业	68.70	BB
40	300037	新宙邦	71.70	BBB	78	300548	博创科技	68.70	BB
41	300770	新媒股份	71.70	BBB	79	300818	耐普矿机	68.60	BB
42	300653	正海生物	71.10	BBB	80	300502	新易盛	68.60	BB
43	300848	美瑞新材	71.00	BBB	81	300363	博腾股份	68.50	BB
44	300855	图南股份	70.90	BBB	82	300723	一品红	68.40	BB
45	300772	运达股份	70.80	BBB	83	300891	惠云钛业	68.30	BB
46	300390	天华超净	70.70	BBB	84	300613	富瀚微	68.10	BB
47	300305	裕兴股份	70.70	BBB	85	300409	道氏技术	68.00	BB
48	300286	安科瑞	70.70	BBB	86	300488	恒锋工具	68.00	BB
49	300595	欧普康视	70.70	BBB	87	300763	锦浪科技	67.80	BB
50	300494	盛天网络	70.60	BBB	88	300522	世名科技	67.80	BB
51	300650	太龙股份	70.40	BBB	89	300773	拉卡拉	67.80	BB
52	300699	光威复材	70.30	BBB	90	300508	维宏股份	67.70	BB
53	300347	泰格医药	70.20	BBB	91	300662	科锐国际	67.50	BB
54	300395	菲利华	70.10	BBB	92	300354	东华测试	67.50	BB

续 表

排序	股票代码	股票简称	评价得分	评价等级	排序	股票代码	股票简称	评价得分	评价等级
93	300474	景嘉微	67.50	BB	97	300087	荃银高科	67.40	BB
94	300158	振东制药	67.40	BB	98	300319	麦捷科技	67.30	BB
95	300775	三角防务	67.40	BB	99	300748	金力永磁	67.30	BB
96	300737	科顺股份	67.40	BB	100	300885	海昌新材	67.30	BB

注：当年 IPO 上市或借壳上市的公司未参与排序。

2021 年度科创板“中联价值 100”业绩评价得分情况

排序	股票代码	股票简称	评价得分	评价等级	排序	股票代码	股票简称	评价得分	评价等级
1	688068	热景生物	83.20	AA	31	688598	金博股份	68.60	BB
2	688298	东方生物	80.80	AA	32	688519	南亚新材	68.30	BB
3	688699	明微电子	80.20	AA	33	688595	芯海科技	68.10	BB
4	688099	晶晨股份	78.90	A	34	688093	世华科技	67.90	BB
4	688036	传音控股	78.90	A	35	688278	特宝生物	67.80	BB
6	688357	建龙微纳	77.00	A	36	688122	西部超导	67.60	BB
7	688202	美迪西	76.80	A	36	688568	中科星图	67.60	BB
8	688026	洁特生物	76.70	A	38	688668	鼎通科技	67.50	BB
9	688368	晶丰明源	76.10	A	39	688658	悦康药业	67.40	BB
10	688396	华润微	75.20	A	40	688100	威胜信息	67.20	BB
11	688536	思瑞浦	74.70	BBB	40	688111	金山办公	67.20	BB
11	688139	海尔生物	74.70	BBB	42	688390	固德威	67.10	BB
13	688300	联瑞新材	73.60	BBB	42	688135	利扬芯片	67.10	BB
14	688169	石头科技	73.20	BBB	44	688516	奥特维	67.00	BB
15	688188	柏楚电子	72.50	BBB	45	688181	八亿时空	66.90	BB
16	688200	华峰测控	72.00	BBB	46	688599	天合光能	66.60	BB
17	688233	神工股份	71.80	BBB	47	688388	嘉元科技	66.50	BB
17	688508	芯朋微	71.80	BBB	48	688029	南微医学	66.40	BB
19	688399	硕世生物	71.70	BBB	49	688196	卓越新能	66.30	BB
20	688356	键凯科技	71.60	BBB	49	688398	赛特新材	66.30	BB
21	688363	华熙生物	71.20	BBB	51	688556	高测股份	65.80	BB
22	688558	国盛智科	70.40	BBB	52	688018	乐鑫科技	65.40	BB
23	688301	奕瑞科技	70.20	BBB	53	688012	中微公司	65.00	B
23	688016	心脉医疗	70.20	BBB	54	688299	长阳科技	64.80	B
25	688308	欧科亿	69.80	BB	55	688013	天臣医疗	64.70	B
25	688389	普门科技	69.80	BB	56	688698	伟创电气	64.50	B
25	688185	康希诺	69.80	BB	56	688289	圣湘生物	64.50	B
28	688080	映翰通	69.70	BB	58	688055	龙腾光电	64.50	B
29	688005	容百科技	69.40	BB	58	688526	科前生物	64.50	B
30	688116	天奈科技	69.30	BB	60	688369	致远互联	64.40	B

续 表

排序	股票代码	股票简称	评价得分	评价等级	排序	股票代码	股票简称	评价得分	评价等级
61	688580	伟思医疗	64.20	B	81	688386	泛亚微透	61.80	B
62	688129	东来技术	64.00	B	82	688077	大地熊	61.70	B
62	688008	澜起科技	64.00	B	83	688550	瑞联新材	61.50	B
62	688981	中芯国际	64.00	B	84	688019	安集科技	61.40	B
65	688156	路德环境	63.80	B	85	688678	福立旺	61.30	B
66	688155	先惠技术	63.70	B	86	688028	沃尔德	61.20	B
67	688017	绿的谐波	63.60	B	87	688128	中国电研	61.10	B
67	688686	奥普特	63.60	B	87	688198	佰仁医疗	61.10	B
69	688085	三友医疗	63.50	B	89	688006	杭可科技	61.00	B
70	688310	迈得医疗	63.20	B	89	688330	宏力达	61.00	B
71	688157	松井股份	63.00	B	91	688179	阿拉丁	60.70	B
72	688056	莱伯泰科	62.70	B	92	688078	龙软科技	60.50	B
72	688015	交控科技	62.70	B	93	688366	昊海生科	60.20	B
74	688007	光峰科技	62.60	B	93	688577	浙海德曼	60.20	B
74	688312	燕麦科技	62.60	B	95	688579	山大地纬	60.10	B
74	688050	爱博医疗	62.60	B	95	688777	中控技术	60.10	B
77	688268	华特气体	62.50	B	97	688208	道通科技	60.00	CCC
78	688513	苑东生物	62.40	B	98	688569	铁科轨道	59.90	CCC
79	688089	嘉必优	62.20	B	99	688586	江航装备	59.60	CCC
80	688505	复旦张江	62.00	B	100	688589	力合微	59.40	CCC

注：当年IPO上市的公司未参与排序。

附录三

2021 年度中国 A 股上市公司分类财务指标

序号	单位名称	带息负债比率（%）	累计保留盈余率（%）	三年营业收入平均增长率（%）	总资产增长率（%）	营业利润增长率（%）	扣除非经常性损益净资产收益率（%）
1	全国 A 股上市公司	38.47	41.52	0	10.88	26.49	7.51
2	一、按证监会行业划分（根据行业代码）						
3	农林牧渔业 A01-05	51.33	28	0	18.52	-154.11	-14.45
4	采矿业 B06-12	33.61	59.83	0	6.76	110.73	11.53
5	煤炭 B06	43.41	59.91	0	12.07	73.38	17.72
6	制造业 C13-43	38.13	42.69	0	15.53	39	9.73
7	食品制造业 14	37.73	50.44	0	20.1	8.9	12.59
8	酒、饮料喝精制茶制造业 15	17	85.43	0	18.76	18.54	22.84
9	烟草制造业 16	0	0	0	0	0	0
10	纺织业 17	54.15	40.41	0	7.59	16.74	5.69
11	纺织服装、服饰业 18	39.06	48.82	0	5.43	1.52	4.98
12	皮革、毛皮羽毛和制鞋业 19	42.39	41.07	0	15.41	148.31	9.26
13	造纸和纸制品业 22	62.99	49.58	0	7.69	13.44	9.27
14	石油加工、炼焦和核燃料加工 25	39.23	44.6	0	9.71	115.06	10.32
15	化学原料和化学制品 26	48.39	43.37	0	18.92	153.99	16.17
16	医药制造业 C27	39.84	43	0	13.73	85.51	8.35
17	化学纤维制造业 C28	69.47	44.1	0	31.55	82.54	20.65
18	橡胶和塑料制品业 C29	43.96	46.23	0	20.35	-10.64	10.64
19	非金属矿制品业 C30	48.23	59.48	0	33.63	22.61	12.49
20	黑色金属冶炼和压延加工业 C31	40.93	42.16	0	7.2	92.67	13.88
21	有色金属冶炼和压延加工业 C32	59.53	29.54	0	12.33	170.34	12.54
22	金属制品业 C33	39.61	46.49	0	14.35	21.32	8.64
23	通用设备制造业 C34	23.8	29.61	0	8.76	-31.34	1.85

续　表

序号	单位名称	带息负债比率（%）	累计保留盈余率（%）	三年营业收入平均增长率（%）	总资产增长率（%）	营业利润增长率（%）	扣除非经常性损益净资产收益率（%）
24	专用设备制造业 C35	28. 76	42. 49	0	17. 05	6. 63	9. 26
25	汽车制造业 C36	27. 27	45. 89	0	6. 97	7. 92	4. 4
26	铁路船舶航天航空和其他运输设备制造业	15. 31	31. 27	0	13. 02	-11. 18	3. 38
27	电气机械和器材制造业 38	27. 27	45. 71	0	22. 51	29. 12	11. 1
28	计算机、通信和其他电子设备制造业 C39	42. 49	31. 45	0	15. 03	47. 24	7. 39
29	仪器仪表 C40	35. 63	38. 89	0	12. 55	-8. 49	5. 64
30	其他制造业 C41	58. 1	29. 37	0	1. 59	-18. 61	4. 17
31	电力、热力、燃气及水的生产和供应业 D44-46	72. 99	27. 9	0	9. 97	-56. 82	2. 16
32	电力、热力生产和供应业（D44）	75. 45	27. 33	0	9. 4	-70. 5	1. 04
33	燃气生产和供应业（D45）	51. 97	25. 19	0	16. 73	19. 34	11. 07
34	水的生产和供应业（D46）	61. 18	39. 25	0	10. 33	21. 67	7. 61
35	建筑业 E47-50	30. 03	38. 7	0	10. 06	-2. 63	6. 95
36	批发和零售业 F51-52	32. 37	34. 89	0	11. 19	-0. 28	2. 26
37	批发 F51	31. 41	38. 53	0	13. 57	75. 57	10. 13
38	零售 F52	33. 57	31. 23	0	8. 44	-139. 08	-5. 64
39	交通运输、仓储业 G53-60	55. 82	35. 78	0	12. 64	2025. 17	7. 57
40	铁路运输业（G53）	76. 61	28. 16	0	2. 51	19. 35	4. 49
41	道路运输业（G54）	71. 82	49. 33	0	13. 24	77. 93	8. 1
42	水上运输业（G55）	58. 99	42. 08	0	15. 84	199. 3	20. 13
43	航空运输业（G56）	46. 77	9. 1	0	4. 65	0	-17. 61
44	管道运输业（G57）	30. 33	48. 75	0	22. 51	40. 28	13. 31
45	装卸搬运和运输代理业（G58）	44. 39	43. 69	0	12. 52	62. 08	4. 34
46	仓储业（G60）	44. 46	44. 16	0	62. 8	-24. 61	3. 08
47	住宿和餐饮业 H61-62	37. 87	19. 85	0	31. 05	0	-1. 65
48	住宿业 H61	38. 71	18. 79	0	32. 13	0	-1
49	餐饮业 H62	21. 45	28. 64	0	17. 59	-532. 12	-7. 01
50	信息技术业 I63-65	17. 5	33. 27	0	6. 72	10. 08	3. 44
51	电信广播等传输服务（I63）	11. 89	40. 55	0	3. 94	28. 99	4. 57
52	互联网和相关服务（I64）	26. 82	19. 69	0	4. 26	-30. 76	0. 99
53	软件和信息技术服务（I65）	22. 98	28. 75	0	11. 41	4. 71	2. 86
54	房地产业 K	33. 81	40. 46	0	4. 09	-53. 11	2. 39

续 表

序号	单位名称	带息负债比率(%)	累计保留盈余率(%)	三年营业收入平均增长率(%)	总资产增长率(%)	营业利润增长率(%)	扣除非经常性损益净资产收益率(%)
55	租赁和商务服务业 L	55.56	35.11	0	5.66	128.26	6.85
56	科学研究和技术服务业 M	24.06	36	0	28.65	21.08	9.2
57	水利、环境和公共设施管理业 N	54.24	35.88	0	2.94	-43.72	1.7
58	居民服务、修理和其他服务业 O	35.59	-49.25	0	-11.74	0	0.17
59	教育 P	34.64	4.54	0	-12.74	-358.85	-30.18
60	卫生和社会工作 Q	38.38	21.79	0	21.31	1.71	10.31
61	文化体育和娱乐 R	14.08	32.02	0	9.44	0	3.98
62	综合类 S	48.14	35.56	0	-3.59	52.03	1.9
63	二、按照申万行业代码分类（按照汉字分类）						
64	农林牧渔	58.2	34.64	0	18	-121.85	-5.87
65	采掘	36.51	61.57	0	5.47	112.83	12.52
66	化工	42.7	49.36	0	18.21	112.19	13.54
67	化工+石油	40.01	56.23	0	12.44	129.17	11.91
68	化工+石油+油气钻采	39.19	55.1	0	11.97	127.18	11.59
69	钢铁	40.88	42.04	0	7.34	78.97	13.01
70	有色金属	59.37	35.18	0	13.65	143.67	12.63
71	建筑材料	47.11	61.48	0	35.73	8.19	12.11
72	建筑装饰	32.04	39.57	0	10.44	0.14	6.99
73	电气设备	28.82	34.15	0	21.51	28.3	7.7
74	机械设备	27.05	37.6	0	13.32	9.73	6.77
75	机械设备-不包括金属制品	25.79	36.62	0	13.48	5.2	6.49
76	机械设备+非汽车交运设备-金属制品	25.79	36.62	0	13.48	5.2	6.49
77	电气设备+机械设备+国防军工	26.16	34.13	0	16.95	15.72	6.47
78	国防军工	16.45	25.03	0	15.83	-2.98	2.98
79	汽车	28.76	45.36	0	6.86	14.51	4.76
80	汽车整车和零部件	27.57	46.42	0	7.16	12.87	4.79
81	家用电器	22.1	67.44	0	9.23	7.49	13.75
82	纺织服装	42.64	37.63	0	8.5	25.66	5.03
83	轻工制造	50.62	44.61	0	12.48	14.17	7.87
84	食品饮料	24.27	73.09	0	18.31	10.21	19.19
85	医药生物	36.25	44.5	0	14.92	43.9	9.68
86	休闲服务	35.94	39.61	0	17.67	284.03	7.34
87	电子	44.82	31.54	0	14.56	82.48	9.42

续 表

序号	单位名称	带息负债比率（%）	累计保留盈余率（%）	三年营业收入平均增长率（%）	总资产增长率（%）	营业利润增长率（%）	扣除非经常性损益净资产收益率（%）
88	计算机	28.69	27.71	0	9.91	-6.49	2.02
89	传媒	24.02	24.61	0	5.46	186.95	2.17
90	通信	18.37	38.06	0	7.25	5.48	3.24
91	交通运输	49.85	35.37	0	15.99	512.25	7.81
92	房地产	32.11	40.89	0	4.21	-51.72	2.62
93	商业贸易	32.6	31.27	0	8.51	-150.84	-5.27
94	公用事业	71.23	28.54	0	9.09	-53.86	2.22
95	电力	75.1	27.31	0	9.3	-70.23	1.08
96	非银金融	86.87	-11.19	0	-1.05	0	-5.93
97	综合	46.21	33.4	0	2.37	17.65	0.72
98	煤炭	42.89	58.03	0	11.96	80.01	17.87
99	环保	50.91	33.44	0	1.98	-6.47	2.91
100	节能	0	0	0	0	0	0
101	三、按资产规模划分						
102	100 亿元以上	38.92	45.01	0	10.42	25.2	8.28
103	50 亿~100 亿元	36.25	33.72	0	14.87	46.43	6.21
104	10 亿~50 亿元	31.93	23.37	0	13.28	22.35	2.88
105	10 亿元以下	22.94	-21.23	0	12.87	287.17	-0.23
106	四、按上市地点划分						
107	沪市（60 开头或 900）	38.44	45.32	0	8.9	39.14	8.37
108	深市（00 开头或 300）	39.04	36.8	0	12.97	4.6	5.97
109	科创板（688）	26.21	20.77	0	34.49	55.73	7.41
110	其中：深圳普通板（000，001，003）	39.65	38.97	0	9.83	14.86	7.39
111	中小企业板（002）	38.46	36.38	0	14.87	-17.4	4.46
112	创业板（300）	37.33	32.3	0	21.59	24.89	5.28
113	北京板（8、4 开头）	34.87	41.18	16.85	28.77	23.85	12.09
114	五、按上市时间						
115	2021 年上市	28.37	42.3	0	33.06	23.37	9.15
116	2020 年上市	48.52	25.63	0	17.22	24.79	7.28
117	2019 年上市	42.22	38.14	0	16.17	22.75	11.48
118	2018 年上市	34.21	51.66	0	30.24	33.54	12.77
119	2017 年上市	44.35	44.16	0	18.77	20.45	9.77
120	2016 年（含）前上市	38.47	42.01	0	9.39	26.96	7.14

续 表

序号	单位名称	带息负债比率（%）	累计保留盈余率（%）	三年营业收入平均增长率（%）	总资产增长率（%）	营业利润增长率（%）	扣除非经常性损益净资产收益率（%）
121	六、按公司属性分类						
122	（一）中央国有企业	38.41	43.52	0	9.62	39.65	7.81
123	（二）地方国有企业	43.74	44.18	0	10.17	56.98	9.09
124	（三）公众企业	27.65	39.57	0	9.35	3.63	8.06
125	（四）民营企业	37.76	38.22	0	13.4	-3.04	5.58
126	（五）外资企业	36.06	41.55	0	9.76	0.95	8.62
127	（六）集体企业	25.54	51.66	0	4.55	-6.43	7.38
128	（七）其他企业	46.76	26.18	0	21.66	134.04	9.53

后　　记

《中国上市公司业绩评价报告》研究与编辑工作是中联企业管理集团组建、由国务院国资委和中国上市公司协会等机构的专家组成的“中国上市公司业绩评价课题组”完成的。课题组充分借鉴了财政部、国务院国资委颁布的有关企业绩效评价办法，以财政部等五部委颁布的《企业绩效评价操作细则（修订）》为基础，结合中国上市公司的特点，构建了一套包含 20 多项财务指标的业绩评价体系。评价结果完全基于公开披露的上市公司信息。

2021 年是国家发展历史中具有里程碑意义一年。面对纷繁复杂的国内外形势和各种风险挑战，我国沉着应对百年变局和世纪疫情，构建新发展格局迈出新步伐，高质量发展取得新成效，经济发展保持全球领先地位，国家战略科技力量加快壮大，产业链韧性得到提升，改革开放向纵深推进，实现了“十四五”规划的良好开局。上市公司取得骄人的业绩，2021 年，已上市的公司整体业绩保持高增长，营业收入和净利润同比分别增长 19.21%和 24.37%。与此同时，A 股三大指数一路震荡上行，彰显宏观经济与微观主体的双重韧性，上证综指（代码：000001）报收于 3639.78.07 点，年上涨 4.80%；深证综指（代码：399106）报收于 2530.14 点，年上涨 8.35%；创业板指（代码：399006）报收于 3322.67 点，年上涨 12.02 %，均连续第三年上涨。

基于连续 21 年对中国上市公司业绩的深刻研究，通过对 2021 年中国 A 股上市公司的研究，形成了丰富的研究成果。通过对 2021 年国内外宏观经济背景的分析，2021 年上市公司评价报告对上市公司的经营业绩进行综合评价，在此基础上，结合各界专家的意见，最终推选出中国资本市场权威、科学的“中联价值”上市公司。课题组还深入研究煤炭、石油石化、有色等 15 个重点行业，所选行业覆盖了产业规划重点扶持行业和投资者关注的市场特点板块。为了提升业绩评价报告的研究深度，组织召开部分行业的研讨会，丰富了中国上市公司业绩评价报告的内容。

本书分为三个部分和附录。第一部分：第一章由穆东升编写；第二章由丁青超、赵玥编写；第三章由李向亮编写。第二部分：第四章由陶涛、石圣之编写；第五章由蒋卫锋、王菊青编写；第六章由陶涛、刘杰编写；第七章由张帆、艾雨薇编写；第八章由金阳、周海文编写；第九章由俞文杰编写；第十章由李业强、任喆编写；第十一章由侯超飞、蒋霄骑编写；第十二章由汪炫、蔡嘉露编写；第十三章由胡超、黄永佳编写；第十四章由胡超、邢正编写；第十五章由侯超飞、徐晶晶、高原编写；第十六章由张帆、白杨昊男编写；第十七章由吴晓光、孙禄编写；第十八章由田祥雨、张洪建编写。第三部分：第十九章由郝坤鹏编写；第二十章由李亮节编写。附录由穆东升、潘明、金阳编写。穆东升、潘明、金阳、唐章奇、鲁杰钢、王大鹏、张全成负责审稿与统稿工作。孙庆红负责本书框架设计、上市公司业绩评价指标体系指标的设计、上市公司评价标准值的测算、上市公司数据的采集、全部上市公司评价结果的计算，以及不同行业、不同类型分类数据汇总，行业评价结果分析等工作。刘志负责银行、保险和证券等金融行业上市公司评价指标的设计和评价结果计算和分析工作。洪方圆负责协助课题组的综合统筹、数据分析等工作。数据均来自同花顺金融终端、Wind金融终端统计披露的上市公司年报。

课题研究和编纂工作，得到了国务院国资委和中国上市公司协会的大力支持。第十三届全国人大社会建设委员会委员孟建民、中国上市公司协会有关领导等为研究工作提供了诸多指导；海南经贸职业技术学院财务管理学院院长何忠谱和副院长林晓梅参与内容审核，并给出有益建议。在此谨表谢意！